W0195792

Zu diesem Buch:

«Zu sehr lieben» bedeutet etwas ganz anderes als «zu viele Männer lieben», «sich zu oft neu verlieben» oder «einen Menschen tief und aufrichtig lieben». «Zu sehr lieben» bedeutet, den Grad der Liebe zu einem anderen Menschen am Grad der mit ihr verbundenen Qualen zu messen. Und Frauen sind dafür besonders anfällig ...
Millionen von ihnen kennen daher den Titel *Wenn Frauen zu sehr lieben*. Tausende von ihnen haben der Autorin geschrieben. Mit einer exemplarischen Auswahl von 71 Briefen geht die erfahrene Therapeutin in *Briefe von Frauen, die zu sehr lieben* einfühlsam, liebevoll und richtungsweisend auf typische Entwicklungen und spezielle Probleme ein.

Robin Norwood, Jahrgang 1945, ist verheiratet und hat zwei Kinder. Sie unterhält als staatlich anerkannte Ehe-, Familien- und Kindertherapeutin eine private Praxis in Santa Barbara, Kalifornien und hat sich sowohl auf die Behandlung von neurotischen Beziehungsmustern als auch auf die Behandlung von Alkohol- und Drogenabhängigkeit, Eßsucht und Depressionen spezialisiert. Im Rowohlt Taschenbuch Verlag sind außerdem erschienen: «Warum gerade ich?» (rororo 60126), «Meditationen für Frauen, die zu sehr lieben» (rororo 60650).

Robin Norwood

Wenn Frauen zu sehr lieben

Die heimliche Sucht, gebraucht zu werden

Briefe von Frauen, die zu sehr lieben

Betroffene machen Hoffnung

Rowohlt Taschenbuch Verlag

Sonderausgabe

«Wenn Frauen zu sehr lieben &
Briefe von Frauen die zu sehr lieben»
Veröffentlicht im Rowohlt Taschenbuch Verlag GmbH,
Reinbek bei Hamburg, Juni 2002
Copyright © 2002 by Rowohlt Verlag GmbH,
Reinbek bei Hamburg
Weitere Copyrightvermerke am Ende des Bandes
Umschlaggestaltung any.way, Birte Holländer
Gesamtherstellung Clausen & Bosse, Leck
Printed in Germany
ISBN 3 499 61430 8

Robin Norwood

Wenn Frauen
zu sehr lieben

Die heimliche Sucht, gebraucht
zu werden

Deutsch von Sabine Hedinger

*Dieses Buch
ist den anonymen Gemeinschaften gewidmet –
in Dankbarkeit für die Unterstützung,
die sie Betroffenen
bei ihrer Genesung bieten.*

Inhalt

Vorwort

Wenn Liebe für uns gleichbedeutend ist mit Schmerz und Leiden, dann lieben wir zu sehr. Wenn Gespräche mit unseren engsten Freundinnen sich meistens nur um unseren Partner drehen, um seine Probleme, seine Gedanken, seine Gefühle – wenn fast alle unsere Sätze mit «Er...» anfangen, dann lieben wir zu sehr.

Wenn er sich uns gegenüber launisch, gereizt oder gleichgültig verhält, wenn er uns vielleicht sogar demütigt und wir dieses Verhalten mit seiner unglücklichen Kindheit entschuldigen, wenn wir uns sozusagen zu seiner Therapeutin machen, dann lieben wir zu sehr.

Wenn wir ein Selbsthilfebuch lesen und all die Stellen unterstreichen, von denen wir glauben, daß sie *ihm* helfen könnten, dann lieben wir zu sehr.

Wenn wir viele seiner Charakterzüge, Einstellungen und Verhaltensweisen eigentlich ablehnen, sie aber in dem Glauben hinnehmen, daß er sich uns zuliebe ändern wird, wenn wir nur attraktiv und verständnisvoll genug sind, dann lieben wir zu sehr.

Wenn die Beziehung zu einem Partner unser seelisches Wohlergehen, vielleicht sogar unsere körperliche Gesundheit und Sicherheit gefährdet, dann lieben wir zweifellos zu sehr.

Zu sehr lieben – diese Erfahrung ist unbefriedigend, sogar schmerzhaft, aber unter Frauen so weitverbreitet, daß wir versucht sind zu glauben, sie gehöre zum Wesen einer wirklich engen Beziehung. Die meisten von uns haben zumindest einmal im Leben zu sehr geliebt, und viele Frauen tun dies immer wieder aufs neue. Einige von uns sind dermaßen auf ihren Partner fixiert, daß sie kaum noch in der Lage sind, mit ihrem Alltag zurechtzukommen.

In diesem Buch werden wir uns mit der Frage befassen, aus welchem Grund viele Frauen, die einen liebevollen Partner suchen, scheinbar unvermeidlich Beziehungen eingehen, die schädlich für sie sind und in denen sie nicht geliebt werden. Wir werden zudem untersuchen, woran es liegt, daß wir so große Schwierigkeiten haben, eine Beziehung zu beenden, von der wir wissen, daß sie unseren Bedürfnissen nicht gerecht wird. Wir werden erkennen können, daß «lieben» sich in «zu sehr lieben» verkehrt, wenn wir einen Partner haben, der nicht zu uns paßt, der lieblos oder unzugänglich ist und wenn wir dennoch nicht in der Lage sind, ihn aufzugeben, sondern ihn statt dessen nur noch mehr begehren, noch mehr brauchen. Wir werden lernen zu verstehen, wie aus unserem Wunsch nach Liebe, aus der Liebe, die wir unserem Partner entgegenbringen, eine Sucht wird.

Sucht ist ein Wort, das Angst macht. Mit ‹Sucht› verbinden wir Vorstellungen von Heroinabhängigen, die sich selbst zugrunde richten. Wir mögen dieses Wort nicht und wehren uns dagegen, es auf unsere Beziehungen zu Männern anzuwenden. Aber viele von uns sind «männersüchtig» oder sind es zumindest gewesen, und wie bei jeder anderen Abhängigkeit müssen wir uns erst einmal eingestehen, wie schwerwiegend unser Problem ist, bevor wir uns auf den Weg zur Heilung machen können.

Wenn Sie jemals auf einen Mann total fixiert waren, dann haben Sie vielleicht schon vermutet, daß diese extreme Hinwendung gar nicht auf Liebe, sondern auf Angst basierte. Diejenigen, die so obsessiv lieben, stecken voller Angst: Angst davor, allein zu sein, Angst davor, nicht liebenswert oder überhaupt wertlos zu sein, Angst davor, nicht beachtet, verlassen oder zugrunde gerichtet zu werden. Wir lieben mit der verzweifelten Hoffnung, daß der Mann, auf den wir fixiert sind, uns genau diese Ängste nehmen wird. Statt dessen werden die Ängste größer – und damit auch die Ausmaße der Fixierung –, bis wir an dem Punkt angelangt sind, an dem «Lieben, um geliebt zu werden» zur treibenden Kraft in unserem Leben wird. Weil unsere Strategie aber nicht zum Erfolg führt, wollen wir um so mehr Liebe geben. Wir lieben zu sehr.

Daß es sich bei diesem «Zu-sehr-Lieben» um ein ganz besonderes Syndrom, ein Zusammenwirken von Gedanken, Gefühlen und Verhaltensweisen handelt, habe ich erstmals nach jahrelanger Beratungsarbeit im Bereich Alkohol- und Drogenmißbrauch erkannt. Nachdem ich Hunderte von Gesprächen mit Abhängigen und ihren Familien geführt hatte, machte ich eine überraschende Entdeckung: Manche der Patienten, mit denen ich sprach, waren in gestörten Familien aufgewachsen, andere wiederum nicht, aber ihre Partner stammten fast durchgehend aus schwer gestörten Familien, in denen sie seelische und körperliche Belastungen in einem Ausmaß erfahren hatten, wie es im allgemeinen nicht üblich ist. Bei ihrem ständigen Bemühen, mit dem alkoholabhängigen Partner zurechtzukommen, ließen diese Menschen (die sogenannten Co-Alkoholiker) unbewußt bedeutsame Aspekte ihrer eigenen Kindheit wiederaufleben.

Vor allem die Frauen und Freundinnen alkoholabhängiger Männer lehrten mich zu verstehen, was es wirklich bedeutet, zu sehr zu lieben. Ihre Lebensgeschichten offenbarten alle sowohl ein *Bedürfnis* nach Überlegenheit als auch den Wunsch zu leiden – beides erfuhren sie in ihrer «Retter»-Rolle –, und das half mir wiederum zu erkennen, wie tiefverwurzelt ihre Abhängigkeit von einem Mann war, der seinerseits in Abhängigkeit von einer chemischen Substanz lebte. Offensichtlich benötigten beide Partner in einer solchen Beziehung gleichermaßen Hilfe, denn beide gingen an ihrer Abhängigkeit buchstäblich zugrunde: er an den Folgen des Drogenmißbrauchs, sie an den Folgen extremer seelischer Belastung.

Durch diese Co-Alkoholikerinnen wurde mir deutlich, welchen Einfluß, welche Macht ihre Kindheitserlebnisse darauf hatten, wie sie als Erwachsene die Beziehungen zu Männern gestalteten. Diejenigen von uns, die zur Selbstaufgabe neigen, können von diesen Frauen lernen, warum wir eine «Vorliebe» für gestörte Beziehungen entwickelt haben, warum wir uns immer wieder in dieselben Schwierigkeiten bringen, aber vor allem, wie wir uns ändern und gesund werden können.

Keinesfalls sollte hier der Eindruck entstehen, nur Frauen könnten zu sehr lieben. Es gibt durchaus auch Männer, die sich mit derselben Besessenheit in Beziehungen stürzen, wie es so viele Frauen tun. Die Gefühle und Verhaltensweisen dieser Männer entspringen denselben Kindheitserlebnissen, denselben Triebkräften. Trotzdem entwickeln Männer, die in ihrer Kindheit geschädigt wurden, nur selten eine Abhängigkeit von Beziehungen. Infolge einer Wechselwirkung zwischen kulturellen und biologischen Faktoren versuchen sie im allgemeinen, sich zu schützen und ihrem Schmerz aus dem Weg zu gehen, indem sie Ziele anstreben, die eher außen als innen liegen, die mehr unpersönlicher als persönlicher Art sind. Diese Männer neigen eher zu einer Fixierung auf Arbeit, Sport oder ein Hobby, während Frauen auf Grund der kulturellen und biologischen Einflüsse, denen sie ausgesetzt sind, dazu tendieren, sich auf eine Beziehung zu fixieren – vielleicht gerade auf die Beziehung mit einem solchen emotional beeinträchtigten, abweisenden Mann.

Ich hoffe, daß dieses Buch *allen* Betroffenen hilfreiche Anstöße geben kann, aber ich habe es in erster Linie für Frauen geschrieben, weil «zu sehr lieben» in erster Linie ein weibliches Phänomen ist. Somit verfolgt mein Buch ein spezielles Ziel: den Frauen, deren Beziehungen zu Männern destruktive Muster aufweisen, zu helfen, diese Tatsache zu erkennen, die Ursprünge dieser Muster zu verstehen und sich das anzueignen, was für eine positive Veränderung ihres Lebens notwendig ist.

Wenn die Bezeichnung «zu sehr lieben» auf Sie zutrifft und die Lektüre Sie trotzdem kaltläßt, wenn Sie sich dabei langweilen, vielleicht sogar ärgern oder wenn Ihnen dabei nur in den Sinn kommt, wie sehr dieses Buch einem anderen Menschen helfen könnte, dann schlage ich Ihnen vor, es vielleicht zu einem späteren Zeitpunkt erneut zu lesen. Wir alle müssen gelegentlich Erkenntnisse abwehren, weil es zu schmerzhaft oder zu bedrohlich für uns wäre, sie zu akzeptieren. Diese Abwehr ist ein ganz natürlicher Selbstschutz, der sich automatisch, ohne unser Zutun einstellt. Vielleicht erreichen Sie ja beim nochmaligen Lesen, daß Ihnen bestimmte eigene Erfahrungen und Gefühle wieder stärker ins Bewußtsein rücken.

Lesen Sie langsam. Lassen Sie die Schilderungen der hier vorgestellten Frauen sowohl verstandes- als auch gefühlsmäßig auf sich einwirken. Die Fallgeschichten in diesem Buch werden bei Ihnen vielleicht den Eindruck erwecken, ich hätte besonders extreme Beispiele gewählt. Aber das stimmt nicht.

Ich habe es beruflich wie auch privat mit Hunderten von Frauen zu tun gehabt, die zu sehr lieben, und ihre persönlichen Merkmale, Eigenarten und Erlebnisse sind hier keinesfalls übertrieben dargestellt. In Wirklichkeit sind die Schicksale dieser Frauen noch viel komplizierter und leidvoller. Wenn Ihnen diese Probleme nun weitaus schwerwiegender und bedrückkender als Ihre eigenen vorkommen, dann ist dies eine Reaktion, wie ich sie nur allzugut von den meisten meiner Klientinnen kenne. Jede glaubt, ihr eigenes Problem sei «nicht so schlimm», während sie gleichzeitig großes Mitgefühl für andere aufbringt, die ihrer Meinung nach «echte» Schwierigkeiten haben.

Es ist eine «Ironie des Schicksals», daß wir Frauen so viel Sympathie und Verständnis für das Leid anderer Menschen entwickeln können, während wir offenbar blind für (und durch) unser eigenes Leid sind. Ich selbst weiß dies nur allzugut, denn auch ich habe die meiste Zeit meines Lebens zu sehr geliebt, bis irgendwann der Tribut an meine körperliche und seelische Gesundheit so hoch wurde, daß ich mich gezwungen sah, meine Beziehungsmuster im Umgang mit Männern einer genauen Prüfung zu unterziehen. Jahrelang habe ich hart daran gearbeitet, diese Muster zu ändern. Die Arbeit hat sich in jeder Hinsicht gelohnt.

Ich hoffe, daß dieses Buch Ihnen allen als Betroffenen helfen wird, Ihren Zustand realistischer einzuschätzen. Ich wünsche mir auch, daß Sie daraus den Mut schöpfen, eine grundlegende Veränderung in Angriff zu nehmen, indem Sie ihre Energie nicht mehr dafür einsetzen, sich in der Liebe zu einem Mann zu verzehren, sondern sie für sich selbst, Ihre Genesung, Ihr eigenes Leben zu nutzen.

Ich beschreibe in diesem Buch eine Reihe von Schritten, die meiner Erfahrung nach zur Veränderung notwendig sind. Sollten Sie sich entscheiden, diese Anleitung zu befolgen, dann müssen Sie – wie bei allen therapeutischen Prozessen – mit jahrelanger Arbeit rechnen, die Ihren ganzen Einsatz fordert. «Zu sehr lieben» ist ein Muster, aus dem es kein schnelles Entrinnen gibt. Ein so früh erworbenes, so gut eingeübtes Muster aufzugeben, ist angsterregend und bedrohlich und bedeutet eine ständige Herausforderung. Diese Tatsache sollte Sie jedoch nicht entmutigen, denn selbst wenn Sie Ihr Beziehungsmuster nicht aufgeben, werden Sie auch in Zukunft kämpfen müssen. Aber in diesem Fall wird es bei Ihrem Kampf nicht um persönliche Weiterentwicklung gehen, sondern einfach nur ums Überleben. Die Entscheidung kann Ihnen niemand abnehmen. Falls Sie sich jedoch für den Weg der Veränderung entscheiden, werden Sie sich verwandeln: von einer Frau, die einen anderen Menschen so sehr liebt, daß es schmerzt, in eine Frau, die sich selbst genug liebt, um dem Schmerz ein Ende zu setzen.

Wenn Liebe nicht erwidert wird

Victim of love,
I see a broken heart.
You've got your story to tell.

Victim of love;
It's such an easy part
And you know how to play it
so well.

... I think you know
what I mean.
You're walking the wire
Of pain and desire,
Looking for love in between.

– Victim of Love

In unserer ersten Sitzung machte Jill, eine junge, zierliche Frau mit blondem Lockenkopf, einen eher unsicheren Eindruck. Verkrampft saß sie mir gegenüber, auf dem äußersten Rand ihres Stuhles. Dabei wirkte alles an ihr rundlich: die Gesichtsform, die etwas mollige Figur und ganz besonders die blauen Augen, die jede einzelne der gerahmten Urkunden an der Wand musterten. Nachdem sie mir ein paar Fragen über meine akademische Ausbildung und die Praxiszulassung gestellt hatte, erwähnte sie mit deutlich hörbarem Stolz, daß sie Jurastudentin sei.

Danach entstand ein kurzes Schweigen. Sie blickte auf ihre gefalteten Hände hinunter.

«Vielleicht sollte ich Ihnen besser gleich erzählen, warum ich hier bin», sagte sie hastig, als wollte sie sich mit dieser Eröffnung selbst Mut zusprechen.

«Ich habe mich zu diesem Schritt entschlossen – eine Therapeutin aufzusuchen, meine ich –, weil ich sehr unglücklich bin. Natürlich geht es um Männer. Ich meine, um mich und Männer. Immer tu ich irgend etwas, womit ich sie vertreibe. Dabei fängt es jedesmal so gut an. Ein Mann interessiert sich ernsthaft für mich, und wenn er mich erst einmal richtig kennengelernt hat –» in diesem Moment verkrampfte sie sich, als könnte sie den aufkommenden Schmerz damit abwehren – «dann bricht alles auseinander.»

Sie sah zu mir hoch. In ihren Augen schimmerten Tränen. Etwas langsamer fuhr sie fort:

«Ich will wissen, was ich falsch mache, was ich an mir ändern muß – weil es so einfach nicht weitergehen kann. Ich werde auch alles tun, was dazu nötig ist. Ich kann wirklich hart arbeiten.» Sie sprach wieder schneller.

«Dabei will ich mich doch gar nicht verweigern. Das Problem ist nur: *Ich weiß nicht*, warum mir so was immer wieder passiert. Mittlerweile habe ich schon Angst vor Beziehungen – es ist jedesmal bloß schmerzhaft und sonst nichts. Ich bekomme allmählich schon richtige Angst vor Männern.»

Sie schüttelte den Kopf und erklärte mit Nachdruck: «Ich will nicht, daß es so weitergeht. Ich bin sehr einsam. Das Studium fordert eine Menge Verantwortung von mir, und außerdem arbeite ich für meinen Lebensunterhalt. Allein diese Verpflichtungen könnten mich schon voll auslasten. Das ganze letzte Jahr habe ich praktisch kaum etwas anderes getan als arbeiten, zur Uni gehen, studieren und schlafen. Aber was mir fehlte, war ein Mann in meinem Leben.»

Dann sprudelte es aus ihr heraus: «Als ich vor zwei Monaten Freunde von mir in San Diego besuchte, lernte ich einen Mann namens Randy kennen, einen Rechtsanwalt. Eines Abends ging ich mit meinen Freunden tanzen, und da begegnete ich ihm. Na ja, wir haben uns sofort unheimlich gut verstanden. Wir redeten sehr viel miteinander – wobei ich sagen muß, daß *ich* wohl die meiste Zeit geredet habe. Aber das schien ihm wirklich zu gefallen. Und es tat mir einfach auch gut, mit einem Mann zusammen zu sein, der an denselben Dingen interessiert war wie ich.»

Sie zog die Augenbrauen zusammen. «Er schien tatsächlich

etwas für mich übrig zu haben. Zum Beispiel fragte er mich, ob ich verheiratet bin – ich bin seit zwei Jahren geschieden –, und ob ich allein lebe, in dieser Richtung eben.»

Ich konnte mir vorstellen, daß Jills Eifer, diesem Mann zu gefallen, schon am ersten Abend deutlich gewesen sein mußte, als sie sich über die dröhnende Musik hinweg angeregt mit Randy unterhielt. Genauso eifrig versuchte sie, ihm zu gefallen, als sie ihn eine Woche später willkommenhieß – er hatte eine Geschäftsreise nach Los Angeles für einen Abstecher von hundert Meilen genutzt, um sie zu besuchen. Beim Abendessen bot sie ihm an, in ihrer Wohnung zu übernachten, damit er die lange Heimfahrt bis zum nächsten Tag aufschieben konnte. Er nahm ihre Einladung an, und in dieser Nacht begann die Affäre zwischen beiden.

«Es war toll. Ich konnte ihn bekochen, und es war ihm anzumerken, wie sehr er es genoß, daß ich mich um ihn kümmerte. Am nächsten Morgen bügelte ich ihm sogar noch sein Hemd. Ich kümmere mich einfach gern um einen Mann. Wir kamen unwahrscheinlich gut miteinander aus.» Sie lächelte wehmütig. Als sie dann ihren Bericht fortsetzte, wurde deutlich, daß sich Jill schon nach kürzester Zeit ausschließlich auf Randy fixiert hatte.

Kaum war er in seiner Wohnung angekommen, klingelte bereits das Telefon. Jill erzählte ihm, wieviel Sorgen sie sich wegen der langen Fahrt gemacht hätte und wie sehr es sie nun beruhigen würde zu wissen, daß er gut angekommen sei. Offenbar hatte Randy mit dem Anruf nicht gerechnet – zumindest reagierte er leicht verwirrt –, und so entschuldigte sie sich für die Störung und legte auf. Aber schon bald machte sich ein nagendes Gefühl von Unruhe in ihr breit, von dem Bewußtsein geschürt, daß ihr schon wieder ein Mann weitaus mehr bedeutete als sie ihm.

«Randy hat mir einmal erklärt, ich solle ihn ja nicht unter Druck setzen, oder er würde verschwinden. Ich bekam schreckliche Angst. Alles hing an mir. Ich sollte ihn lieben und gleichzeitig in Ruhe lassen. Das konnte ich nicht, und dadurch wurde meine Angst immer größer. Und je panischer ich wurde, desto mehr lief ich ihm hinterher.»

Nach kurzer Zeit rief Jill fast jeden Abend bei ihm an. Sie hatten zwar vereinbart, sich wechselseitig anzurufen, aber wenn Randy an der Reihe war, saß sie oft so lange am Telefon, bis sie nicht mehr warten konnte. An Schlaf war sowieso nicht zu denken. Deshalb war sie es dann immer wieder, die den Hörer aufnahm. Diese Telefongespräche zogen sich jedesmal in die Länge, ohne Klarheit zu bringen.

«Er sagte immer, er hätte vergessen, mich anzurufen, und ich sagte: ‹Wie kannst du so etwas nur vergessen?› Schließlich habe ich immer daran gedacht. Und genau um dieses Thema drehten sich dann unsere Gespräche. Er schien Angst davor zu haben, sich richtig auf mich einzulassen, und ich wollte ihm helfen, diese Angst zu überwinden. Er sagte immer, er wüßte nicht, was er vom Leben wollte, und ich bemühte mich, ihn darin zu unterstützen, seine Wünsche und Ziele herauszufinden.» Jill verfiel in die Rolle eines «Seelendoktors», indem sie ihm zu helfen versuchte, sich gefühlsmäßig tiefer auf sie einzulassen.

Daß er keine enge Bindung zu ihr wollte, war etwas, das sie nicht akzeptieren konnte. Für sie stand schon längst fest, daß er sie brauchte.

Zweimal flog Jill nach San Diego, um das Wochenende mit ihm zu verbringen; bei ihrem zweiten Besuch kümmerte er sich den ganzen Sonntag über nicht um sie, sondern saß vor dem Fernseher und trank Bier. Es war einer der schlimmsten Tage ihres Lebens.

«Hat er eigentlich viel getrunken?» fragte ich Jill. Sie sah überrascht aus.

«Also nein, das würde ich nicht sagen. Das heißt, ich weiß nicht. Natürlich trank er an dem Abend, als wir uns kennenlernten, aber das ist schließlich normal. Wir waren ja in einer Bar. Wenn ich mit ihm telefonierte, konnte ich manchmal Eiswürfel im Glas klirren hören, und ich habe ihn deswegen schon ein bißchen aufgezogen – warum er denn allein trinkt und so. Wenn ich mir's recht überlege, hat er eigentlich immer etwas getrunken, wenn wir zusammen waren, aber ich muß wohl gedacht haben, daß er einfach ganz gerne mal einen trinkt. Das ist doch auch normal, oder?»

Sie brach ab und überlegte. «Wissen Sie, manchmal hat er am Telefon schon ein bißchen komisch geredet – vor allem, wenn man bedenkt, daß er Anwalt ist. Ziemlich unklar oder verschwommen; als ob er manchmal den Faden verloren hätte. Aber das brachte ich nie in Zusammenhang mit Alkohol. Ich weiß eigentlich auch nicht, womit ich es mir erklärt habe. Wahrscheinlich mochte ich überhaupt nicht darüber nachdenken.»

Sie sah mich traurig an.

«Vielleicht hat er wirklich zuviel getrunken, aber das lag sicher daran, daß es ihm mit mir langweilig war. Ich nehme an, er fand mich einfach nicht interessant genug und wollte deshalb auch nie richtig mit mir zusammen sein.» Nervös fuhr sie fort: «Mein früherer Mann wollte jedenfalls nicht mit mir zusammensein, das war offensichtlich!» Ihre Augen schwammen in Tränen, als sie mühsam weiterredete. «Mein Vater übrigens auch nicht ... Was ist denn nur mit mir los? Was mache ich bloß falsch?»

Sobald sich Jill darüber klar wurde, daß es massive Probleme zwischen ihr und einem Mann gab, der ihr wichtig war, entschloß sie sich nicht nur zu dem Versuch, diese Probleme zu lösen, sondern übernahm auch die Verantwortung für deren Entstehung. Wenn Randy, ihr früherer Mann und ihr Vater – wenn alle diese Männer sie nicht lieben konnten, dann mußte der Grund dafür in etwas liegen, das sie getan hatte oder nicht hatte tun können.

Jills Verhalten, ihre Gefühle, Einstellungen und Lebenserfahrungen entsprechen genau denen einer Frau, für die Liebe und Leiden zusammengehören. Sie hat viele der Eigenschaften, die charakteristisch für Frauen sind, die zu sehr lieben. Trotz der Unterschiede in ihren Lebensgeschichten und unabhängig davon, ob sie nun eine lange, schwierige Beziehung mit einem einzigen Mann durchgemacht haben oder eine Reihe von unglücklichen Affären mit mehreren Männern – alle diese Frauen weisen typische gemeinsame Merkmale auf. «Zu sehr lieben» bedeutet etwas ganz anderes als «zu viele Männer lieben» oder «sich zu oft verlieben» oder «einen anderen Menschen zu aufrichtig und tief lieben». «Zu sehr lieben» bedeutet:

sich für einen Menschen bis zur Selbstaufgabe zu verzehren, diese Besessenheit mit Liebe gleichzusetzen, zuzulassen, daß sie die eigenen Gefühle und einen Großteil des Verhaltens bestimmt, zu erkennen, daß sie sich auf die eigene körperliche und seelische Gesundheit negativ auswirkt – und trotzdem nicht loslassen zu können. Es bedeutet, den Grad der Liebe zu einem anderen Menschen am Grad der mit ihr verbundenen Qualen zu messen.

Während Sie dieses Buch lesen, stellen Sie vielleicht fest, daß Sie sich mit Jill oder einer anderen der Frauen identifizieren, deren Geschichte Sie hier kennenlernen, und vielleicht werden Sie sich fragen, ob auch Sie eine Frau sind, die zu sehr liebt. Auch wenn Sie ganz ähnliche Probleme mit Männern haben sollten, mag es Ihnen trotzdem schwerfallen, Parallelen zwischen sich und einigen der hier vorgestellten Frauen zu ziehen, weil Ihnen deren Familiengeschichte oder Lebensumstände zu extrem erscheinen. Wir alle reagieren gefühlsmäßig sehr stark auf Worte wie *Alkoholismus, Inzest, Gewalt* und *Sucht*, und manchmal können wir unser eigenes Leben nicht realistisch betrachten, weil wir große Angst davor haben, daß solche negativen Schlagworte auch auf uns oder die Menschen, die wir lieben, zutreffen könnten. Diese Unfähigkeit, Dinge beim Namen zu nennen, weil es zu peinlich, schmerzlich oder bedrohlich wäre, hindert uns leider auch oft daran, wirksame Hilfe zu suchen. Andererseits läßt sich vielleicht Ihr Leben mit keinem solchen Schlagwort beschreiben. In Ihrer Kindheit haben vielleicht Erfahrungen von weitaus subtilerer Art eine Rolle gespielt. Möglicherweise hat zum Beispiel Ihr Vater zwar für ein finanziell gesichertes Zuhause gesorgt, aber sein Verhältnis zu Frauen war im Grunde von Abneigung und Mißtrauen bestimmt, so daß seine Unfähigkeit, Sie zu lieben, letzten Endes auch Sie unfähig machte, sich selbst zu lieben. Oder die Haltung Ihrer Mutter Ihnen gegenüber war von Eifersucht und Konkurrenzgefühlen beherrscht, was Sie aber nur im Privatbereich zu spüren bekamen, denn in der Öffentlichkeit brüstete Sie sich gern mit ihrer Tochter. Sie lernten daraufhin, sich immer anzustrengen, alles gut zu machen, um von Ihrer Mutter anerkannt zu werden – und mußten doch gleichzeitig die Feindseligkeit fürchten, die Ihre Leistungen in ihr auslösten.

Es ist nicht möglich, in diesem Buch die unzähligen Formen von Familienstörungen zu beschreiben – das würde mehrere Bände füllen und zudem eher von unserem Thema wegführen. An dieser Stelle geht es vielmehr darum zu verstehen, was all die gestörten Familien gemeinsam haben: Es ist die Unfähigkeit, *ursächliche* Probleme zur Sprache zu bringen. Natürlich wird auch in solchen Familien – vielleicht sogar ständig – über die verschiedensten Probleme gesprochen, aber oft dient all dies nur dazu, die darunterliegenden «Geheimnisse» immer wieder zu verdecken, die die Familie dysfunktional machen. Das Ausmaß an Heimlichkeit (das heißt Unfähigkeit, die eigentlichen Probleme zur Sprache zu bringen) entscheidet somit eher, wie dysfunktional ein Familiensystem wird und wie ernsthaft seine einzelnen Mitglieder geschädigt sind, als die Bedeutsamkeit der Probleme selbst.

In einem dysfunktionalen Familiensystem spielen die Mitglieder starr festgelegte Rollen; ihre Kommunikation ist strikt begrenzt auf Aussagen, die diesen Rollen entsprechen. Den einzelnen Mitgliedern steht es nicht frei, ihre Erfahrungen, Wünsche, Bedürfnisse und Gefühle in vollem Umfang zu äußern – sie müssen sich auf die ihnen im Familienrahmen zugewiesene Rolle beschränken. Nun gibt es natürlich in jeder Familie bestimmte Rollen, aber mit veränderten Lebensumständen müssen sich auch die Familienmitglieder ändern; sie müssen sich den Verhältnissen ständig neu anpassen, damit die Familie auch weiterhin «gesund» bleiben kann. Demnach wäre ein mütterliches Verhalten, das einem einjährigen Kind gegenüber angemessen ist, einem dreizehnjährigen gegenüber hochgradig unangemessen. Die Mutterrolle muß sich also der Realität entsprechend verändern. In gestörten Familiensystemen hingegen werden wesentliche Aspekte der Realität geleugnet, und die Rollen bleiben starr.

Wenn niemand über das sprechen kann, was sowohl jedes einzelne Familienmitglied als auch die Familie als Ganzes betrifft – wenn ein solches Gespräch verboten ist, entweder implizit (durch Themawechsel) oder explizit («Über so etwas reden wir nicht!») –, dann lernen wir, unseren eigenen Wahrnehmungen und Gefühlen nicht zu trauen. Weil unsere Familie die Realität leugnet, beginnen auch wir, sie zu leugnen. Und dadurch wird die Herausbildung der grundlegenden Fertigkeiten ernsthaft beeinträchtigt, die wir so dringend benötigen, um unser eigenes Leben zu leben und uns Menschen und Situationen gegenüber angemessen zu verhalten. Frauen, die zu sehr lieben, müssen genau mit dieser Beeinträchtigung leben. Wir werden unfähig, einzuschätzen, wer oder was nicht gut für uns ist. Bestimmte Situationen und Menschen, die von anderen als gefährlich, unangenehm oder ungesund eingeschätzt und deshalb von vornherein gemieden werden, haben auf uns nicht denselben Effekt, weil wir sie überhaupt nicht realistisch bewerten können. Damit fehlt uns ein Selbstschutzmechanismus. Wir trauen unseren Gefühlen nicht und lassen uns von ihnen auch nicht leiten. Statt dessen werden wir gerade von Gefahren, Intrigen, Dramen und Problemen angezogen, denen Menschen, die in relativ gesunder und ausgeglichener Umgebung aufgewachsen sind, aus dem Weg gehen. Was uns so anzieht, schadet uns gleichzeitig, weil es ganz häufig eine Wiederholung dessen ist, womit wir aufgewachsen sind. Also werden wir immer wieder aufs neue verletzt.

Wir werden nicht zufällig zu Frauen, die zu sehr lieben. Allein die Tatsache, weiblich zu sein und in dieser Gesellschaft und einer solchen Familie aufzuwachsen, kann schon einige vorhersehbare Verhaltensmuster hervorrufen. Die folgenden Merkmale sind typisch für Frauen, die zu sehr lieben, für Frauen wie Jill und vielleicht auch wie Sie.

1. Im typischen Fall stammen Sie aus einem gestörten Elternhaus, in dem Ihren emotionalen Bedürfnissen nicht entsprochen wurde.

2. Sie haben selbst wenig Fürsorglichkeit erfahren und versuchen nun, dieses ungestillte Bedürfnis ersatzweise zu befriedigen, indem Sie besonders fürsorglich sind, vor allem Männern gegenüber, die in gewisser Hinsicht als bedürftig erscheinen.

3. Weil es Ihnen nicht gelang, die liebevolle, zärtliche Zuwendung, nach der Sie sich gesehnt haben, von Ihrem Vater und/oder Ihrer Mutter zu bekommen, reagieren Sie unbewußt auf den vertrauten Typus «emotional nicht zugänglicher Mann», den Sie wieder durch Ihre Liebe zu ändern versuchen.

4. Weil Sie so große Angst davor haben, verlassen zu werden, würden Sie alles tun, um zu verhindern, daß eine Beziehung auseinanderbricht.

5. Beinahe nichts macht Ihnen zuviel Mühe, nimmt zuviel Zeit in Anspruch oder ist Ihnen zu teuer, wenn es dem Mann «helfen» kann, mit dem Sie zusammen sind.

6. Mangel an Liebe in persönlichen Beziehungen ist Ihnen so vertraut, daß Sie willens sind, zu warten, zu hoffen und sich noch mehr darum zu bemühen, dem anderen zu gefallen.

7. Sie sind bereit, in jeder Ihrer Beziehungen weitaus mehr als die Hälfte der Verantwortung und Schuld zu übernehmen.

8. Der Grad Ihrer Selbstachtung ist alarmierend niedrig, und im Innersten glauben Sie nicht, daß Sie es verdienen, glücklich zu sein. Vielmehr glauben Sie, Sie müßten sich das Recht verdienen, das Leben zu genießen.

9. Sie haben das verzweifelte Bedürfnis, Ihren Partner und generell Ihre Beziehungen zu kontrollieren, weil Sie in Ihrer Kindheit wenig Sicherheit erlebt haben. Ihre Bemühungen, Menschen und Situationen unter Kontrolle zu bringen, maskieren Sie als «Hilfsbereitschaft».

10. In einer Beziehung stehen Sie mehr in Verbindung mit dem Traum davon, wie es sein könnte, als mit Ihrer realen Situation.

11. Sie sind abhängig von Männern und seelischem Schmerz.

12. Möglicherweise sind Sie psychisch und auch physiologisch anfällig dafür, von Drogen, Alkohol und/oder bestimmten – vorwiegend zuckerhaltigen – Nahrungsmitteln abhängig zu werden.

13. Indem Sie sich zu Menschen hingezogen fühlen, deren Probleme ungeteilte Aufmerksamkeit verlangen, oder sich in Situationen verstricken, die chaotisch, unsicher und Ihrer seelischen Verfassung abträglich sind, vermeiden Sie es, sich auf Ihre Verantwortung Ihnen selbst gegenüber zu konzentrieren.

14. Möglicherweise neigen Sie zu depressiven Verstimmungen, denen Sie mit den Aufregungen beizukommen versuchen, die Ihnen eine labile Beziehung ständig bietet.

15. Zu freundlichen, stabilen, verläßlichen Männern fühlen Sie sich nicht hingezogen. Solche «netten» Männer finden Sie langweilig.

Bei Jill waren fast alle dieser charakteristischen Merkmale mehr oder weniger deutlich ausgeprägt. Die Eigenschaften, die sie in sich vereinigte, aber auch all das, was sie über Randy erzählte, ließen mich vermuten, daß er ein Alkoholproblem hatte. Frauen mit einer solchen emotionalen Disposition fühlen sich geradezu magisch angezogen von Männern, die – aus welchen Gründen auch immer – emotional nicht zugänglich sind. Und Abhängigkeit ist eine der Urformen emotionaler Unzugänglichkeit.

Von Anfang an war Jill bereit, mehr Verantwortung als Randy dafür zu übernehmen, daß ihre Beziehung zustandekam und bestehenblieb. Wie so viele Frauen, die zu sehr lieben, zeichnete auch sie sich durch Zuverlässigkeit und Erfolgsorientiertheit aus und erreichte wirklich in weiten Teilen ihres Lebens das, was sie sich vorgenommen hatte – und dennoch war ihr Selbstwertgefühl sehr niedrig. Durch die Verwirklichung akademischer und beruflicher Ziele konnte sie das Gefühl persönlichen Versagens nicht ausgleichen, das sie in ihren Liebesbeziehungen erfuhr. Jedesmal, wenn Randy vergaß, sie anzurufen, versetzte dies ihrem brüchigen Selbstbild einen Schlag. Um es zusammenzuhalten, mußte sie versuchen, ihm Beweise seiner Zuneigung zu entlocken. Ihre Bereitschaft, die gesamte Schuld am Scheitern einer Beziehung zu übernehmen, war genauso typisch wie ihre Unfähigkeit, die Situation realistisch einzuschätzen, sich selbst zu schützen und die Beziehung abzubrechen, als deutlich war, daß ihre Gefühle nicht erwidert wurden.

Frauen, die zu sehr lieben, schenken ihrer persönlichen Integrität wenig Beachtung. Statt dessen verwenden sie ihre Energie darauf, das Verhalten und die Gefühle des Partners ihnen gegenüber zu verändern – wenn es sein muß, auch mit verzweifelten Manövern. Jills teure Ferngespräche und Flüge nach San Diego (obwohl ihr nur wenig Geld zur Verfügung stand) sind ein Beispiel dafür. Ihre telefonischen «Therapiesitzungen» mit Randy waren viel eher der Versuch, ihn zu dem Mann zu machen, den sie brauchte, als mit ihm gemeinsam herauszufinden, wer er wirklich war. Übrigens ging es Randy sowieso nicht darum. Hätte er nämlich Interesse an einem solchen Selbstfindungsprozeß gehabt, dann hätte er selbst auch mehr dafür getan, als passiv herumzusitzen, während Jill versuchte, ihn zu einer Selbstanalyse zu zwingen. Sie wiederum nahm diese Mühe auf sich, weil ihr sonst nur eine Alternative geblieben wäre: Sie hätte ihn als den Mann erkennen und akzeptieren müssen, dem sowohl ihre Gefühle als auch die Beziehung zu ihr im Grunde gleichgültig waren.

Um zu verstehen, warum Jill eine Therapie machen wollte, müssen wir noch einmal zu ihrer ersten Sitzung zurückkehren.

Irgendwann kam sie auf ihren Vater zu sprechen.

«Er war ein unheimlich dickköpfiger Mann. Ich habe mir mal geschworen, eines Tages würde ich bei einem Streit mit ihm gewinnen.» Sie überlegte einen Moment lang.

«Dazu ist es aber nie gekommen. Vielleicht habe ich ja deshalb angefangen, Jura zu studieren. Hart um eine Sache kämpfen und gewinnen – diese Vorstellung ist schon faszinierend.» Der Gedanke brachte sie zum Lächeln, aber sehr schnell wurde sie wieder ernst.

«Wissen Sie, was ich einmal gemacht habe? Ich habe ihn

dazu gebracht, mir zu sagen, daß er mich liebt, und mich zu umarmen.» Jill versuchte, dies wie eine lustige Anekdote aus der Jugendzeit zu erzählen, aber es gelang ihr nicht. Die Stimme des verletzten jungen Mädchens war deutlich herauszuhören.

«Nie wäre es dazu gekommen, wenn ich ihn nicht gezwungen hätte. Aber er hat mich wirklich geliebt. Das konnte er bloß nicht zeigen. So, wie er es sonst auch nicht sagen konnte. Ich bin sehr froh, daß ich ihn wenigstens einmal dazu gebracht habe. Sonst hätte ich nie aus seinem Mund gehört, daß er mich liebt. Und darauf hatte ich jahrelang gewartet. Mit achtzehn erklärte ich ihm: ‹Du wirst mir jetzt sagen, daß du mich liebst›, und ich rührte mich so lange nicht von der Stelle, bis er diese Worte aussprach. Dann bat ich ihn, mich zu umarmen, aber auch damit mußte ich anfangen. Er hat mich nur irgendwie gedrückt und meine Schulter ein bißchen getätschelt, aber das war für ihn schon eine ganze Menge. So etwas hatte ich wirklich gebraucht.» Ihr strömten Tränen übers Gesicht.

«Warum ist es ihm bloß so schwergefallen? Der eigenen Tochter sagen können, daß man sie liebt – das wäre doch eigentlich etwas ganz Natürliches.»

Wieder blickte sie auf ihre gefalteten Hände hinunter.

«Ich habe mir soviel Mühe gegeben. Und nur aus diesem Grund wollte ich mich mit ihm auch dauernd auseinandersetzen. Ich dachte, wenn ich in einem solchen Streit einmal die Stärkere wäre, dann müßte er stolz auf mich sein. Dann würde er zugeben müssen, daß ich auch etwas konnte. Was ich am allermeisten wollte, war seine Anerkennung, aber das ist wohl nur ein anderes Wort für Liebe . . .»

Im weiteren Verlauf des Gesprächs wurde deutlich, daß Jills Familie für die Ablehnung, die ihr Vater ihr entgegenbrachte, die Tatsache verantwortlich machte, daß er einen Sohn gewollt und eine Tochter bekommen hatte. Diese oberflächliche Erklärung für seine Kälte dem eigenen Kind gegenüber war für alle Beteiligten – einschließlich Jill – viel leichter zu akzeptieren als alles, was der Wahrheit über ihn nähergekommen wäre. Aber nach einer Reihe von Therapiestunden erkannte Jill, daß ihr Vater *keinerlei* enge persönliche Bindungen gehabt hatte, daß er im Grunde unfähig gewesen war, auch nur einem Menschen in seiner näheren Umgebung gegenüber Zärtlichkeit, Liebe oder Anerkennung auszudrücken. Immer hatte es für seine emotionale Unzulänglichkeit «Gründe» gegeben, beispielsweise Streitigkeiten und Meinungsverschiedenheiten oder eben unabänderliche Tatsachen wie die, daß Jill ein Mädchen war. Jedes einzelne Familienmitglied entschloß sich dazu, diese Gründe als berechtigt zu akzeptieren, statt sich weitere Gedanken darüber zu machen, warum ihre Beziehungen zu ihm immer distanziert bleiben mußten.

Jill fiel es tatsächlich schwerer zu akzeptieren, daß ihr Vater liebesunfähig war, als sich weiterhin Selbstvorwürfe zu machen. Solange sie an allem schuld war, gab es ja noch Hoffnung – die Hoffnung, sich selbst ausreichend verändern zu können, um beim anderen Veränderungen hervorzurufen.

Wenn sich etwas ereignet, das uns emotional verletzt, und wir uns sagen, es sei unser Fehler gewesen, dann behaupten wir damit in Wirklichkeit: Wir haben die Kontrolle über das Ereignis und können derartige Verletzungen in Zukunft verhindern, wenn wir uns ändern. Diese Dynamik steckt hinter vielen Selbstvorwürfen von Frauen, die zu sehr lieben. Indem wir uns selbst die Schuld geben, halten wir gleichzeitig an der Hoffnung fest, herausfinden zu können, was wir falsch machen, um es zu korrigieren, dadurch die Situation unter Kontrolle zu bringen und weiteren Schmerz zu verhindern.

Auch Jill hatte dieses Muster entwickelt, wie in einer der folgenden Sitzungen besonders deutlich wurde – als sie nämlich auf ihre Ehe zu sprechen kam. So wie sie sich unausweichlich zu jemandem hingezogen fühlte, mit dem sie das emotional unterkühlte Klima, in dem sie großgeworden war, wiedererschaffen konnte, bot ihr die Ehe gleichzeitig die Möglichkeit, noch einmal zu versuchen, die Liebe zu gewinnen, die ihr versagt worden war.

Als Jill berichtete, wie sie ihren Ehemann kennengelernt hatte, fielen mir die Worte eines anderen Therapeuten ein: Hungrige Leute sind unkritische Käufer. Total ausgehungert nach Liebe und Anerkennung, zudem gewöhnt an Zurückweisung, ohne sie jedoch beim Namen nennen zu können –

unter diesen Bedingungen war es Jill geradezu vorherbestimmt, einen Mann wie Paul zu finden.

Sie erzählte: «Wir haben uns in einer Bar kennengelernt. Ich war gerade im Waschsalon gewesen, und während meine Sachen im Trockner lagen, ging ich nebenan einen Schluck trinken. Die Bar war übrigens ziemlich heruntergekommen. Paul spielte dort Billard und forderte mich gleich auf, mitzumachen. Ich sagte ja, und so fing alles an. Er fragte mich, ob wir uns nicht mal treffen könnten. Ich sagte nein, ich treffe mich nicht mit Männern, die ich in einer Bar kennenlerne. Und dann ging er mir einfach hinterher, in den Waschsalon, und redete unentwegt auf mich ein. Schließlich gab ich ihm meine Telefonnummer, und am nächsten Abend gingen wir zusammen aus.

Was dann geschah, werden Sie kaum glauben: Zwei Wochen später lebten wir schon zusammen. Er hatte keine Wohnung, und ich mußte sowieso aus meiner ausziehen, also haben wir uns gemeinsam was gesucht. Eigentlich war es gar nicht besonders gut mit ihm, weder sexuell noch im Zusammenleben überhaupt. Aber nach einem Jahr machte sich meine Mutter allmählich Sorgen über das, was ich dort tat, und so haben wir eben geheiratet.» Wieder schüttelte sie den Kopf.

Obwohl es zwischen ihnen so zwanglos begonnen hatte, richtete sie ihr Leben bereits nach kurzer Zeit völlig nach ihm aus. Weil Jill schon seit ihrer Kindheit all das, was nicht in Ordnung war, in Ordnung bringen wollte, übertrug sie dieses Denk- und Verhaltensmuster auch auf ihre Ehe.

«Ich habe mir so viel Mühe gegeben. Ich will damit sagen: Ich hab ihn wirklich geliebt und war fest entschlossen, dafür zu sorgen, daß er mich auch liebt. Ich wollte die perfekte Ehefrau werden. Ich kochte und putzte wie eine Wahnsinnige, und gleichzeitig versuchte ich auch noch, mein Studium fortzusetzen. Einen Großteil der Zeit arbeitete er überhaupt nicht. Er hing einfach nur rum oder verschwand – manchmal tagelang. Dieses Warten und Grübeln, es war die Hölle. Aber ich lernte, ihn nicht zu fragen, wo er gewesen war, weil . . .» Sie zögerte und rutschte nervös auf dem Stuhl hin und her.

«Das zuzugeben, fällt mir echt schwer. Ich war mir so sicher, daß ich alles hinkriegen würde, wenn ich mir nur genug Mühe gab, aber manchmal war er einfach zu lange weg, das machte mich wütend, und dann hat er mich geschlagen. Darüber habe ich noch nie mit jemandem gesprochen. Ich schämte mich doch so sehr. Ich konnte mir einfach nicht vorstellen, daß mir das wirklich passierte, verstehen Sie? Daß ich zu den Frauen gehören sollte, die sich schlagen lassen.»

Jills Ehe war zu Ende, als ihr Mann auf einer seiner ausgedehnten «Touren» eine andere Frau kennenlernte. Obwohl die Ehe unerträglich geworden war, brach Jill zusammen, als Paul sie verließ.

«Ich wußte nur eins: Ganz gleich, was diese Frau an sich hatte, es war all das, was ich nicht hatte. Ich konnte mir genau vorstellen, weshalb mich Paul verließ. Ich bekam das Gefühl, ich hätte überhaupt nichts zu bieten – weder ihm noch irgend jemandem sonst. Ich gab ihm nicht die Schuld dafür, daß er mich verließ. Schließlich konnte ich mich ja selbst kaum ertragen.»

Ein Großteil meiner Arbeit mit Jill bestand darin, daß ich ihr half, den Verlauf ihrer Krankheit zu verstehen, die ihr Leben so lange beherrscht hatte: ihre Abhängigkeit von zum Scheitern verurteilten Beziehungen mit Männern, die emotional nicht zugänglich waren. Der Suchtaspekt von Jills Verhalten in Beziehungen läßt sich mit dem suchthaften Gebrauch einer Droge vergleichen. In jeder ihrer Beziehungen gab es ein anfängliches Hoch, ein Gefühl von Euphorie und Erregung. In dieser ersten Phase glaubte sie jedesmal, daß ihre geheimsten Bedürfnisse nach Liebe, Aufmerksamkeit und emotionaler Sicherheit endlich befriedigt werden könnten. In diesem Glauben wurde Jill allmählich abhängig von Partner und Beziehung, weil sie auf dieses Hochgefühl nicht verzichten konnte. Wie ein Süchtiger, der immer mehr von einer Droge konsumieren muß, weil sie immer weniger Wirkung zeigte, begann auch Jill mit der Zeit, sich immer mehr in die Beziehung zu stürzen, während sie ihr gleichzeitig immer weniger Befriedigung und Erfüllung gab. Bei dem Versuch, das aufrechtzuerhalten, was sie einmal als so wundervoll, so vielversprechend erlebt hatte, lief sie ihrem Partner unterwürfig hinterher, bettelte um mehr Zuneigung, mehr Sicherheit, mehr Liebe – und bekam immer weniger davon. Je schlimmer die Situation wurde, desto schwerer fiel es ihr loszulassen. Sie konnte nicht aufgeben. Sie brauchte die Beziehung zu sehr.

Jill war 29 Jahre alt, als sie zum erstenmal zu mir kam. Ihr Vater war sieben Jahre zuvor gestorben, aber er bedeutete ihr noch immer mehr als jeder andere Mann. In gewisser Hinsicht war er der einzige Mann in ihrem Leben, weil die Beziehung zu jedem anderen, von dem sie sich angezogen fühlte, in Wirklichkeit doch nur der Versuch war, eine Beziehung zu ihrem Vater herzustellen und endlich die Liebe von ihm zu bekommen, die er ihr auf Grund seiner eigenen Probleme nie hatte geben können.

Wenn unsere Kindheitserfahrungen besonders schmerzlich waren, stehen wir oft hinter dem Zwang, das ganze Leben hindurch unbewußt gleichartige Situationen immer wieder neu zu inszenieren – unter dem Druck, endlich die Herrschaft über jene Erfahrungen zu erlangen.

Wenn wir also wie Jill von einem Elternteil, den wir liebten und brauchten, nicht wiedergeliebt wurden, dann suchen wir uns als Erwachsene oft einen Partner – oder einen nach dem anderen –, der diesem Elternteil ähnelt. Es ist der Versuch, den alten Kampf ums Geliebtwerden doch noch zu «gewinnen». Jill zum Beispiel fühlte sich immer wieder zu Männern hingezogen, die nicht zu ihr paßten.

Es gibt den alten Witz von einem kurzsichtigen Mann, der spätabends seinen Schlüsselbund verloren hat und nun im Licht einer Straßenlaterne danach sucht. Jemand anders kommt vorbei und bietet an, ihm bei der Suche zu helfen, fragt aber zunächst: «Sind Sie sicher, daß Sie die Schlüssel hier verloren haben?» Der Mann antwortet: «Nein, aber hier ist es hell genug zum Suchen.»

Wie dieser Mann suchte auch Jill nach etwas, das in ihrem Leben fehlte, aber sie suchte nicht da, wo die Hoffnung bestand, es zu finden. Als eine Frau, die zu sehr liebt, suchte sie da, wo die Suche am einfachsten für sie war.

In diesem Buch werden wir herausfinden, was «zu sehr lieben» heißt, warum wir es tun, wo wir es gelernt haben und wie wir uns von dieser Form des Liebens trennen können, um unsere Beziehungen befriedigend zu gestalten. Zunächst will ich noch einmal Punkt für Punkt auf die typischen Merkmale von Frauen, die zu sehr lieben, eingehen.

1. Im typischen Fall stammen Sie aus einem gestörten Elternhaus, in dem Ihren emotionalen Bedürfnissen nicht entsprochen wurde.

Die Bedeutung dieses Satzes läßt sich wohl am einfachsten erschließen, wenn wir uns zunächst seiner zweiten Hälfte zuwenden: «... in dem Ihren emotionalen Bedürfnissen nicht entsprochen wurde.» Dabei sind mit «emotionalen Bedürfnissen» nicht nur die nach Liebe und Zuwendung gemeint. Noch schwerwiegender als diese wichtigen Aspekte ist es, daß Ihre Wahrnehmungen und Gefühle weitgehend unbeachtet blieben oder sogar verleugnet wurden, statt anerkannt und bestätigt zu werden. Hierzu ein Beispiel: Die Eltern streiten sich. Das Kind verspürt Angst und fragt die Mutter: «Warum bist du so böse auf Papa?» Die Mutter antwortet: «Ich bin doch gar nicht böse», sieht dabei aber wütend und erregt aus. Das Kind spürt Verwirrung und noch mehr Angst und sagt: «Ich habe dich aber schimpfen hören.» Die Mutter erwidert aufgebracht: «Noch einmal: Ich bin nicht böse, aber das wird sich gleich ändern, wenn du so weitermachst.» Das Kind erlebt jetzt Gefühle von Angst, Verwirrung, Ärger und Schuld. Die Mutter hat damit indirekt zu verstehen gegeben, daß die Wahrnehmung des Kindes nicht korrekt ist, aber wenn das stimmt, woher kommen dann die Angstgefühle? Nun muß das Kind eine Entscheidung treffen: zwischen dem Wissen, daß es recht hat und von seiner Mutter absichtlich belogen wurde, und dem Glauben, daß es mit dem, was es hört, sieht und fühlt, im Unrecht ist. Häufig bleibt dem Kind damit nichts als Verwirrung. Es muß seine Wahrnehmungen «abschalten», um nicht in die unangenehme Lage zu kommen, daß sie ihm im nachhinein abgesprochen werden. Dies beeinträchtigt die Fähigkeit des Kindes und späteren Erwachsenen, sich und seinen Wahrnehmungen zu trauen – vor allem in engen Beziehungen.

Vielleicht wird auch dem Bedürfnis nach Zuwendung überhaupt nicht oder nur unzureichend entsprochen. Wenn Eltern miteinander streiten oder in andere Formen der Auseinandersetzung verstrickt sind, bleibt oft wenig Zeit oder Aufmerksamkeit für die Kinder in der Familie übrig. Infolgedessen verzehrt sich das Kind nach Liebe, ohne dabei zu wissen, wie es ihr trauen und sie akzeptieren soll. Zugleich hat es das Gefühl, diese Liebe nicht zu verdienen.

Nun komme ich zum ersten Teil des Satzes. Ein Elternhaus ist dann gestört, wenn mindestens einer der folgenden Punkte zutrifft:

o Mißbrauch von Alkohol und/oder anderen Drogen (legale wie zum Beispiel Medikamente oder illegale)

o Zwangsverhalten wie zwanghaftes Essen, Arbeiten, Putzen, Spielen (um Geld), Einkaufen, zwanghafte Durchführung von Diäten oder sportlichen Übungen und so weiter. Bei diesen Beispielen handelt es sich sowohl um Suchtverhalten als auch um eine Krankheit mit fortschreitender Tendenz, deren schädliche Wirkung unter anderem darin besteht, daß sie aufrichtige Bindungen und wirkliche Intimität in einer Familie zerstört oder von vornherein verhindert.

o körperliche Gewalt gegen Ehepartner und/oder Kinder

o unangemessenes Sexualverhalten eines Elternteils dem Kind gegenüber, das von verführerischem Auftreten bis zum Inzest reichen kann

o ständiges Streiten und ständige Spannung

o länger andauernde Perioden, in denen die Eltern sich weigern, miteinander zu sprechen

o Eltern, deren Ansichten oder Wertvorstellungen äußerst gegensätzlich sind oder die sich mit einander widersprechenden Verhaltensweisen der Loyalität ihrer Kinder versichern wollen.

o Eltern, die miteinander oder mit ihren Kindern konkurrieren

o ein Elternteil, der keine echte Beziehung zu anderen Familienmitgliedern herstellen kann, ihnen deshalb bewußt aus dem Weg geht, sie dabei aber für sein eigenes Verhalten verantwortlich macht

○ extrem starre Festlegungen in bezug auf Geld, Religion, Arbeit, Zeiteinteilung, Äußerungen von Zuneigung, Sexualität, Freizeit, Hausarbeiten, Sport, Politik und so weiter. Solche rigiden Fixierungen können Aufrichtigkeit und Intimität verhindern, da der Schwerpunkt nicht auf den Beziehungen untereinander liegt, sondern auf dem Befolgen von Regeln.

Ist ein Elternteil auf eine oder mehrere der hier aufgeführten Verhaltensweisen oder Vorstellungen fixiert, erleidet das Kind Schaden. Sind beide Elternteile daran beteiligt, kann dies sogar noch schwerwiegendere Folgen haben. Oftmals weisen Eltern krankmachende Verhaltensformen auf, die sich gegenseitig ergänzen. Alkoholiker beispielsweise gehen häufig die Ehe mit jemandem ein, der zwanghaft essen muß. Jeder der beiden Partner kämpft dann darum, die Sucht des anderen zu kontrollieren. Oft halten sich die verschiedenen schädlichen Eigenschaften der Eltern gleichsam die Waage: Wenn die Mutter Fürsorglichkeit auf geradezu erdrückende Weise zeigt und der Vater ein sehr erregbarer, abweisender Mensch ist, dann macht das Verhalten des einen es dem anderen jeweils möglich, den eigenen schädlichen Einfluß auf die Kinder weiterhin auszuüben.

Dysfunktionale Familien existieren in allen denkbaren Variationen, aber sie alle haben etwas gemeinsam: Die Kinder, die in ihnen aufwachsen, sind in unterschiedlichem Ausmaß gefühls- und beziehungsmäßig behindert.

2. Sie haben selbst wenig Fürsorglichkeit erfahren und versuchen nun, dieses ungestillte Bedürfnis ersatzweise zu befriedigen, indem Sie besonders fürsorglich sind, vor allem Männern gegenüber, die in bestimmter Hinsicht als bedürftig erscheinen.

Denken Sie einmal daran, wie sich Kinder – vor allem kleine Mädchen – verhalten, wenn sie die Liebe und Anerkennung nicht bekommen, die sie wollen und brauchen. Während ein kleiner Junge vielleicht wütend wird und seine Verletztheit durch irgendeine Form destruktiven Verhaltens ausagiert, wird ein kleines Mädchen sich eher seiner Lieblingspuppe zuwenden. Indem es die Puppe wiegt, ihr gut zuspricht und sich auf einer bestimmten Ebene mit ihr identifiziert, unternimmt das kleine Mädchen den angestrengten Versuch, auf Umwegen die Fürsorglichkeit zu bekommen, die es braucht. Im Grunde tun Frauen, die zu sehr lieben, dasselbe, vielleicht ein wenig subtiler. Fürsorglichkeit wird für uns sehr häufig zum Berufs- oder gar zum Lebensinhalt. Frauen aus dysfunktionalen Familien (nach meinen Beobachtungen gilt das ganz besonders für Familien mit Alkoholproblemen) sind in den sogenannten Helferberufen überrepräsentiert, arbeiten als Krankenschwestern, Beraterinnen, Therapeutinnen oder Sozialarbeiterinnen. Wir fühlen uns zu denen hingezogen, die bedürftig sind, identifizieren uns einfühlsam mit ihren Leiden und versuchen, diese zu lindern – und oft tun wir all dies, damit es uns selbst besser geht. Daß die Männer, für die wir uns am meisten interessieren, gleichzeitig diejenigen sind, die als besonders bedürftig erscheinen, leuchtet ein, sobald wir verstehen, daß es unsere eigene Sehnsucht nach Liebe und Hilfe ist, die hinter dieser Attraktion steckt.

Ein Mann, der bedürftig auf uns wirkt, braucht nicht unbedingt bettelarm oder kränklich zu sein. Vielleicht ist er ja auch unfähig, echte Beziehungen einzugehen, oder gefühlsarm und lieblos oder eigensinnig und egoistisch oder mürrisch und melancholisch. Vielleicht ist er ein bißchen zügellos und unzuverlässig oder nicht fähig, sich zu binden oder treu zu bleiben. Vielleicht erzählt er uns aber auch, daß er noch nie in der Lage war, jemanden zu lieben. Je nach familiärem Hintergrund reagiert jede von uns auf eine bestimmte Form von Bedürftigkeit. Aber am wichtigsten ist, *daß* wir reagieren, und zwar mit der Überzeugung, dieser Mann brauche unsere Hilfe, unser Mitgefühl und unsere Klugheit, um sein Leben besser in den Griff zu bekommen.

3. Weil es Ihnen nicht gelang, die liebevolle, zärtliche Zuwendung, nach der Sie sich gesehnt haben, von Ihrem Vater und/oder Ihrer Mutter zu bekommen, reagieren Sie unbewußt auf den vertrauten Typus «emotional nicht zugänglicher Mann», den Sie wieder durch Ihre Liebe zu ändern versuchen.

Vielleicht bemühten Sie sich verzweifelt um einen Elternteil, vielleicht sogar um beide. Aber was auch immer in der Vergangenheit falsch, nicht vorhanden oder schmerzhaft war – genau das versuchen Sie jetzt in Ordnung zu bringen.

Nun wird allmählich deutlich, daß bei uns etwas abläuft, was äußerst schädlich und zudem völlig sinnlos ist. Es wäre ganz in Ordnung, wenn wir all unsere Sympathie, unser Mitgefühl und Verständnis in die Beziehung zu einem wirklich liebesfähigen Mann einbringen würden, einem Mann also, der unseren Bedürfnissen auch entsprechen könnte. Aber Männer, die uns geben könnten, was wir brauchen, interessieren uns nicht. Sie kommen uns langweilig vor. Wir fühlen uns zu Männern hingezogen, mit denen wir die Qualen noch einmal erleben können, die wir mit unseren Eltern durchgemacht haben: Damals versuchten wir, gut, liebenswert, nützlich und intelligent zu sein, um Liebe, Aufmerksamkeit und Anerkennung von denen zu bekommen, die uns nicht geben konnten, was wir brauchten, weil sie mit anderen Problemen beschäftigt waren und sich für andere Dinge interessierten. Nun verhalten wir uns, als wenn Liebe, Aufmerksamkeit und Anerkennung nur dann wirklich zählen, wenn wir sie einem Mann entlocken können, der ebenfalls nicht in der Lage ist, uns all das bereitwillig zu geben, weil er mit anderen Problemen beschäftigt ist und sich für andere Dinge interessiert.

4. Weil Sie so große Angst davor haben, verlassen zu werden, würden Sie alles tun, um zu verhindern, daß eine Beziehung auseinanderbricht.

Verlassen werden – das ist ein sehr hartes Wort. Es heißt, allein zurückzubleiben, vielleicht zu sterben, weil wir nicht fähig sind, allein weiterzuleben. Verlassen werden – das kann eine Erfahrung im buchstäblichen, aber auch im übertragenen Sinne sein: Unser Partner kann uns emotional verlassen. Jede Frau, die zu sehr liebt, hat zumindest einmal erfahren, was emotionales Verlassensein wirklich bedeutet – mit all dem Schrecken und der unendlichen Leere, die damit verbunden sind. Wenn wir als Erwachsene von einem Mann verlassen werden, der in vieler Hinsicht die Menschen für uns verkörpert, die uns zuerst verlassen haben, wird auch das gesamte Ausmaß von Angst und Schrecken in uns wieder wach. Natürlich würden wir alles tun, um dieses Gefühl nicht noch einmal erleben zu müssen. Das führt uns zum nächsten Punkt.

5. Beinahe nichts macht Ihnen zuviel Mühe, nimmt zuviel Zeit in Anspruch oder ist Ihnen zu teuer, wenn es dem Mann «helfen» kann, mit dem Sie zusammen sind.

Hinter all den Hilfeleistungen steckt die Idee, es ließe sich damit erreichen, was Sie eigentlich wollen: einen neuen Mann aus ihm machen, der Ihnen das geben wird, was Sie wirklich brauchen. Während wir also oft bescheiden leben und uns nur wenig gönnen, geben wir bereitwillig und mit vollen Händen, wenn es darum geht, ihm zu helfen. Als Beispiele seien einige Leistungen genannt, die wir um seinetwillen erbringen:

o Sie kaufen ihm Kleidung, um sein Selbstbewußtsein zu stärken.

o Sie kümmern sich um einen Therapeuten für ihn und bitten ihn inständig, diesen aufzusuchen.

o Sie finanzieren ihm teure Hobbies, die dazu beitragen sollen, daß er seine Zeit besser nutzt.

o Sie ziehen mit ihm um, selbst wenn der Ortswechsel für Sie persönlich nur Nachteile bringt – mit der Begründung: «Er wird hier nicht glücklich.»

o Sie geben ihm die Hälfte Ihres Eigentums, damit er sich Ihnen gegenüber nicht minderwertig vorkommt.

o Sie stellen ihm Wohnraum zur Verfügung, damit er sich geborgen fühlen kann.

o Sie lassen sich emotional von ihm mißbrauchen – mit der
  Begründung: «Er hat noch nie seine Gefühle zum Ausdruck
  bringen dürfen.»
o Sie beschaffen ihm Arbeit.

Daneben gibt es natürlich viele andere Formen von «Hilfe».
Wir fragen uns kaum jemals, ob sie überhaupt angemessen
sind, aber wir verwenden eine Menge Zeit und Energie darauf,
uns neue Methoden auszudenken, die vielleicht besser funktionieren könnten als diejenigen, die wir bereits ausprobiert
haben.

**6. Mangel an Liebe in persönlichen Beziehungen ist Ih-
nen so vertraut, daß Sie willens sind, zu warten, zu hoffen und sich noch mehr darum zu bemühen, dem anderen zu gefallen.**

Menschen mit einer anderen Lebensgeschichte wären fähig,
sich in einer solchen Lage zu sagen: «Es ist so schrecklich. Ich
fühle mich so schlecht dabei, daß ich die Sache lieber beende.»
Wir hingegen nehmen an, daß wir irgendwie noch nicht genug
für unsere Beziehung getan haben, sobald etwas nicht unseren
Vorstellungen entspricht und wir dabei unglücklich sind. Jede
Kleinigkeit im Verhalten unseres Partners werten wir als möglichen Hinweis darauf, daß er endlich doch beginnt, sich zu
ändern. Wir leben mit der Hoffnung, morgen werde alles ganz
anders sein. Darauf zu warten, daß der andere sich ändert, ist
für uns tatsächlich bequemer, als uns selbst und damit unser
eigenes Leben zu ändern.

**7. Sie sind bereit, in jeder Ihrer Beziehungen weitaus
mehr als die Hälfte der Verantwortung und Schuld zu
übernehmen.**

Diejenigen von uns, die aus gestörten Familien stammen, hatten häufig Eltern, die unzuverlässig, kindisch und schwach
waren. Wir wuchsen zu schnell heran und wurden Pseudo-
Erwachsene, ohne reif für die Belastungen zu sein, die eine

solche Rolle mit sich bringt. Aber wir fanden auch Gefallen an der Macht, die von der Familie und anderen Menschen auf uns übertragen wurde. Heute glauben wir, es sei allein unsere Aufgabe, dafür zu sorgen, daß eine Beziehung funktioniert. Wir suchen uns häufig Partner, die unzuverlässig sind, Schuld generell anderen zuschieben und uns damit in dem Gefühl bestärken, die Sorge um die Beziehung und die Arbeit an ihr sei allein unsere Aufgabe. Wir sind schließlich Experten im Umgang mit Belastungen.

8. Der Grad Ihrer Selbstachtung ist alarmierend niedrig, und im Innersten glauben Sie nicht, daß Sie es verdienen, glücklich zu sein. Vielmehr glauben Sie, Sie müßten sich das Recht verdienen, das Leben zu genießen.

Wenn unsere Eltern uns nicht das Gefühl gaben, ihre Liebe und Aufmerksamkeit zu verdienen, wie sollen wir dann überhaupt glauben können, liebenswert zu sein? Nur ganz wenige der Frauen, die zu sehr lieben, haben die feste innere Überzeugung, daß sie allein durch ihre Existenz berechtigt sind, zu lieben und geliebt zu werden. Wir glauben statt dessen, mit schrecklichen Fehlern und Makeln behaftet zu sein und zum Ausgleich dafür besonders viel Gutes tun zu müssen. Wir fühlen uns schuldig für diese Unzulänglichkeiten und leben in der ständigen Angst, sie könnten entdeckt werden. Tag für Tag mühen wir uns ab, als «gute» Menschen zu erscheinen, weil wir nicht glauben, daß wir es sind.

9. Sie haben das verzweifelte Bedürfnis, Ihren Partner und generell Ihre Beziehungen zu kontrollieren, weil Sie in Ihrer Kindheit wenig Sicherheit erlebt haben. Ihre Bemühungen, Menschen und Situationen unter Kontrolle zu bringen, maskieren Sie als «Hilfsbereitschaft».

Ein Kind, das in einer Familie lebt, die chaotische Formen von Störungen aufweist (wie bei Alkoholismus, körperlicher Gewalt oder Inzest), wird durch den Verlust an Kontrolle in dieser Familie zwangsläufig in Panik versetzt. Die Menschen, auf die das Kind angewiesen ist, entziehen sich, beschützen es nicht, weil sie dafür zu krank sind. Statt Sicherheit und Schutz zu gewähren, bedeutet eine solche Familie für das Kind eher Bedrohung und Gefahr. Weil diese Art von Erfahrung so überwältigend, so verheerend ist, versuchen diejenigen, die sie erleiden mußten, gewissermaßen den Spieß umzudrehen. Indem wir anderen gegenüber stark und hilfsbereit sind, schützen wir uns vor der Panik, die in uns aufsteigt, sobald wir jemandem auf Gedeih und Verderb ausgeliefert sind. Wir brauchen das Zusammensein mit Menschen, denen wir helfen können, um uns selbst sicher zu fühlen und Kontrolle zu gewinnen.

10. In einer Beziehung stehen Sie mehr in Verbindung mit dem Traum davon, wie es sein könnte, als mit Ihrer realen Situation.

Wenn wir zu sehr lieben, leben wir in einer Phantasiewelt, wo sich der Mann, mit dem wir so unglücklich oder unzufrieden sind, schon magisch verwandelt hat. Damit nähren wir den Glauben, daß er sich – mit unserer Hilfe – auch in Wirklichkeit verändern kann, ja sogar verändern wird. Weil wir gar nicht recht wissen, was es heißt, in einer Beziehung glücklich zu sein und mit unseren emotionalen Bedürfnissen ernstgenommen zu werden, wagen wir es am ehesten in dieser Traumwelt, uns zu holen, was wir wollen.

Wenn wir nämlich einen Partner hätten, der schon all das verkörperte, was wir wollen – wozu sollte der uns überhaupt noch brauchen? Unsere Begabung (und unser zwanghaftes Bedürfnis) zu helfen würde das Betätigungsfeld verlieren. Ein großes Stück unserer Identität würde sozusagen brachliegen. Also suchen wir uns einen Mann, der nicht verkörpert, was wir wollen – und träumen weiter.

11. Sie sind abhängig von Männern und seelischem Schmerz.

Stanton Peele schreibt in seinem Buch ‹Love and Addiction› (Liebe und Abhängigkeit): «Abhängigkeit ist eine bestimmte

Empfindung, die das Bewußtsein einer Person absorbiert und wie ein Analgetikum Angst- und Schmerzgefühle lindert. Es eignet sich wohl kaum etwas so gut dazu, unser Bewußtsein zu absorbieren, wie ein bestimmter Typus von Liebesbeziehung. Eine Abhängigkeit erzeugende Beziehung ist zum einen gekennzeichnet durch das Verlangen nach der beruhigenden Gegenwart eines anderen Menschen ... Zum zweiten setzt sie die Fähigkeit dieser Person herab, sich überhaupt noch anderen Lebensbereichen zuzuwenden.»

Wir benutzen unsere zwanghafte Fixierung auf die Männer, die wir lieben, um eigene Gefühle von Schmerz, Leere, Angst und Wut zu vermeiden. Wir benutzen unsere Beziehungen wie Drogen, um die Erfahrung zu umgehen, unsere Gefühle ganz allein mit uns selbst aushalten zu müssen. Je schmerzhafter die Interaktionen mit unserem Partner sind, desto mehr Ablenkung bietet er uns. Eine besonders schreckliche Beziehung dient für uns demselben Zweck wie eine starke Droge. Wenn der Mann, auf den wir uns ausschließlich konzentriert hatten, nicht mehr da ist, machen wir eine Art Entzug durch, oft sogar mit vielen der körperlichen und seelischen Symptome, die den eigentlichen Drogenentzug begleiten: Übelkeit, Schwitzen, Schüttelfrost, Zittern, Unruhe, Zwangsvorstellungen, Depressionen, Schlaflosigkeit, Angst- und Panikzustände. In dem Bemühen, diese Symptome zu lindern, kehren wir zu unserem letzten Partner zurück oder suchen verzweifelt einen neuen.

12. Möglicherweise sind Sie psychisch und auch physiologisch anfällig dafür, von Drogen, Alkohol und / oder bestimmten – vorwiegend zuckerhaltigen – Nahrungsmitteln abhängig zu werden.

Dieses Merkmal betrifft besonders eine bestimmte Gruppe der Frauen, die zu sehr lieben: die Töchter von Suchtmittelabhängigen. Alle Frauen, die zu sehr lieben, sind mit Erfahrungen vorbelastet, die sie dazu bringen können, empfindungs- beziehungsweise bewußtseinsverändernde Substanzen zu mißbrauchen. Darüber hinaus weisen Kinder von Suchtmittelabhängigen möglicherweise eine ererbte Anfälligkeit dafür auf, in Abhängigkeit von bestimmten Substanzen zu geraten.

Die Molekularstruktur von raffiniertem Zucker ist mit der von Äthylalkohol nahezu identisch. Daran liegt es vielleicht, daß so viele Töchter von Alkoholikern davon abhängig und «freßsüchtig» werden. Raffinierter Zucker ist kein Nahrungsmittel, sondern eine Droge. Er hat keinerlei Nährwert, sondern bloß «leere» Kalorien. Er kann schwerwiegende chemische Veränderungen im Gehirn auslösen und wirkt bei vielen Menschen schwer suchterregend.

13. Indem Sie sich zu Menschen hingezogen fühlen, deren Probleme ungeteilte Aufmerksamkeit verlangen, oder sich in Situationen verstricken, die chaotisch, unsicher und Ihrer seelischen Verfassung abträglich sind, vermeiden Sie es, sich auf Ihre Verantwortung Ihnen selbst gegenüber zu konzentrieren.

Während es uns leichtfällt, intuitiv zu erkennen, was jemand anders fühlt, oder herauszufinden, was jemand anders braucht oder tun sollte, stehen wir mit unseren eigenen Gefühlen nicht in Verbindung und sind damit unfähig, kluge Entscheidungen in bezug auf eigene Lebensbereiche zu treffen, die uns Sorgen bereiten. Oft wissen wir gar nicht so recht, wer wir eigentlich sind, und indem wir uns in dramatische Probleme verwickeln lassen, vermeiden wir Selbstbeobachtung und Selbsterkenntnis.

Selbstverständlich kann es auch bei uns zu Gefühlsausbrüchen kommen. Aber auch wenn wir jammern und heulen, sind wir doch nicht fähig, uns bei notwendigen und wesentlichen Entscheidungen von den eigenen Gefühlen leiten zu lassen.

14. Möglicherweise neigen Sie zu depressiven Verstimmungen, denen Sie mit den Aufregungen beizukommen versuchen, die Ihnen eine labile Beziehung ständig bietet.

Dazu ein Beispiel: Eine Klientin von mir, die jahrelang unter Depressionen gelitten hatte und mit einem Alkoholiker verheiratet war, verglich ihr Eheleben damit, jeden Tag einen Autounfall zu haben. Das dauernde Auf und Ab, die Überraschungen und Manöver, all das, was unvorhersehbar war und die Beziehung labil machte, versetzte ihrem Organismus ständig neue Schocks. Wenn Sie jemals einen Autounfall hatten, in dem Sie nicht ernsthaft verletzt wurden, haben Sie vielleicht etwa einen Tag nach dem Ereignis eine Art Hochgefühl erlebt. Durch den extremen Schock wurde nämlich ganz plötzlich ungewöhnlich viel Adrenalin freigesetzt. Dieses Adrenalin war verantwortlich für Ihr Hochgefühl. Wenn Sie eine Frau sind, die mit Depressionen zu kämpfen hat, suchen Sie unbewußt nach Situationen, die für Sie erregend oder aufwühlend sind, wie etwa ein Autounfall (oder die Ehe mit einem Alkoholiker), so daß durch ständiges Hochgefühl Niedergeschlagenheit gar nicht erst aufkommen kann.

Depressionen, Alkoholismus und Eßstörungen stehen in enger Beziehung zueinander und scheinen Gemeinsamkeiten in genetischer Hinsicht aufzuweisen. Beispielsweise waren bei den meisten Magersüchtigen, mit denen ich gearbeitet habe, *beide* Elternteile alkoholabhängig, und bei vielen meiner depressiven Klientinnen gab es zumindest einen alkoholabhängigen Elternteil. Wenn Sie also aus einer Familie mit Alkoholproblemen stammen, sind Sie aus zwei verschiedenen Gründen für Depressionen anfällig: wegen Ihrer Vergangenheit und wegen Ihrer genetischen Veranlagung. Tragischerweise hat vielleicht gerade die Beziehung zu einem Menschen mit dieser Krankheit einen besonderen Reiz für Sie.

15. Zu freundlichen, stabilen, verläßlichen Männern fühlen Sie sich nicht hingezogen. Solche «netten» Männer finden Sie langweilig.

Den labilen Mann finden wir aufregend, den unzuverlässigen Mann reizvoll, den sprunghaften Mann romantisch, den unreifen Mann charmant, den launischen Mann geheimnisvoll. Der aggressive Mann braucht unser Verständnis. Der unglückliche Mann braucht unseren Trost. Der Versager braucht unsere Ermutigung und der Eisklotz unsere Wärme. Aber einen Mann, der ganz «in Ordnung» ist, so wie er ist, können wir nicht «reparieren», und wenn er liebevoll ist und sich um uns kümmert, können wir auch nicht leiden. Wenn wir einen Mann nicht zu sehr lieben können, können wir ihn leider meistens überhaupt nicht lieben.

In den folgenden Kapiteln werden verschiedene Frauen zu Wort kommen, die alle – wie Jill – zu sehr geliebt haben. Die Geschichten dieser Frauen können Ihnen vielleicht dabei helfen, Ihre eigenen Lebensmuster deutlicher zu erkennen. Dies wird Sie in die Lage versetzen, diese Muster mit Hilfe der Verfahren, die am Ende des Buches erläutert werden, zu ändern, um so ein neues Zusammenwirken von Selbsterfüllung, Liebe und Zufriedenheit erleben zu können. Das möchte ich Ihnen wünschen.

Viel Sex um nichts

Oh my man I love him so –
he'll never know
All my life is just despair –
but I don't care
When he takes me in his arms
the world is bright . . .

– My Man

Die junge Frau in meinem Büro war völlig
verzweifelt. Ihr Gesicht zeigte noch immer
Spuren der schweren Prellungen, die sie sich einen Monat vorher zugezogen hatte, als sie mit ihrem Auto absichtlich über eine Klippe gefahren war.

«Es stand in der Zeitung», erzählte sie langsam und unter sichtlichen Schmerzen. «Alles über den Unfall, sogar ein Foto vom Auto, wie es halb in der Luft hing . . . aber er hat sich noch nicht mal bei mir gemeldet.» Den letzten Satz sprach sie mit leicht erhobener Stimme, in der ein Hauch gesunder Wut mitschwang, aber dann schien die Verzweiflung sie wieder zu überwältigen.

Für Ann, die aus Liebe tatsächlich beinahe gestorben wäre, gab es eine zentrale Frage, die Frage, die den Verlust ihres Geliebten unerklärlich und beinahe unerträglich machte: «Warum konnten wir uns sexuell so gut verstehen, so herrlich miteinander fühlen, so nahe sein, wenn sonst eigentlich gar nichts zwischen uns war? Warum hat es sexuell geklappt, aber sonst überhaupt nicht?» Als sie anfing zu weinen, sah sie aus wie ein sehr junges, sehr verletztes Kind. «Ich glaubte, durch meine völlige Hingabe könnte ich ihn dazu bringen, mich zu lieben. Ich habe ihm alles gegeben, alles, was ich geben konnte.» Sie beugte sich vor, verschränkte die Arme und schaukelte hin und her. «Oh, es tut so schrecklich weh zu wissen, daß ich das alles umsonst getan habe.»

Ann blieb zusammengekrümmt sitzen und weinte. Ihre Haltung schien auszudrücken: Der Platz, den mein Traum von Liebe eingenommen hat, ist jetzt so leer, daß ich mich darin verliere.

Schließlich konnte sie weitersprechen; ihre Stimme hatte dabei noch immer einen jämmerlichen Ton: «Ich wollte doch nie etwas anderes, als Jim glücklich machen und mit ihm zusammen sein! Ich habe nichts anderes verlangt, als ihn manchmal bei mir zu haben.»

Als Ann wieder in Weinen ausbrach, fiel mir ein, was sie mir über ihre Familie erzählt hatte, und ich fragte vorsichtig: «Erinnert Sie das nicht ein wenig an Ihre Mutter? Im Grunde wollte sie doch auch nur dann und wann Ihren Vater bei sich haben.»

Plötzlich saß sie ganz aufrecht da. «Mein Gott, das stimmt ja! Ich höre mich schon genauso an wie meine Mutter. Und dabei hatte ich mir geschworen, niemals so wie sie zu werden – niemals eine Frau zu werden, die immer wieder Selbstmordversuche macht, nur um ihren Willen zu kriegen. Mein Gott!» rief sie noch einmal, sah mich dann an und sagte leise: «Das ist wirklich furchtbar.»

Nach einer Weile antwortete ich: «Häufig müssen wir feststellen, daß wir genau das tun, was unser gleichgeschlechtlicher Elternteil getan hat, auch wenn wir fest entschlossen waren, niemals dieselben Fehler zu machen – und zwar deshalb, weil ihre Handlungen, sogar ihre Gefühle uns gelehrt haben, was es heißt, ein Mann oder eine Frau zu sein.»

«Aber ich habe doch nicht versucht, mich umzubringen, um mich an Jim zu rächen», protestierte Ann. «Ich fühlte mich einfach nur so schrecklich wertlos, so überflüssig, daß ich es nicht mehr ertragen konnte.» Sie unterbrach sich. «Vielleicht ging es meiner Mutter ja ähnlich. Ich glaube, das kommt dabei raus, wenn man mit aller Kraft versucht, jemanden zu halten, der andere, wichtigere Dinge zu tun hat.»

Ann hatte es wirklich mit aller Kraft versucht, und ihr «Lockmittel» war Sex gewesen.

In einer späteren Sitzung, als ihr Schmerz nicht mehr ganz so frisch war, kamen wir noch einmal auf dieses Thema zu sprechen. «Eigentlich war mir Sex schon immer sehr wichtig», berichtete sie in einer Mischung aus Stolz und Schuldbewußtsein, «so wichtig, daß ich während der Schulzeit manchmal Angst hatte, ich wäre vielleicht nymphomanisch.

Ich machte mir ständig Gedanken darüber, wann und wo mein Freund und ich ins Bett gehen konnten. Immer habe ich dafür gesorgt, daß wir ein Plätzchen fanden, wo wir allein sein konnten. Angeblich sollen es ja die Männer sein, die immer nur Sex im Kopf haben. Aber ich hatte viel größeres Interesse daran als mein Freund. Zumindest habe ich sehr viel mehr als er dafür riskiert, solche ungestörten Treffen überhaupt möglich zu machen.»

Ann war sechzehn Jahre alt, als sie und ihr Schulfreund zum erstenmal «aufs Ganze gingen», wie sie es ausdrückte. Er spielte Football und nahm das Training sehr ernst. Er schien der Überzeugung zu sein, daß zuviel Sex mit Ann seiner Leistungsfähigkeit auf dem Spielfeld schaden könne. Am Abend vor einem Spiel wollte er seine Ruhe haben – sie durchkreuzte seine Rückzugspläne, indem sie einen Babysitterjob für die Nachmittage annahm, wo sie ihn auf der Wohnzimmercouch verführen konnte, während der Säugling nebenan im Kinderzimmer schlief. Trotz all ihrer Anstrengungen gelang es Ann nicht, seine Leidenschaft für den Sport in eine Leidenschaft für sie umzuwandeln. Schließlich verließ er sie wegen eines Sportstipendiums an einem weit entfernten College.

Nach einer Zeit nächtlicher Weinkrämpfe und Selbstbeschimpfungen dafür, daß sie es nicht geschafft hatte, ihn dem Sport zu entreißen und an sich zu binden, war Ann bereit, einen neuen Versuch zu wagen.

In diesem Sommer – nach ihrem Schulabschluß und vor dem Eintritt ins College – lebte sie noch immer zu Hause, in einem Zuhause, das am Zusammenbrechen war. Nach jahrelangen Drohungen hatte Anns Mutter schließlich die Scheidung eingereicht und dafür einen Rechtsanwalt engagiert, der für seine Bereitschaft bekannt war, notfalls auch mit schmutzigen Tricks zu arbeiten. Die Ehe ihrer Eltern war wie ein Schlachtfeld gewesen, auf dessen einer Seite ein zwanghaft auf seine Arbeit fixierter Vater stand und ihm gegenüber eine Mutter, die jedes Mittel bis hin zur Gewalt gegen ihn und sich selbst einsetzte, um ihn zu zwingen, mehr Zeit mit ihr, Ann und der älteren Tochter Beth zu verbringen. Er war so selten zu Hause, daß seine Frau diese Stippvisiten sarkastisch als «Zwischenlandungen» bezeichnete.

«Und seine Besuche bei uns waren wirklich schlimm», erinnerte sich Ann. «Jedesmal arteten sie in einen schrecklichen Dauerstreit aus, in dessen Verlauf meine Mutter schrie und ihn beschuldigte, uns alle nicht zu lieben, und mein Vater immer wieder beteuerte, er würde nur wegen uns so viel und so lange arbeiten. Und so endete es jedesmal damit, daß sich beide anbrüllten. Meist verließ er dann das Haus, knallte die Tür hinter sich zu und schrie: ‹Kein Wunder, daß ich so ungern nach Hause komme!› Manchmal jedoch, wenn meine Mutter lange genug geweint oder ihm wieder einmal die Scheidung angedroht hatte oder sogar mit einer Überdosis Tabletten in die Klinik eingeliefert worden war, verhielt er sich eine Zeitlang anders, kam früh nach Hause und verbrachte viel Zeit mit uns. Meine Mutter fing dann jedesmal an, die tollsten Mahlzeiten für ihn zu kochen – vermutlich, um ihn dafür zu belohnen, daß er zu seiner Familie heimkehrte.» Sie runzelte die Stirn. «Das ging vielleicht drei oder vier Abende lang gut, aber dann kam garantiert wieder so ein Telefonanruf. Meine Mutter beschränkte sich zuerst auf eiskalte Bemerkungen wie ‹Aha, ich verstehe. Ja, wirklich?›, aber nach kurzer Zeit beschimpfte sie ihn mit den schmutzigsten Ausdrücken und knallte den Hörer auf. Und so saßen wir dann dumm rum, Beth und ich; wir hatten uns doch immer fein machen müssen, wenn unser Vater zum Abendessen erwartet wurde. Womöglich hatten wir auch schon den Tisch hübsch gedeckt, mit Kerzen und Blumen, genau so, wie unsere Mutter es haben wollte, wenn Vater erwartet wurde. Und nun war es wieder einmal soweit, daß unsere Mutter in der Küche herumraste, schrie, Töpfe auf den Boden warf und mit den widerlichsten Ausdrücken über meinen Vater herzog. Wenn sie sich etwas beruhigt hatte, wurde sie wieder eiskalt und teilte uns mit, daß wir jetzt eben ‹allein›, sprich ohne ihn essen würden.‘ Das war sogar noch schlimmer als ihr Geschrei. Sie servierte das Essen und saß da, ohne uns überhaupt anzusehen. Ihr Schweigen machte Beth und mich jedesmal total nervös. Wir wagten es nicht, zu sprechen, aber auch nicht, das Essen stehenzulassen. So blieben wir halt am Tisch sitzen und versuchten, es ihr ein bißchen leichter zu machen, ohne überhaupt zu wissen, wie. Nach solchen Mahlzeiten wurde mir oft mitten in der Nacht so schlecht, daß ich mich übergeben mußte.» Ann schüttelte scheinbar ungerührt den Kopf. «So etwas fördert nicht gerade eine gesunde Verdauung.»

«Und auch nicht das Erlernen von ‹gesunden› Beziehungsmustern», fügte ich hinzu, denn in diesem Klima hatte Ann gelernt, was für ihren Umgang mit Menschen, die sie liebte, bestimmend werden sollte.

«Was ging in solchen Situationen in Ihnen vor?» fragte ich sie.

Ann dachte eine Weile nach und nickte dann, um ihre Antwort noch zu unterstreichen. «Während dieser Szenen hatte ich Angst, aber meistens fühlte ich mich einfach einsam. Niemand achtete auf mich oder dachte mal darüber nach, was ich eigentlich machte oder was in mir vorging. Meine Schwester war so schüchtern, daß wir beide wenig miteinander redeten. Sie verkroch sich in ihrem Zimmer, wenn sie nicht beim Flötenunterricht war. Ich glaube, sie spielte vor allem deshalb Flöte, weil sie sich damit den Streitigkeiten entziehen konnte und immer eine gute Entschuldigung dafür hatte, den anderen aus dem Weg zu gehen. Auch ich lernte, nur ja keinen Ärger zu machen. Ich blieb still und tat so, als würde ich nicht mitkriegen, was meine Eltern sich gegenseitig antaten. Was ich dachte, behielt ich für mich. Ich versuchte, gut in der Schule zu sein. Manchmal kam es mir so vor, als seien die Schulleistungen das einzige, was meinen Vater an mir interessierte. Zum Beispiel ließ er sich meine Zeugnisse zeigen, manchmal auch Klassenarbeiten, und darüber redeten wir dann ein bißchen. Er hatte großen Respekt vor jeder Art von Leistung. Ich versuchte deshalb um seinetwillen, gut zu sein.»

Ann strich über ihre Stirn und fügte nachdenklich hinzu: «Ich empfand noch ein anderes Gefühl. Trauer. Ich glaube, ich war die ganze Zeit über traurig, aber das habe ich nie jemandem erzählt. Wenn jemand gefragt hätte: ‹Wie fühlst du dich denn eigentlich?› wäre meine Antwort gewesen: ‹Gut, wirklich gut.› Selbst wenn ich hätte sagen können, daß ich traurig war, so hätte ich doch nie erklären können warum. Es wäre mir ja nicht einmal möglich gewesen, dieses Gefühl zu rechtfertigen. Ich mußte doch an nichts leiden. In meinem Leben mangelte es an nichts Wichtigem. Ich meine, wir hatten immer genug zu essen, wir bekamen immer, was wir brauchten.» Ann war noch nicht in der Lage, sich das Ausmaß ihrer familiären Isolation voll und ganz einzugestehen. An Fürsorge und Aufmerksamkeit hatte es ihr gemangelt, weil ihr Vater praktisch unnahbar gewesen war und ihre Mutter sich von Gefühlen der Wut und Frustration ihm gegenüber hatte verzehren lassen. Was Ann und ihre Schwester erleiden mußten, war seelische Not.

Idealerweise kann ein Kind seinen Eltern vermitteln, wer es wirklich ist, wenn es durch deren Liebe und Aufmerksamkeit dazu ermutigt wird. Aber Anns Eltern waren nicht fähig, diese Chance wahrzunehmen; sie waren viel zu sehr damit beschäftigt, sich gegenseitig ihren Willen aufzuzwingen. Als Ann älter wurde, bot sie sich und ihre Liebe (unter dem Deckmantel von Sex) anderen Menschen an. Doch diese waren genausowenig gewillt oder in der Lage, sie anzunehmen: Ann suchte sich nämlich immer die Sorte von Menschen, mit denen sie sich auskannte. Eine andere Wahl wäre ihr nicht «richtig» vorgekommen, hätte nicht zu dem Mangel an Liebe und Aufmerksamkeit gepaßt, an den sie gewöhnt war.

Inzwischen verschärfte sich der Konflikt zwischen ihren Eltern durch das Scheidungsverfahren noch einmal dramatisch. Auf dem Höhepunkt der Auseinandersetzungen brannte Anns Schwester mit einem Musiklehrer durch. Die Eltern konnten in dieser Phase ihres Kampfes nichts anderes mehr registrieren, als daß eine ihrer Töchter den Staat mit einem Mann verlassen hatte, der doppelt so alt war wie sie und zudem noch nicht einmal in der Lage, sich selbst zu ernähren.

Auch Ann suchte nach Liebe, ließ sich ständig von neuen Männern ausführen und ging mit fast jedem von ihnen ins Bett. Im Innersten glaubte sie, daß ihre Mutter für die Probleme zu Hause verantwortlich war, daß ihre Mutter den Vater mit ihren ständigen Nörgeleien und Drohungen vertrieben hatte. Ann schwor sich, nie zu der aggressiven, fordernden Frau zu werden, als die sie ihre Mutter erlebte. Statt dessen würde sie ihren Partner mit Liebe, Verständnis und völliger Hingabe gewinnen. Schon mit dem Football-spieler hatte sie den Versuch gemacht, durch aufopferungs-volle Liebe und Hingabe unwiderstehlich zu wirken, aber ihre Methode hatte nicht funktioniert. Daraus schloß sie jedoch nicht, die falsche Methode oder den falschen Partner gewählt, sondern noch nicht genug gegeben zu haben. Also bemühte sie sich immer weiter, immer mehr, aber keiner der jungen Männer, mit denen sie sich einließ, blieb bei ihr.

Das Herbstsemester begann, und nach kurzer Zeit lernte Ann in einem ihrer Seminare am College einen verheirateten Mann namens Jim kennen. Er war Polizist und wollte sich im Bereich Strafvollzug weiterbilden, um schneller befördert zu werden. Er war dreißig Jahre alt, hatte zwei Kinder und eine schwangere Frau. Eines Nachmittags erzählte er Ann beim Kaffeetrinken, wie jung er bei seiner Heirat gewesen war und wie unglücklich er sich in der Beziehung zu seiner Frau fühlte. Er warnte sie auf eine väterliche Art vor der Falle des häus-lichen Lebens, in die sie durch zu frühes Heiraten und die damit verbundenen Pflichten geraten würde. Es schmeichelte Ann, daß er ihr etwas so Privates wie die Enttäuschung über sein Eheleben anvertraute. Er schien gutherzig zu sein, in gewisser Hinsicht auch verletzlich, ein bißchen einsam und unverstan-den. Jim erzählte ihr, daß ihm dieses Gespräch sehr viel bedeu-tet habe – daß er eigentlich noch mit keinem Menschen über so etwas habe sprechen können –, und bat sie um ein weiteres Treffen. Ann sagte sofort ja, denn das Gespräch mit ihm war zwar recht einseitig gewesen (er hatte fast pausenlos geredet), aber so offen und vertraulich, wie sie es in ihrer Familie noch nie erlebt hatte. Ihr schien diese Unterhaltung eine Art Kost-probe von dem zu sein, was sie so sehr brauchte: Aufmerksam-keit. Zwei Tage später trafen sie sich wieder, diesmal zu einem Spaziergang durch die Hügel oberhalb des Campusgeländes. Auf diesem Spaziergang küßte er sie zum erstenmal. Innerhalb einer Woche hatten sie die nötigen Arrangements getroffen, um während der Dienststunden eines anderen Polizisten in dessen Wohnung zusammen zu sein. Sie verbrachten dort drei der fünf Nachmittage, die Ann eigentlich im College hätte sein müssen. Innerhalb kürzester Zeit drehte sich ihr Leben nur noch um die «gestohlenen Stunden» mit Jim. Ann verschloß die Augen vor den Konsequenzen, die diese Beziehung für ihr sonstiges Leben hatte. Sie begann, Seminare zu schwänzen und zum erstenmal in ihren schulischen Leistungen abzufallen. Sie belog ihre Freunde, wenn diese sie nach ihrem Privatleben fragten, und ließ sie schließlich ganz fallen, um nicht weiterhin lügen zu müssen. Auch ihre anderen sozialen Aktivitäten verringerten sich, weil es ihr nur noch darum ging, mit Jim zusammen zu sein, wenn es möglich war, und an ihn zu denken, wenn es nicht möglich war. Sie bemühte sich, ständig erreichbar zu sein, nur für den Fall, daß er dann und wann einmal eine Stunde Zeit erübrigen konnte.

Jim gab ihr dafür bei jedem Zusammensein sehr viel Aufmerksamkeit und Zärtlichkeit. Er schaffte es, genau das zu sagen, was sie hören wollte – wie wunderbar, wie einzigartig, wie liebenswert sie war und daß sie ihn glücklicher machte, als er es jemals für möglich gehalten hätte. Seine Worte bewirkten, daß sie sich noch mehr Mühe gab, ihm Freude und sexuelle Befriedigung zu bereiten. Zunächst kaufte sie besonders schöne Unterwäsche, die sie nur für ihn trug, dann Parfum und Öle, vor deren Benutzung er sie jedoch warnte. Er hatte Angst, seiner Frau könne der Geruch auffallen, und wollte sich nicht der Gefahr eines häuslichen Verhörs aussetzen. Daraufhin las sie Bücher über die Kunst der körperlichen Liebe und probierte alles, was sie dabei lernte, an ihm aus. Wenn er in Ekstase geriet, spornte sie dies nur noch mehr an. Nichts erregte sie so sehr wie ihre Anziehungskraft auf ihn und ihre Fähigkeit, ihn damit zu erregen. Es war nicht ihre eigene Sexualität, die sie zum Ausdruck brachte. Ann fand ihre Selbstbestätigung vielmehr in der Anziehungskraft, die sie auf Jim ausübte: Je heftiger er auf sie reagierte, desto wohler fühlte sie sich. Dabei hatte sie besseren Zugang zu seiner Sexualität als zu ihrer eigenen.

Die Zeiten, in denen er sich aus seinem gewöhnlichen Leben wegstahl, nur um bei ihr zu sein, waren ihr immer wieder der ersehnte Beweis für ihren eigenen Wert. Wenn sie nicht mit ihm zusammen war, dachte sie darüber nach, auf welche neue Weise sie ihn becircen könnte. Ihre Freunde hatten es aufgegeben, sie zu gemeinsamen Aktivitäten einzuladen, und ihr Leben konzentrierte sich auf einen Zweck: Jim glücklicher zu machen, als er je gewesen war. Bei jeder ihrer Begegnungen verspürte Ann eine Art Triumphgefühl: Es war der Triumph über seine Ernüchterung dem Leben gegenüber, der Triumph über seine Unfähigkeit, Liebe und sexuelle Erfüllung zu erfahren. Daß sie ihn glücklich machen konnte, machte sie glücklich. Endlich vermochte ihre Liebe das Leben eines anderen Menschen zu verzaubern. Genau das hatte sie schon immer gewollt. Sie war eben nicht wie ihre Mutter, die durch ständige Forderungen den Mann aus ihrem Leben vertrieben hatte. Ann knüpfte vielmehr ein Band, das nur aus Liebe und Selbstlosigkeit bestand. Sie war stolz darauf, wie wenig sie von Jim verlangte.

«Ich fühlte mich sehr einsam, wenn wir nicht zusammen waren, das heißt also: meistens. Wir sahen uns ja nur an drei Tagen in der Woche, jeweils zwei Stunden, und dazwischen meldete er sich nie bei mir. Er hatte montags, mittwochs und freitags Seminare, und danach trafen wir uns regelmäßig. Das bißchen Zeit zusammen verbrachten wir fast ausschließlich im Bett. Wenn wir endlich allein waren, stürzten wir uns aufeinander. Manchmal glaubten wir beide, daß wir die einzigen auf der Welt waren, die den Sex als so etwas Intensives und Erregendes erlebten. Und hinterher mußten wir natürlich jedesmal Abschied nehmen. Die Zeit ohne ihn war ganz leer für mich. Ich nutzte sie eigentlich nur dazu, mich auf unser nächstes Wiedersehen vorzubereiten. Ich wusch meine Haare mit einem speziellen Shampoo, lackierte mir die Fingernägel und träumte einfach vor mich hin. Aber ich versuchte, nicht zuviel an seine Frau und die Kinder zu denken. Ich war davon überzeugt, daß er zu früh und blindlings in die Ehe gestolpert war, bevor er wirklich wußte, was er vom Leben wollte, und die Tatsache, daß er nicht vorhatte, wegzulaufen und sich vor seinen Verpflichtungen zu drücken, rührte mich und machte ihn irgendwie noch liebenswerter.»

«... und machte es mir mit ihm noch angenehmer», hätte Ann hinzufügen können. Zu einer engen Dauerbeziehung war sie nicht fähig. Deshalb kam es ihr im Grunde sogar gelegen, daß Jim dazu wegen seiner Lebensumstände auch nicht fähig war, genausowenig wie der Footballspieler mit seinen sportlichen Ambitionen. Nur die Beziehungsformen, die uns vertraut sind, sind uns auch angenehm, und Jim brachte in die Beziehung genau das ein, was Ann so gut von ihren Eltern kannte: Distanziertheit und Bindungslosigkeit.

Das zweite Semester ging seinem Ende entgegen, der Sommer nahte, und Ann fragte Jim, was aus ihnen werden sollte. Die Semesterferien würden beginnen und dann hätten sie dieses Alibi für ihre Treffen nicht länger. Er runzelte die Stirn und antwortete unschlüssig: «Ich weiß noch nicht genau. Mir wird schon was einfallen.» Dieses Stirnrunzeln reichte aus, um Ann von weiteren Fragen abzuhalten. Was sie beide verband, war einzig und allein das Glück, das sie ihm schenken konnte. Wenn er nicht glücklich war, würde er sich vielleicht von ihr trennen. Sie durfte ihn also keinesfalls bedrängen.

Die Semesterferien begannen, und Jim war noch nichts eingefallen. «Ich ruf dich an», sagte er. Sie wartete. Der Vater eines Freundes bot ihr einen Sommerjob in seinem Kurhotel an. Mehrere Freunde von ihr wollten auch dort arbeiten und drängten sie, das Angebot anzunehmen. Sie malten ihr aus, wie schön es im Sommer am See war und wieviel Spaß die Arbeit machen würde. Aber Ann lehnte ab, weil sie Angst hatte, Jims Anruf zu verpassen. Obwohl sie in den nächsten drei Wochen das Haus kaum verließ, kam der ersehnte Anruf nie.

An einem heißen Nachmittag Mitte Juli fuhr Ann lustlos ins Stadtzentrum zum Einkaufen. Als sie aus einem Geschäft trat und die Augen vor dem hellen Sonnenlicht zusammenkniff, sah sie auf einmal Jim, einen braungebrannten, lächelnden Jim, der die Hand einer Frau hielt, die mit Sicherheit seine Ehefrau war. Daneben standen zwei kleine Kinder, ein Junge und ein Mädchen, und an Jims Brust lag ein Säugling in einem blauen

Schultertuch. Ann versuchte, Augenkontakt mit Jim aufzunehmen. Er starrte sie kurz an, sah dann weg und ging an ihr vorbei – mit seiner Familie, seiner Frau, seinem Leben.

Irgendwie schaffte sie es, ihr Auto zu erreichen, obwohl die Schmerzen in der Brust ihr das Atmen fast unmöglich machten. Schluchzend und nach Luft schnappend blieb sie in dem aufgeheizten Wagen sitzen, so lange, bis die Sonne untergegangen war. Dann fuhr sie mit großer Mühe langsam zum College und hinauf in die umliegenden Hügel – die Hügel, wo Jim und sie spazierengegangen waren, wo er sie zum erstenmal geküßt hatte. Die Straße fiel auf einer Seite steil ab. Dort, wo Ann um eine Kurve hätte biegen müssen, fuhr sie weiter geradeaus.

Daß sie den Aufprall mehr oder weniger unversehrt überlebte, war ein Wunder. Für sie war es aber auch eine große Enttäuschung. Noch während sie im Krankenhaus lag, schwor sie sich, es wieder zu versuchen, sobald sie draußen war. Sie wurde zur weiteren Behandlung an die psychiatrische Station überwiesen, schluckte Tabletten, die sie benommen machten, ließ das obligatorische Gespräch mit dem Psychologen über sich ergehen. Die – getrennten – Besuche von ihren Eltern wurden vorher sorgfältig mit dem Pflegepersonal abgestimmt. Wenn ihr Vater an der Reihe war, hielt er ihr ernste Vorträge darüber, daß sie noch ihr ganzes Leben vor sich hätte; Ann zählte heimlich mit, wie oft er dabei auf seine Uhr schaute. Diese Vorträge endeten normalerweise mit einem hilflosen «Du weißt doch, daß wir beide, deine Mutter und ich, dich sehr lieb haben. Versprich mir, daß du so etwas nie wieder machst». Gehorsam gab Ann das Versprechen, rang sich ein Lächeln ab und fühlte sich noch viel einsamer, weil sie ihren Vater wegen etwas so Wichtigem belügen mußte. Anschließend kam ihre Mutter, die im Krankenzimmer auf- und abmarschierte und bohrende Fragen stellte: «Wie konntest du dir das nur antun? Wie konntest du uns das nur antun? Warum hast du mir bloß nicht gesagt, daß etwas nicht in Ordnung war? Was ist denn überhaupt los? Hat es was mit deinem Vater und mir zu tun?» Dann ließ sich ihre Mutter in einem Besuchersessel nieder und berichtete in allen Details über den neuesten Stand des Scheidungsverfahrens, was offenbar dazu dienen sollte, Ann zu beruhigen. Nach diesen Besuchen wurde ihr nachts jedesmal schlecht, und sie mußte sich übergeben.

Am letzten Abend ihres Klinikaufenthaltes setzte sich eine Krankenschwester zu ihr ans Bett und begann, sie vorsichtig, aber eindringlich zu befragen. Daraufhin sprudelte Ann die ganze Geschichte heraus. Schließlich sagte die Krankenschwester zu ihr: «Ich weiß, daß Sie daran denken, es wieder zu versuchen. Wer könnte Ihnen das verdenken? Ihre Situation hat sich seit der letzten Woche kein bißchen verändert. Aber bevor Sie es tun, sollten Sie vielleicht noch mit jemandem reden.» Die Krankenschwester, eine frühere Klientin von mir, verwies Ann an mich.

So begannen Ann und ich daran zu arbeiten, sie von dem Bedürfnis zu heilen, mehr Liebe zu geben, als sie bekam, immer mehr zu geben, obwohl sie sich schon längst verausgabt hatte. In den darauffolgenden zwei Jahren lernte Ann einige Männer kennen, die ihr Gelegenheit gaben zu verstehen, wofür sie Sex in ihren Beziehungen benutzte. Einer von ihnen war Professor an der Universität, an der sie sich mittlerweile eingeschrieben hatte. Er war genauso arbeitssüchtig wie ihr Vater. Zunächst konzentrierte Ann ihre Energien darauf, seine Aufmerksamkeit von der Arbeit abzulenken, damit er sich statt dessen ihrer Beziehung zuwenden konnte. Aber diesmal bekam sie schmerzlich zu spüren, wie sinnlos der Versuch war, ihn zu ändern – und gab nach fünf Monaten auf. Wieder hatte sie die Herausforderung gereizt, wieder hatte ihr jeder Abend, an dem sie ihn der Wissenschaft entreißen konnte, Selbstbestätigung gegeben. Aber Ann fühlte, daß sie emotional immer abhängiger von ihm wurde, während er ihr immer weniger gab. In einer Sitzung erzählte sie: «Gestern abend war ich mit David zusammen, und als ich darüber sprach, wie viel er mir bedeutet, mußte ich weinen. Er begann wieder einmal mit seiner Standardantwort: Er hätte große Verantwortung seiner Arbeit gegenüber, und das müßte ich einfach verstehen – da habe ich zum erstenmal abgeschaltet. Diese Antwort hatte ich schon so oft gehört. Plötzlich wurde mir erschreckend klar, daß ich ein paar Jahre früher genau dieselbe Szene erlebt hatte –

damals allerdings mit meinem Footballspieler. Wieder einmal war ich dabei, mich einem Mann an den Hals zu werfen.»

Sie lächelte wehmütig. «Sie haben keine Ahnung, was ich schon alles gemacht habe, nur um von einem Mann beachtet zu werden. Ich habe mir buchstäblich die Kleider vom Leib gerissen, ihm Zärtlichkeiten ins Ohr gehaucht und jeden Trick angewandt, um ihn zu verführen. Ich versuche offenbar immer noch, einen Mann für mich einzunehmen, der eigentlich kein Interesse an mir hat. Ich glaube, wirklich aufregend am Sex mit David ist für mich das Gefühl, ihn so sehr erregen zu können, daß er sich mit mir beschäftigen muß statt mit den Dingen, die ihm eigentlich wichtiger sind. Ich gebe es nicht gern zu, aber der größte Reiz bestand für mich wohl darin, David oder Jim oder sonstwen dazu zu bringen, mir Beachtung zu schenken. Weil es mir in jeder Beziehung eigentlich schlecht ging, hat Sex wohl immer eine Art Entlastungsfunktion gehabt. Beim Sex scheinen sich für ganz kurze Zeit alle Schranken aufzuheben, und ich kann meinen Partner ganz nah erleben. Diese Nähe habe ich mir immer so sehr gewünscht. Aber ich bin wirklich nicht bereit, mich David weiterhin an den Hals zu werfen. Es kommt mir so erniedrigend vor.»

Doch David sollte nicht der letzte Mann in Anns Leben sein, um den sie sich vergeblich bemühte. Bei ihrem nächsten Verehrer handelte es sich um einen jungen Börsenmakler, der begeisterter Triathlon-Kämpfer war. Auch Ann kämpfte – so hart wie er –, aber nicht um sportlichen Erfolg, sondern um seine Aufmerksamkeit; mit der ständigen Verfügbarkeit ihres Körpers versuchte sie, sein rigoroses Trainingsprogramm zu durchkreuzen. Selbst wenn sie miteinander ins Bett gingen, war er entweder zu müde oder zu wenig an Sex interessiert, um eine Erektion zustandezubringen oder zu halten.

Eines Tages, als sie bei mir im Büro saß und ihren jüngsten mißglückten Liebesversuch schilderte, brach sie plötzlich in Lachen aus. «Wenn ich darüber nachdenke, kommt es mir total absurd vor! Ich gebe mir die größte Mühe, einen Mann so weit zu bringen, daß er mit mir schläft, obwohl er eigentlich keine Lust dazu hat.» Sie lachte noch einmal und sagte dann ernst:

«Damit muß ich aufhören, endgültig. Anscheinend interessiere ich mich immer nur für Männer, die mir nichts bieten können und die noch nicht mal das haben wollen, was ich ihnen bieten kann.»

Das war eine überaus wichtige Einsicht für Ann. Im Verlauf der Therapie hatte sie gelernt, sich selbst mehr zu akzeptieren; sie konnte erkennen, wann eine Beziehung nicht gut für sie war, statt sich einzureden, sie sei nicht liebenswert genug oder habe sich nicht genügend angestrengt. Die Tendenz, Sex als Mittel einzusetzen, um die Beziehung mit einem unschlüssigen oder ungeeigneten Partner aufzunehmen, schwächte sich ab. Als sie nach zwei Jahren die Therapie beendete, traf sie sich zwar mit einigen jungen Männern, aber nur ganz unverbindlich; ins Bett ging sie mit keinem von ihnen.

«Es ist ein ganz neues Gefühl für mich, mit jemandem auszugehen und tatsächlich darauf zu achten, ob er mir gefällt, ob ich mich gut amüsiere, ob ich ihn für einen netten Kerl halte. Über solche Sachen habe ich früher nie nachgedacht. Ich habe mich immer so schrecklich bemüht, dem anderen zu gefallen, dafür zu sorgen, daß er sich gut amüsiert und mich nett findet. Wissen Sie, nach einer Verabredung habe ich mich nie gefragt, ob ich ihn wiedersehen will. Ich war viel zu sehr mit der Frage beschäftigt, ob er mich so gern hat, daß er mich wiedersehen will. Ich habe verkehrt herum gedacht.»

Als Ann beschloß, die Therapie zu beenden, dachte sie nicht mehr «verkehrt herum». Sie konnte erkennen, wann eine Beziehung für sie nicht in Frage kam, und jeder Funke von Attraktion zwischen ihr und einem ungeeigneten Verehrer erlosch schnell, weil sie fähig war, seine Persönlichkeit, die Situation und die Möglichkeiten nüchtern einzuschätzen. Sie hatte keinen Bedarf mehr an Leiden und Ablehnung. Sie wollte entweder jemanden, der ein wirklicher Partner für sie sein konnte, oder überhaupt keinen. Dazwischen gab es nichts mehr. Aber dennoch hatte Ann keine Ahnung davon, wie sie mit einer Beziehung umgehen sollte, in der es Leid und Zurückweisung nicht gab, sondern das Gegenteil davon: Zuwendung und Beständigkeit. Sie hatte nie die Vertrautheit und Nähe kennengelernt, die aus einer festen Bindung erwachsen.

Trotz ihrer Sehnsucht nach Nähe mit einem Partner hatte sie doch nie den Anforderungen wirklicher Nähe und Vertrautheit genügen müssen. Es war also kein Zufall, daß sie sich nur für abweisende Männer interessiert hatte. Ihre Fähigkeit, mit Intimität umzugehen, war gering. In ihrer Familie hatte es keine Intimität gegeben, nur Kämpfe, die manchmal unterbrochen wurden, um ein Abkommen zu schließen, das meistens den Anlaß für die nächste Schlacht gab. Es hatte Schmerzen und Spannungen gegeben, die manchmal für kurze Zeit verschwinden konnten, aber niemals Anteilnahme, Verbundenheit oder gar Liebe. Das manipulative Verhalten ihrer Mutter hatte Ann dazu gebracht, wahre Liebe mit bedingungsloser Hingabe gleichzusetzen. Als sie sich mit Hilfe der Therapie aus ihrer selbstaufopfernden Märtyrerrolle befreit hatte, wußte sie jedenfalls ganz genau, was sie nicht mehr tun wollte – damit war sie schon ein großes Stück weitergekommen. Aber sie hatte erst die halbe Wegstrecke zurückgelegt.

Anns nächstes Lernziel bestand darin, die Gesellschaft von «netten» Männern zu suchen, selbst wenn sie sie ein bißchen langweilig fand. Frauen, die zu sehr lieben, empfinden oft Langeweile, wenn sie plötzlich mit einem netten Mann zusammen sind: Es gibt kein Feuerwerk, keine Explosionen, und kein Stern fällt vom Himmel. Ohne den gewohnten Pegel an Aufregung fühlen sie sich verwirrt, nervös und unbeholfen. Dieser unangenehme Zustand wird von ihnen dann mit dem Etikett *Langeweile* versehen. Ann wußte einfach nicht, wie sie sich in der Gesellschaft eines Mannes verhalten sollte, der herzlich, aufmerksam und wirklich an ihr interessiert war. Wie alle Frauen, die zu sehr lieben, hatte sie zwar gelernt, auf «Problemmänner» einzugehen, nicht aber, schlicht und einfach die Gesellschaft eines Mannes zu genießen. Wenn sie nicht manövrieren und manipulieren mußte, um eine Beziehung aufrechtzuerhalten, fiel es ihr schwer, sich überhaupt auf eine Beziehung einzulassen, sich mit einem Mann wohl und behaglich zu fühlen. Sie hatte sich an Aufregung und Schmerz, an Kampf, Sieg oder Niederlage so sehr gewöhnt, daß ihr jeder nähere Kontakt ohne solche Begleiterscheinungen zu harmlos erschien, um ihr etwas zu bedeuten. Sie empfand also mehr Unbehagen in der Gegenwart zuverlässiger, aufmerksamer, fröhlicher Männer, als sie es jemals mit teilnahmslosen, emotional unzugänglichen, unerreichbaren oder einfach desinteressierten Männern erlebt hatte.

Eine Frau, die zu sehr liebt, ist an negative Eigenschaften und Verhaltensweisen *gewöhnt* und kann daher leichter mit ihnen umgehen als mit ihrem Gegenteil, solange sie nicht hart daran arbeitet, das eigene Verhalten, die Reaktionen und Gefühle zu verändern. Solange Ann also nicht gelernt hatte, sich mit einem Mann wohlzufühlen, der ihre Interessen für genauso wichtig hielt wie seine eigenen, gab es für sie keine Hoffnung, jemals eine befriedigende Beziehung eingehen zu können.

Vor ihrer Genesung weist eine Frau, die zu sehr liebt, im Hinblick auf ihr Empfinden und ihr sexuelles Verhalten Männern gegenüber im allgemeinen folgende Merkmale auf:

o Sie fragt sich: «Wie sehr liebt (oder braucht) er mich?», und nicht «Wieviel bedeutet er mir?»

o Das Motiv für ihr sexuelles Verhalten ihm gegenüber lautet meistens: «Wie kann ich es erreichen, daß er mich noch mehr liebt (oder braucht)?»

o Ihr Drang, sexuelle Kontakte mit Menschen aufzunehmen, die sie als bedürftig erlebt, mag auf ein Verhalten hinauslaufen, das sie selbst als promiskuitiv verurteilt. Dieses Verhalten zielt jedoch in erster Linie darauf ab, nicht sich selbst, sondern anderen Befriedigung zu verschaffen.

o Sex ist eines der Mittel, die sie einsetzt, um ihren Partner zu manipulieren oder zu ändern.

o Häufig erlebt sie die Machtkämpfe um gegenseitige Manipulation als sehr aufregend. Sie verhält sich verführerisch, um ihren Willen durchzusetzen. Gelingt es, fühlt sie sich gut, gelingt es nicht, fühlt sie sich schlecht. Jeder Mißerfolg veranlaßt sie normalerweise dazu, sich noch mehr anzustrengen.

o Sie verwechselt Angst, Sorge und Leiden mit Liebe und sexueller Erregung. Das Gefühl, einen Knoten im Bauch zu haben, nennt sie «Liebe».

- Sie gewinnt ihre Erregung aus seiner Erregung. Sie kennt sich selbst nicht und weiß mit sich nichts anzufangen; im Grunde erlebt sie ihre eigenen Gefühle als bedrohlich.
- Ohne die Herausforderung einer unbefriedigenden Beziehung empfindet sie eine Art Ruhelosigkeit. Zu einem Mann, um den sie nicht ständig kämpfen muß, fühlt sie sich sexuell nicht hingezogen. Statt dessen stempelt sie ihn als «langweilig» ab.
- Häufig läßt sie sich auf einen sexuell weniger erfahrenen Partner ein, um die Beziehung unter Kontrolle halten zu können.
- Sie sehnt sich nach körperlicher Nähe. Weil sie sich jedoch davor fürchtet, von einem anderen Menschen wirklich angenommen und/oder von ihrem eigenen Bedürfnis nach Fürsorge überwältigt zu werden, fühlt sie sich nur mit der emotionalen Distanz wohl, die durch ständige Spannung in einer Beziehung geschaffen und aufrechterhalten wird. Sie bekommt Angst, wenn ein Mann bereit ist, nicht nur sexuell, sondern auch emotional für sie da zu sein. Entweder läuft sie davon oder sie vertreibt ihn.

Die Frage, die Ann am Anfang unserer gemeinsamen Arbeit so sehr quälte – «Warum konnten wir uns sexuell so gut verstehen, so herrlich miteinander fühlen, so nahe sein, wenn sonst eigentlich gar nichts zwischen uns war?» – verdient eine genauere Untersuchung. Frauen, die zu sehr lieben, befinden sich oft in dem Dilemma, «guten» Sex in einer unglücklichen oder hoffnungslosen Beziehung zu erleben. Vielen von uns wurde beigebracht, «guter» Sex bedeute «echte» Liebe, und umgekehrt könne Sex nicht wirklich befriedigend und erfüllend sein, wenn die Beziehung insgesamt nicht gut für uns ist. Nichts ist für Frauen, die zu sehr lieben, weiter entfernt von der Wahrheit als diese Behauptung. Auf Grund der Triebkräfte, die unsere Kommunikation mit Männern auf jeder Ebene, einschließlich der sexuellen, bestimmen, kann eine schlechte Beziehung dazu beitragen, daß Sex für uns zu einem aufregenden, leidenschaftlichen, verlockenden Erlebnis wird.

Wie sollen wir anderen Menschen – Freunden oder der Familie – erklären, warum ein relativ unbedeutender, noch nicht einmal besonders sympathischer Mann solch intensive Gefühle von Sehnsucht und Verlangen in uns auslösen kann, während ein in jeder Hinsicht passenderer Mann uns kaltläßt? Es ist schwierig einzugestehen, daß wir in Wahrheit in einen Traum verliebt sind – den Traum, all die positiven Eigenschaften wie Liebe, Fürsorge, Aufmerksamkeit, Anstand und Würde, die nach unserer festen Überzeugung in diesem Mann schlummern, durch die Kraft unserer Liebe erwecken zu können. Frauen, die zu sehr lieben, sagen sich oft, ihr Partner sei vorher nie richtig geliebt worden, weder von seinen Eltern noch von früheren Ehefrauen oder Freundinnen. Wir glauben, daß er dadurch Schaden erlitten hat, und übernehmen bereitwillig die Aufgabe, für alles Ersatz zu leisten, was ihm im Leben, lange bevor wir ihn überhaupt kannten, entgangen ist. In gewisser Hinsicht spielen wir das Märchen von Dornröschen nach, allerdings mit vertauschten Rollen: Dornröschen konnte nur durch einen Kuß des Mannes, der die «wahre Liebe» verkörperte, von ihrem Bann erlöst werden; wir wollen die Retterin sein, die den geliebten Mann von seinem Bann erlöst, ihn aus seinem (vermeintlichen) Gefängnis befreit. Wir deuten seine emotionale Unzugänglichkeit, seine Aggressivität oder Depressivität oder Grausamkeit oder Gleichgültigkeit oder Gewalttätigkeit oder Unehrlichkeit oder Abhängigkeit als Zeichen dafür, daß er nicht genug geliebt wurde. Wir setzen unsere Liebe seinen Fehlern, seinem Versagen, ja selbst seiner seelischen Erkrankung entgegen. Wir sind entschlossen, ihn durch die Macht unserer Liebe zu retten.

Sex gehört zu den wichtigsten Methoden, die wir anwenden, um ihn durch unsere Liebe zu heilen. Bei jedem sexuellen Kontakt schwingt unser Bestreben mit, ihn zu ändern. Mit jedem Kuß, jeder Berührung bringen wir zum Ausdruck, wie einzigartig und wertvoll er ist, wie sehr er bewundert und geschätzt wird. Wir glauben fest daran, daß er nur erst von unserer Liebe überzeugt sein muß, um sich in sein wirkliches Selbst zu verwandeln, in die Verkörperung all dessen, was wir von ihm erwarten, was wir wollen und brauchen.

In gewisser Hinsicht ist Sex unter diesen Umständen einfach

deshalb gut, weil er gut sein muß; wir verwenden viel Energie darauf, ihn zu einer intensiven, aufregenden, befriedigenden Erfahrung zu machen. Ganz gleich, welche Reaktion wir unserem Partner entlocken – sie ermutigt uns dazu, uns noch mehr anzustrengen, noch liebevoller, noch *überzeugender* zu sein. Hinzu kommt, daß beim Orgasmus eine Entladung sowohl körperlicher als auch seelischer Spannungen stattfindet. Während manche Frauen sexuellen Kontakt mit ihrem Partner meiden, wenn das Verhältnis zu ihm konfliktreich und spannungsgeladen ist, können andere Frauen unter denselben Umständen Sex als eine sehr effektive Methode sehen, möglichst viel von dieser Anspannung zu lösen, und sei es auch nur kurzfristig. Einer Frau, deren Beziehung insgesamt unbefriedigend ist, bietet Sex vielleicht die einzige Befriedigung, die einzige Möglichkeit einer positiven Begegnung mit ihrem Partner.

Die Intensität der Spannungsentladung, die sie auf sexueller Ebene erlebt, steht vielleicht in direktem Zusammenhang mit dem Grad des Unbehagens, das sie generell in der Beziehung mit ihrem Partner verspürt. Dafür gibt es eine einfache Erklärung. Viele Paare – ob sie nun eine gute Beziehung zueinander haben oder nicht – empfinden den sexuellen Kontakt nach einem Streit als besonders gut, besonders intensiv. Dafür gibt es zwei Gründe: zum einen die bereits erwähnte Spannungsentladung, zum anderen die gewaltige Überwindung, die es kostet, nach einem Streit aufeinander zuzugehen und somit ein Bekenntnis zu der Beziehung abzugeben. Ein besonders angenehmes und befriedigendes sexuelles Erlebnis nach einem Streit kann als der Versuch angesehen werden, die Beziehung insgesamt zu bestätigen: «Sieh dir an, wie nahe wir uns sind, wie liebevoll wir miteinander umgehen können, wie stark die Gefühle zwischen uns sein können. Wir gehören wirklich zusammen.»

Wenn zwei Menschen ihre sexuelle Beziehung als körperlich tief befriedigend erleben, dann vermag dies auch eine starke gefühlsmäßige Bindung zu schaffen. Besonders für Frauen, die zu sehr lieben, kann der Kampf um einen Mann dazu beitragen, das gemeinsame sexuelle Erleben und folglich die Bindung an ihn zu intensivieren. Auch die Umkehrung dieses Satzes ist zutreffend: Wenn wir mit einem Mann zusammen sind, um den wir nicht ständig kämpfen müssen, dann empfinden wir in sexueller Hinsicht vermutlich sehr viel weniger leidenschaftliche Erregung. Eine Beziehung, die uns nicht in ständiger Anspannung hält, in der Sex nicht dazu dient, etwas zu beweisen, eine Beziehung also, die eher unbeschwert ist, kommt uns irgendwie fade vor. Und damit scheint sich für uns zu bestätigen, daß Anspannung, Kummer und Drama eben doch die «wahre Liebe» ausmachen.

Das führt uns zu der Frage, was «wahre Liebe» eigentlich heißt. Liebe scheint ein Wort zu sein, das sich nur schwer definieren läßt. Der Grund dafür besteht meines Erachtens darin, daß wir in unserem Kulturkreis versuchen, zwei grundverschiedene, sich offenbar sogar gegenseitig ausschließende Aspekte von Liebe in einer einzigen Definition zu verbinden. Je mehr wir also über den Charakter der Liebe sagen, desto mehr widersprechen wir uns selbst. Wenn wir feststellen, ein Aspekt von Liebe verträgt sich nicht mit dem anderen, geben wir verwirrt und frustriert auf und kommen zu dem Schluß, daß Liebe eben zu persönlich, zu rätselhaft, zu unerklärlich ist, um genauer definiert werden zu können.

Die Griechen waren klüger. Sie verwendeten verschiedene Wörter, *Eros* und *Agape*, für die grundsätzlich unterschiedlichen Ebenen der Erfahrungen dessen, was wir «Liebe» nennen. Eros bezeichnet natürlich die leidenschaftliche Liebe, während Agape die stabile, innige, *leidenschaftslose* Beziehung meint, wie sie zwischen zwei Menschen existiert, die einander sehr viel bedeuten.

Den Unterschied zwischen Eros und Agape zu verstehen, bedeutet auch, das Dilemma zu verstehen, in dem wir stecken, wenn wir uns zur selben Zeit, in einer Beziehung und mit einem Menschen, beide Formen von Liebe erhoffen. Sowohl die Verfechter von Eros als auch die von Agape haben gute Gründe für die Behauptung, ihre Form der Liebe sei die wahre, weil tatsächlich beide auf ganz eigene Weise schön, aufrichtig und wertvoll sind. Aber beiden Formen fehlt auch etwas Kostbares, das nur die jeweils andere zu bieten hat. Lassen Sie uns an dieser Stelle genauer ansehen, wie die Verfechter beider Richtungen Liebe beschreiben würden.

Eros: Wahre Liebe ist eine alles umfassende, verzehrende Sehnsucht nach dem Geliebten, der als andersartig, geheimnisvoll und nicht klar faßbar wahrgenommen wird. Die Stärke der Liebe bemißt sich an der Intensität des Begehrens. Für andere Interessen oder Ziele bleibt wenig Zeit oder Aufmerksamkeit, weil die Energie stark darauf konzentriert ist, vergangene Begegnungen ins Gedächtnis zurückzurufen oder sich zukünftige auszumalen. Oft müssen große Hindernisse überwunden werden, folglich ist Leid immer ein Teil dieser Art von Liebe. Ein weiteres Zeichen für die Stärke der Liebe ist die Bereitschaft, um der Beziehung willen Not und Schmerzen zu erdulden. Zu wahrer Liebe gehören Empfindungen von Erregung, Ekstase, Erschütterung, Angst, Spannung, Unergründlichkeit und Sehnsucht.

Agape: Wahre Liebe ist eine Partnerschaft, an die sich zwei Menschen, die einander viel bedeuten, aufrichtig gebunden fühlen. Diese Menschen teilen viele grundsätzliche Werte, Interessen und Ziele und tolerieren bereitwillig die individuellen Verschiedenheiten des anderen. Die Stärke der Liebe bemißt sich am Grad des gegenseitigen Vertrauens und Respekts. Die Beziehung erlaubt beiden, in allen Bereichen des Lebens selbstbewußter, kreativer und produktiver zu sein. Erfahrungen, die sie miteinander teilen, sind für sie eine Quelle der Freude – die gemeinsamen Erinnerungen, das gegenwärtige Leben, die Zeit, die vor ihnen liegt. Für jeden der Partner ist der andere der liebste und wichtigste Freund / die liebste und wichtigste Freundin. Ein weiterer Maßstab für die Stärke der Liebe ist die Bereitschaft, sich selbst gegenüber ehrlich zu sein, damit die Beziehung wachsen kann und an Nähe gewinnt. Zu wahrer Liebe gehören Empfindungen von Klarheit, Sicherheit, tiefer Zuneigung, Verständnis, Kameradschaft, gegenseitiger Unterstützung und Wohlbehagen.

Leidenschaftliche Liebe, Eros – das empfindet häufig die Frau, die zu sehr liebt, für den Mann, der nicht zu ihr paßt. Gerade weil er nicht zu ihr paßt, entwickelt sie diese Leidenschaft. Leidenschaft kann nur dann existieren, wenn es ständige Kämpfe gibt, Hindernisse, die überwunden werden müssen, und die Sehnsucht danach, mehr zu erhalten, als gegeben wird. Leidenschaft kommt von *leiden*. Je größer das Leiden, desto stärker die Leidenschaft – das trifft in vielen Fällen zu. Die erregende Intensität einer leidenschaftlichen Liebesaffäre läßt sich nicht mit den eher ruhigen Annehmlichkeiten einer stabilen, innigen Beziehung vergleichen. Würde eine solche Frau, die zu sehr liebt, also endlich vom Objekt ihrer Leidenschaft das bekommen, was sie sich inständig ersehnt hat – dann hätte das Leiden ein Ende und die Leidenschaft wäre bald erloschen. Dann würde sie vielleicht glauben, nicht mehr verliebt zu sein, weil der bittersüße Schmerz vergangen wäre.

Die Gesellschaft, in der wir leben, und die uns umgebenden allgegenwärtigen Medien, von deren Botschaften unser Bewußtsein durchdrungen ist – sie verwechseln ständig diese beiden Formen von Liebe. Uns wird immer wieder gesagt, daß eine leidenschaftliche Beziehung (Eros) auch Zufriedenheit und Erfüllung (Agape) mit sich bringt. Im Grunde wird uns damit suggeriert, genügend Leidenschaft könne eine dauerhafte Bindung hervorbringen. Alle gescheiterten Beziehungen, die ursprünglich auf Leidenschaft beruhten, können jedoch Zeugnis davon ablegen, daß dieser Schluß falsch ist. Frustration, Leid und Sehnsucht tragen *nicht* dazu bei, eine stabile, tragfähige, fürsorgliche Beziehung zu entwickeln, obwohl diese Gefühle den Hauptanteil an einer leidenschaftlichen Beziehung haben.

Gemeinsame Interessen, gemeinsame Werte und Zielvorstellungen und die Fähigkeit, sich auf dauerhafte Nähe einzulassen, sind notwendig, wenn sich die anfängliche gegenseitige erotische Faszination mit der Zeit in eine verläßliche, fürsorgliche Zuneigung verwandeln soll, die Bestand hat. Häufig geschieht allerdings folgendes: In einer jungen, leidenschaftlichen Beziehung, die natürlich mit Aufregung, Kummer und Frustration belastet ist, entsteht bald das Gefühl, es würde etwas sehr Wichtiges fehlen: die Bereitschaft zur festen Bindung, die erst Ordnung in das emotionale Chaos bringen und ein Gefühl von Sicherheit und Geborgenheit schaffen kann. Sind nun alle Schwierigkeiten überwunden, die dem Zusammensein im Weg standen, so daß sich eine echte Bindung entwickeln kann, stehen vielleicht die Partner eines Tages voreinander und fragen sich, wo die Leidenschaft geblieben ist. Sie fühlen sich geborgen, wohl und zufrieden miteinander, aber auch ein wenig betrogen, weil sie kein heißes Verlangen nach dem anderen mehr empfinden.

Der Preis, den wir für Leidenschaft bezahlen, ist Angst. Und genau der Schmerz und die Angst, die leidenschaftliche Liebe nähren, können sie auch zerstören. Der Preis, den wir für eine feste Bindung bezahlen, ist Langeweile – und genau die Sicherheit und Geborgenheit, die eine solche Beziehung festigen, können sie auch starr und leblos machen.

Wenn in einer Beziehung, die zur festen Bindung gewachsen ist, Aufregung und Herausforderung lebendig bleiben sollen, dann muß sie sich auf etwas anderes als Frustration und Sehnsucht stützen: auf eine immer weitergehende Erforschung der – in den Worten von D. H. Lawrence – «freudvollen Geheimnisse» zwischen einem Mann und einer Frau, die sich einander verbunden fühlen. Wie Lawrence andeutet, geschieht dies vielleicht am besten mit einem einzigen Partner, weil sich Vertrauen und Ehrlichkeit (Agape) mit Mut und Verletzbarkeit (Leidenschaft) verbinden müssen, um wirkliche Nähe zu schaffen. Ein seit kurzem trockener Alkoholiker drückte dies einmal mit den einfachen und schönen Worten aus: «Als ich getrunken habe, ging ich mit vielen Frauen ins Bett, und im Grunde genommen erlebte ich immer wieder dasselbe. Seit ich trocken bin, habe ich nur mit meiner eigenen Frau geschlafen, aber jedesmal, wenn wir zusammen sind, ist es eine neue Erfahrung.»

Die Spannung, die nicht durch Erregen und Erregtwerden entsteht, sondern durch Kennen und Gekanntwerden, ist so selten wie kostbar. Die meisten von uns, die in stabilen Beziehungen leben, geben sich mit Verläßlichkeit, Wohlbefinden und Kameradschaft zufrieden, weil wir Angst davor haben, die Geheimnisse zu erforschen, die wir als Mann und Frau zusammen verkörpern, die Angst vor der Entblößung unseres innersten Selbst. Doch aus Furcht vor dem Unbekannten in uns und zwischen uns verzichten wir auf wahre Nähe, wie es sie nur in einer festen Bindung geben kann.

Eine Frau, die zu sehr liebt, muß zuerst sich und ihr Leben verändern, bevor sie wahre Nähe zu einem Partner entwickeln kann. In einem späteren Kapitel werden Sie Ann noch einmal begegnen – nachdem sie sich der Herausforderung gestellt hat, die eine Veränderung des eigenen Lebens für sie wie für uns alle bedeutet.

Wenn ich für dich leide, wirst du mich dann lieben?

Baby, baby, please don't go.
I think I'm getting high
on feeling low.

– The Last Blues Song

Um das gerahmte Gedicht lesen zu können, das mitten im vollgestellten Wohnzimmer hing, mußte ich mich über einen Stapel von Leinwänden beugen. Vor dem Hintergrund einer vergilbten altmodischen Landschaftsszene stand in verblichenen Lettern:

Meiner lieben Mutter

Mutter, liebe Mutter,
Denk ich an dich,
Möcht ich stets stark sein,
Gütig und ehrlich.

Alles, was achtbar ist,
Was ich als würdig erkannt,
Verdank ich dir, Mutter,
Deiner lenkenden Hand.

Lisa, eine Künstlerin mit sehr bescheidenen Einkünften, stand in ihrem Atelier, das ihr gleichzeitig als Wohnung diente. Sie deutete auf das Gedicht und lachte fröhlich.

«Wirklich furchtbar kitschig, finden Sie nicht?» Die folgenden Worte verrieten jedoch ihre tieferen Gefühle.

«Ich hab es aufgehoben, als eine Freundin von mir umzog und es bei der Gelegenheit wegwerfen wollte. Sie hatte es in einem Second-hand-Laden gekauft, aus Jux. Aber finden Sie nicht auch, daß da was Wahres dran ist?» Dann lachte sie wieder und sagte bekümmert: «Aus Liebe zu meiner Mutter bin ich in große Schwierigkeiten mit Männern geraten.»

Über diesen Satz dachte Lisa eine Weile nach. Sie war groß, hatte weit auseinanderliegende grüne Augen und lange, glatte, dunkle Haare – eine richtige Schönheit. Mit einer Handbewegung forderte sie mich auf, Platz zu nehmen. Während sie für uns Tee kochte, blieb sie schweigsam.

Eine gemeinsame Freundin hatte mich auf Lisa aufmerksam gemacht und mir einiges aus ihrer Lebensgeschichte erzählt. Lisa war mit Alkoholismus in ihrer Familie aufgewachsen und daher selbst Co-Alkoholikerin. Das Wort *Co-Alkoholiker* bezieht sich auf Menschen, deren Verhalten im Umgang mit anderen gestört ist, weil sie eine sehr enge Beziehung zu jemandem hatten, der alkoholkrank war. Ganz gleich, ob der Alkoholiker nun ein Elternteil, Ehepartner, Kind oder Freund gewesen ist – eine solche Beziehung bewirkt meistens, daß beim Co-Alkoholiker bestimmte Gefühle und Verhaltensweisen auftreten: ein niedriges Selbstwertgefühl, das Bedürfnis, gebraucht zu werden, ein starkes Verlangen danach, andere zu verändern und zu kontrollieren, und eine Bereitschaft zu leiden. Die charakteristischen Merkmale von Frauen, die zu sehr lieben, treffen im allgemeinen auch auf die Töchter und Frauen von Alkoholikern und anderen Suchtmittelabhängigen zu.

Ich wußte bereits, daß Lisas Mutter Alkoholikerin war, daß Lisa schon als Kind versucht hatte, für ihre Mutter zu sorgen und sie sogar zu beschützen, und daß dies schwerwiegende Auswirkungen auf Lisas späteres Verhalten Männern gegenüber gehabt hatte. Während wir Tee tranken, berichtete Lisa Einzelheiten aus ihrer Kindheit.

Sie war das mittlere von drei Kindern. Sie hatte eine ältere Schwester, die der Anlaß für die übereilte Eheschließung ihrer Eltern gewesen war, und einen jüngeren Bruder, ein ebenfalls ungeplantes Kind, das acht Jahre nach Lisa zur Welt gekommen war, während ihre Mutter immer noch trank. Lisa war das einzige Wunschkind gewesen.

«Ich glaubte immer, meine Mutter wäre perfekt, vielleicht deshalb, weil ich es unbedingt glauben wollte. Ich machte sie zu der Mutter, die ich brauchte, und sagte mir dann, daß ich genau wie sie werden würde. Ich habe wirklich in einer Phantasiewelt gelebt!» Lisa schüttelte den Kopf und fuhr dann fort: «Ich wurde zu der Zeit geboren, als die Beziehung zwischen ihr und meinem Vater am glücklichsten war, und deshalb war ich ihr Liebling. Obwohl sie behauptete, sie hätte uns alle gleich lieb, wußte ich doch, daß sie für mich etwas Besonderes empfand. Wir verbrachten immer so viel Zeit wie möglich zusammen. Als ich noch klein war, muß sie wohl für mich gesorgt haben, aber später vertauschten wir die Rollen, und ich begann, für sie zu sorgen.

Die meiste Zeit über führte sich mein Vater schrecklich auf. Er war gemein zu meiner Mutter und verspielte all unser Geld. Obwohl er als Ingenieur nicht schlecht verdiente, hatten wir nie etwas davon und mußten ständig umziehen.

Wissen Sie, dieses kleine Gedicht beschreibt viel mehr, wie es hätte sein sollen, als wie es wirklich war. Ich fange erst jetzt allmählich an, das zu begreifen. Früher habe ich mir immer gewünscht, meine Mutter wäre wie die Mutter in dem Gedicht, aber meistens konnte sie diesem Ideal nicht einmal ein Stück weit entgegenkommen, weil sie betrunken war. Schon sehr früh begann ich, sie mit all meiner Liebe, Hingabe und Energie zu überschütten, und hoffte dabei, das zurückzubekommen, was ich von ihr brauchte – also genau das, was ich ihr gab.» Lisa machte eine Pause. Ihre Augen waren feucht. «Mit Hilfe der Therapie habe ich all das erkannt, und manchmal tut es mir sehr weh, den Tatsachen ins Auge zu sehen und mir nicht länger etwas vorzumachen.

Meine Mutter und ich standen uns wirklich nahe, aber sehr früh – so früh, daß ich mich an den Zeitpunkt nicht mehr erinnern kann – begann ich, mich zu verhalten, als sei ich die Mutter und sie das Kind. Ich machte mir Sorgen um sie und versuchte, sie vor meinem Vater zu beschützen. Ich dachte mir immer etwas aus, um sie aufzuheitern. Ich bemühte mich mit aller Kraft, sie glücklich zu machen, denn sie war ja alles, was ich hatte. Ich wußte, daß ich ihr etwas bedeutete, denn oft bat sie mich, zu ihr zu kommen und mich neben sie zu setzen. Und dann saßen wir lange Zeit einfach nur da, aneinandergekuschelt, ohne besonders viel zu reden. Wenn ich jetzt daran denke, ist mir klar, daß ich immer Angst um sie hatte, daß ich immer damit rechnete, etwas Fürchterliches würde passieren – etwas, das ich eigentlich hätte verhindern können, wenn ich nur achtsam genug gewesen wäre. So aufzuwachsen ist schon hart, aber etwas anderes habe ich nie kennengelernt. Und es hinterließ natürlich seine Spuren. Als Teenager litt ich phasenweise an schweren Depressionen.»

Lisa lachte auf. «Was mir an den Depressionen vor allem Angst machte, war die Tatsache, daß ich mich in dieser Verfassung nicht besonders gut um meine Mutter kümmern konnte. Sie sehen also, ich war sehr gewissenhaft ... Ich fürchtete mich davor, sie loszulassen, selbst für kurze Zeit. Der einzige Weg, es dennoch zu tun, bestand darin, mich an jemand anderen zu klammern.»

Sie schenkte Tee nach. «Als ich neunzehn war, hatte ich die Gelegenheit, zusammen mit zwei Freundinnen nach Mexiko zu reisen. Es war das erste Mal, daß ich meine Mutter alleinließ. Wir wollten drei Wochen bleiben. In der zweiten Woche lernte ich einen Mexikaner kennen, der toll aussah. Er konnte sehr gut Englisch und war sehr aufmerksam zu mir, ja fast ritterlich. Während meiner dritten Urlaubswoche bat er mich täglich, ihn zu heiraten. Er sagte, er würde mich lieben und könnte den Gedanken nicht ertragen, ohne mich zu sein – jetzt, wo er mich gerade erst gefunden hätte. Ein besseres Argument hätte es für mich kaum geben können. Ich meine, er sagte damit, daß er mich *brauchte*, und alles in mir war dafür empfänglich, gebraucht zu werden. Außerdem wurde mir immer klarer, daß ich mich eines Tages von meiner Mutter lösen mußte. Zu Hause war es immer nur düster, trübselig und hart. Und dieser Mann versprach mir nun ein wunderschönes Leben. Seine Familie war wohlhabend. Er hatte eine gute Ausbildung hinter sich. Ganz offensichtlich ging er keiner Arbeit nach, aber der Reichtum seiner Familie schien mir dafür eine ausreichende Erklärung zu sein. Daß ein Mann, dem so viel Geld zur Verfügung stand, trotzdem glaubte, mich zu brauchen, um glücklich zu sein – das konnte doch nur eines bedeuten: ich war tatsächlich etwas wert.

Ich rief meine Mutter an und schilderte ihn ihr in den leuchtendsten Farben. Sie sagte: ‹Ich vertraue deiner Fähigkeit, die richtigen Entscheidungen zu treffen.› Das hätte sie allerdings nicht tun sollen. Ich entschloß mich, ihn zu heiraten, und das war eindeutig ein Fehler.

Wissen Sie, mit meinen eigenen Gefühlen kannte ich mich überhaupt nicht aus. Ich wußte nicht, ob ich ihn liebte, oder ob er das war, was ich wollte. Ich wußte nur, daß es endlich jemanden gab, der sagte, *er* würde *mich* lieben. Ich hatte fast keine Erfahrung mit Männern, denn ich war immer zu sehr damit beschäftigt gewesen, mich um meine Familie zu kümmern. Innerlich war ich ganz leer, und nun gab es einen Menschen, der mir offenbar sehr viel bieten konnte. Und er sagte, er würde mich *lieben*. So viele Jahre lang war *ich* diejenige gewesen, die geliebt hatte, und nun schien es mir, als sei ich an der Reihe, etwas von dieser Liebe zurückzubekommen. Und gerade noch rechtzeitig. Ich wußte, wie sehr ich mich verausgabt hatte und daß mir eigentlich nichts mehr geblieben war, was ich hätte geben können.

Wir heirateten also innerhalb kürzester Zeit und ohne Wissen seiner Eltern. Heute hört sich alles so verrückt an. Aber daß er gewillt war, sich über seine Eltern hinwegzusetzen, um mit mir zusammen zu sein, schien mir damals nur zu beweisen, wie sehr er mich liebte. Außerdem dachte ich, mich zu heiraten sei für ihn eine Art Rebellion gegen seine Eltern, ein Versuch, sie zu ärgern, aber doch nicht so sehr, daß sie ihn hinauswerfen würden. Heute sehe ich das anders. Schließlich hatte er einiges zu verbergen, was seine geschlechtliche Identität und sein sexuelles Verhalten anging. Der Status eines verheirateten Mannes ließ ihn also «normaler» erscheinen. Ich nehme an, daß er das meinte, als er sagte, er würde mich brauchen. Für ihn war ich natürlich die perfekte Ehefrau, weil ich als Amerikanerin in seiner Kultur immer abgelehnt worden wäre. Jede andere Frau, vor allen Dingen eine aus seiner sozialen Klasse, hätte früher oder später über das geredet, was eigentlich vorging. Und dadurch wäre es überall bekannt geworden. Aber mit wem hätte ich sprechen können? Wer hätte mir denn überhaupt geglaubt?

Ich vermute, daß er die ganze Sache nicht geplant hat, genausowenig, wie ich geplant habe, ihn zu heiraten, um mein Zuhause verlassen zu können. Wir paßten einfach zusammen und glaubten – zumindest am Anfang –, es sei Liebe.

Wissen Sie, was nach der Hochzeit geschah? Wir mußten zu seinen Eltern ziehen, die noch nicht einmal von unserer Heirat informiert worden waren. Ich habe eine schreckliche Zeit durchgemacht. Sie haßten mich, und ich spürte, daß sie schon seit geraumer Zeit ein gespanntes Verhältnis zu ihm hatten. Ich konnte kein Wort Spanisch. Alle in der Familie konnten Englisch sprechen, aber sie taten es nicht. Ich war völlig ausgeschlossen, isoliert, und hatte von Anfang an schreckliche Angst. Er ließ mich abends häufig allein. Ich blieb dann einfach in unserem Zimmer und gewöhnte mich allmählich daran, einzuschlafen, ob er nun nach Hause kam oder nicht. Nun war Leiden nichts Neues für mich – das hatte ich schon zu Hause gelernt. Leiden, so glaubte ich, war der Preis für die Liebe eines anderen Menschen – und damit etwas ganz Normales.

Oft kam er betrunken nach Hause. Wenn er dann mit mir schlafen wollte, war es für mich besonders schlimm. Er roch nach dem Parfum anderer Frauen.

Eines Nachts – ich hatte schon längst geschlafen – weckte mich plötzlich ein Geräusch. Ich öffnete die Augen und sah, wie sich mein Mann, der wieder mal betrunken war, vor dem Spiegel in meinem Nachthemd bewunderte. Ich fragte ihn, was er da mache, und er sagte: ‹Findest du nicht, daß ich hübsch aussehe?› Er verzog den Mund, und ich bemerkte, daß er Lippenstift aufgetragen hatte.

In diesem Moment wußte ich: Ich muß hier raus. Bis dahin war ich zwar unglücklich gewesen, aber ich hatte die Fehler immer nur bei mir gesucht. Wenn ich mir nur mehr Mühe gab, so glaubte ich, dann würde er auch lieber mit mir zusammen sein, dann könnte ich selbst seine Eltern dazu bringen, mich zu akzeptieren, mich sogar zu mögen. Ich war bereit, mich noch mehr anzustrengen, genau wie bei meiner Mutter. Aber dies hier war anders. Dies war verrückt.

Ich hatte kein Geld und nicht die Möglichkeit, schnell welches aufzutreiben. Deshalb erklärte ich ihm am nächsten Tag, ich würde seinen Eltern erzählen, was er getan hatte, wenn er mich nicht nach San Diego bringen würde. Ich log ihm vor, ich hätte meine Mutter bereits angerufen und sie würde mich dort erwarten. Er bräuchte mich also nur nach San Diego zu bringen, und ich würde ihn nie mehr belästigen. Ich weiß bis heute nicht, woher ich den Mut dazu nahm. Ich traute ihm tatsächlich zu, mich umzubringen. Aber es ging alles gut. Er hatte eben doch zuviel Angst davor, seine Eltern könnten etwas erfahren. Er fuhr mich bis zur Grenze, ohne ein Wort zu sagen. Er gab mir das Geld für die Busfahrkarte und zusätzlich etwa fünfzehn Dollar. So kam ich also nach San Diego. Zunächst quartierte ich mich im Haus einer Freundin ein, bis ich Arbeit gefunden hatte. Dann besorgte ich mir mit drei anderen Mädchen eine Wohnung und stürzte mich in ein ziemlich ausschweifendes Leben.

Dabei hatte ich absolut keine eigenen Gefühle. Ich war wie erstarrt. Das einzige, was ich überhaupt noch empfinden konnte, war dieses ungeheure Mitleid, und genau das brachte mich in eine Menge Schwierigkeiten. Innerhalb der nächsten drei oder vier Jahre nahm ich sehr viele Männer mit nach Hause – weil sie mir alle so leid taten. Glücklicherweise verlor ich niemals völlig die Kontrolle. Die meisten der Männer, mit denen ich mich einließ, hatten Probleme mit Drogen oder Alkohol. Ich lernte sie auf Parties kennen, gelegentlich auch in einer Bar, und wieder schienen sie alle mein Verständnis, meine Hilfe zu brauchen – und das zog mich an wie ein Magnet.»

Diese Aussage ist kaum verwunderlich, wenn man sich Lisas starke Bindung an die Mutter vor Augen hält: Lisas Erfahrung nach kam das Gebrauchtwerden dem Geliebtwerden am nächsten; wenn ein Mann sie zu brauchen schien, bot er ihr – so glaubte sie – seine Liebe an. Dazu mußte er nicht freundlich, liebevoll oder aufmerksam sein. Die Tatsache, daß er bedürftig war, genügte schon, um altvertraute Gefühle in ihr wachzurufen. Lisa reagierte auf diese Bedürftigkeit mit Fürsorge.

Sie berichtete weiter: «Mein Leben schien verpfuscht, genau wie das meiner Mutter. Wir waren beide sehr krank. Aber kurz nach meinem vierundzwanzigsten Geburtstag hörte meine

Mutter auf zu trinken. Sie wählte den schwersten Weg. Als sie die Anonymen Alkoholiker anrief und um Hilfe bat, war sie ganz allein zu Hause. Zwei Mitglieder von A. A. kamen, um mit ihr zu reden und sie zu einem Treffen am selben Nachmittag mitzunehmen. Seitdem hat sie keinen Tropfen mehr angerührt.»

Ich konnte Lisa ansehen, wie sehr sie den Mut ihrer Mutter bewunderte.

«Es muß wirklich unerträglich geworden sein, denn meine Mutter war eine sehr stolze Frau, zu stolz, um jemanden um Hilfe zu bitten, wenn sie nicht völlig verzweifelt war. Gottlob hatte sie mich nicht in ihrer Nähe. Ich wäre wahrscheinlich wieder bereit gewesen, alles zu tun, damit sie sich besser fühlte. Auf diese Weise hätte sie sich niemals um wirksame Hilfe kümmern müssen.

Meine Mutter begann, richtig zu trinken, als ich etwa neun Jahre alt war. Wenn ich von der Schule kam, lag sie oft schon halb bewußtlos auf der Couch, mit der Flasche neben sich. Meine ältere Schwester wurde manchmal wütend auf mich und meinte, ich würde meine Augen vor der Realität verschließen, weil ich nie zugeben könnte, wie schlimm es um meine Mutter stand, aber ich liebte sie zu sehr, um mir überhaupt eingestehen zu können, daß sie etwas falsch machte.

Wir fühlten uns einander sehr nahe. Als dann die Beziehung zwischen ihr und meinem Vater immer schlechter wurde, wollte ich das wettmachen. Sie sollte glücklich sein – das war für mich das Wichtigste auf der Welt. Ich versuchte, all das wiedergutzumachen, was mein Vater ihr angetan hatte. Das konnte ich nur, indem ich eine gute Tochter war, in jeder Hinsicht. Ständig bot ich ihr meine Hilfe an. Ich kochte und putzte, ohne darum gebeten zu werden. Ich versuchte, für mich selbst nichts zu beanspruchen.

Aber nichts half wirklich. Mittlerweile ist es mir klar: Ich hatte den Kampf mit zwei unglaublich starken Kräften aufgenommen – mit der sich immer weiter verschlechternden Ehe meiner Eltern und der fortgeschrittenen Alkoholabhängigkeit meiner Mutter. Ich hatte nicht die geringste Möglichkeit, die Situation zu verbessern, aber das hielt mich nicht davon ab, es immer weiter zu versuchen – und mir die Schuld dafür zu geben, wenn meine Bemühungen fehlschlugen.

Es tat mir weh, meine Mutter unglücklich zu sehen. Ich wußte, daß es noch immer Bereiche gab, in denen ich mich verbessern konnte, in der Schule beispielsweise. Ich war keine allzu gute Schülerin, weil der Druck zu Hause so stark war; schließlich versuchte ich, mich um meinen Bruder zu kümmern, Essen zu kochen und später nebenbei zu arbeiten, um meine Familie auch finanziell ein bißchen zu unterstützen. Für die Schule blieb natürlich nicht allzuviel Energie übrig: Ich schaffte es immer nur einmal pro Jahr, eine – gut vorbereitete – großartige Leistung zu erbringen. Damit wollte ich den Lehrern beweisen, daß ich nicht dumm war. Aber sonst bekam ich gerade noch ausreichende Noten. In der Schule hieß es, ich würde mich eben nicht genügend anstrengen. Die *wußten* ja nicht, wie sehr ich mich anstrengte, zu Hause alles zusammenzuhalten. Aber meine Zeugnisse waren nicht gut. Meinen Vater brachte das zum Brüllen und meine Mutter zum Weinen. Ich fühlte mich schuldig, weil ich nicht perfekt war. Und ich strengte mich noch mehr an.»

Hochgradig dysfunktionale Familien wie diese, in denen es offensichtlich unüberwindbare Schwierigkeiten gibt, konzentrieren sich häufig auf andere, einfachere Probleme, die lösbar erscheinen. In diesem Fall waren es Lisas schulische Leistungen, auf die sich die Aufmerksamkeit von allen, einschließlich Lisa, richtete. Die gesamte Familie wollte und mußte glauben, daß die Bewältigung dieses und ähnlicher Probleme endlich die ersehnte Harmonie bringen würde.

Lisa stand unter großem Druck. Sie versuchte nicht nur, die Probleme ihrer Eltern zu lösen, während sie sich gleichzeitig die Pflichten ihrer Mutter aufbürdete, sondern wurde auch noch als eine der *Ursachen* für das familiäre Elend angesehen. Und weil diese Belastung insgesamt viel zu hoch war, konnte sie niemals Erfolge erleben, trotz all ihrer Anstrengungen. Natürlich litt ihr Selbstwertgefühl sehr darunter.

«Eines Tages rief ich meine beste Freundin an und sagte zu ihr: ‹Bitte laß mich reden. Wenn du willst, kannst du ein Buch dabei lesen. Du brauchst mir nicht zuzuhören. Ich möchte nur, daß jemand am anderen Ende der Leitung ist.› Ich dachte allen Ernstes, ich würde es noch nicht einmal verdienen, daß sich jemand meine Probleme anhörte! Aber natürlich tat sie das. Ihr Vater war ein trockener Alkoholiker, der zu den A. A.-Meetings ging. Sie besuchte eine Alateen-Gruppe*, und ich glaube, schon allein die Art, wie sie zuhören konnte, war ein Erfolg dieses Programms. Es fiel mir sehr schwer, zuzugeben, daß es in meiner Familie Probleme gab, an denen mein Vater keine Schuld trug. Denn ihn haßte ich wirklich.»

Ein paar Minuten lang schwiegen wir beide. Lisa kämpfte offensichtlich gegen die aufkommenden, bitteren Kindheitserinnerungen an. Als sie endlich weitersprechen konnte, sagte sie leise: «Mein Vater verließ uns, als ich sechzehn war. Damals lebte meine Schwester schon nicht mehr bei uns. Sie war drei Jahre älter als ich. Sobald sie achtzehn geworden war, fand sie eine Arbeitsstelle und zog aus. Damit blieben nur meine Mutter, mein Bruder und ich übrig. Ich wollte meine Mutter glücklich machen, ihr Sicherheit geben und mich um meinen Bruder kümmern; aber unter dem Druck dieser Aufgaben brach ich fast zusammen. So ging ich nach Mexiko, heiratete, kam zurück, ließ mich scheiden, und trieb mich dann jahrelang mit einem Haufen von Männern herum.

Etwa fünf Monate, nachdem meine Mutter ihr A. A.-Programm aufgenommen hatte, lernte ich Gary kennen. Bei unserem ersten Treffen war er high. Meine Freundin, die ihn schon länger kannte, lud uns beide zu einer Spazierfahrt ein, und dabei rauchte er einen Joint. Er mochte mich, ich mochte ihn, und wir beide gaben dies – unabhängig voneinander – meiner Freundin zu verstehen. Kurze Zeit später rief er tatsächlich an und besuchte mich. Ich ließ ihn eine Weile Modell sitzen und zeichnete eine kleine Skizze von ihm. Ich weiß noch, plötzlich wurde ich von einem ungeheuer starken Gefühl für ihn überwältigt. So etwas hatte ich einem Mann gegenüber noch nie empfunden.

Auch diesmal war er high. Er saß einfach da und redete lang-

---

* Selbsthilfegruppe für noch nicht erwachsene Angehörige von Alkoholikern (*A. d. Ü.*).

sam – so wie man eben redet, wenn man Marihuana geraucht hat –, und ich mußte mit dem Zeichnen aufhören, weil meine Hände auf einmal so stark zitterten, daß ich nicht mehr arbeiten konnte. Ich stellte meinen Skizzenblock auf und versteckte die Hände dahinter, damit er nicht sehen konnte, daß sie zitterten.

Heute weiß ich, daß ich auf ein ganz bestimmtes Merkmal reagiert habe: Er redete genauso, wie es meine Mutter tat, wenn die den ganzen Tag getrunken hatte. Dieselben langen Pausen und sorgfältig gewählten, überdeutlich ausgesprochenen Worte. All die Gefühle von Liebe und Fürsorge meiner Mutter gegenüber verbanden sich mit der körperlichen Anziehungskraft dieses Mannes, der tatsächlich sehr gut aussah. Aber zu diesem Zeitpunkt hatte ich keine Ahnung, was meine Reaktion bedeutete, also hielt ich sie – natürlich – für Liebe.»

Es war kein Zufall, daß Lisa sich so bald nach dem Alkoholentzug ihrer Mutter in Gary verliebte und eine Beziehung mit ihm einging, die sechs Jahre dauern sollte. Die Bindung zwischen den beiden Frauen war nie zerstört worden. Obwohl sie räumlich in beträchtlicher Distanz voneinander lebten, hatten doch Lisas größte Sorge und Zuneigung immer ihrer Mutter gegolten. Als Lisa erkannte, daß die Mutter sich tatsächlich änderte, daß sie ihre Alkoholsucht ohne Lisas Hilfe überwunden hatte, war ihre Reaktion von der Angst bestimmt, nicht mehr gebraucht zu werden. Daraufhin entwickelte sie eine neue, ebenfalls enge Beziehung zu einem anderen Menschen, der Anzeichen von Sucht zeigte. Im Anschluß an ihre Ehe hatte sie sich auf eher unverbindliche Kontakte mit Männern eingelassen – bis ihre Mutter zu trinken aufhörte. Sie «verliebte» sich in einen Abhängigen, als ihre Mutter sich an Mitglieder der Anonymen Alkoholiker wandte, um Hilfe und Unterstützung für ihren Entwöhnungsprozeß zu erhalten. Lisa brauchte die Beziehung zu einem süchtigen Menschen, um sich «normal» fühlen zu können.

Sie begann von ihrer Beziehung zu Gary zu erzählen. Er zog schon nach kurzer Zeit bei ihr ein und stellte in den ersten Wochen ihres Zusammenlebens klar, wo seine Prioritäten lagen: Würde er jemals vor der Alternative stehen, sein restliches

Geld entweder für Marihuana oder für die fällige Miete ausgeben zu müssen, so würde er sich mit Sicherheit für das «Gras» entscheiden. Lisa ließ sich davon nicht beirren. Sie glaubte fest daran, daß er sich ändern würde, daß er mit der Zeit mehr Wert auf ihr gemeinsames Leben legen und bereit sein würde, es zu verteidigen. Sie war sich sicher, daß sie ihn dazu bringen konnte, sie so zu lieben, wie sie ihn liebte.

Gary arbeitete nur selten, und wenn er es tat, blieb er seinen Grundsätzen treu und verwendete seinen Verdienst dafür, sich das beste und teuerste Marihuana zu kaufen. Zunächst rauchte Lisa mit, aber als sie feststellte, daß ihre Arbeit darunter litt, gab sie es auf. Schließlich sah sie es als ihre Aufgabe an, den Lebensunterhalt für beide zu verdienen, und sie nahm diese Verpflichtung ernst. Jedesmal, wenn sie mit dem Gedanken spielte, sich endgültig von ihm zu trennen – er hatte wieder einmal Geld aus ihrer Tasche genommen, oder in ihrer Wohnung fand eine Party statt, wenn sie erschöpft von der Arbeit nach Hause kam, oder er blieb die ganze Nacht weg –, hatte er eine große Tüte Lebensmittel gekauft oder wartete mit dem Essen auf sie oder erzählte ihr, daß er etwas Kokain nur für sie beide besorgt hatte. In solchen Momenten sagte sie sich, daß er sie offensichtlich doch liebte, und gab ihren Vorsatz bereitwillig auf.

Die Geschichten aus seiner Kindheit brachten sie zum Weinen. Lisa hatte großes Mitleid mit ihm und glaubte fest daran, sie müsse ihn nur genug lieben, um all das wettzumachen, was er hatte erleiden müssen. Sie dachte, sie dürfe ihm nie die Schuld geben, ihn nie für sein jetziges Verhalten verantwortlich machen, weil er als Kind soviel Schaden erlitten hatte, und sie vergaß ihre eigene leidvolle Vergangenheit, während sie sich darauf konzentrierte, ihm zu helfen.

Einmal bekamen sie Streit, weil Lisa sich weigerte, ihm einen Scheck zu geben, den ihr Vater ihr als Geburtstagsgeschenk gesandt hatte. Im Verlauf dieses Streites schlitzte er mit einem Messer alle Gemälde in der Wohnung auf.

Lisa setzte ihren Bericht fort. «Zu dem Zeitpunkt war ich schon so krank, daß ich tatsächlich dachte: *Es ist meine Schuld: ich hätte ihn nicht so verärgern dürfen.* Ich übernahm noch immer die ganze Verantwortung; ich versuchte, etwas in Ordnung zu bringen, was sich nicht in Ordnung bringen ließ.

Der nächste Tag war ein Samstag. Gary hatte die Wohnung für eine Weile verlassen, und ich räumte weinend das Durcheinander auf. Ich mußte alle Bilder wegwerfen, die ich in den letzten drei Jahren gemalt hatte. Um mich abzulenken, ließ ich den Fernseher laufen. Es wurde ein Interview mit einer Frau gesendet, die von ihrem Mann geschlagen worden war. Ihr Gesicht wurde nicht gezeigt, aber sie sprach darüber, wie ihr Leben ausgesehen hatte, und beschrieb ein paar besonders gräßliche Szenen. Und dann sagte sie: ‹Ich dachte, es wäre gar nicht so schlimm, weil ich es doch immer noch aushalten konnte.› »

Lisa schüttelte langsam den Kopf. «Genau das tat ich: Ich zog keine Konsequenzen, weil ich es immer noch aushalten konnte. Als ich hörte, was diese Frau sagte, antwortete ich ihr laut: ‹Aber du verdienst etwas Besseres als das Schreckliche, das du gerade noch aushalten kannst!› Als ich begriff, was ich da gesagt hatte, begann ich, heftig zu weinen, weil mir klar wurde, daß genau dasselbe auch auf mich zutraf. Ich verdiente etwas Besseres als den Schmerz, die Frustration, die Extraausgaben und das Chaos. Bei jedem Gemälde, das ich wegwerfen mußte, sagte ich mir: *So will ich nicht weiterleben.*»

Als Gary nach Hause kam, standen seine Sachen schon gepackt vor der Tür. Lisa hatte ihre beste Freundin angerufen, die sofort mit ihrem Mann gekommen war, um ihr dabei zu helfen, Gary hinauszuwerfen.

«Es gab keine Szene, weil meine Freunde da waren – er ging einfach fort. Später begann er jedoch, mich anzurufen und mir zu drohen, aber da ich überhaupt nicht reagierte, gab er nach einer Weile auf.

Sie müssen wissen, daß ich das nicht allein geschafft habe – keine Reaktion zu zeigen, meine ich. Am selben Nachmittag, nachdem sich die Aufregung ein bißchen gelegt hatte, rief ich meine Mutter an und erzählte ihr die ganze Geschichte. Sie empfahl mir, zu den Al-Anon-Meetings für erwachsene Kinder von Alkoholikern zu gehen. Nur weil ich so schrecklich litt, hörte ich auf ihren Rat.»

Al-Anon ist wie Alateen eine Gemeinschaft für Verwandte

und Freunde von Alkoholikern. Die Mitglieder treffen sich, um anderen und sich selbst dabei zu helfen, von der zwanghaften Fixierung auf diese Alkoholiker loszukommen. Die Gruppen für erwachsene Kinder von Alkoholikern dienen den Betroffenen dazu, sich von den Folgen des Zusammenlebens mit ihren alkoholabhängigen Eltern zu befreien. Diese Folgen entsprechen weitgehend den charakteristischen Merkmalen von Menschen, die zu sehr lieben.

«Damals fing ich an, mich besser zu verstehen. Gary war für mich, was Alkohol für meine Mutter gewesen war: eine Droge, ohne die ich nicht leben konnte. Bis zu dem Tag, an dem ich ihn rauswarf, hatte ich immer schreckliche Angst davor gehabt, daß er mich verlassen würde, und deshalb alles getan, was ich konnte, um ihn zufriedenzustellen. Es war genau das gleiche, was ich schon als Kind getan hatte – schwer arbeiten, ein gutes Mädchen sein, nichts für mich selbst verlangen und mich um Dinge kümmern, für die eigentlich jemand anders verantwortlich war.

Selbstaufopferung gehörte schon immer zu meinen Mustern. Und ich wußte eigentlich nie, wer ich war, wenn ich keine Schmerzen erleiden mußte oder niemanden hatte, dem ich helfen konnte.»

Lisas feste Bindung an ihre Mutter, für die sie alle eigenen Bedürfnisse und Wünsche aufgab, war eine Art Vorbereitung auf spätere Liebesbeziehungen, die von Leiden statt von irgendeiner Form persönlicher Erfüllung geprägt waren. Sie hatte als Kind den folgenschweren Entschluß gefaßt, jedes Problem im Leben ihrer Mutter durch die Kraft ihrer eigenen Liebe und Selbstlosigkeit zu beseitigen. Nach kurzer Zeit war ihr diese Entscheidung nicht mehr bewußt, aber ihr Verhalten wurde weiterhin davon bestimmt. Da sie überhaupt nicht wußte, wie sie für ihr eigenes Wohlergehen sorgen konnte, aber Expertin darin war, das Wohlergehen anderer zu fördern, ging sie Beziehungen ein, die ihr anscheinend die Möglichkeit boten, wieder einmal durch die Kraft ihrer Liebe das Leben eines anderen Menschen zu verschönern. Wie schon in ihrer Kindheit brachte sie das Scheitern ihrer Bemühungen nur dazu, sich noch mehr anzustrengen.

In Gary– mit seiner Sucht, seiner emotionalen Abhängigkeit und seiner Grausamkeit – vereinigten sich die schlimmsten Eigenschaften von Lisas Eltern. Und genau das trug zu seiner Anziehungskraft auf Lisa bei. Wenn die Beziehung, die wir zu unseren Eltern hatten, grundsätzlich fürsorglicher Natur war, wenn Zärtlichkeit, Interesse und Anerkennung angemessen ausgedrückt werden konnten, dann neigen wir als Erwachsene dazu, uns in der Gegenwart von Menschen wohlzufühlen, die in uns gleichartige Gefühle von Sicherheit, Wärme und positiver Selbsteinschätzung hervorrufen. Andererseits gehen wir Menschen, die unsere positiven Gefühle uns selbst gegenüber durch Neid oder ungerechtfertigte Kritik negativ beeinflussen, eher aus dem Weg. Ein solches Verhalten wirkt auf uns abschreckend.

Verhielten sich die Eltern uns gegenüber hingegen feindselig, überkritisch, grausam, manipulativ, arrogant, übermäßig abhängig oder auf andere Weise unangemessen, wird uns genau das «richtig» vorkommen, wenn wir jemanden kennenlernen, der uns – vielleicht auf sehr subtile Weise – dieselbe Haltung, dasselbe Verhalten entgegenbringt. Mit Menschen, die es uns ermöglichen, unsere früheren schädlichen Beziehungsmuster wieder aufleben zu lassen, fühlen wir uns «wie daheim». Mit freundlicheren, liebevolleren oder auf andere Weise gesünderen Menschen fühlen wir uns dagegen unbeholfen und befangen. Vielleicht finden wir es aber auch langweilig, mit solchen «gesünderen» Menschen zusammen zu sein, weil wir die Herausforderung vermissen, die in dem Bemühen steckt, jemanden zu ändern, um ihn glücklicher zu machen oder um die uns vorenthaltene Zärtlichkeit und Anerkennung zu erringen. Langeweile verdeckt häufig das Gefühl von Unsicherheit. Frauen, die zu sehr lieben, empfinden diese Unsicherheit, wenn sie nicht tun können, was ihnen doch so vertraut ist: zu helfen, zu hoffen und sich mehr um das Wohlergehen eines anderen Menschen zu kümmern, als sich von den eigenen Bedürfnissen leiten zu lassen. Erwachsene Kinder von Alkoholikern, aber auch diejenigen, die aus anderweitig gestörten Familien stammen, entwickeln meist eine Faszination für sogenannte «Problemfälle» und eine Abhängigkeit von

Aufregung, vor allem von schädlicher Aufregung. Wenn das Chaos eine ständige Begleiterscheinung unseres Lebens war und wir als Kinder zudem – was häufig der Fall ist – viele unserer eigenen Gefühle verleugnen mußten, dann gelingt es uns oft nur in dramatischen Situationen, überhaupt irgendwelche Gefühle zu spüren. Daher brauchen wir die Sensation von Unsicherheit, Schmerz, Enttäuschung und Kampf, um uns überhaupt lebendig zu fühlen.

Lisa beendete ihre Geschichte. «Der Frieden und die Ruhe, die in mein Leben einkehrten, nachdem Gary ausgezogen war, machten mich fast wahnsinnig. Ich mußte alle Kräfte zusammennehmen, um ihn nicht anzurufen und die ganze Sache wieder von vorn anzufangen. Aber langsam gewöhnte ich mich an ein normaleres Leben.

Zur Zeit habe ich keinen Freund. Ich weiß, daß ich noch immer zu krank bin, um eine gute Beziehung zu einem Mann aufbauen zu können. Ich würde doch nur losgehen und mir einen neuen Gary suchen. Also konzentriere ich mich zum erstenmal in meinem Leben auf mich, anstatt zu versuchen, jemand anderen zu ändern.»

Lisas Verhältnis zu Gary hatte – wie das Verhältnis ihrer Mutter zum Alkohol – krankhafte Züge. Sie litt unter einem zerstörerischen Zwang, über den sie selbst keinerlei Kontrolle hatte. Genau wie ihre Mutter im Laufe der Zeit alkoholsüchtig und damit unfähig geworden war, ohne fremde Hilfe das Trinken aufzugeben, hatte Lisa eine ebenfalls süchtig machende Beziehung zu Gary entwickelt. Diesen Vergleich der Situationen beider Frauen ziehe ich nicht leichtfertig, genausowenig, wie ich das Wort *Sucht* in diesem Zusammenhang leichtfertig verwende. Lisas Mutter war von der Droge Alkohol abhängig geworden, um all die Angst und Verzweiflung, die das Leben für sie bereithielt, nicht aushalten zu müssen. Je mehr sie trank, um zu verhindern, daß sie ihren Schmerz spürte, desto stärker wirkte die Droge auf ihr Nervensystem ein, wodurch genau die Gefühle erzeugt wurden, die sie zu unterdrücken versuchte. Letzten Endes verstärkte sich also der Schmerz. Also trank sie immer mehr – eine Spirale, die in die Abhängigkeit führt.

Auch Lisa versuchte, Angst und Verzweiflung zu unterdrücken. Sie litt an schweren latenten Depressionen, deren Ursachen in ihrer leidvollen Kindheit lagen. Diese Art von Depressionen ist unter Kindern aus dysfunktionalen Familien weit verbreitet. Je nach Geschlecht, Veranlagung und Rollenzuweisung innerhalb der Familie entwickeln die Betroffenen verschiedene Methoden, mit diesen Depressionen umzugehen oder – sehr häufig – nicht umgehen zu müssen. So versuchen viele junge Frauen, sobald sie in die Pubertät kommen, ihre Depressionen in Schach zu halten, indem sie zu sehr lieben. Sie lassen sich auf chaotische, aber anregende und der Ablenkung dienende Kontakte mit ungeeigneten Männern ein, auf Beziehungen, die ihnen so viel Aufregung verschaffen, daß sie nicht in den depressiven Zustand fallen, der direkt unterhalb ihres Bewußtseins lauert.

Auf diese Weise wird ein grausamer, gleichgültiger, unehrlicher oder in anderer Hinsicht schwieriger Partner für diese Frauen zum Äquivalent für eine Droge und damit zum Mittel, die eigenen Gefühle zu unterdrücken – genauso wie Alkohol und andere stimmungsverändernde Drogen einem davon abhängigen Menschen zumindest für kurze Zeit einen Fluchtweg bieten, auf den er nicht mehr zu verzichten wagt. Diese chaotischen Beziehungen verschaffen nicht nur die erwünschte Ablenkung, sondern erzeugen neues Leiden. Alkoholismus ist eine Krankheit, die immer weiter fortschreitet, und genauso kann die Abhängigkeit von einer Beziehung in ein Stadium geraten, in dem sie zu einer Sucht wird. Eine Trennung wird häufig mehr gefürchtet als die schlimmsten Qualen in der Beziehung: Denn allein zu sein bedeutet, sowohl die immer noch vorhandenen Schmerzen aus der Vergangenheit als auch das gegenwärtige Leid aushalten zu müssen.

Die Sucht nach der Beziehung ist also auch in dieser Hinsicht mit der Sucht nach Alkohol vergleichbar – und genauso schwer zu überwinden. Die Abhängigkeit einer Frau vom Partner (oder von einer Reihe unpassender Partner) kann ihren Ursprung in den verschiedensten Familienproblemen haben. Erwachsene Kinder von Alkoholikern sind in einer günstigeren Lage als ihre Leidensgenossen aus anderweitig dysfunktionalen Familien, denn zumindest in den meisten größeren Städten gibt es Alanon-Gruppen, deren Mitglieder einander bei der Aufarbeitung ihrer Probleme mit sich selbst und mit ihren Partnern unterstützen können.

Wir brauchen den Beistand einer geeigneten Selbsthilfegruppe, um uns aus der Abhängigkeit von einer Beziehung zu befreien: Wir müssen den Suchtkreislauf durchbrechen und lernen, unser Selbstwertgefühl und unser Wohlbefinden nicht von einem Mann negativ beeinflussen zu lassen. Wir können lernen, gesund, erfüllt und fröhlich zu leben, ohne unser Glück von einem anderen Menschen abhängig zu machen.

Diejenigen, die in Abhängigkeit von einer Beziehung oder einer chemischen Droge leben, sind leider häufig davon überzeugt, ihr Problem allein lösen zu können. Sie verzichten auf Hilfe von außen und berauben sich damit der Chance, ihre Sucht zu überwinden.

Für viele Menschen, die mit der einen oder anderen Form von Sucht kämpfen, hat diese Überzeugung – «Ich kann es allein schaffen» – zur Folge, daß ihr Leben erst schrecklich werden muß, bevor es besser werden kann. Auch Lisa mußte erst in eine hoffnungslose Situation geraten, bevor sie zugeben konnte, daß sie Hilfe brauchte, um ihre Leidenssucht zu überwinden.

Für Menschen wie Lisa ist es besonders schlimm, daß Liebesleid und Abhängigkeit von Beziehungen in unserer Kultur romantisch verklärt werden. Vom Schlager bis zur Oper, vom Groschenroman bis zur klassischen Literatur, von der täglichen Fernsehserie bis zum hochgelobten Film und Theaterstück – wir sind umgeben von zahllosen Beispielen dafür, wie perspektivelose, unreife Beziehungen verklärt und verherrlicht werden. Ständig reden uns diese kulturellen Vorbilder ein, die Stärke der Liebe ließe sich am Grad des durch sie verursachten Leidens messen, und nur wer wirklich leide, liebe auch wirklich. Wenn ein Sänger wehmütig klagt, daß er nicht aufhören kann, jemanden zu lieben, obwohl es doch so weh tut, dann reagieren wir auf diese Botschaft. Vielleicht liegt die eigentliche Kraft in der ständigen Wiederholung dieser Ansicht; jedenfalls glaubt irgend etwas in uns, der Sänger beschreibe die

Liebe, wie sie sein *soll*. Wir akzeptieren den Schmerz als einen natürlichen Bestandteil der Liebe und begreifen die Bereitschaft zum Leiden um der Liebe willen als einen positiven Charakterzug.

Es gibt nur wenige Vorbilder dafür, wie einander ebenbürtige Menschen auf gesunde, reife, ehrliche, weder manipulative noch ausbeuterische Art miteinander umgehen. Das hat vermutlich zwei Gründe: Erstens gibt es solche Beziehungen im wirklichen Leben tatsächlich nur selten. Zweitens ist der Wert des emotionalen Austausches in solch guten Beziehungen oft viel unaufdringlicher als in deren Gegenstück; deshalb wird ihr dramatisches Potential gewöhnlich übersehen und findet keinen Eingang in Literatur, Theater, Film und Popmusik. Wir sehen und kennen also fast nur schädliche Formen von Beziehungen.

Weil es in den Medien kaum Beispiele für reife Liebe und gesunde Kommunikationsformen gibt, habe ich jahrelang mit dem Gedanken gespielt, das Drehbuch für jeweils eine Folge der erfolgreichen «Seifenopern» im Fernsehen zu schreiben. In meiner Sendung würden alle Figuren ehrlich, selbstbewußt und fürsorglich miteinander umgehen. Keine Lügen, keine Geheimnisse, keine Manipulationen, niemand, der sich zum Opfer machen lassen, und niemand, der einen anderen zum Opfer machen würde. Statt dessen könnten die Zuschauer einmal Menschen sehen, die gewillt sind, auf der Grundlage offener Auseinandersetzung gesunde Beziehungen einzugehen und zu erhalten.

Diese Umgangsformen würden nicht nur in scharfem Kontrast zur sonstigen Aufmachung solcher Programme stehen, sondern deutlich zeigen, wie sehr wir schon gewöhnt sind an Darstellungen von Ausbeutung, Manipulation, Sarkasmus, Rachsucht, absichtlicher Quälerei, bewußten Versuchen, Eifersucht zu erregen, Lügen, Drohungen, Nötigung und so weiter – allesamt nur Beispiele für gestörtes Verhalten im Umgang mit anderen. Wenn Sie darüber nachdenken, was eine einzige Sendung mit der Darstellung von ehrlicher Kommunikation und reifer Liebe für die Qualität dieser Endlosserien bedeuten würde, dann können Sie vielleicht ermessen, was dieselbe Veränderung der Kommunikationsformen im Leben von uns allen bewirken könnte.

Alles geschieht in einem größeren Zusammenhang; auch die Art, wie wir lieben. Es ist erforderlich, daß wir uns darüber klar werden, wie schädlich und mangelhaft das Bild ist, das sich unsere Gesellschaft von Liebe macht. Wir müssen uns den oberflächlichen, nichtssagenden Vorstellungen von persönlichen Beziehungen widersetzen, wie die Medien sie uns nahebringen wollen. Wir müssen bewußt offenere und reifere Umgangsformen miteinander entwickeln, wenn wir Chaos und Aufregung gegen echte Nähe eintauschen wollen.

Das Bedürfnis, gebraucht zu werden

She's a good-hearted woman
In love with a good-timin' man;
She loves him in spite of his
wicked ways
That she don't understand.

– Good-Hearted Woman

Ich weiß nicht, wie sie das alles macht. Ich würde verrückt werden, wenn ich bewältigen müßte, was sie zu bewältigen hat.»

«Sie hat sich noch nie über irgend etwas beschwert.»

«Warum läßt sie sich das nur gefallen?»

«Was findet sie überhaupt an ihm?»

«Sie könnte es doch so viel besser haben.»

Diese oder ähnliche Bemerkungen hört man häufig über Frauen, die zu sehr lieben; weil man sich fragt, warum sie so heroische Anstrengungen unternehmen, um das Beste aus einer Situation zu machen, die keinerlei Mühe wert scheint. Der Schlüssel zum Geheimnis ihrer aufopferungsvollen Zuneigung liegt meistens in ihren Kindheitserfahrungen. Oft bleiben wir – auch als Erwachsene – den Rollen verhaftet, die wir in unserer ursprünglichen Familie angenommen haben. Für viele der Frauen, die zu sehr lieben, beinhaltet diese Rolle, den Bedürfnissen der anderen Familienmitglieder zu entsprechen und ihre eigenen Bedürfnisse zu verleugnen. Vielleicht haben uns gewisse Umstände dazu gezwungen, zu schnell groß zu werden, vorzeitig die Pflichten Erwachsener zu übernehmen, weil unsere Mutter oder unser Vater körperlich oder seelisch zu krank war, um die Aufgaben zu erfüllen, die zur Elternrolle gehören. Oder vielleicht hat uns auf Grund von Scheidung oder Tod ein Elternteil gefehlt, und wir versuchten einzuspringen, kümmerten uns sowohl um die Geschwister als auch um den übriggebliebenen Elternteil. Vielleicht wurden wir zur Hausfrau, während unsere eigene Mutter arbeitete, um die Familie zu unterhalten. Oder wir lebten zwar mit beiden Elternteilen, aber der eine war aggressiv, frustriert oder unglücklich und der andere reagierte darauf nicht mit Verständnis, wodurch wir in die Rolle einer Vertrauten gerieten und Einzelheiten aus der elterlichen Beziehung erfuhren, die wir seelisch nicht verkraften konnten. Wir hörten zu, weil uns nichts anderes übrigblieb, denn wir hatten Angst um den leidenden Elternteil und Angst vor Liebesverlust, falls es uns nicht gelingen würde, die für uns vorgesehene Rolle auszufüllen. So haben wir uns selbst nicht geschützt und wurden auch von unseren Eltern nicht beschützt; denn sie hatten es nötig, uns für stärker zu halten, als wir in Wirklichkeit waren. Obwohl wir zu unreif für diese Verantwortung waren, kam es schließlich so weit, daß *wir* unsere Eltern beschützten. Damit lernten wir zu früh, uns meisterhaft um alle anderen zu kümmern, nur nicht um uns selbst. Unseren eigenen Bedürfnissen nach Liebe, Aufmerksamkeit, Fürsorge und Geborgenheit wurde nicht entsprochen, wohingegen wir vorgaben, kräftiger und weniger ängstlich, erwachsener und weniger bedürftig zu sein, als es tatsächlich der Fall war. Nachdem wir gelernt hatten, unsere eigene Sehnsucht nach Versorgtwerden zu verleugnen, sahen wir uns schon als Heranwachsende nach neuen Möglichkeiten um, das zu tun, was wir mittlerweile so gut konnten: uns ausschließlich mit Wünschen und Ansprüchen anderer zu beschäftigen, statt anzuerkennen, daß wir selbst Angst, Schmerzen und ungestillte Bedürfnisse hatten. Bei jeder Gelegenheit gaben wir vor, schon so erwachsen zu sein, für so vieles zuständig zu sein und so wenig zu beanspruchen, daß es uns nun zu spät dafür scheint, selbst einmal an die Reihe zu kommen. Und so helfen wir immer weiter und hoffen dabei, daß unsere Angst verschwindet und wir durch Liebe belohnt werden.

Melanies Geschichte ist ein charakteristisches Beispiel dafür, wie durch zu schnelles Erwachsenwerden, verbunden mit zuviel Verantwortung, das zwanghafte Bedürfnis entstehen kann, andere zu versorgen.

Bei einem Vortrag, den ich vor einer Gruppe von Kranken-pflegeschülern hielt, erregte Melanie meine Aufmerksamkeit. Mir fielen die Kontraste in ihrem Gesicht auf. Einerseits wirkte sie sehr lebhaft, fast spitzbübisch mit ihrer kleinen, sommer-sprossigen Stupsnase und den tiefen Grübchen – andererseits hatte sie dunkle Ringe unter den klaren grauen Augen. Die kastanienfarbenen Haare fielen ihr in die Stirn. Sie sah aus wie eine blasse, müde Fee.

Während ich noch mit Schülern sprach, die nach meinem Vortrag dageblieben waren, stand sie an der Seite und wartete. Wie so oft, wenn ich über das Thema «Alkoholismus als Fami-lienkrankheit» referierte, wollten auch diesmal einige Schüler persönliche Angelegenheiten mit mir besprechen.

Als der letzte von Melanies Mitschülern gegangen war, gönnte sie mir zunächst eine kleine Atempause, bevor sie sich vorstellte. Ihr Händedruck war fest. Das hätte ich bei jeman-dem, der so schmächtig und zart war wie sie, nicht erwartet.

Sie hatte so lange und geduldig darauf gewartet, mit mir zu sprechen, daß ich trotz ihres selbstsicheren Auftretens vermu-tete, mein morgendlicher Vortrag habe tief in ihr etwas be-rührt. Um ihr die Gelegenheit zu einem längeren Gespräch zu geben, forderte ich sie auf, mich bei einem Spaziergang über den Campus zu begleiten. Es kam zu einem lebhaften, aber oberflächlichen Gespräch, während ich meine Unterlagen zu-sammensuchte und wir den Vortragssaal verließen, doch als wir draußen auf dem Gelände waren, wurde sie plötzlich nach-denklich.

Es war ein grauer Novembertag, und wir gingen einen ver-lassenen Weg entlang. Das einzige Geräusch war das Knistern der Platanenblätter unter unseren Füßen.

Melanie blieb stehen, um diese sternförmigen, zerfurchten Blätter zu betrachten, deren spitze Enden sich wie getrocknete Seesterne hochbogen und dabei ihre fahle Unterseite entblöß-ten. Nach einer Weile sagte sie leise: «Meine Mutter war keine Alkoholikerin, aber danach zu urteilen, wie sich diese Krank-heit auf eine Familie auswirkt, hätte sie gut eine sein können. Sie litt an schweren Depressionen, war oft im Krankenhaus und blieb manchmal lange Zeit weg. Die Medikamente, die sie einnehmen mußte, um ‹gesund› zu werden, schienen sie nur noch kranker zu machen. Aus einer lebhaften, überdrehten Frau wurde allmählich eine völlig benommene Frau. Trotz dieser anhaltenden Benommenheit gelang schließlich einer ihrer Selbstmordversuche. Obwohl wir uns bemühten, sie niemals allein zu lassen, waren wir gerade an diesem Tag für kurze Zeit alle aus dem Haus gegangen. Sie erhängte sich in der Garage. Mein Vater hat sie gefunden.»

Sie schüttelte ganz schnell den Kopf, als wolle sie die düsteren Erinnerungen vertreiben, die dort noch immer nisteten, und fuhr fort. «Mit vielem, was ich heute morgen gehört habe, konnte ich mich identifizieren, aber Sie sagten in Ihrem Vortrag auch, daß Kinder von Alkoholikern oder aus anderen dysfunktionalen Familien sich sehr oft Partner aussuchen, die selbst alkoholkrank oder von anderen Drogen abhängig sind, und das trifft auf Sean nicht zu. Gott sei Dank macht er sich nicht viel aus Alkohol oder Marihuana. Dafür haben wir andere Probleme.» Sie wandte sich von mir ab und hob das Kinn.

«Eigentlich habe ich alles ganz gut im Griff–» ihr Kinn senkte sich wieder – «aber langsam macht es mich fertig.» Dann sah sie mich direkt an, lächelte und zuckte die Achseln. «Mir geht allmählich das Essen, das Geld und die Zeit aus – das ist alles.» Sie sagte das, als handle es sich um die Pointe eines Witzes, auf die man nur amüsiert, aber nicht ernsthaft reagieren könne. Ich mußte nachbohren, um weitere Einzelheiten zu erfahren.

«Sean ist wieder einmal fort. Wir haben drei Kinder; Susie ist sechs, Jimmy vier und Peter zweieinhalb Jahre alt. Ich habe eine Teilzeitarbeit als Stationshilfsschwester, bereite mich auf mein Krankenpflegeexamen vor und versuche, zu Hause alles in Ordnung zu halten. Normalerweise paßt Sean auf die Kinder auf, das heißt, wenn er nicht in der Kunstakademie oder ganz weg ist.» Das sagte sie ohne jeden bitteren Unterton.

«Wir haben vor sieben Jahren geheiratet. Ich war siebzehn und hatte gerade die Schule abgeschlossen. Er war vierundzwanzig, arbeitete ein bißchen als Schauspieler und ging zur Abendschule. Er wohnte mit drei Freunden zusammen. Jeden Sonntagabend besuchte ich sie und kochte die tollsten

Festessen für alle. Ich war Seans Mädchen für sonntags. Freitags und samstags stand er entweder auf der Bühne oder traf sich mit einer anderen. Jedenfalls mochten mich auch seine Freunde sehr gern. So gut wie bei mir schmeckte es ihnen die ganze Woche nicht. Sie haben Sean immer aufgezogen, ihm gesagt, er solle mich doch heiraten und sich von mir versorgen lassen. Der Gedanke muß ihm gefallen haben, denn genau das tat er. Er bat mich, ihn zu heiraten, und ich sagte natürlich ja. Ich war begeistert. Er sah so gut aus. Schauen Sie!» Sie öffnete ihre Brieftasche und holte ein paar Fotos heraus. Das erste Bild zeigte Sean: dunkle Augen, hohe Backenknochen und ein gespaltenes Kinn in einem etwas mürrischen, aber gutaussehenden Gesicht. Ich hielt es für eine auf Paßformat verkleinerte Fotografie, wie sie sich Schauspieler oder Modelle für ihre Unterlagen anfertigen lassen. Melanie bestätigte meine Vermutung und erzählte mir, daß die Aufnahme von einem sehr bekannten Fotografen stammte.

«Er sieht aus wie ein Filmstar», bemerkte ich, und sie nickte stolz. Gemeinsam sahen wir uns die anderen Bilder an, die ihre drei Kinder in verschiedenen Entwicklungsphasen zeigten: krabbelnd, bei den ersten unsicheren Schritten, beim Ausblasen der Geburtstagskerzen. Ich hatte gehofft, Sean noch einmal auf einem weniger gestellten Foto zu sehen, entdeckte aber kein einziges Bild von ihm und den Kindern. Ich fragte sie nach dem Grund dafür.

«Normalerweise macht er die Aufnahmen. Er hat ziemlich viel Ahnung von Fotografie, genauso wie von Schauspielerei und bildender Kunst.»

«Macht er zur Zeit irgend etwas in dieser Richtung?» fragte ich.

«Nein, eigentlich nicht. Seine Mutter hat ihm etwas Geld geschickt. Er ist ja wieder nach New York gegangen, um zu sehen, welche Möglichkeiten sich ihm dort bieten.» Ihre Stimme wurde leiser.

Bei ihrer loyalen Haltung Sean gegenüber hätte ich eigentlich erwartet, daß Melanie seiner Reise nach New York positiv gegenüberstand. Da dies jedoch nicht der Fall war, fragte ich: «Melanie, was ist los?»

Zum erstenmal hörte sich ihre Stimme etwas vorwurfsvoll an: «Unsere Ehe ist nicht das Problem. Es ist seine Mutter. Sie schickt ihm immer wieder Geld. Jedesmal, wenn er endlich anfängt, sich auf unsere Familie zu konzentrieren, oder wenn er bei einer Arbeit bleibt, dann kommt wieder ein Scheck von ihr – und schwupps! ist er weg. Sie kann nicht nein zu ihm sagen. Wenn sie aufhören würde, ihm Geld zu geben, dann könnten wir es schaffen, endlich eine richtige Familie zu werden.»

«Und wenn sie nie damit aufhört?» fragte ich.

«Dann wird Sean sich ändern müssen. Ich werde ihm zeigen, wie sehr er uns weh tut.» Sie begann zu weinen. «Er wird nein sagen müssen, wenn sie ihm Geld anbietet.»

«Melanie, nach allem, was Sie mir da erzählt haben, klingt das nicht sehr wahrscheinlich.»

Ihre Stimme wurde lauter und klang entschlossener. «Sie kann unser Leben nicht weiterhin ruinieren. Er *wird* sich ändern.»

Melanie stieß ein besonders großes Blatt vor sich her und beobachtete aufmerksam, wie es allmählich zerfiel.

Ich wartete einen Moment und fragte dann: «Gibt es noch mehr Probleme?»

Melanie antwortete: «Er ist sehr häufig nach New York gefahren. Dort trifft er sich immer mit jemand anderem.» Ihr Ton wurde wieder sachlich.

«Eine andere Frau?» fragte ich. Melanie sah weg, als sie nickte. «Wie lange geht das schon?»

«Na ja, seit ein paar Jahren.» Melanie zuckte die Achseln. «Die Sache begann während meiner ersten Schwangerschaft. Ich konnte es ihm auch nicht verübeln. Ich fühlte mich so krank und elend, und er war so weit weg.»

Erstaunlicherweise übernahm Melanie sowohl die Schuld für Seans Untreue als auch die Last, ihn und ihre Kinder zu unterhalten, während er an verschiedenen Karrieren herumbastelte. Ich fragte sie, ob sie jemals ernsthaft an Scheidung gedacht hätte.

«Wir haben uns tatsächlich einmal getrennt. Das ist eine alberne Formulierung, weil wir ja sowieso dauernd getrennt sind – bei seinem Lebensstil. Aber einmal erklärte ich, daß ich

93

mich scheiden lassen wollte – vor allem, um ihm eine Lektion zu erteilen –, und sechs Monate lang lebten wir wirklich nicht zusammen. Er rief mich immer wieder an, und ich schickte ihm auch Geld, wenn er dringend welches brauchte. Aber die meiste Zeit war jeder von uns auf sich selbst gestellt. Ich habe sogar zwei Männer kennengelernt!» Das klang, als überraschte es sie, daß andere Männer sich für sie interessierten. Sie fuhr fort: «Beide waren sehr nett zu den Kindern, und jeder von ihnen wollte mir im Haus helfen, kleine Reparaturarbeiten machen; sie schenkten mir sogar manche Dinge, die ich unbedingt brauchte. Natürlich fand ich es schön, mich so verwöhnen zu lassen. Trotzdem waren bei mir einfach keine richtigen Gefühle da. Nichts ließ sich mit der Anziehungskraft vergleichen, die Sean noch immer auf mich ausübte. Also ging ich schließlich zu ihm zurück.» Sie lächelte. «Ich mußte ihm damals erklären, warum zu Hause alles in solch gutem Zustand war.»

Wir hatten bereits den halben Weg über den Campus zurückgelegt. Ich wollte mehr über Melanies Kindheit erfahren, um zu verstehen, welche Erlebnisse zu ihren gegenwärtigen Problemen geführt hatten.

«Wenn Sie sich einmal vergegenwärtigen, wie Sie als Kind waren, welches Bild haben Sie dann im Kopf?» fragte ich. Melanie runzelte die Stirn und dachte angestrengt nach.

«Das ist komisch. Ich sehe mich in meiner Schürze, wie ich auf einem Hocker vor dem Herd stehe und in einem Topf rühre. Ich war das mittlere von fünf Kindern. Als meine Mutter starb, war ich vierzehn, aber mit dem Kochen und Putzen fing ich schon lange vorher an, weil sie doch so krank war. Mit der Zeit kam sie einfach nicht mehr aus ihrem Zimmer heraus. Meine beiden älteren Brüder gingen nach der Schule arbeiten, um meinen Vater finanziell zu entlasten, und ich übernahm in gewisser Hinsicht die Mutterrolle für alle. Meine beiden Schwestern waren drei und fünf Jahre jünger als ich, also hing fast alles, was zu Hause gemacht werden mußte, an mir. Aber wir schafften es. Mein Vater arbeitete und kaufte ein. Ich kochte und putzte. Wir taten, was wir konnten. Geld war zwar immer knapp, aber wir kamen halbwegs zurecht. Mein Vater arbeitete furchtbar hart; zeitweise ging er zwei verschiedenen

Beschäftigungen nach und war meistens nicht zu Hause. Daß er so wenig da war, lag wohl nur teilweise an äußeren Zwängen, denn dadurch konnte er auch meiner Mutter aus dem Weg gehen. Das taten wir übrigens alle, so gut es ging. Sie war eben sehr schwierig.

Kurz vor meinem Schulabschluß heiratete mein Vater zum zweitenmal. Alles wurde sofort einfacher. Seine neue Frau arbeitete auch; sie hatte eine Tochter, die genauso alt war wie meine jüngere Schwester, damals also zwölf. Alles paßte einfach gut zusammen. Mein Vater war viel glücklicher. Finanziell ging es uns auch besser. Zum erstenmal hatten wir wirklich genug Geld, um über die Runden zu kommen.»

Ich fragte: «Was empfanden Sie damals, als Ihre Mutter starb?»

Melanie biß die Zähne zusammen. «Die Frau, die sich umgebracht hatte, war seit Jahren nicht mehr meine Mutter gewesen. Sie war jemand anders – eine Person, die schlief oder schrie und uns immer Sorgen machte. Ich erinnere mich nur noch dunkel an die Zeit, als sie noch meine Mutter war. In Gedanken ist es ein langer Weg zurück bis hin zu der Frau, die sanft und liebevoll war, die sang, wenn sie arbeitete oder mit uns spielte. Sie war nämlich irischer Abstammung, und daher kannte sie all diese melancholischen Lieder ... Ich glaube, wir waren alle erleichtert, als sie schließlich starb. Aber ich fühlte mich auch schuldig. Ich dachte, wenn ich sie nur besser verstanden oder mich mehr um sie gekümmert hätte, wäre sie vielleicht nicht so krank geworden. Ich versuche, so wenig wie möglich über das Ganze nachzudenken.»

Die letzten Minuten unseres Gesprächs wollte ich dazu nutzen, Melanie eine Ahnung davon zu vermitteln, woher ihre gegenwärtigen Probleme rührten.

«Sehen Sie irgendwelche Ähnlichkeiten zwischen Ihrer heutigen Situation und der als Kind?» fragte ich.

Sie lachte gezwungen. «Ja, aber eigentlich erst durch dieses Gespräch. Ich sehe, daß ich noch immer warte – darauf, daß Sean nach Hause kommt, genauso, wie ich früher auf meinen Vater gewartet habe, wenn der weg war –, und mir wird klar, daß ich Sean nie zur Rede stelle für das, was er zu verantworten hat. Wenn er weggeht, dann ist das für mich wie damals, als mein Vater weggegangen ist, um Geld für die Familie zu verdienen, um also für uns zu sorgen. Ich weiß zwar, daß es bei Sean etwas ganz anderes ist, aber mein Gefühl sagt mir trotzdem dasselbe: ich muß eben das Beste aus der Situation machen.»

Sie brach ab und dachte über weitere Parallelen nach. «Ich bin eigentlich immer noch die tapfere kleine Melanie, die alles zusammenhält, die im Topf rührt und sich um die Kinder kümmert.» Eine plötzliche Erkenntnis trieb ihr das Blut in die Wangen. «Also stimmt es doch, was Sie in Ihrem Vortrag über Kinder wie mich gesagt haben. Wir suchen uns tatsächlich eine Beziehung, in der wir dieselbe Rolle spielen können wie damals in unserer Familie!»

Als wir uns verabschiedeten, umarmte mich Melanie und sagte: «Danke fürs Zuhören. Ich glaube, ich mußte einfach ein bißchen darüber reden. Und ich verstehe jetzt einiges besser – aber ich bin nicht bereit, einen Schlußstrich zu ziehen – noch nicht!» Ihre Stimmung war offensichtlich besser, als sie mit hochgerecktem Kinn sagte: «Außerdem muß Sean einfach mal erwachsen werden. Und das wird er auch. Er muß es ja schließlich, finden Sie nicht?»

Ohne eine Antwort abzuwarten, drehte sie sich um und ging mit großen Schritten den Weg zurück.

Melanie hatte tatsächlich einige Erkenntnisse über sich selbst gewonnen, aber viele weitere Parallelen zwischen ihrer Kindheit und ihrem gegenwärtigen Leben waren ihr noch immer nicht bewußt.

Warum sollte eine intelligente, attraktive, tatkräftige und tüchtige junge Frau wie Melanie eine Beziehung *brauchen*, die so sehr mit Kummer und Leid belastet war wie ihre Ehe mit Sean? Für sie gilt, was auch auf all die anderen Frauen zutrifft, die in zutiefst unglücklichen Familien aufgewachsen sind, in denen die seelischen Belastungen zu hoch und die Verantwortung zu groß waren: Diese Frauen können nicht mehr unterscheiden, was sie als gut und was sie als schlecht empfinden; beide Gefühle sind so unlösbar miteinander verknüpft, daß sie irgendwann als Einheit erlebt werden.

In Melanies Familie konnte von elterlicher Zuwendung kaum die Rede sein, da das Leben durch die immer weiter zerfallende Persönlichkeit ihrer Mutter und die Bemühungen aller, damit fertig zu werden, ohnehin kaum mehr zu bewältigen war. Ihre tapferen Anstrengungen, den Haushalt zu führen, wurden mit der dankbaren Abhängigkeit ihres Vaters belohnt; nach Melanies Erfahrung kam diese Abhängigkeit dem Geliebtwerden am nächsten. Empfindungen von Angst und Überlastung, wie sie für ein Kind unter solchen Lebensumständen normal wären, wurden von den Erfolgsgefühlen überschattet, die sie aus der Hilfsbedürftigkeit ihres Vaters und der Unzulänglichkeit ihrer Mutter bezog. Es muß ein berauschendes Gefühl für ein Kind sein, wenn es für stärker als ein Elternteil gehalten wird und dazu noch für unentbehrlich! Die Rolle, die Melanie in ihrer Kindheit eingenommen hatte, prägte ihre Identität. Sie sah sich gewissermaßen als Retter, glaubte, sie könne sich über alle Schwierigkeiten und das Chaos hinwegsetzen und kraft ihres Mutes, ihrer Stärke und ihres unbeugsamen Willens auch noch die Menschen um sie herum «retten».

Dieser Retterkomplex ist schädlicher, als man zunächst vermutet. Es ist sicher eine beachtliche Leistung, in einer Krise Stärke zu beweisen; aber Melanie *brauchte* wie andere Frauen mit ähnlicher Familiengeschichte diese Krisen, um ihr Leben überhaupt bewältigen zu können. Hätte sie sich nicht ständig in Stress, Aufruhr und Verzweiflung begeben, wären die vergrabenen Kindheitsgefühle von seelischer Überforderung an die Oberfläche getreten und für sie zu bedrohlich geworden. Als Kind war Melanie gleichzeitig der Beistand ihres Vaters und Ersatzmutter für die Geschwister. Aber sie war auch ein Kind, das elterliche Fürsorge brauchte, und da die Mutter auf Grund ihrer seelischen Verfassung dazu nicht in der Lage und der Vater zu selten verfügbar war, wurde diesem Bedürfnis nicht entsprochen. Die Geschwister hatten immerhin eine Melanie, die sie bemutterte. Melanie hatte niemanden. Sie war nicht nur ohne Mutter, sie mußte auch noch lernen, wie eine Erwachsene zu denken und zu handeln. Sie hatte nie die Gelegenheit, ihre eigene Angst zum Ausdruck zu bringen. Mit der Zeit gewöhnte sie sich daran, keine emotionalen Ansprüche zu stellen und sich dabei wohl zu fühlen.

Wenn sie sich und anderen nur stark genug einredete, erwachsen zu sein, konnte sie tatsächlich vergessen, daß sie im Grunde ein verängstigtes Kind war. Bald kam Melanie nicht nur gut mit chaotischen Situationen zurecht, sondern war sogar auf sie angewiesen, um überhaupt zu funktionieren. Die Belastungen, die sie auf sich nahm, halfen ihr dabei, ihre eigene Angst, ihre eigenen Schmerzen zu unterdrücken. Was schwer auf ihr lastete, entlastete sie also gleichzeitig emotional.

Sie trug eine Verantwortung, die die Fähigkeiten eines Kindes fast überschritt, aber genau daraus entstand Melanies Selbstwertgefühl. Anerkennung erlangte sie, indem sie hart arbeitete, sich um andere kümmerte und ihre eigenen Wünsche und Bedürfnisse denen der anderen unterordnete. So wurde Märtyrertum zu einem Bestandteil ihrer Persönlichkeit und trug neben dem Retterkomplex dazu bei, daß Melanie eine magnetische Anziehungskraft auf Menschen ausübte, die ständig in Schwierigkeiten waren, Menschen wie Sean. Die ungewöhnlichen Lebensumstände ihrer Kindheit steigerten auf gefährliche Weise, was unter herkömmlichen Bedingungen normale Gefühle und Reaktionen gewesen wären. An dieser Stelle möchte ich kurz einige wichtige psychische Aspekte der kindlichen Entwicklung aufgreifen, um ein besseres Verständnis für die Kräfte zu ermöglichen, die in Melanies Leben eine so große Rolle spielten.

Kinder, die in einer Kernfamilie aufwachsen, entwickeln ganz natürliche, oft sehr starke Wünsche, den gleichgeschlechtlichen Elternteil loszuwerden, um den geliebten gegengeschlechtlichen Elternteil ganz für sich allein zu haben. Kleine Jungen wünschen sich von ganzem Herzen, der Vater möge endlich verschwinden, damit sie die gesamte Liebe und Aufmerksamkeit ihrer Mutter auf sich ziehen können. Und kleine Mädchen träumen davon, den Platz der Ehefrau neben dem Vater einzunehmen. Die meisten Eltern haben von ihren kleinen Kindern «Anträge» erhalten, die diese Sehnsucht ausdrücken. Ein vierjähriger Junge sagt beispielsweise zu seiner Mutter: «Wenn ich einmal groß bin, dann heirate ich dich.»

Oder ein dreijähriges Mädchen sagt zu ihrem Vater: «Papa, ich will mit dir in einem Haus zusammenwohnen, aber ohne Mama.» Diese ganz normalen Sehnsüchte spiegeln einige der stärksten Gefühle wider, die ein kleines Kind überhaupt erlebt. Sollte dem beneideten Rivalen jedoch tatsächlich etwas zustoßen, was diesem Elternteil schadet oder ihn sogar dauerhaft von der Familie trennt, können die Folgen für das Kind verheerend sein.

Wenn die Mutter in einer solchen Familie an geistiger Verwirrung oder an einer anderen schweren chronischen Krankheit leidet, wenn sie alkohol- oder drogenabhängig ist (oder aus sonstigen Gründen körperlich oder geistig nicht verfügbar), dann wird fast ausnahmslos die Tochter (bei mehreren Töchtern meistens die älteste) dazu ausersehen, den Platz einzunehmen, der durch die Krankheit oder Abwesenheit der Mutter freigeworden ist.

Melanies Geschichte ist ein gutes Beispiel für die Folgen, die eine solche «Berufung» für ein junges Mädchen mit sich bringt. Melanie fiel die Position des weiblichen Haushaltsvorstandes zu, weil sich der Zustand ihrer Mutter immer weiter verschlechterte. Während der Jahre, in denen sich ihre eigene Identität herausbildete, war sie für ihren Vater eher die Partnerin als die Tochter. Bei der Bewältigung der häuslichen Probleme arbeiteten sie als Team zusammen. In gewissem Sinne hatte Melanie ihren Vater ganz für sich allein, denn ihre Beziehung zu ihm unterschied sich grundlegend von der Art von Beziehung, die ihre Geschwister zu ihm hatten. Sie war ihm fast ebenbürtig. Außerdem war sie über Jahre hinweg viel stärker und stabiler als ihre kranke Mutter. Melanies Wünsche, den Vater für sich allein zu haben, hatten sich also erfüllt – aber auf Kosten der Gesundheit und schließlich des Lebens ihrer Mutter.

Was geschieht, wenn der eigene frühkindliche Wunsch, den gleichgeschlechtlichen Elternteil loszuwerden und den gegengeschlechtlichen für sich zu gewinnen, in Erfüllung geht? Das hat drei gewichtige, charakterbestimmende und im Unbewußten wirkende Konsequenzen.

Die erste Konsequenz: Schuldgefühle.

Melanie fühlte sich schuldig, als sie an den Suizid ihrer Mutter zurückdachte: Sie hatte versagt, hatte ihn nicht verhindert. Derartige bewußt wahrgenommene Schuldgefühle haben angesichts einer solchen Tragödie verständlicherweise alle Familienmitglieder. Bei Melanie wurden diese bewußten Schuldgefühle dadurch verstärkt, daß sie ein überentwickeltes Verantwortungsgefühl für das Wohlergehen aller Familienmitglieder besaß.

Darüber hinaus jedoch führte die Erfüllung ihres kindlichen Wunsches, den Vater für sich zu haben, zusätzlich zur Bildung *unbewußter* Schuldgefühle. Dies wiederum bewirkte eine innere Bereitschaft zum Leiden, um damit dem Bedürfnis nach Buße und Sühne nachkommen zu können. In Verbindung mit Melanies Gewöhnung an die Märtyrerrolle entstand eine innere Verfassung, die an Masochismus grenzte. In der Beziehung mit Sean, die von Leiden, Alleinsein und überwältigender Verantwortung gekennzeichnet war, fühlte sie sich geradezu wohl.

Die zweite Konsequenz sind unbewußte Gefühle von Mißbehagen gegenüber den sexuellen Implikationen der Tatsache, daß man den begehrten Elternteil für sich allein hat. Normalerweise bietet die Gegenwart der Mutter (oder einer anderen Bezugsperson wie der neuen Ehefrau oder Freundin des Vaters) Sicherheit sowohl für den Vater als auch für die Tochter. Die Tochter kann selbst das Gefühl entwickeln, in den Augen ihres Vaters attraktiv und liebenswert zu sein, und bleibt gleichzeitig davor bewahrt, daß die ganz natürlich entstandenen sexuellen Regungen zwischen ihnen in Handlungen umgesetzt werden.

Zwischen Melanie und ihrem Vater entwickelte sich keine inzestuöse Beziehung. Unter diesen Umständen hätte es allerdings sehr wohl dazu kommen können. Denn genau solche inzestuösen Konstellationen finden wir häufig in Familien, in denen die Mutter – aus welchen Gründen auch immer – die ihr angemessene Rolle als Partnerin des Ehemanns und Mutter des Kindes aufgibt und bewirkt, daß ihre Tochter diese Position einnimmt. Damit zwingt sie der Tochter nicht nur ihren eigenen Teil der Verantwortung auf, sondern bringt sie auch noch in die Gefahr, zum Objekt der sexuellen Annäherungsversuche ihres Vaters zu werden. (Das klingt vielleicht so, als läge die gesamte Verantwortung bei der Mutter; tatsächlich aber ist es *ausschließlich* die Verantwortung des Vaters, wenn es zum Inzest kommt. Denn er als Erwachsener hat die Pflicht, sein Kind zu beschützen und es niemals für seine sexuelle Befriedigung zu benutzen.)

Selbst wenn solche Annäherungsversuche unterbleiben, kann sich das Gefühl sexueller Anziehungskraft zwischen Vater und Tochter steigern, weil die starke Paarbindung zwischen den Eltern fehlt und die Tochter die Rolle ihrer Mutter innerhalb der Familie einnimmt. Wegen ihrer engen Beziehung zum Vater könnte es der Tochter unangenehm bewußt sein, daß in seinem besonderen Interesse an ihr auf gewisser Ebene auch sexuelles Interesse mitschwingt. Oder vielleicht bringt die ungewöhnlich starke emotionale Bindung zum Vater die Tochter dazu, ihre erwachenden sexuellen Gefühle stärker auf ihn zu konzentrieren, als sie es unter normalen Umständen tun würde. Im Bemühen, das machtvolle Inzesttabu selbst gedanklich nicht anzutasten, wird sie sich möglicherweise den meisten oder gar allen ihren sexuellen Gefühlen gegenüber verschließen. Auch dieser «Entschluß» läuft unbewußt ab; er ist die Verteidigung gegen den allergefährlichsten Impuls: die sexuelle Hinwendung zu einem Elternteil. Und gerade weil er unbewußt ist, läßt sich dieser Entschluß auch nicht einfach überprüfen und aufheben.

Folglich wird aus dem Mädchen vielleicht eine junge Frau, der *jedes* sexuelle Gefühl unangenehm ist, weil sie damit – unbewußt – eine Tabuverletzung verbindet. In diesem Fall könnte Fürsorge ihre einzig sichere Ausdrucksform von Liebe sein.

Melanies Beziehung zu Sean war von ihrem Verantwortungsgefühl ihm gegenüber geprägt. Dies war seit langer Zeit ihre Art, Liebe zu empfinden und zum Ausdruck zu bringen.

Als sie siebzehn war, «ersetzte» ihr Vater sie durch seine neue Frau. Melanie reagierte offensichtlich mit Erleichterung auf diese Eheschließung. Daß der Verlust ihrer häuslichen Rolle so wenig Bitterkeit in ihr auslöste, hing wahrscheinlich damit zusammen, daß sie Sean und seine Freunde zu diesem Zeitpunkt schon kannte. Für sie übernahm Melanie fast dieselben Funktionen wie früher zu Hause. Wäre es nicht zur Heirat zwischen Sean und ihr gekommen, hätte Melanie vermutlich an diesem Punkt eine schwerwiegende Identitätskrise durchlebt. Kein Wunder: Sie wurde sofort schwanger und schuf sich dadurch wiederum eine Rolle, in der sie fürsorglich sein konnte. Und Sean übernahm die Rolle des häufig Abwesenden – genau wie ihr Vater.

Selbst als sie getrennt lebten, schickte sie ihm Geld und trat damit in Konkurrenz zu seiner Mutter: Sie wollte die Frau sein, die am besten für ihn sorgen konnte. (Mit ihrer eigenen Mutter hatte sie diesen Wettstreit um ihren Vater ja schon gewonnen.)

Als sie sich von Sean getrennt hatte, traten Männer in ihr Leben, die ihrer Mütterlichkeit nicht bedurften, die im Gegenteil sogar versuchten, ihr die Hilfe anzubieten, die sie tatsächlich brauchte – aber Melanie konnte mit diesen Männern gefühlsmäßig nichts anfangen. Sie fühlte sich nur wohl, wenn sie Fürsorge geben konnte.

Die starke Bindung zwischen Melanie und Sean hätte nie über Sexualität erreicht werden können; verantwortlich dafür war vielmehr sein Bedürfnis nach ihrer Fürsorge. Seans Untreue spiegelte im Grunde nur ihre eigenen Kindheitserfahrungen wider: Die fortschreitende Krankheit hatte aus Melanies Mutter mit der Zeit eine immer verschwommenere, kaum mehr wahrnehmbare «andere Frau» in einem Hinterzimmer gemacht, die seelisch und körperlich aus Melanies Leben und ihren Gedanken verbannt war. Melanie «bewältigte» die Beziehung zu ihrer Mutter, indem sie Abstand hielt und nicht über sie nachdachte. Später, als Sean sich in jemand anderen verliebte, erschien Melanie auch diese Frau verschwommen und weit entfernt, keinesfalls als eine Bedrohung für ihre eher asexuelle, aber praktische Partnerschaft – wiederum eine Parallele zu ihrer früheren Vaterbeziehung. Zudem kam Seans Verhalten für sie durchaus nicht überraschend: Schon vor ihrer Heirat suchte er die Gesellschaft anderer Frauen, während es Melanie erlaubt war, sich um seine praktischen, weniger romantischen Bedürfnisse zu kümmern. Melanie hatte all das gewußt und ihn trotzdem geheiratet.

Nach der Hochzeit begann sie, mit ihrer Willenskraft und Liebe dafür zu kämpfen, daß er sich änderte. Damit kommen wir zur dritten Konsequenz der Tatsache, daß Melanies Kindheitswünsche und -phantasien in Erfüllung gegangen waren: ihren Glauben an die eigene Allmacht.

Kleine Kinder halten normalerweise sich selbst, ihre Gedanken und Wünsche für sehr mächtig. Alle bedeutsamen Ereignisse in ihrem Leben scheinen davon abzuhängen. In der Regel verhilft die Realität dem kleinen Mädchen zu der Erkenntnis, daß es nicht zur Lebensgefährtin seines Vaters werden kann, wie leidenschaftlich es sich dies auch gewünscht haben mag. Ob es nun will oder nicht – irgendwann muß es die Tatsache akzeptieren, daß die Mutter die Gefährtin des Vaters ist. Dies ist eine frühe, lehrreiche Erfahrung: Das Mädchen kann durch seine Willenskraft nicht immer erreichen, was es sich am meisten wünscht. Diese Erfahrung trägt dazu bei, den Glauben des Mädchens in die eigene Allmacht abzubauen und sich damit abzufinden, daß sein persönlicher Wille Grenzen hat.

Für die kleine Melanie jedoch wurde der größte Wunsch Wirklichkeit. In vielerlei Hinsicht ersetzte sie tatsächlich ihre Mutter. Offenbar durch die magische Kraft ihrer Wünsche und ihres Willens gewann sie ihren Vater für sich. Getragen von dem unerschütterlichen Glauben an diese Macht ihres Willens versuchte sie später, alle möglichen schwierigen und emotional belasteten Situationen auf dieselbe magische Art zu meistern. Die Herausforderungen, denen sie sich klaglos stellte, bewehrt nur mit der Kraft ihres Willens, bestärkten sie immer wieder aufs neue in dieser Einstellung: ein unzuverlässiger, unreifer und untreuer Ehemann, die Belastung, praktisch allein drei Kinder großzuziehen, ernstliche Geldschwierigkeiten und eine anspruchsvolle Ausbildung, gekoppelt mit einer Vollzeitarbeit.

Sean wiederum bot Melanie den perfekten Anlaß für ihre Bemühungen, einen anderen Menschen durch ihre Willensstärke zu verändern. Zudem entsprach er auch den anderen Bedürfnissen, die sie entwickelt hatte, weil sie zu früh erwachsen sein mußte: Er gab ihr weitgehend Gelegenheit, zu leiden, zu warten und sexuellen Kontakt zu vermeiden, während sie ihre Fürsorglichkeit voll ausleben konnte.

Mittlerweile dürfte klar geworden sein, daß Melanie keinesfalls das unselige Opfer einer unglücklichen Ehe war. Im Gegenteil: Jeder der beiden Partner erfüllte die wichtigsten seelischen Bedürfnisse des anderen. Sie paßten vollkommen zueinander. Die Tatsache, daß die – immer im rechten Moment eintreffenden – Geldgeschenke seiner Mutter ihn davon abhielten, endlich erwachsen und reif zu werden, stellte tatsächlich ein eheliches Problem dar, aber nicht, wie Melanie sich einredete, *das* Problem. In Wirklichkeit bestand das Problem darin, daß sich die ungesunden Lebensmuster und Lebenseinstellungen zweier Menschen so gut ergänzten, daß jeder es jeweils dem anderen ermöglichte, auf diese selbstschädigende Weise weiterzuleben.

Versuchen Sie einmal, sich diese beiden, Sean und Melanie, als Tänzer vorzustellen – als Tänzer in einer Welt, in der jeder ein Tänzer ist und schon in der Kindheit seine individuelle Schrittfolge eingeübt hat. Auf Grund bestimmter Ereignisse, auf Grund ihrer besonderen Persönlichkeiten, aber vor allem durch das Erlernen der Tänze, die schon während ihrer Kindheit einstudiert wurden, entwickelten sowohl Sean als auch Melanie ein besonderes Repertoire von psychologischen Schritten, Bewegungen und Gebärden.

Dann begegneten sie sich eines Tages und fanden heraus, daß sie ihre ungleichen Tänze zusammen aufführen konnten, daß auf magische Weise daraus ein vollkommen übereinstimmender Paartanz, ein perfekter *Pas de deux* von Aktion und Reaktion wurde. Jede Bewegung des einen wurde vom anderen erwidert. Daraus entstand ein Ballett, das sie ohne Unterbrechung tanzen konnten, immer im Kreis herum.

Wenn er eine Verantwortung loswerden wollte – sie übernahm sie sofort. Wenn sie sich mit der wohltuenden Last der Kinderaufzucht belud – er drehte eine elegante Pirouette, verschwand und gab ihr damit den Spielraum, den sie für ihre Fürsorglichkeit brauchte. Wenn er sich auf der Bühne nach anderer weiblicher Gesellschaft umsah, seufzte sie vor Erleichterung und tanzte schneller, um sich abzulenken. Während er davontanzte, dem Bühnenausgang entgegen, vollführte sie einen perfekten Wiegeschritt. Immer im Kreis herum.

Für Melanie war es manchmal ein aufregender Tanz, oft ein einsamer; gelegentlich war er auch peinlich oder erschöpfend. Aber was sie keinesfalls wollte: diesen Tanz, den sie so gut beherrschte, beenden. Die Schritte, die Bewegungen, all das fühlte sich so richtig an, daß der Name dieses Tanzes eigentlich nur Liebe sein konnte.

Wollen wir tanzen?

«Wieso hast du ihn geheiratet?»
Wie sollst du das nun jemandem klarmachen? ... Wie er, so als wollte er sich selber tadeln, den Kopf senkte und die Augen hob, um zu dir aufzusehen, scheu wie ein Kleinkind ... Wie er sich in dein Herz geschlichen hat: lieb, schwärmerisch, verspielt ... Er sagte: Du bist so stark, Schatz. Und ich glaubte es. Ich glaubte es!

Marilyn French,
‹Das blutende Herz›

Wie kommt es dazu, daß Frauen, die zu sehr lieben, tatsächlich die Männer *finden*, mit denen sie die krankmachenden Beziehungsmuster, die sie in der Kindheit entwickelt haben, fortführen können? Wie findet die Frau, deren Vater emotional nie für sie da war, einen Mann, um dessen Aufmerksamkeit sie sich immerfort bemühen muß, ohne diese jedoch zu gewinnen? Wie schafft es die Frau, in deren Familie es zu Gewalttätigkeiten kam, sich mit einem Mann zusammenzutun, der sie schlägt? Wie findet die Frau, die in einer Alkoholikerfamilie groß wurde, einen Mann, der schon alkoholkrank ist oder es zumindest bald werden wird? Wie findet die Frau, deren Mutter seelisch immer abhängig von ihr war, einen Ehemann, der sie braucht, um sich von ihr versorgen zu lassen?

Bei all den möglichen Partnern, denen sie begegnen – was führt diese Frauen genau zu den Männern, mit denen sie den altvertrauten Tanz ihrer Kindheit aufführen können? Und wie reagieren sie (oder reagieren eben nicht), wenn sie einem Mann begegnen, der gesündere, reifere Verhaltensweisen zeigt, der sie nicht so eigennützig mißbraucht, wie sie es gewohnt sind, einem Mann also, dessen Tanzschritte nicht so harmonisch zu den ihren passen?

Im therapeutischen Bereich gibt es das alte Klischee, daß Menschen oft jemanden heiraten, der dem Elternteil ähnlich ist, mit dem sie die größten Auseinandersetzungen hatten, während sie aufwuchsen. Dieses Konzept stimmt nicht ganz. Der Punkt ist nicht, daß wir einen Partner wählen, der Ähnlichkeiten mit unserem Vater oder unserer Mutter hat, sondern daß wir in der Lage sind, *bei* diesem Partner dieselben Gefühle zu erleben, dieselben Herausforderungen zu erfahren, mit denen wir es früher zu tun hatten; wir lassen die uns wohlvertraute Kindheitsatmosphäre wieder aufleben und wenden dieselben Manöver an, in denen wir schon so gut geübt sind. Genau das stellt für die meisten von uns Liebe dar. Wir fühlen uns wie zu Hause und «richtig» wohl mit einem Menschen, bei dem wir all unsere vertrauten Schachzüge machen und all unsere vertrauten Gefühle erleben können. *Selbst wenn unsere Manöver nie ihren Zweck erfüllt haben und die Gefühle unangenehm sind*, bleiben sie doch das, womit wir uns am besten auskennen. Wir erfahren dieses ganz persönliche Gefühl von Zugehörigkeit nur mit den Männern, die es uns als ihren Partnerinnen erlauben, die Schritte zu tanzen, die wir längst gelernt haben. Zu einem solchen Mann wollen wir eine Beziehung aufbauen und aufrechterhalten.

Es gibt nichts Faszinierenderes als das Gefühl von rätselhafter Vertrautheit, wenn ein Mann und eine Frau zueinanderfinden, deren Verhaltensmuster zusammenpassen wie die Stücke eines Puzzles. Wenn der Mann der Frau noch dazu die Gelegenheit bietet, sich mit ihren kindlichen Gefühlen von Schmerz und Hilflosigkeit herumzuschlagen, der Erfahrung, ungeliebt und ungewollt zu sein, und sie hoffen läßt, die Oberhand darüber zu gewinnen – dann ist seine Anziehungskraft auf sie praktisch unwiderstehlich. Je mehr Schmerz wir in der Kindheit erlitten haben, desto stärker wird unser Verlangen als

Erwachsene, diese Schmerzen wiederzubeleben und endlich zu überwinden.

Lassen Sie uns einmal zurückverfolgen, woher dieses Verhalten kommt: Wenn ein Kind ein bestimmtes Trauma erfahren hat, dann wird dies in seinen spielerischen Aktivitäten immer wieder zum Vorschein kommen, bis das Gefühl einsetzt, das traumatische Erlebnis endlich bewältigt zu haben. Ein Kind, das sich einer Operation unterziehen mußte, spielt vielleicht immer wieder die Fahrt zum Krankenhaus nach, indem es Puppen oder andere Spielzeugfiguren benutzt oder sich selbst in der einen Darstellung zum Doktor und in einer anderen zum Patienten macht, und zwar so lange, bis die mit dem Ereignis verbundene Angst weitestgehend verschwunden ist. Frauen, die zu sehr lieben, tun mehr oder weniger dasselbe: Sie wiederholen immer wieder unglückliche Beziehungen und versuchen dabei, sie in den Griff zu bekommen.

Beziehungen ergeben sich also nicht zufällig. Wenn eine Frau glaubt, daß sie unerklärlicherweise einen bestimmten Mann heiraten «mußte», und zwar einen Mann, den sie niemals bewußt als Ehepartner gewählt hätte, dann ist es für sie unbedingt notwendig, genau zu untersuchen, warum sie bereit war, mit diesem Mann ins Bett zu gehen, warum sie überhaupt das Risiko einging, von ihm schwanger zu werden. Oder wenn eine Frau behauptet, sie hätte aus einer Laune heraus geheiratet oder wäre zu jung gewesen, um zu wissen, was sie tat, oder aber sie wäre nicht ganz bei sich gewesen und hätte keine verantwortungsbewußte Entscheidung treffen können, dann sind dies ebenfalls Rechtfertigungen, die einer genaueren Untersuchung bedürfen.

Denn eine solche Frau hat ihre Wahl getroffen, wenn vielleicht auch unbewußt, und häufig genug von Anfang an mit einer Fülle von Informationen über ihren zukünftigen Partner versehen. Dies zu leugnen bedeutet, die Verantwortung für unsere Entscheidungen und unser Leben abzulehnen. Damit wird eine positive Veränderung von vornherein ausgeschlossen.

Aber wie kommt es dazu? Worin genau besteht dieser geheimnisvolle Prozeß, diese undefinierbare gegenseitige Faszination zwischen einer Frau, die zu sehr liebt, und dem Mann, zu dem sie sich hingezogen fühlt?

Wenn folgende Frage neu formuliert wird, beginnt der Prozeß, etwas von seiner Rätselhaftigkeit zu verlieren: Welche Signale werden ausgetauscht zwischen einer Frau, die es braucht, gebraucht zu werden, und einem Mann, der nach einer Partnerin sucht, die Verantwortung für ihn übernehmen kann? Oder zwischen einer extrem selbstaufopfernden Frau und einem extrem selbstsüchtigen Mann? Oder zwischen einer Frau, die sich selbst als Opfer sieht, und einem Mann, dessen Identität sich auf Macht und Aggression gründet? Oder einer Frau, die immer die Kontrolle behalten muß, und einem Mann, der ständig versagt? Es gibt eindeutige Signale, eindeutige Impulse, die von jedem der beiden Teilnehmer dieses Tanzes ausgesandt und empfangen werden. Denken Sie daran, daß bei jeder Frau, die zu sehr liebt, zwei Faktoren eine Rolle spielen: (1) das «Einklinken» zwischen ihren und seinen vertrauten Mustern und (2) das Verlangen, die schmerzhaften Erfahrungen ihrer Vergangenheit wiederzubeleben und zu überwinden.

Lassen Sie uns einen Blick auf die ersten zögernden Schritte dieses Paartanzes werfen, die Schritte, mit denen der Partner informiert wird, daß hier jemand ist, mit dem es bestimmt klappen und gut werden wird.

Die folgenden Berichte veranschaulichen den nahezu unterschwelligen Austausch von Informationen zwischen einer Frau, die zu sehr liebt, und dem Mann, zu dem sie sich hingezogen fühlt, einen Informationsaustausch, der sofort den richtigen Rahmen für das Beziehungsmuster zwischen den beiden schafft, der den Rhythmus für ihren Tanz bestimmt.

CHLOË: *dreiundzwanzigjährige College-Studentin; Tochter eines gewalttätigen Vaters*

Ich wuchs in einer richtig·verrückten Familie auf. Jetzt weiß ich das, aber als ich klein war, dachte ich nie darüber nach. Ich hoffte nur immer, niemand würde herausfinden, daß mein Vater meine Mutter schlug. Er schlug uns alle, und ich glaube, irgendwie überzeugte er uns Kinder davon, daß wir die Schläge verdienten. Aber bei meiner Mutter war das etwas anderes. Ich wünschte mir immer, er würde mich schlagen anstatt sie. Ich wußte, daß ich es überstehen konnte, aber bei ihr war ich mir da nicht so sicher. Wir alle wollten, daß sie ihn verließ, aber sie tat es nicht. Sie bekam so wenig Liebe. Ich wollte ihr immer all meine Liebe schenken, um ihr so die Kraft zu geben, sich von ihm zu trennen, aber sie tat es nicht. Vor fünf Jahren ist sie gestorben, an Krebs. Seit der Beerdigung war ich nicht mehr zu Hause und habe auch nicht mehr mit meinem Vater gesprochen. Ich habe das Gefühl, *er* hat sie eigentlich umgebracht und nicht der Krebs. Meine Großmutter väterlicherseits hinterließ jedem von uns Kindern einen größeren Geldbetrag, der mir mein College-Studium ermöglichte. Roy lernte ich am College kennen.

Ein ganzes Semester lang saßen wir im selben Kunstseminar und sprachen kein einziges Wort miteinander. Als das zweite Semester begann, trafen sich einige der Teilnehmer in einem anderen Seminar wieder, und am ersten Tag entwickelte sich eine hitzige Diskussion über Beziehungen zwischen Männern und Frauen. Na ja, und da fing dieser Typ an, über die amerikanischen Frauen zu reden, wie verwöhnt sie seien, daß sie immer ihren Willen durchsetzen wollten und Männer eigentlich nur benutzten. Er sagte das alles in solch gehässigem Ton, und ich dachte nur: «*Der Arme. Er muß wirklich sehr verletzt worden sein.*» Ich fragte ihn: «Glaubst du wirklich, was du da sagst?» und fing an, ihm irgendwie zu beweisen, daß nicht alle Frauen so waren – daß ich nicht so war. Welche Falle habe ich mir da bloß selbst gestellt! Später war ich in unserer Beziehung nie in der Lage, irgendwelche Ansprüche zu stellen oder mich auch nur im geringsten um mich selbst zu kümmern, denn damit hätte ich ihm ja bewiesen, daß er mit seinem Frauenhaß im Recht war. Mein Interesse an ihm zahlte sich tatsächlich aus. Er sagte: «Ich komme wieder. Eigentlich wollte ich dieses Seminar nicht weitermachen, aber mit dir möchte ich mich noch öfter unterhalten!» Ich weiß noch: In diesem Moment fühlte ich mich unwahrscheinlich gut; denn ich ahnte bereits, daß ich ihm etwas bedeutete.

Nach kaum zwei Monaten lebten wir schon zusammen. Nach vier Monaten bezahlte ich die Miete und fast jede Rechnung, außerdem kaufte ich auch noch die Lebensmittel. Während der nächsten zwei Jahre wollte ich ihm immer wieder beweisen, wie nett ich war, daß ich ihn nie so verletzen würde, wie er verletzt worden war. Im Verlauf der Beziehung wurde *ich* dafür um so mehr verletzt, zuerst emotional, dann auch körperlich. Wer so viel Wut auf Frauen hat wie er, der schlägt eben auch irgendwann zu. Natürlich dachte ich, auch das wäre meine Schuld. Es ist ein Wunder, daß ich aus der Sache überhaupt herausgekommen bin. Ich traf eine frühere Freundin von ihm, und sie fragte mich ganz direkt: «Hat er dich jemals geschlagen?» Ich sagte: «Na ja, nicht richtig.» Natürlich beschützte ich ihn damit, aber ich wollte auch nicht als völliger Idiot dastehen. Doch ich wußte, daß sie es wußte, denn sie hatte genau dasselbe durchgemacht. Zunächst bekam ich einen Anfall von Panik. Es war genau dasselbe Gefühl, das ich schon als Kind gehabt hatte – ich wollte, daß niemand hinter die Fassade sehen konnte. Alles in mir wollte lügen, so tun, als wäre es unverfroren von ihr, mir eine solche Frage zu stellen. Aber sie sah mich so verständnisvoll an, daß ich keinen Sinn mehr darin sah, mich weiterhin zu verstellen.

Wir sprachen sehr lange miteinander. Sie erzählte mir von ihrer Therapiegruppe. All den Frauen in dieser Gruppe wäre eines gemeinsam: Sie alle fühlten sich von «neurotischen Beziehungen» angezogen und würden nun gemeinsam lernen, sich so etwas nicht mehr anzutun. Sie gab mir ihre Telefonnummer, und nachdem ich zwei weitere Monate lang die reinste Hölle mitgemacht hatte, rief ich sie an. Sie brachte mich dazu, mit ihr zu dieser Gruppe zu gehen. Manchmal glaube ich fast, daß sie mir das Leben gerettet hat. Diese Frauen waren genauso wie ich. Fast alle hatten schon in ihrer Kindheit gelernt, die allergrößten Schmerzen hinzunehmen.

Allerdings hat es noch ein paar Monate gedauert, bevor ich ihn verlassen konnte, und trotz der Unterstützung durch die Gruppe fiel es mir sehr schwer. Ich hatte ein unglaublich starkes Bedürfnis, ihm zu beweisen, daß er liebenswert war. Ich glaubte, wenn ich ihn nur genug liebte, würde er sich ändern.

Gott sei Dank habe ich diesen inneren Drang überwunden, sonst wäre ich sicher wieder mit ihm oder einem ähnlichen Mann zusammen.

Warum sich Chloë von Roy angezogen fühlte

Als Chloë Roy kennenlernte, war es, als träfe sie in ihm auf die Synthese zwischen ihrer Mutter und ihrem Vater. Roy war aggressiv und haßte Frauen. Seine Liebe zu gewinnen hieß für sie, die Liebe ihres Vaters zu gewinnen, der sich ja auch aggressiv und destruktiv verhielt. Roy durch ihre Liebe zu verändern hieß, ihre Mutter zu verändern und zu retten. Chloë betrachtete Roy als Opfer seiner eigenen Haßgefühle, die sie durch ihre Liebe positiv beeinflussen wollte. Und wie jede Frau, die zu sehr liebt, wollte sie auch den Kampf mit ihm und um ihn *gewinnen*, so wie sie den Kampf um ihre Mutter und ihren Vater, die er symbolisierte, gewinnen wollte. Deshalb fiel es ihr so schwer, sich aus dieser unbefriedigenden und destruktiven Beziehung zu lösen.

MARY JANE: *seit dreißig Jahren mit einem arbeitssüchtigen Mann verheiratet*

Wir lernten uns auf einer Weihnachtsparty kennen. Sein jüngerer Bruder, der etwa so alt war wie ich und mich sehr gern mochte, hatte mich dazu eingeladen. Und da war auch Peter. Er rauchte Pfeife und trug ein Tweedjackett mit Lederflicken auf den Ellbogen – er sah aus wie ein richtiger Intellektueller. Ich war von ihm sehr beeindruckt. Noch dazu hatte er etwas Melancholisches an sich, was mich genauso wie sein Aussehen faszinierte. Ich war sicher, er mußte früher einmal sehr verletzt worden sein. Sofort hatte ich das Bedürfnis, ihn näher kennenzulernen. Um ihn verstehen zu können, wollte ich erfahren, was man ihm angetan hatte. Ich hielt ihn für unerreichbar, dachte aber, wenn ich mein Mitgefühl ihm gegenüber deutlich zum Ausdruck brächte, würde er vielleicht weiterhin einen Ansprechpartner in mir sehen. Es war schon eigenartig: Wir redeten an diesem ersten Abend ziemlich viel miteinander, ohne daß er sich voll auf mich eingelassen hätte. Er schien mit etwas ganz anderem, viel Wichtigerem beschäftigt zu sein, und ich versuchte ständig, seine Aufmerksamkeit ganz zu bekommen. Dadurch wurde jedes Wort, das er zu mir sagte, ungeheuer wichtig, geradezu kostbar, denn ich dachte, er hätte eigentlich etwas Besseres zu tun, als sich mit mir zu unterhalten.

Genauso war es mir mit meinem Vater ergangen. Meine gesamte Kindheit und Jugend über bekam ich ihn buchstäblich nie zu Gesicht. Wir waren ziemlich arm. Sowohl er als auch meine Mutter arbeiteten in der Stadt und ließen uns Kinder die meiste Zeit allein zu Hause. Selbst am Wochenende hatte er irgend etwas zu tun. Eigentlich sah ich meinen Vater nur, wenn er zu Hause etwas reparierte – den Kühlschrank oder das Radio oder sonst etwas. Ich weiß noch, ich hatte immer das Gefühl, er würde mir den Rücken zudrehen, aber das störte mich nicht, weil ich es so schön fand, daß er überhaupt da war. Ich blieb ständig in seiner Nähe und stellte ihm tausend Fragen. Damit versuchte ich eigentlich nur, seine Aufmerksamkeit zu bekommen.

Was ich nun bei Peter tat, war im Grunde genau dasselbe, aber das erkannte ich natürlich nicht. Ich weiß noch, daß ich versuchte, genau in seinem Blickfeld zu sein. Ständig drehte er den Kopf weg, um Rauch auszublasen, oder er beschäftigte sich ausgiebig damit, die Pfeife in Brand zu halten. Mit seinen zusammengezogenen Augenbrauen und seinem geistesabwesenden Blick kam er mir vor wie ein reifer Mann. Er zog mich geradezu magnetisch an.

Warum sich Mary Jane von Peter angezogen fühlte

Mary Janes Gefühle ihrem Vater gegenüber waren längst nicht so ambivalent wie die vieler Frauen, die zu sehr lieben. Sie liebte ihren Vater, bewunderte ihn und sehnte sich nach seiner Gesellschaft und Aufmerksamkeit. Ein älterer und offensichtlich vielbeschäftigter Mann wie Peter stellte für Mary Jane das genaue Pendant zu ihrem schwer zugänglichen Vater dar, und Peters Aufmerksamkeit bedeutete ihr deshalb so viel, weil sie darum kämpfen mußte – genau wie früher um die Aufmerksamkeit ihres Vaters. Männer, die ihr bereitwillig zuhörten, die emotional zugänglicher und herzlicher waren, konnten bei Mary Jane niemals eine derart tiefe Sehnsucht nach Liebe erwecken, wie sie sie ihrem Vater gegenüber verspürt hatte. Daß Peter offensichtlich zu beschäftigt war, um sich auf sie zu konzentrieren, bot Mary Jane eine bereits vertraute Herausforderung: Es war die erneute Chance, die Liebe eines Mannes zu gewinnen, der sich nicht mit ihr beschäftigen wollte.

PEGGY: *aufgewachsen bei einer überstrengen Großmutter und einer Mutter, die ihr keinen seelischen Beistand gab; mittlerweile geschieden; alleinerziehende Mutter zweier Töchter*

Meinen Vater habe ich nie kennengelernt. Er und meine Mutter trennten sich schon vor meiner Geburt, und meine Mutter ging arbeiten, um unseren Lebensunterhalt zu verdienen, während meine Großmutter uns zu Hause versorgte. Das klingt bei weitem harmloser, als es tatsächlich war. Meine Großmutter war eine schrecklich grausame Frau. Daß sie uns schlug, konnten meine Schwester und ich noch leichter hinnehmen als die Art, wie sie uns mit Worten quälte. Ständig erzählte sie uns, wie böse wir wären, wieviel Kummer wir ihr machten. Wir wären «zu überhaupt nichts nütze», war einer ihrer Lieblingssprüche. Paradoxerweise brachte ihre ständige Kritik meine Schwester und mich dazu, uns noch mehr anzustrengen, gute Kinder zu sein, für die sich all ihre Mühe lohnte. Und meine Mutter schützte uns nie vor ihr. Sie hatte zu große Angst, Großmutter würde uns verlassen, denn dann hätte sie nicht mehr arbeiten können. Schließlich mußte ja jemand zu Hause sein, um uns zu versorgen. Also ignorierte sie es einfach, wenn meine Großmutter uns beschimpfte. Ich fühlte mich sehr allein, schutz- und wehrlos. Eigentlich hatte ich immer Angst. Ich wußte, daß ich ihr zur Last fiel, und wollte das wettmachen, so gut es ging. Ich erinnere mich, daß ich dauernd versuchte, kaputtgegangene Haushaltsgegenstände zu reparieren, damit wir Geld sparen und ich irgendwie meinen Unterhalt selbst verdienen konnte.

Mit achtzehn heiratete ich dann, weil ich schwanger war. In der Ehe ging es mir von Anfang an schlecht. Mein Mann kritisierte mich ständig, anfangs noch auf schonende Weise, dann immer brutaler. Ich hatte ihn geheiratet, obwohl ich im Grunde wußte, daß ich ihn nicht liebte. Ich glaubte, mir bliebe nichts anderes übrig. Fünfzehn Jahre lang hielt ich es in dieser Ehe aus – so lange dauerte es, bis mir klar wurde: Unglücklichsein ist tatsächlich ein Scheidungsgrund.

Nach der Scheidung wünschte ich mir verzweifelt, jemanden zu finden, der mich liebte, fühlte mich aber gleichzeitig nutzlos und als Versager. Ich war mir sicher, daß ich einem netten, anständigen Mann nichts zu bieten hatte.

Baird lernte ich an dem Abend kennen, als ich zum erstenmal in meinem Leben tanzen ging, ohne mit einem Mann verabredet zu sein. Meine Freundin und ich waren einkaufen gewesen. Sie hatte sich komplett neu eingekleidet – Hose, Bluse, Schuhe – und wollte damit nun schick ausgehen. Also gingen wir in eine Diskothek, von der wir schon viel gehört hatten. Einige Geschäftsleute von außerhalb machten sich mit uns bekannt, luden uns zu ein paar Drinks ein, forderten uns zum Tanzen auf – es war sehr nett und gemütlich, aber keineswegs aufregend.

Dann entdeckte ich einen Mann, der an der gegenüberliegenden Wand lehnte. Er war groß, schlank, hervorragend gekleidet und sah sehr gut aus. Aber er hatte auch etwas Kühles an sich. Ich weiß noch, daß ich mir sagte: *Das ist der eleganteste und arroganteste Mann, den du jemals gesehen hast.* Und dann: *Wetten, daß du den auftauen könntest?*

Ich weiß übrigens auch noch, was ich dachte, als ich meinen ersten Ehemann kennenlernte. Das war in der High School. Er lehnte auf dem Korridor lässig an einer Wand, statt in seinem Klassenzimmer zu sitzen, und damals sagte ich mir: *Der sieht ziemlich wild aus. Wetten, daß du ihn zähmen könntest?* Anscheinend wollte ich immer etwas in Ordnung bringen.

An diesem Abend in der Diskothek ging ich jedenfalls zu Baird hinüber und forderte ihn zum Tanzen auf. Er war höchst überrascht und wohl auch ein bißchen geschmeichelt. Wir tanzten eine Weile, dann sagte er, daß er mit seinen Freunden gleich woanders hingehen würde. Ob ich nicht mitkommen wolle? Obwohl mich der Vorschlag reizte, sagte ich nein – ich wäre hergekommen, um zu tanzen und dabei bliebe es auch. Dann tanzte ich noch einmal mit einem anderen Mann. Daraufhin forderte Baird mich wieder auf. Die Diskothek war total überfüllt. Es herrschte ein richtiges Gedränge. Etwas später wollten meine Freundin und ich aufbrechen. Er saß mit einigen anderen Leuten an einem Ecktisch. Plötzlich winkte er mich zu sich, und ich ging wirklich hin. Er sagte zu mir: «Sie tragen meine Telefonnummer bei sich.» Ich wußte nicht, wovon er redete. Er streckte die Hand aus und zog seine Visitenkarte aus meiner Pullovertasche. Die Tasche war vorn auf der Brust, und er hatte die Karte dort hineingesteckt, als wir zum zweitenmal miteinander getanzt hatten. Ich war verblüfft; ich hatte nichts davon mitbekommen. Und ich war entzückt, daß ein so gutaussehender Mann sich soviel Mühe gemacht hatte. Jedenfalls gab auch ich ihm meine Visitenkarte.

Einige Tage später rief er mich an, und wir verabredeten uns zum Mittagessen. Als ich beim Restaurant vorfuhr, erntete ich einen äußerst mißbilligenden Blick von ihm. Mein Auto war ziemlich alt, und sofort fühlte ich mich minderwertig – und dann wieder ganz erleichtert, weil er trotzdem mit mir essen gehen wollte. Er war sehr formell und kühl. Ich sah es als meine Aufgabe an, die Situation zu entkrampfen, denn ich gab mir die Schuld an seinem Verhalten.

Seine Eltern wollten in die Stadt kommen, um ihn zu besuchen, und er verstand sich mit ihnen nicht gut. Er brachte eine ganze Reihe von Beschwerden über sie vor. Nichts davon erschien mir besonders dramatisch, aber ich versuchte, ihm voller Mitgefühl zuzuhören. Nach diesem Essen mußte ich mir eingestehen, daß es zwischen uns eigentlich keine Gemeinsamkeiten gab. Ich hatte mich in seiner Gesellschaft nicht wohl gefühlt, sondern eher unbehaglich und etwas überrumpelt. Aber als er zwei Tage später bei mir anrief, um sich noch mal mit mir zu verabreden, fühlte ich mich irgendwie erleichtert: Wenn es ihm so gut mit mir gefallen hatte, daß er mich wiedersehen wollte, dann war alles in Ordnung.

Wir verstanden uns eigentlich nie gut. Immer stimmte irgend etwas nicht, und ich versuchte dann, es in Ordnung zu bringen. Wenn ich mit ihm zusammen war, fühlte ich mich ständig angespannt, und halbwegs gut ging es mir nur, wenn diese Spannung zwischendurch etwas nachließ: Das hielt ich dann schon für Glücklichsein. Aber irgend etwas zog mich unwiderstehlich zu ihm hin.

Ich weiß, es klingt verrückt, aber ich habe diesen Mann tatsächlich geheiratet, ohne ihn überhaupt zu mögen. Bevor wir heirateten, brach er die Beziehung zu mir mehrmals ab, mit der Begründung, in meiner Gegenwart könne er einfach nicht er selbst sein. Ich kann nicht beschreiben, wie schrecklich das für mich war. Ich flehte ihn an, mir zu sagen, was ich tun solle, um unser Zusammenleben für ihn schöner zu machen. Daraufhin meinte er nur immer: «Du weißt ganz genau, was du zu tun hast.» Aber ich wußte es nicht. Der Versuch, es herauszufinden, machte mich fast wahnsinnig. Unsere Ehe bestand jedenfalls nur zwei Monate. Nachdem er mir gesagt hatte, wie unglücklich ich ihn machte, verließ er mich endgültig. Seitdem habe ich ihn nur noch ein paarmal auf der Straße gesehen. Er tut dann immer so, als würde er mich nicht kennen.

Ich kann kaum beschreiben, wie sehr ich auf ihn fixiert war. Er verließ mich immer wieder. Von Mal zu Mal fühlte ich mich *mehr* zu ihm hingezogen, nicht weniger. Wenn er dann zurückkam, versicherte er mir, er wolle nichts anderes als das, was ich ihm zu geben habe. Niemand hätte mir etwas Schöneres sagen können. Und dann passierte immer wieder dasselbe: Ich nahm ihn in meine Arme; er weinte und beteuerte, er müsse ein Narr gewesen sein, als er von mir wegging. Diese Versöhnungsszenen dauerte jeweils eine Nacht. Danach begann wieder alles auseinanderzufallen, obwohl ich meine gesamte Energie darauf verwandte, ihn so glücklich zu machen, daß er mich nicht noch einmal verlassen würde.

Zu dem Zeitpunkt, als er die Beziehung zu mir endgültig abbrach, war ich so gut wie am Ende. Ich konnte nicht mehr arbeiten oder mich anderweitig beschäftigen, sondern nur noch dasitzen, mich hin- und herschaukeln und weinen. Mir war, als müßte ich sterben. Ohne fremde Hilfe hätte ich es noch nicht einmal geschafft, mich von Baird fernzuhalten – so stark war mein Verlangen, alles wieder in Ordnung zu bringen. Aber ich wußte, daß ich es nicht überleben würde, mich noch einmal auf dieses Hin und Her einzulassen.

Warum Peggy sich von Baird angezogen fühlte

Peggy wußte nicht, was es heißt, geliebt zu werden, und da sie ohne Vater aufgewachsen war, wußte sie auch so gut wie nichts über Männer, zumindest nichts über herzliche, liebevolle Männer. Allerdings hatte sie schon in der Kindheit durch ihre Großmutter gelernt, was es heißt, ständig kritisiert und abgelehnt zu werden. Außerdem hatte sie gelernt, sich mit all der ihr zur Verfügung stehenden Kraft zu bemühen, die Liebe einer Mutter zu gewinnen, die ihr – aus persönlichen Gründen – weder Liebe noch Schutz geben konnte.

Zu Peggys erster Heirat kam es, weil sie sich darauf eingelassen hatte, mit einem jungen Mann zu schlafen, der sie ständig kritisierte und tadelte. Im Grunde empfand sie wenig für ihn. Sex war für sie eher der Kampf um seine Anerkennung als der Ausdruck ihrer gegenseitigen Zuneigung. Die Ehe bestand fünfzehn Jahre, und hinterher war Peggy mehr denn je von ihrer grundlegenden Wertlosigkeit überzeugt.

Ihr Bedürfnis, die feindselige Atmosphäre ihrer Kindheit wiederzubeleben und erneut um die Liebe von Menschen zu kämpfen, die ihr keine Liebe geben konnten – dieses Bedürfnis war so stark, daß ein Mann, den sie für kühl, distanziert und gleichgültig hielt, sofort ihr Interesse weckte. Hier bot sich für sie erneut die Möglichkeit, einen lieblosen Menschen in jemanden zu verwandeln, der ihr Liebe entgegenbringen würde. Die Beziehung mit Baird gab ihr nur selten Anlaß zu der Hoffnung, daß sie ihn allmählich dazu bringen könnte, sie zu lieben – aber jede kleinste Andeutung in diese Richtung beflügelte sie in ihren Anstrengungen. Ihr Bedürfnis, ihn (und damit ihrer Mutter und Großmutter, die er für sie ja repräsentierte) zu ändern, war so stark, daß sie die verheerenden Auswirkungen auf ihr eigenes Leben in Kauf nahm.

Meine Mutter kam mit keinem Mann aus. In einer Zeit, als kaum jemand überhaupt nur an Scheidung dachte, ließ sie sich gleich zweimal scheiden. Ich hatte eine zehn Jahre ältere Schwester, und meine Mutter sagte mehrmals zu mir: «Deine Schwester war der Liebling deines Vaters, und ich wollte schließlich auch ein Kind für mich haben.» Und genauso sah sie mich: als ihren Besitz und eine Erweiterung ihrer selbst. Sie konnte nicht akzeptieren, daß wir beide eigenständige Menschen waren.

Nach der Scheidung habe ich meinen Vater sehr vermißt. Sie ließ ihn nicht in meine Nähe, und er hatte nicht die Willenskraft, es mit ihr aufzunehmen. Niemand hätte das versucht. Ich fühlte mich immer wie eine Gefangene, aber gleichzeitig auch verantwortlich für ihr Wohlergehen. Es fiel mir sehr schwer, sie zu verlassen, obwohl ich in ihrer Gegenwart immer das Gefühl hatte, ersticken zu müssen.

Nach der Schule besuchte ich ein Wirtschafts-College in einer weit entfernten Stadt. Ich wohnte dort bei Verwandten von uns. Meine Mutter war darüber so wütend, daß sie nie mehr mit ihnen redete.

Nach dem Collegeabschluß arbeitete ich als Sekretärin im Polizeipräsidium einer größeren Stadt. Eines Tages kam ein gutaussehender uniformierter Polizeibeamter ins Büro und fragte mich, wo der Trinkwasserbrunnen sei. Ich zeigte ihm den Weg. Dann fragte er mich, ob es dort auch Becher gebe. Ich lieh ihm meine Kaffeetasse. Er wollte ein paar Aspirin nehmen. Noch heute sehe ich vor mir, wie er den Kopf zurückwarf, um die Tabletten zu schlucken. Dann meinte er: «Puh! Gestern abend habe ich wirklich einen über den Durst getrunken.» Ich sagte gleich zu mir: ‹Wie traurig. Wahrscheinlich trinkt er zuviel, weil er einsam ist.› Er war genau das, was ich wollte – jemand, um den ich mich kümmern konnte, jemand, der mich brauchte. Ich dachte: ‹Wie gern würde ich versuchen, ihn glücklich zu machen.›

Zwei Monate später waren wir verheiratet. Die nächsten

vier Jahre gab ich mir große Mühe, das zu erreichen, was ich mir vorgenommen hatte. Ich kochte die schönsten Mahlzeiten in der Hoffnung, ihn damit nach Hause zu locken, aber statt dessen ging er häufig auf Zechtouren und kam erst spätabends heim. Es gab jedesmal einen großen Streit, und ich weinte viel. Wenn er daraufhin wieder lange wegblieb, hielt ich es für meine Schuld. Ich sagte mir: *Wenn ich dauernd ein solches Theater mache, ist es kein Wunder, daß er nicht gern nach Hause kommt.* Das Leben mit ihm wurde immer schlimmer – bis ich ihn endlich verließ. All das ist jetzt 37 Jahre her, und erst in diesem Jahr wurde mir klar, daß er Alkoholiker war. Ich hatte immer geglaubt, daß alles meine Schuld gewesen sei und daß ich ihn nicht glücklich machen konnte.

Warum sich Eleanor von ihrem Mann angezogen fühlte

Wenn Ihre Mutter Männer haßte und Sie lehrte, Männer seien «Nichtsnutze», wenn Sie andererseits Ihren Vater, den Sie verloren, geliebt haben und Sie an Männern interessiert sind, dann sind Sie wahrscheinlich mit der Angst groß geworden, daß der Mann, den Sie lieben, Sie verlassen wird. Aus diesem Grund werden Sie vielleicht versuchen, einen Mann zu finden, der Ihre Hilfe und Ihr Verständnis braucht, so daß Sie nachher in der Beziehung die Oberhand gewinnen.

Eleanor war auf der Suche nach einem solchen Mann, als sie dem gutaussehenden Polizisten begegnete und sich sofort für ihn interessierte. Wenn Sie sich davor schützen wollen, verletzt und verlassen zu werden, indem Sie sicherstellen, daß Ihr Partner von Ihnen abhängig ist, müssen Sie allerdings einen Mann wählen, der Probleme hat. Mit anderen Worten: einen Mann, der schon halbwegs zur Kategorie «Die Männer sind Nichtsnutze» gehört. Eleanor wollte die Sicherheit, daß ihr Mann sie nicht verlassen würde (wie es ihr Vater getan hatte und wie es nach Ansicht ihrer Mutter alle Männer taten), und seine Bedürftigkeit schien genau das sicherzustellen. Aber das Wesen seines Problems *vergrößerte* die Wahrscheinlichkeit, daß er sie eines Tages doch im Stich lassen würde.

Die Umstände, von denen sich Eleanor einen Schutz vor

dem Verlassenwerden versprochen hatte, bewirkten somit genau das Gegenteil. Wenn er nachts nicht nach Hause kam, sah sie darin jedesmal den «Beweis» dafür, daß ihre Mutter in bezug auf Männer doch recht gehabt hatte, und genau wie ihre Mutter ließ sie sich schließlich scheiden: Auch ihr Mann war also ein «Nichtsnutz».

ARLEEN: *27 Jahre alt, versuchte schon als Kind, Mutter und Geschwister vor ihrem gewalttätigen Vater zu schützen*

Albert und ich waren am selben Theater engagiert. Er war sieben Jahre jünger als ich. Körperlich fand ich ihn nicht besonders anziehend, und auch sonst interessierte ich mich nicht allzusehr für ihn. Aber eines Tages gingen wir zusammen einkaufen und hinterher zum Essen. Wir unterhielten uns über verschiedene Themen, aber ich hörte immer nur heraus, daß sein Leben ein einziges Chaos war. Es gab so viele Dinge, um die er sich einfach nicht kümmerte. Während er darüber sprach, verspürte ich den unwiderstehlichen Drang, an seinem Leben teilzuhaben und alles einzurenken. An diesem Abend erwähnte er auch, daß er bisexuell sei. Obwohl das meinen Wertvorstellungen widersprach, machte ich einen Witz draus, indem ich sagte, wenn's um Sex ginge, sei ich so was Ähnliches, nämlich biestig. Und in gewisser Hinsicht stimmte das sogar: Männern, die mich sexuell bedrängten, zeigte ich die kalte Schulter, weil ich Angst vor ihnen hatte. Mein früherer Ehemann hatte mich vergewaltigt, mein nächster Freund ebenfalls. Albert kam mir ungefährlich vor. Daß er mir nicht weh tun würde und daß ich ihm helfen könnte – dessen war ich mir sicher. Kurze Zeit später waren wir ein Liebespaar. Wir lebten sogar mehrere Monate zusammen, bevor ich mich von ihm trennte.

Während der ganzen Zeit unserer Beziehung war ich verspannt und ängstlich. Ich begriff es nicht: Warum konnte es mir so schlecht gehen, obwohl ich doch nichts anderes tat, als ihn zu unterstützen? Mein Selbstwertgefühl wurde empfindlich getroffen. Er hatte immer ein sehr viel stärkeres Interesse an Männern als an mir. Als ich mit einer lebensgefährlichen Lungenentzündung ins Krankenhaus eingeliefert wurde, besuchte er mich nicht einmal, weil er gerade eine Affäre mit einem Mann hatte. Drei Wochen nach meiner Entlassung brach ich die Beziehung zu ihm ab; aber das gelang mir nur, weil ich eine Menge Unterstützung hatte. Meine Schwester, meine Mutter und mein Therapeut halfen mir, das alles durchzustehen. Lange Zeit war ich schrecklich deprimiert. Ich wollte einfach nicht loslassen. Noch immer hatte ich das Gefühl, er würde mich brauchen, und ich war sicher, wir könnten es miteinander schaffen, wenn ich mir nur noch ein bißchen mehr Mühe gab.

Als Kind hatte ich auch immer dieses Gefühl gehabt: daß ich sicher gleich herausfinden würde, wie sich alles in Ordnung bringen ließe.

Wir waren fünf Kinder. Ich war die Älteste, und meine Mutter suchte oft Halt bei mir. Sie mußte dafür sorgen, daß unser Vater sich wohl fühlte, was vollkommen unmöglich war. Bis heute kenne ich niemanden, der es an Gemeinheit mit meinem Vater aufnehmen könnte. Vor etwa zehn Jahren haben die beiden sich endlich scheiden lassen. Ich vermute, daß sie uns einen Gefallen tun wollten, indem sie so lange damit warteten, bis wir alle das Elternhaus verlassen hatten; aber in unserer Familie aufzuwachsen, war unerträglich. Mein Vater schlug uns alle, selbst meine Mutter, aber meine Schwester mußte die gröbsten körperlichen Mißhandlungen über sich ergehen lassen, während mein Bruder den schwersten verbalen Demütigungen ausgesetzt war. Auf die eine oder andere Weise hat er uns alle zu Krüppeln gemacht. Und ich glaubte immer nur, ich müßte irgendeine Lösung finden, um unser Leben erträglicher zu machen, aber ich wußte nie, worin sie hätte bestehen können. Ich versuchte, mit meiner Mutter zu reden, aber die hatte keine Energie mehr. Ein paarmal stellte ich mich auch meinem Vater entgegen, aber meistens war das zu gefährlich. Ich erzog meine Geschwister dazu, jegliche Konflikte mit ihm zu vermeiden, ihre Worte vorsichtig zu wählen und so weiter. Wenn wir von der Schule zurückkamen, gingen wir oft sogar durchs ganze Haus, um all das in Ordnung zu bringen, worüber er sich hätte aufregen können, wenn er abends heimkam. Im Grunde war unser Leben bestimmt von Angst und Traurigkeit.

Weil Arleen sich Albert gegenüber als stärker, reifer und tüchtiger empfand, hoffte sie, in der Beziehung mit ihm die Oberhand zu haben und sich damit vor Verletzungen zu schützen. Diese Aussicht machte ihn in ihren Augen so begehrenswert, denn seit ihrer Kindheit war sie immer wieder Opfer von körperlichem und seelischem Mißbrauch geworden. Im Vergleich zu ihrem Vater, dem sie Gefühle von Angst und Wut entgegenbrachte, mußte Albert ihr vorkommen wie die perfekte Lösung für ihre Probleme mit Männern, denn es schien höchst unwahrscheinlich, daß er jemals heftig genug auf sie reagieren würde, um überhaupt gewalttätig zu werden. Während der wenigen Monate, die sie zusammen waren, erlebte Arleen allerdings genausoviel Leid wie mit den heterosexuellen Männern, mit denen sie vor ihm befreundet gewesen war.

Die Aufgabe, die sie erfüllen wollte, einen eigentlich homosexuellen Mann und sein chaotisches Leben «in Ordnung zu bringen», war durchaus vergleichbar mit den Anforderungen, denen sie sich schon in ihrer Kindheit gestellt hatte. Auch der seelische Schmerz, der diese Beziehung begleitete, war ihr vertraut. Schon als Kind hatte sie mit der Gewißheit leben müssen, immer wieder unangenehm überrascht, verletzt, schockiert oder gekränkt zu werden, und das von einem Menschen, der eigentlich auf ihrer Seite hätte stehen und sich um sie kümmern müssen. Weil Arleen davon überzeugt war, Albert zu dem Mann machen zu können, den sie brauchte, fiel es ihr am Ende so schwer, ihn gehen zu lassen.

SUZANNAH: *26 Jahre alt; zweimal geschieden – beide Ehemänner waren Alkoholiker; Tochter einer emotional abhängigen Mutter*

Ich war in San Francisco, wo ich an einem dreitägigen Vorbereitungsseminar für meine Sozialarbeiterprüfung teilnahm. Am zweiten Tag, zu Beginn der Nachmittagspause, fiel mein Blick auf einen sehr gut aussehenden Mann. Als er an mir vorbeiging, lächelte ich ihn an. Dann verließ ich den Seminarraum, um mich irgendwo hinzusetzen und auszuruhen. Er kam auf mich zu und fragte, ob ich auf dem Weg zur Cafeteria sei. Ich sagte ja, er begleitete mich und fragte dann etwas zögernd, ob er mich zu einem kleinen Imbiß einladen dürfe. Ich hatte den Eindruck, daß er sich das eigentlich nicht leisten konnte, und antwortete deshalb: «Nicht nötig. Ich bezahle lieber selbst.» Ich kaufte mir also ein Glas Saft, und wir gingen zurück und unterhielten uns, bis die Pause zu Ende war. Wir erzählten einander, woher wir stammten und wo wir arbeiteten, und dann sagte er: «Ich würde gern heute abend mit Ihnen essen gehen.» Wir verabredeten uns am Fischereihafen. Als ich ihn dort abends wiedertraf, machte er einen sorgenvollen Eindruck. Er sagte, er versuche gerade zu entscheiden, ob er sich eher romantisch oder lieber praktisch geben sollte, denn er hätte nur genug Geld dabei, um mich entweder zu einer Hafenrundfahrt oder zum Abendessen einzuladen. Klar, daß ich gleich in die Bresche sprang. Ich sagte: «Wie wär's damit? Jetzt machen wir die Hafenrundfahrt, und ich lade Sie anschließend zum Essen ein.» Genau das taten wir dann auch, und ich hielt mich für schlau und tüchtig, weil ich es ihm ermöglicht hatte, seine beiden Vorhaben zu verwirklichen.

Die Bootsfahrt war sehr schön. Die Sonne ging gerade unter, und wir redeten angeregt miteinander. Er erzählte mir, wieviel Angst er davor habe, jemandem richtig nahe zu sein, daß er in einer Beziehung stecke, die zwar schon jahrelang bestehe, aber ganz gewiß nicht das Richtige für ihn sei. Er bleibe eigentlich nur bei seiner Freundin, weil er ihren sechsjährigen Sohn so gern habe und die Vorstellung nicht ertragen könne, daß dieser Junge vielleicht ohne männliches Vorbild aufwachsen müsse. Er gab mir auch ziemlich deutlich zu verstehen, daß er sexuelle Schwierigkeiten mit dieser Frau hatte, weil er sie nicht allzu attraktiv fand.

Und ich war Feuer und Flamme. Ich dachte: Das ist ein wunderbarer Mann, der bisher einfach noch nicht die richtige Frau gefunden hat. Offensichtlich ist er sehr einfühlsam und aufrichtig. Für mich spielte keine Rolle, daß er 37 Jahre alt war und wahrscheinlich etliche Male die Chance gehabt hatte, eine gute Beziehung aufzubauen. Daß vielleicht, nur vielleicht, mit ihm etwas nicht stimmte.

Er hatte sozusagen eine Liste seiner Mängel aufgestellt und

mir in die Hand gedrückt: Impotenz, Angst vor Nähe und finanzielle Probleme. Und seinem Verhalten nach zu urteilen, war er auch noch ziemlich träge. Das herauszufinden wäre niemandem schwergefallen. Aber ich war wie verzaubert von der Vorstellung, daß ich diejenige sein könnte, die seinem Leben eine andere Richtung geben würde – und deshalb ließ ich mich durch seine Worte und sein Verhalten nicht beirren.

Wir gingen zum Essen, und natürlich zahlte ich. Er protestierte und sagte, das würde ihm sehr viel ausmachen, aber ich zwinkerte ihm einfach zu und meinte, er könne mich ja besuchen kommen und zum Essen ausführen – dann wären wir quitt. Das hielt er für eine großartige Idee. Er wollte genau wissen, wo ich lebte, wo er wohnen könnte, wenn er zu Besuch käme, wie es mit den Arbeitsmöglichkeiten in meinem Wohnort stünde. Fünfzehn Jahre früher war er Lehrer gewesen, und nach häufigem Stellenwechsel – jedesmal mit finanziellen Einbußen und sozialem Abstieg verbunden, wie er zugab – arbeitete er nun in einer ambulanten Beratungsstelle für Alkoholiker. Auch dies machte einen sehr positiven Eindruck auf mich. Ich selbst war mehrmals mit Alkoholikern zusammen gewesen, und diese Beziehungen hatten viel in mir zerstört. Aber bei ihm bestand diese Gefahr nicht – jemand, der Alkoholiker behandelte, konnte doch unmöglich selbst einer sein! Unsere Bedienung – eine ältere Frau mit rauher Stimme – erinnerte ihn an seine Mutter, die Alkoholikerin war, wie er mir erzählte. Ich wußte zwar, daß Kinder von Alkoholikern häufig selbst alkoholkrank werden, aber er trank den ganzen Abend über nur Mineralwasser. Ich steigerte mich vollkommen in den Gedanken hinein: *Das ist der richtige Mann für mich.* Seine zahlreichen Stellenwechsel, die Tatsache, daß es mit seiner Karriere bergab ging – das alles störte mich nicht. Er hatte eben einfach Pech gehabt. Es schien ihn regelrecht zu verfolgen, aber dadurch gewann er für mich nur an Reiz. Er tat mir leid.

Er erzählte mir ausführlich, wie anziehend er mich fände, wie wohl er sich in meiner Gegenwart fühle, wie gut wir eigentlich zusammenpaßten. Ich hatte genau dasselbe Gefühl. Als wir uns an diesem Abend trennten, verhielt er sich wie ein perfekter Gentleman, während *ich ihn* zum Abschied zärtlich küßte. Ich fühlte mich so sicher; endlich hatte ich einen Mann getroffen, der sexuell keinen Druck auf mich ausübte, der einfach mit mir zusammen sein wollte, weil er meine Gegenwart genoß. Ich schloß aus seinem Verhalten nicht, daß er echte sexuelle Probleme hatte und deshalb versuchte, körperlichen Kontakt mit mir zu vermeiden. Wahrscheinlich glaubte ich, daß ich – bei entsprechender Gelegenheit – mit seinen etwaigen Schwierigkeiten schon fertig werden würde.

Am nächsten Tag ging das Seminar zu Ende. Hinterher sprachen wir darüber, wann er mich besuchen würde. Er hatte die Idee, in der Woche vor seinen Abschlußprüfungen zu kommen und bei mir zu wohnen. Doch er wollte diesen Besuch dazu nutzen, sich auf das Examen vorzubereiten. Ich dagegen hatte noch einige Tage Resturlaub und hätte mir während dieser Zeit gerne freigenommen, um ihm die Stadt zu zeigen. Er sagte nein; seine Prüfungen gingen vor. Nach kürzester Zeit dachte ich schon nicht mehr an die Dinge, zu denen ich Lust hatte, sondern versuchte nur noch, seine Wünsche zu erfüllen. In mir wuchs die Angst, daß er überhaupt nicht kommen würde, obwohl ich von der Vorstellung, zur Arbeit zu gehen, während er in meiner Wohnung saß und lernte, nicht gerade begeistert war. Aber ich hatte das Bedürfnis, ihm alles recht zu machen, und glaubte bereits, es wäre meine Schuld, wenn er sich bei mir nicht wohl fühlte. Sein anfängliches, deutlich bekundetes Interesse an mir warmzuhalten war für mich wichtiger als alles andere, denn wenn es jetzt abkühlte, hatte ich meine Chance vertan. Ich überschlug mich geradezu, nur um den Kontakt zu ihm aufrechtzuerhalten.

Als wir uns an diesem Tag trennten, war noch nichts geklärt, obwohl ich für all die Probleme, die mit seinem Besuch zusammenhingen, die verschiedensten Lösungen vorgeschlagen hatte. Nach dem Abschied fühlte ich mich deprimiert, einfach deshalb, weil es mir nicht gelungen war, alles zu regeln und ihn zufriedenzustellen.

Am nächsten Tag rief er an. Danach ging es mir richtig gut. Ich fühlte mich wie erlöst.

Einen Tag später rief er mich abends um halb elf an und

fragte mich, was er denn nun eigentlich mit seiner jetzigen Freundin machen sollte. Darauf wußte ich keine Antwort, und das sagte ich ihm auch. Allmählich fühlte ich mich immer unbehaglicher. Ich hatte das Gefühl, in gewisser Weise manipuliert zu werden, aber diesmal reagierte ich anders als sonst: Ich versuchte nicht, seine Angelegenheiten in Ordnung zu bringen. Er begann, mich anzuschreien, und legte dann auf. Ich war völlig verstört. *Vielleicht habe ich einen großen Fehler gemacht*, dachte ich. *Ich war einfach nicht hilfsbereit genug.* Und ich verspürte den starken Impuls, ihn zurückzurufen und mich dafür zu entschuldigen, daß ich ihn verärgert hatte.

Ich war früher ja mehrmals mit Alkoholikern zusammengewesen, und deshalb ging ich regelmäßig zu Al-Anon-Meetings; was ich dort gelernt hatte, hielt mich davon ab, ihn anzurufen und die Schuld für diesen Vorfall auf mich zu nehmen.

Ein paar Minuten später rief er wieder an und entschuldigte sich für sein Verhalten. Dann stellte er mir noch einmal die gleiche Frage, auf die ich noch immer keine Antwort wußte. Wieder schnauzte er mich an, wieder legte er auf. Diesmal war mir aufgefallen, daß er getrunken hatte. Dieser innere Drang, ihn anzurufen, um alles wieder ins Gleichgewicht zu bringen, war immer noch da. Wenn ich damals am Telefon tatsächlich die Verantwortung für ihn übernommen hätte, dann wären wir jetzt vielleicht zusammen – die Konsequenzen möchte ich mir lieber nicht ausmalen.

Einige Tage später erhielt ich einen höflich-distanzierten Brief von ihm. Er schrieb, er sei im Moment noch nicht dazu bereit, eine neue Beziehung einzugehen – kein Wort über sein Verhalten am Telefon. Und das war das Ende.

Ein Jahr vorher wäre es erst der Anfang gewesen. Er gehörte zu der Sorte Mann, die ich immer unwiderstehlich gefunden hatte: gutaussehend, charmant, ein bißchen hilflos – ein Mann, der seine Möglichkeiten noch nicht voll ausgeschöpft hat. Wenn eine Frau bei einem unserer Al-Anon-Meetings erzählt, daß sie nicht von einem Mann, sondern von seinen Möglichkeiten fasziniert war, müssen wir immer lachen; denn jede von uns hat sich schon einmal nur deshalb für einen Mann interessiert, weil sie sicher war, daß er ihre Hilfe und ihre Ermutigung brauchte, um das Beste aus seinem Leben zu machen. Ich wußte nur allzugut, was es heißt, Hilfe anzubieten, Freude zu bereiten, alle Arbeit allein zu machen und die gesamte Verantwortung für eine Beziehung zu übernehmen. Als Kind hatte ich das bei meiner Mutter getan, und später bei jedem meiner beiden Ehemänner. Meine Mutter und ich waren nie gut miteinander ausgekommen. Es hatte viele Männer in ihrem Leben gegeben. Aber so plötzlich, wie diese Männer auf der Bildfläche erschienen waren, verschwanden sie auch wieder. Wenn sie einen neuen Freund hatte, wollte sie sich nicht auch noch um mich kümmern müssen. Deshalb schickte sie mich dann ins Internat. Aber sobald er sie verlassen hatte, holte sie mich zurück, weil sie für ihr Weinen und Klagen einen Zuhörer brauchte. Wenn wir zusammen waren, bestand meine Aufgabe darin, sie zu trösten, was mir nie gut genug gelang. Sie wurde wütend und warf mir vor, ich würde mich nicht richtig um sie kümmern. Dann lernte sie den nächsten Mann kennen und vergaß mich wieder vollkommen.

Natürlich wählte ich später einen Beruf im Sozialwesen. Als Kind hatte ich nur in Momenten, wo ich anderen Menschen helfen konnte, gespürt, daß ich etwas wert und zu etwas nütze war, und ich entwickelte das Bedürfnis, noch besser, noch effektiver helfen zu können. Es war daher ein großer Triumph für mich, als ich endlich den Drang überwunden hatte, unbedingt mit einem Mann zusammen sein zu müssen, der mir nichts zu bieten hatte außer der Möglichkeit, ihm zu helfen.

Warum sich Suzannah von dem Mann aus San Francisco angezogen fühlte

Suzannahs berufliches Engagement in der Sozialarbeit war fast genauso unvermeidlich wie ihr Interesse an Männern, die ihre Zuwendung und ihre Ermutigung brauchten. Ihr neuer Bekannter deutete seine finanziellen Probleme gleich zu Beginn an. Sie verstand den Wink und bezahlte ihr Getränk selbst – damit tauschten beide grundlegende Informationen aus: Er ließ sie wissen, daß er ein wenig bedürftig war, und sie reagierte, indem sie auf seine Gefühle Rücksicht nahm.

Als die beiden sich abends wieder trafen und sie das Essen bezahlte, ergab sich wiederum die gleiche Problematik: Ihm fehlte es an etwas, und sie hatte genug für beide. Probleme mit Geld, Probleme mit Sex, Probleme mit Nähe – genau die Signale, die Suzannah hätten warnen sollen (schließlich hatte sie eine Reihe von Beziehungen mit bedürftigen, abhängigen Männern hinter sich), steigerten statt dessen ihr Interesse, denn dadurch wurden ihre fürsorglichen Gefühle angesprochen. Suzannah fand einen Mann dann unwiderstehlich, wenn er noch nicht der war, der er ihrer Meinung nach hätte sein können. Sie glaubte, mit ihrer Hilfe und Zuneigung ließe sich etwas ganz Besonderes aus ihm machen. Sie war nicht in der Lage, sich gleich anfangs zu fragen: «Was könnte diese Beziehung mir geben?», aber da sie bereits auf dem Weg zu einem gesünderen Umgang mit sich selbst war, konnte sie schließlich doch realistisch einschätzen, was zwischen ihr und diesem Mann eigentlich vorging. Zum erstenmal achtete sie darauf, was eine Beziehung *ihr* gab, statt sich vollständig darauf zu konzentrieren, wie sie dem Partner mit all seinen Schwierigkeiten und Bedürfnissen helfen konnte.

Jede der hier vorgestellten Frauen fand einen Mann, der für sie eine altbekannte Herausforderung darstellte und bei dem sie sich deshalb wohl fühlen konnte. Aber keine der Frauen erkannte, *warum* ein bestimmter Mann sie so sehr faszinierte. Hätten sie dies verstanden, wäre es ihnen möglich gewesen, sich bewußt für oder gegen die Aufnahme einer solchen Beziehung zu entscheiden.

Oftmals glauben wir, daß uns Eigenschaften anziehen, die anscheinend im *Gegensatz* zu denen unserer Eltern stehen. Arleen beispielsweise interessierte sich für einen bisexuellen Mann, der viel jünger war als sie, schmächtig und alles andere als körperlich aggressiv ihr gegenüber. Sie hielt die Beziehung zu einem Mann, der vermutlich nie so gewalttätig wie ihr Vater sein konnte, für sicher. Aber auf einer anderen Ebene, die ihr nicht bewußt war, kämpfte sie darum, ihn zu dem Mann zu machen, der er nicht war, und sich in einer Beziehung durchzusetzen, die von Anfang an ihre Bedürfnisse nach Liebe und

Sicherheit nicht befriedigen konnte. Genau dieses unbewußte Bestreben machte den eigentlichen Reiz für sie aus, eine Beziehung mit ihm aufzubauen. Aus dem gleichen Grund fiel es ihr auch so schwer, von ihm und der Herausforderung, die er verkörperte, abzulassen.

Was sich zwischen Chloë und ihrem frauenhassenden, gewalttätigen Partner abspielte, ist etwas verwickelter, aber genauso alltäglich. Schon bei ihrer ersten Unterhaltung gab er ihr sehr weitgehende Informationen darüber, wer er war und was er empfand, aber ihr Bedürfnis, diese Herausforderung anzunehmen, war so stark, daß sie seine Aggressivität und Bedrohlichkeit nicht wahrnahm, sondern ihn als ein hilfloses Opfer sah, das Verständnis brauchte. Die meisten Frauen würden um einen Mann mit solchen Charakterzügen einen großen Bogen machen, aber Chloë wollte nicht wahrhaben, was sie sah. Sie hatte ein zu starkes Bedürfnis, sich auf ihn und das, was er verkörperte, einzulassen.

Warum ist es nun eigentlich so schwierig, eine solche Beziehung zu beenden, sich von dem Partner zu trennen, der einen Schritt für Schritt in diesem schmerzhaften und destruktiven Tanz weiterzerrt? Als Faustregel gilt: Je schwieriger es für Sie ist, eine Beziehung zu beenden, die Ihnen nicht gut tut, desto mehr Elemente Ihrer Kindheitsproblematik sind darin enthalten. Indem Sie zu sehr lieben, versuchen Sie, Ihre alten Gefühle von Angst, Wut, Frustration und Schmerz zu überwinden. Die Beziehung abzubrechen hieße demnach, auf die wertvolle Chance zu verzichten, für erlittenes Unrecht entschädigt zu werden und endlich Ruhe zu finden.

Während diese unbewußten Motive den starken Drang erklären können, trotz aller damit verbundenen Qualen am Partner festzuhalten, werden sie der Intensität dessen, was bewußt erlebt wird, kaum gerecht. Eine solche Art von Beziehung enthält für die darin verwickelte Frau eine immense seelische Explosionskraft. Wenn sie versucht, die Verbindung zu dem Mann, den sie zu sehr liebt, abzuschneiden, fühlt sie sich, als würden tausend Volt schmerzhafter Energie durch ihre Nerven rasen und sie verschmoren. Das uralte Gefühl von Leere steigt in ihr auf, hüllt sie ein und zieht sie dorthin, wo ihre kindliche Angst vor dem Alleinsein noch immer haust. Sie glaubt, in ihren Schmerzen ertrinken zu müssen.

Diese Dynamik – die Funken, die Energie, der Drang, bei dem einen Menschen zu sein und alles in Ordnung zu bringen – ist in diesem Ausmaß in gesünderen, befriedigenderen Beziehungen nicht anzutreffen, denn diese beinhalten eben nicht all die Chancen, alte Rechnungen zu begleichen und die Oberhand über Erlebnisse zu gewinnen, die einstmals überwältigend waren. Worum es Frauen, die zu sehr lieben, eigentlich geht, ist ihnen nicht bewußt: Es ist die erneute Chance, Gerechtigkeit zu erfahren, verlorene Liebe zu gewinnen und vorenthaltene Anerkennung zu erlangen.

Deshalb sind wir auch normalerweise nicht an Männern interessiert, denen unser Wohlergehen, unser Glück, unsere Zufriedenheit wichtig ist und mit denen der Aufbau einer guten Beziehung möglich wäre. Solche Männer treten durchaus in unser Leben. Diejenigen meiner Klientinnen, die zu sehr geliebt haben, konnten sich alle an einen Mann, vielleicht sogar mehrere Männer erinnern, die sie versonnen mit Worten beschrieben wie: «richtig nett ... so herzlich ... hat sich wirklich für mich interessiert ...» Nach einem ironischen Lächeln kam gewöhnlich die Frage: «Warum habe ich es eigentlich nicht mit *ihm* probiert?» Und häufig wußten diese Frauen auch gleich die Antwort: «Irgendwie hat er mich nie so fasziniert. Wahrscheinlich war er einfach zu nett.»

Besser formuliert, könnte die Antwort so lauten: Seine Aktionen und unsere Reaktionen, seine Bewegungen und unsere Gegenbewegungen fügten sich nicht zu einem vollendeten Paartanz zusammen. Obwohl seine Gegenwart uns vielleicht Sicherheit, Anregung und Bestätigung zu geben vermag, nehmen wir diese Art von Beziehung meist nicht wichtig genug, um sie ernsthaft voranzutreiben. Statt dessen wird ein solcher Mann entweder binnen kurzer Zeit fallengelassen, ignoriert oder bestenfalls in die «Nur-ein-Freund»-Kategorie verwiesen, weil er nicht dieses gewisse Herzklopfen, den Knoten im Bauch hervorzurufen vermochte – alle jene heftigen Anzeichen, die wir für wahre Liebe halten.

Manchmal verbleiben diese Männer viele Jahre lang in der

«Freund»-Kategorie. Wir treffen sie ab und an, um uns bei ihnen über die neuesten Demütigungen und Verletzungen in unserer gegenwärtigen Beziehung auszuweinen. Diese verständnisvolle, einfühlsame Sorte Mann kann uns einfach nicht das Drama, den Schmerz und die Spannung bieten, die wir als angemessen und «richtig» empfinden: Denn was wir als schlecht empfinden sollten, empfinden wir mittlerweile als gut, und was wir als gut empfinden sollten, empfinden wir mittlerweile als fremdartig, verdächtig und unangenehm. Durch langjährige intensive Gewöhnung haben wir gelernt, dem Schmerz immer den Vorrang zu geben. Ein gesünderer, liebevoller Mann kann keine wichtige Rolle in unserem Leben spielen, solange wir nicht gelernt haben, auf das Bedürfnis nach ständiger Wiederholung unserer Kindheitstraumen zu verzichten.

Eine Frau,. die weniger schädlichen Einflüssen ausgesetzt war, reagiert ganz anders und gestaltet daher auch ihre Beziehungen ganz anders. Kämpfe und Leiden sind ihr nicht so vertraut, haben in ihrem Leben keine so große Rolle gespielt – und kommen ihr deshalb nicht so angenehm vor. Hat ihr Zusammensein mit einem Mann zur Folge, daß sie sich unwohl, verletzt, beängstigt, enttäuscht, wütend, eifersüchtig oder auf andere Art seelisch angegriffen fühlt, ist dies eine derart negative Erfahrung für sie, daß sie diesem Mann in Zukunft aus dem Weg gehen wird. Weil sie weiß, was ihr gut tut, wird sie sich um eine Beziehung bemühen, die ihr Zuwendung, Fürsorge und Beständigkeit bietet. Wir können also folgendes feststellen: Die Anziehung zwischen zwei Menschen, die fähig sind, eine gesunde, auf echter Kommunikation beruhende Beziehung einzugehen, mag stark und erregend sein, aber sie ist nie so *unwiderstehlich* wie die Anziehung zwischen einer Frau, die zu sehr liebt, und dem Mann, mit dem sie «tanzen» kann.

Männer, die sich zu sehr lieben lassen

> She's the rock that I lean on,
> She's the sunshine of my day,
> And I don't care what you say
> about her
> Lord, she took me in and made me
> everything I am today.
>
> – She's My Rock

Was läuft eigentlich in dem Partner einer solchen Frau ab? Was empfindet er in den ersten Momenten der Begegnung mit einer Frau, die zu sehr liebt? Und was wird aus seinen Gefühlen im Verlauf einer Beziehung, vor allem, wenn sich sein Krankheitszustand zum Besseren oder zum Schlechteren hin verändert?

Einige der Männer, deren Berichte in diesem Kapitel enthalten sind, haben sowohl einen ungewöhnlichen Grad an Selbsterkenntnis erlangt als auch beträchtliche Einsicht in die Dynamik ihrer Beziehungen. Etliche dieser Männer, die von einer Sucht loskamen, konnten Nutzen aus ihrem jahrelangen therapeutischen Engagement bei den Anonymen Alkoholikern oder in einer anderen Drogen-Selbsthilfeorganisation ziehen und sind daher in der Lage zu erkennen, welche Wirkung ihre Partnerin – also die Co-Alkoholikerin – auf ihr eigenes Suchtverhalten ausübte. Andere, die weder süchtig noch suchtgefährdet waren, unterzogen sich einer traditionelleren Form der Therapie, die ihnen dabei half, sich selbst und ihre Beziehungen besser zu verstehen.

Obwohl sich die Einzelheiten in jedem Bericht unterscheiden, geht es doch jedesmal um die Wirkung einer starken Frau, die auf irgendeine Art verspricht, das wettzumachen, woran es jedem dieser Männer fehlt.

Том: *48 Jahre alt; seit zwölf Jahren trocken; Vater und älterer Bruder an den Folgen von Alkoholismus gestorben*

Ich erinnere mich noch genau an den Abend, an dem ich Elaine kennenlernte. Wir waren beide Anfang Zwanzig und beide in Begleitung. Das Trinken hatte sich für mich schon zu einem Problem entwickelt. Mit zwanzig Jahren war ich wegen Trunkenheit am Steuer festgenommen worden; zwei Jahre später verursachte ich einen schweren Autounfall, weil ich zuviel getrunken hatte. Natürlich glaubte ich, der Alkohol würde mir überhaupt nicht schaden. Ich war einfach nur ein junger Mann auf dem Weg nach oben, der sich halt gern mal amüsierte.

Elaine war mit einem Bekannten von mir gekommen, der sie mir auch vorstellte. Ich fand sie sehr attraktiv und war froh, als wir für einen Tanz die Partner wechselten. Natürlich hatte ich auch an diesem Abend getrunken und fühlte mich ziemlich mutig; weil ich sie beim Tanzen beeindrucken wollte, probierte ich einige recht ausgefallene Schritte. Ich bemühte mich so sehr, einen lockeren und gewandten Eindruck zu machen, daß ich in ein anderes Paar hineinrannte und der Frau buchstäblich die Luft wegblieb. Das Ganze war mir äußerst peinlich, und ich konnte nur ziemlich undeutlich murmeln, wie leid es mir täte, aber Elaine geriet nicht aus der Fassung. Sie nahm die Frau beim Arm, entschuldigte sich bei ihr und ihrem Partner und begleitete die beiden zu ihrem Tisch. Sie benahm sich so nett und lieb, daß ihr der Mann wahrscheinlich noch dankbar für die ganze Szene war. Dann kam sie zurück. Auch um mich schien sie aufrichtig besorgt zu sein. Eine andere Frau wäre vielleicht wütend gewesen und hätte nie wieder ein Wort mit mir gewechselt. Nach allem, was vorgefallen war, hatte ich jedenfalls nicht die Absicht, sie mir wieder entwischen zu lassen.

Mit ihrem Vater habe ich mich immer sehr gut verstanden, bis zu seinem Tod. Natürlich war auch er Alkoholiker. Und meine Mutter liebte Elaine. Sie erklärte ihr immer wieder, daß ich jemanden brauche, der sich um mich kümmert, und daß Elaine dafür genau die Richtige sei.

Lange Zeit schützte und deckte Elaine mich immer wieder –

genauso, wie sie das an unserem ersten Abend getan hatte. Als sie sich schließlich selbst nach Hilfe umsah und damit aufhörte, es mir mit dem Trinken leicht zu machen, warf ich ihr vor, sie würde mich nicht mehr lieben, und brannte mit meiner zweiundzwanzigjährigen Sekretärin durch. Von da an ging es mit mir rapide bergab. Sechs Monate später besuchte ich zum erstenmal ein A.A.-Meeting, und seitdem bin ich trocken.

Nachdem ich ein ganzes Jahr lang nicht mehr getrunken hatte, kamen Elaine und ich wieder zusammen. Es war sehr schwer, aber wir empfanden noch immer viel Liebe füreinander. Wir sind nicht mehr dieselben Menschen, die vor zwanzig Jahren geheiratet haben. Aber wir beide mögen uns selbst und den anderen mehr, als wir es damals taten, und wir arbeiten daran, jeden Tag aufrichtig miteinander umzugehen.

Warum sich Tom von Elaine angezogen fühlte

Was sich zwischen Tom und Elaine abspielte, ist typisch für die erste Begegnung zwischen einem Alkoholiker und einer Co-Alkoholikerin. Er gerät in Schwierigkeiten, sie reagiert nicht mit Zurückweisung, sondern überlegt sich, wie sie ihm helfen, die Sache vertuschen und dazu beitragen kann, daß er und die anderen sich wieder wohl fühlen. Das Gefühl von Sicherheit, das sie ihm bietet, übt auf ihn eine starke Anziehungskraft aus; denn er selbst kann sein Leben nicht mehr unter Kontrolle bringen.

Elaine korrigierte ihr Verhalten sofort, als sie durch ihre Teilnahme an Al-Anon-Meetings erkannte, daß sie Tom dazu verhalf, weiterhin krank zu bleiben, indem sie seine Sucht verheimlichte. Er reagierte darauf wie viele Abhängige, deren Partner beginnen, sich positiv zu verändern: Er rächte sich an Elaine auf höchst dramatische Weise. Da es für jeden Alkoholiker genügend Co-Alkoholiker gibt, die nur darauf warten, jemanden retten zu können, fand er schnell Ersatz – eine andere Frau, die gewillt war, ihm die Art von Hilfe und Unterstützung zu geben, die Elaine ihm zuletzt verweigert hatte. Außerdem wurde er so krank, daß ihm nur noch zwei

Alternativen blieben: gesund werden zu wollen oder zu sterben. Erst als es so schlecht um ihn stand, war er bereit, sich zu ändern.

Die Beziehung ist derzeit stabil, dank des Engagements beider in Selbsthilfegruppen – A.A. für Tom, Al-Anon für Elaine. Beide lernen zum erstenmal in ihrem Leben, auf offene, nicht manipulative Art miteinander umzugehen.

CHARLES: *65 Jahre alt; im Ruhestand lebender Ingenieur mit zwei Kindern; geschieden, wiederverheiratet, mittlerweile verwitwet*

Helen ist nun schon seit zwei Jahren tot, aber erst allmählich beginne ich, mir über alles klar zu werden. Ich hätte nicht gedacht, daß ich jemals einen Therapeuten aufsuchen würde – in meinem Alter! Aber nach ihrem Tod wurde ich derart wütend, daß es mir selbst Angst machte. Ich hatte ständig das Bedürfnis, ihr weh zu tun. Ich träumte, ich würde sie schlagen, und wachte davon auf, daß ich sie anschrie. Damals hatte ich Angst, allmählich verrückt zu werden. Schließlich nahm ich allen Mut zusammen und erzählte meinem Arzt davon. Er ist so alt und so konservativ wie ich, und als er mir erklärte, daß ich therapeutische Hilfe brauchte, sprang ich über meinen eigenen Schatten und tat, was er mir geraten hatte: Ich nahm Kontakt zu einer Sterbeklinik auf und wurde von dort an einen Therapeuten weitervermittelt, der sich darauf spezialisiert hatte, Menschen bei ihrer Trauer zu begleiten. Wir arbeiteten also an meiner Trauer, aber sie kam weiterhin als Wut in mir hoch, bis ich schließlich zu akzeptieren begann, daß ich ungeheuer wütend war, und mit Hilfe meines Therapeuten nach den Gründen dafür suchte.

Helen war meine zweite Frau gewesen. Meine erste Frau, Janet, lebt immer noch hier in der Stadt – mit ihrem neuen Mann. Neu ist vielleicht nicht das richtige Wort, denn all das passierte vor 25 Jahren. Ich war Bauingenieur für den Landkreis, als ich Helen kennenlernte. Sie arbeitete als Sekretärin in der Planungsabteilung. Ich begegnete ihr manchmal bei der Arbeit und vielleicht ein-, zweimal pro Woche beim Mittagessen in einem kleinen Café in der Innenstadt. Sie war eine wirklich hübsche Frau, immer gut gekleidet, ein bißchen schüchtern und sehr freundlich. Allein an der Art, wie sie mich ansah und dabei lächelte, konnte ich erkennen, daß sie mich mochte. Wahrscheinlich schmeichelte es mir, daß sie überhaupt Notiz von mir nahm. Ich wußte, daß sie geschieden war und ihre beiden Kinder allein aufzog. Sie tat mir deshalb in gewisser Hinsicht leid. Jedenfalls lud ich sie eines Tages zu einer Tasse Kaffee ein, und daraus entwickelte sich eine nette Unterhaltung. Ich gab ihr deutlich zu verstehen, daß ich verheiratet war, aber vermutlich ließ ich mich ein bißchen zu sehr über die Enttäuschungen und Ernüchterungen des Ehelebens aus. Ich weiß bis heute nicht, wie sie es damals geschafft hat, mich spüren zu lassen, daß ein so wundervoller Mann wie ich es einfach nicht verdiente, jemals unglücklich zu sein. Als ich das Café verließ, kam ich mir vor, als wäre ich zwei Meter groß. Ich wollte sie unbedingt wiedersehen, wollte das Gefühl wiedererleben, das sie mir vermittelt hatte: *anerkannt* zu werden. Vielleicht lag es ja nur daran, daß sie allein war und gern einen Mann in ihrem Leben gehabt hätte, aber nach unserer kleinen Unterhaltung fühlte ich mich jedenfalls groß und stark.

Trotzdem hatte ich keinerlei Absicht, mich auf eine Affäre einzulassen. So etwas hatte ich noch nie getan. Als ich aus dem Krieg zurückgekehrt war, gründete ich mit der Frau, die auf mich gewartet hatte, eine Familie. Janet und ich waren sicher nicht besonders glücklich miteinander, aber auch nicht besonders unglücklich. Ich hatte nie daran gedacht, sie jemals zu betrügen.

Helen war schon zweimal verheiratet gewesen und hatte in jeder Ehe sehr viel durchmachen müssen. Beide Männer waren ihr davongelaufen, und von jedem hatte sie ein Kind. Sie mußte ihre Kinder allein großziehen, ohne jegliche Unterstützung.

Wir hätten nichts Schlimmeres tun können, als uns auf diese Affäre einzulassen. Sie tat mir zwar sehr leid, aber ich wußte auch, daß ich ihr nichts zu bieten hatte. Zur damaligen Zeit konnte man sich nicht einfach scheiden lassen, bloß weil man es wollte. Ich verdiente mit Sicherheit nicht genug Geld, um bei einer Scheidung erst alles zu verlieren, was ich besaß, und im Anschluß daran gleich zwei Familien zu unterhalten. Im Grunde wollte ich mich gar nicht scheiden lassen. Ich war zwar nicht mehr verrückt nach meiner Frau, aber ich liebte meine Kinder und freute mich über das, was wir miteinander aufgebaut hatten. Aber all das begann sich zu ändern, als Helen und ich uns weiterhin trafen. Keiner von uns beiden konnte Schluß machen. Helen war einsam und sagte, sie würde lieber nur ein kleines Stück von mir haben als überhaupt nichts, und ich wußte, daß sie es tatsächlich so meinte. Sobald ich mich auf Helen eingelassen hatte, gab es für mich keinen Ausweg mehr. So oder so – eine der beiden Frauen würde von mir schrecklich verletzt werden. Ziemlich bald schon fühlte ich mich wie ein ganz mieser Kerl. Beide Frauen zählten auf mich, und beide wurden von mir enttäuscht. Helen war verrückt nach mir. Sie hätte alles getan, nur um mich zu sehen. Als ich versuchte, mich von ihr zu trennen, und sie dann bei der Arbeit sah mit ihrem süßen, unendlich traurigen Gesicht – da brach es mir fast das Herz. Etwa ein Jahr später fand Janet heraus, daß wir ein Verhältnis miteinander hatten, und stellte mich vor die Entscheidung, mich von Helen zu trennen oder zu gehen. Ich faßte zwar den Vorsatz, Helen nicht mehr wiederzusehen, aber ich hielt mich nicht daran. Außerdem hatte sich zwischen Janet und mir so viel verändert, daß ich immer weniger Sinn darin sah, Helen aufzugeben.

Es ist eine lange Geschichte. Helen und ich hatten neun Jahre lang eine Affäre. Zunächst versuchte meine Frau mit allen Mitteln, mich zu halten, und später, mich dafür zu bestrafen, daß ich sie verlassen hatte. Während dieser Jahre lebten Helen und ich zeitweilig zusammen. Schließlich hatte Janet das ewige Hin und Her satt. Sie gab den Kampf auf und willigte in die Scheidung ein.

Wir alle litten schrecklich. Es tut mir heute noch weh. Damals konnte man nicht so einfach mit jemand anderem zusammenleben. Ich glaube, ich habe in dieser Zeit all meinen Stolz verloren. Ich schämte mich für mich selbst, für meine Kinder, für Helen und ihre Kinder, selbst für Janet, die so etwas nicht verdient hatte.

Helen und ich heirateten, sobald die Scheidung rechtskräftig war. Aber irgend etwas veränderte sich zwischen uns, schon als die Scheidung lief. Die ganzen Jahre zuvor war Helen herzlich und liebevoll und verführerisch gewesen – sehr verführerisch sogar. Und dafür liebte ich sie. Es war diese Liebe, die mich an der Beziehung zu ihr festhalten ließ, trotz all des Leids, das ich meinen Kindern, meiner Frau, aber auch Helen und ihren Kindern zufügte – eigentlich uns allen. Sie gab mir das Gefühl, der begehrenswerteste Mann der Welt zu sein. Natürlich hatten wir uns auch gestritten, bevor wir verheiratet waren, denn die Spannung, unter der wir standen, war fast unerträglich. Aber jeder Streit endete damit, daß wir uns liebten. In diesen Momenten fühlte ich mich mehr begehrt, mehr gebraucht, mehr umsorgt, als ich es jemals zuvor erlebt hatte. Was zwischen Helen und mir bestand, war mir so kostbar, so einzigartig, daß es schon den Preis wert schien, den wir dafür bezahlen mußten.

Aber als wir schließlich zusammen sein konnten, ohne uns verstecken zu müssen, wurde Helen mir gegenüber merklich kühler. Wenn sie zur Arbeit ging, sah sie immer noch großartig aus, zu Hause ließ sie sich dafür gehen. Es störte mich nicht, aber es fiel mir doch auf. Und auch sexuell lief es nicht mehr so gut wie früher. Sie zeigte ganz einfach weniger Interesse an Sex. Ich versuchte, sie nicht unter Druck zu setzen, aber ich war enttäuscht. Endlich brauchte ich mich nicht mehr so schuldig zu fühlen und hätte es wirklich genießen können, mit ihr zusammen zu sein, egal ob zu Hause oder unter Leuten, und ausgerechnet jetzt zog sie sich vor mir zurück.

Schon nach zwei Jahren hatten wir getrennte Schlafzimmer. Und so ging es zwischen uns weiter, kühl und distanziert, bis zu ihrem Tod. Ich dachte niemals ernsthaft daran, sie zu verlassen – schließlich hatte ich einen zu hohen Preis dafür gezahlt, mit ihr zusammen zu sein.

Wenn ich an die Zeit damals zurückdenke, wird mir klar, daß Helen vermutlich mehr als ich unter dieser jahrelangen Affäre gelitten hat. Sie konnte nie wissen, ob ich nun Janet oder sie verlassen würde. Sie weinte sehr oft und drohte mehrmals mit Selbstmord. Sie ertrug es nicht, die «andere Frau» sein zu müssen. Aber so schrecklich die Jahre vor unserer Heirat auch waren – soviel Liebe und Fürsorge und Zärtlichkeit hat es für uns beide hinterher nie mehr gegeben.

Nachdem wir verheiratet waren, fühlte ich mich als Versager. Aus irgendeinem Grund gelang es mir nicht, sie glücklich zu machen, obwohl wir bereits so viele Probleme aus dem Weg geräumt hatten.

In der Therapie habe ich nicht nur allerhand über mich selbst gelernt, sondern auch die Bereitschaft entwickelt, mich mit dem Teil von Helen auseinanderzusetzen, vor dem ich immer die Augen verschlossen hatte. Sie kam besser zurecht mit dem Druck, der Anspannung und der Heimlichtuerei, die unsere Affäre begleiteten, als mit dem relativ normalen Leben hinterher. Deshalb erstarb auch unsere Liebe, sobald die Affäre geendet und unsere Ehe begonnen hatte.

Als ich mich mit alldem ehrlich auseinandersetzen konnte, kam ich auch über die schreckliche Wut hinweg, die ich Helen gegenüber seit ihrem Tod verspürt hatte. Ich war wütend, weil mich das Zusammensein mit ihr so viel gekostet hatte: meine Ehe, in vielerlei Hinsicht die Liebe meiner Kinder und den Respekt meiner Freunde. Ich glaube, ich fühlte mich einfach betrogen.

Warum sich Charles von Helen angezogen fühlte

Charles lernte eine schöne und verführerische Frau kennen, die ihn bald mit sexueller Erfüllung, blinder Ergebenheit und einer Liebe beschenkte, die an Verehrung grenzte. Daß er trotz einer stabilen, relativ befriedigenden Ehe von ihr hingerissen war, bedarf kaum einer Erklärung oder Rechtfertigung. Helen machte es sich von Anfang an und all die langen Jahre ihrer Affäre hindurch ganz einfach zur Lebensaufgabe, Charles' Liebe zu ihr zu vertiefen und seinen langwierigen Kampf um die «Freiheit» erträglich, ja sogar lohnenswert zu machen.

Was allerdings genauerer Erklärung bedarf, ist Helens plötzliches und offenkundiges Desinteresse an dem Mann, für den sie so lange ausgeharrt und gelitten hatte, von dem Moment an, wo er endlich in der Lage war, sein Leben mit ihr zu teilen.

Warum liebte sie ihn bis zur Raserei, als er noch verheiratet war, und wurde seiner überdrüssig, sobald er – für sie – frei war?

Helen wollte nur das haben, was sie nicht haben konnte. Um den dauernden körperlichen und seelischen Kontakt mit einem Mann auszuhalten, brauchte sie die Sicherheit, daß er eigentlich unerreichbar war. Diese Sicherheit gab ihr Charles' Ehe. Nur unter diesen Bedingungen konnte sie sich ihm hingeben. Eine echte Partnerschaft, frei von den zermürbenden Belastungen durch seine Ehe und dem ständigen gemeinsamen Kampf gegen die Außenwelt – eine solche Partnerschaft aufzubauen und zu vertiefen war ihr im Grunde unmöglich. Helen brauchte die Aufregung, die Anspannung und den seelischen Schmerz, all die Begleiterscheinungen einer unerfüllbaren Liebe, um überhaupt lieben zu können. Sobald sie nicht mehr darum kämpfen mußte, Charles für sich zu gewinnen, zeigte sich, daß sie nicht in der Lage war, Nähe oder auch nur Zärtlichkeit zuzulassen. Sobald sie ihn gewonnen hatte, ließ sie ihn praktisch fallen.

Doch all die Jahre hindurch, in denen sie auf ihn wartete, erweckte sie den Eindruck einer Frau, die zu sehr liebt. Sie litt, sie grämte sich, sie weinte und jammerte um den Mann, den sie liebte, aber nicht wirklich für sich haben konnte. Sie empfand ihn als Mittelpunkt und zentrale Kraft ihres Lebens – bis sie ihn für sich hatte. Und dann vermochte die Realität, die nichts mehr mit der bittersüßen Romantik ihrer verbotenen Affäre zu tun hatte, in ihr auch nicht mehr die Leidenschaft zu erregen, die sie neun Jahre lang mit demselben Mann erfahren hatte.

Wenn sich zwei Menschen, die jahrelang eine Beziehung unterhielten, endlich zur Heirat entschließen, müssen sie oft feststellen, daß dieser Beziehung plötzlich etwas fehlt: Die Aufregung ist verschwunden, sie sind nicht mehr verliebt. Dies muß nicht heißen, daß sie sich nicht mehr gern haben. Es mag vielmehr daran liegen, daß eine solche Bindung die Fähigkeit entweder des einen oder des anderen oder sogar beider übersteigt, wirklich Nähe zuzulassen. Eine «offene» Beziehung verspricht immer auch Sicherheit vor größerer Nähe. Der Entschluß, daraus eine feste Bindung zu machen, führt oft zu seelischem Rückzug, bedingt durch das Verlangen, sich zu schützen.

Genau das ereignete sich zwischen Helen und Charles. Charles seinerseits ignorierte jedes Anzeichen, das auf Helens Mangel an emotionaler Tiefe hinwies, weil er sich durch ihre Zuwendung so geschmeichelt fühlte. Er war beileibe nicht das hilflose Opfer ihrer Intrigen und Manipulationen, sondern weigerte sich bewußt, den Teil von Helens Charakter zur Kenntnis zu nehmen, der nicht zu seinem Selbstbild paßte, einem Selbstbild, das sie gepflegt hatte und an das er glauben wollte – daß er nämlich außerordentlich liebenswert und in sexueller Hinsicht unwiderstehlich sei. Er lebte mit Helen viele Jahre lang in einer sorgfältig konstruierten Phantasiewelt und wollte keinesfalls die Illusion zerstören, die seinem Selbstwertgefühl so gut tat. Ein Großteil seiner Wut nach Helens Tod richtete sich gegen ihn selbst, als er verspätet seine eigene Realitätsblindheit erkennen mußte und die Rolle, die er beim Erschaffen und Aufrechterhalten der Phantasie von der allumfassenden Liebe gespielt hatte – aus der schließlich eine völlig sterile Ehe geworden war.

RUSSELL: *32 Jahre alt; staatlich anerkannter Sozialarbeiter (nach seiner Begnadigung durch den Gouverneur); entwickelt städtische Hilfsprogramme für jugendliche Straftäter*

Die Jugendlichen, mit denen ich arbeite, sind immer sehr beeindruckt von der Tätowierung auf meinem linken Unterarm. Sie sagt eine Menge über mein früheres Leben aus. Diese Tätowierung – es ist mein eigener Name – ließ ich mir mit siebzehn machen. Ich glaubte damals, ich würde eines Tages tot auf der Straße liegen und dann wüßte keiner, wer ich war. Ich hielt mich für einen total coolen Typen.

Ich lebte bei meiner Mutter, bis ich sieben war. Dann heiratete sie wieder. Mit ihrem neuen Ehemann verstand ich mich nicht. Ich lief ein paarmal von zu Hause weg. Damals wurde man für so etwas noch eingesperrt. Zuerst landete ich in einem Erziehungsheim, dann bei Pflegeeltern, dann wieder im Heim. Anschließend kam ich in eine sogenannte Besserungsanstalt und schließlich in die Jugendstrafanstalt. Als ich älter wurde, lernte ich ziemlich viele Gefängnisse von innen kennen, und dann sogar das Zuchthaus. Mit 25 war ich bereits in jeder Art von Strafanstalt gewesen, die es in Kalifornien gibt, vom Straflager bis zum Sicherheitstrakt.

Selbstverständlich habe ich in all den Jahren wesentlich mehr Zeit im Gefängnis als in Freiheit verbracht. Trotzdem habe ich es geschafft, Monica kennenzulernen. Eines Abends in San José machte ich mit einem Kumpel, den ich vom Jugendgefängnis her kannte, eine kleine Spazierfahrt – in einem «geliehenen» Wagen. Wir hielten an einem Imbißstand und kamen mit zwei Mädchen ins Gespräch. Schon nach kürzester Zeit saßen wir auf dem Rücksitz in ihrem Auto.

Mein Kumpel verstand sich wirklich auf Frauen. Er hatte diese ganz besondere Ausstrahlung, und deshalb ließ ich ihm den Vortritt, wenn wir es mit Mädchen zu tun hatten. Es gelang ihm immer, ein paar Mädchen für sich zu interessieren, und weil er so raffiniert vorging, konnte er sich die aussuchen, die ihm am besten gefiel. Für mich blieb dann die «zweite Wahl». An diesem Abend konnte ich mich allerdings nicht beschweren, denn er tat sich mit der aufregenden kleinen Blondine zusammen, die den Wagen fuhr, und ich konzentrierte mich auf Monica. Sie war fünfzehn, sehr hübsch, sanft, mit großen Augen – und vor allem war sie tatsächlich an mir interessiert. Von Anfang an gab sie mir auf richtig süße Art zu verstehen, daß sie mich mochte.

Wer jemals gesessen hat, der weiß, daß manche Frauen dich allein deshalb für einen widerlichen Kerl halten, mit dem sie nichts zu tun haben wollen. Aber es gibt andere, die davon richtig fasziniert sind. Die sehen dich als großen bösen Mann an und werden richtig verführerisch. Sie wollen rauskriegen, ob sie dich zähmen können. Oder sie glauben, daß man dir weh getan hat, haben Mitleid mit dir und wollen dir helfen. Monica gehörte eindeutig zu dieser Kategorie. Sie war ein wirklich nettes Mädchen. Ich fühlte mich sehr wohl mit ihr. Während mein Kumpel und ihre Freundin sich im Auto vergnügten, gingen Monica und ich im Mondschein spazieren und redeten miteinander. Sie wollte alles über mich erfahren.

Ich legte ihr eine gereinigte Version meines Lebenslaufs dar, um sie nicht gleich abzuschrecken, und erzählte ihr vor allem von den traurigen Erfahrungen – beispielsweise, wie sehr mich mein Stiefvater haßte und wie es mir in manchen miesen Pflegefamilien ergangen war, wo ich nur abgelegte Kleidung bekam und die Pflegeeltern das Geld, das eigentlich mir zustand, für ihre eigenen Kinder verbrauchten. Während ich redete, drückte sie meine Hand ganz fest; ich konnte sogar Tränen in ihren großen braunen Augen entdecken. Als wir uns an diesem Abend verabschiedeten, war ich schon verliebt. Mein Kumpel wollte mir unbedingt jede Einzelheit seines erotischen Abenteuers mit der Blondine erzählen, aber ich hörte überhaupt nicht zu. Monica hatte mir ihre Adresse und Telefonnummer gegeben, und ich war fest entschlossen, sie am nächsten Tag anzurufen. Als wir aus der Stadt rausfuhren, wurden wir von der Polizei angehalten, weil der Wagen geklaut war. Ich konnte an nichts anderes denken als an Monica. Ich dachte, jetzt ist alles aus, denn ihr hatte ich ja erzählt, wie sehr ich mich bemühte, einen Schlußstrich unter meine Vergangenheit zu ziehen und ein neues, ordentliches Leben anzufangen.

Nun saß ich also wieder im Gefängnis, und da entschloß ich mich, das Risiko einzugehen und ihr zu schreiben. Ich ließ sie wissen, daß ich erneut hinter Gittern saß, diesmal allerdings wegen einer Straftat, die ich überhaupt nicht begangen hatte, und daß ich festgenommen worden war, weil ich ein Vorstrafenregister hatte und die Polizisten mich nicht mochten. Monica schrieb mir sofort zurück – innerhalb der nächsten zwei Jahre tat sie es fast jeden Tag. Unsere Briefe handelten eigentlich immer davon, wie sehr wir einander liebten, wie sehr wir einander vermißten und was wir zusammen unternehmen würden, wenn ich herauskam.

Ihre Mutter erlaubte es nicht, daß sie am Tag meiner Entlassung zum Gefängnis nach Stockton kam, also fuhr ich mit dem Bus zurück nach San José. Ich freute mich sehr auf unser Wiedersehen, hatte aber gleichzeitig große Angst davor. Wahrscheinlich fürchtete ich, sie würde mich nicht mehr haben wollen. Statt also sofort zu ihr zu gehen, besuchte ich ein paar alte Freunde, und eins führte zum anderen: Wir stellten eine Menge

Blödsinn miteinander an, und als sie mich endlich zu Monicas Haus brachten, waren vier ganze Tage vergangen. Ich war ziemlich fertig mit den Nerven. Um überhaupt den Mut aufzubringen, ihr unter die Augen zu treten, mußte ich mich vorher betrinken – ich hatte einfach zu große Angst, daß sie mir sagen würde, ich solle verschwinden und nie mehr zurückkommen.

Gottlob war ihre Mutter bei der Arbeit, als meine Freunde mich vor ihrem Haus absetzten. Monica kam lächelnd heraus – sie schien einfach froh zu sein, mich zu sehen, obwohl sie nicht das geringste von mir gehört hatte, seit ich aus dem Gefängnis entlassen worden war. Ich weiß noch: Wir machten wieder einen wunderschönen Spaziergang, sobald ich etwas nüchterner geworden war. Ich hatte kein Geld, um etwas mit ihr zu unternehmen, noch nicht einmal ein Auto; aber das schien sie damals und auch später nicht zu stören.

Lange Zeit konnte ich in Monicas Augen einfach nichts falsch machen. Für alles, was ich tat oder nicht tat, fand sie eine Entschuldigung. Ich mußte ständig wieder ins Gefängnis und dann sogar jahrelang ins Zuchthaus. Trotzdem heiratete sie mich und hielt zu mir. Als sie noch ein kleines Mädchen gewesen war, hatte ihr eigener Vater die Familie verlassen. Ihre Mutter war darüber sehr verbittert. Mich mochte sie im übrigen auch nicht allzusehr. Ihr Verhalten war der Anlaß für unseren Beschluß zu heiraten! Ich war wieder einmal festgenommen worden – diesmal wegen ungedeckter Schecks und Urkundenfälschung –, und Monicas Mutter wollte ihr verbieten, mich zu sehen, als ich auf Kaution freikam. Da brannten wir zusammen durch und ließen uns trauen. Damals war Monica achtzehn. Wir lebten die kurze Zeit bis zur Gerichtsverhandlung in einem Hotel. Sie fand Arbeit als Kellnerin, kündigte dann aber, um während der Verhandlung jeden Tag im Gerichtssaal sein zu können. Ich mußte natürlich wieder ins Gefängnis, und Monica kehrte zu ihrer Mutter zurück. Aber die beiden stritten sich so sehr, daß sie auszog. Sie suchte sich eine Wohnung direkt in der Stadt, ganz in der Nähe vom Gefängnis. Bald arbeitete sie wieder als Kellnerin. In dieser Stadt gab es auch ein College. Ich hoffte immer, sie würde sich dort einschreiben, denn sie ging gern zur Schule und war sehr intelligent. Aber sie meinte, sie hätte keine Lust dazu; sie wollte einfach nur auf mich warten. Wir schrieben uns und sie besuchte mich, sooft sie die Erlaubnis erhielt. Mit dem Gefängnispfarrer redete sie viel über mich; sie bat ihn oft, mit mir zu sprechen und mir zu helfen. Schließlich forderte ich sie auf, das in Zukunft zu unterlassen. Es wurde mir einfach zuviel. Ich wollte mit diesem Mann überhaupt nicht reden. Wahrscheinlich wollte ich ohnehin zu niemandem Kontakt haben – außer zu Monica.

Sie schickte mir eine Menge Bücher und Artikel, in denen es um positive Persönlichkeitsveränderung ging. Ständig erzählte sie mir von ihren Gebeten: ich möge ein anderer Mensch werden. Ich wollte zwar ein Leben außerhalb der Gefängnismauern führen, aber ich war inzwischen so oft drin gewesen, daß ich mich draußen eigentlich nicht zurechtfand.

Irgendwann gab ich mir dann aber doch den entscheidenden Ruck: Ich engagierte mich in einem Projekt, das die Strafgefangenen auf das Leben draußen vorbereitete. Noch im Gefängnis ging ich wieder zur Schule und erlernte ein Handwerk. Anschließend machte ich meinen High School-Abschluß und bereitete mich auf die College-Ausbildung vor. Als ich entlassen wurde, schaffte ich es, mich aus kriminellen Aktivitäten herauszuhalten. Ich setzte meine Ausbildung fort, bis ich den Magisterabschluß in Sozialarbeit erlangt hatte. Aber auf dem Weg dorthin habe ich meine Frau verloren. Anfangs, als wir noch sehr kämpfen mußten, um überhaupt zurechtzukommen, verstanden wir uns gut. Aber als es für uns einfacher wurde und wir allmählich das erreichten, was wir uns immer erhofft hatten, veränderte Monica sich zusehends: Sie wurde so bissig, so aggressiv, wie ich das bei ihr in all den schwierigen Jahren vorher nie erlebt hatte. Sie verließ mich genau zu dem Zeitpunkt, als wir eigentlich am glücklichsten hätten sein müssen. Ich weiß noch nicht einmal, wo sie jetzt ist. Ihre Mutter weigert sich, es mir zu sagen, und ich habe schließlich akzeptiert, daß ich sie in Ruhe lassen sollte, wenn sie ohnehin nicht mehr mit mir zusammen sein will. Manchmal denke ich, Monica muß es viel leichter gefallen sein, ihre Phantasie von mir zu lieben als mich, so wie ich wirklich war. Wir waren sehr ineinander verliebt, als wir uns kaum sehen konnten, als wir nur die Briefe, die Besuche und den Traum von der gemeinsamen Zukunft hatten. Aber als ich begann, diesen Traum in die Realität umzusetzen, brach unsere Beziehung auseinander. Je mehr wir uns einem bürgerlichen Leben annäherten, desto weniger konnte sie damit anfangen. Manchmal denke ich, sie hat mich verlassen, weil sie mich nicht mehr bemitleiden konnte.

Warum sich Russell von Monica angezogen fühlte

Russell war durch die besonderen Umstände seines bisherigen Lebens in keinerlei Hinsicht darauf vorbereitet, emotional oder selbst körperlich für eine liebevolle, enge Beziehung da zu sein; denn die meiste Zeit seines Lebens war er nur auf der Jagd nach einem Gefühl von Stärke und Sicherheit gewesen, das er zu erlangen suchte, indem er weglief oder sich auf gefährliche Abenteuer einließ. Durch diese ständig Spannung erzeugenden Aktivitäten versuchte er, sich von seiner eigentlichen Verzweiflung abzulenken. Er benutzte die Verwicklung in gefährliche Situationen, um die Gefühle von Schmerz und Hilflosigkeit nicht aushalten zu müssen, die entstanden waren, weil seine Mutter ihn emotional alleingelassen hatte.

Als er Monica kennenlernte, war er von ihrem reizvollen, sanften Äußeren und ihrer fürsorglichen Haltung ihm gegenüber fasziniert. Statt ihn als einen «schlechten» Menschen anzusehen und zurückzuweisen, reagierte sie auf seine Probleme mit aufrichtigem Interesse und tiefem Mitgefühl. Sie ließ ihn von vornherein wissen, daß sie bereit war, für ihn da zu sein, und schon nach kurzer Zeit stellte er ihr Belastungsvermögen auf die Probe. Als er verschwand, reagierte Monica mit geduldigem Warten. Sie schien genug Liebe, Standfestigkeit und Ausdauer zu besitzen, um mit allem fertig werden zu können, egal was Russell in Zukunft anstellen würde. Aber ihre Duldsamkeit gegenüber Russell und seinem Verhalten war nur dem Anschein nach groß. Keiner der beiden erkannte, daß sie nur so lange für ihn da sein konnte, wie er nicht für sie da war. Solange er von ihr getrennt war, hatte Russell in Monica eine perfekte Partnerin, die ideale Sträflingsfrau. Bereitwillig wartete sie auf ihn, in der Hoffnung, er würde sich ändern und dann könnten sie endlich zusammen sein. Sträflingsfrauen wie Monica zeigen vielleicht am deutlichsten, was es heißt, zu sehr zu lieben. Sie sind unfähig, überhaupt Nähe zu einem Mann zuzulassen; statt dessen leben sie mit der Phantasie, mit dem Traum von einer Liebe. Diese Liebe wird sich in dem Augenblick erfüllen, wo der Partner sich geändert hat und endlich für sie da sein kann. Echte Nähe können sie nur in ihrer Phantasie leben.

Als Russell das nahezu Unmögliche schaffte, sein Leben in Ordnung zu bringen und sich in keinerlei kriminelle Aktivitäten mehr verwickeln zu lassen, entfernte sich Monica von ihm. Seine Gegenwart forderte von ihr ein zu bedrohliches Maß an Nähe; daher fühlte sie sich wesentlich unwohler als während seiner Abwesenheit. Außerdem hatte sie so lange einem idealisierten Bild ihrer gegenseitigen Liebe nachgehangen, daß der alltägliche Umgang mit Russell einem Vergleich nicht standhalten konnte.

Strafgefangene reden oft im Scherz über ihren Cadillac, der an der nächsten Straßenecke auf sie wartet – damit meinen sie die eigene idealisierte Vorstellung von dem Leben nach ihrer Entlassung.

In der Vorstellung von Sträflingsfrauen wie Monica hingegen steht vielleicht nicht der Cadillac als Symbol für Reichtum und Macht an der Straßenecke, sondern eine Kutsche mit sechs weißen Pferden als Symbol für romantische Liebe. Wie sie lieben und sich lieben lassen werden – das ist ihr Traum. Wie ihre Ehemänner im Gefängnis finden auch sie es gewöhnlich einfacher, mit dem Traum zu leben, als sich darum zu bemühen, daß er wahr wird.

Wichtig für unser Verständnis ist dabei folgendes: Russell schien nicht in der Lage zu sein, wirklich zu lieben, während Monica mit all ihrer Geduld, all ihrem Mitgefühl die eigene Liebesfähigkeit doch deutlich demonstrierte. Tatsächlich war jedoch beider Fähigkeit zu lieben gleichermaßen ungenügend. Deshalb wurden sie Partner, als sie nicht zusammen sein konnten, und deshalb mußte ihre Beziehung enden, als das Zusammenleben schließlich möglich war. Die Feststellung, daß Russell bis heute keinen neuen Lebenspartner gefunden hat, ist aufschlußreich: Auch er muß darum kämpfen, echte Nähe ertragen zu können.

TYLER: *42 Jahre alt; Geschäftsführer; geschieden, keine Kinder*

Als wir noch zusammen waren, erzählte ich anderen Leuten oft im Scherz, beim ersten Anblick von Nancy hätte mein Herz so heftig geschlagen, daß mir die Luft weggeblieben wäre. Die Geschichte stimmt sogar: Sie war Krankenschwester und arbeitete für die Firma, bei der ich heute noch beschäftigt bin. Ich saß in ihrem Dienstzimmer auf einem medizinischen Fahrrad, um meinen Kreislauf überprüfen zu lassen – daher also das Herzklopfen und Nach-Luft-Schnappen. Ich war von meinem Vorgesetzten zu ihr geschickt worden, weil ich stark zugenommen hatte und Schmerzen in der Brust verspürte. Ich war äußerlich und innerlich in furchtbarer Verfassung. Meine Frau hatte mich anderthalb Jahre zuvor wegen eines anderen Mannes verlassen, und statt mir wie andere Männer in meiner Lage die Nächte in Bars um die Ohren zu schlagen, blieb ich einfach zu Hause, sah fern und aß.

Ich war schon immer ein guter Esser gewesen. Meine Frau und ich hatten sehr viel Tennis gespielt, und ich nehme an, daß ich nur dadurch mein Gewicht halten konnte, solange wir zusammenlebten. Aber seit sie mich verlassen hatte, deprimierte mich das Tennisspielen. Mich deprimierte überhaupt alles. An diesem Tag in Nancys Dienstzimmer erfuhr ich, daß ich innerhalb von achtzehn Monaten fast dreißig Kilo zugenommen hatte. Ich war nicht ein einziges Mal auf die Waage gestiegen, obwohl ich schon mehrmals meine gesamte Garderobe hatte auswechseln müssen, weil nichts mehr paßte. Mir war das völlig egal.

Zunächst behandelte Nancy mich rein geschäftsmäßig, erklärte mir, daß eine solche Gewichtszunahme meine Gesundheit gefährde; und wies mich auf verschiedene gewichtsreduzierende Maßnahmen hin. Aber ich fühlte mich bereits wie ein alter Mann und wollte mich keiner mühevollen Veränderung mehr unterziehen.

Wahrscheinlich tat ich mir nur selber leid. Sogar meine ehemalige Frau schimpfte mit mir, wenn sie mich zu Gesicht bekam. Sie sagte: «Wie kannst du dich nur so gehenlassen!» Ich hoffte immer halb darauf, daß sie zu mir zurückkehren und mich retten würde, aber diese Absicht hatte sie nicht.

Nancy fragte mich, ob meine Gewichtszunahme vielleicht mit irgendeinem belastenden Ereignis in Verbindung stehen könnte. Als ich ihr daraufhin von meiner Scheidung erzählte, war sie plötzlich nicht mehr ganz so geschäftsmäßig; sie tätschelte mir sogar teilnahmsvoll die Hand. Ich weiß noch, daß ich dabei ein Prickeln verspürte. Das war schon etwas Besonderes, denn ich hatte lange Zeit kaum etwas gefühlt, egal wem gegenüber. Sie schlug mir eine spezielle Diät vor, gab mir eine Menge Broschüren und Tabellen mit und trug mir auf, alle zwei Wochen wiederzukommen, damit sie sehen konnte, welche Fortschritte ich machte. Ich hätte mich am liebsten schon am nächsten Tag wieder bei ihr gemeldet. Zwei Wochen vergingen, und ich hatte mich in der Zeit weder an die Diät gehalten noch auf andere Art abgenommen. Dafür hatte ich eindeutig ihre Sympathie gewonnen. Bei meinem zweiten Termin taten wir beide nichts anderes, als uns darüber zu unterhalten, welche Auswirkungen die Scheidung auf mich gehabt hatte. Sie hörte aufmerksam zu und legte mir am Ende all die Aktivitäten ans Herz, die einem sowieso jeder empfehlen würde: Fortbildungsveranstaltungen zu besuchen, einem Gesundheitsclub beizutreten, eine Gruppenreise zu unternehmen, neue Interessen zu entwickeln. Ich stimmte jedem ihrer Vorschläge zu, tat überhaupt nichts und wartete zwei weitere Wochen darauf, sie wiederzusehen. Bei dieser nächsten Untersuchung bat ich sie um eine private Verabredung. Ich wußte, daß ich fett war und schrecklich aussah, und ich weiß bis heute nicht, woher ich den Mut dazu nahm, sie einzuladen, aber sie sagte ja. Als ich sie am nächsten Samstag abend abholte, gab sie mir weitere Broschüren über Diät, Herzerkrankungen, Gymnastik und über das Trauern. Soviel Aufmerksamkeit hatte ich schon seit langer Zeit nicht mehr bekommen.

Wir begannen, uns regelmäßig zu treffen, und ziemlich bald wurde daraus eine ernsthafte Angelegenheit. Ich glaubte,

Nancy wäre drauf und dran, mich von all meinen Leiden zu befreien. Sie hat es ja auch wirklich versucht. Ich zog sogar zu ihr. Mit viel Aufwand kochte sie cholesterinarme Gerichte und kontrollierte genau, was ich aß. Sie gab mir sogar speziell zusammengestellte Mahlzeiten mit ins Büro. Ich aß bei weitem nicht mehr so viel, wie ich es an all den einsamen Abenden vor dem Fernseher getan hatte. Trotzdem nahm ich nicht ab. Ich behielt ganz einfach mein Gewicht, wurde weder dicker noch dünner. Im Grunde genommen hat Nancy viel härter um meine Pfunde gekämpft als ich. Wir verhielten uns beide so, als sei es ihre Aufgabe und ihre Verantwortung, für meine Gesundheit zu sorgen.

Heute weiß ich, daß bei meinem Stoffwechsel regelmäßige körperliche Betätigung unumgänglich ist, weil sonst die Kalorien zu langsam verbrannt werden. Aber damals trieb ich nicht genug Sport und bewegte mich überhaupt zuwenig. Nancy spielte Golf, und manchmal spielte ich mit, aber es war nicht die richtige Sportart für mich.

Nachdem wir etwa acht Monate zusammengelebt hatten, reiste ich geschäftlich nach Evanstown, meiner Heimatstadt. Und natürlich liefen mir schon nach ein paar Tagen zwei alte Schulfreunde über den Weg. Ich hatte in meiner damaligen Verfassung eigentlich überhaupt niemanden wiedersehen wollen, aber dies waren alte Freunde, und es gab viel zu erzählen. Sie waren überrascht, als sie von meiner Scheidung erfuhren. Meine Frau stammte auch aus Evanstown. Jedenfalls überredeten sie mich dazu, einen Satz Tennis mit ihnen zu spielen. Beide waren aktive Spieler, und sie wußten noch aus der Schulzeit, daß ich auch mal gut im Tennis gewesen war. Ich wollte gleich abwinken, weil ich nicht daran glaubte, auch nur ein einziges Spiel durchhalten zu können, aber sie bestanden darauf, daß ich es zumindest versuchte.

Es machte mir großen Spaß, obwohl mich mein Übergewicht behinderte und ich jedes Spiel verlor. Ich versicherte ihnen, ich würde im nächsten Jahr zurückkommen und sie beide vom Platz fegen.

Als ich nach dieser Reise zu Hause ankam, erzählte mir Nancy, sie hätte an einem großartigen Seminar über Ernährung teilgenommen. Ich sollte all die Dinge ausprobieren, die sie dort gelernt hatte. Aber ich weigerte mich. Lieber wollte ich es eine Zeitlang mit meiner eigenen Methode versuchen.

Nancy und ich hatten uns noch nie gestritten. Natürlich regte sie sich häufig über mich auf und gab mir ständig zu verstehen, daß ich mich mehr um mich kümmern müsse. Aber erst, als ich wieder mit dem Tennisspielen anfing, ging es bei uns mit den Streitereien los. Ich spielte mittags, so daß unsere gemeinsame Zeit dadurch nicht beschnitten wurde; trotzdem lief es zwischen uns einfach nicht mehr so wie vorher.

Nancy ist sehr attraktiv und etwa acht Jahre jünger als ich. Als ich allmählich wieder in Form kam, glaubte ich, wir würden uns besser vertragen, weil sie mehr Grund hatte, stolz auf mich zu sein. Ich zumindest konnte mich viel besser leiden. Aber diese Rechnung ging nicht auf. Sie beklagte sich darüber, daß ich einfach nicht mehr derselbe sei wie früher, und forderte mich schließlich auf, auszuziehen. Zu diesem Zeitpunkt wog ich nur noch drei Kilo mehr als vor meiner Scheidung. Es fiel mir wirklich schwer, mich von ihr zu trennen. Ich hatte gehofft, daß wir irgendwann heiraten würden. Aber sie hatte schon recht: Sobald ich dünner geworden war, ging es mit unserer Beziehung bergab.

Warum sich Tyler von Nancy angezogen fühlte

Tyler war ein Mann mit einem ziemlich ausgeprägten Abhängigkeitsbedürfnis, das durch das Scheitern seiner Ehe noch erheblich verstärkt wurde. Der Versuch, das Mitgefühl und die Anteilnahme seiner Frau zu erwecken, indem er seine Gesundheit fast vorsätzlich ruinierte, verfehlte zwar bei ihr die Wirkung. Dafür erregte er das Interesse einer Frau, die zu sehr liebte und die das Wohlergehen eines anderen Menschen zum Mittelpunkt und Sinn ihres Lebens machte. Seine Hilflosigkeit, sein Leiden und ihre übergroße Hilfsbereitschaft bildeten die Grundlage ihrer gegenseitigen Anziehung.

Tyler litt noch immer darunter, daß seine Frau ihn abgelehnt hatte, und war traurig über den Verlust und das Scheitern der Ehe. In diesem unglücklichen Zustand, der all denen vertraut ist, die jemals die Qualen einer Trennung durchstehen mußten, war er weniger an der Person Nancy als an ihrer Rolle als Krankenschwester und Fürsorgerin interessiert – und an der Aussicht, endlich nicht mehr leiden zu müssen. Genau das schien Nancy bewerkstelligen zu können.

Auf ähnliche Weise, wie er große Mengen Nahrungsmittel dazu verwendet hatte, seine innere Leere auszufüllen und seinen Verlust zu überdecken, benutzte er nun Nancys ständige Anteilnahme, um Sicherheit zu erlangen und sein angegriffenes Selbstwertgefühl zu stärken. Tylers Bedürfnis nach Nancys totaler Aufmerksamkeit war jedoch nicht von Dauer, sondern eine vorübergehende Phase in seinem Genesungsprozeß, die irgendwann zu Ende ging. Als die Zeit seine Wunden heilte, als Selbstbesessenheit und Selbstmitleid durch ein viel gesünderes Selbstbewußtsein abgelöst wurden, empfand er Nancys Überfürsorglichkeit, die ihm früher so angenehm gewesen war, auf einmal als lästig. Im Gegensatz zu Tylers zeitweiliger übertriebener Abhängigkeit war ihr Bedürfnis, gebraucht zu werden, keine vorübergehende Phase, sondern ein grundlegender Charakterzug, der ihr Verhalten und ihre Gefühle in der Beziehung zu einem anderen Menschen maßgeblich bestimmte. Sie war durch und durch «Krankenschwester», sowohl bei der Arbeit als auch zu Hause. Tyler wäre sicher auch nach der Erholung von seinem Scheidungsschock ein relativ abhängiger Partner geblieben, doch war sein Bedürfnis, umsorgt zu werden, nicht groß genug, um ihrem Bedürfnis zu genügen, das Leben eines anderen Menschen in die Hand zu nehmen und zu kontrollieren. Seine Gesundheit, für die sie sich anscheinend so unermüdlich eingesetzt hatte, läutete in Wirklichkeit das Ende ihrer Beziehung ein.

BERNARD: *36 Jahre alt; ehemaliger leitender Angestellter, Alkoholiker seit seinem fünfzehnten Lebensjahr; seit zwei Jahren trocken*

Nach meiner Scheidung trieb ich mich etwa ein Jahr in der Single-Szene herum, bevor ich Rita kennenlernte. Sie hatte lange Beine, dunkle Augen und sah aus wie ein Hippie. In der ersten Phase unserer Bekanntschaft rauchten wir oft Marihuana zusammen. Ich hatte noch immer viel Geld, und eine Zeitlang verstanden wir uns sehr gut. Aber Rita war eigentlich nie ein richtiges Hippie-Mädchen. Sie hatte zuviel Verantwortungsbewußtsein, um sich wirklich gehenzulassen. Auch wenn sie ein bißchen Gras mit mir rauchte, konnte sie es doch nie ganz verdecken, daß sie aus der oberen Mittelschicht stammte. In ihrer Wohnung sah es immer ordentlich aus. Ich hatte das Gefühl, bei ihr sicher zu sein. Sie würde mich schon nicht zu weit abrutschen lassen.

Bei unserer ersten Verabredung gingen wir richtig schön essen und kamen anschließend in ihre Wohnung zurück. Ich betrank mich total und hatte dann wohl einen Filmriß. Jedenfalls erwachte ich auf ihrer Couch, eingehüllt in eine hübsche weiche Steppdecke; unter meinem Kopf lag ein parfümiertes Kissen, und ich fühlte mich, als wäre ich nach Hause gekommen oder in einen sicheren Hafen. Rita wußte, wie man sich um Alkoholiker kümmert. Ihr Vater, ein Bankier, war an dieser Krankheit gestorben. Jedenfalls zog ich schon ein paar Wochen später bei ihr ein. In den folgenden Jahren führte ich mich auf wie ein Vabanquespieler – so lange, wie ich damit durchkommen konnte, das heißt so lange, bis ich alles verloren hatte.

Nachdem wir etwa sechs Monate zusammengelebt hatten, rauchte sie überhaupt kein Marihuana mehr. Wahrscheinlich dachte sie sich, wenigstens sie müsse den Überblick behalten, denn ich fand mich überhaupt nicht mehr zurecht. Und dann heirateten wir auch noch, in all dem Chaos. Ich bekam daraufhin richtige Angst. Nun hatte ich mir schon wieder eine neue Verantwortung aufgehalst, obwohl ich mit Verantwortungen noch nie besonders gut zurechtgekommen war. Ziemlich genau zu dem Zeitpunkt, als wir heirateten, verlor ich mein gesamtes Geld. In meiner damaligen Verfassung war ich nicht mehr in der Lage, Geschäfte zu führen: Ich trank mittlerweile den ganzen Tag über. Rita wußte nicht, daß es so schlimm um mich stand. Ich erzählte ihr beispielsweise, ich hätte schon morgens eine wichtige Sitzung. In Wahrheit fuhr ich mit meinem Mercedes zum Strand hinaus, um dort zu trinken. Als meine Geschäfte schließlich auf dem absoluten

Tiefpunkt angelangt waren und ich Schulden in der ganzen Stadt hatte, wußte ich nicht mehr, was ich tun sollte.

Ich ging auf eine lange Reise, wobei ich die Absicht hatte, mich im Auto umzubringen und das Ganze wie einen Unfall aussehen zu lassen. Aber sie fuhr mir nach, fand mich in dem schäbigen kleinen Hotel, in dem ich mich verkrochen hatte, und nahm mich mit nach Hause. Mein gesamtes Geld war weg. Sie brachte mich dennoch in einer Alkoholentzugsklinik unter. Es klingt vielleicht komisch, aber ich war ihr nicht dankbar. Ich war wütend, verwirrt, sehr verängstigt – und hatte fast das ganze erste Jahr nach meinem Entzug sexuell überhaupt kein Interesse an ihr. Ich weiß immer noch nicht, ob wir es zusammen schaffen werden, aber immerhin wird es Tag für Tag ein bißchen besser.

Warum sich Bernard von Rita angezogen fühlte

Als Bernard sich bei ihrer ersten Verabredung betrank und anschließend das Bewußtsein verlor, schien Rita ihm zu versprechen, er könne mit ihrer Hilfe Aufschub bekommen, bevor er kopfüber in die Selbstzerstörung stürzte, denn sie sorgte dafür, daß er nicht leiden mußte. Eine Weile sah es so aus, als könne sie ihn tatsächlich vor den verheerenden Auswirkungen seiner Sucht beschützen – als könne sie ihn liebevoll und unaufdringlich retten. Diese scheinbar Schutz gewährende Haltung diente in Wirklichkeit dazu, die Zeitspanne zu verlängern, in der ihr Partner mit seiner Sucht leben konnte, ohne die Konsequenzen spüren zu müssen; indem sie ihn abschirmte und tröstete, half sie ihm dabei, länger krank zu bleiben. Ein Abhängiger, der seine Sucht auslebt, sucht nicht nach jemandem, der ihm dabei helfen könnte, gesund zu werden. Ihm ist vielmehr an einem Menschen gelegen, bei dem er krank bleiben und sich dennoch sicher fühlen kann. Eine Zeitlang war Rita für Bernard also die perfekte Partnerin – bis er so krank wurde, daß nicht einmal sie das, was er sich antun wollte, hätte ungeschehen machen können.

Nachdem sie ihn aufgespürt und in eine Entzugstherapie gebracht hatte, gab Bernard das Trinken auf und wurde allmählich gesund. Rita aber hatte sich zwischen ihn und seine Droge gestellt. Sie spielte nicht länger die gewohnte Rolle der Partnerin, die Trost spendet und alles in Ordnung bringt, und er nahm ihr übel, daß sie ihn so offensichtlich betrogen hatte, aber auch, daß sie sich genau in der Situation als so stark erwies, als er sich besonders schwach und hilflos fühlte.

Es spielt keine Rolle, wie gut oder schlecht wir etwas tun – wir alle brauchen das Gefühl, daß wir die Verantwortung für unser eigenes Leben tragen. Hilft uns jemand dabei, nehmen wir diesem Menschen oft seine Macht und Überlegenheit übel, die mit der Hilfeleistung einhergehen. Außerdem braucht ein Mann häufig das Gefühl, stärker als seine Partnerin zu sein, um sie sexuell begehrenswert zu finden. Als Rita also Bernard half, indem sie ihn in ein Krankenhaus brachte, wurde dadurch im Grunde erst klar, wie schwer krank er war, und ihre Geste echter Zuneigung untergrub zumindest eine Zeitlang sein sexuelles Interesse an ihr.

Neben dem emotionalen Gesichtspunkt gibt es hier möglicherweise auch einen physiologischen Faktor, der mitbedacht werden sollte. Wenn ein Mann, der Alkohol und andere Drogen in einer solchen Menge konsumiert hat wie Bernard, seinem Organismus diese Substanzen nun plötzlich nicht mehr zuführt, dann kann es ein ganzes Jahr oder länger dauern, bis sein Körper sich umgestellt hat und er wieder in der Lage ist, normale – das heißt nicht von einer Droge beeinflußte – sexuelle Reaktionen zu zeigen. Während der Phase körperlicher Umgewöhnung mag es einem Paar also sehr schwerfallen, zu verstehen und zu akzeptieren, daß es dem Mann an sexuellem Interesse mangelt beziehungsweise, daß er zum Geschlechtsverkehr nicht fähig ist.

Aber auch das Gegenteil tritt häufig ein. Bei einem Süchtigen, der gerade einen Entzug hinter sich hat, kann sich ein ungewöhnlich starker Sexualtrieb entwickeln – vermutlich auf Grund eines gestörten hormonellen Gleichgewichts, wahrscheinlich aber auch aus psychologischen Gründen. Ein junger Mann, der erst seit ein paar Wochen drogen- und alkoholfrei lebte, formulierte es so: «Sex ist mittlerweile meine einzige Möglichkeit, einen Rausch zu erleben.» Somit wird Sex gelegentlich auch als Ersatz für den Drogengebrauch eingesetzt, mit dem Ziel, die Angst zu lindern, die in diesem Frühstadium des drogenfreien Lebens häufig auftritt.

Sich von Abhängigkeit und Co-Abhängigkeit zu befreien, stellt für jedes betroffene Paar einen äußerst schwierigen Prozeß dar. Bernard und Rita werden diese Übergangszeit vielleicht gemeinsam überstehen, obwohl sie ursprünglich zueinander fanden, weil ihre beiden Krankheiten – Alkoholismus und Co-Alkoholismus – die jeweilige Ergänzung brauchten. Aber um zu einem Paar zu werden, das ohne praktizierte Sucht miteinander leben kann, müssen sie eine Zeitlang getrennte Wege gehen, damit sich jeder auf seine eigene Heilung konzentrieren kann. Sie müssen in sich hineinsehen und sich selbst annehmen – denn genau das haben sie mit aller Kraft zu umgehen versucht, indem sie einander liebten und miteinander tanzten.

GREG: *38 Jahre alt; seit vierzehn Jahren mit Hilfe von Narcotics Anonymous drogenfrei und trocken; mittlerweile verheiratet, zwei Kinder; arbeitet als Berater für jugendliche Drogenabhängige*

Wir lernten uns im Park kennen. Sie las in einer Alternativzeitung, und ich träumte nur so vor mich hin. Es muß um die Mittagszeit gewesen sein, an einem Samstag im Sommer, und es war richtig heiß und ganz still.

Ich war 22 und hatte mein Studium nach einem Jahr abgebrochen, ließ aber alle Welt wissen, daß ich es wiederaufnehmen würde. Ich wollte nämlich die finanzielle Unterstützung meiner Eltern nicht verlieren. Sie hielten noch immer an dem Traum fest, ich würde das College abschließen und einen ordentlichen Beruf ergreifen. Nur aus diesem Grund war der Geldstrom noch nicht versiegt.

Alana hatte mindestens vierzig Pfund Übergewicht, und gerade weil sie nicht perfekt war, bedeutete sie für mich auch keine Bedrohung: Von einer Frau wie ihr abgewiesen zu werden, hätte mir nicht allzuviel ausgemacht. Ich nahm ihre Lektüre als Vorwand, um sie in ein Gespräch zu verwickeln, und fühlte mich gleich wohl mit ihr. Sie lachte viel, und ich kam mir sehr charmant und unterhaltsam vor. Sie erzählte von Mississippi und Alabama, von Protestmärschen mit Martin Luther King, und was es für sie bedeutet hatte, mit Menschen zusammenzuarbeiten, die sich für soziale Veränderungen einsetzten.

Ich hatte mich bisher nur dafür eingesetzt, es mir selbst gutgehen zu lassen. Lieber Feste feiern als feste arbeiten – das war mein Motto, und so ungefähr sah auch mein Leben aus. Alana hingegen schien wirklich engagiert zu sein. Sie sagte, sie sei sehr gern wieder in Kalifornien. Manchmal glaube sie allerdings, sie hätte nicht das Recht, sich wohl zu fühlen, während andere Menschen in diesem Land leiden müßten.

Wir blieben vielleicht drei Stunden im Park sitzen, einfach so, und erzählten uns immer mehr von uns selbst. Schließlich gingen wir zu dem Haus, in dem ich mit einigen anderen Leuten lebte. Wir wollten zusammen etwas Gras rauchen. Als wir ankamen, hatte Alana Hunger. Sie begann zu essen und in der Küche aufzuräumen. Ich kiffte derweil im Wohnzimmer. Ich weiß noch, daß gerade Musik lief, als sie mit einem Glas Erdnußbutter und Keksen und einem Messer hereinkam und sich ganz dicht neben mich setzte. Plötzlich fingen wir an zu lachen. Ich glaube, daß wir uns in diesem Augenblick beide als Süchtige zu erkennen gaben – so deutlich, wie wir es später nie mehr gezeigt haben. Wir suchten keine Ausflüchte. Wir waren genau so, wie wir waren, und taten genau das, was wir wollten, und wir hatten jemanden gefunden, der uns deswegen keine Vorwürfe machte. Ohne ein Wort darüber zu verlieren, wußten wir, daß dies der Anfang unserer Beziehung war.

Wir hatten auch später noch viel Spaß miteinander, aber ich glaube, wir zeigten uns nie mehr so offen voreinander, ohne diese innere Verteidigungsbereitschaft, die ja typisch für Süchtige ist. Statt dessen machten wir uns gegenseitig etwas vor.

Wir stritten uns häufig darüber, ob ich überhaupt mit ihr schlafen könnte, wenn ich nichts geraucht hatte. Sie glaubte, sie wirke abstoßend, weil sie so fett war. Wenn ich einen durchzog, bevor wir miteinander schliefen, sah sie darin den Beweis, daß ich Sex mit ihr in nüchternem Zustand nicht aushalten würde. In Wirklichkeit brauchte ich Drogen, um überhaupt Geschlechtsverkehr haben zu können, ganz gleich mit wem. Wir hatten beide ein sehr niedriges Selbstwertgefühl. Für mich war es leicht, mich hinter ihrer Sucht zu verstecken, denn Alana konnte man ihre Probleme ansehen. Mir hingegen fehlte es an Antriebskraft. Ich lebte ziellos vor mich hin, aber das war äußerlich nicht so erkennbar wie ihre vierzig Pfund Übergewicht. Und nun stritten wir uns also darüber, ob ich sie denn wirklich lieben konnte, obwohl sie so fett war. Sie brachte mich dazu, ihr zu versichern, daß es ihr Wesen war, das zählte, und nicht ihr Aussehen, und das beruhigte sie dann immer wieder eine Zeitlang.

Sie sagte, sie würde soviel essen, weil sie so unglücklich sei. Ich sagte, ich würde so viele Drogen nehmen, weil ich sie nicht glücklich machen könnte. Somit fanden wir ineinander die «perfekte» Ergänzung: Wir hatten beide eine Ausrede für das, was wir taten.

Im großen und ganzen redeten wir uns jedoch ein, keine richtigen Probleme zu haben. Schließlich gibt es viele dicke Menschen und viele, die Drogen nehmen. Wir vermieden es deshalb auch weitgehend, uns damit auseinanderzusetzen.

Dann wurde ich verhaftet. Und wegen illegalem Drogenbesitz angeklagt. Ich verbrachte zehn Tage im Gefängnis. Der Anwalt, den meine Eltern engagiert hatten, war Spezialist für solche Fälle. Er schaffte es, mich mit der Auflage herauszuholen, daß ich mich einer Therapie unterzog. Während der zehn Tage, die ich im Gefängnis saß, zog Alana aus unserer gemeinsamen Wohnung aus. Ich war sehr wütend. Sie hatte mich im Stich gelassen. In der Zeit vor meiner Verhaftung hatten wir uns fast nur noch gestritten. Wenn ich jetzt daran zurückdenke, kann ich mir gut vorstellen, wie schwierig das Zusammenleben mit mir allmählich geworden war.

Wie fast alle Leute, die Drogen nehmen, entwickelte auch ich mit der Zeit eine Art Verfolgungswahn. Außerdem war ich fast ständig angeturnt oder wollte mich anturnen. Alana hatte mein Verhalten auf sich bezogen, hatte geglaubt, wenn sie anders wäre, würde ich auch mehr für sie da sein wollen, statt mich dauernd mit Drogen zu betäuben. Sie dachte, ich könne es mit ihr nicht aushalten – dabei hielt ich es doch mit mir selbst nicht aus.

Sie blieb jedenfalls etwa zehn Monate lang verschwunden; vermutlich hatte sie sich wieder einem großen Protestmarsch angeschlossen. Mein Therapeut bestand auf meiner Teilnahme an Narcotics Anonymous-Meetings. Mir blieb nichts anderes übrig, wenn ich nicht ins Gefängnis zurück wollte, also ging ich hin. Einige der Leute, die zu den Sitzungen kamen, kannte ich noch von früher, aus der «Scene». Mit der Zeit dämmerte es mir, daß mein Drogenkonsum tatsächlich ein Problem darstellte. Diese Leute begannen, aus ihrem Leben etwas zu machen, und ich war immer nur voll – von morgens bis abends und das jeden Tag. Also beschloß ich, mich nicht mehr durch die Meetings durchzumogeln, und fragte einen Teilnehmer, der großen Eindruck auf mich gemacht hatte, ob er mir helfen würde. Er wurde mein Sponsor bei N.A., und ich rief ihn regelmäßig morgens und abends an. Ich mußte mich und mein Leben in jeder Hinsicht ändern: Das betraf den Umgang mit Freunden, mein Freizeitverhalten, einfach alles; aber ich schaffte es. Auch die Therapie half mir dabei, denn mein Therapeut wußte immer schon vor mir, was ich als nächstes durchzustehen hatte, und gab mir daraufhin nützliche Ratschläge. All das hatte zur Folge, daß ich mich von Drogen und Alkohol fernhalten konnte.

Ich war schon seit vier Monaten trocken und drogenfrei, als Alana zurückkam. Sofort war es zwischen uns wie früher: Das alte Spiel lief wieder ab. Mein Therapeut nannte es «heimliches Einverständnis» – unsere Methode, den anderen für die eigene gefühlsmäßige Verfassung verantwortlich zu machen und natürlich weiterhin unsere Sucht ausleben zu können. Ich wußte, ich würde wieder Drogen nehmen, wenn wir auf diese Weise miteinander umgingen. Heute sind wir nicht einmal mehr Freunde. Wir verstanden uns eben nur dann gut, wenn wir zusammen krank sein konnten.

Warum sich Greg von Alana angezogen fühlte

Was Greg und Alana verband, war die Sucht, die beider Leben beherrschte. Vom ersten Tag ihrer Bekanntschaft an betonten beide die Abhängigkeit des jeweils anderen, um die Bedeutung und Macht der eigenen Abhängigkeit herunterzuspielen. In ihrer Beziehung erlaubten sie sich gegenseitig, krank zu bleiben, selbst wenn sie einander diese Krankheit vorwarfen. Ein solches Muster entwickelt sich häufig bei süchtigen Paaren – ganz gleich, ob sie von derselben Droge oder von verschiedenen Drogen abhängig sind. Jeder Partner benutzt das Verhalten und die Probleme des anderen, um sich nicht eingestehen zu müssen, daß sich sein eigener Zustand verschlechtert. Je schlechter es ihm selber geht, desto wichtiger wird es ihm, den anderen als noch kranker, noch abhängiger, noch hilfloser hinzustellen, um damit von seiner eigenen Situation abzulenken.

Zusätzlich zu dieser Dynamik sah Greg in Alana eine Frau, die zu großem Mitgefühl fähig und gewillt war, für das zu leiden, woran sie glaubte. Eine solche Bereitwilligkeit zieht drogenabhängige Menschen wie Greg magnetisch an, denn sie bietet die ideale Voraussetzung für die Beziehung mit einem anderen Süchtigen: die Sicherheit, nicht verlassen zu werden, auch wenn sich – was unvermeidlich ist – die Situation verschlechtert. Trotz der monatelangen heftigen Auseinandersetzungen fand Alana doch erst die Kraft, Greg (wenn auch nur vorübergehend) zu verlassen, als er tatsächlich fort war, nämlich im Gefängnis. Ihre Rückkehr war unvermeidlich. Sie kam mit der Bereitschaft wieder, genau da weiterzumachen, wo sie beide aufgehört hatten: ein Leben als Süchtige zu führen.

Greg und Alana konnten nur Partner sein, solange beide krank waren. Alana mit ihrer unkontrollierbaren Eßsucht empfand sich dann als stark und gesund, wenn Greg ständig «voll» war; er hingegen hatte das Gefühl, seinen Drogenkonsum durchaus handhaben zu können, wenn er ihn mit ihren «Freßorgien» verglich. Gregs Gesundungsprozeß machte Alanas Suchtverhalten zu deutlich, als daß sich beide noch hätten miteinander wohl fühlen können. Um den früheren Zustand in der Beziehung wiederherzustellen, hätte sie also sein Bemühen um ein drogenfreies Leben sabotieren müssen.

Anderthalb Jahre nach meiner Scheidung lernte ich Sue kennen. Ich bin Footballtrainer an einer Abendschule. Ein Lehrer, der gerade umgezogen war, hatte mich praktisch gezwungen, zu seiner Einweihungsparty zu kommen. An diesem Sonntag nachmittag saß ich also allein in seinem neuen Schlafzimmer und sah mir ein Footballspiel im Fernsehen an, während die anderen Gäste sich im Wohnzimmer vergnügten.

Sue kam herein, um ihren Mantel abzulegen, und wir nickten einander zu. Dann ging sie ins Wohnzimmer, kehrte aber nach einer halben Stunde zurück, um nachzusehen, ob ich immer noch da war. Sie machte sich ein bißchen darüber lustig, daß ich mich mit dem Fernseher ins Schlafzimmer verkrochen hatte. Während der Werbespots wechselten wir ein paar Worte miteinander. Dann ging sie wieder hinaus und kam mit einem Teller zurück, den sie mit allen möglichen Kleinigkeiten vom kalten Buffet bestückt hatte. Ich sah sie zum erstenmal richtig an und bemerkte, wie hübsch sie war. Direkt nach Spielende ging ich zu den anderen Gästen hinüber. Leider war sie schon fort. Ich fand heraus, daß sie Englischlehrerin war und am selben College arbeitete wie ich. Am Montag danach ging ich in ihr Büro und fragte sie, ob ich mich mit einer Einladung zum Mittagessen für den kleinen Party-Imbiß revanchieren dürfe.

Sie sagte ja, allerdings nur unter der Bedingung, daß wir irgendwo hingingen, wo es keinen Fernseher gab. Wir mußten beide lachen. Aber eigentlich war es kein Scherz. Als ich Sue kennenlernte, bestand mein Leben nur aus Sport. Wenn man will, kann man sich vollständig auf Sport konzentrieren, ohne sich die Zeit für irgend etwas anderes zu nehmen. Ich joggte jeden Tag. Ich trainierte für Marathonläufe, ich war Trainer einer Mannschaft, mit der ich auch zu Auswärtsspielen fuhr, ich sah mir die Sportsendungen im Fernsehen an, ich trieb Bodybuilding.

Aber ich war auch einsam, und Sue gefiel mir. Von Anfang an brachte sie mir sehr viel Aufmerksamkeit entgegen, wenn es mir angenehm war, störte mich aber gleichzeitig nie bei Dingen, die ich tun wollte oder mußte. Sie hatte einen sechsjährigen Sohn namens Tim, und auch ihn mochte ich gern. Sues ehemaliger Mann lebte weit entfernt und besuchte sein Kind nur selten; Tim und ich schlossen daher schnell Freundschaft. Mir war klar, daß er einen Mann um sich haben wollte.

Nach etwa einjähriger Bekanntschaft heirateten Sue und ich, aber schon bald darauf häuften sich die Probleme zwischen uns. Sie beklagte sich, daß ich mich nie um sie oder Tim kümmerte, daß ich immer unterwegs war und daß ich mich zu Hause nur für das Sportprogramm im Fernsehen interessierte. Ich beklagte mich, daß sie immer nur an mir herumnörgelte, obwohl sie doch gewußt hatte, worauf sie sich einließ, als sie mich kennenlernte. Wenn es ihr nicht paßte, warum blieb sie dann überhaupt da? Ich war sehr häufig wütend auf Sue – aber Tim gegenüber konnte ich keine Wut empfinden. Ich wußte, daß wir beide ihm mit unseren Streitereien weh taten. Und Sue war im Recht, obwohl ich das damals nie zugegeben hätte: Ich ging ihr und Tim aus dem Weg. Durch mein Interesse am Sport hatte ich immer etwas zu tun, hatte immer ein Gesprächsthema und Stoff zum Nachdenken. Der Sport gab mir Sicherheit und Entspannung. Schon in meiner Kindheit war Sport das einzige Thema gewesen, über das man sich mit meinem Vater unterhalten konnte, die einzige Möglichkeit, seine Aufmerksamkeit zu ergattern.

Mittlerweile standen Sue und ich kurz vor der Trennung, denn wir stritten uns ständig. Je mehr Druck sie auf mich ausübte, desto mehr ging ich ihr aus dem Weg und floh statt dessen in meine sportlichen Aktivitäten. Eines Sonntagnachmittags, während der Fernsehübertragung eines entscheidenden Footballspiels, läutete das Telefon. Sue war mit Tim aus dem Haus gegangen, und ich weiß noch, wie ärgerlich ich darüber war, daß ich ausgerechnet jetzt gestört wurde, daß ich aufstehen und dem Fernseher den Rücken kehren mußte. Der Anruf kam von meinem Bruder. Er teilte mir mit, mein Vater sei an einem Herzinfarkt gestorben.

Ich fuhr allein zur Beerdigung. Sue und ich hatten uns arg gestritten, und ich wollte sie daher nicht mitnehmen. Darüber bin ich heute noch froh. Dieses Ereignis hat mein ganzes Leben verändert. Da stand ich nun: auf der Beerdigung meines Vaters, mit dem ich niemals richtig hatte reden können, und gleichzeitig kurz vor meiner zweiten Scheidung, weil ich noch nicht einmal wußte, wie ich mit meiner Frau umgehen sollte. Ich hatte das Gefühl, unendlich viel zu verlieren, und konnte doch nicht verstehen, weshalb ausgerechnet mir das alles zustieß. Ich war doch ein netter Kerl, ich arbeitete hart, ich tat niemandem etwas zuleide. Ich fühlte mich wie ein beklagenswertes Opfer und mutterseelenallein.

Auf der Rückfahrt vom Friedhof saß ich bei meinem Bruder im Auto. Er konnte nicht aufhören zu weinen. Er redete darüber, daß nun alles vorbei sei, daß er keine Chance mehr habe, meinem Vater nahezukommen. Und wie es nach Beerdigungen so üblich ist, wurde beim anschließenden Trauermahl in meinem Elternhaus auch viel über meinen Vater gesprochen. Es wurden sogar ein paar lustige Bemerkungen darüber gemacht, wie sportbegeistert er gewesen war, daß er sich keine Sportsendung im Fernsehen hatte entgehen lassen. Mein Schwager wollte einen kleinen Witz machen und sagte: «Wenn ich mir's recht überlege, bin ich heute zum erstenmal in diesem Haus, ohne daß der Fernseher läuft und er sich ein Footballspiel ansieht!» Ich schaute zu meinem Bruder hinüber, und er begann wieder zu weinen. Aber diesmal klang sein Weinen nicht traurig, sondern bitter. Und ganz plötzlich erkannte ich, was mein Vater sein Leben lang getan hatte – und was ich selbst tat. Genau wie er ließ ich es nicht zu, daß mir jemand nahe kam und mich wirklich kennenlernte. Der Fernseher war mein Schutzschild.

Ich folgte meinem Bruder nach draußen, und wir fuhren zusammen zum See hinunter. Dort blieben wir lange sitzen. Ich hörte aufmerksam zu, als er darüber sprach, wie sehnlich er darauf gewartet hatte, endlich von meinem Vater beachtet zu werden. Bei seinen Worten begann ich, mich selbst zum erstenmal in meinem Leben richtig zu sehen, zu erkennen, wie ähnlich ich meinem Vater geworden war. Ich dachte an meinen Stiefsohn Tim, der immer wie ein trauriges Hündchen auf ein bißchen Zeit und Aufmerksamkeit von mir wartete. Ich war ihm und seiner Mutter immer aus dem Weg gegangen, weil andere Dinge angeblich wichtiger waren.

Auf dem Heimflug konnte ich an nichts anderes denken als an die Worte, die wohl bei meiner Beerdigung über mich fallen würden. Das half mir, herauszufinden, was ich zu tun hatte.

Als ich zu Hause ankam, redete ich mit Sue so offen, wie ich das wahrscheinlich in meinem ganzen Leben noch nie getan hatte. Wir weinten beide und holten dann sogar Tim zu uns. Auch er weinte.

Danach ging es uns eine Zeitlang wirklich gut. Wir unternahmen viel miteinander, machten Fahrradtouren und Picknicks mit Tim. Wir gingen aus und luden Freunde ein. Es fiel mir schwer, mich von meinem sportlichen Engagement zurückzuziehen. Um das rechte Maß dafür zu finden, mußte ich mich eine Zeitlang völlig davon fernhalten, was für mich so schlimm war wie ein Drogenentzug. Aber ich wollte den Menschen nahe sein, die ich liebte. Was ich beim Tod meines Vaters empfunden hatte, sollten sie nicht durchmachen müssen.

Allerdings stellte sich heraus, daß es für mich leichter war als für Sue. Nachdem ein paar Monate vergangen waren, erklärte sie mir, daß sie eine Teilzeitarbeit an den Wochenenden annehmen würde. Ich konnte es nicht fassen. Das waren die Tage, an denen wir wirklich Zeit füreinander hatten. Nun kehrte sich alles um; sie rannte vor mir weg! Wir beschlossen gemeinsam, uns professionelle Hilfe zu suchen.

Erst in der Therapie konnte Sue es sich und mir eingestehen: Unsere plötzliche Nähe hatte sie fast wahnsinnig gemacht, und sie wußte einfach nicht, wie sie damit umgehen sollte, wie sie mit mir umgehen sollte. Obwohl sie mein früheres Verhalten ständig kritisiert hatte, empfand sie es jetzt als unangenehm, wenn ich ihr Aufmerksamkeit entgegenbrachte. Sie war einfach nicht daran gewöhnt, denn in ihrer Familie hatte es noch weniger Aufmerksamkeit und Zuwendung als in meiner gegeben. Ihr Vater war als Schiffskapitän ständig unterwegs gewesen, und ihre Mutter schien damit gut zurechtgekommen zu sein. Sue hatte sich immer einsam gefühlt, sich immer nach Nähe gesehnt, aber genau wie ich konnte sie damit eigentlich nichts anfangen.

Wir gingen eine Weile zur Eheberatung, und auf Empfehlung unseres Therapeuten schlossen wir uns dann einer Initiative für Stiefeltern an. Als das Verhältnis zwischen Tim und mir enger wurde, konnte Sue es nur schwer zulassen, daß auch ich in seine Erziehung eingriff. Sie fühlte sich ausgeschlossen und befürchtete, die Kontrolle über ihn zu verlieren. Aber ich wußte, daß ich selbst Tim Grenzen setzen mußte, wenn wir eine richtige Beziehung zueinander entwickeln wollten.

Die Mitarbeit in dieser Initiative half mir mehr als alles andere. Dort trafen sich Familien, die ähnliche Probleme wie wir hatten. Zum erstenmal erlebte ich, daß auch andere Männer mit ihren Gefühlen zu kämpfen hatten und wie sie es taten. Durch ihre Aussagen wurde ich ermutigt, über meine Gefühle in bezug auf Sue zu reden.

Wir haben noch viel zu besprechen, und wir leben noch immer zusammen und lernen, Nähe zuzulassen und einander zu vertrauen. Keiner von uns beiden kann damit schon so gut umgehen, wie wir es gerne hätten, aber wir üben weiter. Für uns beide ist dies ein ganz neues Spiel.

Warum sich Erik von Sue angezogen fühlte

Erik sehnte sich in all seiner selbstauferlegten Isolation danach, geliebt und versorgt zu werden, ohne dabei das Risiko von Nähe eingehen zu müssen. Schon bei ihrer ersten Begegnung hatte Sue ihm stillschweigend signalisiert, daß sie seine hauptsächliche Vermeidungsstrategie, die Fixierung auf Sport, hinzunehmen bereit war. Und so fragte sich Erik, ob er in ihr nicht die ideale Frau gefunden hatte – eine Frau, die sich um ihn kümmern und ihn gleichzeitig in Ruhe lassen würde. Obwohl Sue sich indirekt über sein unaufmerksames Verhalten beklagte, indem sie für ihre erste Verabredung ein Lokal ohne Fernseher vorschlug, nahm er trotzdem zu Recht an, daß sie Unzugänglichkeit in hohem Maße tolerierte. Andernfalls wäre sie ihm ja von vornherein aus dem Weg gegangen.

Aber sowohl seine Ungeschicklichkeit im Umgang mit anderen Menschen als auch seine Unfähigkeit, Nähe zuzulassen, waren Charakterzüge, die auf Sue eine große Anziehungskraft ausübten. Sie fand seine unbeholfene Art liebenswert. Gleichzeitig konnte sie davon ausgehen, daß er wohl nur schwer Kontakt zu anderen Menschen fand, ganz besonders zu Frauen. Diese Voraussetzungen waren wichtig für sie. Wie viele Frauen, die zu sehr lieben, hatte auch Sue eine tiefsitzende Angst vor dem Verlassenwerden. Lieber war sie mit jemandem zusammen, der nicht all ihren Bedürfnissen entsprach, den sie dafür aber auch nicht verlieren würde, als mit einem liebevolleren und liebenswerteren Mann, bei dem die Gefahr bestand, daß er sie wegen einer anderen verließ.

Außerdem verschaffte ihr Eriks soziale Isolation eine Aufgabe: Sie konnte die Kluft zwischen ihm und den anderen Menschen überbrücken. Sie konnte ihn und seine Eigenschaften nach außen hin interpretieren, seinen Rückzug von sozialen Kontakten auf Schüchternheit statt auf Gleichgültigkeit zurückführen. Er *brauchte* sie also.

Andererseits ließ sich Sue auf eine Beziehung ein, in der die negativen Aspekte ihrer Kindheit wiederaufleben konnten – die Einsamkeit, das hoffnungsvolle Warten auf Liebe und Beachtung, die tiefe Enttäuschung und schließlich die wütende Verzweiflung. Als sie Erik dazu zwingen wollte, sich zu ändern, bestätigte ihr Verhalten nur seine Angst vor Beziehungen und bewirkte, daß er sich noch weiter zurückzog.

Aber eine Reihe von Ereignissen, die ihn tief berührten, führte bei ihm zur Veränderung. Er entwickelte die Bereitschaft, sich mit seiner Angst vor Nähe auseinanderzusetzen, weil er nicht zum Ebenbild seines kalten, unnahbaren Vaters werden wollte. Die Identifizierung mit dem einsamen kleinen Tim stellte einen wichtigen Faktor in seiner Entschlossenheit dar, ein anderer Mensch zu werden. Aber diese Veränderung in ihm selbst zwang auch jedes andere Familienmitglied zur Veränderung. Sue wurde plötzlich nicht mehr ignoriert, sondern geradezu umworben, und sah sich dadurch zu der Erkenntnis gezwungen, daß die liebevolle Aufmerksamkeit, nach der sie sich doch so gesehnt hatte, Unbehagen in ihr auslöste. Sue und Erik hätten an diesem Punkt einfach haltmachen können: Bei nunmehr vertauschten Rollen (er als Nähe Suchender, sie als Unnahbare) wäre es nicht schwer gewesen, den gebotenen

Abstand zu wahren und die Beziehung unter grundsätzlich unveränderten Bedingungen aufrechtzuerhalten. Aber sowohl Sue als auch Erik brachten den Mut auf, mehr über sich zu erfahren, und gingen mit therapeutischer Hilfe und Unterstützung durch eine verständnisvolle und einfühlsame Gruppe das Risiko ein, sich wirklich näherzukommen: als Paar und – mit Tim – auch als Familie.

Die Bedeutung der allerersten Begegnung zwischen zwei Menschen ist immens. Der Eindruck, den ein neuer Klient bei der ersten Sitzung auf mich – als seine Therapeutin – macht, verschafft mir einige der wichtigsten Informationen, die ich von dieser Person überhaupt je erhalten werde. Durch das, was gesagt wird, und das, was ungesagt bleibt, aber auch durch alles andere, was das äußere Erscheinungsbild offenbart – zum Beispiel Körperhaltung, Mimik, Gestik, Stil und Zustand der Kleidung, Frisur, Stimme, Augenkontakt, Äußerungen, die auf Werte und Normen verweisen –, erhalte ich eine Fülle von Informationen darüber, wie dieser Mensch mit der Außenwelt umgeht und zurechtkommt – ganz besonders unter Stress. All das fügt sich zu einem starken, wenn auch subjektiven Eindruck zusammen, aus dem heraus ich ein Gespür dafür entwickle, wie ich mit diesem Klienten in einer therapeutischen Beziehung werde arbeiten können.

Als Therapeutin versuche ich also sehr *bewußt*, die Haltung meines Klienten dem Leben gegenüber einzuschätzen. Ein ähnlicher, wenn auch weniger bewußter Prozeß findet immer dann statt, wenn sich zwei Menschen kennenlernen. All die Informationen, die schon während der ersten Momente automatisch ausgetauscht werden, ermöglichen jedem der Teilnehmer an dieser Interaktion die Beantwortung einiger Fragen, die den anderen betreffen. Diese stillschweigenden Fragen lauten gewöhnlich: Bist du jemand, mit dem ich etwas gemeinsam habe? Was könnte mir eine freundschaftliche Beziehung zu dir bieten? Macht es Spaß, mit dir zusammen zu sein?

Je nachdem, wer diese beiden Menschen sind und was sie wollen, werden oft auch andere Fragen gestellt. Bei jeder Frau, die zu sehr liebt, verbergen sich viel dringlichere Fragen hinter den offenkundigen, rationalen und praktischen: Fragen, an deren Beantwortung uns viel mehr liegt, weil sie aus unserem Innersten kommen.

«Brauchst du mich?» fragt insgeheim die Frau, die zu sehr liebt.

«Wirst du dich um mich kümmern und meine Probleme lösen?» lautet die unausgesprochene Frage hinter den ausgesprochenen Worten des Mannes, der diese Frau vielleicht als Partnerin wählen wird.

Die Schöne und das Tier

«Es gibt Menschen, die viel
schlimmere Ungeheuer sind
als Ihr», sagte Labelle. «Und
sie sehen dabei ganz nett aus.
Man weiß nie, wer wirklich
ein Ungeheuer ist.»

– Die Schöne und das Tier

In den Berichten der beiden letzten Kapitel
wurde bei allen Frauen übereinstimmend das
Bedürfnis deutlich, den Männern nützlich zu sein, mit denen
sie Beziehungen eingingen. Diese erneute Gelegenheit zu helfen war hauptsächlicher Bestandteil des Interesses an ihren zukünftigen Partnern. Entsprechend ließen die Männer erkennen, daß sie nach einer Partnerin suchten, die ihnen helfen
konnte, die ihr Verhalten kontrollieren, ihnen ein Gefühl von
Sicherheit geben oder sie sogar «retten» konnte. Es war die
Suche nach der «Frau in Weiß», wie es einer meiner Klienten
einmal ausdrückte.

Eine Frau erlöst einen Mann durch das Geschenk ihrer
selbstlosen, umfassenden, alles verzeihenden Liebe – dieses
Thema ist uns altbekannt. Märchen, die in sich die wichtigsten
Lehren der Kultur tragen, die sie erschaffen und verbreitet hat,
variieren es seit Jahrhunderten immer wieder aufs neue. In
dem französischen Märchen ‹Die Schöne und das Tier› begegnet
die schöne junge Unschuld dem abstoßenden, furchterregen-
den Ungeheuer. Nur um ihre Familie vor seinem Zorn zu bewahren, ist sie bereit, mit ihm zu leben. Als sie jedoch das
Ungeheuer besser kennengelernt hat, überwindet sie schließlich ihre natürliche Abscheu und beginnt, es trotz seiner tieri-
schen Gestalt zu lieben. Eben diese Liebe bewirkt ein Wunder:
die Zurückverwandlung des Ungeheuers in sein ursprüng-
liches Selbst – was natürlich kein gewöhnlicher Sterblicher ist,

sondern ein echter Prinz. Er übernimmt wieder seine angestammte Position und ist ihr ein dankbarer, treuer Gemahl, der zu ihr paßt. Damit wird ihr die Liebe und Anerkennung, die sie ihm entgegengebracht hat, tausendmal vergolten. Sie nimmt ihren rechtmäßigen Platz an seiner Seite ein, um mit ihm ein Leben in Glückseligkeit zu führen.

Wie jedes Märchen, das über Jahrhunderte hinweg immer wieder erzählt wurde, enthält auch ‹Die Schöne und das Tier› eine tiefe spirituelle Wahrheit, die eingebettet ist in eine fesselnde Erzählung. Eine spirituelle Wahrheit dieser Art entzieht sich leicht dem Verständnis und der Umsetzung, weil sie sich häufig gegen die herrschenden Wertsysteme richtet. Folglich besteht die Tendenz, das Märchen auf eine Weise zu interpretieren, die die kulturellen Normen bestätigt und stützt. Dadurch wird seine tiefere Bedeutung nur allzuleicht übersehen. Am Ende dieses Kapitels werde ich mich mit der spirituellen Lehre befassen, die ‹Die Schöne und das Tier› zum Inhalt hat. Aber zunächst will ich mich den kulturellen Normen zuwenden, die dieses Märchen zu betonen scheint: daß eine Frau einen Mann verändern kann, wenn sie ihn nur genügend liebt.

Von diesem mächtigen, sich auf nahezu alle Lebensbereiche auswirkenden Glauben ist unsere seelische Entwicklung, individuell wie gesellschaftlich gesehen, von Anfang an durchdrungen. Die stillschweigende Übereinkunft in unserer Kultur, wir könnten durch die Kraft unserer Liebe einen anderen Menschen positiv verändern und dies sei geradezu unsere Pflicht als Frauen, findet ihre ständige Bestätigung in der Alltagssprache und im täglichen Umgang miteinander. Wenn sich ein uns nahestehender Mensch anders fühlt oder verhält, als wir es möchten, suchen wir nach Methoden, mit denen wir sein Verhalten oder seine Stimmung verändern können – gewöhnlich mit dem Segen anderer, die uns dabei mit Ratschlägen und Ermutigung unterstützen («Hast du es schon einmal mit ... probiert?») Diese Empfehlungen sind ebenso zahlreich wie widersprüchlich; nur wenige Freunde und Verwandte können der Versuchung widerstehen, ihren «Tip» beizusteuern. Und jeder konzentriert sich beim Helfen auf das «Wie». Selbst die Medien steigen darauf ein: Ihr Einfluß bewirkt, daß dieses Glaubenssystem nicht einfach nur widergespiegelt, sondern noch erheblich verstärkt wird. Gleichzeitig erinnern sie daran, daß es sich dabei um die Aufgabe der Frauen handelt. Besonders die Frauenzeitschriften, aber nicht nur sie, produzieren ständig Artikel mit dem Tenor «Wie Sie Ihrem Mann helfen können ... zu werden (oder zu tun)». Entsprechende Artikel mit Hinweisen darauf, «wie Sie Ihrer Frau helfen können ...zu werden (oder zu tun)», existieren hingegen praktisch nicht.

Und wir Frauen kaufen die Zeitschriften, versuchen, den Ratschlägen zu folgen, und hoffen, daß wir damit unserem Partner helfen können, zu dem Mann zu werden, der unseren Wünschen und Bedürfnissen entspricht.

Warum fühlen wir Frauen uns eigentlich so sehr von der Vorstellung angesprochen, einen unglücklichen, kranken oder auf andere Art schwer belasteten Menschen in den perfekten Partner zu verwandeln? Warum ist diese Idee für uns immer wieder so verlockend?

Einigen Menschen mag die Antwort darauf einfach erscheinen: Das Prinzip, denen zu helfen, die weniger Glück haben als wir, ist eingebettet in die christliche Ethik. Man lehrt uns, Mitgefühl und Großzügigkeit zu bezeugen, wenn ein anderer Mensch in Schwierigkeiten ist. Nicht urteilen, sondern helfen – dies scheint unsere moralische Verpflichtung zu sein.

Leider läßt sich mit diesen edlen Motiven keinesfalls das Verhalten von Millionen Frauen erklären, deren Wahl auf Männer fällt, die grausam, gleichgültig, aggressiv, emotional unzugänglich, süchtig oder auf andere Weise unfähig sind, Liebe und Fürsorge zu geben. Bei Frauen, die zu sehr lieben, wird die Partnerwahl von dem bedrängenden inneren Bedürfnis bestimmt, diejenigen zu kontrollieren, die ihnen am nächsten stehen. Dieses Kontrollbedürfnis stammt aus der Kindheit. Seine Entstehung ist auf das häufige Erleben überwältigender Gefühle zurückzuführen, wozu Angst, Wut, unerträgliche Spannung, Scham, Schuld, Mitleid mit anderen und sich selbst gehören. Ein Kind würde unter solchen Belastungen zusammenbrechen und handlungsunfähig werden, wenn es nicht Methoden entwickeln könnte, um sich selbst zu schützen. Zu diesen Methoden gehört die *Verleugnung*, ein starker Abwehrmechanismus, und ein ebenso starkes, unbewußtes Motiv, die *Kontrolle*. Wir alle schützen uns unbewußt immer wieder mit Hilfe der Verleugnung, ganz gleich, ob es um eher belanglose Dinge oder um wichtige Angelegenheiten und Ereignisse geht. Sonst wären wir ständig damit konfrontiert, wer wir sind, was wir denken und fühlen. Wir müßten Tatsachen ins Auge sehen, die weder unserem idealisierten Selbstbild noch unseren gegenwärtigen Lebensumständen gerecht würden. Verleugnung dient vor allem dem Nichtbeachten von Informationen, mit denen wir uns nicht auseinandersetzen wollen. Das Heranwachsen eines Kindes zu ignorieren (zu verleugnen) ist zum Beispiel eine Form, die eigenen Gefühle hinsichtlich des baldigen Auszugs dieses Kindes aus dem Elternhaus zu leugnen. Die Gewichtszunahme, die sich im Spiegel und am zu eng gewordenen Hosenbund zeigt, nicht zu sehen und nicht zu fühlen (zu verleugnen), gestattet uns, auch weiterhin in leiblichen Genüssen zu schwelgen.

Verleugnung läßt sich als Weigerung definieren, die Realität auf zwei verschiedenen Ebenen anzuerkennen: auf der Ebene dessen, was tatsächlich geschieht, und auf der Gefühlsebene.

Welche Rolle spielt nun die Verleugnung, wenn aus einem kleinen Mädchen eine Frau wird, die zu sehr liebt? Beispielsweise mag sie einen Vater gehabt haben, der wegen seiner außerehelichen Aktivitäten nachts häufig nicht nach Hause kam. Wenn sie sich selbst einredet oder wenn ihr von anderen Familienmitgliedern eingeredet wird, der Vater müsse schon wieder so lange arbeiten, dann leugnet sie, daß es zwischen ihren Eltern Probleme gibt oder daß etwas Ungewöhnliches vor sich geht. Damit verhindert sie, Angst um die Stabilität ihrer Familie oder um ihr eigenes Wohlergehen spüren zu müssen. Indem sie sich einredet, der Vater würde hart arbeiten, wird Mitgefühl in ihr wach, aber eben nicht Ärger und Wut, die nur durch die Auseinandersetzung mit der Realität fühlbar würden. Somit leugnet sie zwei wesentliche Dinge: die Realität selbst und ihre Gefühle hinsichtlich dieser Realität. Sie schafft sich statt dessen eine Phantasie, mit der es sich leichter leben läßt. Mit der Zeit entwickelt sie die Fähigkeit, sich auf diese Weise generell vor Schmerzen und Kummer zu schützen. Zugleich verliert sie allerdings eine andere Fähigkeit: freie Entscheidungen für ihre eigene Person zu treffen. Der Verleugnungsmechanismus stellt sich automatisch, ungewollt ein.

In *jeder* dysfunktionalen Familie wird ein Stück Realität gemeinsam geleugnet. Ganz gleich, wie schwerwiegend die Probleme auch sein mögen – eine Familie ist erst dysfunktional, wenn diese Verleugnung einsetzt. Wenn nun ein Familienmitglied versucht, diese Verleugnung aufzuheben, beispielsweise indem es die familiäre Situation zutreffend benennt, dann setzt sich gewöhnlich der Rest der Familie gegen diese Wahrnehmung zur Wehr. Häufig wird Spott dazu benutzt, diese Person in die Familie wieder einzugliedern. Mißlingt der Versuch, dann wird das abtrünnige Familienmitglied ausgeschlossen; Anerkennung, Zuwendung und Einbeziehung bleiben ihm in Zukunft versagt.

Niemand, der sich der Verleugnung als Abwehrmechanismus bedient, entscheidet sich bewußt dafür, die Realität auszublenden, gleichsam Scheuklappen zu tragen; niemand will bewußt nicht mehr zur Kenntnis nehmen, was andere sagen und tun. Genausowenig beschließt jemand bewußt, die eigenen Gefühle nicht mehr wahrzunehmen. So etwas «passiert einfach», wenn das Ich bei dem Versuch, sich vor überwältigenden Konflikten, Belastungen und Ängsten zu schützen, bestimmte Informationen nicht annimmt oder sogar löscht, weil sie zu unangenehm sind.

Nehmen wir an, ein Mädchen namens Carolyn, dessen Eltern regelmäßig Streit haben, lädt seine Freundin zum Übernachten ein. Mitten in der Nacht werden die beiden durch die lautstarke Auseinandersetzung der Eltern wach. Die Freundin flüstert: «Was machen denn deine Eltern für einen Krach? Warum schreien die denn so?»

Carolyn, die während vieler solcher Streitereien wachgelegen hat, ist sehr verlegen und antwortet unbestimmt: «Das weiß ich auch nicht», bleibt sich aber der ganzen unangenehmen Situation quälend bewußt. Die Freundin versteht nicht, warum Carolyn ihr nach diesem Ereignis aus dem Weg geht.

Sie wird gemieden, weil sie Zeugin des Familiengeheimnisses wurde und deshalb immer wieder die Erinnerung an das wachruft, was Carolyn am liebsten verleugnen würde. Peinliche Ereignisse wie der elterliche Streit während des Besuchs ihrer Freundin werden von Carolyn als so schmerzhaft erlebt, daß sie sich wohler fühlt, wenn sie die Wahrheit verleugnen kann. Immer beharrlicher wird sie all die Menschen und Dinge meiden, die eine Bedrohung für ihren Schutzwall gegen Schmerz und Kummer darstellen. Sie will ihre Scham, Angst, Wut, Hilflosigkeit, Panik, Verzweiflung, ihr Mitgefühl und ihren Ekel nicht fühlen müssen. Wenn sie irgend etwas zulassen würde, dann wären es genau diese starken, widerstreitenden Gefühle. Sie zieht es deshalb vor, *überhaupt nicht zu fühlen*. In dieser selbstauferlegten Empfindungslosigkeit liegt der Grund für ihr Bedürfnis, die Menschen und Ereignisse in ihrem Leben zu kontrollieren. Durch Kontrolle all dessen, was um sie herum vorgeht, versucht sie, für sich selbst eine Art Sicherheit zu schaffen: keine Schocks, keine Überraschungen, *keine Gefühle*.

Wohl jeder Mensch, der sich in einer unangenehmen Situation befindet, wird versuchen, so weit wie möglich Kontrolle darüber zu erlangen. Bei Mitgliedern einer dysfunktionalen Familie ist dieses natürliche Kontrollbedürfnis übermäßig stark ausgeprägt, weil es so viele leidvolle Erfahrungen gibt. In Lisas Fall beispielsweise wurde von den Eltern großer Druck auf sie ausgeübt, ihre schulischen Leistungen zu verbessern. Die Hoffnung auf bessere Zeugnisse war einigermaßen realistisch, während für eine Änderung des Trinkverhaltens ihrer Mutter nur geringe Chancen bestanden. Statt die verheerenden Auswirkungen ihrer Ohnmacht in bezug auf den Alkoholismus der Mutter zu erkennen, entschloß sich die Familie zu glauben, eine Verbesserung von Lisas schulischen Leistungen würde das familiäre Klima positiv beeinflussen.

Auch Lisa versuchte unentwegt, die Situation zu verbessern (zu kontrollieren), indem sie ein «braves Mädchen» war. Aber mit ihrem guten Benehmen drückte sie keineswegs Freude an der Familie und am Leben allgemein aus. Im Gegenteil: Jede häusliche Arbeit, die sie unaufgefordert verrichtete, stellte den verzweifelten Versuch dar, die unerträglichen Zustände in der Familie, für die sie sich verantwortlich fühlte, zu korrigieren.

Kinder nehmen zwangsläufig Verantwortung und Schuld für die ernsten Probleme in ihrer Familie auf sich. Ihre kindlichen Allmachtsphantasien lassen sie glauben, sowohl die Ursache für familiäre Spannungen zu sein, als auch die Macht zu haben, diese Spannungen zu verstärken oder aufzulösen. Vielen Kindern geht es wie Lisa: Ihnen wird von den Eltern oder anderen Angehörigen die Schuld für Probleme zugeschrieben, über die diese Kinder keinerlei Kontrolle haben. Doch selbst ohne verbale Schuldzuschreibung durch andere übernimmt das Kind einen großen Teil der Verantwortung für seine eigenen Schwierigkeiten oder die der Familie.

Selbstloses Verhalten, «Bravsein» und Hilfsbereitschaft sind also keineswegs immer altruistisch motiviert – genausogut können sie den Versuch darstellen, Kontrolle auszuüben. Das Schild an einer Bürotür der Organisation, für die ich früher arbeitete, brachte dies genau auf den Punkt: Es zeigte einen zweifarbigen Kreis, unten schwarz, oben strahlend gelb mit einer aufgehenden Sonne. Darauf stand: «Hilfe ist die Sonnenseite der Kontrolle». Dieses Schild erinnerte uns Berater, aber auch unsere Klienten daran, die Motive zu überprüfen, die hinter unserem Bedürfnis stecken, andere zu ändern und zu kontrollieren.

Wer eine unglückliche Kindheit hatte und gegenwärtig in einer sehr schwierigen, nervenaufreibenden Beziehung lebt, in der er eine besonders große Hilfsbereitschaft an den Tag legt, bei dem läßt sich ein starkes Bedürfnis nach Kontrolle vermuten. Wenn wir für einen anderen tun, was er selbst tun kann, wenn wir die Zukunft oder den Tagesablauf eines anderen planen, wenn wir einen anderen Menschen, der kein kleines Kind mehr ist, antreiben, beraten, ermahnen, warnen oder ihm gut zureden, wenn wir nicht ertragen können, daß er sich den Konsequenzen seiner Handlungen stellt, und deshalb versuchen, entweder etwas an seinen Handlungen zu ändern oder deren Konsequenzen zu verhindern – dann üben wir Kontrolle aus. Wenn wir ihn kontrollieren können, so hoffen wir, dann haben wir auch unsere eigenen Gefühle unter Kontrolle, zumindest in bezug auf ihn und sein Leben. Je mehr wir allerdings versuchen, ihn zu kontrollieren, desto weniger gelingt es uns. Aber wir können nicht damit aufhören.

Eine Frau, die sich durch Verleugnung und Kontrolle zu schützen sucht, läßt sich häufig auf Situationen ein, die diese Mechanismen notwendig machen. Durch Verleugnung verliert sie den Kontakt zur Realität ihrer Lebensumstände und zu den damit einhergehenden Gefühlen. Deshalb läßt sie sich dann auch auf Beziehungen ein, die äußerst kompliziert sind. In einer solchen Beziehung setzt sie all ihr Können hinsichtlich Hilfe / Kontrolle ein, um die Situation erträglicher zu machen, und leugnet dabei gleichzeitig, wie schlimm sie in Wirklichkeit ist. Verleugnung verstärkt das Bedürfnis nach Kontrolle, und das unvermeidliche Scheitern der Kontrollversuche verstärkt wiederum das Bedürfnis nach Verleugnung.

Diese Dynamik wird durch die folgenden Beispiele veranschaulicht. Die Frauen, die darin zu Wort kommen, haben – sei es durch eine Therapie, sei es durch die Arbeit in einer geeigneten Selbsthilfegruppe – ein hohes Maß an Einsicht in ihr Verhalten gewonnen. Sie waren in der Lage, ihre Hilfsbereitschaft als das zu erkennen, was sie war: der unbewußte Versuch, durch die Kontrolle der ihnen nahestehenden Menschen ihren eigenen Schmerz, ihren eigenen Kummer zu leugnen. Bei jeder dieser Frauen gab die Intensität ihres Verlangens, dem Partner eine Hilfe zu sein, Hinweise darauf, daß es sich viel mehr um ein Bedürfnis als um eine freie Entscheidung handelte.

CONNIE: *32 Jahre alt; geschieden, ein elfjähriger Sohn*

Bevor ich in die Therapie ging, konnte ich mich nicht daran erinnern, worüber sich meine Eltern eigentlich immer gestritten hatten. Ich erinnerte mich nur daran, daß sie es dauernd taten. Jeden Tag, bei jeder Mahlzeit, fast jeden Augenblick. Sie kritisierten, widersprachen und beleidigten einander, und mein Bruder und ich mußten das alles mitansehen. Mein Vater hielt sich so lange wie möglich bei der Arbeit oder sonstwo auf, aber früher oder später kam er doch nach Hause zurück, und dann ging es wieder von vorn los. Meine Rolle bestand nun erstens darin, so zu tun, als wäre alles in Ordnung, und zweitens in dem Bemühen, einen von ihnen oder beide abzulenken, indem ich ihnen Unterhaltung bot. Ich warf den Kopf hoch und strahlte sie an und machte einen Witz oder dachte mir sonstwas aus, um ihre Aufmerksamkeit auf mich zu lenken. Eigentlich verspürte ich tief in mir eine Todesangst, aber Angst konnte ich mir nicht leisten, wenn ich eine gute Show abziehen wollte. Also spielte ich den Clown, und das wurde bald zu meiner Hauptbeschäftigung. Zu Hause bekam ich so viel Übung darin, daß ich mich mit der Zeit überall so aufführte. Ich feilte ständig an meiner Rolle. Im Grunde lief es darauf hinaus, daß ich einfach ignorierte, was nicht in Ordnung war, und es gleichzeitig vertuschte. Dieser Satz enthält die Quintessenz meiner Ehe.

Ich lernte Kenneth beim Swimming-pool vor meinem Apartment kennen. Damals war ich zwanzig. Er machte einen sportlichen Eindruck, war braungebrannt und sah' sehr gut aus. Ich glaubte, wir würden ein glückliches Paar werden, weil er schon nach kurzer Zeit mit mir zusammenleben wollte. Das schien der beste Beweis für seine Zuneigung zu sein. Außerdem war er ein fröhlicher Mensch, genau wie ich, und so dachte ich, eigentlich könne nichts schiefgehen.

Kenneth war nicht besonders entschlußfreudig. Er hatte ziemlich unklare Vorstellungen hinsichtlich seiner Karriere, seines weiteren Lebens, aber ich machte ihm Mut. Ich glaubte, indem ich ihm die nötige Unterstützung gab und eine klare Richtung wies, würde ich ihm dabei helfen, voranzukommen. Außerdem traf ich von Anfang an praktisch alle Entscheidungen, die uns als Paar betrafen. Trotzdem tat er weiterhin nur das, was er wollte. Ich fühlte mich stark, und er fühlte, daß er sich bei mir anlehnen konnte. Vermutlich haben wir beide genau das gebraucht.

Wir lebten bereits drei oder vier Monate zusammen, als eine alte Freundin und Arbeitskollegin von ihm bei uns zu Hause anrief. Sie war sehr überrascht, als sie hörte, daß ich mit Kenneth zusammenlebte. Sie erzählte mir, er hätte ihr gegenüber kein Wort darüber verloren, daß er eine neue Freundin hatte, obwohl er sie mindestens zwei- bis dreimal pro Woche bei der Arbeit sah. All das erfuhr ich, als sie sich stotternd für ihren Anruf entschuldigte. Die Sache brachte mich ganz schön durcheinander, und ich fragte Kenneth danach. Er erklärte mir, er hätte es nicht für so wichtig gehalten, dieser Frau von mir zu erzählen. Ich weiß noch, ich empfand Angst und einen tiefen Schmerz, als er das sagte, aber nur einen Moment lang. Dann schnitt ich diese Gefühle einfach ab und wurde «vernünftig». Meiner Ansicht nach gab es nur zwei Alternativen: Entweder konnte ich mit ihm darüber streiten oder es auf sich beruhen lassen und gar nicht erst erwarten, daß er meine Einschätzung teilte.

Es fiel mir leicht, mich für die zweite Alternative zu entscheiden. Ich machte sogar noch Witze über die ganze Angelegenheit. Ich hatte mir geschworen, *niemals* so zu streiten, wie ich es von meinen Eltern kannte. Allein bei dem Gedanken an eine wütende Reaktion wurde mir schon übel. Als Kind war ich nur damit beschäftigt gewesen, allen anderen Unterhaltung zu bieten, und hatte es nicht gewagt, eigene Empfindungen wirklich zuzulassen, so daß mir starke Gefühle mittlerweile richtiggehend Angst machten, mich aus dem Gleichgewicht brachten. Ich war an einem harmonischen Zusammenleben interessiert. Deshalb akzeptierte ich, was Kenneth sagte, und begrub meine Zweifel, wie ernsthaft sein Interesse an einer festen Bindung mit mir war. Ein paar Monate später heirateten wir.

Zwölf Jahre später saß ich auf Anraten einer Arbeitskollegin in der Praxis einer Therapeutin. Ich glaubte noch immer, mein Leben völlig unter Kontrolle zu haben, aber diese Freundin machte sich Sorgen um mich und bestand darauf, daß ich mich unbedingt nach professioneller Hilfe umsah.

Kenneth und ich waren seit zwölf Jahren verheiratet, und ich hatte unsere Ehe für sehr glücklich gehalten. Aber in dieser Zeit lebten wir auf meinen Vorschlag hin bereits getrennt. Die Therapeutin fragte mich eindringlich: Was war schiefgegangen? Ich redete ausführlich über die verschiedensten Dinge und erwähnte irgendwann zwischendurch, daß er abends oft weggegangen war, zuerst ein- oder zweimal, dann drei- bis viermal pro Woche. Seit etwa sechs Jahren war er nur noch eine Nacht pro Woche zu Hause gewesen. Irgendwann hatte ich dann zu ihm gesagt, mir käme es allmählich so vor, als wolle er eigentlich woanders sein, also wäre es vielleicht besser, wenn er ausziehen würde.

Die Therapeutin fragte mich, ob ich wüßte, wo er an all den Abenden, in all den Nächten gewesen sei, und ich antwortete ihr, das wüßte ich nicht, ich hätte ihn nie danach gefragt. Ich erinnere mich noch an ihren völlig überraschten Gesichtsausdruck. «All diese Nächte, all die Jahre lang, und Sie haben ihn *nie* gefragt?» Ich sagte, nein, nie, ich glaubte eben, daß sich Ehepartner gegenseitig ihren Freiraum lassen müßten. Ich hätte allerdings mit ihm darüber gesprochen, daß er sich mehr Zeit für unseren Sohn Thad nehmen sollte. Das hatte er jedesmal eingesehen. Trotzdem war er abends weiterhin weggegangen, selbst wenn er sonntags hin und wieder etwas mit uns unternahm. Ich hatte mich dazu entschlossen, ihn für einen nicht besonders intelligenten Menschen zu halten, der eben diese endlosen Vorträge von mir brauchte, um einen halbwegs guten Vater abzugeben. Ich konnte mir nie eingestehen, daß er immer genau das tat, was er tun wollte, und daß ich ihn um keinen Preis würde ändern können. Obwohl ich mir enorme Mühe gab, mich richtig zu verhalten, wurde es mit den Jahren immer schlimmer. Während der ersten Sitzung fragte mich die Therapeutin: «Was glauben Sie denn, wo Ihr Mann sich aufgehalten hat, wenn er nicht zu Hause war?» Über diese Frage ärgerte ich mich. Ich wollte einfach nicht darüber nachdenken, denn nur solange ich diese Gedanken verdrängen konnte, brauchte ich auch nicht zu leiden.

Heute weiß ich, daß Kenneth nicht fähig war, monogam zu leben, obwohl er die Sicherheit einer festen Beziehung zu schätzen wußte. Es hatte genügend Anzeichen für seine Haltung gegeben, nicht nur während unserer Ehe, sondern auch schon vorher: Bei Betriebsausflügen verschwand er für Stunden, auf Parties begann er eine Unterhaltung mit irgendeiner Frau und ging dann mit ihr einfach weg. Ohne darüber nachzudenken, was ich in einer solchen Situation eigentlich tat, wurde ich besonders charmant, um die anderen Leute von dem abzulenken, was sich da abspielte, und um zu zeigen, daß ich kein Spielverderber war ... vielleicht aber auch, um zu beweisen, daß ich liebenswert war, keine Frau, vor der der Freund oder Ehemann am liebsten Reißaus nehmen würde.

Erst in der Therapie und erst nach ziemlich vielen Sitzungen war ich in der Lage, mich zu erinnern, daß es auch bei den Eheproblemen meiner Eltern um andere Frauen gegangen war. Meine Eltern hatten sich gestritten, weil mein Vater fortgegangen oder nicht nach Hause gekommen war. Meine Mutter sagte es nie direkt, machte aber oft Andeutungen in der Richtung, daß er es mit der ehelichen Treue wohl nicht so genau nahm, und dann warf sie ihm vor, er würde uns alle vernachlässigen. Ich glaubte, ihre Streitsucht würde meinen Vater aus dem Haus treiben, und faßte ganz bewußt den Entschluß, mich niemals so wie sie zu benehmen. Also behielt ich alles für mich und machte weiter, immer mit einem Lächeln. Nur deshalb landete ich überhaupt in der Therapie. Auch an dem Tag, als mein neunjähriger Sohn versucht hatte, sich umzubringen, lächelte ich immer noch und verbreitete gute Laune. Ich spielte den Vorfall herunter, tat so, als handle es sich um einen Scherz. Dieses Verhalten empfand meine Arbeitskollegin als derart besorgniserregend, daß sie mir dringend zu einer Therapie riet. Ich hatte viel zu lange an dem Glauben festgehalten, ich müsse immer nett sein und dürfe nie wütend werden, dann würde schon alles in Ordnung gehen.

Ich hielt Kenneth für nicht besonders intelligent, und diese Einschätzung half mir. Ich konnte ihm Vorträge halten und versuchen, sein Leben in die Hand zu nehmen. Das war für ihn kein allzu hoher Preis, denn immerhin hatte er eine Köchin und Putzfrau, die ihm keine Fragen stellte, wenn er tat, was er wollte.

Erst in der Therapie lernte ich, meine und unsere Probleme überhaupt wahrzunehmen – so hartnäckig hatte ich sie bis dahin verleugnet. Mein Sohn war furchtbar unglücklich, aber das nahm ich einfach nicht zur Kenntnis. Ich versuchte, ihm solche Gefühle auszureden, machte Witze darüber und sorgte vermutlich dafür, daß es ihm noch schlechter ging. Außerdem weigerte ich mich, Verwandten und Bekannten gegenüber zuzugeben, daß bei uns zu Hause etwas nicht in Ordnung war. Kenneth lebte schon seit sechs Monaten nicht mehr bei uns, und noch immer erzählte ich keinem Menschen von unserer Trennung, was die Sache für meinen Sohn besonders schwer machte: Auch er mußte dieses Geheimnis wahren und noch dazu seinen Schmerz verbergen. Da ich mit niemandem darüber sprechen wollte, ließ ich auch nicht zu, daß Thad es tat. Ich erkannte nicht, wie verzweifelt nötig er es hatte, dieses Geheimnis loszuwerden. Die Therapeutin mußte regelrechten Druck auf mich ausüben, bevor ich anderen Menschen überhaupt erzählen konnte, daß meine perfekte Ehe zu Ende war. Dieses Eingeständnis fiel mir sehr schwer. Ich glaube, Thad wollte mit dem Selbstmordversuch einfach auf seine Weise sagen: «Hört mal alle zu! Bei uns stimmt etwas nicht!»

Mittlerweile verstehen wir uns besser. Thad und ich gehen noch immer zu Einzel- und gemeinsamen Therapiesitzungen. Dort lernen wir, miteinander zu reden und unsere Gefühle zuzulassen. Eine wichtige Regel in meiner Therapie lautet: Über nichts, was in der Stunde zur Sprache kommt, darf ich einen Witz machen. Es fällt mir sehr schwer, auf diesen Schutzmechanismus zu verzichten und statt dessen auf meine Gefühle zu achten, aber allmählich gelingt es mir immer besser. Wenn ich mit einem Mann ausgehe, schießt mir manchmal der Gedanke durch den Kopf, wie gut er mich brauchen könnte, damit ich für ihn ein paar Dinge in seinem Leben in Ordnung bringe. Aber ich hüte mich davor, solchen Gedanken zuviel Raum zu geben. Hin und wieder mache ich eine selbstironische Bemerkung über diesen krankhaften Drang – das ist die einzige Art von Humor, die mir in der Therapie zugestanden wird. Es tut so gut, darüber lachen zu können, wie krankhaft mein damaliges Verhalten war, statt weiterhin mit meinem unechten Lachen all das zu vertuschen, was nicht in Ordnung ist.

Zunächst setzte Connie ihren Humor ein, um sich selbst und ihre Eltern von der familiären Instabilität abzulenken, die für sie als Kind besonders bedrohlich war. Indem sie all ihren Charme und ihren Verstand spielen ließ, sorgte sie dafür, daß die Eltern ihre Aufmerksamkeit auf sie richteten und somit zumindest zeitweilig aufhörten, miteinander zu streiten. Wenn Connie dies gelang, empfand sie sich als Bindeglied zwischen den beiden Kontrahenten – mit aller Verantwortung, die eine solche Rolle beinhaltet. Auf Grund dieser Erfahrungen wuchs in ihr das Bedürfnis, andere zu kontrollieren, um sich selbst sicher und geborgen zu fühlen. Sie kaschierte ihr kontrollierendes Verhalten mit Humor. Sie lernte, äußerst sensibel auf jeden Anflug von Ärger oder Feindseligkeit bei den Menschen in ihrer Umgebung zu achten, um solche Äußerungen durch eine schlagfertige Bemerkung oder ein entwaffnendes Lächeln zu verhindern.

Sie hatte doppelt Grund dafür, ihre eigenen Gefühle zu leugnen: Erstens konnte sie den Gedanken an die mögliche Trennung ihrer Eltern nicht ertragen, weil er zu erschreckend war, und zweitens hätte jegliches eigene Gefühl sie daran gehindert, ihre Rolle als Unterhaltungskünstlerin gut zu spielen. Mit der Zeit leugnete sie ihre Gefühle automatisch, und ebenso automatisch versuchte sie, die Menschen in ihrer Umgebung zu manipulieren und zu kontrollieren. Ihre oberflächliche Art stieß zweifellos einige Leute ab. Aber andere wie Kenneth, der zu tiefergehenden Beziehungen gar nicht fähig war, fühlten sich genau von diesem Verhalten angezogen.

Wie umfassend und hartnäckig Connie die Realität leugnete und wie groß die Angst war, die hinter der Verleugnung stand, wird an der Tatsache deutlich, daß sie jahrelang mit einem Mann zusammenleben konnte, der sie immer häufiger allein ließ und schließlich fast jede Nacht wegblieb, und daß sie ihn dennoch *nie* danach fragte, was er während seiner Abwesenheit eigentlich tat. Connie wollte nichts davon wissen, wollte sich nicht streiten oder sich mit Kenneth auseinandersetzen. Aber vor allem wollte sie die entsetzliche Angst aus ihrer Kindheit nicht noch einmal spüren: die Angst, daß Uneinigkeit ihre ganze Welt zerstören könnte.

Connie hatte große Schwierigkeiten, sich auf einen therapeutischen Prozeß einzulassen, der es ihr nicht gestattete, ihren Humor als Hauptabwehrstrategie einzusetzen. Es war für sie, als würde jemand von ihr verlangen, das Atmen einzustellen. Etwas in ihr glaubte, ohne Humor nicht überleben zu können.

Die verzweifelte Bitte ihres Sohnes, doch endlich gemeinsam mit ihm die – wenn auch schmerzliche – Wirklichkeit anzuerkennen, drang nicht durch Connies massiven Verteidigungswall. Sie hatte den Kontakt zur Realität weitgehend verloren, und während der Therapie bestand sie lange Zeit darauf, nur über Thads Probleme zu sprechen, ihre eigenen somit zu leugnen. Sie war nicht bereit, die Position der «ewig Starken» kampflos aufzugeben.

Aber mit der Zeit entwickelte sie doch die Bereitschaft, ihre Panik zuzulassen, die immer dann in ihr hochkam, wenn sie sich nicht in den Humor flüchten konnte, und sie begann, sich sicherer zu fühlen. Sie lernte langsam, daß ihr als Erwachsene viel bessere Strategien zur Verfügung standen, mit den Anforderungen des Lebens umzugehen, als die alten, die sie seit ihrer Kindheit längst überstrapaziert hatte. Sie begann, Fragen zu stellen, sich mit anderen auseinanderzusetzen, ihre Gefühle zu zeigen und ihre Bedürfnisse deutlich zu machen. Sie lernte, sich selbst und anderen gegenüber ehrlich zu sein, was sie seit vielen Jahren nicht mehr gewesen war. Und schließlich gewann sie sogar ihren Humor zurück. Auch in dieser Hinsicht hatte sie dazugelernt: Sie konnte zum erstenmal über sich selbst lachen.

PAM: *36 Jahre alt; zweimal geschieden; Mutter von zwei noch nicht volljährigen Söhnen*

Meine Kindheit war unglücklich und spannungsreich. Mein Vater hatte meine Mutter vor meiner Geburt verlassen, und aus ihr wurde der Prototyp der «alleinerziehenden Mutter». Ich kannte niemanden, dessen Eltern geschieden waren. Da wir in einer typischen Kleinbürgerstadt lebten – und das in den fünfziger Jahren –, ließ man uns spüren, wie anders wir waren.

Ich war eine fleißige Schülerin und ein sehr hübsches Kind. Deshalb mochten mich die Lehrer. Das war eine große Hilfe: Zumindest in der Schule konnte ich Erfolge vorweisen. Ich wurde eine richtige Streberin; die ganzen Jahre in der Grundschule hindurch hatte ich nur Einsen im Zeugnis. In der Mittelstufe war der emotionale Druck auf mich allerdings so stark geworden, daß ich mich nicht mehr richtig konzentrieren konnte und meine Noten sich verschlechterten. Aber ich hätte es niemals gewagt, richtig abzurutschen. Ich hatte immer das Gefühl, meine Mutter wäre enttäuscht von mir, und fürchtete, sie müsse sich wegen mir genieren.

Sie arbeitete als Sekretärin, um den Lebensunterhalt für uns zu verdienen. Ihre Arbeit war hart, und erst jetzt begreife ich, daß sie ständig erschöpft gewesen sein muß. Sie war sehr stolz und schämte sich gleichzeitig zutiefst, eine geschiedene Frau zu sein. Wenn andere Kinder zu uns nach Hause kamen, fühlte sie sich sehr unbehaglich. Wir waren arm und mußten kämpfen, um über die Runden zu kommen, aber gleichzeitig hatten wir das immense Bedürfnis, den Schein aufrechtzuerhalten. Und das war einfacher, wenn andere Leute nicht mitbekamen, wie es bei uns daheim aussah. Deshalb machte unser Haus – gelinde gesagt – auch keinen besonders einladenden Eindruck.

Wenn ich von Freunden aufgefordert wurde, bei ihnen zu übernachten, erklärte meine Mutter mir: «Das meinen sie gar nicht so ernst.» Wahrscheinlich wollte sie damit Gegeneinladungen von vornherein ausschließen, aber das erkannte ich natürlich nicht; ich war ja noch ein Kind. Ich glaubte deshalb, was sie mir sagte: daß andere Leute eigentlich nichts mit mir zu tun haben wollten.

Ich wuchs in der Gewißheit auf: Mit mir stimmt etwas nicht. Ich wußte nicht genau was, aber es hatte auf jeden Fall damit zu tun, unerwünscht und nicht liebenswert zu sein. Bei uns zu Hause gab es keine Liebe, nur Pflichten. Am schlimmsten war für mich, daß wir niemals über die große Lüge reden konnten, die wir gemeinsam aufrechterhielten: besser auszusehen, als wir waren – glücklicher, wohlhabender, erfolgreicher. Obwohl der diesbezügliche Druck ganz massiv war, blieb er unausgesprochen. Ich hatte nicht das Gefühl, es jemals fertig bringen zu können, dieses Schweigen, dieses Tabu zu brechen. Ich lebte mit der Angst, jeden Moment könne herauskommen, daß ich einfach nicht so gut wie alle anderen war. Zwar hatte ich gelernt, mich hübsch anzuziehen und gute schulische Leistungen zu erbringen, aber ich fühlte mich immer wie eine Betrügerin, denn innerlich war alles rissig, bis ins Mark. Wenn mich jemand mochte, dann lag es nur daran, daß er mich noch nicht durchschaut hatte. Bald würde er herausfinden, wer ich wirklich war, und mich gleich fallenlassen.

Ohne Vater aufzuwachsen machte die ganze Sache wohl noch schlimmer, denn ich lernte nie, mit männlichen Wesen gleichberechtigt oder zumindest ungezwungen umzugehen. Sie waren für mich wie exotische Tiere, abstoßend und faszinierend zugleich. Meine Mutter erzählte mir nicht viel über meinen Vater, aber das bißchen, was sie sagte, ließ mich nicht gerade stolz auf ihn sein, und so stellte ich ihr auch keine weiteren Fragen; ich hatte Angst vor dem, was ich möglicherweise erfahren würde. Sie mochte Männer überhaupt nicht so gern und gab mir zu verstehen, daß sie im Grunde genommen gefährlich, egoistisch und nicht vertrauenswürdig seien. Aber ich konnte mir nicht helfen. Ich fand Männer faszinierend; schon die kleinen Jungen im Kindergarten hatten es mir angetan. Irgend etwas fehlte in meinem Leben, aber ich wußte beim besten Willen nicht was. Wahrscheinlich wollte ich schrecklich gern jemandem nahe sein, Zuneigung geben und empfangen. Männer und Frauen sollten sich doch eigentlich lieben – das wußte ich –, aber meine Mutter erklärte mir indirekt, manchmal auch ziemlich direkt, daß die Männer uns Frauen nicht glücklich machten, sondern unglücklich – indem sie uns verließen, mit unserer besten Freundin durchbrannten oder uns auf andere Weise betrogen. Mit solchen Geschichten wurde ich groß. Vermutlich habe ich schon sehr früh beschlossen, mir jemanden zu suchen, der mich nicht verlassen würde, nicht verlassen könnte, also vielleicht jemanden, den keine andere Frau haben wollte. Dann vergaß ich, daß ich eine solche Entscheidung je getroffen hatte. Ich verhielt mich nur weiterhin dementsprechend.

Ohne daß es mir damals bewußt gewesen wäre, konnte ich doch nur mit jemandem – insbesondere einem Mann – zusammen sein, wenn er mich brauchte. Der würde mich schon deshalb nicht verlassen, weil ich ihm half und er mir dafür dankbar war.

Es dürfte wohl niemanden überraschen, daß mein erster Freund verkrüppelt war. Bei einem schweren Autounfall hatte er sich seine Wirbelsäule gebrochen. Er trug Beinschienen und ging auf Krücken. Nachts betete ich oft, Gott möge sein Leiden von ihm nehmen und es statt dessen mir auferlegen. Wir gingen zusammen zu Tanzveranstaltungen, und ich blieb den ganzen Abend bei ihm sitzen. Er war wirklich ein netter Junge, und allein deshalb wäre sicher so manches Mädchen gern mit ihm befreundet gewesen. Aber ich hatte andere Gründe. Ich war mit ihm zusammen, weil es *sicher* war; ich tat ihm sozusagen einen Gefallen, und darum konnte er mich nicht zurückweisen, mir nicht weh tun. Es war wie eine Versicherungspolice gegen Leiden. Ich mochte diesen Jungen wirklich sehr gern, aber heute weiß ich, daß ich ihn als Freund ausgesucht hatte, weil mit ihm – genau wie mit mir – etwas nicht stimmte. Sein Defekt war sichtbar, deshalb konnte ich es mir erlauben, Schmerz und Mitleid für *ihn* zu empfinden. Er war allerdings bei weitem der gesündeste Freund, den ich je hatte. Seine Nachfolger waren jugendliche Straftäter, Versager allesamt – lauter Nieten.

Mit siebzehn lernte ich meinen ersten Ehemann kennen. Es hatte in der Schule viele Probleme mit ihm gegeben, und irgendwann ist er dann rausgeflogen. Obwohl seine Eltern geschieden waren, kämpften sie noch immer erbittert gegeneinander. Verglichen mit seiner Lage kam mir meine geradezu rosig vor. Ich wurde ein bißchen lockerer, weil ich mich nicht mehr so sehr zu schämen brauchte. Und natürlich tat er mir leid. Er war ein richtiger kleiner Rebell, und ich glaubte, es läge daran, daß ihn bisher nie jemand richtig verstanden hatte.

Außerdem war mein Intelligenzquotient mindestens zwanzig Punkte höher als seiner. Auch diesen Vorteil brauchte ich neben all den anderen, um überhaupt das Gefühl entwickeln zu können, daß ich ihm gleichwertig war und er mich nicht wegen einer anderen, besseren Frau verlassen würde.

Die zwölf Jahre unserer Ehe waren bestimmt von meiner Weigerung, ihn zu akzeptieren, so wie er war: Ich versuchte die ganze Zeit, ihn zu dem Mann zu machen, der er meiner Überzeugung nach hätte sein können und müssen. Ich war mir sicher, daß er viel glücklicher sein und sich viel wohler fühlen würde, wenn er mir bloß erlaubte, ihm dabei zu helfen, ein guter Vater zu sein, sein Geschäft ordentlich zu führen und mit seiner ganzen Familie gut auszukommen.

Ich hatte meine Ausbildung fortgesetzt und als Hauptfach – wie sollte es anders sein? – Psychologie gewählt. Obwohl mir die Kontrolle über mein eigenes Leben völlig zu entgleiten drohte, beschäftigte ich mich im Studium damit, wie ich anderen Menschen am besten helfen konnte.

Ich will mir selbst gegenüber nicht ungerecht sein: Natürlich suchte ich nach Wegen, nach Lösungen, und trotzdem glaubte ich, ich müsse *ihn* dazu bringen, sich zu ändern, damit ich selbst glücklich sein konnte. Denn er brauchte doch ganz offensichtlich meine Hilfe: Er bezahlte weder Rechnungen noch Steuern. Er machte den Kindern und mir Versprechungen, die er nicht hielt. Er brachte seine Kunden gegen sich auf, die dann mich anriefen, um sich darüber zu beschweren, daß er ihre Aufträge zwar annahm, aber nicht ordnungsgemäß ausführte.

Erst als ich erkennen konnte, wer er wirklich war, statt mich an mein Wunschbild von ihm zu klammern, schaffte ich es, ihn zu verlassen. Die letzten drei Monate unserer Ehe sah ich einfach nur hin – statt ihm weiterhin endlos Vorträge zu halten, beschränkte ich mich darauf, still zu sein und zu beobachten. Dabei erkannte ich, daß ich mit dem Mann, der er wirklich war, nicht leben konnte. All die Jahre hatte ich nur darauf gewartet und dafür gearbeitet, daß er sich endlich als wunderbarer, liebenswerter Mann entpuppen würde. Als Mann, der sich mir zuliebe geändert hatte. Nur wegen dieser Hoffnung war ich bei ihm geblieben.

Trotzdem war mir nicht bewußt, daß meiner Partnerwahl ein Muster zugrunde lag: Ich geriet immer an Männer, die nach meiner Überzeugung nicht ganz das verkörperten, was in ihnen steckte, und die deshalb auf meine Hilfe angewiesen waren. Bevor ich dieses Muster verstand, mußte ich noch etliche Beziehungen mit unmöglichen Männern hinter mich bringen: Einer war von Marihuana abhängig, ein anderer war homosexuell, ein dritter impotent, und der, mit dem ich die längste Beziehung hatte, war angeblich unglücklich verheiratet. Nach unserer Trennung, die übrigens katastrophal verlief, konnte ich mir nicht länger vormachen, ich hätte halt immer Pech mit Männern: Ich mußte also auch meinen Teil zu dem beigetragen haben, was mir widerfuhr.

Zu diesem Zeitpunkt arbeitete ich schon als Psychologin, und mein ganzes Leben kreiste darum, anderen zu helfen. Heute weiß ich, daß es in dieser Berufssparte viele Menschen wie mich gibt: Menschen, die ihre gesamte Arbeitszeit damit verbringen, sich um andere zu kümmern, und trotzdem das Bedürfnis verspüren, diese Helferrolle auch auf ihre privaten Beziehungen zu übertragen. Mein Verhältnis zu meinen Söhnen bestand eigentlich nur darin, sie zu ermahnen und zu ermutigen, ihnen Anweisungen zu geben und mir Sorgen um sie zu machen. Genau das hielt ich für Liebe, denn etwas anderes hatte ich nicht kennengelernt. Ich wäre nie auf die Idee gekommen, die Menschen als diejenigen zu akzeptieren, die sie waren – wahrscheinlich, weil ich mich selbst nie akzeptiert habe.

Es klingt komisch, aber an diesem Punkt tat mir das Leben einen großen Gefallen, indem es völlig auseinanderfiel. Meine Beziehung zu dem verheirateten Mann ging in die Brüche, meine beiden Söhne gerieten mit dem Gesetz in Konflikt, und ich war gesundheitlich am Ende. Ich konnte mich einfach nicht mehr um alle anderen kümmern. Aber erst der Bewährungshelfer meiner Söhne legte mir nahe, etwas für mich selbst zu tun. Von diesem Mann konnte ich mir so etwas sagen lassen. Nach all den Jahren meines Psychologiestudiums war er derjenige, der schließlich zu mir durchdrang. Mein gesamtes Leben mußte vor meinen Augen in Scherben liegen, bevor ich mich in meinem ganzen Selbsthaß endlich wahrnehmen konnte.

Es fiel mir ungeheuer schwer, mich zu der Erkenntnis durchzuringen, daß ich für meine Mutter eigentlich nur eine Belastung gewesen war, daß sie mich im Grunde nicht gewollt hatte. Mittlerweile kann ich verstehen, wie schwer es für sie war, mich großzuziehen. All die Botschaften, durch die sie mir vermittelte, daß andere Leute mich nicht um sich haben wollten – handelten im Grunde von ihr selbst. Vermutlich habe ich es schon als Kind geahnt, aber nicht damit umgehen können und es daher ignoriert. Diese Ignoranz verselbständigte sich bald: Ich verschloß die Ohren vor ihrer ständigen Kritik an mir; ich ließ es gar nicht an mich herankommen, wenn sie wütend auf mich wurde, nur weil ich mich über irgend etwas freute. Die Feindseligkeit, die sie mir entgegenbrachte, war zu bedrohlich, als daß ich sie hätte aushalten können, also ließ ich sie auch nicht an mich heran. Ich hörte auf, etwas zu fühlen, ich hörte auf, zu reagieren. Ich konzentrierte all meine Energie darauf, ein braves Mädchen zu sein und anderen zu helfen. Solange ich mich mit anderen Menschen beschäftigte, brauchte ich mich nicht mir selbst zuzuwenden, brauchte ich meinen eigenen Schmerz nicht zu fühlen.

Obwohl es mich große Überwindung kostete, engagierte ich mich in einer Selbsthilfegruppe von Frauen, deren Probleme mit Männern meinen sehr ähnlich waren. Solche Gruppen hatte ich zuvor als Psychologin geleitet, und in dieser saß ich nun als ganz einfaches Mitglied. Obwohl mein Selbstwertgefühl sehr darunter litt, nahm ich die Hilfe der Gruppe an. Ich konnte endlich erkennen, wie groß mein Bedürfnis war, über andere zu bestimmen, andere zu kontrollieren. Die Gruppe half mir auch, diesem Bedürfnis nicht mehr nachzugeben und es schließlich abzubauen. Ich begann, gesund zu werden. Statt an allen anderen herumzudoktern, kümmerte ich mich zum erstenmal um mich selbst. Ich hatte viel Arbeit vor mir. Schon die ersten Versuche, mich zurückzuhalten und mich nicht mehr auf die Probleme anderer zu stürzen, brachten es mit sich, daß ich fast nichts mehr sagen durfte! Denn schon seit langem war praktisch alles, was ich von mir gab, auf irgendeine Weise «hilfreich». Ich war selbst schockiert darüber, wie sehr das Bedürfnis, zu kontrollieren und Einfluß zu nehmen, mein Verhalten bestimmte. Mit der Änderung dieses Verhaltens ging auch eine radikale Änderung meiner Einstellung zu meinem Beruf einher. Mittlerweile bin ich viel eher dazu in der Lage, meine Klienten mitfühlend zu begleiten, während sie an ihren Problemen arbeiten. Früher hatte ich es immer für meine Aufgabe gehalten, ihr Leben in Ordnung zu bringen. Heute ist es mir wichtiger, sie zu verstehen.

Nach einiger Zeit lernte ich einen netten Mann kennen. Er brauchte mich nicht, denn ihm fehlte nichts. Anfangs war mir recht unbehaglich zumute, weil ich erst lernen mußte, einfach mit ihm zusammen zu sein, statt schon wieder zu versuchen, sein ganzes Leben umzukrempeln. So war ich schließlich immer mit anderen Menschen umgegangen. Aber ich lerne allmählich, nicht zu agieren, sondern nur ich selbst zu sein, und bisher geht das recht gut. Es kommt mir so vor, als bekäme mein Leben erst jetzt einen Sinn. Ich gehe weiterhin zu meiner Gruppe, um nicht in meine alten Verhaltensweisen zurückzufallen. Noch immer möchte ich manchmal alles um mich herum selbst in die Hand nehmen, aber ich hüte mich davor, diesem Bedürfnis nachzugeben.

Auch in diesem Bericht geht es um Verleugnung und Kontrolle. Pam begann schon als Kind, ein Stück Realität zu leugnen: die Wut und Feindseligkeit nämlich, die ihr die eigene Mutter entgegengebracht hatte. Sie konnte das Gefühl nicht zulassen, ein ungewolltes, ungeliebtes Kind zu sein. Sie konnte überhaupt keine Gefühle zulassen, weil diese zu schmerzhaft gewesen wären. Die Unfähigkeit, eigene Empfindungen wahrzunehmen und auszuhalten, bereitete sie auf die Beziehungen zu den Männern vor, die sie sich später als Partner wählte. Deutliche Signale, die andere Frauen schon bei der Kontaktaufnahme vor solchen Männern gewarnt hätten, wurden von ihr ignoriert (geleugnet). Weil sie nicht spüren konnte, was eine Beziehung emotional für *sie* bedeuten würde, konnte sie lediglich wahrnehmen, daß jemand ihr Verständnis und ihre Hilfe brauchte.

Pams Rolle in Beziehungen bestand darin, ihrem Partner Verständnis entgegenzubringen, ihm Mut zuzusprechen und positiven Einfluß auf ihn auszuüben. Dieses Muster ist typisch für Frauen, die zu sehr lieben. Das erwünschte Resultat tritt allerdings meist nicht ein. Im Gegenteil: Statt dem dankbaren, loyalen Partner, der durch Hingabe und Abhängigkeit an sie gebunden ist, sieht sich eine solche Frau bald einem Mann gegenüber, der sich immer stärker gegen sie auflehnt, sich immer häufiger über sie ärgert und immer mehr an ihr auszusetzen hat. Aus dem eigenen Bedürfnis heraus, seine Autonomie und Selbstachtung zu erhalten, kann er sie nicht länger als die Lösung all seiner Probleme ansehen. Statt dessen wird sie in seinen Augen zur Ursache vieler, wenn nicht gar aller Schwierigkeiten, mit denen er zu kämpfen hat.

Zerfällt die Beziehung daraufhin, wird die Frau in tiefe Verzweiflung gestürzt. Sie erlebt sich als totale Versagerin. Wenn sie noch nicht einmal einen so bedürftigen, so unzulänglichen Mann dazu bringen konnte, sie zu lieben, wie sollte sie dann je hoffen können, von einem stabileren, angemesseneren Partner geliebt zu werden, womöglich sogar auf Dauer? Diese negative Selbsteinschätzung veranlaßt solche Frauen, sich von einer schädlichen Beziehung in die nächste, vielleicht noch katastrophalere zu begeben. Mit jedem Mißerfolg fühlen sie sich zunehmend wertlos.

An dieser Stelle wird deutlich, wie schwierig es für eine Frau wie Pam ist, dieses Muster zu überwinden, sofern sie nicht zu verstehen lernt, welches grundlegende Bedürfnis sie treibt. Wie viele Frauen in helfenden Berufen benutzte auch Pam ihre Karriere dazu, ihr schwach ausgeprägtes Selbstwertgefühl zu stärken. Nur auf Hilfsbedürftigkeit – ob bei ihren Klienten, Kindern, Ehemännern oder anderen Partnern – vermochte sie zu reagieren. In jedem ihrer Lebensbereiche versuchte sie mit allen ihr zur Verfügung stehenden Mitteln, das tiefsitzende Gefühl von Unzulänglichkeit und Minderwertigkeit nicht hochkommen zu lassen. Ihre Selbstachtung wuchs erst, als Pam in ihrer Gruppe erlebte, welch große Heilwirkung im Verständnis und in der Anerkennung liegt, wenn es einem von *Gleichrangigen* entgegengebracht wird. Sie lernte, mit anderen Menschen umzugehen, ohne sie kontrollieren zu müssen, und sie lernte, mit einem Mann zusammen zu sein, der nicht auf ihre Hilfe angewiesen war.

CELESTE: *45 Jahre alt; Mutter von zwei Kindern, die mit ihrem Vater außerhalb der USA leben*

Ich bin in meinem Leben mit mindestens hundert Männern zusammen gewesen, und wenn ich jetzt so darüber nachdenke, könnte ich wetten, daß jeder von ihnen entweder viel jünger als ich oder ein Betrüger oder drogenabhängig oder Alkoholiker oder homosexuell oder geistesgestört war. Hundert unmögliche Männer! Wo habe ich die nur alle aufgetrieben?

Mein Vater war Kaplan bei der Marine. Seinem hohen Amt entsprechend erweckte er nach außen hin den Eindruck eines gütigen, liebevollen Mannes. Zu Hause gab er sich allerdings keine Mühe, den Schein zu wahren – er war gemein, herrisch, streng und egoistisch. Sowohl er als auch meine Mutter glaubten, wir Kinder seien nur dazu da, ihm zu helfen, seine berufliche Fassade aufrechtzuerhalten. Sie erwarteten von uns, daß wir ihm alle Ehre machten, indem wir die besten Zeugnisse hatten, uns in Gesellschaft gut zu benehmen wußten und niemals in Schwierigkeiten gerieten. Bei dem Klima, das bei uns zu Hause herrschte, war dies allerdings unmöglich. Wenn mein Vater daheim war, hätte man die Spannung mit den Händen greifen können. Meine Mutter und mein Vater standen sich nicht nahe. Sie war immer wütend, neigte aber nicht zu Ausbrüchen; es war eher so ein ständiges Brodeln. Jedesmal, wenn mein Vater etwas tat, worum sie ihn gebeten hatte, machte er es absichtlich falsch. Einmal war unser Eßzimmertisch kaputt, und er reparierte ihn mit einem riesengroßen Nagel, der das gute Stück natürlich ruinierte. Wir alle lernten, ihn in Ruhe zu lassen.

Nach seiner Pensionierung war er Tag und Nacht zu Hause, saß in seinem Sessel und machte ein finsteres Gesicht. Er sagte nicht viel, aber schon allein seine Anwesenheit machte uns das Leben schwer. Ich haßte ihn zutiefst. Damals konnte ich natürlich nicht sehen, daß er selbst Probleme hatte und daß auch unsere Reaktionen auf ihn nicht unproblematisch waren: Schließlich ließen wir es zu, daß er uns durch seine bloße Anwesenheit kontrollierte. Es war ein ständiger Wettkampf: Wer kann wen kontrollieren? Und er gewann jedesmal, allein durch sein passives Verhalten.

Jedenfalls war aus mir schon lange der Rebell in der Familie geworden. Ich verspürte ständig Wut, genau wie meine Mutter, und meine Wut konnte ich nur zum Ausdruck bringen, indem ich alle Wertvorstellungen meiner Eltern ablehnte, mein Zuhause verließ und versuchte, das Gegenteil von allem und jedem in der Familie zu werden. Ich glaube, was mich am meisten in Wut geraten ließ, war die Tatsache, daß wir nach außen hin so normal wirkten. Ich hätte es am liebsten von den Dächern gebrüllt, wie furchtbar meine Familie war, aber das schien sonst niemandem aufzufallen. Meine Mutter und meine Schwestern waren gewillt, mich zum Problemkind zu machen. Ich tat ihnen den Gefallen, indem ich diese Rolle voll ausspielte.

An der High School gab ich eine Underground-Zeitung heraus, die viel Wirbel machte. Dann ging ich fort, aufs College, und sobald sich die Gelegenheit ergab, verließ ich das Land. Ich wollte so weit weg wie möglich. Nach außen wirkte ich sehr rebellisch, aber innerlich war ich eigentlich nur verwirrt.

Meine ersten sexuellen Erfahrungen machte ich, als ich im Entwicklungsdienst arbeitete, aber nicht mit einem Kollegen, sondern mit einem jungen afrikanischen Studenten. Er war sehr begierig, etwas über die USA zu erfahren, und ich kam mir vor wie seine Lehrerin – stärker, klüger, weltgewandter. Ich eine Weiße, er ein Schwarzer: diese Tatsache wirbelte viel Staub auf. Das störte mich nicht; es bestärkte nur mein Selbstbild: Ich war eben eine richtige Rebellin.

Ein paar Jahre später – damals ging ich noch aufs College – lernte ich einen Spanier kennen und heiratete ihn. Er war ein richtiger Intellektueller und stammte aus einer wohlhabenden Familie. Davor hatte ich Respekt. Außerdem war er 27 Jahre alt und noch immer «unschuldig». Wieder war ich die Lehrerin, konnte mich stark und unabhängig fühlen und die Kontrolle übernehmen.

Wir waren sieben Jahre lang verheiratet und lebten die ganze Zeit über im Ausland. Ich wurde sehr ruhelos und fühlte mich unglücklich, wußte aber nicht warum. Dann lernte ich einen jungen verwaisten Studenten kennen und begann eine stürmische Affäre mit ihm, in deren Verlauf ich meinen Mann und die Kinder verließ. Vor unserer Bekanntschaft hatte dieser Junge nur mit Männern sexuelle Kontakte gehabt. Wir lebten zwei Jahre lang zusammen in meiner Wohnung. Auch während dieser Zeit hatte er Liebhaber, aber das störte mich nicht. Sexuell probierten wir alles aus, was uns einfiel, brachen alle Regeln. Für mich war es ein aufregendes Abenteuer, aber nach einer gewissen Zeit wurde ich wieder ruhelos und schob ihn allmählich ab, nicht als Freund – wir sind heute noch befreundet –, sondern als Liebhaber. Daran schlossen sich die verschiedensten Beziehungen an. Unter meinen Liebhabern fanden sich auch ziemlich heruntergekommene Typen. Sie alle zogen bei mir ein. Die meisten liehen sich auch noch Geld von mir, in einigen Fällen Tausende von Dollars, und ein paar Männer verwickelten mich in ziemlich illegale Geschäfte.

Trotz dieser ganzen Erlebnisse wäre mir nie in den Sinn gekommen, daß ich Probleme hatte. Solange jeder dieser Männer etwas von mir bekam, fühlte ich mich als die Starke, als diejenige, die für alles die Verantwortung übernahm.

Dann kehrte ich in die USA zurück und ließ mich mit einem Mann ein, der wahrscheinlich der schlimmste von allen war. Seine Alkoholabhängigkeit hatte bei ihm schon zu Hirnschädigungen geführt. Er war leicht erregbar und neigte zu Gewalttätigkeiten. Er wusch sich nur selten, arbeitete nicht und sah einer Gefängnisstrafe wegen Delikten entgegen, die im Zusammenhang mit seinem Alkoholproblem standen. Ich begleitete ihn zu einer Beratungsstelle, wo er einen Kursus für Autofahrer absolvierte, denen der Führerschein wegen Trunkenheit am Steuer entzogen worden war. Der Leiter dieses Kurses empfahl mir, einen der hauseigenen Berater aufzusuchen, weil auch ich offensichtlich Probleme hätte. Für ihn war das wohl deutlich erkennbar, für mich aber keineswegs. Ich war mitgekommen in dem Glauben, mein *Partner* habe Probleme. Auf die Idee, daß ich selbst welche haben könnte, wäre ich nie gekommen. Trotzdem ging ich zu einer Beratungssitzung, und die Therapeutin brachte mich sofort dazu, über einige Aspekte meiner Beziehungen zu Männern zu reden. Ich hatte mein Leben noch nie von diesem Blickwinkel aus betrachtet. Ich entschloß mich, weiterhin zu ihr zu gehen, und dadurch wurde mir geholfen, die Muster zu erkennen, die ich entwickelt hatte.

Als Kind hatte ich derart viele Gefühle verdrängt, daß ich nunmehr all die Aufregung und Anspannung brauchte, die diese Männer mir boten, um mich überhaupt lebendig zu fühlen. Schwierigkeiten mit der Polizei, Experimente mit

Drogen, krumme Geschäfte, gefährliche Leute, verrückter Sex – das alles war alltäglicher Bestandteil meines Lebens geworden. Und selbst dabei konnte ich nicht allzuviel fühlen.

Ich ging also weiterhin zur Beratung und zusätzlich – auf Anregung meiner Therapeutin – in eine Frauengruppe. Dort begann ich überhaupt erst, mich selbst kennenzulernen; ich verstand beispielsweise, daß ich an kranken, gestörten, mir unterlegenen Männern interessiert war, weil ich sie mit meinen hilfreichen Bemühungen beherrschen konnte. Obwohl ich in Spanien jahrelang in Psychoanalyse gewesen war und endlos über meinen Haß auf meinen Vater und meine Wut auf meine Mutter geredet hatte, war mir doch nie klargeworden, wieviel das alles mit meiner zwanghaften Fixierung auf schwer neurotische Männer zu tun hatte. Obwohl ich immer geglaubt hatte, die Analyse würde mir sehr gut tun, hatte sie mir doch nicht geholfen, dieses Muster zu ändern. Wenn ich mein Verhalten überprüfe, muß ich sogar sagen, daß es mit den Jahren schlimmer wurde.

Jetzt, wo es mir mit Hilfe von Beratung und Frauengruppe langsam besser geht, werden auch meine Beziehungen zu Männern allmählich normaler. Vor einiger Zeit ließ ich mich mit einem Zuckerkranken ein, der sein Insulin nicht nehmen wollte, und sofort schlüpfte ich wieder in die Helferrolle: Ich hielt ihm Vorträge darüber, wie gefährlich es war, was er da tat, und versuchte, sein Selbstwertgefühl aufzurichten. Es klingt vielleicht komisch, aber diese Beziehung bedeutete für mich tatsächlich einen Schritt *vorwärts*! Zumindest war er kein Drogenabhängiger. Trotzdem spielte ich wieder einmal meine vertraute Rolle als starke Frau, die die volle Verantwortung für das Wohlergehen ihres Partners übernimmt. Ich werde mich wohl eine Zeitlang von Männern ganz fernhalten, denn ich habe endlich erkannt, daß ich mich eigentlich überhaupt nicht für einen Mann verantwortlich fühlen will, obwohl ich nach wie vor nicht weiß, was ich sonst für Männer empfinden sollte. Sie gaben mir die Möglichkeit, mich nicht mit mir selbst beschäftigen zu müssen. Erst allmählich lerne ich, mich anzunehmen, mich zu lieben, mich zur Abwechslung einmal um mich selbst zu kümmern. Und davon würden mich Männer im Moment nur ablenken – dazu habe ich sie ja mein Leben lang benutzt. Aber dieser Prozeß macht mir auch Angst, denn bisher konnte ich mich immer so viel besser um andere kümmern als um mich selbst.

Auch in diesem Bericht sehen wir, wie eng Verleugnung und Kontrolle miteinander verbunden sind. In Celestes Familie herrschte emotionales Chaos, das weder in Worte gefaßt noch auf irgendeine andere Weise zum Ausdruck gebracht werden durfte. Selbst Celestes Rebellion gegen die familiären Regeln und Normen deutete nur indirekt darauf hin, wie schwer, wie tiefgreifend gestört diese Familie im Grunde war. Sie schrie und brüllte, aber die anderen hörten einfach nicht hin. In ihrer Frustration und Einsamkeit verschloß sie sich vor all ihren Gefühlen – außer der Wut. Sie war wütend auf ihren Vater, weil er sich ihr nie zuwandte, wütend auf den Rest der Familie, weil sich alle zu akzeptieren weigerten, daß es Probleme gab und daß Celeste unter ihnen litt. Diese Wut hatte etwas Diffuses; Celeste verstand nicht, daß sie wütend war, weil sie sich immer so hilflos fühlte – unfähig, in ihrer Familie eine Veränderung zu bewirken. Sie liebte und brauchte ihre Familie, aber in diesem Milieu konnte ihren emotionalen Bedürfnissen nach Liebe und Sicherheit unmöglich entsprochen werden. Folglich suchte sie sich später Beziehungen, die sie kontrollieren *konnte*: mit Männern, die weniger gebildet oder erfahren waren als sie, deren finanzielle Lage oder gesellschaftliche Stellung der ihren nicht entsprach. Wie sehr sie Beziehungsmuster dieser Art brauchte, kommt in der Wahl ihres letzten Partners kraß zum Ausdruck: Er war ein Alkoholiker im Endstadium, der dem Stereotyp des «Penners» weitgehend entsprach. Und noch immer hatte die intelligente, kultivierte, gebildete und weltgewandte Celeste nicht die geringste Ahnung, wie unangemessen, wie schädlich diese Verbindung war. Die Verleugnung ihrer eigenen Gefühle und Wahrnehmungen und ihr Bedürfnis, den Mann und die Beziehung zu kontrollieren, überwogen bei weitem jede mögliche Einsicht. Gesund zu werden hieß für Celeste vor allem, sich selbst und ihr Leben nicht mehr intellektuell zu analysieren, sondern statt dessen den tiefen seelischen Schmerz zu fühlen, der die schreckliche Isolation begleitete, die sie als Kind hatte ertragen müssen. Zu ihren zahlreichen, exotischen sexuellen Abenteuern kam es überhaupt nur, weil sie so wenig echte Verbindung zu anderen Menschen und zu ihrem eigenen Körper spürte. Diese Abenteuer bewahrten sie davor, das Risiko echter Intimität mit anderen eingehen zu müssen. Dramatik und Aufregung traten an die Stelle von Nähe mit all ihrer bedrohlichen Intensität. Gesund zu werden bedeutete für sie, sich ohne die Ablenkung durch einen Mann selbst auszuhalten, ihre eigenen Gefühle zu spüren, eben auch den Schmerz über ihre Isolation. Es bedeutete, sich anderen Frauen zuzuwenden, die ihr Verhalten verstanden und ihre Bemühungen um Veränderung ernst nahmen. Celeste muß lernen, anderen Frauen nahe zu kommen und ihnen zu vertrauen, aber auch, sich selbst nahe zu kommen, sich selbst zu vertrauen.

Celeste muß eine Beziehung zu sich selbst entwickeln, bevor sie eine befriedigende Beziehung zu einem Mann aufnehmen kann, und auf diesem Gebiet muß sie noch intensiv an sich arbeiten. Im Grunde drückte sich in all ihren Begegnungen mit Männern nur ihre eigene Wut, ihr eigenes Chaos, ihre eigene Rebellion aus, und die Versuche, diese Männer zu kontrollieren, waren auch Versuche, die inneren Kräfte und Gefühle zu bezwingen, von denen sie getrieben wurde. Sie muß sich auf die eigene Person konzentrieren; die daraus erwachsende größere innere Stabilität wird sich dann in ihren Interaktionen mit Männern widerspiegeln. Solange Celeste nicht gelernt hat, sich selbst zu lieben, sich selbst zu vertrauen, ist sie auch nicht dazu fähig, Liebe und Vertrauen einem Mann gegenüber zu empfinden oder von einem Mann anzunehmen.

Viele Frauen begehen den Fehler, nach einem Mann zu suchen, mit dem sie eine Beziehung aufbauen können, ohne zuvor eine Beziehung zu sich selbst entwickelt zu haben: Sie laufen von einem Mann zum nächsten und hoffen, in ihm zu finden, was in ihnen selbst nicht vorhanden ist. Aber die Suche muß bei der eigenen Person beginnen. Niemand kann uns genügend lieben, um unserem Leben die Erfüllung zu geben, solange wir uns nicht selbst lieben. Wenn wir mit unserer inneren Leere losziehen, um nach Liebe zu suchen, dann können wir nichts anderes finden als noch mehr Leere. Die äußere Gestaltung unseres Lebens spiegelt das wider, was tief in uns selbst verankert ist: ob wir von unserem eigenen Wert überzeugt sind, von unserem Recht auf Glück, und was wir im Leben zu verdienen glauben. Ändern sich diese Überzeugungen, so ändert sich auch unser Leben.

JANICE: *38 Jahre alt; verheiratet, Mutter von drei noch nicht volljährigen Söhnen*

Wer wie ich so hart daran gearbeitet hat, nach außen hin den Schein zu wahren, dem wird es praktisch unmöglich sein, einem anderen Menschen zu zeigen, was wirklich in ihm vorgeht. Und außerdem: Wer kennt sich denn schon selbst gut genug? Viele Jahre lang habe ich verheimlicht, was bei uns zu Hause los war, während ich in der Öffentlichkeit eine große Show abzog. Schon als Schulkind begann ich, Verantwortung zu übernehmen, für Ämter zu kandidieren, in Führungspositionen aufzusteigen. Ich fühlte mich großartig. Manchmal glaube ich, ich wäre gern mein Leben lang in der High School geblieben. Dort konnte ich Erfolge erzielen. Ich war «Homecoming Queen»*, stellvertretende Klassensprecherin und führte bei Paraden den Spielmannszug der Schule an. Robbie und ich wurden einmal sogar zum «Pärchen des Jahres» gekürt. Alles sah einfach gut aus.

Dasselbe galt für mein Zuhause. Mein Vater war Vertreter und verdiente hervorragend. Wir hatten ein hübsches großes Haus mit Swimmingpool und so gut wie alles, was wir in materieller Hinsicht brauchten. Äußerlich fehlte es uns an nichts, nur innerlich, aber das bekam ja niemand zu sehen.

Mein Vater war ständig unterwegs. Er genoß es, in Motels zu übernachten, Frauenbekanntschaften in Bars zu machen.

---

* Die weibliche Repräsentantin des jährlich stattfindenden High School (oder College/University)-Festes, zu dem alle ehemaligen Schüler (Studenten), Eltern etc. eingeladen werden; die Wahl zur H. Q. gilt als hohe Ehre *(A. d. Ü.)*.

Wann immer er zu Hause war, kam es zwischen ihm und meiner Mutter zu einem Riesenkrach, in dessen Verlauf sie, aber auch wir Kinder, uns anhören mußten, wie er sie mit all den Frauen verglich, deren – nähere – Bekanntschaft er gemacht hatte. Manchmal wurden aus diesen Streitereien sogar gewalttätige Auseinandersetzungen. In solchen Fällen versuchte mein Bruder, dazwischenzugehen, oder ich rief die Polizei an. Es waren schreckliche Szenen.

Wenn er dann wieder unterwegs war, führte meine Mutter lange Gespräche mit meinem Bruder und mir. Sie fragte uns, ob sie ihn verlassen sollte. Weder mein Bruder noch ich wollten die Verantwortung für diese Entscheidung tragen, obwohl wir ihre ständigen Streitereien haßten. Wir antworteten ihr deshalb immer nur ausweichend. Sie verließ ihn jedoch nicht, weil sie zu große Angst vor dem Verlust seiner finanziellen Unterstützung hatte. Statt dessen ging sie immer häufiger zum Arzt und ließ sich Beruhigungsmittel verschreiben, um die ganzen Querelen durchhalten zu können. Es interessierte sie dann auch nicht mehr, was mein Vater tat: Sie ging einfach in ihr Zimmer, nahm ein, zwei Tabletten zusätzlich, und blieb drin – bei geschlossener Tür. Wenn sie sich zurückzog, mußte ich ziemlich viele ihrer Aufgaben übernehmen, aber das machte mir nicht allzuviel aus. Es war besser, als ihre Streitereien mitanzuhören.

Als ich meinen späteren Ehemann kennenlernte, war ich beinahe eine Expertin im Übernehmen von Verantwortung für andere Leute.

Wir lernten uns im Jahr vor dem Highschool-Abschluß kennen, und schon damals hatte er Probleme mit Alkohol. Sein Spitzname war «Burgie», weil er soviel «Burgermeister»-Bier trank. Aber darüber machte ich mir keine Sorgen. Ich war mir sicher, ich könnte mit jeder schlechten Angewohnheit von Robbie fertig werden. Man hatte mir schon oft gesagt, ich sei sehr erwachsen für mein Alter, und daran glaubte ich auch.

Robbie machte einen liebenswerten Eindruck auf mich, und ich fühlte mich sofort von ihm angezogen. Er hatte etwas von einem Cockerspaniel, etwas Sanftes, Flehentliches, und dabei riesengroße braune Augen. Wir verabredeten uns regelmäßig, nachdem ich seinen besten Freund hatte wissen lassen, daß ich mich für Robbie interessierte. Ich habe praktisch die ganze Sache eingefädelt, denn er wäre viel zu schüchtern gewesen, um den ersten Schritt zu wagen – das hatte ich ihm sofort angesehen. Von da an gingen wir jedenfalls miteinander. Gelegentlich hielt er eine unserer Verabredungen nicht ein, was ihm am nächsten Tag dann immer furchtbar leid tat; er entschuldigte sich damit, daß er zuviel getrunken, den Überblick verloren und dabei alles vergessen hätte. Daraufhin hielt ich ihm eine Standpauke, schimpfte ihn aus und vergab ihm schließlich. Er schien beinahe dankbar zu sein, daß er in mir jemanden hatte, der ihn immer wieder auf den «rechten Weg» zurückbrachte. Ich war ihm nicht nur Freundin, sondern auch Mutterersatz. Ich nähte seine Hosen um, erinnerte ihn an Geburtstage in seiner Familie und gab ihm Ratschläge, wenn es um seine schulischen und beruflichen Pläne ging. Robbies Eltern waren sehr nett; sie hatten sechs Kinder, und außerdem lebte der kranke Großvater bei ihnen. Der familiäre Druck setzte allen etwas zu, und ich gab Robbie daher mit größter Bereitwilligkeit die Aufmerksamkeit, die er zu Hause nicht bekommen konnte.

Etwa zwei Jahre nach seinem Highschool-Abschluß sollte er zum Militär eingezogen werden. Damals war die Truppenstärke in Vietnam noch relativ gering, und die verheirateten Männer wurden vom Militär befreit. Ich wagte nicht, mir auszumalen, was Robbie in Vietnam passieren würde. Ich könnte jetzt behaupten, ich hätte Angst davor gehabt, er würde verwundet oder gar getötet werden. Aber wenn ich ehrlich bin, muß ich zugeben, daß mich vielmehr der Gedanke beunruhigte, er könnte dort womöglich erwachsen werden und würde mich nach seiner Rückkehr vielleicht nicht mehr brauchen.

Ich gab ihm deutlich zu verstehen, daß ich zur Heirat bereit war, um ihn vor dem Militärdienst zu bewahren. So kam unsere Ehe zustande. Wir waren beide zwanzig, als wir heirateten. Ich weiß noch, wie er sich beim Hochzeitsempfang so fürchterlich betrank, daß ich mich ans Steuer setzen mußte; schließlich wollten wir ja in die Flitterwochen fahren. Die Leute haben sich köstlich amüsiert.

Nach der Geburt unserer Söhne wurde es mit dem Trinken bei ihm schlimmer. Er erklärte mir, daß er den ganzen Druck nicht aushalten könne, daß er auch mal raus müsse, daß wir einfach zu jung geheiratet hätten. Er ging oft zum Angeln, auch übers Wochenende, und verbrachte viele Abende mit seinen Freunden in der Kneipe. Ich wurde darüber nie richtig wütend; er tat mir nur schrecklich leid. Wenn er wieder getrunken hatte, fand ich jedesmal eine Entschuldigung dafür und strengte mich noch mehr an, es zu Hause gemütlicher zu machen.

Vermutlich hätten wir eine Ewigkeit so weitermachen können; jedes Jahr wäre es eben ein Stück bergab gegangen. Aber schließlich fiel er mit seiner Trinkerei bei der Arbeit auf. Seine Kollegen und sein Chef stellten ihn zur Rede und ließen ihm nur die Wahl, entweder das Trinken aufzugeben oder seinen Job zu verlieren. Er gab das Trinken auf.

Und damit ging der Ärger los. All die Jahre, in denen Robbie getrunken hatte und dauernd in Schwierigkeiten geraten war, wußte ich doch zweierlei: erstens, daß er mich brauchte, und zweitens, daß es niemand anders mit ihm aushalten würde. Nur deswegen konnte ich mich sicher fühlen. Natürlich mußte ich mir eine Menge gefallen lassen, aber das nahm ich in Kauf. Mein Vater hatte sich damals viel schlimmer aufgeführt, als es Robbie je eingefallen wäre: Er hatte meine Mutter geprügelt und eine Affäre nach der anderen gehabt – mit Frauen, die er in Bars aufgabelt hatte. Ein Ehemann, der nur zuviel trank, war für mich bei weitem das kleinere Übel. Außerdem konnte ich zu Hause schalten und walten, genau wie ich es wollte, und wenn er wirklich einmal verrückt spielte, dann schimpfte ich und weinte, und er riß sich ein, zwei Wochen zusammen. Mehr wollte ich eigentlich auch gar nicht.

Aber das wurde mir erst klar, als er mit dem Trinken aufhörte. Ganz plötzlich ging mein armer, hilfloser Robbie jeden Abend zu A. A.-Meetings, schloß neue Freundschaften, führte ernste Telefongespräche mit Leuten, die ich nicht einmal kannte. Dann suchte er sich bei A. A. einen Sponsor, und an diesen Mann wandte er sich jedesmal, wenn er ein Problem oder eine Frage hatte. Ich fühlte mich um meinen Job betrogen und war ungeheuer wütend. Ich muß gestehen, daß mir unser

Leben viel besser gefallen hatte, als er noch trank. Denn vor seinem Entzug war ich es gewesen, die seinen Chef mit irgendeiner faulen Ausrede anrief, wenn Robbie wieder mal so einen Kater hatte, daß er nicht zur Arbeit gehen konnte. Ich belog seine Familie und seine Freunde, wenn er sich wegen seiner Trinkerei – ob bei der Arbeit oder als Autofahrer – wieder mal Ärger eingehandelt hatte. Im allgemeinen war es meine Aufgabe gewesen, zwischen ihm und der Außenwelt zu vermitteln. Und damit sollte nun plötzlich Schluß sein! Jedesmal, wenn er mit etwas Schwierigem fertig werden mußte, telefonierte er mit seinem Sponsor, der immer darauf bestand, daß Robbie Probleme direkt anging. Robbie beherzigte diese Anweisungen, ganz gleich, worum es sich handelte. Hinterher rief er wieder seinen Sponsor an, um ihm Bericht zu erstatten. Bei diesen ganzen Veränderungen geriet ich völlig ins Abseits.

Ich hatte jahrelang mit einem verantwortungslosen, unzuverlässigen und sehr unehrlichen Mann zusammen gelebt, aber erst, als Robbie schon neun Monate trocken war und in jeder Hinsicht Fortschritte machte, mußten wir feststellen, daß wir uns häufiger und heftiger stritten als je zuvor. Am wütendsten machte es mich, daß er seinen A. A.-Sponsor anrief, um herauszufinden, wie er mit *mir* umgehen sollte. Es schien, als sei *ich* die größte Bedrohung für sein neues Leben ohne Alkohol!

Ich war kurz davor, die Scheidung einzureichen, als die Frau seines Sponsors mich anrief und fragte, ob wir uns einmal treffen könnten. Nach einigem Zögern verabredete ich mich mit ihr. Sie legte die Karten gleich auf den Tisch: Für sie sei das Leben sehr schwer geworden, seitdem ihr Mann mit dem Trinken aufgehört habe, weil sie nun nicht länger über ihn und ihr gemeinsames Leben bestimmen könne. Sie sprach über ihre Wut auf seine A. A.-Meetings und vor allem auf seinen Sponsor. Ein Wunder, daß sie noch immer mit ihm verheiratet sei, sogar glücklich verheiratet. Dabei habe ihr Al-Anon ungeheuer geholfen. Ich müsse sie unbedingt zu einem Meeting begleiten.

Ich hörte nur mit einem Ohr hin. Ich glaubte noch immer, bei mir wäre alles in Ordnung und Robbie schulde mir einiges dafür, daß ich es all die Jahre bei ihm ausgehalten hatte. Ich fand, daß er jetzt erst einmal an mich denken sollte, statt dauernd zu irgendwelchen Meetings zu gehen. Ich hatte keine Ahnung, wie schwer es ihm fiel, trocken zu bleiben. Er wagte es nicht, mit mir darüber zu sprechen, weil ich ihm dann sofort gesagt hätte, wie er es anstellen müsse – ich, die ich wirklich nicht das Geringste über diese Krankheit wußte, mich aber trotzdem für eine Expertin hielt.

Ungefähr zu dieser Zeit begann einer unserer Söhne, zu stehlen und in der Schule Schwierigkeiten zu machen. Robbie und ich gingen zusammen zum Elternabend, und dort kam irgendwann auch zur Sprache, daß er ein trockener Alkoholiker war und an A. A.-Meetings teilnahm. Nach Meinung der Schulpsychologin sollte sich unser Sohn unbedingt Alateen anschließen. Außerdem wollte sie wissen, ob ich Kontakt zu Al-Anon hatte. Ich fühlte mich in die Enge getrieben, aber diese Frau hatte viel Erfahrung mit Familien wie unserer und ging sehr behutsam mit mir um. Nach diesem Gespräch besuchten alle unsere Söhne Alateen-Meetings, nur ich hielt mich noch immer von Al-Anon fern. Ich bereitete alles für die Scheidung vor und zog mit den Kindern in eine andere Wohnung. Als es Zeit wurde, die Einzelheiten festzulegen, erklärten mir meine Söhne ganz ruhig, daß sie bei ihrem Vater leben wollten. Ich war am Ende. Nach meiner Trennung von Robbie hatte all meine Aufmerksamkeit nur meinen Söhnen gegolten, und dennoch zogen sie ihren Vater mir vor! Ich mußte sie gehen lassen. Sie waren alt genug, um eigene Entscheidungen zu treffen. Und so blieb ich ganz allein zurück. Noch nie zuvor war ich allein mit mir selbst gewesen. Ich war voller Angst und depressiv und hysterisch, alles auf einmal.

Nachdem ich ein paar Tage lang zu überhaupt nichts fähig gewesen war, rief ich die Frau von Robbies Sponsor an. Ich wollte ihrem Mann und A. A. die ganze Schuld für meinen Schmerz geben. Sie hörte mir lange zu, obwohl ich sie die ganze Zeit nur anschrie. Dann kam sie in meine Wohnung und blieb bei mir, während ich weinte und weinte. Am folgenden Tag nahm sie mich zu einem Al-Anon-Meeting mit, und ich hörte zu, obwohl ich eine furchtbare Wut und genausoviel

Angst hatte. Ganz allmählich begann ich zu erkennen, wie krank ich war. Die nächsten drei Monate ging ich jeden Tag zu einem Meeting, und dann lange Zeit drei- bis viermal pro Woche.

In diesen Meetings lernte ich tatsächlich, über Dinge zu lachen, die ich früher so ernst genommen hatte – beispielsweise über meine Versuche, andere zu ändern, zu erziehen, zu kontrollieren. Ich hörte aufmerksam zu, wenn in meiner Gruppe darüber gesprochen wurde, wie schwer es jedem einzelnen fiel, sich um sich selbst zu kümmern, statt sich völlig auf den Alkoholiker zu konzentrieren. Darin konnte ich mich wiedererkennen. Ich wußte überhaupt nicht, was ich brauchte, um mich selbst glücklich zu machen. Ich hatte immer geglaubt, alle anderen müßten sich ändern, damit ich glücklich sein konnte. In der Gruppe lernte ich Menschen kennen, die großartig zurechtkamen, selbst wenn ihre Partner noch immer tranken. Sie hatten gelernt, loszulassen und sich auf ihr eigenes Leben zu konzentrieren. Aber sie vermittelten mir auch, wie schwer es ihnen gefallen war, radikal damit aufzuhören, sich um alles und jeden zu kümmern und sich dem Alkoholiker gegenüber wie eine Mutter oder ein Vater zu verhalten. Einige Leute sprachen darüber, wie sie mit den Problemen des Alleinseins und dem Gefühl innerer Leere fertig geworden waren, und auch das half mir, meinen eigenen Weg zu finden. Ich mußte damit aufhören, mir selbst leid zu tun. Statt dessen lernte ich, Dankbarkeit für all das zu empfinden, was ich tatsächlich vom Leben bekam.

Schon bald brauchte ich nicht mehr stundenlang zu weinen. Und da ich eine Menge Zeit hatte, begann ich, halbtags zu arbeiten. Auch das half mir. Allmählich wurde ich selbständiger und fühlte mich sogar wohl dabei! Robbie und ich sprachen über einen neuen Anfang, auch für unsere Ehe. Ich wäre am liebsten sofort zu ihm zurückgekehrt, aber sein Sponsor riet ihm, noch eine Weile abzuwarten. Die Frau seines Sponsors gab mir denselben Rat. Damals konnte ich das nicht verstehen, aber da sowohl Robbies als auch meine Gruppe die gleiche Meinung vertraten, schoben wir die ganze Sache auf. Heute weiß ich, warum das notwendig war: Ich mußte warten, bis ich bei mir selbst angekommen war, bevor ich zu Robbie zurückkehren konnte.

Anfangs war ich innerlich so leer, daß ich mich fühlte, als könne der Wind ungehindert durch mich hindurchwehen. Aber mit jeder Entscheidung, die ich für mich selbst traf, wuchs etwas in mir. Ich mußte herausfinden, wer ich war, was ich mit mir und meinem Leben eigentlich anfangen wollte. Und dazu brauchte ich Zeit für mich – eine Phase, in der ich mir keine Gedanken und Sorgen um einen anderen Menschen machte, denn noch immer hätte ich mich lieber um das Leben anderer als um mein eigenes gekümmert.

Als Robbie und ich wieder Zukunftspläne schmiedeten, fiel mir irgendwann auf, daß ich ihn wegen jeder Kleinigkeit anrief, ihn treffen und alles mögliche mit ihm besprechen wollte. Ich spürte, daß ich mit jedem Anruf in mein altes Leben zurückfiel. Das wollte ich nicht länger. Wenn ich also unbedingt mit jemandem reden mußte, ging ich zu einem Meeting oder rief einen der Teilnehmer an. Es war, als müsse ich mich selbst entwöhnen, aber ich lernte gleichzeitig, den Dingen ihren Lauf zu lassen, statt mich sofort wieder in die Arbeit zu stürzen und meine ganze Kraft dafür einzusetzen, daß alles nach meinem Willen lief. Es war ein extrem schwerer Rückzug für mich. Ich glaube, ich konnte auf Robbie viel weniger verzichten als er auf den Alkohol. Aber ich wußte, daß es notwendig war, damit ich nicht wieder in meine alte Rolle zurückfiel. Es ist schon komisch: Endlich habe ich eingesehen, daß ich erst *gern alleinleben* mußte, bevor ich reif war, in unsere Ehe zurückzukehren. Es verging fast ein Jahr, bis die Kinder, Robbie und ich wieder zueinander kamen. Robbie hatte die Scheidung nie gewollt, was ich heute allerdings nicht mehr verstehen kann. Mein Bedürfnis, die ganze Familie zu kontrollieren, ist sehr stark gewesen. Aber ich habe mich verändert und kann besser loslassen; wir kommen gut miteinander aus. Die Jungen gehen zu Alateen, Robbie zu A. A. und ich zu Al-Anon. Ich glaube, wir sind alle gesünder als je zuvor, denn wir leben alle unser eigenes Leben.

Dem Bericht von Janice läßt sich nur wenig hinzufügen. Ihr ungeheuer starkes Bedürfnis, gebraucht zu werden, einen schwachen und unzulänglichen Mann zu haben, diente im Grunde nur der Verleugnung und Vermeidung des Gefühls von innerer Leere, das zwangsläufig in ihrer frühen Kindheit entstanden war. Wie ich bereits an anderer Stelle ausgeführt habe, fühlen sich Kinder in dysfunktionalen Familien für die familiären Probleme und für deren Lösung verantwortlich. Kindern, die ihre Familie «retten» wollen, stehen im Grunde nur drei Rollen zur Auswahl: unsichtbar zu sein, schlecht zu sein oder gut zu sein.

Unsichtbar zu sein bedeutet, nie um etwas zu bitten, niemals Schwierigkeiten zu machen, keinerlei Ansprüche zu stellen. Ein Kind, das diese Rolle wählt, vermeidet gewissenhaft, seiner ohnehin stark beanspruchten Familie zusätzliche Lasten aufzubürden. Es bleibt in seinem Zimmer oder sitzt ruhig und so unscheinbar da, daß es sich nicht einmal mehr von der Tapete abhebt; es sagt nur wenig, und auch diese wenigen Worte klingen zurückhaltend. In der Schule ist es weder gut noch schlecht – auch dort wird es kaum wahrgenommen. Sein einziger Beitrag zur familiären Stabilität besteht darin, nicht zu existieren. Was seinen eigenen Schmerz und Kummer betrifft, ist es taub – es fühlt nichts.

Schlecht zu sein heißt, der Rebell zu sein, der jugendliche Straftäter, der mit der roten Fahne. Ein solches Kind opfert sich selbst, indem es sich bereit findet, der Sündenbock der Familie zu sein, das «Problem». Die gesamte Familie kann somit ihre Gefühle von Schmerz, Wut, Angst und Frustration auf dieses Kind konzentrieren. Vielleicht ist die Beziehung seiner Eltern schon in Auflösung begriffen; das Kind jedoch bietet ihnen weiterhin die Möglichkeit, sich gemeinsam mit einem vergleichsweise ungefährlichen Thema zu befassen. Sie können einander fragen: «Was machen wir bloß mit unserer Tochter?» statt «Was soll eigentlich aus unserer Ehe werden?» Auf diese Weise versucht das Kind, die Familie zu «retten». Das einzige Gefühl, das es zulassen kann, ist Wut. Wut verdeckt den Schmerz und die Angst.

Gut zu sein war Janices Rolle: nach außen hin ein erfolgreiches kleines Mädchen, dessen Leistungen darauf abzielten, die Familie zu stabilisieren und das Gefühl von innerer Leere zu betäuben. Nach außen hin fröhlich, gescheit und begeisterungsfähig zu erscheinen dient dazu, die Spannung, Angst und Wut im Inneren zu verdecken. Sich ‹gut zu machen› wird viel wichtiger als sich gut zu fühlen – als überhaupt zu fühlen.

Im Laufe der Zeit spürte Janice das Bedürfnis, zusätzlich zu ihren ohnehin zahlreichen Leistungen noch die Aufgabe zu übernehmen, sich um einen anderen Menschen zu kümmern, und Robbie, der den Alkoholismus ihres Vaters und die passive Abhängigkeit ihrer Mutter in sich vereinte, war dafür der geeignete Partner. Sie machte ihn (und nach der Trennung die Kinder) zu ihrer Karriere, zu ihrem Projekt, zu ihrem Betäubungsmittel gegen die eigenen schmerzhaften Gefühle.

Ihre Aufmerksamkeit hatte sich nur auf Ehemann und Kinder konzentriert; der – zumindest zeitweilige – Verlust ihrer Angehörigen führte bei ihr zwangsläufig zum Zusammenbruch: Die Gefühle von Schmerz, Angst und innerer Leere ließen sich nicht mehr vermeiden, sondern stürzten mit voller Wucht auf sie ein. Janice hatte sich selbst immer als die Starke angesehen, die Person, die den Menschen in ihrer Nähe half, Mut zusprach und Ratschläge erteilte. In Wirklichkeit brauchte sie ihren Mann und ihre Kinder viel nötiger, als dies umgekehrt der Fall war. Obwohl sie nicht Janices «Stärke» und «Reife» besaßen, kamen sie ohne Janice zurecht. Sie hingegen konnte unmöglich ohne Mann und Kinder auskommen. Diese Familie hat die großen Veränderungen letzten Endes gut überstanden, was sie zum großen Teil dem Kontakt mit einer erfahrenen Psychologin und der Ehrlichkeit und Klugheit von Robbies Sponsor und seiner Frau verdankt. All diese Menschen hatten erkannt, daß Janices Krankheit genauso zerstörerisch war wie die von Robbie und ihre Genesung ebenso wichtig wie seine.

RUTH: *28 Jahre alt; verheiratet, Mutter von zwei Töchtern*

Schon vor unserer Heirat wußte ich, daß Sam sexuelle Probleme hatte. Ein paarmal hatten wir versucht, miteinander zu schlafen, aber es klappte nie richtig. Wir erklärten uns diese

Mißerfolge allerdings damit, daß es sich um vorehelichen Sex handelte. Wir waren beide streng gläubig. Die Religion hatte uns übrigens auch zusammengebracht – wir lernten uns im Abendkurs eines christlichen College kennen und waren zwei Jahre fest befreundet, bevor wir zum erstenmal den Versuch wagten, uns auch sexuell anzunähern. Zu diesem Zeitpunkt waren wir schon verlobt, der Hochzeitstermin stand fest, also betrachteten wir Sams Impotenz als Zeichen Gottes, daß wir vor der Ehe nicht sündigen sollten. Ich hielt Sam einfach für einen sehr schüchternen jungen Mann und glaubte, ich könnte ihm darüber hinweghelfen, wenn wir erst mal verheiratet waren. Ich sah der Bewältigung dieses Problems bereits freudig entgegen, denn unter meiner Anleitung würde er es schaffen. Allerdings kam es dann ganz anders, als ich gedacht hatte.

In unserer Hochzeitsnacht schien es endlich bei uns zu klappen, aber plötzlich verlor Sam seine Erektion und fragte mich leise: «Bist du noch Jungfrau?» Als ich nicht sofort darauf antwortete, sagte er: «Das glaube ich nämlich nicht», stand auf, ging ins Badezimmer und schloß die Tür hinter sich. Ich weinte und konnte auch ihn auf der anderen Seite der Tür weinen hören. Es war eine lange, schreckliche Nacht, die erste von vielen solcher Nächte.

Bevor ich Sam kennengelernt hatte, war ich mit einem Mann verlobt gewesen, den ich nicht einmal besonders gern gemocht hatte. Er hatte mich verführt, es war zum Geschlechtsverkehr gekommen, und danach glaubte ich, jetzt müßte ich ihn auch heiraten, um meine Ehre zu retten. Aber irgendwann wurde er meiner überdrüssig und verschwand einfach. Ich trug noch immer seinen Ring, als ich Sam kennenlernte. Ich glaube, ich habe erwartet, nach diesem Erlebnis den Rest meiner Tage im Zölibat zu verbringen, aber Sam war so lieb zu mir und übte in sexueller Hinsicht niemals Druck auf mich aus; deshalb fühlte ich mich sicher und von ihm akzeptiert. Ich erkannte sehr wohl, daß Sam in allem, was Sexualität betraf, noch weniger Erfahrung hatte und noch konservativer war als ich, aber gerade dadurch wuchs in mir das Gefühl, die Situation – und damit auch die Beziehung – unter Kontrolle halten zu können. Diese Überzeugung und unser gemeinsamer Glaube gaben mir die Gewißheit: Wir waren füreinander geschaffen.

Ich fühlte mich schuldig, und aus diesem Grund übernahm ich nach unserer Heirat die volle Verantwortung dafür, Sam von seiner Impotenz zu heilen. Ich las jedes Buch zu diesem Thema; Sam hingegen weigerte sich, auch nur ein einziges in die Hand zu nehmen. Aber ich behielt die Bücher in der Hoffnung, er würde sie eines Tages doch lesen wollen. Später fand ich heraus, daß er sie tatsächlich gelesen hatte, allerdings immer nur dann, wenn ich nicht dabeigewesen war. Auch Sam suchte krampfhaft nach Antworten, doch das wußte ich nicht, weil er nicht darüber sprechen wollte. Er fragte mich sogar, ob ich damit einverstanden wäre, eine rein platonische Beziehung zu ihm zu haben, und ich sagte ja, was eine Lüge war. Dabei fand ich es noch nicht einmal so schlimm, daß bei uns sexuell nichts lief; darauf konnte ich sehr gut verzichten. Was mich am meisten quälte, waren meine Schuldgefühle. Ich glaubte, ich hätte gleich zu Anfang unserer Ehe alles kaputtgemacht.

Aber bislang hatten wir es noch nicht mit einer Therapie versucht. Ich fragte ihn, ob er dazu bereit wäre. Er weigerte sich. Mittlerweile war ich schon direkt besessen von dem Gedanken, *ich* würde *ihm* das wundervolle Liebesleben vorenthalten, das er mit einer anderen Ehefrau hätte haben können. Ich glaubte noch immer, ein Therapeut könnte mir vielleicht etwas verraten, das Abhilfe schaffen würde, irgend etwas, das nicht in den Büchern stand. Ich hätte alles getan, um Sam zu helfen, denn ich liebte ihn noch immer. Heute ist mir klar, daß ein großer Teil meiner Liebe zu ihm aus einer Kombination von Schuldgefühlen und Mitleid bestand, aber ich achtete ihn wirklich und verspürte eine tiefe Zuneigung zu ihm. Er war ein warmherziger, liebenswerter Mann.

Jedenfalls ging ich allein zu meinem ersten Gespräch mit einer Beraterin, die mir von *Planned Parenthood** als Spezialistin für sexuelle Probleme empfohlen worden war. Ich ging überhaupt nur hin, um Sam zu helfen, was ich ihr gegenüber besonders betonte. Sie antwortete mir, wir könnten Sam

---

* Eine mit ‹Pro Familia› vergleichbare Organisation (*A. d. Ü.*).

nicht helfen, weil er nicht hergekommen wäre, aber wir könnten uns durchaus mit mir befassen. Welche Gefühle hätte ich denn in bezug auf das, was sich mit Sam abspielte und was nicht? Ich war überhaupt nicht darauf vorbereitet, über meine Gefühle zu sprechen. Ich wußte ja noch nicht einmal, ob ich welche hatte. Wir verbrachten die gesamte erste Sitzung damit, daß ich versuchte, wieder auf das Thema Sam umzuschwenken, während sie mich behutsam zu mir selbst und meinen Gefühlen zurückführte. Damals bemerkte ich zum erstenmal, wie geschickt ich all dem auszuweichen verstand, was mich selbst betraf. Gerade weil sie so ehrlich mit mir umging, beschloß ich, sie wieder aufzusuchen, obwohl wir nicht an dem arbeiteten, was ich für das *eigentliche* Problem hielt: Sam.

Zwischen der zweiten und der dritten Sitzung hatte ich einen sehr intensiven beunruhigenden Traum, in dem ich von einer Person gejagt und bedroht wurde, deren Gesicht ich nicht sehen konnte. Meine Therapeutin half mir, diesen Traum aufzuarbeiten. Dabei erkannte ich, daß die bedrohliche Gestalt mein Vater war. Dies sollte der erste Schritt eines langen Prozesses sein, der mir schließlich die Erinnerung daran zurückbrachte, daß mein Vater mich regelmäßig sexuell mißbraucht hatte, und zwar in der Zeit zwischen meinem zehnten und sechzehnten Lebensjahr. Alles, was damit in Zusammenhang stand, hatte ich vollständig aus meinem Bewußtsein verdrängt. Als die Erinnerung wieder einsetzte, konnte ich sie nur Stück für Stück in mein Bewußtsein treten lassen. Sonst wäre ich bestimmt zusammengebrochen.

Mein Vater ging abends häufig aus und kam erst sehr spät zurück. In solchen Nächten verschloß meine Mutter die Schlafzimmertür, vermutlich um ihn zu bestrafen. Eigentlich hätte er auf der Couch übernachten sollen, aber nach einer Weile fing er an, in mein Bett zu kommen. Durch Schmeicheleien, aber auch durch Drohungen erreichte er, daß ich nie mit einem anderen Menschen darüber sprach. Ich weiß nicht, ob ich überhaupt den Mut dazu aufgebracht hätte, denn ich schämte mich fürchterlich. Ich glaubte ganz fest, was sich zwischen uns abspielte, sei meine Schuld. In unserer Familie war Sexualität ein absolutes Tabu; irgendwie wurde mir die Einstellung vermittelt, daß es sich dabei um etwas Schmutziges handelte. Und schmutzig fühlte ich mich – deshalb durfte ja auch niemand etwas erfahren.

Als ich fünfzehn war, begann ich, die verschiedensten Jobs anzunehmen. Ich arbeitete abends, an den Wochenenden und in den Sommerferien. Ich hielt mich so oft und so lange wie möglich von zu Hause fern, und ich kaufte mir ein Schloß für meine Tür. Als ich meinen Vater zum erstenmal aussperrte, blieb er vor der Tür stehen und hämmerte mit den Fäusten dagegen. Ich tat so, als bekäme ich nichts davon mit. Meine Mutter wachte auf und fragte ihn, was er da eigentlich machen würde. Darauf antwortete er doch tatsächlich: «Ruth hat ihre Tür abgeschlossen», und meine Mutter sagte «Ach ja? Sie wird schlafen wollen.» Und das war das Ende. Keine Fragen von meiner Mutter. Keine weiteren Besuche von meinem Vater. Ich hatte all meinen Mut zusammennehmen müssen, ein Schloß an meiner Tür anzubringen. Ich fürchtete, es würde nicht halten. Ich fürchtete, mein Vater würde hereinkommen und sich darüber aufregen, daß ich versucht hatte, ihn auszusperren. Aber etwas anderes war viel schlimmer: Fast hätte ich mich damit abgefunden, genauso weiterzumachen, statt das Risiko einzugehen, daß irgend jemand herausfand, was sich die ganze Zeit über abgespielt hatte.

Als ich siebzehn war, zog ich aus, um aufs College zu gehen. Dort lernte ich den Mann kennen, mit dem ich mich etwas später verlobte. Ich teilte mir mit zwei anderen Mädchen eine Wohnung, und eines Abends kamen ein paar Freunde von ihnen zu Besuch, die ich alle nicht kannte. Ich ging früh zu Bett, vor allem, weil ich mich nicht am Marihuanarauchen beteiligen wollte, das damals gerade in Mode kam. Obwohl sich praktisch kein Student an das strikte Alkohol- und Drogenverbot im College hielt, konnte ich mich nie daran gewöhnen, mitzumachen oder überhaupt nur dabei zu sein. Mein Schlafzimmer lag direkt neben dem Badezimmer am Ende eines langen Korridors. Einer der Besucher, der auf die Toilette hatte gehen wollen, geriet versehentlich in mein Zimmer. Natürlich bemerkte er seinen Irrtum sofort, verließ jedoch nicht den Raum, sondern fragte mich, ob er sich mit mir unterhalten dürfe. Ich konnte nicht nein sagen. Ich weiß nicht, wie ich es erklären soll, aber ich konnte einfach nicht. Jedenfalls setzte er sich auf die Bettkante und fing ein Gespräch mit mir an. Dann sagte er, ich solle mich umdrehen. Er wolle meinen Rücken massieren. Irgendwann lag er dann in meinem Bett. Es kam zum Geschlechtsverkehr, und kurz darauf kam auch die Verlobung zustande. Ob er nun Marihuana rauchte oder nicht – ich glaube, er war fast so konservativ wie ich und hielt es daher für seine Pflicht, mit mir zusammenzubleiben, nachdem wir miteinander geschlafen hatten. Wir trafen uns etwa vier Monate lang, bis er dann einfach verschwand.

Sam lernte ich etwa ein Jahr später kennen. Wir redeten nie über Sex, und ich nahm an, wir vermieden dieses Thema wegen unserer religiösen Überzeugungen. Ich erkannte nicht, daß wir es umgingen, weil wir beide in sexueller Hinsicht erheblichen Schaden erlitten hatten. Es war ein gutes Gefühl, Sam zu helfen. Ich arbeitete daran, unser Problem zu überwinden, damit ich schwanger werden konnte. Es war ein gutes Gefühl, hilfsbereit, verständnisvoll, geduldig zu sein – und die Kontrolle zu behalten. Nur das Gefühl von restloser Kontrolle verhinderte, daß in mir die Erinnerungen an meinen Vater, seine Annäherungsversuche und Übergriffe wieder hochstiegen, die Erinnerungen an all die Nächte, all die Jahre.

Als ich diese Erinnerungen in der Therapie allmählich zulassen konnte, legte mir die Therapeutin nahe, mich *Daughters United* anzuschließen, einer Selbsthilfegruppe für Frauen, die von ihren Vätern sexuell mißbraucht worden sind. Lange Zeit sperrte ich mich dagegen, aber schließlich wagte ich diesen Schritt doch. Ein Segen, daß ich es tat! Zu erfahren, daß es viele andere Frauen gab, denen Ähnliches und oft noch viel Schlimmeres widerfahren war, es tröstete mich und gab mir neues Selbstvertrauen. Einige Frauen in meiner Gruppe hatten wie ich Männer mit sexuellen Problemen geheiratet. Diese Männer gründeten auch eine Selbsthilfegruppe, und Sam brachte den Mut auf, ihr beizutreten.

Sams Eltern waren von dem Gedanken besessen gewesen, einen «keuschen, sauberen» Jungen aus ihm zu machen – wie sie es ausdrückten. Wenn er bei Tisch die Hände in den Schoß legte, wurde ihm befohlen, sie auf dem Tisch liegenzulassen, «damit wir sehen können, was du machst». Wenn er sich zu lange im Badezimmer aufhielt, pochten sie an die Tür und riefen: «Was tust du denn da drin?» So ging es dauernd. Sie durchsuchten seine Schubladen nach Heftchen und seine Wäsche nach Flecken. Er entwickelte so große Angst vor sexuellen Gefühlen oder gar Erfahrungen, daß er schließlich überhaupt nicht mehr «konnte» – selbst wenn er wollte.

Durch die Arbeit in den Selbsthilfegruppen setzte bei uns beiden zwar eine positive Entwicklung ein. Aber gleichzeitig erschwerte diese Entwicklung unser Zusammenleben in vielerlei Hinsicht. Ich verspürte immer noch ein starkes Bedürfnis, Sams Sexualität unter Kontrolle zu halten (genau das, was seine Eltern getan hatten), weil es für mich zu bedrohlich war, wenn er sexuell die Initiative ergriff. Bei jeder spontanen Berührung von ihm zuckte ich zusammen oder drehte mich weg oder ging ein paar Schritte zurück und fing ein Gespräch mit ihm an oder tat sonst etwas, um seinen Annäherungsversuch buchstäblich ins Leere laufen zu lassen. Wenn ich im Bett lag, durfte er sich nicht über mich beugen – ich konnte es nicht ertragen. Es erinnerte zu sehr an das Verhalten meines Vaters. Sam hingegen mußte die Verantwortung für seinen Körper und seine Gefühle selbst übernehmen, wenn er gesund werden wollte. Und ich mußte damit aufhören, ihn zu kontrollieren; denn nur so würde er seine eigene Potenz erleben können. Meine Angst davor, überwältigt zu werden, stellte nach wie vor ein großes Problem dar. Aber ich lernte zu sagen: «Jetzt bekomme ich Angst», und dann fragte Sam mich: «Was möchtest du jetzt von mir?» Das reichte meistens aus – ich wußte dann, er würde meine Gefühle achten und mir zuhören.

Wir einigten uns darauf, abwechselnd die Verantwortung dafür zu übernehmen, was sich sexuell zwischen uns abspielte. Wenn wir etwas nicht mochten oder nicht tun wollten, konnte jeder von uns nein sagen, aber jeweils nur einer war im eigentlichen Sinne aktiv und übernahm die Führung in der sexuellen Begegnung. Dieses Konzept half uns sehr, denn es berücksichtigte unser beider Bedürfnis, sich für den eigenen Körper und das eigene sexuelle Verhalten verantwortlich zu fühlen. Wir lernten, einander zu vertrauen und daran zu glauben, daß wir körperlich Liebe geben und empfangen konnten. Auch unsere Gruppen unterstützten uns dabei. Die Probleme und selbst die Gefühle der verschiedenen Teilnehmer ähnelten sich sehr. Wir konnten uns daher realistische Erwartungen setzen und überprüfen, was wir gemeinsam erreicht hatten. Einmal trafen sich beide Gruppen. Wir verbrachten den ganzen Abend damit, über unsere persönlichen Reaktionen auf die Wörter *impotent* und *frigide* zu sprechen. Es gab Tränen, Gelächter und viel Verständnis füreinander. Auch das half uns allen, die Scham und den Schmerz zu überwinden.

Sam und ich lernten, offen zu sein und einander wirklich zu vertrauen. Und damit veränderte sich auch unsere sexuelle Beziehung. Mittlerweile haben wir zwei wunderbare Töchter und sind sehr glücklich. Für Sam bin ich weniger Mutter und sehr viel mehr Partnerin. Er ist aktiver und weiß sich besser zu behaupten. Früher hat Sam mich gebraucht, um seine Impotenz vor der Außenwelt zu verbergen, und ich ihn, um asexuell sein zu können. Heute fehlt uns selbst nichts mehr, und wir können uns aus freien Stücken füreinander entscheiden.

Ruths Geschichte veranschaulicht einen weiteren Aspekt von Verleugnung und Kontrollbedürfnis. Wie viele andere Frauen, die sich im Laufe der Zeit vollständig auf die Probleme ihrer Partner konzentrieren, wußte auch Ruth vor ihrer Heirat mit Sam ganz genau, welche Probleme er hatte. Deswegen überraschte es sie keineswegs, daß Geschlechtsverkehr zwischen ihnen nicht möglich war. Die Beziehung zu Sam gab ihr die für sie unbedingt notwendige Sicherheit, daß sie nie wieder die Kontrolle über ihre Sexualität verlieren würde. Sie konnte die Initiative ergreifen, die Kontrolle übernehmen, anstatt das Opfer zu sein. Nach ihrer Erfahrung gab es in der Sexualität nur diese beiden Rollen.

Auch dieses Paar hatte Glück; denn die Hilfe, die beide erhielten, war ihrer Loge angemessen. Ruth fand die geeignete Selbsthilfegruppe in *Daughters United*, einem Ableger von *Parents United*. Diese Organisation wurde gegründet, um gestörte Familien bei ihrem Selbstheilungsprozeß zu unterstützen – auch Familien, in denen Kinder sexuell mißbraucht werden. Glücklicherweise hatte sich dort, wo Ruth und Sam lebten, auch eine entsprechende Gruppe für Ehemänner von Inzestopfern gebildet. In diesem Klima von Verständnis und gegenseitiger Anerkennung und dem offenen Austausch von Erfahrungen gelang es den Teilnehmern, ihre Traumen zu überwinden und allmählich zu einem gesunden Ausdruck ihrer Sexualität zu finden.

Gesund zu werden bedeutete für die Frauen, die in diesem Kapitel zu Wort kamen, sich dem vergangenen und gegenwärtigen Schmerz zu stellen, den sie bisher zu meiden versucht hatten. Jede von ihnen entwickelte schon als Kind die Überlebensstrategie, unangenehme Erlebnisse oder Gefühle zu verleugnen und nach Kontrolle zu streben. Diese Strategie leistete den mittlerweile erwachsenen Frauen allerdings schlechte Dienste: Sie bereitete ihnen sogar noch zusätzlichen Schmerz.

Die Frau, die zu sehr liebt, benutzt den Abwehrmechanismus Verleugnung, den sie großzügig in «seine Fehler übersehen» oder «eine positive Haltung bewahren» umformuliert, auch als ein bequemes Ausweichmanöver – um sich nicht eingestehen zu müssen, daß «zu jedem Tanz zwei gehören», das heißt, daß die Unzulänglichkeiten ihres Partners es ihr erlauben, ihre vertrauten Rollen zu spielen. Solange sie ihr Kontrollverhalten als «hilfsbereit sein» und «Mut zusprechen» ausgibt, gesteht sie sich nicht ein, wie groß ihr Bedürfnis nach Überlegenheit und Macht eigentlich ist.

Verleugnung und Kontrolle – ganz gleich, in welcher Verpackung sie daherkommen – sind als Mittel zur Verbesserung unseres Lebens und unserer Beziehungen ungeeignet. Durch Verleugnung geraten wir allzuleicht in Beziehungen, die uns die – zwanghafte – Neuinszenierung der Kindheitstraumen erlauben, und unser Kontrollbedürfnis läßt uns an solchen Beziehungen festhalten, immer in dem Bemühen, andere statt uns selbst zu ändern.

An dieser Stelle möchte ich noch einmal auf das Märchen zurückkommen, mit dem ich dieses Kapitel eingeleitet habe.

Auf den ersten Blick scheint ‹Die Schöne und das Tier›, wie erwähnt, zu den unzähligen Geschichten zu gehören, die den Glauben daran verbreiten, daß eine Frau die Macht hat, durch ihre hingebungsvolle Liebe einen Mann zu verwandeln. Auf dieser Interpretationsebene scheint das Märchen Verleugnung und Kontrolle als geeignete Wege zu befürworten, glücklich zu werden. Indem Labelle, die Schöne, das schreckenerregende Untier bedingungslos liebt (Verleugnung), erlangt sie anscheinend die Macht, es zu verändern (Kontrolle). Diese Interpretation *scheint* zutreffend zu sein, weil sie sich mit den von unserer Kultur vorgeschriebenen Geschlechterrollen deckt. Aber meiner Meinung nach wird eine so vereinfachende Interpretation der Bedeutung dieses Märchens keinesfalls gerecht. Diese Geschichte hat nicht deshalb Bestand, weil sie die kulturellen Normen und Klischees irgendeines Zeitalters bestätigt, sondern weil sie ein wichtiges metaphysisches Gesetz in sich birgt – eine Lehre, die lebendig und zeitlos ist, die uns einen Weg aufzeigt, wie wir weise und zufrieden leben können. Dieses Märchen gleicht einer geheimnisvollen Schatzkarte; wenn wir klug genug sind, sie zu entziffern, und mutig genug, ihr zu folgen, dann wird sie uns zu dem großen Schatz führen: unserem persönlichen «Und lebte von nun an glücklich bis ans Ende ihrer Tage».

In ‹Die Schöne und das Tier› geht es im Kern um die Fähigkeit zur *Akzeptanz*. Akzeptanz ist das Gegenstück zu Verleugnung und Kontrolle: die Bereitschaft nämlich, die Realität zu erkennen und zuzulassen – ohne das Bedürfnis, sie verändern zu müssen. Und darin liegt ein Glück, das nicht durch die Manipulation äußerer Bedingungen oder anderer Menschen entsteht, sondern durch die Entwicklung zu innerem Frieden, gegen alle Herausforderungen und Schwierigkeiten.

Labelle hat kein Verlangen danach, das Ungeheuer zu ändern. Sie beurteilt es realistisch, akzeptiert es so, wie es ist, und findet Gefallen an seinen positiven Eigenschaften. Sie versucht nicht, aus dem Ungeheuer einen Prinzen zu machen. Sie sagt nicht: «Wenn es kein Tier mehr ist, werde ich glücklich sein.» Sie bemitleidet es nicht für das, was es ist, und versucht nicht, es zu verändern. In diesem Verhalten Labelles liegt die Lehre und Weisheit des Märchens. Weil sie akzeptieren kann, gewinnt auch dieses Wesen endlich die Freiheit, das beste aus sich selbst zu machen. Dies ist nun zufällig ein hübscher junger Prinz (und der perfekte Partner für sie), was die Belohnung ihrer Fähigkeit zu akzeptieren, symbolisiert. Ihre Belohnung besteht in einem fröhlichen, erfüllten Leben – übersetzt in die Sprache des Märchens: «... und lebte mit ihrem Prinzen glücklich bis ans Ende ihrer Tage».

Einen anderen Menschen wirklich so zu akzeptieren, wie er ist, ohne zu versuchen, ihn durch Ermutigung, Manipulation oder Zwang zu ändern, ist eine hohe Kunst des Liebens, die die meisten von uns nur unter großen Schwierigkeiten in die Tat umsetzen können. In Wahrheit steckt in all unseren Bemühungen, einen anderen Menschen zu ändern, ein grundsätzlich egoistisches Motiv: der Glaube, dadurch glücklich zu werden, daß er sich verändert. Natürlich ist es nicht falsch, glücklich sein zu wollen, aber wenn wir die Quelle dieses Glücks außerhalb von uns selbst suchen, es in die Hände eines anderen Menschen legen, dann weichen wir damit unserer Fähigkeit und Verantwortlichkeit aus, unser eigenes Leben positiv zu verändern.

Nur indem wir einen anderen Menschen akzeptieren, gestehen wir ihm zu, sich zu ändern – wenn er es wirklich will. Dies möchte ich an einem Beispiel verdeutlichen: Wenn eine Frau einen arbeitssüchtigen Partner hat – einen sogenannten *workaholic* – und darüber jammert oder schimpft, daß er so lange von zu Hause fort ist, dann gibt ihr Verhalten ihm die Rechtfertigung für sein Verhalten: Er wird vermutlich weiterhin genausoviel oder sogar noch mehr arbeiten, um ihrem Gejammer zu entrinnen. Mit anderen Worten: Ihr Schimpfen, ihre flehentlichen Bitten, ihre Versuche, ihn zu ändern, ermöglichen es ihm erst, zu glauben, nicht *er* würde zuviel arbeiten, sondern sie zuviel schimpfen, und das sei der Grund für ihre ehelichen Spannungen. Ihr zwanghaftes Verlangen, ihn zu ändern, kann tatsächlich genausoviel zu der seelischen Entfremdung zwischen ihnen beitragen wie sein zwanghaftes Arbeitsverhalten. Indem sie ihn dazu zwingen will, ihr näher zu sein, stößt sie ihn doch nur immer weiter ab.

Arbeitssucht ist eine schwere Störung, genau wie jede andere Art von Zwangsverhalten. Dieser Mann stürzt sich in die Arbeit, entweder um sich vor Nähe und Intimität zu schützen, die er als bedrohlich erlebt, oder um zu verhindern, daß bestimmte unangenehme Gefühle, vor allem Angst und Verzweiflung, in ihm hochsteigen. (Arbeitssucht ist eine Form von Selbstvermeidung und tritt häufig bei Männern auf, die in dysfunktionalen Familien aufgewachsen sind, während sich bei Frauen, die aus ähnlichen Familienverhältnissen kommen, solche Vermeidung vorwiegend darin äußert, daß sie zu sehr lieben.) Der Preis, den er diese Selbst-Vermeidung zu zahlen hat, besteht in einer eingeschränkten Existenz, die ihn daran hindert, voll auszukosten, was das Leben für uns bereithält. Aber nur er kann entscheiden, ob dieser Preis zu hoch ist, und ob er die zur Veränderung erforderlichen Maßnahmen ergreifen und die entsprechenden Risiken eingehen will. Die Aufgabe seiner Frau besteht nicht darin, sein Leben wieder in Ordnung zu bringen, sondern für ihre eigene Weiterentwicklung zu sorgen.

Wir könnten fast alle viel glücklicher und erfüllter leben als wir glauben. Oftmals sind wir davon überzeugt, das Verhalten eines anderen Menschen stünde unserem eigenen Glück im Weg – und verzichten somit darauf, uns selbst zu verwirklichen. Wir nehmen die Verpflichtung nicht wahr, uns selbst zu entwickeln. Gleichzeitig versuchen wir aber mit Intrigen, Manövern und Manipulationen, diesen anderen zu ändern, und wenn unsere Bemühungen fehlschlagen, werden wir wütend, mutlos und deprimiert. Der Versuch, einen anderen Menschen zu ändern, ist in sich deprimierend und frustrierend, aber die Kraft, eine Veränderung in uns selbst zu bewirken, ist lebensbejahend.

Um auf unser Beispiel zurückzukommen: Wie kann nun die Frau des arbeitssüchtigen Mannes frei werden, ihr eigenes Leben zu leben, ganz gleich, was er macht? Sie muß zu der Überzeugung gelangen, daß sein Problem nicht ihr Problem ist und daß sie weder die Macht noch die Pflicht noch das Recht hat, ihn zu ändern. Er hat das Recht zu sein, wer er ist – und das muß sie respektieren lernen, selbst wenn sie sich wünscht, er möge anders sein.

Durch diese Haltung wird sie frei – frei von Groll über seine mangelnde Verfügbarkeit, frei von den Schuldgefühlen, die sie quälten, weil sie ihn nicht zu ändern vermochte, frei von der Last der endlosen Versuche, das zu ändern, was sie nicht ändern kann. Vielleicht wächst dadurch sogar ihre Zuneigung zu ihm, weil Bitterkeit und Schuldgefühle nicht mehr den Blick für seine positiven, liebenswerten Eigenschaften verstellen.

Wenn sie den Versuch aufgibt, ihn zu ändern, und ihre Energie neu ausrichtet, um ihre eigenen Interessen zu entwickeln, dann wird sie auf jeden Fall ein gewisses Maß an Glück und Zufriedenheit erfahren – ganz gleich, was ihr Partner tut. Vielleicht findet sie sogar heraus, daß ihr dieses neue Leben wirklich Freude und Erfüllung bietet, auch wenn der Partner ihr nur selten zur Seite steht. Ihre Entscheidung, das eigene Glück weniger von ihm abhängig zu machen, kann aber auch eine Trennung zur Folge haben, weil sie die Bindung an einen ständig abwesenden Partner für sinnlos erachtet. Diese Entscheidungsmöglichkeiten hat sie aber erst, wenn sie ihr eigenes Glück nicht mehr von seiner Veränderung abhängig macht. Solange sie ihn nicht als den *akzeptiert*, der er ist, bleibt sie gefangen in ihrer Erstarrung, die einem Scheintod gleicht: Sie muß darauf warten, daß er sich ändert, bevor sie ihr eigenes Leben leben kann.

Wenn eine Frau, die zu sehr liebt, ihren Kreuzzug aufgibt, wenn sie ihren Partner nicht mehr zu ändern versucht, dann ist er tatsächlich gezwungen, über die Konsequenzen seines eigenen Verhaltens nachzudenken. Wenn sie nicht mehr frustriert und unglücklich ist, sondern sich über ihr Leben freuen kann, verschärft sich der Kontrast zu seiner eigenen Existenz. Vielleicht beschließt er, für eine Ablösung von seinen Zwängen zu kämpfen, um offener, zugänglicher zu werden. *Vielleicht aber auch nicht*. Doch ganz gleich, wofür er sich entscheidet: Eine Frau, die ihren Partner so akzeptiert, wie er ist, wird frei, ihr eigenes Leben zu leben, glücklich bis ans Ende ihrer Tage.

Wenn eine Sucht die andre nährt

In jedem Leben gibt es viel Schmerz; der einzige Schmerz, der sich vermeiden ließe, resultiert aus dem Versuch, Schmerz zu vermeiden.

Ronald D. Laing

Frauen, die zu sehr lieben, sind schlimmstenfalls beziehungssüchtig, männersüchtig, berauscht von Schmerz, Angst und Sehnsucht. Leider sind sie häufig nicht nur nach Männern verrückt. Um die tiefsitzenden Gefühle aus der Kindheit am Hochkommen zu hindern, sind etliche Frauen zusätzlich von Suchtmitteln, das heißt suchterzeugenden chemischen Substanzen, abhängig. Vielleicht haben sie schon in der Jugend, vielleicht erst als Erwachsene, damit begonnen, Alkohol oder andere Drogen zu mißbrauchen. Für Frauen, die zu sehr lieben, ist Nahrungsmittelmißbrauch besonders typisch. Sie essen maßlos viel oder maßlos wenig oder tun beides, um die Realität auszublenden, sich abzulenken, das Gefühl von innerer Leere zu betäuben.

Nicht jede Frau, die zu sehr liebt, ißt oder trinkt zuviel oder nimmt Drogen, aber bei denjenigen, für die dies zutrifft, muß die Entwöhnung von der Beziehungssucht einhergehen mit der Entwöhnung von der Suchtmittelabhängigkeit. Denn je stärker wir uns von Alkohol, Drogen oder Nahrungsmitteln abhängig machen, desto stärker werden auch unsere Gefühle von Schuld, Scham, Angst und Selbsthaß. Wir werden immer einsamer und isolierter und verzehren uns nach der Sicherheit, die uns eine Partnerschaft zu versprechen scheint. Weil wir selbst so schlecht von uns denken, brauchen wir einen Mann, um uns wohler zu fühlen. Weil wir uns selbst nicht lieben können, brauchen wir ihn, um uns zu beweisen, daß wir doch liebenswert sind. Wir reden uns ein, wir müßten nur den richtigen Mann finden, dann würden wir auch nicht mehr soviel Nahrung, Alkohol oder Drogen brauchen. Wir benutzen Beziehungen auf dieselbe Weise wie unsere Suchtmittel, denn von beiden erwarten wir, daß sie uns unseren Schmerz nehmen. Scheitert eine Beziehung, brauchen wir noch mehr von der chemischen Droge, um die ersehnte Erleichterung zu finden. Die körperliche Abhängigkeit von einem Suchtmittel, verstärkt durch die Belastungen einer gestörten Beziehung, und die seelische Abhängigkeit von einer Beziehung, verstärkt durch die aus der körperlichen Abhängigkeit resultierenden ambivalenten Gefühle – das zusammen schafft einen Teufelskreis. Keinen Partner oder den falschen Partner zu haben, dient uns als Erklärung und Entschuldigung für unsere körperliche Abhängigkeit. Umgekehrt erlaubt uns der kontinuierliche Gebrauch des Suchtmittels, die schädlichen Aspekte unserer Beziehung zu tolerieren, indem wir unsere Schmerzen betäuben. Er beraubt uns zusätzlich jeglicher Motivation, eine Veränderung vorzunehmen. So machen wir das eine für das andere verantwortlich und benutzen das eine, um mit dem anderen fertig zu werden. Von beidem können wir immer weniger loskommen.

Solange wir darauf aus sind, uns selbst zu entrinnen und allen Schmerz zu vermeiden, bleiben wir krank. Je mehr wir uns anstrengen, je verzweifelter wir nach Fluchtwegen suchen, desto kranker werden wir, weil Zwangsverhalten Abhängigkeit noch verstärkt. Schließlich müssen wir erkennen, daß unsere Problemlösungen zu unseren größten Problemen geworden sind.

«Ich bin eigentlich nur hier, weil mein Anwalt mich geschickt hat.» Brenda flüsterte beinahe, als sie mir bei unserer ersten Sitzung dieses Eingeständnis machte. «Ich ... ich ... na ja, ich hab halt was mitgenommen und bin dabei erwischt worden, und der Anwalt meinte, ich sollte mich vielleicht doch mal an eine Beratungsstelle wenden ...» Sie fügte in vertraulichem Ton hinzu: «Es macht auf das Gericht sicher einen guten Eindruck, wenn die glauben, daß ich mir bei meinen Problemen helfen lassen will.»

Ich hatte kaum Zeit, mit dem Kopf zu nicken, ehe sie hastig fortfuhr. «Bloß glaube ich eigentlich nicht, daß ich irgendwelche *Probleme* habe. Ich war in einer kleinen Drogerie, habe ein paar Dinge eingesteckt und einfach vergessen, sie zu bezahlen. Ich finde es ziemlich schlimm, daß die jetzt denken, ich hätte stehlen wollen, aber in Wirklichkeit war es ja nur ein Versehen. Am schlimmsten finde ich die Schande. Aber sonst habe ich überhaupt keine Probleme, und diese Sache mit der Drogerie ist wohl auch eher eine Lappalie.»

Klienten wie Brenda stellen eine der schwierigsten Herausforderungen in der Beratungsarbeit dar: Sie sind nicht genügend motiviert, um Hilfe für sich selbst zu suchen, ja sie leugnen sogar, überhaupt Hilfe zu brauchen; sie kommen nur, weil sie jemand geschickt hat, der therapeutische Betreuung bei ihnen für angezeigt hält.

Während Brenda atemlos weiterredete, stellte ich fest, daß ich ihrem Wortschwall nicht mehr folgen konnte und mochte. Ich sah mir die junge Frau genauer an. Sie war groß, mindestens 1,80 Meter, und so dünn wie ein Fotomodell; ich schätzte ihr Gewicht auf höchstens 52 Kilo. Sie trug ein schlicht geschnittenes tiefrotes Kleid, dessen Eleganz durch den schweren Elfenbein-Gold-Schmuck betont wurde. Mit ihren rotblonden Haaren und meergrünen Augen hätte sie eigentlich bildschön sein müssen. All die Zutaten waren vorhanden, aber irgend etwas stimmte nicht, irgend etwas fehlte. Ihre Augenbrauen waren dauernd zusammengezogen, dazwischen hatte sich eine tiefe Falte gebildet. Sie hielt häufig den Atem an; die Nasenflügel bebten unaufhörlich. Ihr Haar sah trocken und spröde aus, obwohl es sehr gut geschnitten und hübsch frisiert war. Die Haut wirkte unter der Sonnenbräune wächsern. Ihr Mund hätte breit und voll sein können, aber sie preßte die Lippen ständig zusammen, was die gesamte Mundpartie schmal und verkniffen erscheinen ließ. Wenn sie lächelte, schien es, als würde sie einen Vorhang sorgfältig von den Zähnen zurückziehen, und während sie sprach, biß sie ständig auf den Lippen herum. Die Beschaffenheit ihrer Haut und ihrer Haare, aber auch ihr extremes Untergewicht ließen mich vermuten, daß es bei ihr zu Anfällen von Heißhunger mit übermäßigem Essen und selbst eingeleitetem Erbrechen (Bulimie) und / oder der periodischen Verweigerung von Nahrungsaufnahme (Anorexie) kam.

Frauen mit Eßstörungen machen sehr häufig auch Phasen von Kleptomanie durch, und das war für mich ein zusätzlicher Hinweis. Außerdem nahm ich an, daß sie Co-Alkoholikerin war. Bei fast allen meinen Klientinnen mit Eßstörungen waren entweder ein Elternteil oder beide Eltern Alkoholiker (letzteres gilt vor allem für Frauen, die zu Bulimie neigten) oder der Vater alkoholsüchtig und die Mutter eßsüchtig gewesen. Eßsüchtige und Alkoholiker gehen sehr häufig Beziehungen miteinander ein, was nicht überraschend ist; denn viele an Eßsucht leidende Frauen sind Töchter von Alkoholikern, und Töchter von Alkoholikern tendieren dazu, Alkoholiker zu heiraten. Eine eßsüchtige Frau ist darauf ausgerichtet, ihre Nahrung, ihren Körper und ihren Partner durch ihre Willenskraft zu kontrollieren. Brenda und ich hatten wirklich allerhand therapeutische Arbeit vor uns.

«Erzählen Sie mir etwas von sich», bat ich sie so behutsam wie möglich. Ich wußte, was daraufhin kommen würde.

Natürlich bestand das meiste, was sie mir am ersten Tag erzählte, aus Lügen: Es gehe ihr gut, sie sei glücklich, sie wisse nicht, was in dem Geschäft eigentlich passiert sei, sie könne sich überhaupt nicht mehr daran erinnern, sie habe vorher nie etwas eingesteckt. Sie fuhr fort, mir zu erklären, ihr Anwalt sei sehr nett, genau wie ich offensichtlich sehr nett sei. Über diesen Vorfall müsse jedoch unbedingt Stillschweigen bewahrt werden, weil niemand sonst die Sache so verstehen würde, wie es der Anwalt und ich täten. Die Schmeichelei war geplant: Ich sollte mit ihr ein heimliches Einverständnis darüber herstellen, daß alles in Ordnung war, um sie in ihrer Phantasie zu unterstützen, die Verhaftung sei ein Irrtum gewesen, ein unangenehmer Zufall, ein Streich, den ihr das Schicksal gespielt hatte, und sonst nichts.

Glücklicherweise lag einige Zeit zwischen ihrem ersten Gespräch bei mir und der endgültigen Gerichtsentscheidung. Da sie wußte, daß ich in Kontakt mit ihrem Anwalt stand, versuchte sie weiterhin, eine «gute Klientin» zu sein. Sie hielt jeden Termin ein und wurde nach einiger Zeit langsam ehrlicher – fast gegen ihren Willen. So konnte sie auch die Erleichterung spüren, die mit der Erfahrung, nicht mehr lügen zu müssen, verbunden ist. Schon bald war ihr die therapeutische Arbeit an sich mindestens genauso wichtig wie der Eindruck, den eine Therapie auf den zuständigen Richter machen würde. Zu dem Zeitpunkt ihrer Verurteilung (sechs Monate Freiheitsstrafe auf Bewährung und volle Entschädigungsleistung; zusätzlich vierzig Stunden gemeinnütziger Arbeit, die sie in einem städtischen Mädchenheim ableistete) arbeitete sie so hart daran, ehrlich zu sein, wie sie vorher daran gearbeitet hatte, zu vertuschen, wer sie war und was sie tat.

Im Verlauf der dritten Sitzung begann sich abzuzeichnen, was Brendas wirkliche Geschichte war. Zunächst konnte sie nur zögernd und vorsichtig darüber sprechen. In dieser Sitzung sah sie sehr müde und verkrampft aus, und als ich darüber eine Bemerkung machte, räumte sie ein, daß sie seit etwa einer Woche unter Schlafstörungen litt. Ich fragte sie, woran das läge.

Zunächst machte sie das anstehende Gerichtsurteil dafür verantwortlich, aber diese Erklärung klang nicht allzu glaubwürdig, und so tastete ich mich weiter vor. «Gibt es irgend etwas anderes, das Ihnen in letzter Zeit Sorgen macht?»

Sie kaute und biß auf ihren Lippen herum. Dann brach es plötzlich aus ihr hervor: «Ich habe meinem Mann gesagt, daß er ausziehen soll, und jetzt wünsche ich mir, ich hätte es nicht getan. Ich kann nicht schlafen, ich kann nicht arbeiten, ich bin das reinste Nervenbündel. Dabei habe ich gehaßt, was er tat: Er trieb sich vor aller Augen mit einem Mädchen von der Arbeit herum. Aber ohne ihn auszukommen fällt mir schwerer, als es mit ihm auszuhalten. Jetzt weiß ich überhaupt nicht mehr, was ich machen soll, und frage mich, ob nicht alles sogar mein Fehler war. Er hat nämlich schon immer gesagt, ich wäre zu kühl und distanziert, in seinen Augen also keine richtige Frau. Ich fürchte, er hatte recht. Es stimmt ja, oft war ich wütend auf ihn und verkroch mich, aber eigentlich nur wegen seiner ständigen Kritik. Ich habe immer wieder zu ihm gesagt: ‹Wenn du willst, daß ich dir gegenüber auftaue, dann mußt du mich auch so behandeln, als würdest du mich mögen. Mir mal was Nettes sagen, statt mir dauernd zu erzählen, wie schrecklich, dumm oder unattraktiv ich bin.›»

Sobald sie diesen Satz ausgesprochen hatte, bekam sie Angst. Sie verzog die Augenbrauen nach oben und begann, all das in Abrede zu stellen, was sie gerade erst zugegeben hatte. Begleitet von hektischen Handbewegungen sagte sie beinahe entschuldigend: «Wir haben uns eigentlich nicht richtig getrennt. Es ist eine Art Erholungspause voneinander. Und Raymond ist schließlich nicht superkritisch. Ich glaube, es tut mir auch ganz gut, wenn er mir mal seine Meinung sagt. Manchmal bin ich sehr müde, wenn ich von der Arbeit heimkomme, und dann möchte ich nicht mehr kochen, vor allem, weil er mein Essen ohnehin nicht mag. Was seine Mutter kocht, schmeckt ihm so viel besser, daß er oft mitten beim Essen aufsteht und zu ihr fährt, und dann kommt er erst um zwei Uhr morgens zurück. Ich habe einfach keine Lust, mich furchtbar anzustrengen, um ihn glücklich zu machen, wenn es doch nichts nützt. Aber so schlimm ist es nun auch wieder nicht. Viele Frauen sind schließlich um einiges schlechter dran.»

«Was macht er denn bis zwei Uhr morgens? Er kann doch wohl kaum die ganze Zeit bei seiner Mutter sein», fragte ich.

«Das will ich überhaupt nicht wissen. Wahrscheinlich geht er noch mit seiner Freundin aus. Aber das interessiert mich nicht. Ich habe es lieber, wenn er mich in Ruhe läßt. Wenn er nachts endlich nach Hause kommt, sucht er oft Streit mit mir. Eher deshalb – weil ich dann morgens bei der Arbeit immer so müde war – und nicht wegen seiner Affäre habe ich ihn schließlich gebeten, doch auszuziehen.»

Diese Frau war fest entschlossen, ihre Empfindungen weder zu spüren noch zu offenbaren. Diese Gefühle drängten förmlich danach, wahrgenommen zu werden, endlich «Gehör zu finden», was Brenda nur dazu brachte, sich immer neuen unangenehmen Situationen auszusetzen und ihre Emotionen zu «übertönen».

Nach unserer dritten Sitzung rief ich ihren Anwalt an und

bat ihn, Brenda noch einmal genau darzulegen, wie wichtig es für sie sei, die Behandlung bei mir fortzusetzen. Ich sah eine Chance für.sie und wollte sie nicht verlieren. Zu Beginn unserer vierten Sitzung steuerte ich direkt auf das eigentliche Thema zu.

«Erzählen Sie mir von Ihrem Verhältnis zum Essen», sagte ich und versuchte dabei, meine Stimme ganz ruhig zu halten. Sie riß verstört die Augen auf. Ihre fahle Haut verlor gänzlich die Farbe, und sie zuckte sichtbar zurück. Dann wurden die Augen wieder schmal, und sie setzte ihr entwaffnendes Lächeln auf.

«Was meinen Sie damit – ‹mein Verhältnis zum Essen›? Das ist eine alberne Frage!»

Ich erklärte ihr, was mich an ihrer äußeren Erscheinung alarmiert hatte, und sprach mit ihr über die Ursachen für Eßstörungen. Brenda erfuhr, daß sehr viele Frauen unter einer solchen Krankheit leiden, und konnte so ihr eigenes Zwangsverhalten im richtigen Zusammenhang sehen. Erstaunlicherweise war Brenda viel früher bereit, über sich zu sprechen, als ich erwartet hatte.

Brendas Geschichte war lang und kompliziert. Sie brauchte einige Zeit, um all das auszusortieren, was von dieser Wirklichkeit ablenkte, sie vertuschte oder verklärte. Sie konnte sich meisterhaft verstellen und heucheln. Dabei verstrickte sie sich ständig in ihrem eigenen Lügengewebe. Durch harte Arbeit hatte sie ein perfektes Image von sich geschaffen, mit dem sie der Außenwelt entgegentrat, ein Image, das ihre Angst, Einsamkeit und die schreckliche innere Leere verschleierte. Es fiel ihr sehr schwer, ihre Lebensbedingungen realistisch einzuschätzen und ihre wirklichen Bedürfnisse kennenzulernen. Diese Bedürfnisse waren so massiv, daß sie zwanghaft stahl, zwanghaft aß, erbrach und weiteraß und zwanghaft log, um jeden ihrer Schritte zu verbergen.

Auch ihre Mutter war eßsüchtig und extrem übergewichtig gewesen, solange Brenda sich erinnern konnte. Ihr Vater, ein dünner, eher drahtiger Mann voller Energie, hatte seiner Frau wegen ihres Aussehens und ihrer überspannten Religiosität schon vor langer Zeit den Rücken gekehrt und es offenbar mit der ehelichen Treue nicht mehr so genau genommen. Niemand in der Familie bezweifelte, daß er sie betrog, aber keiner sprach je darüber. Davon zu wissen, war eine Sache, es zuzugeben, eine andere – nämlich die Verletzung der stillschweigenden familiären Übereinkunft: Was wir nicht offen zur Kenntnis nehmen, existiert für uns als Familie nicht und kann uns deshalb auch nicht weh tun. Es war eine Regel, die Brenda peinlich genau auf ihr eigenes Leben übertrug. Wenn sie einfach nicht zugab, daß etwas falsch oder schlecht war, dann war es auch nicht falsch oder schlecht. Probleme existierten nicht, solange sie sie nicht in Worte faßte. Kein Wunder also, daß sie genau an den Lügen und Märchen hartnäckig festhielt, die sie allmählich zerstörten. Kein Wunder, daß es ihr schwerfiel, sich in therapeutische Behandlung zu begeben.

Brenda wuchs zu einem dünnen, drahtigen Mädchen heran; sie sah ihrem Vater sehr ähnlich. Sie war ungeheuer erleichtert darüber, daß sie viel essen konnte, ohne so dick wie ihre Mutter zu werden. Aber als sie fünfzehn war, begann ihr Körper plötzlich die Auswirkungen ihres ungeheuren Nahrungsmittelkonsums zu zeigen. Als sie achtzehn Jahre alt war, wog sie fast 110 Kilogramm und war so verzweifelt und unglücklich wie nie zuvor. Ihr Vater, dessen Lieblingskind sie einmal gewesen war, sagte nun Dinge zu ihr, die ihr weh taten, und er verglich sie abfällig mit ihrer Mutter. Er hätte so etwas natürlich nicht getan, wenn der Alkohol nicht gewesen wäre, aber er trank mittlerweile fast ununterbrochen, selbst wenn er zu Hause war, was nur noch selten vorkam. Ihre Mutter betete weiterhin und lobte den Herrn, während ihr Vater trank und sich herumtrieb, und Brenda aß und versuchte, die Panik in ihr nicht hochkommen zu lassen.

Sie ging aufs College. Zum erstenmal in ihrem Leben war sie fort von daheim, fühlte sich schrecklich einsam und sehnte sich nach dem Trost ihrer Eltern, die sie gleichzeitig bemitleidete. Dort im College fand sie eines Abends etwas Unglaubliches heraus. Allein in ihrem Zimmer hatte sie sich wieder einmal, heißhungrig, mit Essen vollgestopft. Da entdeckte sie, daß sie fast alles erbrechen konnte, also für ihre Völlerei nicht mit Gewichtszunahme bestraft wurde. Schon bald gab ihr die

Kontrolle, die sie nun über ihr Gewicht hatte, eine so tiefe Befriedigung, daß sie zu fasten begann, und das bißchen, was sie aß, wieder erbrach. Damit verlagerte sich ihre zwanghafte Eßstörung vom bulimischen ins anorexische Stadium.

In den darauffolgenden Jahren kam es bei Brenda zu wiederholten Phasen von Fettleibigkeit, die immer wieder durch extremes Abmagern abgelöst wurden. In all der Zeit erlebte sie keinen einzigen Tag, an dem sie nicht völlig auf Essen fixiert gewesen wäre. Jeden Morgen erwachte sie mit der Hoffnung, der heutige Tag würde sich vom gestrigen unterscheiden, und jeden Abend ging sie mit dem Vorsatz zu Bett, am nächsten Tag «normal» zu sein: Aber ihr Heißhunger war so stark, daß sie manchmal sogar nachts davon aufwachte und ihren Vorsatz sofort wieder brach. Brenda verstand überhaupt nicht, was eigentlich mit ihr geschah. Sie wußte nicht, daß sie eine Eßstörung hatte, wie sie häufig bei Töchtern von Alkoholikern und bei Kindern von Eßsüchtigen auftritt. Sie hatte keine Ahnung, daß sie genau wie ihre Mutter mit einer Überempfindlichkeit und Abhängigkeit auf gewisse Nahrungsmittel reagierte (besonders auf raffinierte Kohlehydrate), die fast genau der Überempfindlichkeit und Abhängigkeit ihres Vaters in bezug auf Alkohol entsprechen. Keiner von ihnen konnte auch nur die geringste Menge des entsprechenden Suchtmittels zu sich nehmen, ohne damit sofort ein intensives Verlangen nach immer mehr auszulösen. Brendas Verhältnis zum Essen, ganz besonders zu allen zuckerhaltigen Backwaren, war – gleich dem ihres Vaters zum Alkohol – von einem langwierigen, vergeblichen Kampf um die Kontrolle über das Suchtmittel bestimmt.

Brenda fuhr fort, die Methode zu praktizieren, die sie schon vor Jahren auf dem College «erfunden» hatte: zu essen und sich anschließend zu übergeben. Ihre Isolation wuchs, ihre Geheimhaltungsmanöver wurden immer komplizierter und übertriebener. Aber das lag nicht nur an ihrer Krankheit: Auch ihre Familie trug in vielerlei Hinsicht zu diesem Verhalten bei. Brendas Familie wollte nichts hören, worauf sie nicht mit einem «Oh, das ist aber nett» antworten konnte. Es gab nirgendwo einen Freiraum für Schmerz, Angst, Einsamkeit, Ehrlichkeit, keinen Raum für die Wahrheit über Brenda und ihr Leben. Weil ihre Eltern die Wahrheit ständig bemäntelten, schien es für Brenda nur natürlich, dasselbe zu tun, um das familiäre Gleichgewicht nicht ins Wanken zu bringen. Mit ihren Eltern als gleichsam heimliche Komplizen verstrickte sie sich immer tiefer in die Lüge, die ihr Leben beherrschte: Wenn sie es schaffen konnte, äußerlich einen guten Eindruck zu machen, dann würde auch innerlich alles gut werden – oder zumindest ruhig.

Selbst als sie ihre Figur über längere Zeitperioden unter Kontrolle halten konnte, kam sie ihrer inneren Unruhe nicht bei. Obwohl sie tat, was sie konnte, um gut auszusehen – sie trug Designerkleidung, modisches Make-up und war immer schick frisiert – reichte es doch nicht aus, um ihre Angst und das Gefühl von innerer Leere loszuwerden. Wegen dieser Gefühle, die wahrzunehmen sie sich beharrlich weigerte, aber auch wegen der katastrophalen Auswirkungen der jahrelangen selbstauferlegten Fehlernährung auf ihr Nervensystem war Brendas geistiger Zustand von Verwirrung, Angst und Zwangsvorstellungen geprägt.

Auf der Suche nach Befreiung vom inneren Aufruhr fand Brenda – ähnlich wie ihre Mutter – Trost bei einer Gruppe religiöser Fanatiker, die ihre Zusammenkünfte auf dem Campus abhielten. In diesem Kreis lernte sie ein Jahr vor dem College-Abschluß ihren zukünftigen Ehemann kennen, Raymond, einen Mann vom Typ «geheimnisvoller Fremder», der sie gerade wegen seiner mysteriösen Art faszinierte. Brenda war an Geheimnisse gewöhnt, und er hatte genug davon. In den Geschichten, die er erzählte, und den Namen, die er fallenließ, fanden sich immer wieder Hinweise darauf, daß er in seiner Heimatstadt etwas mit organisierten Verbrechen zu tun gehabt hatte, genauer gesagt mit illegalen Wetten und Glücksspiel. Er machte vage Andeutungen über große Geldsummen, die er verdient und ausgegeben hatte, über schicke Autos und schicke Frauen, Nachtclubs, Alkohol und Drogen. Und nun hatte er sich in einen ernsthaften Studenten verwandelt, der in einem ruhigen Städtchen im Mittelwesten aufs College ging und in einer religiösen Gruppe für junge Menschen aktiv war, nachdem er seine zwielichtige Vergangenheit zurückgelassen hatte – auf der Suche nach einer besseren Zukunft. Aus der Tatsache, daß dabei sogar der Kontakt mit seiner Familie abgebrochen war, schloß Brenda, daß sein Abschied von der Vergangenheit unter zeitlichem und auch sonstigem Druck stattgefunden hatte, aber sie war von seinem dunklen, mysteriösen Vorleben und seinem offenbar aufrichtigen Willen zur Veränderung so beeindruckt, daß sie nicht das Bedürfnis verspürte, seine Vergangenheit genauer zu durchleuchten. Schließlich gab es auch in ihrem Leben Geheimnisse.

Brenda und Raymond verliebten sich, wobei jeder vorgab, etwas anderes zu sein, als er wirklich war – er ein kleiner Krimineller im Gewand eines Chorknaben, sie eine Eßsüchtige, als Modepuppe verkleidet. Aber sie verliebten sich nicht ineinander, sondern in die jeweils vom anderen geschaffene Illusion. Daß jemand liebte, was sie zu sein vorgab, besiegelte Brendas Schicksal. Nun mußte sie die Täuschung unter erschwerten Bedingungen aufrechterhalten, denn sie war nicht mehr allein. Größerer Druck, größerer Stress, größeres Bedürfnis, zu essen, zu erbrechen, zu verbergen.

Raymonds Enthaltsamkeit von Zigaretten, Alkohol und Drogen hielt an, bis er erfuhr, daß seine Familie nach Kalifornien gezogen war. Dieser Umzug schien ihm den idealen geographischen Abstand zu seiner kriminellen Vergangenheit zu bieten; er konnte also zu seiner Familie und seinen alten Verhaltensweisen zurückkehren, ohne dabei das geringste Risiko einzugehen. Er packte sofort die Koffer für sich und Brenda, und beide machten sich auf gen Westen.

Kaum hatten sie die Reise angetreten, veränderte sich sein Wesen schlagartig, brach das wieder durch, was er vor der Bekanntschaft mit Brenda gewesen war und was er überwunden zu haben glaubte. Brendas Tarnung ließ sich hingegen aufrechterhalten, bis sie in das Haus seiner Eltern zogen. Dort lebten einfach zu viele Menschen, denen es sicher aufgefallen wäre, wenn sie sich häufig übergeben hätte. Außerdem setzten die veränderten Lebensumstände Brenda unter einen derartigen Druck, daß ihre Anfälle von Heißhunger immer häufiger auftraten. In kürzester Zeit hatte sie vierzig Pfund zugenommen, und Raymonds schöne blonde Frau verschwand sich unter einer Speckhülle, die ihr das Aussehen einer Matrone verlieh. Raymond war wütend, fühlte sich betrogen und ließ sie zu Hause sitzen, während er ausging, um zu trinken und sich nach Frauen umzusehen, die ihm gefielen, so wie Brenda ihm früher einmal gefallen hatte. Aus Verzweiflung aß sie mehr denn je und versprach sich und Raymond, daß sie sofort abnehmen würde, wenn sie nur endlich ihre eigenen vier Wände hätten. Als sie schließlich in ein kleines Reihenhaus gezogen waren, nahm Brenda so rapide ab, wie sie vorher zugenommen hatte, aber Raymond hielt sich nur noch selten zu Hause auf und nahm daher die Veränderung kaum zur Kenntnis. Sie wurde schwanger und hatte im vierten Monat eine Fehlgeburt. Raymond war nicht bei ihr – er verbrachte die Nacht woanders.

Mittlerweile glaubte Brenda, was geschah, sei allein ihr Fehler. Der Mann, der früher einmal fröhlich und glücklich gewesen war, der dieselben Wertvorstellungen, denselben Glauben wie sie gehabt hatte, war jetzt ein völlig anderer Mensch, einer, den sie weder kannte noch mochte. Sie stritten sich über sein Verhalten und ihre Nörgeleien. Sie versuchte, ihn nicht zu kritisieren, in der Hoffnung, sein Verhalten möge sich ändern. Diese Veränderung trat nicht ein. Sie war nicht dick wie ihre Mutter, und doch trieb er sich herum wie damals ihr Vater. Brenda geriet in Panik, weil sie hilflos war, nicht dazu fähig, ihr Leben in Ordnung zu bringen.

Brenda hatte schon als Jugendliche Diebstähle begangen, aber das waren keine kleinen Beutezüge mit Freunden gewesen, sondern die heimlichen Aktionen einer Einzelgängerin. Was sie stahl, behielt und benutzte sie nur selten. Als unglückliche Ehefrau begann sie wieder zu stehlen, sich stellvertretend das von der Umwelt zu nehmen, was ihr nicht gegeben wurde: Liebe, Unterstützung, Verständnis, Akzeptanz. Aber das Stehlen isolierte sie noch mehr, denn damit mußte sie ein weiteres düsteres Geheimnis wahren, noch ein Geheimnis, das sie mit Scham- und Schuldgefühlen belastete. Wiederum schützte sich Brenda durch äußere «Verpackung» davor, als die gesehen zu werden, die sie wirklich war: eine hochgradig neurotische, verängstigte, deprimierte und einsame junge Frau. Als sie wieder so dünn wie vorher war, nahm sie eine Stelle an. Brenda arbeitete vor allem, um sich die teure Kleidung leisten zu können, auf die sie so sehr angewiesen war. Sie bekam einige Aufträge als Fotomodell und hoffte, Raymond damit stolz auf sie zu machen. Obwohl er sich überall mit seiner Frau, dem Mannequin, brüstete, machte er sich nicht die Mühe, auch nur ein einziges Mal dabeizusein, wenn sie über den Laufsteg schritt. Brenda sehnte sich danach, von Raymond anerkannt zu werden, da aber diese Anerkennung ausblieb, sank ihr ohnehin schon geringes Selbstwertgefühl noch weiter. Je weniger er ihr gab, desto mehr brauchte sie von ihm. Sie arbeitete daran, ihre äußere Erscheinung zu perfektionieren, hatte aber ständig das Gefühl, ihr fehle es an der geheimnisvollen Attraktivität, die von all den dunkelhaarigen Schönheiten ausging, mit denen Raymond sie betrog. Sie strengte sich noch mehr an, dünner zu werden, weil sie Schlankheit mit Perfektion gleichsetzte. Auch im Haushalt wurde sie immer perfektionistischer, und bald kreiste ihr gesamtes Leben nur noch um ihre verschiedenen Zwangshandlungen: Putzen, Stehlen, Essen, Erbrechen. Während Raymond sich in der Gegend herumtrieb, putzte Brenda das Haus bis spätnachts, ging dann mit Schuldgefühlen ins Bett und stellte sich schlafend, sobald sie ihn sein Auto in die Garage fahren hörte.

Raymond beschwerte sich über Brendas «Ordnungsfimmel». Wenn er abends nach Hause kam, ganz gleich, ob früh oder spät, machte er auf geradezu aggressive Weise ihre Bemühungen um ein gepflegtes Heim zunichte. Infolgedessen wartete Brenda immer ungeduldiger darauf, daß er endlich wieder fort war und sie alles säubern und aufräumen konnte, was er in Unordnung gebracht hatte. Wenn er abends fortging, um zu trinken und sich zu amüsieren, verspürte sie Erleichterung.

Ihre Verhaftung wegen Ladendiebstahls war zweifellos ein Glück, denn die dadurch ausgelöste Krise brachte sie in die Therapie. Dort erst konnte sie allmählich erkennen, was aus ihrem Leben geworden war. Eigentlich hatte sie Raymond schon lange Zeit vorher verlassen wollen; nur ihr zwanghaftes Bedürfnis, die Beziehung zu retten, indem sie immer perfekter wurde, hatte sie daran gehindert. Aber je weiter ihr Ablösungsprozeß voranschritt, desto mehr versuchte Raymond, sie an der endgültigen Trennung von ihm zu hindern. Er schickte Blumen, rief sie an, kam sogar überraschend bei ihrer Arbeitsstelle vorbei – mit Konzertkarten in der Hand. Ihre Mitarbeiter, die Raymond erst in dieser Phase kennenlernten, konnten überhaupt nicht verstehen, daß Brenda einen so entzückenden, anhänglichen Mann verlassen wollte. Erst nachdem zwei von großen Hoffnungen begleitete Versöhnungsversuche fehlgeschlagen waren, erkannte Brenda, daß Raymond nur das wollte, was er nicht haben konnte. Sobald sie wieder als Eheleute zusammenlebten, gingen bei ihm die Frauengeschichten wieder los. Als sich Brenda zum zweitenmal von ihm trennte, sprach sie auch seine Probleme mit Alkohol und Drogen an. Um ihr zu beweisen, daß sie im Unrecht war, suchte er sogar eine Drogenberatungsstelle auf und lebte zwei Monate lang alkohol- und drogenfrei. Daraufhin kam es erneut zur Versöhnung zwischen ihnen, aber anläßlich ihres ersten Streits einige Tage später betrank er sich und blieb die ganze Nacht über weg.

Nach diesem Vorfall erkannte Brenda mit Hilfe der Therapie das Muster, dem sie beide verhaftet waren. Raymond benutzte die von ihm absichtlich mitverursachten Spannungen in der Beziehung, um sein suchtartiges Verlangen nach Alkohol, Drogen und Frauen zu verschleiern und zu rechtfertigen. Gleichzeitig benutzte Brenda diese Spannungen als Entschuldigung dafür, daß sie sich der Bulimie und anderen Formen von Zwangsverhalten hingab. Jeder benutzte den anderen, um sich nicht mit der eigenen Person und der eigenen Abhängigkeit auseinandersetzen zu müssen. Erst als Brenda dieses Muster erkannt hatte, war sie fähig, die Hoffnung aufzugeben, doch noch eine glückliche Ehe mit Raymond zu führen.

Drei verschiedene Elemente waren für Brendas Heilung wichtig und notwendig: Sie ging weiterhin zur Therapie, sie schloß sich einer Al-Anon-Gruppe an, um mit ihrem lebenslangen Co-Alkoholismus zurechtzukommen, und schließlich stürzte sie sich mit der Erleichterung, die eine solche Kapitulation vor den eigenen Problemen begleitet, in das *Overeaters Anonymous*-Programm. Die Mitarbeit bei *Overeaters An-*

onymous war der wichtigste Faktor in ihrem Genesungsprozeß, und genau dagegen hatte sie sich anfangs am hartnäckigsten gewehrt. Ihr zwanghaftes Essen, Erbrechen, Hungern war der Schlüssel zu ihrem eigentlichen Problem, der ursprünglichen Krankheit. Ihre ausschließliche Fixierung auf Nahrung verschlang all die Energie, die sie gebraucht hätte, um zu sich selbst und den ihr nahestehenden Menschen eine positive Beziehung zu entwickeln. Solange sie sich vollständig auf Gewicht, Nahrungsaufnahme, Kalorien, Diäten und ähnliches konzentrierte, konnte sie weder echte Gefühle für etwas anderes oder jemand anderen aufbringen, noch konnte sie ehrlich sich selbst und anderen gegenüber sein.

All die Jahre, in denen sie ihre Gefühle mit zwanghaftem Eßverhalten betäubt hatte, war es ihr nicht möglich gewesen, für sich selbst zu sorgen, kluge Entscheidungen in bezug auf sich selbst zu treffen oder wirklich ihr eigenes Leben zu leben. Essen ersetzte ihr das Leben, und damit war Brenda in vielerlei Hinsicht gedient. So verzweifelt sie auch um die Kontrolle über ihr Eßverhalten gekämpft hatte, dieser Kampf war weniger bedrohlich gewesen als der, den sie nun mit sich selbst, ihrer Familie und ihrem Ehemann ausfechten mußte. Sie hatte sich tagtäglich Grenzen gesetzt, was das Essen betraf, aber nie in bezug auf andere Menschen – was die ihr sagten oder antaten, nahm Brenda hin. Um gesund zu werden, mußte *sie* den Punkt festlegen, wo der Einfluß anderer aufhörte und sie als autonomer Mensch begann. Sie mußte sich zugestehen, auf andere wütend zu werden, nicht nur auf sich selbst; denn bisher hatte sie all ihre Wut immer gegen die eigene Person gerichtet.

Bei den *Overeaters Anonymous*-Meetings entdeckte Brenda, daß sie zum erstenmal seit vielen Jahren ehrlich sein konnte. Es erschien ihr einfach unsinnig, Leute zu belügen, die ihr Verhalten ja verstanden und akzeptierten, wer sie war und was sie tat. Gewissermaßen als Belohnung für ihre Ehrlichkeit konnte sie die heilende Kraft erleben, die aus dem Verständnis und der Akzeptanz durch Gleichwertige erwächst. Daraus schöpfte sie den Mut, Ehrlichkeit nicht nur in der Gruppe, sondern auch in der Außenwelt an den Tag zu legen:

ihrer Familie, ihren Freunden und möglichen Partnern gegen-über.

Al-Anon half ihr zu erkennen, daß die Wurzeln ihrer gegen-wärtigen Probleme in ihrer Kindheit lagen, daß ihre Eltern seelisch gestört waren und welche Auswirkungen das aus die-ser Störung erwachsende zwanghafte Verhalten auf Brenda als Kind gehabt hatte. Sie lernte, anders mit ihren Eltern umzuge-hen.

Raymond ging seine zweite Ehe ein, sobald die Scheidung rechtskräftig war, aber noch in der Nacht vor der Trauung rief er bei Brenda an und beteuerte ihr, eigentlich wolle er doch nur sie. Dieses Gespräch machte Brenda endgültig klar, daß Ray-mond nicht fähig war, sich zu einer Verbindung oder Verant-wortung zu bekennen, sondern immer wieder versuchte, sich seiner jeweiligen Partnerin zu entziehen. Er war, genau wie ihr Vater, ein Wanderer, der obendrein ganz gern eine Frau und ein Heim hatte.

Brenda lernte bald darauf, daß es für sie notwendig war, be-trächtliche Distanz zu ihrer Familie zu halten – sowohl geo-graphisch als auch emotional. Nach zwei Besuchen bei ihren Eltern hatte Brenda jedesmal wieder eine Phase von Bulimie durchlebt; dies machte ihr deutlich, daß sie noch immer keinen direkten Kontakt mit ihrer Familie aushalten konnte, ohne sich sofort wieder in ihre früheren Methoden zu flüchten, die Span-nung zu bewältigen.

Gesund zu bleiben sieht sie mittlerweile als absolute Pri-orität an, aber sie ist nach wie vor überrascht, welch eine Her-ausforderung diese Aufgabe darstellt, und wie schwach ent-wickelt ihre Fähigkeiten in dieser Hinsicht sind. In einem langsamen, schrittweisen Prozeß hat sie ihr Leben durch eine Arbeit, die ihr Freude macht, aber auch durch neue Freund-schaften und Interessen bereichert. Glücklich zu sein, sich wohl zu fühlen und ihre Ausgeglichenheit zu finden – das alles ist für sie noch so neu, so wenig vertraut, daß sie sich davor hüten muß, Probleme in die Welt zu setzen, die es ihr erlauben würden, sich wieder so verrückt wie früher zu fühlen.

Brenda geht weiterhin zu den *Overeaters Anonymous,* zu Al-Anon und gelegentlich, wenn sie das Bedürfnis verspürt, auch zu einer Therapiesitzung. Sie ist weder so dünn noch so dick wie sie es einmal war. «Ich bin normal!» ruft sie manchmal laut aus und genießt es, über sich selbst lachen zu können. Dabei weiß sie, daß sie nie «normal» sein wird. Bei ihrer Eßstörung handelt es sich um eine Krankheit, mit der sie ihr ganzes Leben lang fertig werden muß, deren absolute Macht über Brendas körperliche und seelische Gesundheit jedoch gebrochen ist.

Trotzdem ist ihre Genesung noch immer gefährdet. Es wird sehr lange dauern, bevor sie diese neue, gesündere Art zu leben als richtig und normal empfinden kann und nicht mehr als erzwungen. Durch zwanghaftes Essen oder die Fixierung auf eine für sie schädliche Beziehung könnte sie wieder beginnen, ihre Gefühle zu betäuben, zu vermeiden: Ein Rückfall ist noch immer möglich. Weil sie darum weiß, geht Brenda derzeit sehr vorsichtig mit Männern um und trifft beispielsweise ihre Verabredungen nur so, daß sie kein *Overeaters Anonymous*- oder Al-Anon-Meeting versäumt. Ihre Gesundheit ist ihr kostbar, und sie will sie nicht aufs Spiel setzen. Sie selbst sagt dazu: «Ich habe mir angewöhnt, auf Geheimnisse zu verzichten, denn dadurch bin ich überhaupt erst so krank geworden. Wenn ich also jetzt einen Mann kennenlerne und es so aussieht, als könnte daraus etwas werden, erzähle ich ihm gleich von meiner Krankheit und der Bedeutung der Anonymen Programme für mein Leben. Wenn er die Wahrheit über mich nicht ertragen oder nicht verstehen kann, dann halte ich das für *sein* Problem, nicht meines. Ich versuche nicht mehr, mich auf den Kopf zu stellen, um einem Mann zu gefallen. Meine Prioritäten liegen heute ganz woanders: Meine Gesundheit kommt an allererster Stelle. Denn nur wenn ich gesund bin, können auch andere etwas von mir haben.»

Aus Liebe sterben

Wir alle stecken voller Grauen, jeder einzelne von uns. Wenn du heiratest, um dich dieses Grauens zu entledigen, wirst du doch nur erreichen, daß es sich mit dem Grauen eines anderen verbindet; dein Grauen und das des anderen werden die Ehe miteinander führen, du wirst bluten und dieses Bluten Liebe nennen.

– Michael Ventura
‹Shadow Dancing in the Marriage Zone›

Kettenrauchend, verkrampft, mit hochgezogenen Schultern, nach vorn gebeugt – so saß Margo im Wartezimmer. Das obere ihrer gekreuzten Beine schwang in schnellem Rhythmus auf und ab. Es schien dabei etwas Imaginäres zu treten. Sie starrte aus dem Fenster. Der Blick auf die rotgedeckten Häuser von Santa Barbara zwischen Meer und bläulich-violett schimmernden Hügeln ist atemberaubend schön, ganz besonders im Licht eines Sommernachmittags, das die ganze Szenerie mit sanften Rosa- und Goldtönen überzieht. Dieses Bild vermag dem Betrachter die typisch südländische Gelassenheit und Heiterkeit zu vermitteln – aber nichts davon spiegelte sich in Margos Gesicht wider. Im Gegenteil: Man sah ihr deutlich an, daß sie immer in Eile war.

In meinem Büro, in das sie mir mit hastigen Schritten gefolgt war, setzte sie sich auf die äußerste Kante des Besuchersessels. Sie schaute mich durchdringend an. «Woher soll ich wissen, daß Sie mir auch wirklich helfen können? So etwas habe ich noch nie getan – ich meine, jemanden aufsuchen, um über mein Leben zu sprechen. Woher soll ich also wissen, ob es die Zeit und das Geld wert ist?»

Hinter einer solchen Frage steht gewöhnlich eine zweite, unausgesprochene: «Woher soll ich wissen, ob du mich auch dann magst, wenn ich dir zeige, wer ich wirklich bin?» Ich versuchte, in meiner Antwort auf beide Fragen einzugehen.

«Selbstverständlich kostet eine Therapie Zeit und Geld. Aber schon zur ersten Sitzung kommt doch überhaupt nur jemand, in dessen Leben etwas geschieht, das große Angst macht oder sehr weh tut. Er kommt zur Therapie, weil er versucht hat, dieses Etwas in den Griff zu kriegen, dazu aber nicht in der Lage war. Niemand schaut zufällig bei einem Therapeuten herein, um nur mal eben an einer Sitzung teilzunehmen. Sicher haben auch Sie sehr lange darüber nachgedacht, bevor Sie sich zu diesem Schritt entschlossen.»

Meine Antwort schien sie ein wenig zu erleichtern – mit einem Seufzer lehnte sie sich zurück.

«Wahrscheinlich hätte ich so etwas schon vor fünfzehn Jahren tun sollen, vielleicht sogar noch früher, aber ich wußte ja nicht, daß ich Hilfe brauchte. Bei mir schien doch immer alles in Ordnung zu sein, und in gewisser Hinsicht stimmte das sogar – selbst heute noch. Meine Arbeit macht mir Freude; als Treuhänderin bin ich in einer guten Position und verdiene wirklich nicht schlecht.» Plötzlich brach sie ab und fuhr nach einer kleinen Pause sehr nachdenklich fort: «Manchmal kommt es mir vor, als hätte ich zwei Leben. Ich gehe zur Arbeit, und da bin ich intelligent und tüchtig. Ich werde geachtet und um Rat gebeten; ich trage eine Menge Verantwortung und fühle mich erwachsen, tatkräftig und selbstsicher.» Sie blickte zur Decke hoch und schluckte, um ihre Stimme unter Kontrolle zu bringen. «Dann komme ich nach Hause, und mein Leben ist wie ein mieser Fortsetzungsroman. Wenn's ein Buch wäre, würde ich es nicht lesen wollen – ich mag nämlich keine geschmacklosen Bücher! Und doch stecke ich mit Haut und Haaren in diesem Leben. Ich habe schon vier Ehen hinter mir und bin erst 35. *Erst!* Mein Gott, dabei fühle ich mich so alt. In mir wächst die Angst, daß ich mein Leben überhaupt nicht mehr in Ordnung bringen kann und die Zeit knapp wird. Ich bin nicht mehr so jung wie früher und auch nicht mehr so hübsch. Vielleicht will mich ja kein Mann mehr, vielleicht habe ich schon all meine Chancen vertan und muß jetzt für immer allein bleiben.» Ihre Stimme klang ängstlich, und die tiefen Sorgenfalten auf ihrer Stirn schienen ihre Angst noch zu unterstreichen. Sie schluckte mehrmals und blinzelte. «Welche meiner vier Ehen die schlimmste war, kann ich eigentlich nicht sagen. Denn alle verliefen katastrophal, jede auf ihre Weise.

Mit zwanzig habe ich zum erstenmal geheiratet. Worauf ich mich bei diesem Mann einließ, wußte ich eigentlich schon, als ich ihn kennenlernte: Er war ein wilder Kerl, ein Rumtreiber. Und das blieb er auch, selbst als wir verheiratet waren. Ich hatte geglaubt, die Ehe würde ihn verändern, aber das war ein Irrtum. Als dann unsere Tochter auf die Welt kam, war ich überzeugt, jetzt würde er ein bißchen ruhiger werden, aber genau das Gegenteil trat ein: Er blieb sogar noch häufiger, noch länger weg. Und wenn er doch einmal zu Hause war, behandelte er uns gemein. Ich konnte es aushalten, wenn er mich anschrie, aber als er damit anfing, die kleine Autumn für nichts und wieder nichts zu bestrafen – ging ich dazwischen. Als das nichts half, habe ich ihn schließlich verlassen. Es war nicht leicht: ich hatte ein kleines Kind und mußte Arbeit finden. Er zahlte nämlich keine Unterstützung, und aus lauter Angst vor möglichen Racheakten unternahm ich keine gerichtlichen Schritte gegen ihn. Nach Hause konnte ich nicht zurück, denn dort war es genauso schlimm gewesen wie in meiner Ehe. Meine Mutter ließ sich von meinem Vater durch Schläge und Beschimpfungen fertigmachen, und wir Kinder wurden auch nicht besser behandelt. Schon als Kind bin ich oft weggelaufen. Und einmal benutzte ich halt das Weglaufen zum Heiraten. Ich wollte meinem Elternhaus unbedingt entkommen. Zurück konnte ich also nicht.

Nach der Trennung von meinem ersten Mann dauerte es allerdings noch zwei Jahre, bevor ich den Mut aufbrachte, mich scheiden zu lassen. Solange ich keinen neuen Mann hatte, kam ich doch nicht ganz von ihm los. Der Anwalt, den ich schließlich mit der Scheidung beauftragte, wurde mein Ehemann Nummer zwei. Er war erheblich älter als ich und frisch geschieden. Ich glaube nicht, daß ich wirklich in ihn verliebt war, aber ich wollte es sein. Für mich war er jemand, der sich um Autumn und mich kümmern konnte. Er sprach viel darüber, daß er noch einmal von vorn beginnen, eine neue Familie gründen wollte, mit einer Frau, die er wirklich lieben konnte. Wahrscheinlich schmeichelte es mir sehr, daß ich solche Gefühle in ihm wachrief. Einen Tag, nachdem meine Scheidung rechtskräftig war, heirateten wir. Ich glaubte ganz fest, von jetzt an würde alles gut werden. Ich brachte Autumn in einer renommierten Vorschule unter und setzte meine eigene Ausbildung fort. Nachmittags war ich immer mit meiner Tochter zusammen, dann machte ich das Essen und ging anschließend zu meinen Abendkursen. Dwayne blieb abends zu Hause bei Autumn, und arbeitete seine Akten auf.

Eines Morgens war ich allein mit meiner Tochter, und da erzählte sie mir etwas, woraus ich schrecklicherweise schließen mußte, daß Dwayne sie sexuell mißbraucht hatte. Genau zu diesem Zeitpunkt vermutete ich auch noch, erneut schwanger zu sein. Aber ich ließ mir nichts anmerken, wartete bis zum nächsten Tag, und als sich Dwayne auf den Weg zur Arbeit gemacht hatte, nahm ich meine Tochter und so viele unserer Habseligkeiten, wie ich im Auto verstauen konnte, und fuhr weg. Ich hinterließ ihm nur eine kurze Nachricht, worin ich ihm mitteilte, daß Autumn mir von diesen Vorfällen erzählt hatte. Gleichzeitig warnte ich ihn vor jeglichen Versuchen, Kontakt mit uns aufzunehmen. Falls er sich nicht daran hielte, so schrieb ich, würde ich kein Stillschweigen darüber bewahren, was er ihr angetan hatte. Ich fürchtete mich schrecklich davor, daß er uns irgendwie finden und zur Rückkehr zwingen würde. Also beschloß ich, es ihn nicht wissen zu lassen, falls ich schwanger war. Ich wollte weder Geld noch sonst etwas von ihm, nur eins: Er sollte uns in Ruhe lassen.

Natürlich fand er heraus, wo wir lebten, und schrieb mir einen Brief. Darin stand kein Wort über Autumn, dafür aber eine Menge Anschuldigungen – ich wäre kalt und gleichgültig ihm gegenüber gewesen, hätte ihn alleingelassen, als ich abends zur Schule gegangen sei. Lange Zeit glaubte ich tatsächlich, an allem die Schuld zu tragen – selbst an dem, was

Autumn widerfahren war: Mein Kind war in eine schreckliche Situation geraten, nur weil ich gedacht hatte, alles wäre zu ihrem Besten.» In der Erinnerung an diese Zeit verzog sich Margos Gesicht schmerzlich.

«Glücklicherweise kam ich in einem Haus unter, in dem noch eine andere junge Frau wohnte. Zwischen uns gab es viele Gemeinsamkeiten. Wir hatten beide zu jung geheiratet, hatten beide eine unglückliche Kindheit verbracht. Unsere Väter waren einander sehr ähnlich, genau wie unsere Ex-Ehemänner. Allerdings hatte sie nur eine Ehe hinter sich.» Margo schüttelte den Kopf und fuhr fort: «Jedenfalls wechselten wir uns oft mit dem Kinderhüten ab. Dadurch konnten wir beide unsere Ausbildung fortsetzen und abends auch mal weggehen. Ich fühlte mich freier als je zuvor, selbst als sich herausstellte, daß ich tatsächlich schwanger war. Dwayne wußte nichts davon, und ich habe es ihm nie gesagt. Ich mußte bloß an all seine Anwaltsgeschichten denken – auf welche Art er anderen Leuten juristisch Schwierigkeiten machen konnte –, und ich wußte, daß es ihm auch bei mir gelungen wäre. Ich wollte nie wieder etwas mit ihm zu tun haben. Vor unserer Ehe hatte ich seine Erzählungen immer für einen Beweis seiner Stärke gehalten. Jetzt versetzte mich allein der Gedanke daran in Angst und Schrecken.

Meine zweite Tochter Darla wurde zu Hause geboren. Susie, meine Mitbewohnerin, war dabei und hielt mir die Hand. Es mag verrückt klingen, aber diese Zeit gehört zum Schönsten, was ich je erlebt habe. Wir waren arm, gingen zur Schule, arbeiteten, kümmerten uns um unsere Kinder, kleideten uns in Second-hand-Läden ein und kauften unser Essen mit Lebensmittelmarken von der Fürsorge. Wir waren frei – auf unsere Art.» Sie zuckte die Achseln. «Und doch war ich ruhelos. Ich sehnte mich nach einem Mann. Ich hoffte noch immer, den Mann zu finden, der aus meinem Leben machen würde, was ich mir erträumte. Das ist auch heute noch mein Wunsch. Ich möchte endlich wissen, wie ich den Mann finden kann, der gut für mich ist. Ausgesprochen erfolgreich war meine Suche bisher nun wirklich nicht.»

Margo – mit ihrem immer noch hübschen, wenn auch viel

zu angespannten und verhärmten Gesicht – sah mich geradezu flehend an. Würde ich ihr helfen können, den «Richtigen» zu finden? Um diese Frage ging es ihr. Aus diesem Grund war sie überhaupt zu mir in die Therapie gekommen.

Der nächste Kandidat in ihrem Eheroulette war ein gewisser Giorgio. Er fuhr ein weißes Mercedes-Kabriolett und bestritt seinen Lebensunterhalt mit dem Verkauf von Kokain. Er war kein gewöhnlicher Dealer, sondern belieferte ausschließlich die feine Kundschaft von Montecito. Von Anfang an glich ihre Beziehung zu Giorgio einer Achterbahnfahrt, und schon bald schienen für Margo die Wirkung der Droge, mit der er sie so freizügig versorgte, und das Wesen ihrer Beziehung zu diesem undurchsichtigen, gefährlichen Mann unentwirrbar miteinander verflochten zu sein. Plötzlich führte sie ein mondänes, aufregendes Leben, das sie aber körperlich und seelisch aufrieb. Sie wurde launisch und ließ ihre Launen auch an den Kindern aus. Die ständigen Streitereien mit Giorgio eskalierten – oft kam es zu handgreiflichen Auseinandersetzungen.

Nachdem sie sich bei ihrer Freundin endlos über seine Gedankenlosigkeit, seine dauernden Seitensprünge und illegalen Geschäfte beklagt hatte, war sie zutiefst getroffen, als Susie sie schließlich vor ein Ultimatum stellte: «Trenne dich von Giorgio oder brich deine Zelte hier ab.» Susie war nicht länger bereit, die ganzen Querelen mitanzusehen und sich Margos dauernde Beschwerden anzuhören; die ganze Sache tat weder ihrer Freundin noch den Kindern gut. Margo war wütend und stürzte sich in Giorgios Arme. Er erlaubte ihr und den Kindern zwar, in das Haus zu ziehen, in dem er die meisten seiner Drogengeschäfte abwickelte, gab jedoch deutlich zu verstehen, daß dies nur eine vorübergehende Lösung sei. Kurz darauf wurde er wegen illegalen Drogenhandels festgenommen. Giorgio und Margo heirateten noch vor der Gerichtsverhandlung, obwohl ihre Auseinandersetzungen zu diesem Zeitpunkt schon den Siedepunkt erreicht hatten.

Als Grund für die dritte Eheschließung gab sie an, Giorgio hätte sie praktisch zur Heirat gezwungen, denn als Ehefrau konnte von ihr nicht verlangt werden, gegen ihn auszusagen. Die Versuchung, doch als Zeugin aufzutreten, war nämlich durchaus vorhanden – angesichts des hitzigen Charakters ihrer Beziehung und der Beharrlichkeit des Staatsanwalts. Aber sobald sie verheiratet waren, verlor Giorgio sexuell das Interesse an ihr. Er sagte, er fühle sich in eine Falle gelockt.

Die Ehe wurde jedoch erst für ungültig erklärt, nachdem Margo Ehemann Nummer vier kennengelernt hatte: Er war vier Jahre jünger als sie und studierte; gearbeitet hatte er noch kein einziges Mal in seinem Leben. Nach der Katastrophe mit Giorgio hatte sich ihre Angst vor dem Alleinsein erheblich gesteigert, und so sagte sie sich, dieser ernsthafte Student sei genau der Richtige für sie. Margo arbeitete und verdiente den Lebensunterhalt für ihn mit – bis er sie verließ, um sich einer religiösen Kommune anzuschließen. Während dieser vierten Ehe war Margo in den Genuß einer recht großen Erbschaft gekommen. Den Geldbetrag stellte sie ihrem Mann zur Verfügung. Mit dieser Geste wollte sie beweisen, daß sie ihm treu ergeben war, ihm vertraute und ihn liebte (was er ständig in Frage stellte). Den größten Teil des Geldes brachte er in die Kommune ein; dann teilte er Margo unmißverständlich mit, daß sie in dieser Gemeinschaft nicht willkommen sei: Er erklärte ihre Ehe für gescheitert und gab Margos «weltlicher Gesinnung» die Schuld daran.

Diese Ereignisse hatten Margo tief verwundet; trotzdem suchte sie schon verzweifelt nach dem nächsten, dem fünften Ehemann. Wenn es ihr endlich gelang, den Richtigen zu finden, würde alles gut werden; davon war sie zutiefst überzeugt.

Vor mir saß eine verhärmte Frau mit dunklen Ringen unter den Augen, die große Angst davor hatte, mit ihrem Aussehen für Männer nicht mehr attraktiv genug zu sein. Sie hatte keine Ahnung davon, daß sie – einem bestimmten Muster folgend – ihr Leben lang immer wieder Beziehungen zu völlig unpassenden Männern eingegangen war, Männern, denen sie nicht traute, denen sie noch nicht einmal große Zuneigung entgegenbrachte. Mit der Wahl ihrer Ehemänner hatte sie bislang «Pech gehabt», das gab sie zu; ihr war jedoch nicht bewußt, daß ihre eigenen Bedürfnisse sie jedesmal wieder in eine eheliche Katastrophe getrieben hatten.

Margos körperlicher Zustand war besorgniserregend. Neben beträchtlichem Untergewicht (sie verspürte nur selten Appetit, und Magengeschwüre machten ihr jegliche Nahrungsaufnahme zur Qual) wies sie eine Reihe weiterer stressbedingter nervöser Symptome auf: Sie war sehr blaß (auf meine Frage hin bestätigte sie, daß sie an Anämie litt), ihre Fingernägel waren bis tief ins Nagelbett hinein abgebissen, und ihre Haare wirkten trocken und spröde. Sie gab an, unter Ekzemen, häufig auftretenden Verdauungsbeschwerden und Schlaflosigkeit zu leiden. Der Blutdruck war für ihr Alter sehr hoch, ihre Antriebskraft schien hingegen alarmierend niedrig zu sein.

«Manchmal schaffe ich es nur mit äußerster Kraftanstrengung, aufzustehen und zur Arbeit zu gehen. Dieses Jahr habe ich mich schon so oft krank gemeldet, daß ich eigentlich überhaupt nicht mehr fehlen dürfte. An solchen ‹freien› Tagen tue ich nichts anderes, als zu Hause zu hocken und zu weinen. Diesen Anblick mag ich meinen Kindern nicht zumuten. Es ist daher eine große Erleichterung, wenn ich mich richtig gehenlassen kann, sobald sie in der Schule sind. Ich weiß einfach nicht, wie lange ich so noch weitermachen kann.»

Sie berichtete, beide Kinder hätten Probleme in der Schule, wegen ihrer Leistungen und ihres sozialen Verhaltens. Zu Hause stritten die Mädchen ständig miteinander, und Margo verlor sehr leicht die Geduld mit ihnen. Noch immer griff sie häufig zu Kokain, um den betäubenden Rausch zu erleben, an den sie sich während ihrer Beziehung zu Giorgio gewöhnt hatte – einen Rausch, den sie sich bei ihren beschränkten finanziellen Verhältnissen und ihrer schlechten körperlichen Verfassung eigentlich nicht leisten konnte.

Aber nichts davon beunruhigte sie so sehr wie die Tatsache, daß sie derzeit ohne feste Beziehung dastand. Seit ihrer Teenagerzeit war sie nie ohne Mann gewesen. Als Kind hatte sie gegen und um ihren Vater gekämpft; als Erwachsene tat sie – in den verschiedensten Variationen – dasselbe mit jedem ihrer Partner. Vier Monate war sie nun schon ganz allein, und nur ihre bisherigen Mißerfolge ließen sie zögern, sich erneut auf die Suche zu machen, auch wenn sie es kaum ertragen konnte, auf sich selbst zurückgeworfen zu sein.

Viele Frauen halten es auf Grund bedrückender ökonomischer Verhältnisse für notwendig, einen Mann zu haben, um finanziell versorgt zu sein. Für Margo galt dies nicht. Ihre Arbeit wurde gut bezahlt und machte ihr Freude. Keiner ihrer vier Männer hatte sie oder ihre Kinder finanziell unterstützt. Ihr Bedürfnis nach einem Mann hatte ganz andere Gründe: Sie war süchtig nach Beziehungen, die ihr schadeten.

Margo war schon als Kind (gemeinsam mit ihrer Mutter und den Geschwistern) körperlichen und seelischen Demütigungen ausgesetzt gewesen. Finanzielle Sorgen, aber vor allem Unsicherheit und Leiden hatten das Familienleben geprägt. Die mit einer solchen Kindheit einhergehende seelische Überlastung hatte tiefe Spuren in Margos Psyche hinterlassen.

Zunächst einmal litt Margo unter schweren latenten Depressionen, wie sie bei Frauen mit ähnlicher Familiengeschichte häufig auftreten. Neben dem Bedürfnis, in einer Beziehung die ihr vertraute Rolle einzunehmen, beeinflußten auch diese Depressionen ihre Partnerwahl: Margo fühlte sich zu Männern hingezogen, die unzuverlässig, verantwortungslos oder einfach kalt waren; einer mißbrauchte sogar ihr Kind sexuell. In solchen Beziehungen gab es bis hin zu Gewalttätigkeiten eskalierende Auseinandersetzungen, es gab dramatische Abgänge und Aussöhnungen und dazwischen Phasen von spannungsgeladenem, angsterfülltem Warten. Womöglich gab es ernsthafte Probleme finanzieller oder juristischer Art. Dies alles waren Beziehungen, die hochdramatisch verliefen, chaotisch, aufregend, stimulierend.

Das klingt sehr strapaziös und ist es tatsächlich auf lange Sicht; aber solche Beziehungen ermöglichen – vergleichbar mit dem Konsum von Kokain oder einem anderen starken Aufputschmittel – kurzzeitig Ablenkung von und Flucht vor der ständig lauernden Depression. Denn fast jede Art von Erregungszustand, ob positiv oder negativ, führt zur Freisetzung einer großen Dosis Adrenalin und verhindert dadurch zuverlässig das Hochkommen von Depressionen. Wenn unser Körper allerdings zu häufig starker Erregung ausgesetzt wird, erschöpft sich seine Reaktionsfähigkeit allmählich. Das Ergebnis: noch schwerere Depressionen, die nunmehr nicht nur seelische, sondern auch körperliche Ursachen haben.* Genau wie Margo erkranken viele Frauen schon an Depressionen, bevor sie als Jugendliche oder Erwachsene Liebesbeziehungen eingehen, weil sie in der Kindheit unter ständiger Anspannung litten und/oder Phasen außerordentlicher Spannungen durchmachen mußten (wenn ein Elternteil Alkoholiker war oder eine andere schwere organische Störung aufwies, kann zusätzlich noch eine ererbte organische Anfälligkeit für Depressionen bestehen). Solche Frauen suchen oft unbewußt die machtvolle Stimulation durch eine schwierige und dramatische Beziehung, um ihre Drüsen zum Ausstoß von Adrenalin anzuregen. Dieses Verhalten ähnelt dem eines Menschen, der einem müden, überarbeiteten Pferd die Peitsche gibt, um noch mehr Leistung aus dem erschöpften Tier herauszuholen. Fällt diese Stimulation nun aber weg – sei es, daß die Beziehung abgebrochen wird, sei es, daß der Partner sich tatsächlich positiv verändert –, dann verfällt eine Frau, die zu sehr liebt, gewöhnlich in Depressionen. Wenn sie momentan keinen Partner hat, wird sie verzweifelt versuchen, die letzte gescheiterte Beziehung wiederaufzunehmen oder einen anderen, ebenfalls schwierigen Mann zu finden, weil sie auf die mit einer solchen Beziehung verbundenen Stimulation nicht verzichten kann. Sollte hingegen ihr Partner beginnen, seine Probleme ernsthaft anzugehen, um gesund zu werden, dann sehnt sie sich vielleicht nach einer anderen Beziehung: nach einem Mann, der ihr mehr Aufregung, mehr Stimulation bietet – der es ihr ermöglicht, ihren eigenen Gefühlen und Problemen weiterhin aus dem Weg zu gehen.

Auch hier sind die Parallelen zu Drogenmißbrauch und -entzug offensichtlich: Um ihre eigenen Gefühle nicht spüren

---

* Es gibt zwei Arten von Depression: *exogene* und *endogene*. Die *exogene Depression* tritt als Reaktion auf äußerliche Erlebnisse auf und ist eng mit Trauer verbunden. Die *endogene Depression* ist Resultat einer organischen Störung und scheint genetisch in Verbindung mit Eßsucht und/oder Alkohol- und Drogenabhängigkeit zu stehen. Möglicherweise handelt es sich hierbei um verschiedene Ausdrucksformen derselben oder sehr ähnlicher organischer Störungen.

zu müssen, benutzt eine solche Frau den Partner wie eine Rauschdroge. Sich selbst auszuhalten, die eigenen schmerzhaften Gefühle zuzulassen – das sind aber die unabdingbaren Voraussetzungen für ihre seelische und körperliche Genesung. Und dieser Prozeß läßt sich ohne Übertreibung mit dem Entzug von einer Droge wie Heroin vergleichen. Die Angst, der seelische Schmerz und die körperlichen Qualen sind gleich groß, genau wie die Versuchung, sich einen anderen Mann zu suchen, sich einen neuen «Schuß» zu setzen.

Eine Frau, die ihre Beziehung wie eine Droge einsetzt, leugnet diese Tatsache genau wie jeder Suchtmittelabhängige. Dementsprechend fürchtet sie sich genausosehr davor und wehrt sich dagegen, von ihren Zwangsvorstellungen und ihrem emotional überfrachteten Verhältnis zu Männern Abschied zu nehmen. Dennoch bewirkt eine behutsame, aber bestimmte Konfrontation im allgemeinen, daß sie das Ausmaß und die Macht ihrer Beziehungssucht erkennen und somit verstehen kann, daß sie von Denk- und Verhaltensmustern beherrscht wird, über die sie jegliche Kontrolle verloren hat.

Der erste Schritt in der Behandlung einer Frau mit derartigen Problemen besteht darin, ihr klarzumachen, daß sie – wie jede(r) andere Abhängige – an einer *Krankheit* leidet, die diagnostiziert werden kann, die sich ohne Behandlung verschlimmert und bei der – eine bestimmte Behandlung vorausgesetzt – gute Heilungschancen bestehen. Weiterhin muß sie wissen, daß sie vom Schmerz und von der Vertrautheit einer für sie schädlichen Beziehung abhängig ist und daß es sich um eine Krankheit handelt, von der sehr viele Frauen betroffen sind und deren Wurzeln in der Kindheit liegen: in den gestörten Beziehungen der Familienmitglieder untereinander.

Aber wie sollte eine Frau, die – wie Margo – zu sehr liebt, allein herausfinden, wie schlecht es um sie steht und daß ihre Krankheit – ohne Behandlung – unaufhaltsam voranschreitet, sie letztendlich das Leben kosten kann? Genausowenig läßt sich bei jeder anderen Krankheit erwarten, daß der Patient seine Symptome genau zu benennen weiß, sowohl den eigenen Zustand als auch die angemessene Behandlung errät. Gerade weil die Krankheit «Zu-sehr-lieben» von Verleugnung begleitet wird, wäre es unwahrscheinlich, daß eine Frau wie Margo eine zutreffende Selbstdiagnose vornehmen könnte – genauso unwahrscheinlich, wie eine zutreffende Selbstdiagnose bei einem ebenso kranken Alkoholiker ist. Und weder die Frau, die zu sehr liebt, noch der Alkoholiker können hoffen, ohne fremde Unterstützung oder nur mit Hilfe eines Arztes oder Therapeuten gesund zu werden; denn um gesund zu werden, müssen sie gerade dem entsagen, was ihnen Erleichterung zu verschaffen scheint.

Therapie allein kann nicht genug bieten, um ein echtes Gegengewicht zur Abhängigkeit des Alkoholikers vom Alkohol oder zur Abhängigkeit der beziehungssüchtigen Frau von ihrem Partner darzustellen. Jeder Süchtige, der einen Entzug wagt, steht plötzlich vor einem riesigen Loch, und dieses Loch ist viel zu groß, als daß es in einstündigen therapeutischen Sitzungen ein- bis zweimal pro Woche ausgefüllt werden könnte. Weil ganz massive Angstgefühle entstehen, wenn die Abhängigkeit von einem Suchtmittel oder einem Partner aufgegeben wird, muß das Angebot von Unterstützung, Sicherheit und Verständnis dauernd zur Verfügung stehen. Dies wird am ehesten durch Menschen gewährleistet, die denselben schmerzhaften Entzugsprozeß durchgemacht haben.

Ein weiteres Versäumnis in der traditionellen Therapie von Suchtkrankheiten aller Art besteht in der Tendenz, die Abhängigkeit (ob von einem Suchtmittel oder einer Beziehung) nur als *Symptom* anzusehen – statt sie als die grundlegende Krankheit zu erkennen, die *zuerst* behandelt werden muß, bevor die Therapie überhaupt erfolgreich voranschreiten kann. In einer traditionellen Therapie «darf» der Patient seine Sucht weiterhin ausleben. Die eigentlichen Sitzungen sind dem Bemühen gewidmet, die «Gründe» für dieses Suchtverhalten aufzudecken. Ein solches Vorgehen packt das Problem jedoch von hinten an und ist normalerweise völlig nutzlos. Wenn jemand bereits alkoholabhängig ist, dann besteht das grundlegende Problem genau in dieser Abhängigkeit, was auch zentrales Thema der therapeutischen Arbeit sein muß, das heißt, der Patient muß trocken werden, bevor er in irgendeinem anderen Bereich seines Lebens eine positive Veränderung erfahren kann. Die Annahme, daß durch Aufdecken der wahren «Ursachen» für den Alkohol-mißbrauch dieser auch schon zum Einhalt gebracht werden könnte, ist falsch. Die «Ursache» für das Trinkverhalten des Patienten liegt nämlich in der Tatsache, daß er an der Krankheit Alkoholismus leidet. Nur indem das Problem Alkohol direkt und zuallererst angegangen wird, hat er die Chance, gesund zu werden.

Die grundlegende Krankheit der Frau, die zu sehr liebt, besteht in ihrer Abhängigkeit von Schmerz und von der Vertrautheit einer für sie schädlichen Beziehung. Natürlich liegen dieser Krankheit Muster zugrunde, die in der Kindheit entstanden sind: Wenn die Frau gesund werden will, muß sie zuallererst die Muster, die ihr gegenwärtiges Leben bestimmen, erkennen und zu verändern suchen. Ganz gleich, wie krank, grausam oder hilflos ihr Partner ist – sie muß mit Hilfe ihres Arztes oder Therapeuten verstehen lernen, daß jeder ihrer Versuche, ihn zu ändern, ihm zu helfen, ihn zu kontrollieren oder ihm Vorwürfe zu machen, ein Ausdruck *ihrer* Krankheit ist; daß sie mit diesem Verhalten Schluß machen muß, bevor sich ihr Leben in anderen Bereichen positiv verändern kann. Sie muß sich auf die Arbeit an der eigenen Person konzentrieren – und beschränken. Im nächsten Kapitel werde ich die einzelnen Schritte darlegen, die eine beziehungssüchtige Frau unternehmen muß, um gesund zu werden.

Die folgende Tabelle zeigt die Merkmale auf, die für den Krankheits- und Genesungsprozeß bei Alkoholikern und beziehungssüchtigen Frauen typisch sind. An Hand dieser Tabelle wird noch einmal deutlich, welche Parallelen im Verhalten beider Gruppen sowohl in der aktiven Krankheitsphase als auch während der Genesung bestehen. Wie groß die Parallelen im Kampf um Genesung von der Sucht sind, läßt sich mit einer solchen Liste allerdings nicht vermitteln: Für eine beziehungssüchtige Frau (das heißt eine Frau, die zu sehr liebt) ist es genauso schwer, gesund zu werden, wie für einen Alkoholiker. Und für beide kann es den Tod bedeuten, wenn ihnen dies nicht gelingt.

Wenn wir ernstlich erkrankt sind, ist eine genaue Diagnose für unsere Genesung oftmals unabdingbar; denn nur mit Hilfe die-

Merkmale des Krankheitsverlaufs

Alkoholiker	Beziehungssüchtige Frauen
o vollkommen auf Alkohol fixiert	o vollkommen auf eine Beziehung fixiert
o Ausmaß des Problems wird geleugnet	o Ausmaß des Problems wird geleugnet
o durch Lügen wird verdeckt, wie groß der Alkoholkonsum ist	o durch Lügen wird verdeckt, was in der Beziehung geschieht
o Kontakt zu anderen Menschen wird eingeschränkt, um Probleme mit Alkohol verheimlichen zu können	o Kontakt zu anderen Menschen wird eingeschränkt, um Probleme in der Beziehung verheimlichen zu können
o wiederholte Versuche, den Alkoholkonsum unter Kontrolle zu bringen	o wiederholte Versuche, die Beziehung unter Kontrolle zu bringen
o unerklärliche Stimmungsschwankungen	o unerklärliche Stimmungsschwankungen
o Wut, Depression, Schuldgefühle	o Wut, Depression, Schuldgefühle
o Groll (auf andere)	o Groll (auf andere)
o irrationale Handlungen	o irrationale Handlungen
o Gewalttätigkeiten	o Gewalttätigkeiten
o Unfälle infolge von Rauschzuständen	o Unfälle infolge gedanklicher Abwesenheit
o Selbsthaß / Rechtfertigungen (auch vor sich selbst)	o Selbsthaß / Rechtfertigungen (auch vor sich selbst)
o körperliche Erkrankung infolge von Alkoholmißbrauch	o körperliche Erkrankung infolge von nervösen Spannungszuständen, Stress

ser Diagnose läßt sich eine angemessene Behandlung finden. Es gehört unter anderem zu den Aufgaben der professionellen

Alkoholiker	Beziehungssüchtige Frauen
o Eingeständnis der eigenen Unfähigkeit, die Krankheit unter Kontrolle zu bringen	o Eingeständnis der eigenen Unfähigkeit, die Krankheit unter Kontrolle zu bringen
o Haltung, andere für Probleme verantwortlich zu machen, wird korrigiert	o Haltung, andere für Probleme verantwortlich zu machen, wird korrigiert
o Konzentration auf die eigene Person, Übernahme der Verantwortung für *eigene* Handlungen	o Konzentration auf die eigene Person, Übernahme der Verantwortung für *eigene* Handlungen
o Engagement in Selbsthilfegruppe (Unterstützung durch Menschen, die Gleiches durchgemacht haben)	o Engagement in Selbsthilfegruppe (Unterstützung durch Menschen, die Gleiches durchgemacht haben)
o Bereitschaft, sich mit den *eigenen* Gefühlen auseinanderzusetzen, statt ihnen auszuweichen	o Bereitschaft, sich mit den *eigenen* Gefühlen auseinanderzusetzen, statt ihnen auszuweichen
o Aufbau eines stabilen Freundeskreises, Entwicklung kreativer Interessen	o Aufbau eines stabilen Freundeskreises, Entwicklung kreativer Interessen

Helfer, die wir konsultieren, daß sie mit den Anzeichen und Symptomen bestimmter allgemein bekannter Krankheiten vertraut sind, diese diagnostizieren und uns mit den effektivsten Mitteln beziehungsweise Methoden behandeln können.

Ich behaupte, daß der Begriff «Krankheit» auch für Beziehungssucht, für «Zu-sehr-Lieben» zutreffend ist. Das ist eine gewagte Behauptung, und wenn Sie vor der Verwendung dieses Begriffs zurückschrecken, so hoffe ich doch, daß Sie zumindest eines anerkennen: die überaus große Ähnlichkeit zwischen einer Krankheit wie Alkoholismus (das heißt Abhängigkeit von einem Suchtmittel) und dem Syndrom, das bei Frauen auftritt, die zu sehr lieben (das heißt Abhängigkeit von einem Partner). Nach meiner festen Überzeugung ist all das, was Frauen quält, die zu sehr lieben, nicht *wie* eine Krankheit; es *ist* eine Krankheit, die eine bestimmte Diagnose und eine bestimmte Behandlung erforderlich macht.

Lassen Sie uns zunächst klarstellen, was mit dem Wort *Krankheit* in diesem Zusammenhang gemeint ist: jegliche Abweichung vom Zustand der Gesundheit, die an Hand bestimmter Symptome bei allen von ihr Betroffenen identifizierbar ist und die möglicherweise auf bestimmte Behandlungsmethoden anspricht.

Bei dieser Definition muß ein physischer Krankheitserreger (Virus, Mikrobe etc.) nicht unbedingt vorhanden sein. Zentrales Merkmal ist vielmehr, daß die Krankheit auf eine ihr eigene Weise wahrnehmbar und vorhersehbar voranschreitet und daß durch angemessene Eingriffe eine Genesung möglich ist.

Trotzdem haben viele Mediziner Mühe, etwas als Krankheit anzusehen, bei dem im frühen und mittleren Stadium eben nicht im Körper, sondern im Verhalten der Patienten Symptome auftreten. Dies ist einer der Gründe, weshalb die meisten Ärzte Alkoholismus erst diagnostizieren können, wenn sich der Patient bereits im Endstadium befindet, wo der körperliche Verfall offensichtlich ist.

Vielleicht ist es sogar noch schwieriger, «Zu-sehr-Lieben» als Krankheit zu betrachten, weil die Patientin ja nicht von einer chemischen Substanz, sondern von einem anderen Menschen abhängig ist. Der Einsicht, daß es sich um einen pathologischen Zustand handelt, der eine Behandlung erforderlich macht, steht vor allem eines entgegen: Ärzte und Therapeuten haben wie andere Menschen auch bestimmte tiefverwurzelte Vorstellungen von Frauen und von der Liebe. Wir alle glauben mehr oder weniger daran, daß Leiden ein Merkmal für wahre Liebe ist, daß nur Egoisten sich weigern zu leiden und daß ein

Mann mit Problemen eine Frau braucht, die ihm dabei hilft, sich zu ändern. Diese Einstellungen fördern die Verbreitung beider Krankheiten.

Sowohl Alkoholismus als auch «Zu-sehr-Lieben» sind im Frühstadium nicht leicht zu erkennen. Wenn es mit der Zeit offensichtlich wird, daß etwas sehr Zerstörerisches im Gange ist, werden dennoch häufig nur die körperlichen Symptome wahrgenommen und behandelt – beim Alkoholiker vielleicht Funktionsstörungen der Leber oder Bauchspeicheldrüse, bei der beziehungssüchtigen Frau Schlafstörungen oder zu hoher Blutdruck – aber der Gesamtzustand bleibt unberücksichtigt. Es ist jedoch unbedingt erforderlich, die verschiedenen Symptome in ihrem Zusammenhang zu erfassen, ihre Ursachen herauszufinden, die Krankheit im frühestmöglichen Stadium zu diagnostizieren, damit der fortschreitenden Zerstörung von seelischer und körperlicher Gesundheit Einhalt geboten werden kann.

Die Parallelen zwischen den Krankheitsverläufen von Alkoholismus und «Zu-sehr-Lieben» werden in den folgenden Tabellen (S. 256 f) verdeutlicht. Beide Tabellen zeigen, wie Abhängigkeit – ob von einer bewußtseinsverändernden Chemikalie oder einer unglücklichen Beziehung – letztlich das gesamte Leben in Mitleidenschaft zieht. Zunächst sind die Auswirkungen seelischer, dann körperlicher Natur; sie betreffen auch andere Menschen (Kinder, Nachbarn, Freunde, Kollegen); bei der beziehungssüchtigen Frau treten zudem häufig noch andere Krankheiten wie Eß-, Arbeitssucht oder Kleptomanie auf. Die Tabellen veranschaulichen auch die Parallelen beim Genesungsprozeß drogen- und beziehungsabhängiger Menschen. Ich möchte noch einmal betonen, daß die Tabelle *«Alkoholabhängigkeit: Erkrankungsprozeß und Genesung»* wahrscheinlich eher für männliche Alkoholiker und die Tabelle *«Zu-sehr-Lieben»: Erkrankungsprozeß und Genesung»* eher für Frauen repräsentativ ist – wenn es auch, wie eingangs erwähnt, durchaus Männer gibt, die zu sehr lieben. Die Abweichungen auf Grund der Geschlechtszugehörigkeit sind allerdings nicht sehr groß, wie Sie vielleicht schon beim Betrachten der Tabellen feststellen können, und es würde an dieser Stelle zu weit führen, sie in allen Einzelheiten zu untersuchen. Hier soll vor allen Dingen noch einmal verdeutlicht werden, wie Frauen, die zu sehr lieben, krank werden und wie sie gesund werden können.

Margos Geschichte ist nicht aus dieser Tabelle entnommen, und diese Tabelle wurde auch nicht entworfen, um ihre Geschichte zu veranschaulichen. Aber Margo durchlief – mit wechselnden Partnern – genau dieselben Stadien der Krankheit «Zu-sehr-Lieben» wie andere Frauen mit einem einzigen Partner. Wenn nun Beziehungssucht eine mit Alkoholismus vergleichbare Krankheit ist, dann sind auch ihre einzelnen Stadien gleichermaßen feststellbar, und ihr Verlauf ist genauso vorhersehbar.

Das folgende Kapitel behandelt die in der Tabelle aufgeführten Genesungsschritte im einzelnen, aber zunächst will ich mich noch einmal mit den Gefühlen und Verhaltensweisen beschäftigen, die – laut Tabelle – Merkmale dieser Krankheit in ihren verschiedenen Stadien sind.

Wie jede der in diesem Buch vorgestellten Geschichten zum Audruck bringt, stammen Frauen, die zu sehr lieben, aus Familien, in denen sie entweder sehr einsam und isoliert waren oder abgelehnt wurden oder überlastet waren mit unangemessen hoher Verantwortung; daher stammt ihre stark fürsorgliche, aufopferungsvolle Haltung; oder sie waren einem solch bedrohlichen Chaos ausgesetzt, daß sich in ihnen das massive Bedürfnis herausbildete, Menschen und Situationen zu kontrollieren. Eine Frau, die das Verlangen hat, zu bemuttern oder zu kontrollieren oder beides zu tun, kann dieses Bedürfnis natürlich nur bei einem Partner ausleben, der ein solches Verhalten zuläßt, wenn nicht sogar herausfordert. Sie wird sich also unvermeidlich mit einem Mann zusammentun, der zumindest in einigen wesentlichen Lebensbereichen verantwortungslos ist: Er braucht ihre Hilfe, ihre Fürsorge, ihre Kontrolle. Und so beginnt ihr Kampf, ihr unermüdlicher Versuch, ihn durch die Stärke und Überzeugungskraft ihrer Liebe zu verändern.

Schon zu einem sehr frühen Zeitpunkt läßt sich erahnen, von welchem Wahn die Beziehung später beherrscht sein wird: wenn nämlich die Frau beginnt, die Realität dieser Beziehung zu leugnen. Wie an anderer Stelle bereits ausgeführt, ist Verleugnung ein unbewußter Mechanismus, der sich automa-

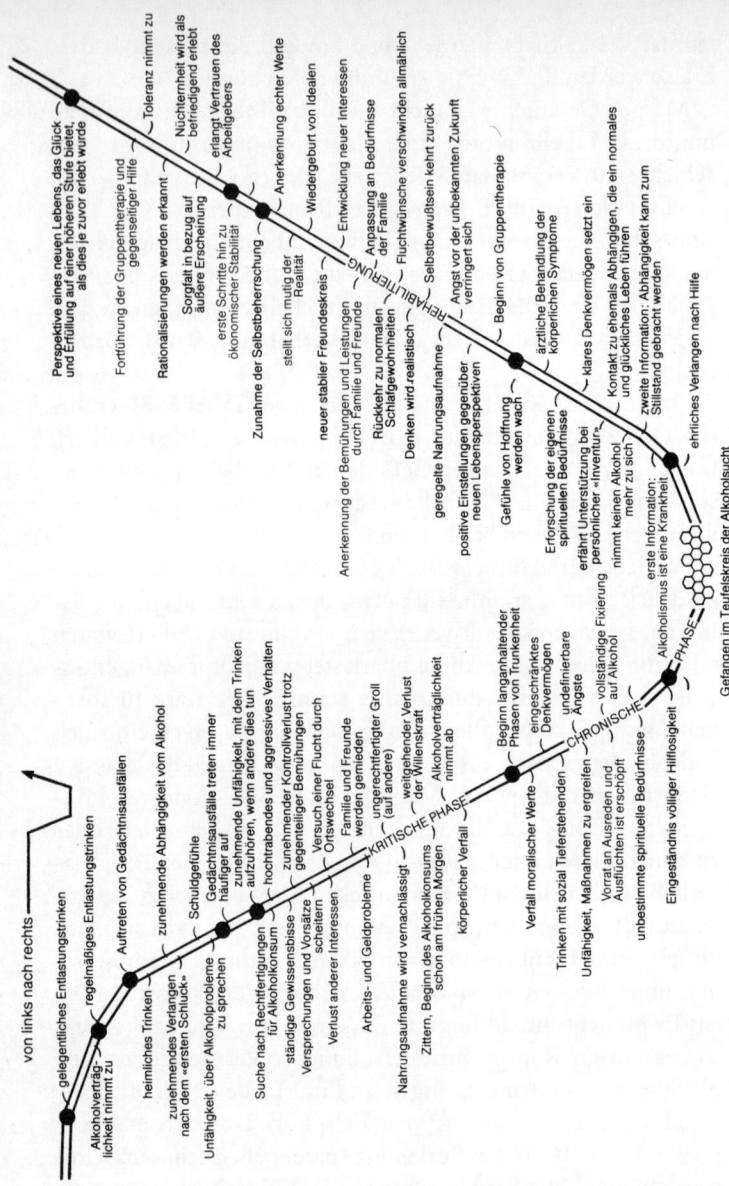

Alkoholabhängigkeit: Erkrankungsprozeß und Genesung

Quelle: M. M. Glatt, *The British Journal of Addiction* 54, Nr. 2

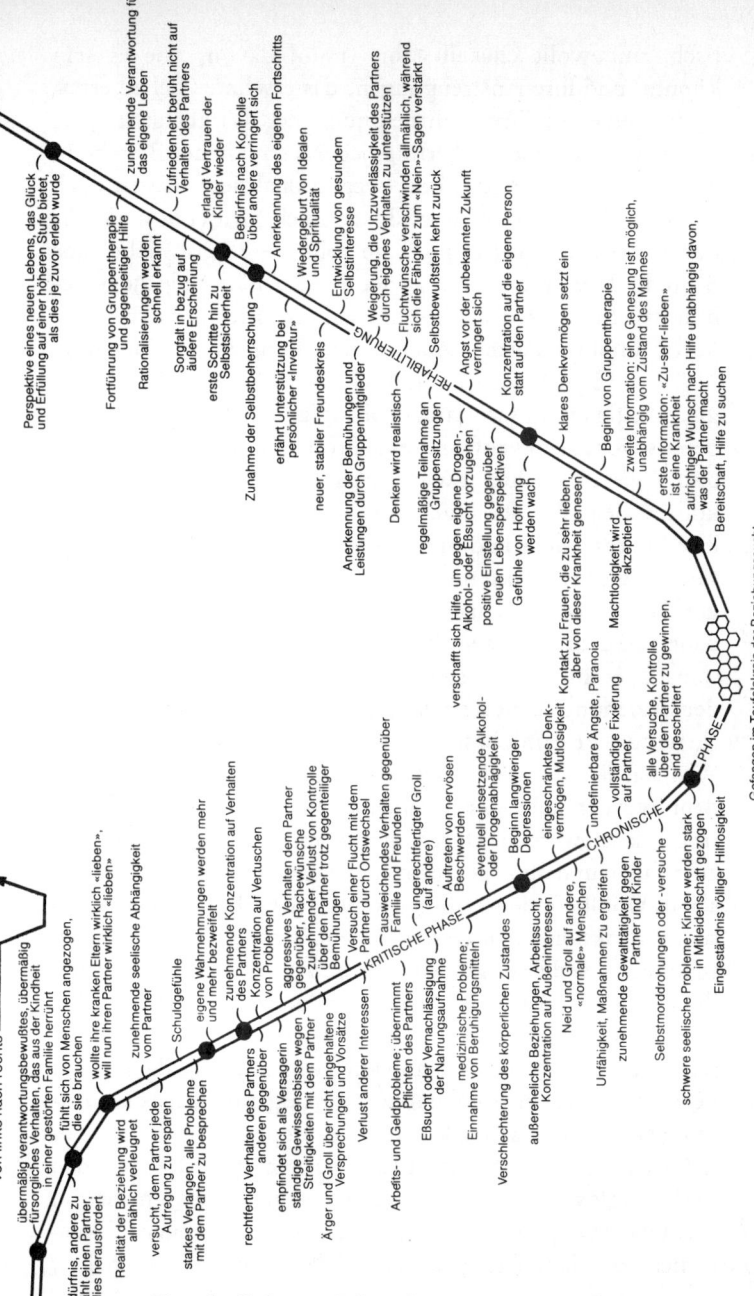

«Zu sehr lieben»: Erkrankungsprozeß und Genesung

Quelle: übernommen von M. M. Glatt

tisch, ungewollt einstellt. Ihr Traum davon, wie es sein könnte, und ihre Anstrengungen, das ersehnte Ziel zu erreichen, verzerren ihre Wahrnehmung der Wirklichkeit. Jede Enttäuschung, jeder Mißerfolg, jeder Verrat in der Beziehung wird entweder ignoriert oder wegrationalisiert. «Es ist doch nicht so schlimm.» – «Du weißt eben nicht, wie er in Wirklichkeit ist.» – «Das hat er nicht gewollt.» – «Es ist nicht seine Schuld.» Dies sind nur einige der Standardsätze, die die beziehungssüchtige Frau in diesem Stadium ihrer Krankheit benutzt, um ihren Partner und ihre Beziehung zu verteidigen.

Während ihr Mann sie enttäuscht und im Stich läßt, wird sie gleichzeitig emotional immer abhängiger von ihm. Sie hat sich bereits weitgehend auf ihn, seine Probleme, sein Wohlergehen und – was vielleicht am wichtigsten ist – seine Gefühle für sie konzentriert. Ihre ständigen Versuche, ihn zu ändern, nehmen ihre Energie mehr und mehr in Anspruch. Mit der Zeit kann sie sich überhaupt nur noch von ihm Gutes erhoffen und zufügen lassen. Ist das Zusammensein mit ihm unbefriedigend, dann versucht sie diesen Zustand zu verändern, indem sie sich selbst oder ihn zu einem anderen Verhalten erzieht. Außerhalb der Beziehung sucht sie nicht nach emotionaler Befriedigung; sie ist zu sehr damit beschäftigt, die Beziehung zu verbessern. Wenn sie *ihn* glücklich machen kann, dessen ist sie sich sicher, dann wird er sie besser behandeln, und schließlich wird auch *sie* glücklich werden. Durch ihre ständigen Bemühungen, ihm zu gefallen und ihm alles recht zu machen, wird sie zur Hüterin seines Wohlbefindens. Immer wenn er ärgerlich ist, sieht sie in seiner Reaktion einen Beweis für ihr Versagen und fühlt sich schuldig – weil er unglücklich ist und sie es nicht vermochte, ihn glücklich zu machen, weil er Fehler hat und sie es nicht vermochte, diese zu beheben. Aber vor allem fühlt sie sich schuldig, weil sie selbst unglücklich ist. Indem sie die Realität verleugnet, sagt sie sich, daß mit ihm eigentlich alles in Ordnung ist – also müssen alle Fehler bei ihr liegen.

Obwohl sie ihre Probleme für trivial und ihre Beschwerden für belanglos hält, verzweifelt sie daran und verlangt mehr und mehr nach Gesprächen mit dem Partner. In den langen Diskussionen, die darauf folgen (falls er überhaupt mit ihr redet), werden aber die wahren Probleme gewöhnlich nicht angesprochen. Wenn er zuviel trinkt, dann hindert ihr Verleugnungsmechanismus sie daran, dies wahrzunehmen; sie bittet ihn also vielleicht geradezu flehentlich, ihr zu sagen, warum er so unzufrieden ist – in der Annahme, nicht sein Trinkverhalten sei von Bedeutung, sondern seine Unzufriedenheit. Wenn er ihr untreu ist, fragt sie, warum sie ihm als Frau nicht genügt, womit sie sich – nicht ihm – die Schuld an der Situation gibt. Und so weiter . . .

Das Leben wird immer schwieriger. Aber ihr Partner fürchtet, sie könne mutlos werden und sich von ihm zurückziehen. Da er aber ihre Unterstützung – in emotionaler, finanzieller, sozialer oder sonstiger Hinsicht – braucht, erlärt er ihr, daß sie im Unrecht sei und sich vieles nur einbilde. Denn er liebe sie doch, beteuert er, und auch die Beziehung laufe besser, als sie es mit ihrer negativen Einstellung erkennen könne. Und sie glaubt ihm, weil sie das Verlangen hat, ihm zu glauben. Sie akzeptiert seine Sehweise, bemüht sich, den Problemen keine «übertriebene» Bedeutung mehr beizumessen – und entfernt sich damit noch weiter von der Realität.

Er ist zu ihrem Barometer geworden, ihrem Radar, dem Meßgerät für ihre Empfindungen. Sie beobachtet ihn ständig. All ihre Gefühlsregungen werden durch sein Verhalten ausgelöst. Sie gibt ihm die Macht, ihr emotionale Wechselbäder zu verpassen, und gleichzeitig vermittelt sie zwischen ihm und der Außenwelt. Sie versucht, der Außenwelt vorzumachen, sowohl er als auch die Beziehung seien besser und glücklicher, als dies der Fall ist. Jedes einzelne seiner Versäumnisse, jede einzelne ihrer Enttäuschungen wird von ihr wegrationalisiert, und während sie die Wahrheit nach außen verheimlicht, verheimlicht sie sie auch vor sich selbst. Sie kann nicht akzeptieren, daß er ist, wer er ist, und daß seine Probleme seine und nicht ihre Probleme sind. Dabei wird sie immer mehr von dem Gefühl durchdrungen, versagt zu haben – trotz all ihrer energischen Versuche, ihn zu ändern. Ihre Frustration entlädt sich in Wutausbrüchen; es kommt zu heftigen, gelegentlich handgreiflichen Auseinandersetzungen, die sie aus ohnmächtiger Wut darüber anzettelt, daß er ihre gutgemeinten Bemühungen anscheinend absichtlich durchkreuzt. So wie sie einst jedes

Versäumnis von ihm entschuldigte, so bezieht sie jetzt alles auf sich. Sie glaubt, nur sie allein würde sich für die Aufrechterhaltung der Beziehung einsetzen. Ihre Schuldgefühle wachsen, sobald sie darüber nachdenkt, woher diese Wut in ihr kommt und warum sie nicht liebenswert genug ist – denn offensichtlich liebt er sie nicht genug, um sich ändern zu *wollen,* ihr und der Beziehung zuliebe.

Mittlerweile ist sie bereit, alles zu versuchen, was eine Änderung bei ihm bewirken könnte. Versprechungen werden ausgetauscht: Sie schimpft nicht mehr, wenn er nicht mehr trinkt, spätnachts nach Hause kommt oder sich irgendwo herumtreibt. Keiner von beiden ist in der Lage, sich an solche Abmachungen zu halten, und sie nimmt undeutlich wahr, daß sie die Kontrolle verloren hat – nicht nur über ihn, sondern auch über sich selbst. Sie kann nicht aufhören, mit ihm zu streiten, ihn zu beschimpfen, ihn zu beschwören, ihn anzuflehen. Ihre Selbstachtung sinkt immer tiefer.

Es folgt vielleicht ein Umzug, weil beide Partner ihren Freunden, der Arbeit oder der Familie die Schuld an ihren Problemen zuschieben. Und vielleicht wird die Situation daraufhin tatsächlich erträglicher – aber nur eine Zeitlang. Schon bald treten die alten Muster wieder auf.

Mittlerweile wird sie von diesem erbitterten Kampf dermaßen in Anspruch genommen, daß ihr weder Zeit noch Kraft für irgend etwas anderes bleibt. Wenn sie Kinder hat, werden diese mit Sicherheit in jeder Hinsicht vernachlässigt. Sämtliche sozialen Aktivitäten kommen zum Erliegen. All der aufgestaute Groll, all die Geheimnisse, die sie hüten muß, führen dazu, daß jeder Auftritt in der Öffentlichkeit für sie zur Tortur wird. Durch das Ausbleiben der sozialen Kontakte wird die Frau, die zu sehr liebt, noch mehr isoliert. Sie hat eine weitere zentrale Verbindung zur Realität verloren. Ihr gesamtes Leben reduziert sich nunmehr auf ihre Beziehung.

Vor langer Zeit einmal waren ihr die Verantwortungslosigkeit und Bedürftigkeit dieses Mannes reizvoll erschienen; damals hatte sie fest geglaubt, ihn ändern, ihn «in Ordnung bringen» zu können. Mittlerweile hat sie eine Menge von dem übernommen, was eigentlich zu seinen Aufgaben und Pflichten gehört, und während sie deswegen einerseits sehr verbittert ist, genießt sie andererseits das Gefühl von Kontrolle über ihn, wenn sie sein Geld einteilt und die alleinige Verantwortung für die Kinder trägt.

Wenn Sie noch einmal einen Blick auf die Tabelle werfen, werden Sie feststellen, daß wir uns schon mitten in der «kritischen Phase» befinden, der Phase also, in der sich zunächst die seelische und dann auch die körperliche Verfassung rapide verschlechtert. Falls nicht schon früher Eßstörungen aufgetreten sind, können sie zu diesem Zeitpunkt hinzukommen.

Aus dem Versuch heraus, die Wut und den Groll in ihr zu dämpfen, aber auch, weil sie sich irgendwie für ihre Anstrengungen belohnen will, beginnt sie vielleicht, Essen als eine Art Beruhigungsmittel einzusetzen. Oder sie vernachlässigt die Nahrungsaufnahme, weil sie an Magengeschwüren oder chronischer Magenverstimmung leidet; oft werden diese Beschwerden auch von einer märtyrerhaften «Ich habe keine Zeit zum Essen»-Haltung begleitet. Oder sie kontrolliert ihre Nahrungsaufnahme rigoros, um das Gefühl von Kontrollverlust zu kompensieren, das ihr Leben generell bestimmt. Zu diesem Zeitpunkt beginnt sie vielleicht auch, Alkohol oder eine andere «Freizeitdroge» zu mißbrauchen. Sehr häufig setzt sie Medikamente ein, um mit der unerträglichen Situation fertig zu werden, in der sie sich nunmehr befindet. Ein Arzt, der die fortschreitenden Störungen dieser Patientin nicht richtig diagnostiziert, verschreibt ihr womöglich ein Beruhigungsmittel, welches die Angst unterdrücken wird, die durch ihre Lebensumstände und ihre Einstellung dazu aufgekommen ist — und trägt damit zur Verschlechterung ihres Zustandes bei. Einer Frau in dieser Lage ein potentiell suchterzeugendes Medikament zu verschreiben, kommt dem Angebot eines kräftigen Schlucks Gin gleich. Sowohl der Gin als auch das Beruhigungsmittel betäuben den Schmerz eine Zeitlang, aber ihr Gebrauch schafft eher zusätzliche Probleme, ohne auch nur ein einziges zu lösen.

Ist eine Frau, die zu sehr liebt, bei diesem Stadium angelangt, treten unvermeidlich nicht nur seelische, sondern auch körperliche Probleme auf. Der langanhaltende große Stress kann die verschiedensten Auswirkungen haben. Wie schon bemerkt, wird eine solche Frau vielleicht von Essen, Alkohol oder einer anderen Droge abhängig. Vielleicht kommt es zu Verdauungsstörungen und/oder Magengeschwüren, zu verschiedenen Hautproblemen, Allergien, überhöhtem Blutdruck, Schlaflosigkeit, zu Verstopfung oder Durchfall oder beidem abwechselnd. Eventuell treten auch Depressionen auf; gibt es – wie das so häufig bei Frauen, die zu sehr lieben, der Fall ist – bereits eine entsprechende Vorgeschichte, so kommt es jetzt möglicherweise zu ausgedehnten Phasen mit alarmierend massiven Depressionen.

Wenn die stressbedingten Störungen so stark geworden sind, daß der Körper allmählich zusammenbricht, dann ist die chronische Phase erreicht, als deren wichtigstes Kennzeichen die weitgehende Beeinträchtigung des Denkvermögens gelten muß: Die Frau ist im Grunde nicht mehr fähig, ihre Situation realistisch einzuschätzen. Beziehungssucht wird immer auch von einem Wahn begleitet, der sich im Laufe der Zeit verstärkt und in der chronischen Phase vollends zum Ausbruch kommt. Deshalb kann sie mittlerweile auch keine Alternativen mehr zu ihrem gegenwärtigen Leben erkennen. Viele ihrer Aktivitäten sind eigentlich *Reaktionen* auf ihren Partner – selbst Liebesaffären, Arbeitsbesessenheit, ausschließliche Konzentration auf andere Interessen oder das aufopferungsvolle Engagement für eine «gute Sache», wobei sie wiederum versucht zu helfen, das heißt andere Menschen zu kontrollieren. Selbst ihre Hinwendung zu anderen Menschen und anderen Interessen außerhalb ihrer Beziehung ist mittlerweile Teil ihrer Besessenheit, ihrer Obsession.

Sie ist auf Menschen neidisch, die nicht solche Probleme haben wie sie; zunehmend läßt sie ihre Frustration an den Menschen in ihrer Nähe aus, zunehmend wird sie ihrem Partner und oft auch ihren Kindern gegenüber gewalttätig. Möglicherweise kommt es zu diesem Zeitpunkt zu Selbstmorddrohungen oder sogar -versuchen: als Ausdruck des verzweifelten Bemühens, den Partner doch noch mit Hilfe von Schuldgefühlen zu kontrollieren. Sowohl sie als auch ihre Angehörigen sind mittlerweile seelisch, häufig genug auch körperlich schwer krank.

Vielleicht denken Sie einmal kurz darüber nach, was es für ein Kind bedeuten mag, wenn seine Mutter unter der Krankheit «Zu-sehr-Lieben» leidet. Viele der Frauen, deren Geschichten ich in diesem Buch vorgestellt habe, wuchsen unter solchen Bedingungen auf.

Wenn eine Frau, die einst zu sehr geliebt hat, endlich erkennt, daß all ihre Versuche, all ihre Bemühungen, den Partner zu ändern, fehlgeschlagen sind, dann kann sie vielleicht auch einsehen, daß sie Hilfe braucht. Sucht sie beispielsweise einen Therapeuten auf, steckt dahinter häufig ein allerletzter Versuch, durch die Unterstützung eines professionellen Helfers doch noch ihren Mann zu ändern. Wenn die Person, an die sie sich wendet, ihr helfen kann zu erkennen, daß *sie* diejenige ist, die sich ändern muß, daß ihre Genesung sich in ihr selbst vollziehen muß – dann ist der *entscheidende* erste Schritt getan.

Und dieser Schritt ist so wichtig, weil «Zu-sehr-Lieben» eine fortschreitende Krankheit ist, was die letzten Ausführungen noch einmal deutlich gemacht haben. Eine Frau wie Margo geht ihrem Tod entgegen. Er mag durch eine stressbedingte Störung wie Herzversagen, Schlaganfall oder durch ein anderes körperliches Leiden in Zusammenhang mit Stress eintreten. Vielleicht stirbt eine solche Frau aber auch an der Gewalttätigkeit, die zu einem Teil ihres Lebens geworden ist, oder bei einem Unfall, der nicht passiert wäre, wenn ihre Obsessionen sie nicht völlig in Anspruch genommen hätten. Vielleicht stirbt sie innerhalb kurzer Zeit, vielleicht siecht sie viele Jahre lang dahin. Was auch immer die Todesursache sein mag – ich möchte wiederholen, daß «Zu-sehr-Lieben» tödlich sein kann.

Kehren wir noch einmal zu Margo zurück. Verstört durch die Wendung, die ihr Leben genommen hat, sucht sie zu diesem Zeitpunkt Hilfe, wenn auch halbherzig. Für Margo gibt es nur zwei Alternativen. Es ist notwendig, daß ihr diese beiden Alternativen deutlich aufgezeigt werden, denn sie muß sich für die eine oder die andere entscheiden.

Sie kann weiterhin nach dem perfekten Partner suchen. Bei ihrer Vorliebe für unzugängliche, nicht vertrauenswürdige

Männer wird sie auch in Zukunft immer wieder genau solche Männer kennenlernen und mit ihnen Beziehungen eingehen. Sie kann sich aber auch der schwierigen und anspruchsvollen Aufgabe stellen, die Muster herauszufinden, die sie immer wieder in schädliche Beziehungen hineintreiben. Dazu gehört auch, daß sie nüchtern prüft, welche Elemente die «Anziehung» zwischen ihr und ihren verschiedenen Partnern bewirkt haben. Entweder sie sucht weiterhin ihr persönliches Glück außerhalb der eigenen Person bei einem Mann oder sie beginnt in einem langsamen und gewissenhaft (aber letztendlich viel lohnenderen) Lernprozeß, sich selbst zu lieben und fürsorglich zu behandeln. Dabei kann sie sich von Menschen helfen lassen, die dasselbe wie sie durchgemacht haben.

Leider wird sich die große Mehrheit von Frauen wie Margo dafür entscheiden, ihre Beziehungssucht weiterhin auszuleben. Diese Frauen setzen entweder die Suche nach dem Traumprinzen fort, der sie glücklich machen wird, oder sie bemühen sich weiterhin endlos, ihren Partner zu kontrollieren und zu verändern.

Es scheint so viel einfacher, so viel angenehmer, weil vertrauter, die Quelle von Glück außerhalb der eigenen Person zu suchen, anstatt sich in der Disziplin zu üben, die notwendig ist, um die eigenen inneren Ressourcen zu fördern, um das Gefühl von innerer Leere nicht durch äußere Reize zu betäuben, sondern allein mit diesem Gefühl fertig zu werden. Für diejenigen von Ihnen, die so klug, so erschöpft oder so verzweifelt sind, daß Sie lieber gesund werden als weiterhin all Ihre Energien darauf verwenden wollen, Ihren Partner zu ändern oder einen neuen zu finden – für diejenigen von Ihnen, die wirklich *sich selbst* ändern wollen, folgen nun die Schritte zur Genesung.

Der Weg zur Genesung

> Wenn ein Mensch fähig ist,
> produktiv zu lieben, dann
> liebt er auch sich selbst; wenn
> er *nur* andere lieben kann,
> dann kann er überhaupt nicht
> lieben.
>
> – Erich Fromm,
> ‹Die Kunst des Liebens›

Nachdem Sie in diesem Buch von so vielen Frauen gelesen haben, deren selbstschädigende Mechanismen in ihren Beziehungen zu Männern einander so ähnlich sind, glauben Sie mittlerweile vielleicht auch, daß «Zu-sehr-Lieben» eine Krankheit ist. Aber wie soll nun die richtige Behandlung aussehen? Wie kann eine davon betroffene Frau gesund werden? Wie schafft sie es, die endlosen Kämpfe mit ihrem Partner zu beenden? Wie lernt sie, ihre Energien für ein befriedigendes, erfülltes Leben einzusetzen? Und worin unterscheidet sie sich von den vielen Frauen, die nie gesund werden, die nicht in der Lage sind, sich von einer unbefriedigenden, unglücklichen, schädlichen Beziehung zu befreien?

Ganz sicher entscheidet nicht das Ausmaß ihrer Probleme darüber, ob eine Frau gesund wird oder nicht. Frauen, die zu sehr lieben, sind einander vor der Genesung charakterlich sehr ähnlich – ungeachtet gewisser Unterschiede, die ihre gegenwärtigen Lebensumstände oder ihre Vergangenheit betreffen. Aber eine Frau, die das Muster «Zu-sehr-Lieben» überwunden hat, unterscheidet sich grundlegend von der Person, die sie vor ihrer Genesung war.

Vielleicht ist es ja nur ihrem Glück oder dem Schicksal zu verdanken, daß manche Frauen tatsächlich gesund werden. Meiner Beobachtung nach haben jedoch alle diese Frauen für ihre Genesung ganz bestimmte Schritte unternommen. Sie sind – häufig ohne jede Anleitung, «nur» durch Ausprobieren – letztendlich den Lernschritten gefolgt, die ich für Sie hier in groben Zügen darstellen will. Außerdem habe ich in meiner persönlichen und beruflichen Erfahrung noch keine Frau erlebt, die diese Lernschritte befolgte und trotzdem krank blieb; aber ich habe auch noch keine Frau erlebt, die sich nicht daran hielt und trotzdem gesund wurde. Diese Aussage dürfen Sie ruhig als Garantie auffassen: Frauen, die dieses Programm befolgen, werden gesund.

Die einzelnen Schritte sind einfach, aber nicht leicht. Alle sind gleichermaßen wichtig und hier in eine nach chronologischen Gesichtspunkten typischen Reihenfolge gebracht.

1. Suchen Sie Hilfe.
2. Machen Sie Ihre eigene Genesung zur absoluten Priorität in Ihrem Leben.
3. Schließen Sie sich einer Gruppe von Menschen an, die dieselben Probleme haben wie Sie und Sie verstehen können.
4. Entwickeln Sie durch tägliche Übung Ihren Sinn für Spiritualität.
5. Machen Sie Schluß damit, über Ihren Partner zu bestimmen, ihn zu kontrollieren.
6. Lernen Sie, sich nicht in Beziehungsspiele zu verstricken.
7. Stellen Sie sich mutig Ihren eigenen Problemen und Unzulänglichkeiten.
   Fördern Sie Ihre eigenen Fähigkeiten und Interessen.
9. Werden Sie «egoistisch.»
10. Lassen Sie andere an Ihren Erfahrungen und Lernprozessen teilhaben.

Wir werden nun untersuchen, was jeder einzelne dieser Schritte bedeutet, was er erfordert, warum er notwendig ist und welche Folgen er hat.

1. Suchen Sie Hilfe.

Was bedeutet das?

Hilfe suchen – das kann zunächst alles mögliche heißen, ob Sie ein einschlägiges Buch in der Bibliothek ausleihen (auch das mag großen Mut erfordern, denn vielleicht kommt es Ihnen so vor, als würden Sie dabei von allen anderen Menschen beobachtet!) oder sich bei einem Therapeuten anmelden. Vielleicht ist es der anonyme Anruf bei der Telefonseelsorge, wo Sie zum erstenmal über das sprechen, was Sie solange als Geheimnis bewahrt haben. Vielleicht wenden Sie sich an eine Einrichtung, die sich auf Ihre Art von Problemen spezialisiert hat, ob Sie nun Co-Alkoholikerin sind oder ein Inzestopfer oder ob Ihr Partner Sie prügelt oder was auch immer Ihr Problem sei. Vielleicht bedeutet Hilfe suchen für Sie, daß Sie herausfinden, wann und wo sich eine Selbsthilfegruppe trifft, und den Mut aufbringen, dorthin zu gehen. Vielleicht belegen Sie einen bestimmten Kurs an einer Volkshochschule oder gehen zu einem Beratungszentrum. Vielleicht bedeutet es sogar, daß Sie die Polizei anrufen. Hilfe suchen heißt im Grunde nichts anderes als *aktiv werden,* den ersten Schritt tun, Kontakt aufnehmen. Es bedeutet *keinesfalls,* daß Sie Ihrem Partner damit drohen: Ein solches Vorgehen dient gewöhnlich dazu, ihn zu erpressen, damit er sich zusammenreißt, um von Ihnen nicht öffentlich bloßgestellt zu werden. Halten Sie ihn heraus; sonst dient Ihre Suche nach Hilfe (oder die entsprechende Drohung) doch wieder nur Ihrem Wunsch, ihn zu ändern oder zu kontrollieren. Denken Sie daran: Sie tun diesen Schritt für *sich selbst.*

Was erfordert das?

Hilfe suchen heißt, daß Sie sich – zumindest vorübergehend – von der Vorstellung trennen müssen, Sie könnten allein mit Ihrer Situation fertig werden. Sie müssen sich der Realität stellen, das heißt akzeptieren, daß sich Ihre Lebensumstände im Laufe der Zeit nicht verbessert, sondern verschlechtert haben, und Sie müssen erkennen, daß Sie trotz all Ihrer Bemühungen nicht in der Lage sind, Ihre Probleme zu lösen. Das heißt, Sie müssen sich selbst ehrlich eingestehen, wie schlimm es in Wirklichkeit um Sie steht. Leider finden wir häufig erst dann zu solcher Ehrlichkeit, wenn uns das Leben einen so schweren Schlag – wenn nicht sogar mehrere – versetzt hat, daß wir am Boden liegen und nach Luft schnappen. Dieser Zustand hält jedoch meist nicht lange an – und so versuchen wir, sobald wir wieder Luft bekommen, genau da weiterzumachen, wo wir aufgehört haben: Wir sind stark, wir bestimmen, kontrollieren und nehmen alles selbst in die Hand. Geben Sie sich aber nicht mit kurzzeitiger Entlastung zufrieden. Wenn Sie schon bereit sind, das eingangs erwähnte Buch aus der Bibliothek zu lesen, dann sollten Sie auch den zweiten Schritt tun: Kontakt mit einer der Organisationen aufzunehmen, die Ihnen darin empfohlen werden. (Entsprechende Adressen finden Sie beispielsweise im Anhang dieses Buches.)

Wenn Sie sich bei einer Therapeutin / einem Therapeuten anmelden, sollten Sie herausfinden, ob er oder sie sich mit Ihrem Problem auch wirklich auskennt. Vielleicht sind Sie ein Inzestopfer; eine Therapeutin ohne spezielle Ausbildung und Sachkenntnis auf diesem Gebiet wird Ihnen bei weitem nicht so gut helfen können wie jemand, der *weiß,* was Sie durchgemacht haben und wie diese Erlebnisse Sie noch heute beeinflussen.

Suchen Sie jemanden auf, der die Familiengeschichte von Betroffenen auf ähnliche Weise hinterfragt wie dieses Buch.

Meiner Ansicht nach sollten Frauen mit Therapeutinnen / Beraterinnen arbeiten. Zwischen uns gibt es eine wichtige Gemeinsamkeit: Wir wissen, was es heißt, eine Frau in dieser Gesellschaft zu sein; das schafft ein besonderes, tiefes Verständnis füreinander. Außerdem lassen sich so die fast unumgänglichen Mann-Frau-Spiele vermeiden; bei einem männlichen Therapeuten könnten wir allzuleicht in Versuchung geraten, uns auf ein solches Spiel einzulassen; leider ist auch der Therapeut häufig genug dazu bereit.

Aber eine Therapeutin zu finden reicht noch längst nicht. Sie muß – bezugnehmend auf die Faktoren, die in Ihrer Lebensgeschichte eine Rolle spielen – wissen, welche Behandlungsmethode für Sie am effektivsten ist; die Therapeutin muß zudem gewillt sein, Sie an eine geeignete Selbsthilfegruppe zu verweisen, ja sogar die Teilnahme an dieser Gruppe zu einem obligatorischen Bestandteil Ihrer Behandlung erklären.

Ich selber zum Beispiel arbeite nur dann mit einer Co-Alkoholikerin, wenn sie neben der Therapie auch Mitglied bei Al-Anon wird. Ist sie dazu nach mehrmaliger Teilnahme an den Gruppensitzungen nicht bereit, dann treffe ich mit ihr die Vereinbarung, die therapeutische Arbeit nur dann fortzusetzen, wenn sie sich doch für das Al-Anon-Programm entscheidet. Langjährige Erfahrung hat mich gelehrt, daß Co-Alkoholiker, die sich nicht bei Al-Anon engagieren, nicht gesund werden. Statt dessen wiederholen sie ihre alten Verhaltensmuster und bleiben auch ihren verhängnisvollen Denkmustern verhaftet. Die Therapie allein vermag diesen Prozeß nicht umzukehren. Wenn eine Frau jedoch gleichzeitig zur Therapie und zu Al-Anon geht, schreitet ihre Genesung viel schneller voran; diese beiden Behandlungsformen ergänzen einander sehr gut.

Ihre Therapeutin sollte die Arbeit mit Ihnen von der vergleichbaren Bedingung abhängig machen, daß Sie sich einer geeigneten Selbsthilfegruppe anschließen. Denn sonst versetzt sie Sie möglicherweise in die Lage, über Ihre Lebensumstände jammern zu können, ohne von Ihnen zu verlangen, daß Sie alles Ihnen Mögliche tun, um sich selbst zu helfen.

Sobald Sie eine Therapeutin gefunden haben, bei der Sie gut aufgehoben sind, müssen Sie kontinuierlich zu ihr gehen und sich an ihre Empfehlungen halten. Niemand hat je sein jahrzehntealtes Beziehungsmuster nach ein oder zwei Therapiesitzungen geändert.

Die Hilfe, die Sie in Anspruch nehmen, mag Geld kosten – oder auch nicht. Viele Einrichtungen haben eine gleitende Gebührenskala; Sie bezahlen nur so viel, wie Sie aufbringen können. Und gerade in solchen Einrichtungen finden sich oft sehr kompetente und engagierte Mitarbeiter. Außerdem muß der teuerste Therapeut nicht unbedingt die beste Behandlung bieten. Erkundigen Sie sich auf jeden Fall bei Ihrer Krankenkasse, ob, unter welchen Voraussetzungen und in welcher Höhe sie Therapiekosten übernimmt. Denken Sie daran, daß Sie nach einer Person suchen, die über Erfahrung und Sachkenntnis verfügt und in deren Gegenwart Sie sich wohl fühlen. Vertrauen Sie Ihren Gefühlen; suchen Sie – wenn es sein muß – auch mehrere Therapeuten auf, um eine(n) zu finden, der / die für Sie richtig ist.

Therapie ist kein absolut notwendiger Teil Ihres Genesungsprozesses. Die falsche Therapie wird Ihnen eher schaden als nützen. Aber jemand, der versteht, was die Krankheit «Zusehr-Lieben» ausmacht, kann von unermeßlicher Hilfe für Sie sein.

Hilfe in Anspruch zu nehmen muß nicht heißen, daß Sie gewillt sind, Ihre derzeitige Beziehung – falls vorhanden – zu beenden. Eine derartige Entscheidung ist während Ihres Genesungsprozesses überhaupt nicht erforderlich. Während Sie die einzelnen Schritte befolgen – vom ersten bis zum zehnten –, wird sich das Problem mit Ihrer Beziehung von selbst regeln – so oder so. Viele Frauen, die mich aufsuchen, wollen sich von ihrem Partner trennen, bevor sie innerlich dazu bereit sind, was nur bedeutet, daß sie entweder zu ihm zurückkehren oder eine neue Beziehung eingehen, die ihnen gleichermaßen schadet. Wenn sie diesem Programm folgen, so verändert sich auch ihre Einstellung der Beziehung gegenüber: Beim Partner zu bleiben ist dann nicht mehr *das* Problem, ihn zu verlassen nicht mehr *die* Lösung. Statt dessen wird die Beziehung in die vielen Fragen miteinbezogen, die im Gesamtzusammenhang ihres Lebens behandelt und geklärt werden müssen.

Warum ist dieser Schritt notwendig?

Er ist notwendig, weil Sie schon so vieles versucht haben, aber keine Ihrer Bemühungen auf lange Sicht etwas ausgerichtet hat. Auch wenn hin und wieder eine kurzzeitige Entlastung eingetreten ist – insgesamt verschlechtert sich die Situation unaufhaltsam. Erschwerend kommt hinzu, daß Sie vermutlich überhaupt nicht mehr wahrnehmen können, wie es wirklich um Sie steht, weil Sie über einen starken Verdrängungsmechanismus verfügen. All das gehört zum Wesen Ihrer Krankheit.

Ich habe unzählige Male von Klientinnen gehört, ihre Kinder würden die familiären Probleme nicht mitbekommen, von den nächtlichen Streitereien nicht aufwachen. Dies ist ein typisches Beispiel für Verleugnung als Mittel des Selbstschutzes. Müßten sich diese Frauen der Tatsache stellen, daß ihre Kinder wirklich leiden, dann würden sie von Schuldgefühlen und Gewissensbissen überwältigt werden. Andererseits verhindert eben diese Verleugnung auch, daß sie die volle Tragweite ihrer Probleme erkennen und die notwendige Hilfe suchen.

Sie müssen davon ausgehen, daß Sie sich in einer schlimmeren Situation befinden, als Sie sich momentan eingestehen mögen, und daß Ihre Krankheit immer weiter voranschreitet. Sie müssen akzeptieren, daß Sie angemessene Behandlung brauchen, und daß Sie mit der Krankheit nicht allein fertig werden können.

Welche Folgen hat dieser Schritt?

Viele Frauen fürchten, ihre Beziehung könnte durch die Entscheidung, Hilfe zu suchen, zerstört werden. Dies muß jedoch nicht unbedingt der Fall sein. Sollten Sie diesen Schritten folgen, so garantiere ich Ihnen, daß es mit Ihrer Beziehung entweder vorwärts oder zu Ende gehen wird. So wie sie ist, bleibt sie nicht – genausowenig wie Sie selbst «die Alte» bleiben.

Eine andere gefürchtete Folge ist, daß das Geheimnis herauskommt. Hat eine Frau erst einmal ernsthaft Hilfe gesucht, bereut sie diesen Schritt nur selten, aber die vorausgehende Angst kann gewaltig sein. Ob ihre Probleme nur unerfreulicher und unangenehmer Natur sind oder gravierend, ja sogar lebensbedrohlich, spielt bei ihrer Entscheidung für oder gegen Hilfe von außerhalb keine Rolle. Entscheidend dabei ist einzig und allein, wie groß ihre Angst ist (und manchmal auch ihr Stolz), nicht aber das Ausmaß oder die Schwere ihrer Probleme.

Viele Frauen sehen noch nicht einmal, daß sie die Möglichkeiten haben, Hilfe zu holen; dies scheint ihnen ein unnötiges Risiko in einer ohnehin schon gefährlichen Situation zu sein. «Ich wollte ihn nicht wütend machen» ist die klassische Antwort der geprügelten Ehefrau auf die Frage, warum sie nicht die Polizei gerufen hat. Eine tiefe und umfassende Furcht davor, die Situation damit zu verschlimmern, aber paradoxerweise auch die Überzeugung, eben diese Situation noch immer unter Kontrolle zu haben, halten sie davon ab, von der Polizei oder anderen Menschen Hilfe zu erbitten. Dasselbe läßt sich auch an Hand eines weniger dramatischen Beispiels verdeutlichen. Eine frustrierte Ehefrau möchte, daß alles beim alten bleibt, weil die kalte Gleichgültigkeit des Mannes ihr gegenüber «doch nicht so schlimm» ist. Sie redet sich ein, daß er im Grunde ein guter Kerl ist – schließlich weist er nur wenige der negativen Charakterzüge auf, die sie in den Ehemännern ihrer Freundinnen sieht. Und so findet sie sich damit ab, daß sie kein Sexualleben mehr hat, daß er sie immer dann entmutigt, wenn sie Begeisterung an den Tag legt, daß er sich in jeder freien Minute, die sie gemeinsam zu Hause verbringen, mit Sport beschäftigt. Ihr Verhalten hat mit Toleranz allerdings nichts zu tun. Es ist vielmehr ihr fehlendes Vertrauen darein, daß die Beziehung ihre Weigerung überleben würde, weiterhin geduldig auf seine Zuwendung zu warten, die er ihr ohnehin nie gewähren wird, und es ist sogar noch mehr: die fehlende Überzeugung nämlich, daß sie mehr Glück verdient, als ihr zuteil wird. Dies ist ein wichtiger Aspekt des Genesungsprozesses. Verdienen Sie etwas Besseres als Ihr gegenwärtiges Leben? Was sind Sie bereit zu tun, um zufriedener und glücklicher zu werden? Fangen Sie ganz von vorn an; suchen Sie Hilfe.

2. Machen Sie Ihre eigene Genesung zur absoluten Priorität in Ihrem Leben.

Was bedeutet das?

Ihre eigene Genesung zur absoluten Priorität machen heißt, daß Sie sich dafür entscheiden, die notwendigen Schritte zu unternehmen, um sich selbst zu helfen – ganz gleich, was dafür erforderlich ist. Falls Ihnen das zu extrem klingt, dann denken

Sie einen Moment lang darüber nach, wieweit Sie gehen würden, um *ihn* dazu zu bringen, sich zu ändern, um *ihm* zu helfen, gesund zu werden. Die Kraft dieser Energie richten Sie nun einfach auf sich selbst. Die Zauberformel bei diesem Schritt lautet: Obwohl Sie mit all Ihrer Arbeit, all Ihrer Anstrengung *ihn* nicht ändern können, so können Sie doch mit demselben Energieaufwand *sich selbst* ändern. Setzen Sie also Ihre Kraft da ein, wo sie tatsächlich etwas bewirkt: in Ihrem eigenen Leben.

Was erfordert das?

Es erfordert Ihr totales Engagement – Ihnen selbst gegenüber. Vielleicht nehmen Sie sich damit zum erstenmal in Ihrem Leben wirklich ernst und beweisen sich, daß Sie Ihre eigene Aufmerksamkeit und Fürsorge wert sind. Dies wird Ihnen vermutlich sehr schwerfallen, aber wenn Sie genau das tun, was Sie sich vorgenommen haben – das heißt Ihre Verabredungen einhalten, an einer Selbsthilfegruppe teilnehmen etc. –, dann werden Sie auch mit Hilfe anderer lernen, wie Sie für Ihr eigenes Wohlergehen sorgen können. Also zwingen Sie sich ruhig eine Weile dazu, hinzugehen, dann wird sich die heilende Wirkung mit Sicherheit einstellen. Wenn es Ihnen erst einmal besser geht, dann werden Sie von sich aus weitermachen wollen.

Um Ihren Genesungsprozeß zu unterstützen, sollten Sie sich so umfassend wie möglich über Ihr spezielles Problem informieren. Wenn Sie zum Beispiel in einer Alkoholikerfamilie aufgewachsen sind, rate ich Ihnen, entsprechende Bücher und Artikel zu lesen und Veranstaltungen zu diesem Thema zu besuchen. Finden Sie heraus, was über die Auswirkungen von Alkoholabhängigkeit auf Kinder und ihre spätere Lebensgeschichte bekannt ist. Es wird unangenehm und gelegentlich sogar schmerzhaft für Sie sein, sich diesen Informationen auszusetzen. Aber es ist sehr viel unangenehmer, Ihre alten Muster weiterhin auszuleben – ohne jedes Verständnis dafür, wie Ihre Vergangenheit Sie bestimmt. Dieses Verständnis ermöglicht echte Entscheidungen; je größer Ihr Verständnis ist, desto größer ist auch Ihre Entscheidungsfreiheit.

Außerdem ist Ihre Bereitschaft erforderlich, auch *weiterhin* Zeit und eventuell Geld darauf zu verwenden, daß Sie gesund werden. Wenn Sie davor zurückschrecken, Zeit und Geld für Ihre eigene Genesung aufzubringen, wenn es Ihnen wie Verschwendung vorkommt, dann bedenken Sie, wieviel Zeit und Geld schon für den Versuch draufgegangen sind, Ihren Schmerz über den traurigen Zustand oder das Ende Ihrer Beziehung(en) zu unterdrücken. Sie haben: getrunken; Drogen genommen; zuviel gegessen; Reisen unternommen, um allem zu entgehen; Dinge ersetzen müssen (entweder seine oder Ihre eigenen), die Sie bei Wutausbrüchen kaputtgemacht hatten; Arbeitsausfälle gehabt; teure Ferngespräche geführt (entweder mit ihm oder einem Menschen, von dem Sie sich Verständnis erhofften); Geschenke für ihn gekauft, um etwas wiedergutzumachen; sich selbst Geschenke gekauft, um Ihnen das Vergessen zu erleichtern; ganze Tage und Nächte damit verbracht, über ihn zu weinen; Ihre Gesundheit bis zu dem Punkt vernachlässigt, wo Sie ernsthaft krank wurden – die Liste der Dinge und Aktivitäten, für die Sie Zeit und Geld aufgebracht haben, ist wahrscheinlich lang genug, um bei Ihnen ein unangenehmes Gefühl zu hinterlassen, wenn Sie sich ehrlich damit beschäftigen. Für Ihre Genesung müssen Sie nun mindestens genausoviel einsetzen. Aber *dieser* Einsatz lohnt sich.

Totales Engagement für Ihre eigene Genesung erfordert zudem von Ihnen, daß Sie den Gebrauch von Alkohol oder anderen Drogen während der Dauer Ihres therapeutischen Prozesses erheblich einschränken oder sogar völlig einstellen. Der Gebrauch von stimmungs-/bewußtseinsverändernden Substanzen vermindert Ihre Fähigkeit, die Gefühle zu erleben, die Sie ja gerade mit Hilfe der Therapie aufdecken wollen. Nur wenn Sie mit vollem Bewußtsein erleben, wie sich Ihre Gefühle befreien, werden Sie auch in den Genuß der Heilkraft kommen, die damit einhergeht. Die Angst vor Ihren eigenen Gefühlen mag Sie dazu veranlassen, sie auf die eine oder andere Weise (auch indem Sie Nahrungsmittel als Droge mißbrauchen) abzuschwächen, aber ich rate Ihnen dringend davon ab. Den größten Teil der therapeutischen «Arbeit» verrichten Sie nicht in der Gruppe oder während einer Sitzung. Ich habe bei meinen Klienten die Erfahrung gemacht, daß die Zusammenhänge, die in der Therapiesitzung oder außerhalb hergestellt werden, nur von bleibendem Wert sind, wenn das Bewußtsein bei der Verarbeitung der Einsichten unverändert und ungetrübt ist.

Warum ist dieser Schritt notwendig?

Solange Sie sich nicht die Zeit dafür nehmen, diesen zweiten Schritt zu befolgen, können Sie nicht gesund werden; denn Sie werden weiterhin ausschließlich damit beschäftigt sein, all das zu tun, was Sie bisher krank gemacht hat und Ihrer Genesung im Wege steht.

Eine neue Sprache zu lernen erfordert oft, sich immer wieder neuen Klängen und neuen Sprachmustern auszusetzen, die mit den vertrauten Sprach- und Denkformen nicht vereinbar sind. Wer sich nur selten oder unregelmäßig dieser neuen Spracherfahrung aussetzt, kann sie überhaupt nicht richtig erfassen. Genauso verhält es sich bei Ihrer Genesung. Die gelegentliche halbherzige Geste, mit der Sie etwas für sich selbst tun, genügt keinesfalls, um Ihre tiefverwurzelten Denk-, Empfindungs- und Verhaltensweisen nachhaltig zu beeinflussen. Wenn Sie nicht konsequent dagegen vorgehen, werden sich diese Muster allein durch die Macht der Gewohnheit wieder Geltung verschaffen.

Vielleicht hilft es Ihnen ja, einen Moment darüber nachzudenken, was Sie alles tun würden, wenn Sie Krebs hätten und Ihnen jemand Hoffnung auf Heilung machen würde. Sie sollten bereit sein, genausoviel zu unternehmen, um von dieser Krankheit zu genesen, die Ihre Lebensqualität und möglicherweise Ihr Leben zerstört.

Welche Folgen hat dieser Schritt?

Ihre Sitzung beim Therapeuten, das Treffen Ihrer Gruppe kommen an erster Stelle. Sie sind wichtiger als o eine Einladung zum Mittag- oder Abendessen mit Ihrem Partner

o ein Treffen mit Ihrem Partner, um einmal über alles zu sprechen

o zu vermeiden, daß er Sie kritisiert oder ärgerlich auf Sie wird

o ihn (oder einen anderen Menschen) glücklich zu machen; seine Zustimmung (oder die eines anderen) zu erfahren

o eine Reise zu unternehmen, um allem für eine Weile zu entgehen (damit Sie zurückkehren und weiterhin dasselbe erdulden können).

3. Schließen Sie sich einer Gruppe von Menschen an, die dieselben Probleme haben wie Sie und Sie verstehen können.

Was bedeutet das?

Eine solche Gruppe zu finden, mag Sie einige Anstrengung kosten. Falls Sie jemals eine Beziehung zu einem Alkoholiker oder Drogenabhängigen hatten oder immer noch aufrechterhalten, ist Al-Anon die richtige Adresse für Sie; falls Sie Kind eines Alkoholikers oder Drogenabhängigen sind, gehen Sie zu den Al-Anon-Meetings für erwachsene Kinder von Alkoholikern; falls Sie ein Opfer von sexuellem Mißbrauch sind, wenden Sie sich an eine Selbsthilfegruppe für sexuell mißbrauchte Mädchen und Frauen; falls Sie ein Opfer von körperlicher Gewalt sind, nehmen Sie Kontakt mit dem nächstgelegenen Frauenhaus auf, wo man Ihnen Informationen über Selbsthilfegruppen geben wird. Falls auf Sie keine dieser Kategorien zutrifft oder die spezielle Gruppe, die Ihren Bedürfnissen am besten gerecht werden könnte, in Ihrer Stadt nicht existiert, dann suchen Sie sich eine Selbsthilfegruppe, in der sich Frauen mit den Problemen ihrer emotionalen Abhängigkeit von Männern auseinandersetzen – oder rufen Sie selbst eine Gruppe ins Leben. Hinweise und Richtlinien zur Gründung einer Selbsthilfegruppe finden Sie im Anhang, S. 327 ff.

Ein unstrukturiertes Treffen von Frauen, die sich über all das Schreckliche unterhalten, was ihnen von Männern angetan wurde, oder über das Schicksal, das ihnen so böse mitgespielt hat, macht noch keine Gruppe aus, in der sich Menschen, die von denselben Problemen betroffen sind, gegenseitig helfen. Die Gruppe ist vielmehr der Ort, wo Sie an Ihrer eigenen Genesung arbeiten. Es ist wichtig, über frühere seelische Verletzungen zu sprechen, aber wenn Sie feststellen, daß Sie oder andere lange Geschichten erzählen, in denen ständig «Er sagte … und darauf sagte ich …» vorkommt – dann sind Sie wahrscheinlich auf dem falschen Weg, wenn nicht sogar in der falschen Gruppe. Einfühlsames Zuhören allein bewirkt noch keine Genesung. Eine gute Selbsthilfegruppe macht es sich zur Aufgabe, allen Teilnehmern beim Gesundwerden zu helfen; einige der Mitglieder sind schon weitgehend genesen und können den «Neulingen» zeigen, durch welche Prinzipien sie dies erreicht haben. Al-Anon ist ein vorbildliches Beispiel für solche Gruppen. Ob Ihr Leben von Alkoholismus betroffen ist oder nicht – vielleicht sollten Sie ein Meeting oder mehrere besuchen, um zu sehen, wie sich die Prinzipien der Genesung in die Praxis umsetzen lassen. Im Grunde gelten sie für uns alle gleichermaßen, ungeachtet unserer vergangenen oder gegenwärtigen Lebensumstände.

Was erfordert das?

Sie sollten sich selbst und der Gruppe gegenüber die Verpflichtung eingehen, mindestens an sechs Treffen teilzunehmen, bevor Sie möglicherweise zu dem Schluß kommen, daß die Gruppe Ihnen nichts bieten kann. Dies ist notwendig, weil es so lange dauert, bis Sie sich allmählich als Teil der Gruppe fühlen, den Jargon halbwegs beherrschen, der manchen Gruppen eigen ist, und ein erstes Verständnis von dem Prozeß der Genesung erlangen. Wenn Sie zu Al-Anon gehen, wo es häufig mehrere Meetings pro Woche gibt, sollten Sie versuchen, dies an verschiedenen Tagen zu tun. Verschiedene Gruppen weisen verschiedene Eigenschaften auf, obwohl der Rahmen und die Gestaltung im Grunde dieselben sind. Suchen Sie eine oder zwei Gruppen aus, die Ihnen besonders zusagen, und bleiben Sie dann dabei; wenn Sie das Bedürfnis verspüren, besuchen Sie zusätzlich andere Meetings.

Sie müssen an den Gruppentreffen regelmäßig teilnehmen. Zwar ist es auch für die anderen wichtig, daß Sie da sind, aber vor allem nützt Ihre Teilnahme Ihnen selbst. Um entgegennehmen zu können, was die Gruppe Ihnen zu bieten hat, müssen Sie anwesend sein.

Im Idealfall spüren Sie zumindest ein gewisses Maß an Vertrauen, aber selbst wenn dies nicht der Fall ist, *können* Sie ehrlich sein. Sprechen Sie über Ihr mangelndes Vertrauen in Menschen generell, in die Gruppe, in den Heilungsprozeß; Sie werden sehen, daß gerade dadurch Ihr Vertrauen wächst.

Warum ist dieser Schritt notwendig?

Was andere Gruppenmitglieder zu erzählen haben, versetzt Sie in die Lage, sich mit ihnen und ihren Erfahrungen zu identifizieren. Dies hilft Ihnen, sich an Ereignisse, aber auch an Gefühle zu erinnern, die Sie aus Ihrem Bewußtsein verbannt haben. Sie werden sich selbst besser kennenlernen.

Wenn Sie sich erst einmal mit anderen identifizieren und sie trotz ihrer Fehler und Geheimnisse akzeptieren, werden Sie allmählich auch dazu in der Lage sein, diese Eigenschaften und Gefühle in sich selbst zu akzeptieren. Sie lernen, sich anzunehmen: ein weiterer ganz entscheidender Schritt auf dem Weg zu Ihrer Genesung.

Wenn Sie dazu bereit sind, werden Sie auch andere an Ihren Erfahrungen teilhaben lassen; dadurch lernen Sie, ehrlicher und weniger verschlossen, weniger ängstlich zu sein. Dadurch daß die Gruppe akzeptiert, was für Sie unakzeptabel gewesen ist, wird Ihre Bereitschaft, sich selbst anzunehmen, weiter wachsen.

Sie werden die Methoden kennenlernen, die andere in ihrem Leben erfolgreich einsetzen und die Sie selbst ausprobieren können. Sie werden erleben, daß andere Leute Dinge versuchen, an denen sie scheitern; aus diesen Fehlern können Sie lernen.

Neben dem einfühlsamen Verstehen und der Möglichkeit, seine Erfahrungen mit anderen zu teilen, gibt es in einer solchen Gruppe immer auch ein Element von Humor, der ebenfalls wichtig für die Genesung ist. Das verständnisvolle Lächeln des Wiedererkennens, wenn jemand erneut versucht hat, einen anderen zu kontrollieren, der fröhliche Beifall, wenn jemand eine schwierige Hürde genommen hat, das befreiende Gelächter über gemeinsame Eigenarten – all das ist im wahrsten Sinne des Wortes heilsam.

Sie werden sich zugehörig fühlen. Das ist ganz besonders wichtig für all diejenigen, die aus einer gestörten Familie stammen, denn eine solche Kindheitserfahrung ruft äußerst starke Isolationsgefühle hervor. Das Zusammensein mit anderen, die Ihre Erfahrungen verstehen und teilen, verschafft Ihnen das Gefühl von Sicherheit und Wohlbefinden, das Sie brauchen.

Welche Folgen hat dieser Schritt?

Das Geheimnis ist keines mehr. Natürlich weiß nicht jeder Bescheid, aber zumindest doch ein paar andere Menschen. Sie gehen zu einem Al-Anon-Meeting, was die stillschweigende Vermutung nahelegt, daß Alkoholismus irgendwann, irgendwo auch Ihr Leben in Mitleidenschaft gezogen hat. Sie erscheinen bei einem Treffen für sexuell mißbrauchte Mädchen und Frauen, was darauf hindeutet, daß sich ein Mensch, dem Sie vertrauten, auf irgendeine Weise sexuell an Ihnen vergriffen hat ... und so weiter.

Die Angst davor, daß «alles herauskommt», hält viele Menschen davon ab, die Hilfe zu suchen, welche für ihr Leben und ihre Beziehungen von unschätzbarem Wert sein könnte. Denken Sie daran: Bei jeder Selbsthilfegruppe, die diesen Namen verdient, gelangt weder die Tatsache, daß Sie daran teilnehmen, noch das, worüber gesprochen wird, nach außen. Ihre Intimsphäre wird respektiert und geschützt. Sollte dies in Ihrer Gruppe nicht der Fall sein, müssen Sie sich eine andere suchen.

Schon Ihr erster Besuch bei einer Gruppe läßt andere Menschen wissen, daß es bei Ihnen Probleme gibt. Aus den bisherigen Ausführungen können Sie hoffentlich eines ersehen: Anderen Menschen Ihr Geheimnis anzuvertrauen, besonders denen, die dieselben Probleme haben, ist ein Weg aus Ihrer schmerzhaften Isolation.

4. Entwickeln Sie durch tägliche Übung Ihren Sinn für Spiritualität.

Was bedeutet das?

Erst einmal bedeutet es verschiedene Dinge für verschiedene Menschen. Manche von Ihnen wird dieser Gedanke sofort abstoßen; vielleicht fragen Sie sich, ob Sie diesen Schritt nicht einfach überspringen können. Mit «göttlicher Kraft» und ähnlichem haben Sie nichts im Sinn. Ein solcher Gedanke scheint Ihnen unreif und naiv, und Sie sind zu sehr Vernunftmensch, um überhaupt etwas davon ernst zu nehmen.

Vielleicht gehören Sie aber auch zu denen, die unablässig zu einem Gott beten, der Sie anscheinend nicht hört. Sie haben ihm anvertraut, was nicht stimmt und was der Änderung bedarf, und trotzdem geht es Ihnen weiterhin sehr schlecht. Vielleicht haben Sie aber auch sehr lange und angestrengt ohne sichtbare Resultate gebetet, so daß Sie wütend geworden sind, aufgegeben haben oder sich im Stich gelassen fühlen und sich fragen, für welche schreckliche Sünde Sie bestraft werden.

Ob Sie an einen Gott glauben oder nicht, und wenn Sie es tun, ob Sie die Verbindung zu ihm suchen oder nicht – in jedem Fall können Sie sich auf diesen vierten Schritt einlassen. Ihren Sinn für Spiritualität zu entwickeln kann bedeuten, daß Sie den von Ihnen gewählten Weg weitergehen. Selbst wenn Sie überzeugter Atheist sind, erfüllt Sie vielleicht ein ruhiger Spaziergang oder die stille Betrachtung eines Sonnenuntergangs oder anderer Naturereignisse mit Freude und neuer Kraft. Was auch immer Sie über sich selbst hinausführt und Ihnen hilft, Ihr Leben als Teil eines größeren Ganzen zu begreifen – tun Sie es. Nur darum geht es bei diesem Schritt. Finden Sie heraus, wodurch Sie Frieden und Gelassenheit erlangen können, und sorgen Sie dafür, daß Sie jeden Tag (mindestens eine halbe Stunde) Zeit finden, um sich darin zu üben. Ganz gleich, wie schrecklich Ihre gegenwärtigen Lebensumstände sein mögen – diese tägliche Praxis kann Ihnen Erleichterung, vielleicht sogar Trost bringen.

Falls Sie im Zweifel über die Existenz einer höheren Macht sind, sollten Sie vielleicht versuchen, so zu handeln, als glauben Sie daran. Es kann eine ungeheure Erleichterung für Sie bedeuten, wenn Sie alles, was Sie nicht bewältigen können, einer Macht übergeben, die größer ist als Sie selbst. Zwingen Sie sich jedoch nicht zu einer Haltung, die Sie innerlich ablehnen. Sie können ebensogut versuchen, Ihre Selbsthilfegruppe als höhere Macht anzusehen. Ganz sicher hat die Gruppe weitaus mehr Kraft als jedes einzelne ihrer Mitglieder. Nehmen Sie die Gruppe als Ganzes in Anspruch, wenn Sie Kraft und Unterstützung brauchen, oder beschließen Sie, Kontakt mit einem bestimmten Mitglied aufzunehmen, wenn Sie in einer besonders kritischen Situation Hilfe benötigen. Verlassen Sie sich darauf, daß Sie nicht mehr allein sind.

Falls Sie gläubig sind, häufig beten und regelmäßig zum Gottesdienst gehen, kann dieser Schritt für Sie folgendes bedeuten: Sie vertrauen darauf, daß alles, was in Ihrem Leben geschieht, seine eigenen Gründe und Folgen hat und daß Ihr Partner nicht unter *Ihrer,* sondern unter *Gottes* Obhut steht. Nehmen Sie sich Zeit und Ruhe, um zu meditieren, zu beten und um Anleitung bei der Bewältigung *Ihres eigenen Lebens* zu bitten, während Sie anderen die Freiheit lassen, ihr Leben selbst in die Hand zu nehmen.

Ihre Spiritualität zu entwickeln – unabhängig von Ihrem religiösen Glauben – heißt im Grunde, den *Eigensinn aufzugeben,* die Entschlossenheit nämlich, alles den Verlauf nehmen zu lassen, den Sie für richtig halten. Statt dessen müssen Sie aktzeptieren, daß Sie vielleicht nicht wissen, was in einer bestimmten Situation für Sie oder andere das Beste ist. Das mag zu Konsequenzen und Lösungen führen, die Sie nie in Betracht gezogen hätten, vielleicht ist genau das, was Sie am meisten fürchteten und unter allen Umständen verhindern wollten, gerade jetzt notwendig, damit sich Ihr Leben positiv verändern kann. Eigensinn bedeutet, daß Sie glauben, auf alles eine Antwort zu wissen. Eigensinn aufgeben bedeutet gewillt sein, innezuhalten, offen zu sein und sich einer Anleitung anzuvertrauen. Es bedeutet, Angst («Was ist, wenn ...») und Verzweiflung («Hätte doch nur, wäre doch nur ...») abzubauen und sie durch positive Gedanken und Erklärungen zu ersetzen.

Was erfordert das?

Es erfordert *Bereitwilligkeit,* nicht Glauben. Oftmals kommt mit der Bereitwilligkeit auch der Glaube. Wenn dies nicht Ihr Ziel ist, dann werden Sie diese Erfahrung vermutlich auch nicht machen; dennoch werden Sie vielleicht mehr Gelassenheit erlangen als je zuvor.

Die Entwicklung Ihrer Spiritualität macht zudem erforderlich, daß Sie Affirmationen, das heißt Bejahungen, Bestätigungen einsetzen, um alte Denk- und Empfindungsmuster zu überwinden und alte Glaubenssysteme zu ersetzen. Ganz gleich, ob Sie an eine höhere Macht glauben oder nicht – Affirmationen können Ihr Leben verändern. Vielleicht arbeiten Sie zunächst mit den Formeln, die im Anhang, S. 342 ff, abgedruckt sind, aber am besten ist, Sie denken sich eigene aus. Gestalten Sie Ihre Affirmationen durch und durch positiv; sprechen Sie sich diese Sätze bei jeder Gelegenheit vor – entweder in Gedanken oder, wenn möglich, laut. Probieren Sie es doch gleich einmal mit dieser Affirmation: «Ich leide nicht mehr. Mein Leben ist voller Glück, Freude und Erfüllung.»

Warum ist dieser Schritt notwendig?

Ohne die Entwicklung Ihrer Spiritualität ist es fast unmöglich, Ihr bestimmendes und kontrollierendes Verhalten anderen gegenüber zu unterlassen und darauf zu vertrauen, daß alles seinen Lauf nimmt.

Die täglichen Übungen lassen Sie ruhiger werden und helfen Ihnen, sich nicht mehr als Opfer zu begreifen, sondern neuen Auftrieb zu gewinnen.

Besonders innerhalb einer Krise ist Spiritualität eine Quelle neuer Kraft. Wenn Ihre Gefühle oder Lebensumstände Sie zu überwältigen drohen, können Sie sich an etwas wenden, das größer ist als Sie.

Ohne Entwicklung Ihrer Spiritualität wird es nahezu unmöglich sein, Ihren Eigensinn aufzugeben, und wenn Sie Ihren Eigensinn nicht aufgeben, können Sie den nächsten Schritt nicht unternehmen, denn Sie werden nicht fähig sein, Schluß damit zu machen, über Ihren Partner zu bestimmen und ihn zu kontrollieren – weil Sie dies noch immer für Ihre Aufgabe halten. Sie werden nicht fähig sein, die Kontrolle über sein Leben an eine Macht abzugeben, die Ihnen überlegen ist.

Welche Folgen hat dieser Schritt?

Sie befreien sich damit von der überwältigenden Verantwortung, alles in Ordnung zu bringen, Ihren Partner zu kontrollieren und einen Zusammenbruch zu verhindern.

Sie lernen, sich Erleichterung zu verschaffen, ohne dafür jemand anderen so zu manipulieren, daß sein Verhalten und Handeln Ihren Vorstellungen entspricht. Niemand braucht sich zu ändern, damit Sie sich wohl fühlen können. Indem Sie in spiritueller Hinsicht für sich sorgen, gelangen Ihr Leben und Ihr Glück mehr unter Ihre eigene Kontrolle und werden unabhängiger von den Handlungen anderer.

5. Machen Sie Schluß damit, über Ihren Partner zu bestimmen, ihn zu kontrollieren.

Was bedeutet das?

Nicht über ihn zu bestimmen, ihn nicht zu kontrollieren bedeutet, ihm nicht zu helfen und ihm keine Ratschläge zu erteilen. Wir sollten davon ausgehen, daß dieser erwachsene Mann, den Sie unterstützen und beraten, genauso fähig ist wie Sie, sich Arbeit, eine Wohnung, einen Therapeuten, eine A. A.-Gruppe oder was auch immer er braucht, zu suchen. Er ist vielleicht weniger *motiviert* als Sie, all das selbst zu tun oder seine eigenen Probleme aufzuarbeiten – wenn sie jedoch weiterhin versuchen, seine Probleme für ihn zu lösen, bleibt er von der Verantwortung für sein eigenes Leben befreit. Damit sind Sie für sein Wohlergehen verantwortlich, und wenn Ihre diesbezüglichen Anstrengungen fehlschlagen, sind Sie es, die von ihm dafür beschuldigt wird.

Dies möchte ich Ihnen an-Hand eines Beispiels verdeutlichen: Häufig bekomme ich Anrufe von Ehefrauen oder Freundinnen, die ihren Partner zu einem Gespräch bei mir anmelden wollen. Ich bestehe jedesmal darauf, daß diese Männer selbst ihre Verabredung mit mir treffen. Wenn der eigentliche Klient nicht genügend motiviert ist, um sich seinen eigenen Therapeuten zu suchen und selbst eine Verabredung zu treffen, wie sollte er dann die Motivation aufbringen, eine Therapie zu machen und an seiner Genesung zu arbeiten? In früheren Jahren habe ich mich auf solche Vereinbarungen eingelassen – mit dem Ergebnis, daß mich die Ehefrau oder Freundin noch einmal anrief und sagte, er hätte seine Meinung geändert; er wolle sich doch nicht in Therapie begeben oder sie nicht bei einer Frau machen oder jemanden mit einem anderen therapeutischen Ansatz aufsuchen. Diese Frauen fragten mich dann, ob ich ihnen einen meiner Kollegen empfehlen könnte. Daraus habe ich gelernt, niemals Verabredungen anzunehmen, die für einen anderen getroffen werden. Statt dessen frage ich diese Frauen, ob sie mich aufsuchen wollen, um über *sich selbst* zu sprechen.

Nicht über ihn zu bestimmen und ihn nicht zu kontrollieren bedeutet auch, ihn nicht zu ermutigen und ihn nicht zu loben. Aller Wahrscheinlichkeit nach haben Sie diese beiden Methoden angewandt, um ihn zu Handlungen zu bewegen, die in Ihrem eigenen Interesse liegen; das heißt, Sie haben ihn manipuliert. Ermutigung und Lob sind oft nichts anderes als heimlicher Druck, und damit versuchen Sie wiederum, die Kontrolle über sein Leben zu erlangen. Denken Sie einmal darüber nach, warum Sie ihn loben. Wollen Sie damit sein Selbstvertrauen steigern? Das ist Manipulation. Wollen Sie damit erreichen, daß er das von ihnen gelobte Verhalten beibehält? Das ist Manipulation. Wollen Sie damit erreichen, daß er weiß, wie stolz Sie auf ihn sind? Das könnte eine Belastung für ihn bedeuten. Lassen Sie ihn seinen eigenen Stolz aus seinen eigenen Leistungen entwickeln – sonst kommen Sie in Gefahr, ihm gegenüber die Mutterrolle einzunehmen. Er braucht nicht noch eine Mutter (ganz gleich, wie schlecht seine eigene war!), und vor allen Dingen brauchen Sie ihn nicht in der Rolle des Kindes.

Dieser fünfte Schritt bedeutet, ihn nicht mehr zu beobachten. Schenken Sie seinen Tätigkeiten weniger und Ihrem eigenen Leben mehr Aufmerksamkeit. Wenn Sie beginnen, ihn stärker sich selbst zu überlassen, wird er vielleicht seinen «Einsatz» erhöhen, um Sie dazu zu bringen, daß Sie ihn auch weiterhin beobachten und sich für alle Folgen verantwortlich fühlen. Möglicherweise verschlechtert sich seine Situation erheblich. Nehmen Sie es hin. Um seine Sorgen muß er sich kümmern, nicht Sie. Ihm steht die volle Verantwortung für seine Probleme und die volle Anerkennung für deren Lösung zu. Halten Sie sich heraus. (Wenn Sie mit Ihrem eigenen Leben beschäftigt sind und sich in der Entwicklung Ihrer Spiritualität üben, werden Sie eher in der Lage sein, Ihre Augen von ihm zu wenden.)

Es bedeutet Ablösung. Ablösung erfordert, daß Sie Ihr Ich von seinen Gefühlen und vor allem von seinen Handlungen und deren Folgen trennen. Es erfordert, daß Sie ihm erlauben, mit den Konsequenzen seines Verhaltens allein fertig zu werden, und daß Sie ihn vor seinen Schmerzen nicht bewahren. Sie können sich weiterhin um ihn sorgen, aber Sie sorgen nicht mehr für ihn. Sie erlauben ihm, seinen eigenen Weg zu suchen, so wie Sie daran arbeiten, den Ihren zu finden.

Was erfordert das?

Sie müssen lernen, nichts zu sagen und nichts zu tun. Dies ist eine der schwierigsten Aufgaben, die Ihre Genesung Ihnen abverlangt. Wenn seine Lage unkontrollierbar wird, wenn alles in Ihnen danach drängt, sein Leben in die Hand zu nehmen, ihn zu beraten und zu ermutigen, die Situation durch alle möglichen Manipulationen zu entschärfen – dann müssen Sie lernen, innezuhalten und aus Respekt vor dem anderen Menschen zu akzeptieren, daß dies sein Kampf ist und nicht der Ihre.

Es erfordert, daß Sie sich zunächst Ihren eigenen Ängsten stellen – was aus ihm und der Beziehung wird, wenn Sie nicht mehr alles selbst in die Hand nehmen – und dann daran arbeiten, diese Ängste zu überwinden, anstatt Ihren Partner zu manipulieren.

Es erfordert, daß Sie Ihre spirituellen Übungen durchführen, um eine Stütze zu haben, wenn Sie Angst bekommen. Die Förderung Ihrer Spiritualität ist dann ganz besonders wichtig, wenn Sie lernen, auf das Gefühl zu verzichten, alles selbst in die Hand nehmen zu müssen. Die Kontrolle über die Ihnen nahestehenden Menschen abgeben – diese Entscheidung kann Ihnen das beängstigende Gefühl vermitteln, in einen tiefen Abgrund zu stürzen und dabei die Kontrolle über sich selbst zu verlieren. In solchen Momenten sind Ihnen die spirituellen Übungen von Nutzen, denn sie erlauben Ihnen die ruhige Gewißheit, daß Sie Ihre Angehörigen nicht fallenlassen, sondern der Obhut einer höheren Macht überantworten können.

Es erfordert, daß Sie die Realität wahrnehmen, statt sich in Träume über eine bessere Zukunft zu verlieren. Wenn Sie Ihr bestimmendes und kontrollierendes Verhalten aufgeben, müssen Sie sich auch von der Vorstellung trennen, Ihr persönliches Glück hinge davon ab, ob er sich ändert oder nicht. Vielleicht ändert er sich ja nie. Sie müssen aufhören, ihn dazu bringen zu wollen. Und Sie müssen lernen, in jedem Fall glücklich zu sein.

Warum ist dieser Schritt notwendig?

Solange Sie sich ausschließlich darauf konzentrieren, jemanden zu verändern, über den Sie keine Macht haben (wir alle haben nur die Macht, uns selbst zu verändern), können Sie Ihre Energie nicht darauf verwenden, sich selbst zu helfen. Leider erscheint uns die Idee, jemand anderen zu verändern, viel faszinierender, als an uns selbst zu arbeiten.

Ein Großteil des Wahns und der Verzweiflung, die Sie erleben, entstammt direkt dem Versuch, das zu bestimmen und zu kontrollieren, was Sie weder bestimmen noch kontrollieren können. Denken Sie einmal an all die Anstrengungen, die Sie unternommen haben: endlose Vorträge, Flehen, Drohungen, Bestechungen, vielleicht sogar Gewalttätigkeit – die verschiedensten Versuche, von denen keiner erfolgreich war. Erinnern Sie sich daran, was Sie bei jedem Fehlschlag empfunden haben. Ihrem Selbstbewußtsein wurde ein neuer Schlag versetzt, was Sie noch ängstlicher, noch hilfloser, noch wütender werden ließ. Der einzige Ausweg besteht darin, daß Sie Ihre Versuche aufgeben, ihn und sein Leben zu kontrollieren.

Sie müssen auch deshalb damit aufhören, weil er sich unter Ihrem Druck wahrscheinlich nie ändern wird. Was sein Problem sein sollte, sieht allmählich wie Ihres aus, und es bleibt an Ihnen hängen, solange Sie sich für ihn verantwortlich fühlen. Selbst wenn er Sie mit dem Versprechen beschwichtigt, sich in bestimmter Hinsicht zu ändern, wird er vermutlich irgendwann zu seinem früheren Verhalten zurückkehren und Ihnen deswegen auch noch böse sein. Denken Sie daran: Wenn Sie der Grund dafür sind, daß er bestimmte Verhaltensweisen aufgibt, werden Sie auch der Grund dafür sein, daß er sie wiederaufnimmt.

Ein Beispiel: In meinem Büro sitzen zwei junge Menschen. Er ist gekommen, weil er im Zusammenhang mit Alkohol oder Drogen etwas angestellt hat und von seinem Bewährungshelfer an mich verwiesen wurde. Sie ist gekommen, weil sie versucht, ihn überallhin zu begleiten. Sie betrachtet es als ihre Aufgabe, darauf zu achten, daß er nicht vom «richtigen Weg» abkommt. Wie häufig in solchen Fällen stammen beide aus Familien, in denen zumindest ein Elternteil alkoholabhängig ist. Und nun sitzen sie vor mir, Hand in Hand, und erzählen, sie würden bald heiraten.

«Ich glaube, daß die Heirat ihm gut tun wird.» Diesen Satz wiederholt die junge Frau öfter, mal mit schüchternem Mitgefühl, mal mit fester Überzeugung.

«Ja», sagt er und nickt treuherzig. «Sie sorgt dafür, daß ich nicht zu wild herumtobe. Sie ist eine große Hilfe für mich.» In seiner Stimme schwingt Erleichterung mit, und seine Freundin errötet vor Freude über sein Vertrauen und die Verantwortung, die er ihr über sich und sein Leben gibt.

Und ich versuche – angesichts ihrer Hoffnung und Liebe so behutsam wie möglich –, den beiden folgendes klarzumachen: Wenn er Probleme mit Alkohol oder Drogen hat und sie der Grund dafür ist, daß er etwas kürzer tritt oder seinen Alkoholbeziehungsweise Drogenkonsum sogar ganz einstellt, dann wird sie früher oder später auch der Grund dafür sein, daß er beides forciert oder wiederaufnimmt. Ich weise die beiden darauf hin, daß er eines Tages mitten in einem Streit zu ihr sagen wird: «Deinetwegen habe ich aufgehört, und was ist dabei herausgekommen? Ich kann dich ja sowieso nie glücklich machen, warum soll ich mich also weiterhin darum bemühen?» Bald werden sie von denselben Kräften auseinandergerissen werden, die sie auch zusammengebracht haben.

Welche Folgen hat dieser Schritt?

Vielleicht wird Ihr Partner sehr wütend und beschuldigt Sie, kein Interesse mehr an ihm zu haben. Diese Wut entspringt der panischen Angst, die Verantwortung für sich selbst übernehmen zu müssen. Solange er mit Ihnen streiten, Versprechungen abgeben oder versuchen kann, Sie zurückzugewinnen, führt er seinen Kampf außerhalb statt innerhalb seiner eigenen Person. (Kommt Ihnen das bekannt vor? Es trifft auch auf Sie zu, solange Sie Ihren Kampf mit ihm führen.)

Vielleicht stellen Sie fest, daß es wenig Gesprächsstoff gibt, wenn in Ihrer Beziehung nicht mehr gebettelt, gestritten, gedroht, gekämpft und wiedergutgemacht wird. Das ist in Ordnung. Sprechen Sie sich Ihre Affirmationen lautlos vor.

Wenn Sie wirklich damit Schluß gemacht haben, über ihn zu bestimmen und ihn zu kontrollieren, dann wird höchstwahrscheinlich eine Menge Energie in Ihnen freigesetzt. Diese Energie können Sie nunmehr darauf verwenden, sich selbst kennenzulernen, weiterzuentwickeln und voranzubringen. Sie sollten jetzt schon wissen, daß Sie versucht sein werden, sich wiederum nach einer Daseinsberechtigung außerhalb Ihrer selbst umzusehen. Halten Sie dieses Bedürfnis im Zaum und bleiben Sie auf sich selbst konzentriert.

Es darf nicht unerwähnt bleiben, daß Ihr Leben durcheinandergeraten wird, sobald Sie sich von der Rolle lossagen, sein Leben «auszubügeln». Vielleicht werden Sie sich Kritik von Menschen anhören müssen, die nicht verstehen, was Sie tun (beziehungsweise nicht tun). Bemühen Sie sich nicht, ausführliche Erklärungen abzugeben, und versuchen Sie nicht, sich zu verteidigen. Vielleicht empfehlen Sie dieses Buch und wechseln das Thema. Wenn Ihre Kritiker auf ihrer Meinung beharren, gehen Sie ihnen am besten eine Weile aus dem Weg.

Gewöhnlich ist solche Kritik gar nicht so häufig und lautstark, wie wir befürchten. Wir selbst sind unsere schlimmsten Kritiker, und wir projizieren unsere negativen Erwartungen auf die Menschen in unserer Nähe. Wir hören die Kritik in ihrer Stimme, sehen sie in ihrem Gesichtsausdruck. Bleiben Sie auf Ihrer Seite, stehen Sie zu sich selbst – und Sie werden auch von anderen Zustimmung und Anerkennung erfahren.

Eine weitere Folge dieses Schrittes besteht darin, daß Sie Ihre Identität als «hilfsbereiter Mensch» fallenlassen müssen – damit erweisen Sie dem Mann, den Sie lieben, die größte Hilfe. Diese aus «Hilfsbereitschaft» gezogene Identität ist ein Egotrip. Wenn Sie wirklich helfen wollen, müssen Sie seine Probleme ihm überlassen und statt dessen sich selbst helfen.

6. Lernen Sie, sich nicht in Beziehungsspiele zu verstrikken.

Was bedeutet das?

Das – auf den Dialog zwischen zwei Menschen übertragene – Spiel-Konzept stammt aus der Transaktionsanalyse, einer bestimmten Form der Psychotherapie. Spiele sind strukturierte Interaktionsformen, die verwendet werden, um Nähe zu vermeiden. Jeder Mensch flüchtet sich gelegentlich in solche Spiele, aber in gestörten Beziehungen nehmen sie überhand. Spiele sind stereotype Reaktionsmuster und dienen dazu, jeden echten Austausch von Informationen und Gefühlen zu umgehen; sie erlauben den Beteiligten, die Verantwortung für ihr Wohlergehen oder ihren Kummer in die Hände des jeweils anderen zu legen. Frauen, die zu sehr lieben, und ihre Partner spielen die Rollen des Retters, des Verfolgers und des Opfers in verschiedenen Variationen. In ihrem Dialog nehmen beide abwechselnd jede dieser Rollen ein.

Ich will die Rolle des Retters (R) als «versucht, hilfsbereit zu sein», die Rolle des Verfolgers (V) als «versucht, den anderen zu beschuldigen» und die Rolle des Opfers (O) als «schuldlos und hilflos» definieren. Der folgende Dialog soll veranschaulichen, wie ein solches Spiel verläuft.

Tom, der abends oft spät nach Hause kommt, ist soeben zurückgekehrt und betritt das gemeinsame Schlafzimmer. Es ist kurz vor Mitternacht. Mary, seine Frau, leitet das Gespräch ein.

MARY (weinerlich): (O) Wo warst du nur? Ich habe mir schon solche Sorgen gemacht. Ich konnte nicht einschlafen, ich hatte solche Angst, dir wäre etwas zugestoßen. Du weißt, wie viele Sorgen ich mir mache. Ich liege hier allein im Bett, und du rufst mich noch nicht mal an, um wenigstens ein Lebenszeichen von dir zu geben!

TOM (beschwichtigend): (R) Es tut mir wirklich leid. Ich dachte, du würdest schon schlafen, und da wollte ich dich nicht durch meinen Anruf wecken. Sei mir nicht böse. Jetzt bin ich ja zu Hause. Das nächste Mal rufe ich dich ganz bestimmt an. Sobald ich fertig bin, komme ich ins Bett und massiere dir den Rücken. Dann geht's dir gleich wieder besser, du wirst sehen.

MARY (wird allmählich wütend): (V) Faß mich bloß nicht an! Jetzt sagst du, daß du beim nächstenmal anrufst! Das ist ja lachhaft. Genau dasselbe hast du mir letztes Mal auch erzählt, und was ist passiert? Du hast nicht angerufen. Es interessiert dich eben nicht, ob ich hier liege und mir vorstelle, du würdest irgendwo auf der Landstraße umkommen. Du denkst *nie* an jemand anderen, also weißt du überhaupt nicht, wie es ist, sich schreckliche Sorgen um jemanden zu machen, den man liebt.

TOM (hilflos): (O) Aber Liebling, das stimmt doch nicht. Ich *habe* an dich gedacht. Ich wollte dich einfach nicht aufwecken. Ich habe nicht gedacht, daß du böse sein würdest. Ich wollte einfach nur rücksichtsvoll sein. Anscheinend bin ich immer im Unrecht, egal was ich mache. Und wenn ich dich nun angerufen und damit aus dem Schlaf gerissen hätte? Dann würdest du mir dafür die Schuld geben. Dir kann man es nie recht machen.

MARY (nachgiebig): (R) Das stimmt nun wirklich nicht. Du bist mir halt wichtig; ich möchte wissen, ob es dir gut geht und daß du keinen Unfall hattest. Ich will dir gar kein schlechtes Gewissen machen; ich möchte nur, daß du verstehst, wie sehr ich mich um dich sorge. Ich liebe dich. Das ist der Grund. Tut mir leid, daß ich so wütend geworden bin.

TOM (hört einen falschen Unterton heraus): (V) Na, wenn du dir wirklich so viele Sorgen machst, wieso freut es dich dann nicht, daß ich heil zu Hause angekommen bin? Warum überfällst du mich mit dem Gejammer, wo ich denn bloß gesteckt hätte? Hast du kein Vertrauen zu mir? Ich bin's allmählich leid, dir immer alles erklären zu müssen. Würdest du mir vertrauen, dann würdest du ohne mich einschlafen und dich freuen, wenn ich nach Hause komme, anstatt mir gleich eine Szene zu machen! Manchmal glaube ich, es macht dir einfach Spaß, dich mit mir zu streiten.

MARY (mit erhobener Stimme): (V) Ich soll mich freuen, dich zu sehen? Nachdem ich zwei Stunden lang wachgelegen und gegrübelt habe, wo du wohl sein könntest? Es hat seinen Grund, daß ich dir nicht traue. Du tust nichts, damit ich Vertrauen zu dir haben kann. Du rufst mich nicht an, du schimpfst mit mir, wenn ich mich aufrege, und dann beschuldigst du mich auch noch, nicht nett zu dir zu sein, wenn du dich endlich zur Tür reinschleichst! Warum machst du nicht einfach kehrt und gehst dahin zurück, wo du den ganzen Abend gewesen bist?

TOM (besänftigend): (R) Hör mal, ich weiß, daß du ärgerlich bist, und ich habe einen anstrengenden Tag vor mir. Soll ich dir nicht eine Tasse Tee machen? Das ist doch genau, was du jetzt brauchst. Dann dusche ich noch schnell und komme ins Bett, ja?

MARY (weinend): (O) Du verstehst einfach nicht, wie es ist, wenn ich warte und warte und weiß, daß du anrufen *könntest,* es aber nicht tust. Ich bin dir einfach nicht wichtig genug ...

Wollen wir hier abbrechen? Wie Sie vermutlich gesehen haben, könnten die beiden noch viele Stunden, Tage, ja sogar Jahre damit fortfahren, die Plätze in diesem Dreieck zu tauschen, immer wieder Retter, Verfolger und Opfer zu spielen. Nehmen Sie als Reaktion auf einen anderen Menschen gelegentlich selbst eine dieser Rollen ein? Dann sollten Sie wissen, daß Sie sich damit in einen Kreislauf von Anschuldigung, Widerspruch, Vorwurf und Gegenvorwurf begeben, der sinnlos, vergeblich und erniedrigend ist. Machen Sie Schluß damit. Geben Sie es auf, durch nettes, wütendes oder hilfloses Verhalten unbedingt erreichen zu wollen, was Sie bezwecken. Ändern Sie, wen Sie tatsächlich ändern können – sich selbst! Verzichten Sie darauf, gewinnen zu müssen. Verzichten Sie darauf, streiten zu müssen oder ihm gute Gründe beziehungsweise Entschuldigungen für sein Verhalten oder seine Nachlässigkeit abzuverlangen. Verzichten Sie darauf, von ihm zu erwarten, daß ihm etwas hinreichend leid tut.

Was erfordert das?

Es erfordert, daß Sie der Versuchung widerstehen, Reaktionen zu zeigen, mit denen das Spiel fortgesetzt werden kann. Reagieren Sie statt dessen auf eine Weise, die das Spiel beendet. Das ist anfangs ziemlich schwierig, aber mit einiger Übung wird es Ihnen gelingen (wenn Sie zuvor Ihr Bedürfnis bezwungen haben, eben diese Spiele zu spielen, was Teil des vorigen Schrittes war: mit dem Bestimmen und Kontrollieren Schluß zu machen).

Lassen Sie uns noch einmal zu der eben beschriebenen Szene zurückkehren und überlegen, wie Mary sich aus dem schier endlosen Spiel mit Tom heraushalten könnte: Mittlerweile hat Mary begonnen, ihre Spiritualität zu entwickeln, und ist sich bewußt, daß sie kein Recht dazu hat, über Tom zu bestimmen und ihn zu kontrollieren. Als es an diesem speziellen Abend allmählich dunkel wird und Tom noch immer nicht zu Hause ist, kümmert sie sich um sich selbst: Statt zuzulassen, daß sie richtig nervös wird und sich in ihre Gefühle hineinsteigert, ruft sie eine Freundin aus ihrer Selbsthilfegruppe an. Beide sprechen über Marys aufsteigende Angst, was ihr hilft, sich zu beruhigen. Für Mary ist es wichtig, über ihre Gefühle zu reden. Die Freundin hört ihr verständnisvoll zu, ohne ihr Ratschläge zu erteilen. Nachdem sie aufgelegt hat, spricht sich Mary eine ihr besonders wichtige Affirmation vor: «Mein Leben wird von einer höheren Macht geleitet, und meine innere Ruhe, Sicherheit und Gelassenheit wachsen von Tag zu Tag, von Stunde zu Stunde.» Mary gibt sich den tröstlichen Worten dieser Affirmation hin. Da sie sich nicht auf zwei Gedanken gleichzeitig konzentrieren kann (niemand kann das!), wird sie allmählich ruhig und entspannt sich. Als Tom schließlich kurz vor Mitternacht nach Hause kommt, ist sie bereits eingeschlafen. Als er das Schlafzimmer betritt, wacht sie auf. Ihr Ärger und ihre Wut kehren sofort zurück; sie wiederholt daraufhin ihre Affirmation mehrmals still und sagt: «Hallo, Tom. Schön, daß du wieder da bist.» Tom hingegen erwartet eine «Szene», weil es in ähnlichen Situationen immer eine gegeben hat. Er ist über ihre beiläufige Begrüßung einigermaßen verblüfft. «Ich wollte dich ja anrufen, aber ...» sagt er, sich selbst verteidigend, und bringt verschiedene Entschuldigungen vor. Mary wartet, bis er ausgeredet hat, und antwortet: «Wenn du möchtest, können wir morgen darüber sprechen. Jetzt bin ich zu müde. Gute Nacht.» Falls Tom wegen der späten Uhrzeit ein schlechtes Gewissen hat, würde ein Streit mit Mary seine Schuldgefühle vermindern. Dann könnte er Mary vor sich selbst als ein zänkisches Weib bezeichnen – und sein Problem, die Verspätung, würde zu ihrem werden, dem Herumnörgeln. Unter diesen Umständen muß er jedoch selbst mit seinen Schuldgefühlen fertig werden. Sie leidet nicht wegen seines Verhaltens. So sollte es sein.

Stellen Sie sich das Retter-Verfolger-Opfer-Spiel einmal als Tischtennispartie vor: Wenn der Ball zu Ihnen herüberkommt, schlagen Sie ihn immer wieder zurück. Wenn Sie sich nicht in das Spiel verwickeln lassen wollen, müssen Sie lernen, den Ball direkt an Ihnen vorbeifliegen zu lassen, über den Rand der Platte hinaus. Eine sehr gute Methode, um dies zu üben, ist die Verwendung des Wörtchens *Oh*. Mary kann beispielsweise auf Toms Entschuldigung mit einem «Oh» antworten – und dann wieder einschlafen. Sie werden spüren, wie gut es Ihnen tut, sich nicht in den Kampf zu begeben, der dem Retter-Verfolger-Opfer-Gesprächsmuster zugrundeliegt. Sich nicht verstricken zu lassen, das innere Gleichgewicht und die eigene Würde nicht zu verlieren, ist eine Erfahrung, die neue Kraft verleiht. Wenn Sie das schaffen, sind Sie in Ihrer Genesung einen weiteren Schritt vorangekommen.

Warum ist dieser Schritt notwendig?

Zunächst einmal müssen wir uns klarmachen, daß verbale Auseinandersetzungen beileibe nicht die einzige Bühne für unsere Rollenspiele sind – unsere gesamte Lebensgestaltung wird von diesen Spielen geprägt, und wir alle haben ganz bestimmte Lieblingsrollen.

Vielleicht spielen Sie besonders gern den Retter. Vielen Frauen, die zu sehr lieben, ist es angenehm – weil vertraut –, sich um einen anderen Menschen kümmern (das heißt sein Leben in die Hand nehmen) zu können. Auf Grund ihrer chaotischen und / oder entbehrungsreichen Lebensgeschichte haben Sie diese Rolle gewählt; denn sie bietet ihnen die Möglichkeit, sich sicher zu fühlen und ein gewisses Maß an Selbstbewußtsein zu erlangen. Sie spielen den Retter für ihre Freunde, Familienangehörigen und oftmals auch noch im Beruf.

Vielleicht sind Sie aber auch der Verfolger: die Frau, die darauf aus ist, Fehler zu suchen, aufzuzeigen und schließlich zu korrigieren. Immer wieder muß diese Frau den Kampf mit den finsteren Mächten aufnehmen, von denen sie als Kind besiegt wurde; jetzt, als Erwachsene, hofft sie, diesem Kampf eher gewachsen zu sein. Von Kindheit an ist sie voller Zorn und versucht, sich in der Gegenwart für die Vergangenheit zu rächen. Sie ist zum Kampf entschlossen, rauflustig, diskutierwütig und streitsüchtig. Sie hat das Bedürfnis zu bestrafen. Sie fordert Abbitte und will Vergeltung.

Und schließlich könnten Sie ja auch das Opfer spielen, den hilflosesten Part in diesem Dreieck. Das Opfer scheint dem Verhalten anderer auf Gedeih und Verderb ausgesetzt zu sein. Vielleicht fühlten Sie sich als Kind anderen hoffnungslos ausgeliefert, und inzwischen verleiht Ihnen diese vertraute Rolle tatsächlich Kraft. Schwach zu sein hat immer auch etwas Tyrannisches. Die Schuldgefühle anderer sind der Gewinn, den das Opfer aus seinen Beziehungen herausholt.

Ganz gleich, welche dieser Rollen Sie einnehmen und wo auch immer Sie sie spielen, Sie vermeiden damit die Auseinandersetzung mit sich selbst und bleiben Ihren Kindheitsmustern von Angst, Wut und Hilflosigkeit verhaftet. Sie können die in Ihnen ruhenden Fähigkeiten nicht entwickeln und nutzen, Sie können nicht zu einer selbstverantwortlichen Frau heranreifen, wenn Sie nicht all diese einengenden Rollen abstreifen und sich von Ihrer Fixierung auf andere Menschen lösen. Solange Sie in diese Spiele verwickelt sind, wird es Ihnen so vorkommen, als würden Sie durch andere davon abgehalten, ein glückliches Leben zu führen. Wenn Sie die Spiele erst einmal aufgegeben haben, tragen Sie plötzlich die gesamte Verantwortung für Ihr eigenes Verhalten, Ihre eigenen Möglichkeiten und Ihr eigenes Leben. Sobald Sie nicht mehr mitspielen, werden Sie deutlicher erkennen, welche Entscheidungen Sie bisher getroffen haben und vor welchen Alternativen Sie heute stehen. Sie werden sich nicht mehr einfach «drücken» können.

Welche Folgen hat dieser Schritt?

Sie müssen sich selbst und anderen gegenüber neue Kommunikationsformen entwickeln, mit denen Sie Ihre Bereitschaft ausdrücken, die Verantwortung für Ihr Leben selbst zu tragen. Weniger «Wenn dies oder das nicht wäre ...» und viel mehr «Ich entscheide mich jetzt dafür ...»

Sie haben Ihr bestimmendes und kontrollierendes Verhalten aufgegeben. All die Energie, die dadurch freigesetzt wurde, werden Sie jetzt dazu benötigen, diesen Schritt in die Praxis umzusetzen, das heißt sich nicht mehr auf die alten Spiele einzulassen (selbst die Ankündigung «Ich spiele nicht» ist Teil des Spiels). Je mehr Sie sich darin üben, desto leichter wird es Ihnen jedoch fallen. Mit der Zeit vermeiden Sie die alten Spiele automatisch.

Sie werden lernen müssen, ohne die Aufregung hitziger Streitereien zu leben, ohne diese zeitaufwendigen, kräftezehrenden Dramen, in denen Sie so bereitwillig mitgewirkt haben. Dies ist nicht einfach. Viele der Frauen, die zu sehr lieben, haben ihre Gefühle so tief vergraben, daß sie die Aufregung von Kämpfen, Trennungen und Versöhnungen brauchen, um sich überhaupt lebendig zu fühlen. Geben Sie acht! Die ausschließliche Konzentration auf das, was *in* Ihnen vorgeht, mag Ihnen anfangs langweilig erscheinen. Aber wenn Sie diesen Zustand zunächst aushalten, überwinden Sie ihn schließlich und treten eine Entdeckungsreise in Ihre eigene Innenwelt an. Und damit sind Sie bereit für den nächsten Schritt.

7. Stellen Sie sich mutig Ihren eigenen Problemen und Unzulänglichkeiten.

Was bedeutet das?

Mittlerweile haben Sie damit aufgehört, über andere zu bestimmen, sie zu kontrollieren und die altvertrauten Spiele zu spielen. Nun gibt es nichts mehr, was Sie von Ihrem eigenen Leben, Ihren eigenen Problemen und Ihrem eigenen Schmerz ablenken könnte. Zu diesem Zeitpunkt müssen Sie beginnen, mit Hilfe Ihrer spirituellen Übungen, Ihrer Selbsthilfegruppe und – falls Sie sich in Therapie befinden – Ihres Therapeuten sich selbst besser kennenzulernen. Für diesen Prozeß brauchen Sie nicht unbedingt einen Therapeuten. In den Programmen der Anonymen Gemeinschaften beispielsweise werden Menschen, deren Genesung schon sehr weit fortgeschritten ist, oft zu Sponsoren der Neuankömmlinge. Die Aufgabe der Sponsoren ist es, die neuen Gruppenmitglieder durch den Prozeß der Selbstwahrnehmung und -erkenntnis zu begleiten, sie dabei zu betreuen.

Dieser Schritt bedeutet auch, daß Sie Ihr gegenwärtiges Leben sehr genau betrachten: Was daran gefällt Ihnen, was ist Ihnen unangenehm, was macht Sie unglücklich? Stellen Sie eine entsprechende Liste auf. Sehen Sie sich auch Ihre Vergangenheit an. Beschäftigen Sie sich mit allen guten und allen schlechten Erinnerungen, Ihren Leistungen und Fehlschlägen, mit dem, was man Ihnen angetan hat, und dem, was Sie anderen angetan haben. Sehen Sie sich *alles* an, stellen Sie auch dazu eine Liste auf. Konzentrieren Sie sich auf Bereiche mit besonderen Schwierigkeiten. Gehört Sexualität dazu, schreiben Sie die ganze Geschichte Ihrer sexuellen Entwicklung nieder. Wenn Männer schon immer ein Problem für Sie waren, beginnen Sie mit Ihren frühesten Beziehungen zu Männern und achten Sie erneut darauf, daß Sie die *ganze* Geschichte aufschreiben. Wie steht es mit Ihren Eltern? Gehen Sie nach demselben Verfahren vor. Beginnen Sie mit Ihren frühesten Erinnerungen. Sie werden viel schreiben müssen, aber diese Arbeit ist von unschätzbarem Wert für die Erforschung Ihrer Vergangenheit und die Wahrnehmung Ihrer Muster, der Themen, die in Ihrer Auseinandersetzung mit sich selbst und anderen immer wieder auftauchen.

Wenn Sie mit diesem Prozeß beginnen, bemühen Sie sich bei jedem Aspekt um Vollständigkeit. Dies wird Ihnen später nützlich sein, wenn ganze Problembereiche zutage treten. Vielleicht konzentrieren Sie sich zunächst auf den Aspekt «Beziehungen». Einige Zeit später könnten Sie zum Beispiel Ihr Arbeitsleben unter die Lupe nehmen: Welche Gefühle hatten Sie jeweils vor Antritt einer neuen Stelle, während des Beschäftigungszeitraums und hinterher? Lassen Sie Ihre Erinnerungen, Gedanken und Gefühle einfach fließen. Versuchen Sie nicht, während des Schreibens bestimmte Muster aufzuspüren; tun Sie das hinterher.

Was erfordert das?

Sie werden sehr viel niederschreiben müssen. Verpflichten Sie sich dazu, die Zeit und Energie aufzubringen, die für diese Arbeit erforderlich ist. Vielleicht fällt Ihnen das Schreiben generell schwer, vielleicht fühlen Sie sich dabei unwohl. Tun Sie es dennoch, es ist die effektivste Methode, um diesen Schritt zu befolgen. Machen Sie sich keine Sorgen wegen Ihres Stils! Schreiben Sie so, wie es Ihnen am sinnvollsten erscheint.

Worauf Sie Wert legen müssen, ist Ehrlichkeit. Schreiben Sie so offen und ehrlich wie nur irgend möglich.

Wenn Sie diese Arbeit nach besten Kräften fertiggestellt haben, zeigen Sie sie einem anderen Menschen; einem Menschen, der Sie wirklich mag und dem Sie vertrauen. Er oder sie sollte Verständnis für Ihre Bemühungen aufbringen, gesund zu werden, und sich anhören können, was Sie aufgeschrieben haben: über Ihre sexuelle Entwicklung, die Geschichte Ihrer Beziehungen (auch der zu Ihren Eltern), Ihre Gefühle Ihnen selbst gegenüber und all die guten und schlechten Erlebnisse in Ihrem Leben. Der Mensch, den Sie sich als Zuhörer aussuchen, sollte mitfühlend und verständnisvoll sein. Jeder Kommentar von ihm oder ihr ist überflüssig, darüber sollte von Anfang an Klarheit bestehen. Keine Ratschläge, keine Ermutigungen. Nur Zuhören.

Ihr Partner kann an diesem Punkt Ihres Genesungsprozesses *nicht* dieser Zuhörer sein. Vielleicht werden Sie ihm sehr viel später Ihre Aufzeichnungen zeigen, vielleicht aber auch nicht. Zum gegenwärtigen Zeitpunkt wäre dies völlig unangebracht. Sie lassen jemanden an Ihrer persönlichen Geschichte teilhaben, um zu erleben, was es heißt, ganz offen zu sein und akzeptiert zu werden. Dies ist keine Methode, um Beziehungsprobleme aus der Welt zu schaffen. Ihr Zweck ist Selbsterforschung und sonst nichts.

Warum ist dieser Schritt notwendig?

Frauen, die zu sehr lieben, bleiben sehr oft darin verhaftet, anderen die Schuld dafür zu geben, daß sie selbst unglücklich sind, während sie ihre eigenen Fehler und Entscheidungsmöglichkeiten leugnen. Diese krankmachende Lebenseinstellung muß radikal korrigiert werden, und das gelingt Ihnen, wenn Sie sich selbst einer peinlich genauen Prüfung unterziehen. Nur wenn Sie Ihre Probleme und Fehler (aber auch Ihre guten Seiten und Erfolge) als die *Ihren* ansehen, statt sie auf irgendeine Art in Verbindung mit Ihrem Partner zu bringen, können Sie auch beginnen, das zu ändern, was geändert werden muß.

Welche Folgen hat dieser Schritt?

Sie werden höchstwahrscheinlich in der Lage sein, sich von Ihren geheimen Schuldgefühlen zu befreien, die im Zusammenhang mit Ereignissen und Empfindungen der Vergangenheit stehen. Diese Befreiung ist die Voraussetzung dafür, daß sich Ihre Lebenseinstellung generell wandelt: Sie werden fröhlicher und optimistischer.

Weil zudem jemand anders von Ihren schlimmsten Geheimnissen erfahren hat, ohne daß Sie dadurch zerstört worden sind, werden Sie sich jetzt allmählich sicherer fühlen.

Wenn Sie es aufgeben, jegliche Schuld bei anderen zu suchen und statt dessen die Verantwortung für Ihre Entscheidungen selbst übernehmen, gewinnen Sie die Freiheit, die verschiedensten Möglichkeiten wahrzunehmen, die sich Ihnen nicht boten, solange Sie die Rolle des Opfers spielten. Die Wahrnehmung Ihrer Möglichkeiten bereitet Sie darauf vor, in Ihrem Leben all das zu ändern, was Ihnen nicht gut tut, was Sie nicht befriedigt und Ihr Leben nicht bereichert.

8. Fördern Sie Ihre eigenen Fähigkeiten und Interessen.

Was bedeutet das?

Es bedeutet ganz einfach folgendes: Sie warten nicht mehr darauf, daß er sich ändert, bevor Sie darangehen, es im Leben zu etwas zu bringen. Sie warten nicht darauf, daß er Sie – ob finanziell, emotional oder praktisch – unterstützt, bevor Sie Ihre Karriere in Angriff nehmen, Ihren Beruf wechseln, Ihre Ausbildung fortsetzen oder was Sie sonst tun wollen. Statt Ihre Pläne von seiner Hilfe abhängig zu machen, planen Sie so, als wären Sie allein auf sich gestellt. Organisieren Sie alles dafür Nötige – Kinderbetreuung, Finanzen, Zeit, Transportmittel –, ohne ihn zur Mitwirkung (oder als Entschuldigung!) heranzuziehen. Wenn Sie jetzt einwenden, daß Ihre Pläne ohne seine Mitarbeit nicht realisierbar sind, dann denken Sie einmal darüber nach (und spinnen Ihre Gedanken vielleicht mit einer guten Freundin weiter), wie Sie dies bewerkstelligen würden, wenn Sie Ihren Partner nie kennengelernt hätten. Sie werden feststellen, daß es Ihnen sehr wohl möglich ist, Ihr Leben neu aufzubauen, ohne dabei von ihm abhängig zu sein – Sie können von einer Menge Ihrer anderen Möglichkeiten Gebrauch machen.

Sich selbst zu fördern heißt, die eigenen Interessen aktiv zu verfolgen. Wenn Sie über eine lange Zeit allzusehr mit ihm beschäftigt waren und inzwischen überhaupt kein eigenes Leben mehr führen, dann sollten Sie die verschiedensten Möglichkeiten wahrnehmen, um herauszufinden, was Ihnen am meisten zusagt. Frauen, die zu sehr lieben, fällt dies gewöhnlich nicht leicht. Wenn Sie aus Ihrem Partner Ihre Lebensaufgabe gemacht haben, mag es Ihnen unangenehm sein, Ihre eigene Person plötzlich in den Mittelpunkt zu stellen und aufzuspüren, was für Ihre persönliche Weiterentwicklung am besten ist. Sie sollten dazu bereit sein, jede Woche mindestens eine ganz neue Aktivität auszuprobieren. Betrachten Sie das Leben einmal als kaltes Buffet, von dem Sie viele verschiedene Häppchen Erfahrung kosten, um herauszufinden, was Ihnen am besten schmeckt.

Sich selbst zu fördern bedeutet, Risiken einzugehen: unbekannten Menschen zu begegnen, seit Jahren zum erstenmal wieder ein Klassenzimmer zu betreten, eine Reise allein zu unternehmen, eine Arbeitsstelle zu suchen ... all das zu tun, was Sie eigentlich schon seit langem tun wollten, wozu Sie aber nie den Mut aufbringen konnten. Jetzt ist der richtige Zeitpunkt, um diesen Schritt nach vorn zu wagen. Im Leben gibt es *keine* Fehler, nur lehrreiche Erfahrungen, also gehen Sie hinaus in die Welt und lernen Sie etwas von dem, was das Leben Ihnen beibringen kann. Lassen Sie sich von Ihrer Selbsthilfegruppe Ermutigung und Feedback geben. (Versuchen Sie nicht, sich von Ihrem Partner oder der dysfunktionalen Familie, aus der Sie stammen, Ermutigung zu holen; denn für diese Menschen ist es notwendig, daß Sie die alte bleiben, damit auch sie die alten bleiben können. Gefährden Sie sich und Ihr persönliches Wachstum nicht dadurch, daß Sie sich bei ihnen anlehnen.)

Was erfordert das?

Zunächst einmal sollten Sie jeden Tag zwei Dinge tun, die Sie nicht tun wollen. Dadurch fordern Sie sich und erweitern Ihre Vorstellung davon, wer Sie sind und wozu Sie fähig sind. Treten Sie mutig für Ihre Interessen ein, selbst wenn Sie sich lieber vormachen würden, es sei nicht so wichtig; tauschen Sie eine minderwertige Ware um, selbst wenn Sie sie lieber wegwerfen würden; erledigen Sie den Telefonanruf, den Sie eigentlich lieber noch einmal aufschieben würden. Lernen Sie, in Ihren Interaktionen mehr an Ihr eigenes Wohl und weniger an das anderer zu denken. Sagen Sie nein, um sich selbst einen Gefallen zu tun, und nicht ja, um anderen Menschen einen Gefallen zu tun. Machen Sie klar, was Sie wollen, und riskieren Sie es, zurückgewiesen zu werden.

Lernen Sie, sich selbst zu beschenken. Schenken Sie sich Zeit, schenken Sie sich Aufmerksamkeit, schenken Sie sich materielle Dinge. Wenn Sie sich konsequent jeden Tag etwas kaufen, können Sie dabei eine Menge über Selbstliebe lernen. Diese Geschenke brauchen nicht teuer zu sein; denken Sie einmal nicht an das Praktische, sondern an das Luxuriöse; Sie sollen schließlich üben, *sich selbst* zu verwöhnen. Wir müssen lernen, uns an uns selbst zu wenden, wenn wir etwas Gutes bekommen wollen, und mit dieser Übung tun Sie dafür den ersten Schritt.

Wenn es Ihnen hingegen nicht schwerfällt, für sich selbst Geld auszugeben, wenn Sie sogar zwanghaft einkaufen und Geld ausgeben, um Ihre Wut oder Ihre Depression niederzuhalten, dann muß diese Übung für Sie in eine andere Richtung gehen. Verwöhnen Sie sich mit neuen Erlebnissen, statt noch mehr materielle Dinge (und mehr Schulden) anzuhäufen. Gehen Sie im Park spazieren, wandern Sie in den Bergen oder besuchen Sie den Zoo. Halten Sie inne und betrachten Sie einen Sonnenuntergang. Das wichtigste ist zunächst, an sich selbst und all das zu denken, womit Sie sich beschenken wollen. Später werden Sie dann das Gleichgewicht von Geben und Nehmen halten können. Es fällt uns gewöhnlich sehr leicht, anderen zu geben, aber sehr schwer, uns selbst Gutes zu tun. Üben Sie sich also darin!

Im Verlauf dieses Programms wird Ihnen von Zeit zu Zeit auch etwas sehr Schwieriges abverlangt: Sie müssen sich dem schrecklichen Gefühl innerer Leere stellen, das in Ihnen hochsteigt, wenn Sie sich nicht auf einen anderen Menschen konzentrieren. Manchmal wird dieses Leeregefühl so stark sein, daß es Ihnen vorkommen mag, als sei an der Stelle, wo eigentlich Ihr Herz sein müßte, nur ein riesengroßes Loch. Lassen Sie dieses Gefühl in all seiner Intensität zu – durch jedes Ausweichen, jedes Ablenkungsmanöver schaden Sie sich selbst! Akzeptieren Sie Ihre innere Leere in dem Bewußtsein, daß Sie sich nicht immer so fühlen werden, daß Ihre wachsende Fähigkeit, sich selbst anzunehmen, dieses Loch allmählich mit Wärme füllen wird. Lassen Sie sich dabei von Ihrer Selbsthilfegruppe unterstützen. Die Tatsache, daß andere Sie akzeptieren, aber auch Ihre *eigenen* Vorhaben und Aktivitäten werden Ihnen helfen, die Leere auszufüllen. Das Gefühl dafür und das Bewußtsein darüber, wer wir wirklich sind, entwickelt sich durch all das, was wir für uns selbst tun, und durch die Art, wie wir unsere eigenen Fähigkeiten nutzen und fördern. Wenn Sie sich ausschließlich darum bemüht haben, andere zu fördern, dann darf es Sie auch nicht wundern, daß Sie sich innerlich ganz leer fühlen. Aber jetzt ist Ihre Zeit gekommen!

Warum ist dieser Schritt notwendig?

Solange Sie Ihre eigenen Fähigkeiten nicht voll entfalten, werden Sie immer frustriert bleiben – und die Schuld daran womöglich Ihrem Partner zuschieben, obwohl der Grund darin liegt, daß Sie *selbst* im Leben nicht vorankommen. Wenn Sie all das fördern, was in Ihnen steckt, entlasten Sie Ihren Partner und verlagern die Verantwortung für Ihr Leben dahin, wo sie hingehört – auf Ihre eigene Person.

Die Vorhaben und Aktivitäten, für die Sie sich entschieden haben, werden Sie zu sehr in Anspruch nehmen, als daß Sie sich nach wie vor ausschließlich auf ihn konzentrieren könnten. Wenn Sie derzeit keinen Partner haben, schaffen Sie sich jetzt eine positive, gesunde Alternative dazu, entweder Ihrer alten Liebe nachzutrauern oder auf eine neue zu warten.

Welche Folgen hat dieser Schritt?

Zum einen werden Sie sich nicht den Partner suchen müssen, der das Gegenteil von Ihnen verkörpert und damit Gleichgewicht in Ihr Leben bringt. Hierzu eine Erläuterung: Wie so viele der Frauen, die zu sehr lieben, sind Sie vermutlich übertrieben ernsthaft und verantwortungsbewußt. Solange Sie Ihre spielerischen Seiten nicht fördern, werden Sie sich zu Männern hingezogen fühlen, die verkörpern, was Ihnen fehlt. Ein sorgloser, verantwortungsloser Mann mag ein charmanter Gesprächspartner sein, aber für eine befriedigende Beziehung wäre er sicher nicht der richtige Kandidat. Solange Sie sich selbst nicht erlauben können, lockerer und fröhlicher zu sein, suchen Sie einen solchen Mann, um Spaß und Aufregung in Ihr Leben zu bringen.

Zum zweiten ermöglichen Sie sich dadurch, erwachsen zu werden. Wenn Sie Ihre Fähigkeiten voll ausschöpfen, übernehmen Sie gleichzeitig auch die ganze Verantwortung für Ihre Entscheidungen, Ihre Möglichkeiten, Ihr Leben. Nichts anderes heißt Erwachsensein. Solange wir die Verantwortung für unser Leben und unser Glück nicht selbst tragen, kann unsere Persönlichkeit nicht reifen – wir bleiben abhängig, verängstigte Kinder in Erwachsenenkörpern.

Schließlich bedeutet die Förderung Ihrer Fähigkeiten und Interessen auch, daß Sie sich besser für eine Partnerschaft eignen, weil Sie kreativ sind und sich selbst verwirklichen, statt sich unvollständig (und daher unsicher) zu fühlen, sobald Sie keinen Mann an Ihrer Seite haben. Je weniger Sie einen Partner brauchen, desto mehr können Sie ein wirklicher Partner sein – und desto gesünder werden die Männer sein, die sich für Sie interessieren (und für die Sie sich interessieren).

9. Werden Sie egoistisch.

Was bedeutet das?

Wie das Wort *Spiritualität* bedarf auch *Egoismus* einer genaueren Erläuterung. Vielleicht beschwört dieser Ausdruck in Ihnen ein Bild all dessen herauf, was Sie nicht sein wollen: gleichgültig, grausam, gedankenlos, selbstsüchtig. Bei einigen Menschen mag Egoismus tatsächlich genau dies bedeuten, aber denken Sie daran, daß Sie eine Frau sind, die lange Zeit zu sehr geliebt hat. Egoistisch zu werden ist für Sie eine notwendige Übung, um sich aus Ihrer Märtyrerrolle zu befreien. Lassen Sie uns ansehen, was ein gesunder Egoismus für die Frauen bedeutet, die zu sehr lieben:

Sie setzen Ihr Wohlbefinden, Ihre Wünsche, Ihre Arbeit, Ihr Vergnügen, Ihre Pläne und Aktivitäten an erste statt an letzte Stelle – vor die Berücksichtigung der Bedürfnisse anderer. Selbst wenn Sie kleine Kinder haben, verbringen Sie jeden Tag einige Zeit mit Aktivitäten, die ausschließlich Ihnen selbst zugute kommen.

Sie erwarten, Sie verlangen sogar, daß Situationen und Beziehungen für Sie angenehm sind. Sie versuchen nicht, sich unangenehmen Bedingungen anzupassen.

Sie glauben daran, daß Ihre Wünsche und Bedürfnisse sehr wichtig sind und daß es Ihre Aufgabe ist, sie zu verwirklichen. Gleichzeitig räumen Sie anderen das Recht ein, für die Verwirklichung ihrer Wünsche und Bedürfnisse selbst die Verantwortung zu tragen.

Was erfordert das?

Wenn Sie beginnen, sich selbst am wichtigsten zu nehmen, werden die Menschen, deren Wohl Ihnen bislang mehr am Herzen lag als Ihr eigenes, Ihr Verhalten und Ihre Einstellung mißbilligen und Ihnen böse sein. Diese Reaktion ist unausweichlich; Sie müssen lernen, sie zu tolerieren. Streiten Sie nicht, entschuldigen Sie sich nicht, versuchen Sie nicht, sich zu rechtfertigen. Bleiben Sie so gelassen und fröhlich wie möglich und setzen Sie Ihre Aktivitäten fort. Die anstehenden Veränderungen in Ihrem Leben erfordern auch eine Veränderung der Menschen in Ihrem Umkreis. Dagegen werden sie sich natürlich zur Wehr setzen. Mit der Empörung über Ihr Verhalten soll bezweckt werden, daß Sie sich wieder in das selbstlose

Wesen zurückverwandeln, das für andere tut, was diese selbst tun können und sollten. Lassen Sie sich nicht beirren, dann wird sich der Widerstand auch nicht allzulange halten.

Ihre innere Stimme wird Ihnen sagen, was gut und was richtig für Sie ist. Hören Sie darauf und handeln Sie danach. Gesunden Egoismus entwickeln Sie, indem Sie Ihre eigenen Signale wahrnehmen. Bislang haben Sie vermutlich mit beinahe hellseherischen Fähigkeiten die Signale anderer empfangen – und darauf reagiert, indem Sie sich so verhielten, wie man es von Ihnen erwartete. Blenden Sie diese Signale aus, sonst werden sie weiterhin Ihre eigenen Signale übertönen.

Um egoistisch zu werden, müssen Sie letztendlich auch erkennen, daß Sie wertvoll sind, daß Ihre Fähigkeiten es verdienen, ausgeschöpft zu werden, daß Ihr persönliches Glück von ebenso großer Bedeutung wie das anderer ist und daß die volle Entfaltung Ihrer Persönlichkeit das schönste Geschenk ist, das Sie Ihrer Umwelt machen können, ganz besonders den Menschen, die Ihnen nahestehen.

Warum ist dieser Schritt notwendig?

Wenn Sie nicht lernen, egoistisch zu sein, geraten Sie allzuleicht in Gefahr, Ihre Weiterentwicklung auf das Wohl eines anderen statt auf Ihre eigene Selbstverwirklichung auszurichten. Auch wenn Sie sich als egoistischer (und damit aufrichtiger) Mensch viel besser für jede echte Partnerschaft eignen, liegt darin nicht Ihr höchstes Ziel. Ihr Ziel muß die volle Entfaltung Ihrer Persönlichkeit sein.

Selbst wenn Sie unbeirrt vorangehen, sind Sie noch nicht so schnell am Ziel: Jetzt gilt es, Ihr eigenes Leben zu leben, Ihr eigenes Potential auszuschöpfen. Dieser Schritt folgt ganz selbstverständlich, wenn Sie Achtung vor sich selbst gewonnen haben und Ihre persönlichen Bedürfnisse und Wünsche respektieren.

Kinder fühlen sich immer verantwortlich und schuldig, wenn ihre Eltern unglücklich sind. Eine Mutter, die die Verantwortung für ihr eigenes Leben und ihr persönliches Glück selbst übernimmt, befreit damit auch ihre Kinder von einer ungeheuren Last. Keinem Kind kann es je gelingen, den Ausgleich zu schaffen, die Schuld abzutragen, wenn seine Mutter ihr Leben, ihr Glück und ihre Erfüllung für dieses Kind oder die Familie geopfert hat. Wenn die Mutter das Leben auskostet, erlaubt dies dem Kind, dasselbe zu tun; umgekehrt vermittelt eine ständig leidende Mutter ihrem Kind, daß Leben nichts anderes als Leiden bedeutet.

Welche Folgen hat dieser Schritt?

Ihre Beziehungen werden automatisch ehrlicher und reifer. Niemand «schuldet» es Ihnen, sich anders zu geben, als er wirklich ist, weil auch Sie sich nicht mehr anders geben, als Sie wirklich sind.

Sie lassen den Menschen in Ihrem Leben die Freiheit, auf sich selbst zu achten, ohne sich Sorgen um Sie machen zu müssen. (Ihre Kinder haben sich wahrscheinlich dafür verantwortlich gefühlt, Ihre Frustration und Ihr Leiden aufzufangen. Wenn Sie besser für sich selbst sorgen, werden auch Ihre Kinder besser für sich selbst sorgen können.)

Jetzt können Sie entschieden ja oder nein sagen, denn Sie wissen, was Sie wollen.

Der Rollenwechsel von der selbstlos-fürsorglichen zur selbstbewußt-egoistischen Frau ist radikal; höchstwahrscheinlich werden sich daraufhin die Rollen in all Ihren Beziehungen ebenfalls verändern, damit sich ein neues Gleichgewicht herstellen kann. Wenn Ihr Partner diesen Rollenwechsel nicht verkraftet, wird er Sie möglicherweise verlassen, um eine Frau zu suchen, die das verkörpert, was Sie einmal waren – und Sie sind am Ende Ihres Genesungsprozesses nicht mehr mit dem alten Partner zusammen.

Doch je mehr Sie sich selbst lieben können, desto eher wird sich jemand von Ihnen angezogen fühlen, der liebesfähig ist. Wenn wir gesünder und ausgeglichener sind, ziehen wir auch gesündere und ausgeglichenere Partner an. Wenn wir weniger bedürftig sind, wird unseren Bedürfnissen in größerem Ausmaß entsprochen. Wenn wir die Rolle der überfürsorglichen Mutter abstreifen, schaffen wir dadurch die Möglichkeit, daß uns jemand Fürsorge entgegenbringt.

10. Lassen Sie andere an Ihren Erfahrungen und Lernprozessen teilhaben.

Was bedeutet·das?

Es bedeutet die ständige Erinnerung daran, daß dies der letzte Schritt in Ihrem Genesungsprozeß ist, nicht der erste. Übergroße Hilfsbereitschaft und Konzentration auf andere ist Bestandteil unserer Krankheit; Sie müssen also erst sehr hart an Ihrer eigenen Genesung gearbeitet haben, bevor Sie diesen Schritt wagen.

Es bedeutet, daß Sie den Neuankömmlingen in Ihrer Selbsthilfegruppe vermitteln, wie Ihr Zustand früher war und wie er heute ist. Es bedeutet, daß Sie erläutern, was Ihnen genutzt und was Sie weitergebracht hat; es bedeutet nicht, daß Sie Ratschläge geben, Namen nennen oder Schuldzuweisungen vornehmen. An diesem Punkt Ihrer Genesung wissen Sie, daß es Ihnen nicht hilft, wenn Sie andere beschuldigen.

Es bedeutet auch, daß Sie dazu bereit sind, mit einem anderen Menschen, der aus ähnlichen Verhältnissen stammt oder etwas Ähnliches wie Sie durchgemacht hat, über Ihre eigene Genesung zu sprechen, ohne ihn dazu nötigen zu müssen, das zu tun, was Sie getan haben, um gesund zu werden. Bestimmendes und kontrollierendes Verhalten ist hier genausowenig angebracht wie in Ihrer Beziehung.

Es kann bedeuten, daß Sie Zeit darauf verwenden, anderen zu helfen, indem Sie beispielsweise ehrenamtlich in einer Notrufgruppe mitarbeiten oder sich mit einer Frau, die Hilfe sucht, zu einem Gespräch unter vier Augen zusammensetzen.

Schließlich kann es auch bedeuten, daß Sie dabei helfen, professionelle Helfer aus dem medizinischen und therapeutischen Bereich über sinnvolle und angemessene Behandlungsverfahren für Sie und Frauen in vergleichbarem Zustand zu unterrichten.

Was erfordert das?

Sie müssen zum Ausdruck bringen, wieviel Dankbarkeit Sie dafür empfinden, daß Sie so weit vorangekommen sind, und für die Hilfe, die es für Ihre eigene Entwicklung bedeutet, an den Erfahrungen und Lernprozessen anderer teilhaben zu dürfen.

Sie müssen ehrlich sein und die Bereitschaft haben, auf Ihre Geheimnisse und den «guten Eindruck» zu verzichten.

Und schließlich müssen Sie sich als fähig erweisen, etwas zu geben, ohne dafür belohnt werden zu wollen. Vieles, was wir gaben, als wir zu sehr liebten, diente eigentlich zur Manipulation. Jetzt sind wir frei genug, um großzügig geben zu können. Unsere eigenen Bedürfnisse werden befriedigt, und wir sind voller Liebe. Es ist nur natürlich, wenn wir jetzt andere an dieser Liebe teilhaben lassen, ohne Gegenleistungen zu erwarten.

Warum ist dieser Schritt notwendig?

Wenn Sie davon ausgehen, daß Sie an einer Krankheit leiden, dann müssen Sie sich auch klarmachen, daß Sie einen Rückfall haben können, wie ein trockener Alkoholiker. Ohne ständige Wachsamkeit könnten Sie Ihre alten Denk-, Empfindungs- und Verhaltensweisen wieder aufnehmen. Die Arbeit mit Neuankömmlingen hilft Ihnen, die Erinnerung daran wachzuerhalten, wie krank Sie früher waren und wie weit Sie es mittlerweile gebracht haben. Sie werden nicht verleugnen können, wie schlimm es einmal um Sie stand, weil jedes neue Gruppenmitglied eine Geschichte zu erzählen hat, die Ihrer eigenen ähnelt; Sie werden Mitgefühl für die Erzählerin und für sich selbst spüren, wenn Sie an Ihre damalige Situation zurückdenken.

Indem Sie darüber sprechen, geben Sie anderen Hoffnung und sich selbst Anerkennung für all das, was Sie auf sich genommen haben, um gesund zu werden. Ihre Tapferkeit und Ihr gesamtes Leben erscheinen Ihnen in einem neuen Licht.

Welche Folgen hat dieser Schritt?

Sie helfen anderen auf ihrem Weg zur Genesung. Und Sie sorgen für Ihre eigene Gesundheit.

Andere an Ihren Erfahrungen und Lernprozessen teilhaben zu lassen, ist letztlich ein Akt gesunden Eigennutzes: Die Prinzipien der Genesung, mit denen Sie dadurch weiterhin in Kontakt bleiben, werden Ihr Leben lang Ihrer Gesundheit und Ihrem Wohlergehen dienen.

Genesung und Nähe –
die Lücke schließt sich

> Die Ehe ist für uns eine Reise
> zu einem unbekannten Ziel ...
> der Entdeckung nämlich, daß
> Menschen sich gegenseitig
> nicht nur an dem teilhaben las-
> sen müssen, was sie *voneinan-
> der* nicht wissen, sondern auch
> an dem, was sie von *sich selbst*
> nicht wissen.
>
> – Michael Ventura,
> ‹Shadow Dancing in the
> Marriage Zone›

Vor allem will ich eines wissen: Was ist bloß aus meinen sexuellen Gefühlen geworden?» Ann läuft mit großen Schritten auf das Sofa in meinem Büro zu. Sie wirft mir diese Frage scheinbar spielerisch zu, aber als sie an mir vorbeiläuft, sehe ich in ihren funkelnden Augen etwas Vorwurfsvolles. Auch an ihrer linken Hand funkelt etwas: ein diamantener Verlobungsring. Ich beginne zu ahnen, weshalb sie mich aufgesucht hat. Acht Monate sind seit unserer letzten Sitzung vergangen, und heute sieht sie besser aus als je zuvor: Ihre braunen Augen leuchten, und die leichtgewellten rötlich-braunen Haare sind länger und voller als früher. Ihr Gesicht hat noch immer etwas Kindliches, Verspieltes, gleichwohl sehr Reizvolles – aber früher wechselte der Ausdruck darin nur zwischen «trauriges kleines Waisenkind» und «zornige Intellektuelle», während dasselbe Gesicht heute etwas Frauliches, Erwartungsvolles zeigt. In den drei Jahren seit ihrem Selbstmordversuch, als die Affäre mit Jim, dem Polizisten, zu Ende war, hat sie einen weiten Weg zurückgelegt.

Es ist gut für mich zu sehen, daß ihre Genesung weiter voranschreitet. Ann weiß es noch nicht, aber die sexuellen Probleme, denen sie jetzt begegnet, sind unvermeidlicher Bestandteil dieses Genesungsprozesses.

«Erzählen Sie mir davon», fordere ich sie auf. Sie lehnt sich in der Couch zurück.

«Ich bin mit einem wundervollen Mann zusammen. Erinnern Sie sich noch an Hal? Als ich das letzte Mal zu Ihnen kam, da kannten wir uns schon.»

Ich erinnere mich sehr wohl an diesen Namen. Hal war einer der jungen Männer gewesen, mit denen Ann gegen Ende ihrer Therapie gelegentlich ausging. «Er ist nett, aber ein bißchen langweilig», hatte sie damals über ihn gesagt. «Ich unterhalte mich immer sehr gern mit ihm, und er macht einen stabilen vertrauenswürdigen Eindruck auf mich. Außerdem sieht er noch gut aus; aber ich kriege kein Herzklopfen, wenn ich ihn treffe, also wird er wohl nicht der Richtige sein.» Damals war sie mit mir der Meinung gewesen, daß sie sich darin üben mußte, mit aufmerksamen, verläßlichen Männern zusammen zu sein; sie entschloß sich also, ihn weiterhin zu treffen, «nur zum Trainieren».

Ann erzählt stolz weiter: «Gott sei Dank ist er ganz anders als die Männer, mit denen ich mich früher eingelassen habe; wir sind verlobt und wollen im September heiraten ... aber wir haben – wir haben gewisse Probleme. Genauer gesagt: nicht wir, sondern ich. Ich fühle irgendwie keine richtige Erregung, und weil ich damit früher nie Probleme hatte, will ich wissen, was auf einmal mit mir los ist. Sie wissen doch noch, wie ich früher war. Keiner dieser Männer damals hat mich geliebt, und jeden einzelnen habe ich praktisch angefleht, mit mir zu schlafen. Aber seit ich mich den Männern nicht mehr an den Hals werfe, bin ich wie eine prüde, verklemmte alte Jungfer. Hal ist ein gutaussehender, verantwortungsvoller, vertrauenerweckender Mann, und er liebt mich wirklich. Aber ich liege mit ihm im Bett und fühle mich wie ein Holzklotz.»

Wie viele Frauen, die zu sehr lieben, steht auch Ann vor einer Hürde, die sie im weiteren Verlauf ihres Genesungsprozesses überwinden muß. Diese Frauen haben ihre Sexualität als

Werkzeug eingesetzt, um einen schwierigen oder unzugänglichen Mann dazu zu bringen, daß er sie liebt – das heißt: Sie haben ihn manipuliert. Fällt diese Herausforderung nun weg, weil sie einen liebevollen, aufmerksamen Partner haben – dann wissen sie mit ihrer Sexualität plötzlich nichts mehr anzufangen.

Anns Unbehagen ist offensichtlich. Sie schlägt mit der Faust leicht auf ihr Knie. «Warum ist Sex mit Hal für mich nicht erregend?» fragt sie und betont dabei fast jedes Wort. Sie verschränkt die Arme und sieht mich ängstlich an. «Liegt es daran, daß ich ihn vielleicht gar nicht wirklich liebe? Ist das der Grund, warum es bei uns nicht klappt?»

«Glauben Sie, daß Sie ihn lieben?» frage ich zurück.

«Ja, ich glaube schon, aber ich bin auch verwirrt, weil ich mich bei ihm so anders fühle als früher. Da ist alles ganz neu für mich. Es macht mir großen Spaß, mit ihm zusammen zu sein. Wir können über alles reden. Er kennt meine ganze Geschichte, also haben wir auch keine Geheimnisse voreinander. Ich brauche mich bei ihm überhaupt nicht zu verstellen. Ich bin genau so, wie ich bin. Das bedeutet, daß ich mich in seiner Gegenwart viel entspannter fühle, als ich es je mit einem anderen Mann erlebt habe. Ich ziehe keine große Show ab, und das ist gut. Manchmal würde es mir allerdings leichter fallen, Theater zu spielen, als entspannt zu sein und darauf zu vertrauen, daß es genügt, wenn ich einfach ich selbst bin, um das Interesse eines Mannes wachzuhalten.

Wir haben eine Menge gemeinsamer Interessen und Hobbies – Segeln und Fahrradfahren und Wandern. Unsere Wertvorstellungen sind beinahe identisch, und wenn wir uns streiten, kämpft er ohne schmutzige Tricks. So ein Streit mit Hal – das ist schon beinahe ein Vergnügen. Aber anfangs haben mich die offenen, direkten Gespräche über unsere Meinungsverschiedenheiten geängstigt. Ich war nicht daran gewöhnt, daß jemand so ehrlich und geradeheraus seine Gefühle zugibt und von mir dasselbe erwartet. Hal half mir, meine Angst zu überwinden und zu sagen, was ich dachte oder was ich von ihm brauchte, denn er hat mich für meine Ehrlichkeit nie bestraft. Wir schaffen es, jede Meinungsverschiedenheit beizulegen, und kommen dadurch einander noch näher. Er ist der beste Freund, den ich je hatte, und ich bin stolz darauf, mit ihm gesehen zu werden. Also ja – ich glaube, ich liebe ihn, aber wenn es Liebe ist, warum macht es mir dann im Bett keinen Spaß mit ihm? Es gibt nichts, was mich sexuell an ihm stören könnte, er ist auch kein schlechter Liebhaber. Er denkt an mich; er will es mir schön machen. Das ist etwas ganz Neues für mich. Er ist nicht so aggressiv wie Jim, aber ich glaube nicht, daß darin das Problem liegt. Ich weiß, daß er mich aufregend und toll findet, aber bei mir tut sich so gut wie nichts. Wenn ich daran denke, wie ich früher war, dann ist das doch unlogisch, oder?»

Ich bin froh, daß ich sie in dieser Hinsicht beruhigen kann. «Nein, Ann, das ist keineswegs unlogisch. Sie sind kein Einzelfall. Was Sie im Moment durchmachen, machen viele Frauen mit einer ähnlichen Lebensgeschichte durch; diese Frauen befinden sich im Prozeß der Genesung. Das Problem entsteht, wenn sie eine Beziehung zu einem Mann eingehen, der für sie ein geeigneter Partner ist. Die Aufregung, die Herausforderung, der vertraute Knoten im Bauch – all das ist nicht da, und weil es früher zu ihrem Gefühl von Liebe einfach dazugehörte, haben sie Angst, daß dieser Beziehung etwas Entscheidendes fehlt. Was fehlt, ist die Verrücktheit, der Schmerz, die Angst, das Warten und Hoffen.

Nun haben Sie zum erstenmal einen netten, stabilen, verläßlichen Freund, der Sie liebt, und Sie müssen nicht daran arbeiten, ihn zu ändern. Er hat bereits die Qualitäten, die Sie bei einem Mann suchen, und er ist eine feste Bindung mit Ihnen eingegangen. Der Haken ist: Sie wissen überhaupt nicht, wie Sie damit umgehen sollen, wenn Sie tatsächlich haben, was Sie wollen. Sie haben lediglich erfahren, wie es war, als Sie es nicht hatten und meinten, sich mächtig anstrengen zu müssen, um es doch noch zu bekommen. Sie sind an Sehnsucht und Ungewißheit gewöhnt. Das bewirkt eine ganze Menge Aufregung – und das berühmte Herzklopfen. Will er, will er nicht? Wird er, wird er nicht? Sie wissen, wovon ich rede.»

Ann lächelt. «Ganz genau. Aber was hat das alles mit meinen sexuellen Gefühlen zu tun?»

«Nicht zu haben, was Sie wollen, ist viel stimulierender als es zu bekommen. Ein liebevoller, zärtlicher Mann wird Ihren Adrenalinpegel nie so hochtreiben wie zum Beispiel Jim.»

«Das ist wahr! Ich stelle die ganze Beziehung immer wieder in Frage, weil ich mich nicht dauernd nach Hal verzehre; weil ich von ihm nicht besessen bin. Ich habe mich schon gefragt, ob ich ihn einfach als selbstverständlich betrachte.» Ann ist nicht mehr wütend, sondern aufgeregt: wie ein Detektiv, der eine heiße Spur entdeckt hat.

Ich bestätige ihre Aussage. «Sie betrachten ihn wohl tatsächlich als selbstverständlich. Sie wissen, daß er für Sie da ist. Er wird Sie nicht verlassen, Sie können auf ihn zählen. Also gibt es keinen Grund dafür, besessen zu sein. Besessenheit ist nicht Liebe, sondern einfach nur Besessenheit.»

Sie nickt; sie erinnert sich gut. «Ich weiß! Ich weiß!»

«Und manchmal», fahre ich fort, «läuft es sexuell sehr gut, wenn wir vom Partner besessen sind. All diese starken Gefühle – Aufregung, bange Vorahnungen, sogar Furcht – ergeben zusammen eine ziemlich explosive Mischung, die dann Liebe genannt wird, obwohl sie alles andere als das ist. Popmusik vermittelt uns dieselbe Botschaft. All dieses ‹Ich kann ohne dich nicht leben, Baby›-Zeug. Kaum jemand schreibt ein Lied darüber, wie unbeschwert und wohltuend eine gesunde Liebesbeziehung ist. Dagegen schreiben alle über Angst und Leid und Verlust und Liebeskummer. Also nennen wir dies Liebe, und wenn uns etwas widerfährt, das nicht verrückt ist, dann wissen wir nicht, wie wir damit umgehen sollen. Kaum beginnen wir, uns zu entspannen, fürchten wir auch schon, daß dies keine Liebe ist, weil wir davon nicht besessen sind.»

Ann stimmt mir zu. «Ja. Genau das ist geschehen. Ich habe es anfangs nicht Liebe genannt, weil es mir zu angenehm vorkam – und an Angenehmes war ich ja nun überhaupt nicht gewöhnt, wie Sie wissen.» Sie lächelt und fährt fort: «Im Laufe der Zeit ist er mir immer mehr ans Herz gewachsen. Ich hatte das Gefühl, ich könnte mich einfach entspannen, wirklich ich selbst sein, und er würde trotzdem nicht weggehen. Das allein fand ich unglaublich. Ich hatte noch nie erlebt, daß ein Mann mich nicht früher oder später verließ. Wir haben lange gewartet, bevor wir uns auch sexuell aufeinander einließen. Zunächst waren wir einfach nur so befreundet. Ich mochte ihn immer lieber; wenn wir zusammen waren, fühlte ich mich wohl, sogar glücklich. Als wir schließlich miteinander schliefen, war es sehr zärtlich und sanft, und ich fühlte mich furchtbar verletzlich. Ich mußte viel weinen. Das passiert mir auch jetzt noch manchmal, aber es scheint ihm nichts auszumachen.» Ann senkt den Kopf. «Wahrscheinlich gibt es im sexuellen Bereich einfach zu viele schmerzhafte Erinnerungen für mich: abgelehnt zu werden, mich verwundbar zu fühlen.» Nach einer kleinen Weile setzt sie hinzu: «Was Sexualität betrifft, mache ich mir im Moment viel mehr Sorgen als er. Er fände es schön, wenn Sex für uns beide aufregender wäre, aber nicht er beklagt sich darüber, sondern ich. Ich weiß doch, wie es sein könnte.»

«Also gut», antworte ich, «erzählen Sie mir, wie es jetzt zwischen Ihnen beiden *ist*.»

«Er liebt mich. Das macht mir sein ganzes Verhalten deutlich – die Art, wie er mit mir umgeht. Wenn ich einen Freund von ihm kennenlerne, wird mir schon bei der Begrüßung klar, daß Hal ihm sehr viel Positives über mich erzählt hat. Und wenn wir beide allein sind, ist er so liebevoll, so sehr darauf bedacht, mich glücklich zu machen. Aber ich werde steif, kalt – ich erstarre fast. Anscheinend kann ich ihm gegenüber nicht richtig warm werden. Ich weiß nicht, was mich davon abhält . . .»

«Was empfinden Sie, wenn Sie mit Hal schlafen?»

Sie denkt eine Weile nach. Dann sieht sie mich an. «Vielleicht Angst?» Sie beantwortet die Frage selbst. «Ja, genau. Ich habe Angst, richtige Angst!»

«Vor . . .» frage ich nach.

Wiederum denkt sie nach und sagt dann: «Ich bin mir nicht sicher. Vielleicht davor, *erkannt* zu werden. Ach, das klingt so biblisch. Sie wissen doch, wie sie in der Bibel immer darüber reden: ‹Und dann erkannte er sie.› Und irgendwie spüre ich, daß Hal mich wirklich kennenlernen würde, nicht nur sexuell, sondern generell – wenn ich es zulassen könnte. Offenbar bin ich nicht in der Lage, mich ihm hinzugeben, auszuliefern. Es macht mir zuviel Angst.»

Ich stellte die naheliegende Frage: «Was würde geschehen, wenn Sie es täten?»

«O Gott, ich weiß es nicht.» Ann windet sich in ihrem Stuhl. «Wenn ich daran denke, fühle ich mich sehr verletzlich, richtig nackt. Es kommt mir albern vor, auf diese Weise über Sexualität zu sprechen – bei meiner Vergangenheit. Aber irgendwie ist dies etwas anderes. Es fällt mir einfach schwer, mit einem Mann zu schlafen, der mir wirklich nahe sein will. Entweder verschließe ich mich wie eine Muschel, oder ich mache alles mit, halte dabei aber etwas Wichtiges zurück. Ich führe mich auf wie eine spröde Jungfrau oder so etwas.»

«Ann», sage ich beruhigend, «was die Nähe betrifft, die zwischen Ihnen und Hal ja schon besteht und die in Zukunft noch weiter wachsen kann – in dieser Hinsicht sind Sie durchaus so etwas wie eine Jungfrau. All das ist Ihnen neu. Sie haben keinerlei Erfahrung damit, einen Mann, das heißt überhaupt jemanden so nahe an sich heranzulassen. Natürlich macht Ihnen das Angst.»

«Genauso fühle ich mich auch – als müßte ich mich selbst schützen, als wäre ich kurz davor, etwas sehr Wichtiges zu verlieren.»

«Sie haben Angst davor, Ihren Panzer zu verlieren, Ihren Schutzschild gegen tiefe Verletzungen. Obwohl Sie sich vielen Männern an den Hals geworfen haben, sind Sie nie das Risiko eingegangen, auch nur einem von ihnen wirklich nahe zu kommen. Sie mußten nie mit Nähe umgehen, weil auch keiner Ihrer Freunde Nähe zulassen konnte. Kaum haben Sie einen Freund, dem alles daran liegt, diese Nähe zu Ihnen herzustellen, bricht bei Ihnen die Panik aus. Alles läuft gut, solange Sie miteinander reden und einfach die Gegenwart des anderen genießen, aber in der Sexualität, wenn jede mögliche Schranke zwischen Ihnen wegfällt, ist das etwas ganz anderes. Bei all Ihren früheren Partnern hat auch die Sexualität diese Schranken nicht aufheben können – im Gegenteil: Diese Schranken wurden sogar noch fester verankert, weil Sie Sexualität benutzt haben, um zu vermeiden, daß Ihr Partner Sie selbst, mit all Ihren Gefühlen, kennenlernen konnte. Es spielt keine Rolle, wie viele sexuelle Erfahrungen Sie gesammelt haben – mit

Nähe hatte das alles nichts zu tun. Früher benutzten Sie Sex dazu, Ihre Beziehungen zu kontrollieren. Daher vermute ich, daß Ihnen der Verzicht auf diese Kontrolle sehr schwer fällt – Sie haben zwar gelernt, Sex als ein Werkzeug einzusetzen, aber Sie haben nicht gelernt, Sexualität zuzulassen.

Ich mag den Ausdruck, den Sie gerade verwendet haben – ‹erkannt werden›. Genau darum geht es in Ihrer sexuellen Beziehung mit Hal. Sie beide kennen sich schon so gut, daß Sex dieses Wissen umeinander vertieft, nicht verhindert.»

Ann hat Tränen in den Augen. «Warum muß es denn so sein? Warum kann ich mich bloß nicht entspannen? Ich weiß, daß dieser Mann mich nicht absichtlich verletzen würde. Zumindest glaube ich das . . .» Sie hört den Selbstzweifel in ihrer Stimme und setzt noch einmal neu an. «Nun gut, Sie erklären mir also, daß ich nur bei einem Mann sexy sein kann, der mich eigentlich nicht will oder zumindest nicht so wie ich bin, nicht aber bei Hal, der gut und liebevoll zu mir ist und mich wunderbar findet; daß ich bei einem solchen Mann nicht sexy sein kann, weil ich Angst vor Nähe habe. Und was soll ich nun machen?»

«Sie müssen *hindurch,* um herauszukommen. Zunächst einmal: Versuchen Sie nicht mehr, ‹sexy› zu sein, und erlauben Sie sich statt dessen, sexuell zu sein. ‹Sexy sein› bedeutet Theaterspielen. ‹Sexuell sein› bedeutet, körperliche Nähe herzustellen. Sie werden Hal genau erzählen müssen, was in Ihnen vorgeht – alles, was Sie fühlen, ganz gleich, wie irrational es sein mag. Sagen Sie es ihm, wenn Sie Angst bekommen, wenn Sie sich ein Stück zurückziehen müssen und wenn Sie bereit sind, Nähe wieder zuzulassen. Wenn es Ihnen nützt, sollten Sie in Ihren sexuellen Begegnungen eher die Führung übernehmen und nur so weit gehen, wie es Ihnen angenehm ist. Hal wird Verständnis haben und Ihnen dabei helfen, Ihre Angst zu überwinden, wenn Sie ihn darum bitten. Versuchen Sie, weder positiv noch negativ zu bewerten, was in Ihnen vorgeht. Was Liebe und Vertrauen angeht, haben Sie noch wenig Erfahrung. Machen Sie kleine Schritte, bauen Sie langsam die Bereitschaft auf, sich fallenzulassen, sich hinzugeben. Ihre Erfahrungen mit Sexualität hatten bisher wenig mit Hingabe zu tun, sondern vielmehr mit Macht und Kontrolle über einen anderen Menschen, mit Manipulation und mit Eigensinn. Sie haben Theater gespielt und sich begeisterte Kritiken erhofft. Damals haben Sie die Rolle der großartigen Geliebten gespielt; heute versuchen Sie, die Liebe eines anderen zuzulassen. Die alte Rolle zu spielen kann großen Spaß machen, vor allem, wenn das Publikum mitgeht. Die Liebe eines anderen zuzulassen ist viel schwieriger; denn Ihre Bereitschaft dazu muß aus Ihrer Liebe zu sich selbst erwachsen. Wenn Sie sich selbst genug lieben, werden Sie leichter akzeptieren können, daß Sie die Liebe dieses anderen auch verdienen. Wenn Sie nur wenig Liebe für sich selbst aufbringen, fällt es Ihnen auch schwerer, Liebe von außen eindringen zu lassen. Sie haben einen langen Weg zurückgelegt und dabei allmählich gelernt, sich selbst zu lieben. Nun sind Sie beim nächsten Schritt angelangt: genug Vertrauen zu haben, um sich von diesem Mann lieben zu lassen.»

Ann denkt darüber nach. «All die Leidenschaft, in die ich mich gestürzt habe, hatte immer auch etwas Berechnendes. So sehe ich es heute. Ich habe mich nie richtig fallenlassen, obwohl ich das Theaterspielen sehr erregend fand. Ich muß aufhören, mich zu bemühen, und anfangen, einfach ich selbst zu sein. Komisch, daß es mir soviel schwerer fällt, geliebt zu werden . . .» Ann schaut mich nachdenklich an. «Ich weiß, daß ich noch einen weiten Weg vor mir habe, um es zu lernen. Manchmal betrachte ich Hal und frage mich, warum er von mir so hingerissen ist. Ich weiß überhaupt nicht, ob ich irgend etwas Besonderes an mir habe, wenn ich keine Show abziehe.» Ann reißt die Augen weit auf. «Deswegen habe ich also solche Schwierigkeiten! Weil ich nicht mehr Theater spielen muß. Weil ich nicht mehr versuchen muß, etwas Besonderes zu tun oder etwas Besonderes zu sein. Ich hatte Angst, mich Hal körperlich zu nähern, weil ich einfach nicht wußte, wie ich es anstellen sollte. Ich glaubte, ohne meine verführerische Masche hätte ich nichts oder nicht genug zu bieten und würde ihn nur langweilen. Aber ich konnte nicht länger die große Verführerin spielen, weil wir ja schon so lange gute Freunde waren und es daher völlig unpassend gewesen wäre, wenn ich plötzlich heftig geatmet und mich ihm in die Arme geworfen hätte.

Außerdem war es gar nicht nötig. Er hatte sowieso großes Interesse an mir.

Mit allem anderen, was wir zusammen erleben, ist es ähnlich. Ich hätte nie gedacht, daß Liebe so einfach sein kann. Ich brauche nur ich selbst zu sein, das genügt.» Ann hält inne und sieht mich verlegen an. «Werden Sie eigentlich häufiger mit diesem Problem konfrontiert?»

«Bei weitem nicht so häufig, wie ich es mir wünschen würde», antworte ich. «Das Problem, mit dem Sie im Moment zu kämpfen haben, betrifft Frauen, die zu sehr geliebt haben und jetzt aktiv an ihrer Genesung arbeiten ... aber die meisten dieser Frauen kommen nicht soweit. Sie verbrauchen ihre Zeit, ihre Energie, ihr Leben damit, Sexualität als Hilfsmittel einzusetzen, um einen Partner, der sie nicht lieben können, in einen Partner zu verwandeln, der sie liebt. Das gelingt zwar nie, aber es bietet Sicherheit: Solange sie in diesen Kampf verwickelt sind, brauchen sie sich nicht mit Nähe zu befassen, nicht zuzulassen, daß jemand anders sie erkennt – im eigentlichen Sinne. Denn davor haben die meisten Angst. Während ihre Einsamkeit sie in Beziehungen treibt, bewirkt diese Angst, daß sie sich Partner suchen, denen sie nie wirklich nahe kommen können.»

Ann fragt: «Hat Hal das auch getan? Hat er in mir die Frau gefunden, der er nicht nahe kommen kann?»

«Möglicherweise», antworte ich.

«Also habe ich die Seiten gewechselt: Jetzt bin ich diejenige, die keine Nähe zuläßt.»

«Das geschieht häufig. Wir haben nämlich die Fähigkeit, beide Rollen zu spielen. Es gibt den Jäger – das sind Sie früher gewesen – und den Flüchtenden – diese Rolle hatten Ihre damaligen Partner. Nun sind Sie bis zu einem gewissen Grad die Flüchtende, die Partnerin, die vor Nähe flieht, und Hal jagt Ihnen hinterher. Wenn Sie nicht weiterlaufen, sondern stehenbleiben würden, was hätte das zur Folge? Bei all den möglichen Veränderungen ändert sich eines fast nie: Die Lücke zwischen Ihnen und dem anderen bleibt. Vielleicht tauschen Sie die Rollen, aber die Lücke bleibt bestehen.»

«Es ist also egal, wer wegrennt und wer hinterherläuft – keiner von beiden muß mit wirklicher Nähe fertig werden», sagt Ann. Sie fügt vorsichtig hinzu: «Im Grunde geht es gar nicht um Sex, hab ich nicht recht? Die Nähe – das ist das eigentlich Beängstigende. Aber ich glaube, daß ich wirklich innehalten will – und zulassen, daß Hal mich einholt. Es macht mir Angst, es fühlt sich verdammt bedrohlich an, aber ich will die Lücke schließen.»

Mit diesen Worten bringt Ann ihren festen Willen zum Ausdruck, eine Gemeinschaft mit einer anderen Person herzustellen, wie dies nur wenige Menschen je erreichen. Wenn Frauen, die zu sehr lieben, und Männer, die nicht genug lieben, ihre endlosen Kämpfe miteinander ausfechten, steckt dahinter immer das Bedürfnis, eine wirkliche Gemeinschaft zu vermeiden. Die Positionen von Jäger und Flüchtendem sind umkehrbar, sie aber grundsätzlich aufzugeben erfordert von beiden Partnern außergewöhnlichen Mut. Ich gebe Ann die einzige Orientierungshilfe, die ich ihr für diese Reise anbieten kann.

«Ich empfehle Ihnen, mit Hal über all das zu sprechen. Sprechen Sie, auch wenn Sie mit ihm im Bett liegen. Lassen Sie ihn wissen, was Sie durchmachen. Genau das ist ein wesentlicher Teil von echter Nähe. Bleiben Sie ganz ehrlich – dann wird sich alles andere von selbst regeln.»

Ann wirkt sehr erleichtert. «Jetzt verstehe ich, was eigentlich vorgeht, und das ist schon eine große Hilfe. Ich weiß, daß Sie recht haben, daß all diese Erfahrungen neu für mich sind. Noch weiß ich nicht, wie ich damit umgehen werde. Eines will ich jedoch auf keinen Fall: in meine alten Verhaltensweisen zurückfallen. Schließlich sind damit ja viel größere Probleme verbunden. Und ich vertraue Hal von ganzem Herzen. Nun muß ich mich ihm bloß noch körperlich anvertrauen.» Sie lächelt und schüttelt den Kopf. «Das alles ist nicht leicht, oder? Aber ich muß da durch. Ich werde Sie wissen lassen, wie es weitergeht... danke.» Wir umarmen uns beim Abschied.

Wenn wir uns ansehen, wie weit Anns Genesung vorangeschritten ist, können wir ihre Einstellung sich selbst gegenüber und die Art, wie sie Nähe in einer Beziehung zuläßt, mit den Merkmalen einer Frau vergleichen, die zu sehr geliebt hat und genesen ist. Denken Sie daran, daß Genesung ein lebenslang fortdauernder Prozeß und ein Ziel ist, das wir nicht ein für allemal erreichen, sondern nach dem wir ständig weiter streben.

Die folgenden Merkmale charakterisieren eine Frau, die von der Krankheit «Zu-sehr-Lieben» genesen ist:

1. Sie akzeptiert sich selbst vollständig, auch wenn sie sich in einigen Bereichen ändern will. Sie entfaltet und hegt ihre bereits vorhandene Selbstliebe und Selbstachtung.

2. Sie akzeptiert andere so, wie sie sind, und versucht nicht, sie zu ändern, so daß sie ihren Bedürfnissen entsprechen.

3. Sie ist in Kontakt mit ihren Gefühlen und Einstellungen hinsichtlich aller Bereiche ihres Lebens, einschließlich ihrer Sexualität.

4. Sie schätzt sich selbst in jeder Hinsicht: ihre Persönlichkeit, ihre Erscheinung, ihre Glaubens- und Wertvorstellungen, ihren Körper, ihre Interessen und Leistungen. Sie betrachtet sich selbst als wertvoll, statt nach einer Beziehung zu suchen, die ihr Selbstwertgefühl gibt.

5. Ihre Selbstachtung ist so groß, daß sie es genießen kann, mit anderen Menschen – vor allem Männern – zusammen zu sein, die mit sich selbst in Einklang sind. Sie hat es nicht nötig, gebraucht zu werden, um Selbstwertgefühl zu entwickeln.

6. Sie gestattet es sich, im Umgang mit dafür geeigneten Menschen offen und vertrauensvoll zu sein. Sie hat keine Angst davor, von anderen in ihrem tiefsten Wesen erkannt zu werden, aber sie liefert sich nicht Menschen aus, denen ihr Wohlergehen gleichgültig ist.

7. Sie fragt sich: «Ist diese Beziehung gut für mich? Ermöglicht sie es mir, weiterzuwachsen und meine Persönlichkeit voll zu entfalten?»

8. Wenn eine Beziehung ihr schadet, ist sie fähig, diese aufzugeben, ohne durch Depressionen handlungsunfähig zu werden. Sie hat einen Kreis von Freunden, die ihr Unterstützung gewähren, und Interessen, die ihr helfen, Krisen zu überstehen.

9. Sie schätzt ihre eigene Gelassenheit mehr als alles andere. Die Kämpfe, Dramen und das Chaos der Vergangenheit haben

ihren Reiz für sie verloren. Sie schützt sich selbst, ihre Gesundheit und ihr Wohlbefinden.

10. Sie weiß, daß eine positive, erfüllende Beziehung nur zwischen Partnern bestehen kann, die gleiche Wertvorstellungen, Interessen und Ziele haben und von denen jeder fähig zu echter Nähe ist. Und sie weiß, daß sie es wert ist, all das zu bekommen, was das Leben zu bieten hat.

Während wir von der Krankheit «Zu-sehr-Lieben» genesen, durchlaufen wir verschiedene Phasen. Die erste Phase beginnt, wenn wir erkennen, was wir tun, und uns wünschen, damit aufhören zu können. Als nächstes kommt unsere Bereitwilligkeit, Hilfe für uns selbst zu suchen, gefolgt von ersten ernsthaften Bemühungen, uns diese Hilfe zu beschaffen. Dann treten wir in die Phase der Genesung ein. Sie erfordert von uns die Bereitschaft, gesund zu werden und alles dafür Nötige zu tun. In dieser Phase beginnen wir, unsere Denk-, Empfindungs- und Verhaltensweisen zu ändern. Was uns früher normal und vertraut vorkam, erleben wir allmählich als unangenehm und ungesund. Wir gelangen zur nächsten Phase unserer Genesung, wenn wir beginnen, Entscheidungen zu treffen, die nicht mehr mit unseren alten Mustern in Einklang stehen, sondern unser Wohlbefinden fördern und unser Leben verbessern. Durch die verschiedenen Stadien der Genesung hindurch wächst langsam und beständig die Liebe zu uns selbst. Zuerst machen wir Schluß mit unserem Selbsthaß, dann entwickeln wir größere Toleranz uns selbst gegenüber. Der nächste Schritt besteht darin, daß wir unsere guten Eigenschaften zunehmend anerkennen und Selbst-Akzeptanz entwickeln. Am Ende dieses Lernprozesses entsteht echte Selbstliebe.

Solange wir uns selbst nicht akzeptieren und nicht lieben, können wir auch nicht zulassen, «erkannt» zu werden, wie Ann es so treffend ausdrückte; denn ohne diese Gefühle können wir nicht glauben, daß wir so, wie wir sind, wirklich liebenswert sind. Statt dessen versuchen wir, uns Liebe zu verdienen, indem wir sie einem anderen entgegenbringen, indem wir fürsorglich und geduldig sind, indem wir leiden und uns aufopfern, indem wir aufregenden Sex, köstliches Essen oder sonst etwas liefern.

Sobald wir damit beginnen, uns selbst zu akzeptieren und zu lieben, können wir uns darin üben, uns als diejenigen zu zeigen, die wir wirklich sind: ohne anderen gefallen zu wollen, ohne durch eine bestimmte Form von Selbstdarstellung die Anerkennung und Liebe anderer erlangen zu wollen. Aber der Verzicht auf Inszenierungen, das Aufgeben alter Rollen, ist nicht nur erleichternd, sondern macht uns auch oft Angst. Wir kommen uns ungeschickt vor und fühlen uns sehr verletzlich, wenn wir einfach existieren, statt zu agieren. Wir müssen um die Gewißheit kämpfen, daß wir, *so wie wir sind*, der Liebe eines für uns wichtigen Menschen würdig sind, und in diesem Kampf werden wir versucht sein, zumindest ein bißchen Theater für ihn zu spielen. Sobald jedoch unser Genesungsprozeß weiter voranschreitet, werden wir auch den Unwillen spüren, in die alten Verhaltensweisen, die alten Manipulationen zurückzufallen.

Ann steht nunmehr an diesem Scheideweg: Sie vermag ihre Sexualität nicht mehr so einzusetzen wie früher, hat aber gleichzeitig Angst davor, sich auf eine echtere, weniger kontrollierte (denn damals hatte sie bei aller Leidenschaftlichkeit ihr sexuelles Verhalten völlig unter Kontrolle) Form sexuellen Erlebens einzulassen. Sie hat ihre alte Rolle aufgegeben. Was sie dabei zunächst empfindet, ist nicht Erleichterung, sondern Erstarrung. Wenn wir nicht länger bereit sind, berechnend vorzugehen, um ein erwünschtes Resultat zu erzielen, werden wir eine Zeitlang darunter leiden, daß wir nicht wissen, was wir tun sollen – bis wir unsere echten, von Liebe getragenen Regungen wahrnehmen, fühlen und ausleben können.

Die alten Strategien aufzugeben bedeutet nicht, daß wir uns niemals an einen anderen wenden, niemals lieben, niemals versorgen, niemals helfen, niemals trösten oder flirten oder verführen. Aber mit der Genesung wächst auch unsere Fähigkeit, uns in eine Beziehung einzubringen, ohne dem anderen mit allen möglichen Tricks bestimmte Reaktionen zu entlocken oder ihn zu einer Änderung bewegen zu wollen. Was wir statt dessen zu bieten haben, besteht in dem, was wir wirklich sind, wenn wir uns nicht verstecken, wenn wir ohne Berechnung vorgehen – wenn wir nicht verkleidet und nicht geschminkt sind.

Um einem anderen Menschen erlauben zu können, uns wirklich zu sehen, wirklich zu erkennen, müssen wir zuerst unsere Angst vor Zurückweisung überwinden. Dann müssen wir lernen, nicht in Panik zu geraten, wenn unsere gefühlsmäßigen Grenzen, die uns umgeben und beschützt haben, nicht mehr an Ort und Stelle sind. Im Bereich der Sexualität ist es erforderlich, daß wir nicht nur körperlich, sondern auch seelisch und geistig nackt und verletzlich sind.

Deshalb ist dieser Grad an Verbundenheit zwischen zwei Menschen so selten. Wir haben schreckliche Angst, uns ohne unsere Grenzen einfach aufzulösen.

Weshalb lohnt es sich, das Risiko einzugehen? Nur wenn wir uns wahrhaft offenbaren, können wir auch wahrhaft geliebt werden. Wenn wir fähig sind, unser innerstes Wesen zu zeigen, und der andere fähig ist, uns zu lieben, dann wird er unser innerstes Wesen lieben. Und nichts ist persönlich bestätigender und für die gesamte Beziehung befreiender. Es darf allerdings nicht unerwähnt bleiben, daß solche Offenheit nur in einer angstfreien Atmosphäre möglich ist; also müssen wir nicht nur unsere eigenen Ängste vor Echtheit bezwingen, sondern auch Menschen aus dem Weg gehen, deren Einstellungen und Verhaltensweisen uns gegenüber diese Ängste auslösen. Ganz gleich, wie sehr Ihre Fähigkeit und Bereitschaft zur Ehrlichkeit wächst – es wird dennoch Menschen geben, deren Wut, Feindseligkeit und Aggression Sie daran hindern werden, ehrlich zu sein. Ihnen gegenüber Verletzbarkeit zu zeigen wäre masochistisch. Deshalb sollten wir unsere Grenzen nur für die Menschen verrücken und letztendlich aufheben, zu denen wir eine Beziehung haben, die von Vertrauen, Liebe, Respekt und Verständnis geprägt ist.

Sehr häufig ändert sich im Laufe unserer Genesung nicht nur unsere Art, mit anderen umzugehen, es verändern sich auch unser Freundeskreis und unsere intimsten Beziehungen. Wir verändern unser Verhältnis zu unseren Eltern und zu unseren Kindern. Unseren Eltern gegenüber zeigen wir uns weniger bedürftig, weniger wütend und oftmals auch weniger kompromißbereit. Wir werden sehr viel ehrlicher, oftmals toleranter und manchmal liebevoller. Mit unseren Kindern gehen wir weniger kontrollierend, weniger besorgt und weniger schuldbewußt um. Wir trauen ihnen mehr zu und haben mehr Freude an ihnen, weil wir uns selbst mehr zutrauen und mehr Freude an uns selbst haben. Wir empfinden größere Freiheit, unseren eigenen Bedürfnissen und Interessen nachzugehen, was ihnen die Freiheit gibt, es genauso zu machen.

Freunde, mit denen wir früher endlos jammern konnten, erleben wir heute vielleicht als krank und von Zwängen getrieben, und selbst wenn wir ihnen anbieten, sie an unseren Erfahrungen und Lernprozessen teilhaben zu lassen, werden wir die Last ihrer Sorgen nicht mehr auf uns nehmen. Gemeinsames Leid als Grundlage einer Freundschaft wird durch lohnendere Gemeinsamkeiten ersetzt.

Kurz gesagt: Ihre Genesung wird Ihr Leben weitergehend verändern, als ich es Ihnen an dieser Stelle prophezeien kann, und manchmal werden Sie sich dabei sehr unwohl fühlen. Lassen Sie sich durch solche Gefühle nicht beirren. Es ist die Angst vor der Veränderung, vor der Preisgabe dessen, was wir konnten, taten und waren, die uns von der Verwandlung in eine gesündere, reifere, liebesfähigere Frau abhält.

Es ist nicht der Schmerz, der uns zurückhält. Wir haben schon die schrecklichsten Schmerzen ausgehalten – ohne Aussicht auf Besserung, solange wir nicht bereit waren, uns selbst zu ändern. *Was uns zurückhält, ist die Angst vor dem Unbekannten.* Die beste Methode, um sich dieser Angst zu stellen und sie zu bezwingen, besteht darin, sich mit anderen Reisenden zusammenzutun, die denselben Weg vor sich haben. Suchen Sie sich eine Gruppe, in der Sie Menschen begegnen, die einmal an dem Punkt waren, wo Sie jetzt sind, und die sich auf dasselbe Ziel zubewegen, das auch Sie anstreben – oder es gar schon erreicht haben. Schließen Sie sich mit ihnen auf diesem Weg zusammen: auf dem Weg zu einem neuen Leben.

Anhang

Wie Sie eine Selbsthilfegruppe gründen können

Zunächst sollten Sie herausfinden, welche Hilfsangebote in Ihrer Umgebung existieren. Entsprechende Adressen können Sie Ihrem Branchenverzeichnis unter dem Stichwort Beratung / Psychologie entnehmen. Auch der Veranstaltungskalender Ihrer Lokalzeitung weist auf verschiedene Gruppen hin.

Vertrauen Sie nicht darauf, daß ein einziger Anruf – bei einer Organisation oder bei einem Therapeuten – Ihnen alle Informationen verschaffen wird, die Sie benötigen. Für jeden Helfer – besonders in einer großen Stadt – ist es schwierig, sich über alle bestehenden Hilfsangebote (einschließlich Selbsthilfegruppen) zu informieren, und manch einer unterläßt es ganz, sich auf dem laufenden zu halten.

Machen Sie also Ihre «Hausaufgaben» selbst: Setzen Sie sich mit allen Einrichtungen in Verbindung, die Ihnen weiterhelfen könnten. (Bei Telefongesprächen können Sie anonym bleiben, wenn Sie das wünschen.) Erkundigen Sie sich, ob eine für Sie geeignete Selbsthilfegruppe bereits existiert. Es ist für Sie nicht notwendig, «das Rad neu zu erfinden» oder mit einer Gruppe in Konkurrenz zu treten, die gut arbeitet und Ihr Engagement brauchen könnte. Wenn für Sie Gruppen wie Al-Anon oder *Overeaters Anonymous*, Frauenhäuser oder Gruppen für sexuell mißbrauchte Mädchen und Frauen in Frage kommen, sollten Sie gewillt sein, einige Zeit und Mühe darauf zu verwenden – vielleicht sogar einen längeren Anfahrtsweg in Kauf zu nehmen –, um die entsprechenden Meetings und Gruppensitzungen zu besuchen. Es lohnt sich für Sie.

Sind Sie nach sorgfältiger Suche ganz sicher, daß die Gruppe, die Sie brauchen, nicht existiert, dann sollten Sie selbst eine gründen.

Vermutlich ist es am besten, wenn Sie zunächst eine Anzeige in Ihrer Lokalzeitung aufgeben (unter der Rubrik Verschiedenes zum Beispiel). Sie könnte ungefähr so aussehen:

> AN ALLE FRAUEN, die in ihren Liebesbeziehungen leiden und sich selbst kaputtmachen: Wir wollen eine Selbsthilfegruppe gründen! Wenn Sie gegen Ihre Probleme etwas tun wollen, rufen Sie (Ihr Vorname und Ihre Telefonnummer) an, um weitere Einzelheiten (Ort, Termin etc.) zu erfahren.

Wenn Sie eine solche Anzeige ein paarmal erscheinen lassen, sollte es Ihnen eigentlich gelingen, genügend Frauen zusammenzubekommen. Ideal wären sieben bis zwölf Mitglieder, aber Sie können notfalls auch mit einer kleineren Gruppe anfangen.

Denken Sie daran, daß die Frauen, die zur ersten Sitzung erscheinen, ernste Probleme haben und Hilfe suchen. Verwenden Sie also nicht allzuviel Zeit darauf, über die Organisation zukünftiger Treffen zu sprechen, obwohl auch dies wichtig ist. Am besten beginnen Sie gleich damit, Ihre Erfahrungen auszutauschen, denn dadurch entsteht unmittelbar das Gefühl von Gemeinschaft und Zugehörigkeit. Frauen, die zu sehr lieben, weisen mehr Gemeinsamkeiten als Unterschiede auf. Diese Tatsache werden Sie alle spüren. Machen Sie diesen Erfahrungsaustausch also zur absoluten Priorität.

Ihr erstes Gruppentreffen sollte nicht länger als eine Stunde dauern; versuchen Sie, nach folgender Tagesordnung vorzugehen:

1. Beginnen Sie pünktlich. Das zeigt allen Teilnehmern, daß sie sich bei zukünftigen Treffen an die Zeit halten müssen.

2. Stellen Sie sich als die Person vor, die die Anzeige aufgegeben hat; erklären Sie, wie sehr Ihnen daran gelegen ist, daß sich aus dieser ersten Begegnung eine Gruppe bildet, die Ihnen und allen anderen Anwesenden kontinuierliche Unterstützung bieten kann.

3. Betonen Sie ausdrücklich, daß alles, was während des Treffens gesagt wird, innerhalb der Gruppe verbleiben muß; daß weder Namen einzelner Teilnehmer noch Inhalte der Sitzungen *jemals* nach außen getragen werden sollten. Regen Sie an, daß sich die Anwesenden einfach mit ihrem Vornamen vorstellen.

4. Weisen Sie darauf hin, daß es vermutlich jeder Teilnehmerin helfen würde zu wissen, weshalb die anderen zu dieser Sitzung gekommen sind, und daß vielleicht jede Frau bis zu fünf Minuten lang über ihre persönlichen Gründe sprechen sollte. Machen Sie deutlich, daß niemand so lange sprechen muß, daß aber jeder einzelnen diese Zeit zur Verfügung steht. Erklären Sie sich dazu bereit, den Anfang zu machen, indem Sie Ihren Vornamen nennen und kurz über Ihre eigene Geschichte sprechen.

5. Sobald alle Teilnehmerinnen, die etwas von sich erzählen wollten, dies getan haben, kehren Sie zu den Frauen zurück, die nichts sagten, als sie an der Reihe waren, und fragen sie vorsichtig, ob sie vielleicht jetzt sprechen wollen. Üben Sie jedoch keinerlei Druck aus. Machen Sie es ganz deutlich, daß jede Frau in Ihrem Kreis willkommen ist – ob mit oder ohne die Bereitschaft, schon jetzt über sich selbst zu sprechen.

6. Sprechen Sie nun einige der Richtlinien an, denen die Gruppe Ihrer Meinung nach folgen sollte. Ich empfehle Ihnen, mit der hier abgedruckten Liste zu arbeiten, die Sie kopieren und jeder Teilnehmerin geben können:

o Keine Ratschläge. Alle sind dazu eingeladen, ihre Erfahrungen weiterzugeben und über das zu sprechen, was ihnen geholfen hat; aber keine Frau sollte einer anderen Ratschläge hinsichtlich dessen geben, was nur sie selbst entscheiden kann. Frauen, die Ratschläge erteilen, sollten behutsam darauf aufmerksam gemacht werden.

o Die Gruppenleitung sollte wöchentlich wechseln, jedes Treffen von einer anderen Teilnehmerin geleitet werden. Ihre Verantwortlichkeit besteht darin, pünktlich mit der Sitzung zu beginnen, ein Diskussionsthema auszusuchen und einige Minuten dafür zu reservieren, am Ende der Sitzung organisatorische Dinge anzusprechen und ihre Nachfolgerin in der Gruppenleitung für die nächste Sitzung zu wählen.

o Die Sitzungen sollten zeitlich begrenzt sein. Ich empfehle Ihnen, sich auf einstündige Treffen zu beschränken. Keine Frau wird all ihre Probleme während einer Sitzung lösen können, und es ist wichtig, daß sie dies auch nicht versucht. Die Sitzungen sollten pünktlich beginnen und zur abgesprochenen Zeit enden. (Eine zu kurze Sitzung ist besser als eine zu lange. Die

Mitglieder können später beschließen, mehr Zeit zu veranschlagen, wenn dies gewünscht wird.)

o Die Sitzungen sollten eher in einer neutralen Umgebung stattfinden als in der Wohnung eines Mitglieds. In einer Privatwohnung gibt es immer Unruhe: durch Kinder, Telefonanrufe und das Gefühl, nicht ungestört zu sein; dies gilt in besonderem Maße für die Gastgeberin. Außerdem sollte die Gastgeberrolle generell vermieden werden. Sie treffen sich nicht zu einem geselligen Beisammensein; Sie arbeiten miteinander daran, Ihre gemeinsamen Probleme zu lösen und gesund zu werden. (Viele Kirchengemeinden beispielsweise haben Sitzungsräume, die Ihnen vielleicht kostenlos zur Verfügung gestellt werden.)

o Während der Sitzung sollte nicht gegessen, getrunken oder geraucht werden: All dies dient der Ablenkung von den anstehenden Aufgaben. Falls die Gruppe es für notwendig erachtet, sollte vor und nach der Sitzung die Gelegenheit bestehen, etwas zu sich zu nehmen. Alkohol darf jedoch keinesfalls angeboten werden. Alkohol verändert Gefühle und Reaktionen und behindert die Arbeit, die Sie sich vorgenommen haben.

o Vermeiden Sie es, über «ihn» zu reden. Das ist *sehr* wichtig. Die Gruppenmitglieder müssen lernen, sich auf ihre eigene Person, ihre eigenen Gedanken, Gefühle und Verhaltensweisen zu konzentrieren, statt auf den Mann, von dem sie besessen sind. Ein paarmal auch über ihn zu sprechen ist anfangs unvermeidlich, aber jede Teilnehmerin sollte sich dabei auf das absolute Minimum beschränken.

o Was eine Teilnehmerin tut oder nicht tut, sollte nie kritisiert werden, ganz gleich, ob sie bei einer Sitzung anwesend ist oder nicht. Obwohl es jedem Mitglied freisteht, die anderen um Feedback zu bitten, sollte dies nie unaufgefordert gegeben werden. Kritische Äußerungen gehören ebensowenig in die Gruppe wie Ratschläge.

o Bleiben Sie bei dem Thema, das Sie sich vorgenommen haben. Praktisch jedes Thema, das die jeweilige Gruppenleiterin vorschlägt, kann behandelt werden, abgesehen von allem, was mit Religion, Politik oder äußeren Angelegenheiten zu tun hat (wie zum Beispiel aktuelle Ereignisse, Prominente, Wohltätigkeitsveranstaltungen, Behandlungsmethoden oder therapeutische

Verfahrensweisen). Eine Selbsthilfegruppe ist weder ein Debattierzirkel noch ein Aktionskomitee. Und denken Sie daran: Sie treffen sich nicht, um über Männer herzuziehen. Ihnen allen geht es um Ihre persönliche Weiterentwicklung und Genesung, und Sie lassen einander daran teilhaben, wie Sie neue Möglichkeiten ausarbeiten und erproben, um mit den alten Problemen fertig zu werden. Hier folgen einige Themenvorschläge:

Warum ich diese Gruppe brauche
Groll und Schuldgefühle
Meine schlimmsten Ängste
Was ich am meisten an mir mag und was am wenigsten
Wie ich für mich selbst sorge und meinen eigenen Bedürfnissen
gerecht werde
Einsamkeit
Wie ich mit Depressionen umgehe
Meine Einstellung in bezug auf Sexualität: worin besteht sie
und woher stammt sie?
Wie ich mit meiner Wut und der von anderen umgehe
Wie ich mich Männern gegenüber verhalte
Meine Vermutungen darüber, was andere von mir denken
Überprüfung meiner Motive
Meine Verantwortung mir selbst gegenüber; meine Verantwortung anderen gegenüber
Meine Spiritualität (dies ist *keine* Diskussion über Glaubensfragen, sondern darüber, wie jede Teilnehmerin ihre eigenen spirituellen Anteile wahrnimmt beziehungsweise nicht wahrnimmt)
Lernen, ohne Vorwürfe und Selbstvorwürfe auszukommen
Muster in meinem Leben

Den Gruppenmitgliedern wird empfohlen, ‹*Wenn Frauen zu sehr lieben*› zu lesen; dies ist jedoch keine Bedingung, sondern ein Vorschlag.

Die Gruppe könnte beschließen, die Sitzung einmal monatlich um eine Viertelstunde zu verlängern, um über Organisation, formelle Änderungen, Wirksamkeit und Nutzen der Richtlinien oder andere Probleme zu sprechen.

Doch nun zurück zu den Empfehlungen für die Gestaltung der ersten Sitzung:

7. Diskutieren Sie die vorgeschlagenen Richtlinien.

8. Fragen Sie, ob jemand dazu bereit ist, die nächste Sitzung zu leiten.

9. Klären Sie, wo sich die Gruppe in der folgenden Woche treffen wird und ob vor oder nach der Sitzung Getränke etc. angeboten werden sollen.

10. Diskutieren Sie darüber, ob noch weitere Frauen in die Gruppe aufgenommen werden sollen, ob die Zeitungsanzeige noch einmal erscheinen soll und ob die Anwesenden andere Frauen zu den Sitzungen einladen möchten.

11. Beenden Sie die Sitzung, indem Sie einander an die Hand nehmen und schweigend einen Kreis bilden; schließen Sie dabei einen Moment lang die Augen.

Eine letzte Bemerkung zu diesen Richtlinien: Die Prinzipien von Vertraulichkeit, Rotation der Gruppenleitung, Ausschluß von Kritik und Ratschlägen sowie von Diskussionen über umstrittene Themen oder äußere Angelegenheiten sind für die Harmonie und den Zusammenhalt der Gruppe sehr wichtig. Verletzen Sie diese Prinzipien nicht, um einem Gruppenmitglied damit einen Gefallen zu tun. Was für die Gruppe als ganze am besten ist, muß immer zuerst bedacht werden.

Die genannten Richtlinien und Prinzipien bieten Ihnen die Grundlage für die Gründung Ihrer eigenen Selbsthilfegruppe. Unterschätzen Sie die heilende Wirkung nicht, die der wöchentliche einstündige Austausch von Erfahrungen, Gefühlen und Lernprozessen auf das Leben jedes einzelnen Gruppenmitglieds haben wird. Indem Sie zusammenkommen, geben Sie einander die Möglichkeit, gesund zu werden. Viel Glück!

Die folgenden Literaturempfehlungen und der zweite Teil des Anhangs, «Wo Sie Hilfe finden können», sind von der Übersetzerin und der Redaktion in Anlehnung an die Originalausgabe zusammengestellt worden.

WEITERFÜHRENDE LITERATUR

An Stelle einer umfangreichen Literaturliste nennen wir zwei Bücher, die Ihnen für die Gründung und Arbeit einer Selbsthilfegruppe wichtige Informationen liefern:

Ernst, Sheila / Goodison, Lucy:
Selbsthilfe Therapie. Ein Handbuch für Frauen. Aus dem Englischen von Ruth Sutter. 375 Seiten. Frauenoffensive, München 1994 (5. Aufl.)

Michael Lukas Moeller:
Selbsthilfegruppen. Anleitungen und Hintergründe. rororo sachbuch 9987

Jedes dieser Bücher enthält einen Anhang mit Adressen von Selbsthilfegruppen-Organisationen.

Angaben über Literatur zu angrenzenden Themen finden Sie entweder in der Bibliothek oder im jährlich erscheinenden *Verzeichnis Lieferbarer Bücher* (VLB), das Sie in deutschsprachigen Buchhandlungen einsehen können. Im VLB finden Sie eine entsprechende Titelauflistung, zum Beispiel unter folgenden Schlagwörtern:

- Alkoholismus
- Anorexia nervosa
- Rauschgiftsucht
- Selbsterfahrung
- Selbsthilfe
- Sucht
- Suchtberatung
- Therapie

Wo Sie Hilfe finden können

In den deutschsprachigen Ländern gibt es mittlerweile vielfältige Hilfsangebote – von Beratungsstellen bis zu psychologischen Praxen, von der Telefonseelsorge bis zu Selbsthilfegruppen aller Art.

Einen Großteil der wichtigsten Adressen können Sie Ihrem örtlichen Telefonbuch oder Ihrer Lokalzeitung entnehmen. Um Ihnen die Suche nach einer für Sie geeigneten Selbsthilfegruppe zu erleichtern, haben wir eine Liste von Organisationen – mit kurzen Zusatzinformationen – zusammengestellt, die Ihnen dabei helfen herauszufinden, wohin Sie sich mit Ihren Problemen wenden können (Stand: Juli 1996):

ANONYME ALKOHOLIKER

«Anonyme Alkoholiker sind eine Gemeinschaft von Männern und Frauen, die miteinander ihre Erfahrung, Kraft und Hoffnung teilen, um ihr gemeinsames Problem zu lösen und anderen zur Genesung vom Alkoholismus zu verhelfen.

Die einzige Voraussetzung für die Zugehörigkeit ist der Wunsch, mit dem Trinken aufzuhören.

Die Gemeinschaft kennt keine Mitgliedsbeiträge oder Gebühren; sie erhält sich durch eigene Spenden.

Die Gemeinschaft AA ist mit keiner Sekte, Konfession, Partei, Organisation oder Institution verbunden; sie will sich weder an öffentlichen Debatten beteiligen noch zu irgendwelchen Streitfragen Stellung nehmen.

Unser Hauptzweck ist, nüchtern zu bleiben und anderen Alkoholikern zur Nüchternheit zu verhelfen.»

(Aus der Präambel; Copyright © by the AA Grapevine, Inc)

Anonyme Alkoholiker
Kontaktstelle
Landwehrstr. 9
80336 München
Tel.: 089/19295

AL-ANON
ALATEEN
ERWACHSENE KINDER VON ALKOHOLIKERN

Deutschland
AL-ANON Familiengruppen
Zentrales Dienstbüro
Emilienstr. 4
45128 Essen
Tel.: 0201 – 773007

OVEREATERS ANONYMOUS

Präambel
«Anonyme Eßsüchtige ist eine Gemeinschaft von Menschen, die vom zwanghaften Überessen genesen, indem sie ihre Erfahrungen miteinander teilen und sich gegenseitig unterstützen.

Wir heißen jeden willkommen, der mit dem zwanghaften Essen aufhören will. Es gibt keine Mitgliedsbeiträge oder Gebühren; wir erhalten uns selbst durch unsere eigenen Spenden. Von außen kommende Spenden nehmen wir nicht an und bitten auch nicht darum.

Overeaters Anonymous ist mit keiner öffentlichen oder privaten Organisation, politischen Bewegung, Ideologie oder Religion verbunden; wir nehmen keine Stellung zu Fragen außerhalb unserer Gemeinschaft. Unsere Hauptaufgabe ist, abstinent zu sein vom zwanghaften Überessen und die Botschaft der Genesung zu denjenigen zu bringen, die noch leiden.»

(Aus der Präambel;
Copyright © 1985 by Overeaters Anonymous, Inc.)

Anonyme Eßsüchtige
OA Selbsthilfegruppe
Kontakttelefon
Tel.: 0421 / 560688

CINDERELLA

Cinderella gibt Hilfestellung bei der Neugründung von Selbsthilfegruppen, vermittelt Kontakte zu Selbsthilfegruppen für Betroffene und Angehörige, informiert über Behandlungsmöglichkeiten. Gibt einen Rundbrief mit Erfahrungen und Informationen heraus.

Anonyme Eßsüchtige e. V.
Kontakttelefon
Tel.: 089/ 89670451

FRAUENHÄUSER

Frauenhäuser sind Zufluchtsstätten für mißhandelte Frauen und deren Kinder. Einige dieser Häuser sind autonom, das heißt vollständig selbstorganisiert, andere werden von Kirchen oder der Kommune getragen. In vielen Orten organisieren diese Frauenhäuser auch den Aufbau von Selbsthilfegruppen für mißhandelte Frauen. Entweder ist die Nummer des nächstgelegenen Frauenhauses in Ihrem örtlichen Telefonbuch aufgeführt oder Sie können sie bei einer der Frauenhaus-Zentralen erfragen:

Ziff – Zentrale Informationsstelle
für autonome Frauenhäuser e. V.
c/o Frauen helfen Frauen e. V.
Postfach 1433
35004 Marburg
Tel.: 06421 – 1 48 30
Fax: 06421 – 162792

NOTRUF

Das Notruftelefon ist eine Kontakt- und Anlaufstelle für vergewaltigte Frauen. Diese von Frauen selbstorganisierte Einrichtung gibt es in nahezu allen größeren Städten der Bundesrepublik Deutschland, Österreichs und der Schweiz. Das Notruftelefon bietet vergewaltigten Frauen Hilfe an und informiert über mögliche rechtliche Schritte nach einer Vergewaltigung. Zusätzlich werden Frauen bei der Gründung von Selbsthilfegruppen unterstützt. Die jeweilige Rufnummer finden Sie in Ihrem örtlichen Telefonbuch.

WILDWASSER

Die Gruppe «Wildwasser» in Berlin bietet Frauen und Mädchen Hilfe an, die von sexuellem Mißbrauch betroffen sind. Ihre Arbeit umfaßt Beratung / Information und den Aufbau von Selbsthilfegruppen. Darüber hinaus organisiert sie Gruppen für beruflich mit diesem Problem konfrontierte Frauen und betreibt Öffentlichkeitsarbeit. «Wildwasser» erteilt zudem Auskunft über alle Selbsthilfe- und Berufsgruppen, die sich mit dem Problem sexuellen Mißbrauchs in der Bundesrepublik Deutschland beschäftigen:

Wildwasser
Mehringdamm 50
10961 Berlin
Tel.: 0 30–7 86 50 17

PRO FAMILIA

Die «Pro Familia Deutsche Gesellschaft für Sexualberatung und Familienplanung e. V.» gehört dem Deutschen Paritätischen Wohlfahrtsverband an und ist Gründungsmitglied der International Planned Parenthood Federation. Der Schwerpunkt der Tätigkeit liegt bei der Beratung in den Bereichen der Familienplanung und der sexuellen Beziehungen. Dabei entwickelt sich das Beratungsangebot immer stärker zielgruppenorientiert (zum Beispiel für Jugendliche, Arbeiter, Ausländer), mit einem wachsenden Anteil an Gruppenberatung und sexualpädagogischer Gruppenarbeit. Seit der Neufassung des § 218 StGB nimmt die Schwangerschaftskonfliktberatung einen erheblichen Teil der Beratungskapazität in Anspruch. Pro Familia ist politisch und kirchlich unabhängig.

Bundesverband pro Familia
Stresemannallee 3
60596 Frankfurt / Main
Tel.: 069–63 90 02
Fax: 069–63 98 52

SELBSTHILFEGRUPPEN, DACHVERBÄNDE

Nationale Kontakt- und Informationsstelle (NAKOS)
Albrecht-Achilles-Straße 65
10709 Berlin
Tel.: 0 30–8 91 40 19
Fax: 0 30–8 93 40 14

NAKOS gibt Kontaktadressen von Selbsthilfegruppen auf Bundesebene und von örtlichen Selbsthilfekontaktstellen bekannt.

Affirmationen

Ich möchte mit einer Affirmation zu einem Thema beginnen, das für viele Frauen, die zu sehr lieben, äußerst schwierig, aber auch ganz besonders wichtig ist. Betrachten Sie sich zweimal am Tag jeweils drei Minuten lang im Spiegel; während Sie ständigen Augenkontakt mit sich selbst halten, *sagen Sie laut:* «(Ihr Name), ich liebe und akzeptiere dich genau so, wie du bist.»

Sprechen Sie sich diese Affirmation laut vor, wenn Sie zum Beispiel allein Auto fahren, und leise, wenn Sie sich selbst überkritisch wahrnehmen. Niemand kann sich auf zwei Gedanken gleichzeitig konzentrieren; ersetzen Sie also Ihre negativen Aussagen über sich selbst («Wie konnte ich nur so dumm sein?» – «Das kriege ich nie richtig hin!» usw.) durch positive Affirmationen. Wenn sie häufig wiederholt werden, haben diese Affirmationen tatsächlich die Macht, unsere destruktiven Gedanken und Gefühle zu vertreiben, sogar dann, wenn wir uns selbst gegenüber schon seit langer Zeit negativ eingestellt sind.

Hier folgen weitere Affirmationen, die kurz sind und leicht zu behalten. Sie können Sie sich vorsprechen, wenn Sie Auto fahren, Gymnastik machen, warten oder einfach innehalten:

Ich bin frei von Schmerz, Wut und Angst.
Ich habe inneren Frieden gefunden.

In jedem meiner Lebensbereiche werde ich zu größtem Glück geführt.

Alle Probleme und Schwierigkeiten vergehen – ich bin ruhig und froh.

Für jedes Problem tritt die richtige Lösung zutage.
Ich bin frei und von Licht erfüllt.

Wenn Sie an Gott oder eine höhere Macht glauben, bestätigen Sie diesen Glauben in Ihren Affirmationen:

Gott liebt mich.

Gott segnet mich.

Gott wirkt in meinem Leben.

Der Gelassenheitsspruch ist eine der schönsten Affirmationen:

Gott gebe mir die Gelassenheit,
Dinge hinzunehmen,
die ich nicht ändern kann;
den Mut, Dinge zu ändern,
die ich ändern kann;
und die Weisheit, das eine
von dem anderen zu unterscheiden.

(Denken Sie daran: Sie können andere nicht ändern; Sie können sich selbst ändern.)

Wenn Sie nicht gläubig sind, fühlen Sie sich vielleicht mit der folgenden Affirmation eher im Einklang:

Die Liebe macht alles möglich.

Die Liebe in mir heilt und stärkt mich,
beruhigt mich und führt mich zu innerem Frieden.

Es ist wichtig, daß Sie sich zusätzlich eigene Affirmationen ausdenken. Die Sätze, mit denen Sie sich wohl fühlen, die für Sie richtig klingen, sind auch am wirksamsten. Üben Sie mit den hier wiedergegebenen Affirmationen so lange, bis Sie dazu bereit sind, Ihre eigenen, nur positiven, bedingungslosen, bestätigenden Affirmationen zu entwerfen. Sätze wie «Zwischen mir und Tom wird alles gut, und wir heiraten», sind nicht sinnvoll. Das «und wir heiraten» ist möglicherweise nicht die beste Lösung für die Dinge, die zwischen Tom und Ihnen vorgehen. Belassen Sie es bei «Alles wird gut», vielleicht mit dem Zusatz «so, wie es für mich am besten ist». Versuchen Sie nicht, bestimmte Ergebnisse zu fordern. Bejahen Sie einfach sich selbst, Ihr Leben, Ihren Wert und Ihre schöne Zukunft. Wenn Sie Affirmationen entwickeln, programmieren Sie Ihr Unterbewußtsein darauf, sich von den alten Mustern zu lösen und sich neuen, gesunden, fröhlichen und erfolgreichen Lebensformen zu öffnen. Auch das eignet sich gut als Affirmation:

Ich befreie mich von allen Schmerzen der Vergangenheit. Vor mir liegt das fröhliche, gesunde und erfolgreiche Leben, das mir zusteht.

Quellennachweis für die zitierten Songtexte

Dank

Drei Menschen schulde ich besonderen Dank. Sie haben sich mit voller Kraft dafür eingesetzt, daß dieses Buch entstehen konnte. Zunächst ist mein Mann Bob Calvert zu nennen, der im letzten Jahr meiner Arbeit am Manuskript jeden Abend das Essen kochte. Er las alles, was ich schrieb – oft sechs-, siebenmal und mehr –, und verlor doch seine positive Einstellung zu diesem Thema, seine Energie und Begeisterung nicht; er gab mir für meine Arbeit unschätzbares Feedback und hilfreiche Anregungen und äußerte seine Kritik ganz sachte. Trotz all der Zeit, Energie und Konzentration, die das Schreiben dieses Buches uns beiden abverlangte, hat er das Vorhaben immer unterstützt.

Zum zweiten ist Stephanie Stevens zu nennen, die das Manuskript für mich tippte und im Entziffern riesiger Stapel von handgeschriebenem Material – verbunden mit komplizierten Gliederungsanweisungen – nahezu hellseherische Fähigkeiten entwickelte. Ihr gelang es, aus meinem unübersichtlichen Gekritzel immer wieder – rechtzeitig zum Ablieferungstermin – schöne Manuskriptseiten zu machen; dabei zeigte sie sich gleichzeitig vom Inhalt begeistert.

Und drittens muß ich Laura Golden danken, die das Manuskript bei meinem Verlag Tarcher betreut hat. Sie las es als erste und hielt es für vielversprechend; mein Ansatz, das Konzept von «Zu-sehr-Lieben», leuchtete ihr sofort ein. Ihre hilfreiche, anspornende Betreuung trug maßgeblich zum Charakter, zur Qualität dieses Buches bei. Es hat mir sehr viel bedeutet, mit ihr zusammenzuarbeiten.

Alle diese Menschen waren von dem Buch überzeugt, noch bevor es Gestalt angenommen hatte, und ich bin ihnen dankbar für ihr Engagement, ihre Zuneigung und Unterstützung.

Register

Robin Norwood

Briefe von Frauen, die zu sehr lieben

Betroffene machen Hoffnung

Deutsch von Jürgen Peter Krause und Karin Petersen

*Was du in Jahren nicht ergrübeln kannst,
das Ziel «Erkenne dich selbst!»,
lehrt dich der Liebe Leidenschaft
an einem einzigen Tag.*

*Ralph Waldo Emerson
(1803–1882), «History»*

Inhalt

Dank

Genau wie bei meinem vorigen Buch «Wenn Frauen zu sehr lieben» ist auch das Schreiben dieses neuen Textes wieder eine schwierige Geburt gewesen, bei der mir zwei Frauen unschätzbare Hebammendienste geleistet haben. Zum einen hat meine Lektorin Laura Golden Bellotti, die an der Entstehung und Gestaltung von «Wenn Frauen zu sehr lieben» schon so lebhaft Anteil genommen hatte, auch bei diesem Projekt wieder ihr feines Gespür und ihr großes Talent eingebracht. Obwohl sie sich auf die Geburt ihres eigenen Sohnes vorbereiten mußte und seither von den Pflichten und Freuden einer Mutter ganz in Anspruch genommen wird, hat sie als Lektorin weiterhin eine glückliche Hand gehabt, die mich stets sanft, fest und ermutigend geführt hat. Was für ein Segen, daß ich wieder mit ihr arbeiten durfte!

Zum anderen hat mir Victoria Raye Starr beigestanden. Während sie diese vielen Briefe und meine handschriftlichen Kommentare dazu abtippte, hat sie immer wieder eigene Bemerkungen an die Blätter geheftet und mich mit diesen vielen, vielen Notizzetteln darüber informiert, wie sie ganz persönlich und aufrichtig als Frau mit einer reichen Lebenserfahrung zu dem in diesem Buch behandelten Themenkreis steht. Häufig sah ich mich dann gezwungen, bestimmte Textpassagen im Lichte ihrer treffenden Randbemerkungen und auf Klärung drängenden Fragen noch einmal zu überarbeiten. Die Gespräche mit ihr waren mir eine unschätzbare Hilfe dabei, die in diesem Buch behandelten Themen auch anders zu sehen.

9

Für etwaige Fehler und Mängel bin ich allein verantwortlich, während diese beiden Frauen unendlich viel zu dem, was an diesem Buch wertvoll ist, beigetragen haben. Dafür bin ich ihnen zutiefst dankbar.

Vorwort

«Na, schreibst du an einem *neuen* Buch?» bin ich immer wieder gefragt worden, und mir scheint, das fing schon in dem Moment an, als ich «Wenn Frauen zu sehr lieben» abgeschlossen hatte. Meine Reaktion war immer die gleiche. Mir war wie einer frisch entbundenen Mutter zumute, die erschöpft daliegt und sich von einer langwierigen, schweren Geburt zu erholen sucht, und ständig kommen fröhliche Besucher ans Bett und fragen: «Na, und wann kommt das *nächste* Baby?» Allein die Frage zeigte schon, daß man das ganze Geschehen unterschätzte und für nichts Besonderes hielt, was mich meist etwas sauer reagieren ließ, wie das besagte Mutter vielleicht auch getan hätte: «Also daran will ich jetzt nicht einmal denken!» Insgeheim war ich mir sicher, daß mich keine zehn Pferde dazu bringen würden, die Schmerzen der Geburt noch einmal durchzumachen.

Doch die Saat, aus der dieser zweite Band gewachsen ist, wurde schon mit dem ersten Brief gesät, den ich auf das erste Buch hin erhielt. Sogar schon vor dem offiziellen Erscheinungstermin hatte eine Frau es in die Hände bekommen und gelesen und war davon so betroffen gewesen, daß sie mir einen Brief schrieb, den ich hier ungekürzt wiedergeben möchte.

Liebe Frau Norwood,
noch nie in meinem Leben hat mich ein Buch so berührt, daß ich an den Autor schreiben mußte. Ihr Buch habe ich zufällig entdeckt, als ich eigentlich

nach betriebswirtschaftlichen Lehrbüchern suchte, von denen ich mir Hilfe für mein gerade begonnenes neues Leben versprach. Ich muß sagen, Ihr Buch hat mich tief bewegt. Es war für mich ein Schlüsselerlebnis, das mich dazu brachte, nach so vielen qualvollen und verworrenen Jahren eine neue, und zwar positive Richtung einzuschlagen. Dessen bin ich ganz sicher. Beim Lesen hatte ich manchmal das Gefühl, dieses Buch sei allein für mich geschrieben worden. Es hatte auf mich eine außerordentlich starke Wirkung. Ich kann mich erinnern, wie ich eines Abends in der Küche auf dem Boden saß und die Buchseiten naß wurden von meinen Tränen. Manchmal mußte ich das Buch zuklappen und beiseitelegen, bis mein Weinen etwas nachließ. Dem Himmel sei Dank für Ihre Klarheit, Ihre Sensibilität und Ausdruckskraft und vor allem für Ihren Entschluß, dieses Buch zu schreiben!

Ich bin mit einem sehr mächtigen Mann verheiratet gewesen. Ich mußte ihn verlassen, um selbst zu überleben – obwohl er mich doch auf seine Art sehr geliebt hat. Dank Ihrer Gabe, das alles so klar aufzuschreiben, erkenne ich jetzt so viel von dem, was zwischen uns abgelaufen ist und was ich bisher nie verstanden habe.

Elizabeth B.

Als ich diesen Brief las, mußte ich weinen. Drei lange, schwere Jahre hatte es gedauert, bis mein Buch «Wenn Frauen zu sehr lieben» das Licht der Welt erblickte. Aber jetzt wußte ich, daß es der Mühe wert gewesen war. Vorher, während mein Buch langsam heranwuchs, hatte es so manche schwierigen Momente gegeben: Leute, die das Verlagsgeschäft weit besser kannten als ich, hatten immer wieder gesagt, mein Buch müsse heiterer, positiver, weniger deprimierend sein und dürfe nicht so sehr auf den Aspekt der Sucht abheben, wenn es sich gut verkaufen solle. Aber ich sah meine Aufgabe darin, das zu schildern, was bei meinen Klientinnen, meinen Freundinnen und Bekannten und bei mir selbst in unseren täglichen Kämpfen mit den Männern unseres Lebens wirklich passierte. Ich wollte zeigen, wie oft süchtige Abhängigkeit und Co-Abhängigkeit in unseren Erzählungen auftauchen und wie ungeheuer gefährlich es für uns ist, wenn wir in unseren Beziehungen und im Zusammenleben mit Männern weiterhin solchen ungesunden Verhaltensmustern folgen. Und ich wollte klarmachen, welch ein enormes Stück Arbeit vor uns liegt, wenn wir uns dazu entschließen sollten, diese Verhaltensmuster zu ändern. Da ich versucht hatte, das oft qualvolle Leben von Frauen, die zu sehr lieben, ohne Beschönigung zu schildern, war mein Buch nicht das flotte, leicht lesbare Selbsthilfebuch geworden, das einige Leute erwartet hatten. Aber es war genau das Buch, das ich hatte schreiben wollen.

Durch Elizabeth B.s Brief wußte ich, daß mein erstes Buch zumindest *einer* Frau etwas gegeben hatte. Doch abgesehen davon, daß das Buch offenbar seinen Zweck erfüllte, gab es in Elizabeths Brief noch etwas, das mich innerlich ansprach. Ich wußte nur zu gut, wie das ist, auf dem Fußboden zu hocken und zu weinen – vor Schmerz, Erlösung und Dankbarkeit darüber, daß eine andere Frau ihren eigenen Kampf so ehrlich geschildert hatte, einen Kampf, der in so vielem an meinen eigenen erinnerte. Es war Anfang der siebziger Jahre: Da las ich einen Artikel, in dem die Autorin schilderte, was es in unserer Kultur bedeutet, eine Frau zu sein – aufzuwachen und endlich klar zu erkennen, auf wie vielerlei Art Frauen als Klasse beleidigt werden. Während ich diesen Artikel las, wußte ich, daß ich nicht mehr allein war. Diese Erkenntnis kam wie ein Schock über mich. Hier schrieb eine Autorin so tief und wahrhaftig über das Bedürfnis, über *mein* Bedürfnis, Augen und Ohren zuzumachen und einfach nichts wahrnehmen zu wollen, um nur den Schmerz, die Wut und die Demütigung nicht spüren zu müssen, die in unserer männerbeherrschten Gesellschaft zum Frausein dazugehören. Aber der Preis, den ich bisher dafür gezahlt hatte, daß ich so viele meiner eigenen Erfahrungen und Reaktionen nicht wahrhaben wollte, war hoch, und so sprach der Artikel in mir den Wunsch an, mir meiner Erfahrung voll bewußt zu werden und alles, was ich erlebte, wirklich zu sehen, zu hören und zu spüren – und nicht länger stillschweigend an meiner eigenen Entwertung mitzuwirken. Das, was für die Autorin jenes Artikels wahr war, traf auch auf mich zu, und durch ihr Beispiel war ich in der Lage, solchen Gefühlen freien Lauf zu lassen, die ich zuvor sogar mir selbst verheimlicht hatte. Ihre Wahrheit hatte mir geholfen, stärker, mutiger und erwachsener zu werden. Als ich nun, über ein Jahrzehnt später, Elizabeths Brief las, konnte ich mich an diesen inneren Wandlungsprozeß von damals lebhaft erinnern. Jetzt hatte mein Buch «Wenn Frauen zu sehr lieben» eine Frau ebenso tief berührt wie damals jener Artikel mich; und an dieser Erfahrung ließ sie mich jetzt teilhaben. So begann ein Austausch zwischen uns, der immer umfassender, immer tiefer und immer erhellender werden sollte.

Diesem ersten Brief folgte sehr schnell eine Lawine von Zuschriften. Brieflich und telefonisch wollten Frauen und auch einige Männer mit mir Kontakt aufnehmen, um mir zu sagen, was ihnen das Buch bedeutete. (Bald sah ich mich wegen der zahllosen Anrufe gezwungen, mir eine neue Telefonnummer zu besorgen, die nicht mehr im Telefonbuch stand.) Sie wollten mir ihr Herz ausschütten, mir von ihren eigenen Erfahrungen erzählen und, sehr häufig, sich bei mir bedanken. Viele suchten aber auch nach Antworten auf spezielle Fragen, oder sie hatten Probleme, auf die das Buch ihnen nicht gründlich genug eingegangen war.

Diese Fragen waren wichtig. Manche hatte ich schon bei meiner Arbeit mit Suchtkranken immer wieder gehört. Andere Fragen bezogen sich auf Punkte, die ich in «Wenn Frauen zu sehr lieben» behandelt hatte, und kamen nicht nur in vielen Briefen vor, sondern auch bei meinen Vortragsveranstaltungen und Seminaren zu diesem Thema. Als die viele Post nicht mehr auf meinem Schreibtisch Platz hatte und so langsam beinahe jede Fläche im Haus von Briefen bedeckt war, und als es für mich zum Problem wurde, alle Schreiben zu beantworten, da mußte ich mir Gedanken machen, wie ich sie möglichst effizient und möglichst individuell beantworten könnte. Obwohl es aus Zeitgründen und schon allein wegen der riesigen Anzahl von Briefen unmöglich war, verspürte ich doch den Wunsch, jeden einzelnen Brief ausführlich zu beantworten –

und zwar zum einen aus meiner eigenen Sicht als Frau, die zu sehr geliebt hat (ja, die die meiste Zeit ihres Lebens beziehungssüchtig gewesen ist), und zum anderen aus meiner Sicht als Therapeutin mit meiner langjährigen Erfahrung auf dem Gebiet der Suchttherapie.

Doch ich wußte auch, daß die Menschen, die mir da schrieben, viel mehr brauchen als nur einen Antwortbrief. Sie brauchen sich gegenseitig. Diese Frauen und Männer, die mir so viel von sich mitteilten, müßten eigentlich gegenseitig ihre Geschichten hören, um gemeinsam zu entdecken, welche Rolle ihre Krankheit, ihre Beziehungssucht, bislang in ihrem Leben gespielt hat. Ich wollte ihnen gerne die Möglichkeit verschaffen zu erfahren, wie sehr es das eigene Leben verändern kann, wenn man von anderen, die das gleiche Problem haben, hört, wie es ihnen damit ergeht. Wahrscheinlich haben die meisten noch nie etwas von einer solchen Möglichkeit gehört, oder aber sie haben noch nicht erlebt, wie wirksam diese Methode auch bei der Behandlung von Beziehungssucht ist.

Als Therapeutin und als selber Betroffene bin ich davon überzeugt, daß Selbsthilfegruppen von enormem Wert sind. In solchen Gruppen arbeiten Menschen, die offen und ehrlich miteinander über ein Problem reden wollen, das jeder von ihnen hat. Sie halten sich dabei an einfache Regeln und spirituelle Grundsätze und kommen so ohne äußere Leitung aus. Nach meiner Erfahrung stellen diese Selbsthilfegruppen die stärkste und intensivste Heilquelle dar, die uns überhaupt zur Verfügung steht. Sie bieten die Grundlage, auf der man sich von jeder Art von Sucht befreien kann, sei sie nun körperlich oder verhaltensmäßig begründet. Mit Hilfe einer derartigen Gruppe kann jeder Süchtige auf ein neues, besseres Leben hoffen.

«Briefe von Frauen, die zu sehr lieben» verfolgt demnach einen doppelten Zweck. Zum einen kann ich auf diesem Wege all die vielen Briefe ausführlich beantworten, deren Thematik und Fragestellung gleichgelagert sind. Zum anderen kann ich Menschen, die alle mit dem Problem der Beziehungssucht konfrontiert sind, auf diese Weise die Möglichkeit geben, voneinander zu erfahren, wie sie mit ihrer Sucht umgehen und –

falls sie sich von ihr schon etwas haben freimachen können – wie sie diesen Schritt geschafft haben.

Wer aus dem vorliegenden Band einen möglichst großen Gewinn ziehen möchte, sollte zuvor «Wenn Frauen zu sehr lieben» gelesen haben – und zwar langsam, sorgfältig und am besten mehr als einmal. Ich empfehle sehr, das frühere Buch noch einmal zu lesen, ehe Sie mit diesem neuen anfangen. Solange Sie «Wenn Frauen zu sehr lieben» nicht *gründlich* verarbeitet haben, werden Ihnen diese «Briefe von Frauen, die zu sehr lieben» nicht viel helfen, da sie nicht etwa veröffentlicht werden, um nur die im vorangegangenen Buch entwickelten Gedanken noch etwas weiter auszuführen. Vielmehr soll hier anhand von Fragen und Erfahrungen von Leserinnen (und Lesern) erörtert werden, was es heißt, diese Einsichten in die Tat umzusetzen.

Wenn wir uns einsam und verlassen fühlen, sehnen wir uns nicht einfach nur nach Gesellschaft, sondern nach Menschen, denen es ähnlich geht wie uns. Ich bin überzeugt, daß die «Kummerbriefkästen» der Presse nicht so sehr wegen der Antworten, sondern wegen der Fragen gelesen werden. Wir möchten wissen, daß wir nicht allein sind – daß unter all den anderen Menschen, deren Leben sich nicht vor unseren Augen abspielt, doch auch welche sind, die genauso zu kämpfen haben wie wir. Indem ich dieses Buch schreibe, bin auch ich nicht allein, und dafür bin ich dankbar. So viele von Ihnen haben mir erzählt, was sie durchmachen, und mir dadurch geholfen, meinen eigenen Kampf zu bestehen und mich ins Freie vorzuarbeiten. Und das ist schon all die Jahre so gewesen, in denen ich langsam von meiner eigenen Sucht genesen bin. Durch diese «Briefe von Frauen, die zu sehr lieben» können Sie jetzt, so hoffe ich, wechselseitig an Ihrer aller Lebensgeschichten Anteil nehmen.

Ihnen allen ist dieses Buch gewidmet.

Einleitung

Die Briefe, die in diesem Buch abgedruckt sind, existieren wirklich und werden hier mit Genehmigung der jeweiligen Verfasser/innen wiedergegeben. Viele der Schreiber/innen, deren Briefe hier zitiert werden, haben darin auch zum Ausdruck gebracht, wie dankbar sie für das sind, was «Wenn Frauen zu sehr lieben» ihnen gegeben hat. Dafür möchte ich mich an dieser Stelle herzlich bedanken. Um Wiederholungen zu vermeiden, wird dieser Briefteil im folgenden allerdings nicht mitabgedruckt. Außerdem sind die Briefe geringfügig bearbeitet worden, um sie an manchen Stellen klarer zu machen und um die Anonymität der Verfasserinnen zu gewährleisten.

Die Briefe und meine Antworten sind – wie könnte es anders sein – in Kapitel eingeteilt worden, die sich jeweils mit einem bestimmten Thema befassen. Etliche Briefe enthalten jedoch eine Vielzahl von Fragen und Problemen. Suchtkrankheiten, zu denen auch die Beziehungssucht gehört, überschneiden sich im wirklichen Leben oft, und das kommt folglich auch in den Briefen zum Ausdruck. So kann es etwa sein, daß in einem einzigen Brief die Themen Alkoholismus und Co-Alkoholismus, sexuelle Abhängigkeit, Inzest, Eßzwang und Genesung zur Sprache kommen. Von daher muß jede Einteilung dieser Briefe willkürlich sein. Erwarten Sie deshalb bitte nicht, daß der Inhalt eines bestimmten Briefes genauso eng gefaßt oder eindeutig ist, wie die jeweilige Kapitelüberschrift vielleicht vermuten läßt.

Beim Beantworten der Briefe kommt mir meine fünfzehnjährige Erfahrung aus der Arbeit mit Suchtkranken sowie meine eigene Betroffenheit zugute, denn auch ich habe fast mein ganzes Leben lang zu sehr geliebt, kann aber inzwischen dankbar auf sieben Jahre der Genesung zurückblicken. Das heißt jedoch keineswegs, daß meine Antworten «richtig» sind. Es sind eben *meine* Antworten und also unvollkommen, subjektiv und nicht frei von Vorurteilen. Ich versuche nie, absolut umfassende Antworten zu geben. Ich beantworte jeden Brief vielmehr unter dem Blickwinkel der Sucht *als Krankheit*, und in jeder Entgegnung oder Anmerkung kommen meine festen Ansichten darüber zum Ausdruck, wie eine Therapie auszusehen hätte. Zu diesen Ansichten bin ich erst im Laufe vieler Jahre gelangt, in denen ich Fehler gemacht und daraus gelernt habe. Vielleicht gefällt Ihnen unter Umständen die eine oder andere meiner Antworten nicht; mit manchem mögen Sie nicht einverstanden sein. Ich gebe gerne zu, daß auch andere Antworten möglich sind, die vielleicht hilfreicher, verständnisvoller oder sachbezogener wären als die, die Sie in diesem Buch kennenlernen. Jede von uns wird diese Briefe mit ihren Augen und ihrem Herzen lesen, so wie wir das bei einer Serie von Rorschach-Tintenklecksen täten, bei deren Interpretation unsere individuelle – durch unsere unverwechselbare eigene Lebensgeschichte gefärbte – Wahrnehmung entscheidend ist. Beim Lesen fließen unsere eigenen Erfahrungen mit ein; die Briefe spiegeln unsere eigenen Projektionen. Deshalb wird jede von uns in ihnen natürlich etwas anderes sehen und dabei etwas anderes empfinden. Ich glaube sowieso, daß meine Kommentare gar nicht so wichtig sind. Was zählt, sind die Briefe selbst mit ihren schmerzvollen und ergreifenden Stellen, ihren Lernschritten, Rückschlägen, Fortschritten und manchmal sogar ihren Triumphen.

Wir alle suchen Lösungen für unsere Fragen, unsere Ängste und Zweifel und unser Ringen mit Problemen. Aber letztlich erhalten wir die Antworten nicht durch Ratschläge, die uns jemand gibt, sondern durch dessen persönliches Beispiel und unseren eigenen Einsatz; wir müssen unser Leben wirklich verändern *wollen*. Der Weg zur Genesung fällt uns leichter, wenn wir uns auf einen Pfad begeben, den schon andere beschritten haben und beschreiten, die mit den gleichen Problemen konfrontiert sind und die gleichen Ängste, Zweifel und Kämpfe kennen, die dabei aber ihren Weg nicht aus den Augen verlieren. Wenn wir von anderen hören, wie es ihnen dabei ergeht, welche Fehler sie machen und welche Siege sie erringen, dann hilft uns das, auch unseren eigenen Weg zu finden.

Darüber hinaus muß ich betonen, daß der vorliegende Band keinesfalls eine allgemeine Abhandlung über die Liebe sein soll oder darüber, wie man den richtigen Mann findet oder wie man es am besten anpackt, damit eine Beziehung klappt. Ganz im Gegenteil, genau wie «Wenn Frauen zu sehr lieben» habe ich dieses Buch in erster Linie für heterosexuelle Frauen geschrieben, die beziehungs*süchtig* sind. Es soll Frauen helfen, die mit ihrem Leben immer weniger zurechtkommen, entweder weil sie auf einen langjährigen Partner oder auf ihre neueste Eroberung völlig fixiert sind oder aber – wenn eine Beziehung gerade zu Ende gegangen ist –, weil sie wie besessen nach einem neuen Mann suchen und bei alldem zunehmend Kräfte lassen. Wenn ich das Thema dieses Buches solchermaßen eingrenze, will ich damit nicht behaupten, daß nur heterosexuelle Frauen beziehungssüchtig werden können, denn das ist keineswegs der Fall. Auch viele heterosexuelle Männer entwickeln in ihren Beziehungen eine suchtartige Abhängigkeit, und ebenso ist für zahlreiche homosexuelle Paare die Beziehungssucht ein nicht zu übersehendes Thema. Ich habe beschlossen, mich auf heterosexuelle Frauen zu konzentrieren, weil ich das, was sie bei ihrer Beziehungssucht durchmachen, sowohl persönlich als auch beruflich am besten verstehe.

Obwohl dieses Buch hauptsächlich Briefe von Frauen enthält, die sich in ihren Beziehungen mit Männern verzehren, umfaßt es auch Briefe von homosexuellen Männern und Frauen, von heterosexuellen Männern, von Eltern, die zu sehr auf ihre Kinder, und von Kindern, die zu sehr auf ihre Eltern fixiert sind. Ich hoffe, daß «Briefe von Frauen, die zu sehr lieben» all diesen Gruppen etwas geben kann und auch Wertvolles für diejenigen enthält, die zwar nicht gerade eine suchtartige, aber auch keine ganz problemlose Beziehung haben. Dennoch wendet sich der Text in erster Linie an Frauen, deren geistige und körperliche Gesundheit entweder in Gefahr ist oder bereits gelitten hat, deren Arbeitsfähigkeit potentiell oder tatsächlich beeinträchtigt ist, die sehr wahrscheinlich Geldprobleme haben, die ihre Kinder, Freundinnen und andere Familienmitglieder sowie ihre anderen Interessen vernachlässigen oder mißachten, die potentiell oder tatsächlich selbstmordgefährdet sind – die in ihrer Abhängigkeit von Männern und von dem, was sie selbst «Liebe» nennen, mit den Jahren krank und kränker werden.

Wie ich bereits in «Wenn Frauen zu sehr lieben» gesagt habe, betrachte ich Beziehungssucht als einen definierbaren, diagnostizierbaren und therapierbaren *Krankheitsprozeß*, der deutliche Ähnlichkeiten mit anderen Suchtkrankheiten wie Alkoholismus und Eßzwang aufweist. Genau wie diese anderen Suchtkrankheiten schreitet auch die Beziehungssucht immer weiter fort (das heißt, sie verschlimmert sich), solange sie nicht behandelt wird, spricht aber umgekehrt auch auf eine spezielle, die körperlichen, emotionalen und geistigen Komponenten berücksichtigende Therapie an. Es ist meine Überzeugung, daß eine Therapie, die einen dieser Aspekte vernachlässigt, sich im Laufe der Zeit als unwirksam erweisen wird.

All das mußte gesagt werden, damit die kompromißlose Methode, die ich auf dem Weg zur Genesung für erforderlich halte, nicht auf Unverständnis stößt. Die wirksamste Methode, um sich von einer Sucht zu befreien, ist diejenige, die von den Gruppen der *Anonymen* (Alkoholiker, Eßsüchtigen und so weiter) angewendet wird, und dieser Ansatz ist meines Erachtens auch der beste, um von einer Beziehungssucht loszukommen. Sie ist die *einzige* Methode, die ich persönlich empfehlen kann.

Kapitel 1: Briefe von Frauen

Liebe Robin Norwood,
ich habe Ihr Buch gehaßt.
Ich habe «Wenn Frauen zu sehr lieben» gehaßt.
Ich habe dieses Buch so sehr gehaßt, daß ich
Monate gebraucht habe, um es zu lesen.
Manchmal habe ich am Tag nur eine Seite lesen
können.
Ich habe die Frauen gehaßt, über die Sie geschrieben
haben. Ich habe die Geschichten gehaßt.
Ich habe Ihre Kommentare gehaßt.
Und dann hatte ich das Buch durchgelesen.

Und dann

– habe ich mit einer Gruppentherapie angefangen;
– habe ich zum erstenmal in meinem Leben darüber
geredet, daß ich sexuell mißbraucht worden bin;
– habe ich mit meinen Freßorgien aufgehört;
– habe ich eine neue Arbeit angenommen;
– habe ich zum erstenmal (ich bin dreiunddreißig)
mein Geld eingeteilt und meine Ausgaben geplant;
– habe ich ein neues Leben angefangen.

Früher war ich verrückt und nicht zu bremsen. Ich
bin 1,60 Meter groß und habe 90 Pfund gewogen,
weil ich soviel gefuttert und gleichzeitig Abführmit-

tel geschluckt habe. Jetzt kann ich mir keinen Tag vorstellen, an dem mich «Wenn Frauen zu sehr lieben» nicht begleitet. Ich habe es auf dem Eßtisch liegen, und ein zweites Exemplar liegt in meiner «Privatschublade» im Büro.

Ich danke Ihnen.

Wendy D.

Wendys Brief spricht meiner Meinung nach so ziemlich alles an. Wenn wir unser Leben ändern wollen, reicht es niemals, einfach nur ein Buch zu lesen, wie tief es uns auch berührt. Im besten Falle kann ein Buch ein Wegweiser sein – ein Pfeil, der die Richtung anzeigt, die wir einschlagen müssen. Es liegt bei uns, ob wir unsere Schritte in diese Richtung lenken wollen. Aber Wendys Brief erinnert an einen sehr wichtigen Punkt. Wann beginnt eigentlich der *Gesundungsprozeß*? Wodurch fängt man an, sich von einer Sucht zu befreien?

Der Gesundungsprozeß beginnt, wenn wir uns wie Wendy entschließen, die Energie und Mühe, die wir bisher auf unsere Krankheit(en) ver(sch)wendet haben, statt dessen auf unsere Genesung zu konzentrieren. Wendy wird viel Zeit, Arbeit und Durchhaltevermögen brauchen, um sich von ihrer Sucht zu befreien, aber auf der anderen Seite hat ihre Sucht sie ja auch eine ganze Menge gekostet. Deshalb hat sie sich entschlossen, vor nichts zurückzuschrecken und alles zu tun, um gesund zu werden – und sie entschließt sich dazu jeden Tag aufs neue. Damit hat ihr Gesundungsprozeß begonnen, und er wird weiter anhalten, solange sie diesen Entschluß immer wieder aufrechterhält.

Wo setzen diejenigen von uns an, die den ersten Schritt auf dem Weg zur Genesung von der Beziehungssucht noch vor sich haben? Wir fangen damit an, daß wir die *Bereitschaft* entwickeln, die Energie und Mühe, die wir bisher darauf verwendet haben, jemand anderen ändern zu wollen, nun darauf zu konzentrieren, uns selbst zu ändern. Unsere ersten Schritte in diese neue Richtung sind nicht unbedingt leicht und schnell und erscheinen anfangs vielleicht als sehr klein, aber wir müssen lernen, sie wichtig zu nehmen. Auf dem Weg zur Genesung ist *keiner* unserer Schritte wirklich klein, denn jeder einzelne ändert die Ausrichtung unseres gesamten Lebens.

Der nächste Brief liefert ein gutes Beispiel, wie ein solcher erster Schritt auf dem Wege zur Genesung aussehen könnte. Daß die Frau diesen kleinen Schritt unternimmt und keinen Rückzieher macht, wird sich auf den Rest ihres Lebens auswirken. Sie hat angefangen, sich zu ändern.

> Liebe Robin Norwood,
> dem Valentinstag habe ich immer voller Hoffnung entgegengesehen und ihn gleichzeitig gefürchtet, da ich Angst davor hatte, wieder einmal enttäuscht zu werden, weil niemand an mich gedacht hatte.
>
> Vor zwei Tagen hatte ich gerade die ersten dreißig Seiten von «Wenn Frauen zu sehr lieben» gelesen. In meiner Schreibtischschublade lag eine Valentinskarte – süß und vielsagend – an einen Mann, der sich im Grunde genommen schon mehrere Wochen lang um unsere Beziehung überhaupt nicht gekümmert hat. Diese Karte nicht abzuschicken, scheint bloß eine Kleinigkeit zu sein, und doch wäre dies das erste Mal, daß ich mich bewußt entschieden hätte, keine Energie für einen Mann und für eine Beziehung mehr aufzuwenden, die nicht auf Gegenseitigkeit beruht.
>
> Ich habe das Buch noch nicht zu Ende gelesen. Ja, es fällt mir tatsächlich schwer, es zu lesen, weil es so klar anspricht, warum ich eine gescheiterte Beziehung nach der anderen gehabt habe. Vielleicht könnte das endlich ein Ansatzpunkt sein, um mich zu befreien.
>
> Die Karte habe ich immer noch. Ich werde sie nicht abschicken. Vielleicht wird der Geschenktag mein Gedenktag.
>
> Thea P.

Damit Theas Gesundungsprozeß weiter voranschreitet, ist es erforderlich, daß sie einem Mann, der an ihr kein Interesse hat, nicht nur keinen Liebesgruß schickt, sondern daß sie auch etwas Schönes *für sich* tut, um die solchermaßen entstandene Leere auszufüllen. Wir können ein Suchtverhalten nicht einfach beenden, ohne an seine Stelle ein anderes (hoffentlich positiveres) Verhalten zu setzen. Sonst wird sich das Suchtverhalten nur um so stärker melden. Das liegt wohl daran, daß die Natur ein Vakuum im Bereich des menschlichen Verhaltens und der Gefühle genausowenig ertragen kann wie in der Physik.

Da Thea das, was sie sich bislang die ganze Zeit von jemand anderem ersehnt hat, nicht nur empfangen, sondern auch geben kann, muß sie nicht – innerlich leer – warten, bis endlich ein Mann kommt und ihr Leben mit Freude und Liebe erfüllt. Sie kann sich selbst Liebe geben, wenn sie nur will. Je liebevoller und großzügiger sie zu sich selbst ist, desto weniger wird sie zulassen, daß jemand anders schlecht oder gleichgültig mit ihr umgeht.

All das ist leicht einzusehen, aber nicht so leicht auszuführen, denn nichts ist so schwer zu verändern wie die Art unseres Denkens, Fühlens und Handelns – vor allem mit Blick auf *uns selbst*. Thea gibt zu, daß sie «Wenn Frauen zu sehr lieben» noch nicht zu Ende gelesen hat, weil es ihr so unangenehm ist, sich ihr eigenes Verhaltensmuster in Beziehungen vor Augen zu führen. Doch wenn wir von einer Sucht loskommen wollen, müssen wir uns ändern, und das ist nur möglich, wenn wir uns als erstes unser Verhalten bewußt machen. Wir müssen bereit sein, uns unser Leben offen und ehrlich anzusehen – und das erfordert Mut. Wir müssen bereit sein zuzugeben, daß wir nicht vollkommen sind, daß wir Hilfe brauchen und daß wir es nicht allein schaffen – und das erfordert Demut. *Mut und Demut* sind unbedingt erforderlich, damit der Gesundungsprozeß in Gang kommen kann.

In dem folgenden Brief wollen wir sehen, was nötig ist, damit der einmal in Gang gekommene Gesundungsprozeß auch weiter anhält.

Liebe Robin Norwood,

meine Eltern haben ein Alkoholproblem, und obwohl ich weder Alkohol trinke noch Drogen nehme, ist mir jetzt aufgegangen, daß auch ich süchtig bin, und zwar süchtig nach selbstzerstörerischen Männern. Durch Drohungen, verführerisches Verhalten, Lob, Predigten und alle möglichen anderen scheinbar erfolgversprechenden Manipulationsmethoden habe ich versucht, die drei Männer, mit denen ich zusammengelebt habe, in meinem Sinne zu beeinflussen.

Ich sehe jetzt, daß ich genauso selbstzerstörerisch bin wie sie, weil ich mir anscheinend immer nur die bedürftigen Männer aussuche, denen irgend etwas fehlt. Bei Männern, die gesund und tüchtig sind, läßt mein Interesse immer bald nach.

Mein jetziger Freund hat mich gerade von der Kaserne aus angerufen. Er muß fünfundvierzig Tage Arrest absitzen, weil man ihn mit Marihuana erwischt hat. Er meint, das werde ihm eine Lehre sein und er werde sich ab sofort nie wieder in Schwierigkeiten bringen. Ich habe ihm gesagt, wie gern ich das höre. Und ich hoffe wirklich, er nimmt sich in acht. Mir ist klar geworden, daß ich nur auf mich selbst achtgeben kann, und in ein paar Tagen werde ich zu meinem ersten Selbsthilfegruppen-Treffen gehen.

Ich weiß nicht, ob er und ich je wieder zusammenkommen werden, und das ist eigentlich auch gar nicht wichtig, denn ich lerne gerade, mit mir allein zurechtzukommen.

Viele Grüße von einer, die dabei ist, sich von ihrer Männersucht zu befreien.

Britt J.

An Britt können wir beispielhaft das erste Genesungsstadium von einer Beziehungssucht erkennen: Sie macht sich von dem Problem ihres Freundes frei, konzentriert sich statt dessen auf ihr eigenes ungesundes Verhaltensmuster und holt sich äußere Hilfestellung, um dieses zu ändern. Ob sie über dieses erste

Stadium hinauskommt, hängt davon ab, wie konsequent sie weiter an ihrer eigenen Genesung arbeitet. An den anderen hier abgedruckten Briefen von Beziehungssüchtigen werden Sie sehen, daß es keine bestimmte Schmerzschwelle gibt, jenseits derer ein Mensch sich auf jeden Fall aus vollem Herzen um seine Gesundung kümmert. Manche lassen sich sogar von einem unglaublichen Maß an persönlicher Demütigung und Erniedrigung nicht dazu bringen zu kapitulieren; und ohne Eingeständnis der eigenen Niederlage kann es zu keiner Gesundung kommen. Ähnlich wie ein zwanghafter Spieler, der mit dem Spielen nicht aufhören kann, *weil er schon so viel verloren hat*, benutzen auch diese Beziehungssüchtigen ihre Erniedrigung, um ihre immer verzweifelteren Versuche zu rechtfertigen, einen anderen Menschen zu kontrollieren und eine immer schlimmer werdende Situation noch zu retten. Mit anderen Worten: manche Menschen werden als Folge ihrer sich verschlimmernden Beziehungssucht immer kränker. Andere hingegen erreichen irgendwann den Tiefstpunkt und sind dann zumindest vorübergehend bereit, alles Erforderliche zu tun, um nur gesund zu werden.

Manchmal ist es schwer zu verstehen, wie es sein kann, daß ein Mensch zwar die zerstörerische Kraft der Sucht in seinem Leben erkennt und für eine Weile auch bereit ist, dagegen anzugehen, später diese Bereitschaft aber wieder völlig aufgibt. Doch so ist es in der Mehrzahl der Fälle. Deshalb muß zwischen drei Phasen der Genesung oder Gesundung unterschieden werden: Zuerst muß man den Krankheitsprozeß erkennen, der sich im eigenen Leben abspielt (das kann durch ein Buch wie «Wenn Frauen zu sehr lieben» geschehen); als nächstes gilt es, die Bereitschaft zu entwickeln, diese Krankheit als die lebensbedrohende Sucht, die sie ist, anzugehen (indem man zu einer der Anonymen-Gruppen geht, die sich mit dem betreffenden Suchtproblem befaßt); und schließlich gilt es, die eigene Gesundung täglich aufs neue zur persönlich wichtigsten Angelegenheit zu machen (indem man regelmäßig an den Gruppensitzungen teilnimmt und täglich liest und betet). So schwer es auch ist, die eigene Genesung in Gang zu setzen, so ist das doch nur ein erster Schritt und keine Garantie dafür, daß die Gesundung zwangsläufig weiter voranschreitet. Viele Alkoholiker schaffen es zwar, trocken zu werden, aber nur einem geringen Teil von ihnen gelingt es, dauerhaft trocken zu bleiben. Und ebenso gelingt es nur einem kleinen Teil von Beziehungssüchtigen, nach den ersten Schritten zur Gesundung auch weiter durchzuhalten.

Es ist ein unerklärliches Merkmal jeder Art von Sucht und jedes Typs von Süchtigen, daß auch bei noch so großer Erfahrung und noch so vielseitigem Fachwissen kein Mensch vorhersagen kann, wer nun von einer bestimmten Sucht loskommen wird und wer nicht. Alles, was sich mit einiger Sicherheit sagen läßt, ist, daß die meisten Süchtigen es nicht schaffen werden. Und dennoch wird es denjenigen, die sich jeden Tag aufs neue nichts sehnlicher wünschen als gesund zu werden und das zu ihrem *Haupt*anliegen machen, schließlich doch gelingen – langsam, Schritt für Schritt und häufig mit Hilfe anderer Menschen, die den gleichen Kampf durchgestanden haben und ihnen Anleitung und Unterstützung geben können.

Um den Gesundungsprozeß in Gang zu halten, müssen wir zu den genannten Voraussetzungen (Bereitschaft, Mut und Demut), die so notwendig für das Ingangsetzen des Prozesses sind, zusätzlich zwei weitere Eigenschaften entwickeln: die Fähigkeit zu *rückhaltloser Aufrichtigkeit und Selbsterforschung* und das *Vertrauen in eine Macht, die größer ist als wir.* Diese Höhere Macht braucht gewiß nicht dem zu entsprechen, was irgendein anderer Mensch in ihr sieht oder gerne in ihr sähe. Man kann sie «Gott» nennen. Sie kann aber auch ohne Namen sein. Man kann sie genausogut in einer Selbsthilfegruppe wie in einer Kirche oder einem Tempel finden. Sie ist ein höchst persönliches, individuell formuliertes Prinzip und – wenn man sie anruft – eine unerschöpfliche Quelle der Kraft und des Trostes.

Cecilias Brief zeigt beispielhaft, wie sehr wir diese Quelle der Kraft brauchen, wenn wir durch den unser Leben verändernden Gesundungsprozeß neu geformt werden.

Liebe Robin,
ich möchte Ihnen schreiben, wie es mir ergangen ist,
seit ich vor zwei Jahren Ihr Buch gelesen habe. «Wenn

Frauen zu sehr lieben» hat mir die Augen dafür geöffnet, daß ich aus einer Alkoholikerfamilie komme und daß diese Krankheit wirklich die *ganze* Familie betrifft. Ich bin zu ein paar Al-Anon-Treffen gegangen und habe angefangen, mich selbst und mein Entscheidungsverhalten viel besser zu verstehen. Ich hatte das Gefühl, «geheilt» zu sein.

In Wahrheit war es erst der Anfang.

Ich habe früh geheiratet und eine unglückliche Ehe geführt. Danach kam eine (katastrophale!) Affäre mit einem Mann, der ein langes und häßliches Vorstrafenregister hatte. Aber mit dem, was ich inzwischen gelernt habe, bin ich nun vor kurzem in der Lage gewesen, eine für mich gesündere Wahl zu treffen. Ich habe wieder geheiratet, diesmal jedoch einen wunderbaren Mann, der mich auf Händen trägt. Ab und zu werde ich ärgerlich, wenn er mir sagt, daß er mich liebt. Manchmal fange ich auch einen Streit an. Ich fühle mich wohler, wenn ich zornig bin. Ich kann noch nicht einfach zulassen, daß ich geliebt werde.

Ein Erlebnis aus meiner Vergangenheit ist jahrelang wie verschüttet gewesen. Mit Gottes Hilfe habe ich mich jetzt kürzlich daran erinnern können. Als vor fünf Monaten die Erinnerung daran wieder hochkam, dachte ich zuerst, ich müßte sterben, so weh tat es. Ich habe mich daran erinnert, daß mein Vater sich an mir vergangen hat, als ich vier war. Als ich mir das schließlich eingestehen konnte, ergab für mich auf einmal so vieles einen Sinn. Ich habe meine Mutter nie leiden können; sie hat mir dauernd leid getan. Aber jetzt habe ich angefangen, sie zu verstehen. Natürlich hat sie getrunken. Was hätte sie sonst tun sollen? Der Wahrheit ins Auge sehen? Wohl kaum. Sie hätte sich damit an keinen anderen Menschen wenden können.

Ich habe schon so lange in einem Zustand des Verleugnens gelebt. Ich möchte Ihnen schreiben, *wie stark* es sich auswirkt, wenn die Wahrheit geleugnet wird. Als bei mir die Erinnerungen an die wahren Umstände meiner Kindheit hochkamen, hat sich das auf mich körperlich ausgewirkt. Ich bekam «Herzanfälle», bei denen mir die Brust weh tat und ich das Gefühl hatte, bewußtlos zu werden. Ich habe einen EKG-Belastungstest gemacht, und der Arzt sagte mir, es gebe keinerlei organische Anzeichen dafür, daß ich Herzprobleme hätte. Ich hätte im Gegenteil ein sehr kräftiges Herz. Daran lag es also nicht. Aber die panikartigen Anfälle kehrten ständig wieder, selbst wenn ich nicht an meinen Vater oder meine Mutter dachte. Ich versuchte immer noch, alles zu verdrängen. Ich wollte mich nicht daran erinnern. Ich wollte es nicht wissen. Ich hatte das Gefühl, alles, was ich von meiner Familie geglaubt hatte, sei eine einzige Lüge. Ich bin fast verrückt geworden. Bei uns zu Hause hat man gelernt zu lügen, auch wenn die Wahrheit gar nicht zu übersehen war. Nun konnte ich mich an nichts mehr halten, konnte nichts mehr glauben.

In dieser schrecklichen Zeit hat Gott mich so sanft und liebevoll wie möglich gebeten, nicht mehr zu trinken. In meinem Kummer über die Verrücktheit meiner Eltern hatte ich zu einem sehr feinen *Pinot noir* gegriffen, um den Schmerz zu bekämpfen. Ich hatte längst beschlossen, niemals so zu werden wie meine Eltern, und merkte gar nicht, daß ich genauso eine Alkoholikerin war wie die beiden. Jetzt bin ich dankbar, daß ich vom Alkoholismus erlöst worden bin, den es bei uns schon seit drei oder mehr Generationen in der Familie gegeben hat.

Das Trinken ist für mich eine Art Schutz gewesen, der mir jetzt abgeht. Neben Sarkasmus, unfairem Verhalten und ständiger Wut ist der Alkohol für mich ein weiteres Mittel gewesen, um den Schmerz in mir nicht mehr spüren zu müssen. Nun hat Gott mich gebeten, auch diese anderen Taktiken aufzugeben.

Während der ganzen Zeit hatte ich Herzstolpern,

und drei- bis viermal in der Woche bekam ich Migräne. Weil ich den Wunsch hatte, meine Vergangenheit zu verleugnen, machte mein Körper einen inneren Krieg durch, und ich wurde davon matt und traurig.

In letzter Zeit habe ich viel geweint, während ich das früher als Kind nie konnte. Es hat mir angst gemacht, die innere Tür zu meinen Tränen und meinem Kummer aufzustoßen. Manchmal war es, als ob ich nie mehr aufhören könnte zu weinen.

Ich schreibe Ihnen, Robin, weil ich meine, daß es für Sie wichtig ist zu wissen, was manche Leute unter Umständen durchmachen, wenn sie Ihr Buch lesen. Die Schmerzen, die man bei einer wirklichen Veränderung erlebt, sind das Qualvollste, was ich bisher kennengelernt habe und hoffentlich nie wieder durchmachen werde. Sie sind nicht schlagartig über mich gekommen und gehen jetzt auch nicht einfach über Nacht wieder weg. Wahrscheinlich werde ich viele Jahre und Gottes Liebe brauchen, um mit diesem verheerenden Familiengeheimnis fertig zu werden, es akzeptieren zu lernen, diese Wunde heilen zu lassen und allen Beteiligten zu verzeihen. Es ist ein sehr hartes Stück Arbeit, und es kostet mich eine Menge Energie, mir das alles wirklich vor Augen zu führen. Aber wenn ich die Augen davor verschließe, kostet es mich noch viel mehr Energie.

Ich möchte, daß die anderen Menschen das erfahren.

Mir geht es im Moment sehr gut. Das, wovon ich geschrieben habe, tut mir weh, es bringt mich zum Weinen, und es heilt auch. Ich versuche nicht mehr dieses «Aber sie hat ja wieder geheiratet!»-Image zu verbreiten und bin langsam etwas weniger auf die Anerkennung aller möglichen anderen Leute angewiesen. Ich stecke mir realistische Ziele und gebe mir liebevoll gesetzte Grenzen. Ich muß nicht mehr jeden angeknacksten Menschen retten, der mir zufällig über den Weg läuft. Ich finde es immer mehr okay, zuerst an mich zu denken. Ich finde es sogar langsam okay, geliebt zu werden!

Ich habe immer geglaubt, daß ich einfach geliebt werden wollte, und dabei habe ich mir in Wirklichkeit nur Menschen ausgesucht, die nicht fähig waren, mich zu lieben. Diesmal habe ich besser gewählt, und ich lerne jetzt, stillzuhalten und diese Liebe anzunehmen.

Gott hat mich in so kurzer Zeit so viel gelehrt, und er hat mir gesagt, daß er auch auf dem übrigen Weg meine Hand halten wird, egal wie lange das dauert. Die Migräne und die Herzschmerzen lassen jetzt nach. Ich akzeptiere, was mit mir geschehen ist, und wenn ich es brauche, trauere ich über meine verlorene Kindheit.

Mein wundervoller Mann stützt und hält mich und versteht sogar, warum es mir so schwerfällt, seine liebevolle Zuwendung anzunehmen. Ich sehe, daß er mit mir zu kämpfen hat, und ich wünschte, wir hätten es schon hinter uns und ich wäre gesund – auch um seinetwillen. Wie Sie sehen, war Ihr Buch nur der Anfang – ein sehr hilfreicher, sanfter, liebevoller Anfang...

Cecilia

Wenn es leichter und angenehmer wäre, sich selbst gegenüber ehrlich zu sein, dann würden wir dazu vielleicht nicht die Hilfe einer Macht brauchen, die größer ist als wir. Wie Cecilias Brief zeigt, kann es jedoch schrecklich weh tun, wenn wir uns selbst und unser Leben offen und ehrlich ansehen. Das kann so schmerzhaft sein, daß die meisten von uns nicht die Kraft aufbringen, sich dieser Aufgabe zu stellen.

Auch ein Mensch, der keinen Glauben hat und keinen haben will, kann den Versuch unternehmen, gesund zu werden, aber für ihn ist es schwieriger. Er wählt den schwereren Weg zur Genesung – etwa so, als würden Sie einen steilen Pfad hinaufgehen, rückwärts, in hochhackigen Schuhen. Ihr Ziel würden

Sie vielleicht schon erreichen, aber es gibt eben eine schnellere, wirksamere, weniger anstrengende Möglichkeit, dort hinzugelangen. Menschen können erstaunlich schnell einen Glauben entwickeln, wenn sie nur bereit dazu sind – das heißt, wenn sie bereit sind, so zu handeln, als wäre im Universum eine Intelligenz am Werk, die größer ist als die menschliche. Nichts, *gar nichts* ist aber eine persönlichere Angelegenheit, als die Suche nach einem Glauben, und keiner kann einem anderen sagen, wie er danach suchen soll. Jeder Mensch entdeckt seinen Gott allein und in der Stille.

———————

Es hätte keinen Sinn, Briefe von Frauen, die zu sehr lieben, zu sammeln, wenn diese Briefe nicht der Gesundung all derer, die sie lesen, förderlich sein könnten. Die Genesung von der Beziehungssucht ist jedoch eine weit subtilere, weniger leicht definierbare Leistung als die Genesung von den meisten anderen Suchtkrankheiten wie etwa Alkoholismus, Verschwendungssucht, Spielsucht und sogar Eßsucht. Beim Lesen dieses Buches werden Sie sich immer selbst eine Meinung dazu bilden, worin die Genesung von der Beziehungssucht besteht, was ihr förderlich und was ihr hinderlich ist und warum es bei einigen Menschen mit der Genesung klappt, bei anderen aber nicht. All diese Fragen und die dazugehörigen Antworten werden für Sie von großer Bedeutung sein, wenn Sie selbst von Ihrer Abhängigkeit loskommen wollen.

Thea und Britt fangen gerade an, erste Schritte hin zur Genesung zu erkunden. Wendy und Cecilia sind auf ihrem Weg schon ein gutes Stück vorangekommen, denn die Schritte, die sie um ihrer Heilung willen unternommen haben und unternehmen, sind inzwischen zu einem festen Bestandteil ihres täglichen Lebens geworden. Aber jeder Mensch muß für sich allein entscheiden, ob er sich auf diese Reise begeben will, und auch, ob er sie dann fortsetzen will. Nichts und niemand kann uns diese Entscheidung abnehmen. Wir müssen – wie Wendy – Mut und Demut entwickeln, um die ersten notwendigen Schritte zu unternehmen, und dann – wie Cecilia – Ehrlichkeit aufbringen und eine Quelle spiritueller Kraft und Hilfe finden, um uns den Anforderungen stellen zu können, die uns auf unserem Weg erwarten.

In den folgenden Kapiteln schildern Frauen (und Männer) die «Wenn Frauen zu sehr lieben» gelesen haben, ihr Leben, ihre Situation, ihre Beziehungssucht und sehr häufig auch ihre anderen Süchte. Genau wie bei den vier bisher zu Wort gekommenen Frauen werden wir auch von den übrigen ab und zu hören, welche konkreten Schritte sie unternommen haben, um ihre Genesung einzuleiten und weiter voranzutreiben. Diejenigen von Ihnen, die sich gerade auf den gleichen Weg machen, können aus den geschilderten Schritten und Fortschritten von Menschen, die schon auf dem Wege der Besserung sind, hoffentlich Inspiration und Anleitung schöpfen.

Kapitel 2: Briefe von Frauen, die ihre Genesung noch vor sich haben

Die Wurzeln einer Beziehungssucht lassen sich immer bis zu seelischen Traumatisierungen in der Kindheit zurückverfolgen (Verlust, Leiden, mißhandelt, mißbraucht oder verlassen werden). Aus diesen traumatischen Erfahrungen haben sich dann die späteren Beziehungsmuster entwickelt. Diese schrecklichen Erlebnisse sind in ihren konkreten Einzelheiten bei allen Menschen verschieden, und genauso unterschiedlich sind die suchthaften Verhaltensweisen, die vom einzelnen entwickelt werden und später beim Erwachsenen als Beziehungssucht zu Tage treten. Frauen aus Familien, in denen Gewalttätigkeiten an der Tagesordnung sind, neigen zum Beispiel dazu, sich einen gewalttätigen Partner zu suchen. Frauen aus Alkoholikerfamilien suchen sich häufig einen (drogen- oder alkohol-)süchtigen Partner und so weiter. *Eine* Dynamik läuft bei der Beziehungssucht jedoch immer ab: Es besteht der unbewußte Drang, den in der Vergangenheit erlebten Kampf in der Gegenwart zu wiederholen, um nun siegreich daraus hervorzugehen. Einfacher gesagt, geht es dabei um den inneren Zwang, das Spiel noch einmal zu spielen und diesmal zu *gewinnen*. Aus dem Bemühen, das zu bezwingen, was uns in der Vergangenheit eine Niederlage beigebracht hat, wird eine Obsession, ein zwanghaftes Verhalten. Solange dieses Motiv noch wirksam ist, ist auch die Beziehungssucht noch vorhanden, und zwar unabhängig davon, ob man derzeit einen Partner hat oder nicht.

Dieses Kapitel enthält Briefe von Frauen, die zugeben, beziehungssüchtig zu sein, und die auch einige der in Kindheitserlebnissen wurzelnden Faktoren erkennen, die zu dieser Sucht beigetragen haben. Aber auch wenn wir uns der Bedingungen und Ereignisse bewußt sind, die uns für die Entwicklung eines suchthaften Beziehungsmusters anfällig gemacht haben, heißt das noch lange nicht, daß wir damit dieses Verhaltensmuster schon überwunden hätten.

Jede dieser Frauen glaubt, ihre Genesung fester im Griff zu haben, als es meines Erachtens tatsächlich der Fall ist. Um meine Bedenken in bezug auf gerade diese Berichte über angeblich erzielte Fortschritte zu verstehen, denken Sie doch bitte an die Faktoren, die eine Genesung ermöglichen und fördern. Mut und Demut sind genauso vonnöten wie die Fähigkeit zu rückhaltloser Aufrichtigkeit. Man muß bereit sein, vor nichts zurückzuschrecken und wirklich alles zu tun, um gesund zu werden. Für die erfolgreiche Fortsetzung des Heilungsprozesses ist es meist auch erforderlich, sich einer Intelligenz zu unterstellen, die größer als die eigene ist, und sich von dort Hilfestellung und Trost zu holen.

Bewußtsein allein reicht nicht aus, um die gewaltigen Veränderungen einzuleiten und voranzutreiben, die unumgänglich sind, damit es zu einer Genesung kommt. Wenn eine Frau dann auch noch trotzig, ja dickköpfig darauf beharrt, das eigene Suchtverhalten allein aus eigener Kraft zu überwinden, dann rückt die Möglichkeit einer Besserung in noch weitere Ferne, da die Betreffende dann gegen ihre Suchtkrankheit mit der gleichen ungesunden Verhaltensweise und Einstellung angeht, die sie nun schon so lange Zeit anderen Menschen gegenüber bewiesen hat. Nichts hat sich da wirklich geändert. Sie handelt immer noch aus der Überzeugung, daß sie für ihr Problem selbst die richtige Lösung kennt und selber die Kraft hat, sich zu einer Veränderung zu zwingen. Es ist am Anfang ganz natürlich (und tröstlich), wenn man glaubt, allein der feste Wille zur Veränderung werde dem Problem schon ein Ende machen. Doch wenn das alles wäre, was man dazu braucht, dann gäbe es so etwas wie Sucht gar nicht. Wer – bei welcher Art von Sucht auch immer – meint, sich selbst kontrollieren zu können, muß damit scheitern, weil bei allen Suchtkrankheiten gerade die Kontrollfähigkeit beeinträchtigt ist. Wir versuchen in dem Fall immer wieder etwas zu kontrollieren, was wir gar nicht kontrollieren können, und werden dabei immer kränker. Eine Sucht ist dem eigenen Willen nicht zugänglich. Es bleibt uns nichts anderes übrig, als zu kapitulieren und zuzugeben, daß die Sucht stärker ist als wir und daß wir sie nicht allein überwinden können.

Die folgenden Briefe sollen Ihnen helfen, eine eventuelle Beziehungssucht schneller zu erkennen und außerdem festzustellen, ob dabei eigenwillige «Dickköpfigkeit» am Werk ist. Dickkopf gehört zu den festen Merkmalen einer Beziehungssucht und bildet ein enormes Hindernis auf dem Weg zur Genesung.

Liebe Robin Norwood,
es ist mir sehr schwergefallen, Ihr Buch zu Ende zu lesen. Ich habe es wirklich mehrere Male weggelegt und mir eingeredet, ich könne nicht mehr weiterlesen – es war einfach zu schmerzhaft, die Wahrheit über mich zu lesen. Jedesmal wenn ich versucht war, das Buch in der hintersten Schublade zu vergraben, habe ich Seite 14 aufgeschlagen, auf der ich die Worte unterstrichen hatte: «Falls Sie sich jedoch für den Weg der Veränderung entscheiden, werden Sie sich verwandeln: *von einer Frau, die einen anderen Menschen so sehr liebt, daß es schmerzt, in eine Frau, die sich selbst genug liebt, um dem Schmerz ein Ende zu setzen.*» Das half mir dann, durchzuhalten und weiterzulesen. Ich weiß, ich kann meinem Schmerz nicht einfach über Nacht ein Ende setzen. Aber endlich zuzugeben, daß ich wirklich leide, ist schon ein Anfang.

Ich bin achtunddreißig, habe zwei Kinder, bin zweimal verheiratet gewesen und habe gerade heute abend eine längere Beziehung zu einem verheirateten Mann beendet. Das, was ich in «Wenn Frauen zu sehr lieben» gelesen habe, hat mir die Kraft gegeben, die Beziehung zu beenden. All diese Männer brauchten Hilfe, mußten wieder «in Ordnung» gebracht werden. Ich habe dieses «Wieder-in-Ordnung-Bringen», dieses zwanghafte Helfen sogar zu meinem Beruf gemacht. Ich unterrichte stark verhaltensgestörte Schüler. Ich habe viele Auszeichnungen und sehr viel Anerkennung für meine Arbeit mit diesen Kindern bekommen, aber jetzt sehe ich das, was ich da all die Jahre gemacht habe, mit ganz anderen Augen. Wenn man mich früher fragte, warum ich mir eine solche Arbeit mit verrückten Kindern ausgesucht hätte, dann habe ich gesagt, daß ich mir meinen Beruf nicht ausgesucht hätte, sondern daß es fast wie eine Berufung gewesen sei. Wie falsch ich damit doch gelegen habe! Was könnte es für eine zwanghafte «Helferin» besseres geben als einen solchen Beruf! Ich werde vor meiner Arbeit nicht weglaufen. Aber wenn ich im September wieder in die Schule gehe, wird das mit einem neuen Bewußtsein und einer gesünderen Einstellung geschehen.

Sie sprechen in Ihrem Buch dysfunktionale Familien und Alkoholismus an. Ich komme aus einer dysfunktionalen Familie, aber daß sie so war, lag nicht am Alkohol, sondern daran, daß mein vierzehn Monate jüngerer Bruder so früh gestorben ist. Mit neun Jahren erkrankte er an einem unheilbaren Gehirntumor und starb drei Jahre lang jeden Tag ein bißchen mehr, und meine Mutter, mein Vater und ich starben langsam mit ihm. Er starb im Oktober, meine Eltern ließen sich im Dezember scheiden, meine Mutter heiratete im Februar wieder und mein Vater im Mai. Die letzten fünfundzwanzig Jahre lang habe ich ständig versucht, unsere Familien wieder «in Ordnung» zu bringen – doch das ist mir erst klar geworden, als ich Ihr Buch las. In dieser Zeit habe ich zwei lieben Männern und auch meinen Kindern weh getan. Falls Sie noch einmal ein Buch schreiben, schreiben Sie bitte auch darüber, was der Tod eines Kindes in einer Familie auslöst. Außer mir gibt es sicher noch viele andere Menschen, die einen Bruder oder eine Schwester

verloren haben und gar nicht erkennen, was das bei
ihnen immer noch auslöst. Wenn ein Kind stirbt, erhalten die Eltern Zeichen der Anteilnahme, aber die
Geschwister wissen nur eins: Sie können diesen Verlust für den überlebenden Teil der Familie niemals
wieder «in Ordnung» bringen; sie können niemals
gut genug, intelligent genug, schön genug oder stark
genug sein, um diese Lücke zu schließen. Sie können niemals genug lieben oder perfekt genug sein,
um ihr Dasein zu rechtfertigen – um zu rechtfertigen,
daß sie noch leben, während ihre Schwester oder ihr
Bruder tot ist. Bitte versuchen Sie, den ahnungslosen
Menschen zu helfen, denen eine Schwester oder ein
Bruder gestorben ist und die vielleicht das gleiche
empfinden wie ich! Sie können so viele Menschen erreichen; ich kann das nicht.

Ich habe meinen College-Abschluß mit fast nur
sehr guten Noten gemacht und weiß noch, daß ich
damals dachte, wie stolz meine Eltern doch gewesen
wären, wenn ich nur diese eine Zwei nicht bekommen hätte, die mir die Gesamtnote verdarb. Irgendwie war ich überzeugt, ich hätte uns alle enttäuscht.

Ich hoffe, ich habe jetzt für eine Weile genug geweint und werde nun morgens aufwachen, in den
Spiegel schauen und sagen: «Moira, du wirst geliebt,
vor allem von dir selbst!» Dann werde ich genug Mut
haben, diesen Brief auch wirklich abzuschicken.

Moira D.

Moiras erster Brief beschreibt sehr klar eine der vielen Arten,
auf die ein Kind so sehr Schaden nehmen kann, daß es als Erwachsene eine Beziehungssucht entwickelt. Wenn eine Familie
ein Kind durch Tod verliert, ist das für die Hinterbliebenen ein
schwerer und in seiner Wirkung lang anhaltender Schlag, der
sich bis zu einem gewissen Grad dauerhaft auf ihr Verhältnis
zueinander auswirkt. Die übrigbleibenden Familienmitglieder
sind sehr glücklich zu schätzen, wenn sie mit ihren Schuldgefühlen, ihrem Schmerz und ihrer Angst, noch jemand zu ver-

lieren, bewußt umgehen können, und wenn es ihnen in ihrem gemeinsamen Leid gelingt, eine noch tiefere und ehrlichere Bindung zueinander zu knüpfen. Statt dessen geschieht es nur zu oft, daß die Menschen sich verschließen und ihre Gefühle aussperren, weil sie ganz natürlicherweise Angst davor haben, noch einmal jemand zu verlieren, den sie lieben. Wenn das geschieht, kann es sein, daß die überlebenden Kinder eine enorm schwere Bürde auf sich laden und versuchen, ihr Möglichstes zu tun, damit für die Familie wieder alles gut wird.

Daß Moira als Überlebende Schuldgefühle hat und noch dazu ständig perfekt sein möchte, um die Familie für den erlittenen Verlust zu entschädigen, sind Reaktionen, die bei Kindern, denen ein Bruder oder eine Schwester gestorben ist, häufig anzutreffen sind. Nicht selten nehmen diese Reaktionen ein solches Ausmaß an, daß die Familie es nicht mehr schafft, mit dem Schmerz über den Tod des Kindes bewußt umzugehen. Aber im vorliegenden Fall hat Moira einen weit größeren Verlust erlitten, als sich selbst aus dem Tod ihres Bruders erklären ließe. Ihre Familie, ihr ganzes Bezugssystem, ist im wesentlichen gleichzeitig mit ihrem Bruder gestorben. Die Ehe ihrer Eltern war der Belastung durch das qualvoll langsame Sterben ihres Kindes nicht gewachsen. Moiras Eltern waren nicht fähig, über die Krankheit und den Tod ihres Sohnes zu trauern, und so suchte jeder der beiden Trost und Rettung in einer außerehelichen Beziehung. Durch die Scheidung und schnelle Wiederverheiratung wurde Moira emotional alleingelassen. Sie versuchte, ihren eigenen verzweifelten Schmerz und ihre Verlustgefühle zu unterdrücken, indem sie sich darauf konzentrierte, das Leid ihrer Eltern zu lindern. Sie bemühte sich, perfekt zu sein, um die Familie zu retten und einen Ausgleich für alles Verlorene zu schaffen. Doch als sie dabei zwangsläufig scheiterte, verdoppelte sie – aus ihrem eigenen schmerzlichen Bedürfnis heraus – nur ihre Anstrengungen... und hatte immer stärker das Gefühl, zu versagen.

In der Suchttherapie gibt es einen sehr weisen Satz: «Es ist nicht der Alkoholismus, der in einem Menschen, einer Beziehung oder einer Familie Probleme schafft; er vergrößert nur die, die schon da sind.» Dieser Grundsatz gilt nicht nur, wenn

Alkohol im Spiel ist, sondern immer, wenn es in einer Familie zu einer stark belastenden Situation kommt, die nicht offen zu erkennen und zu bereden ist. Dieser Satz trifft zweifellos auf Moiras Familie und auch auf sie selbst zu. Ich denke, wir können mit ziemlicher Sicherheit davon ausgehen, daß es Moira und ihrer Familie schon vor dem Tod ihres Bruders schwergefallen ist, einander nah zu sein und offen und ehrlich miteinander zu reden. Die tragischen Ereignisse haben die Auswirkungen dieser Unfähigkeit, miteinander echt und natürlich umzugehen, nur verstärkt. Und ich würde meinen, daß Moira, schon bevor ihr Bruder krank wurde, das stark entwickelte Bedürfnis hatte, «brav» und «gut» zu sein. Durch seinen Tod verstärkte sich dieses Bedürfnis nur, und aus einer Charaktereigenschaft wurde eine Charakteranomalie. Ihr Perfektionismus stellte den Versuch dar, etwas Unkontrollierbares (in diesem Fall das Auseinanderbrechen ihrer Familie) zu kontrollieren. Sie hatte Angst vor unkontrollierbaren Situationen, fühlte sich aber gleichzeitig von ihnen angezogen (da sie ja das Bedürfnis hatte, derartige Situationen wieder «in Ordnung» zu bringen) – und beides übertrug sie auf jeden Bereich ihres Erwachsenenlebens. Den Kampf mit diesen Problemen war sie von Kindheit an gewöhnt, und so wendete sie das ihr vertraute Handlungsrepertoire jeweils auch in ihren Männerbeziehungen, ihren Freundschaften, ihrer Beziehung zu ihren Kindern und in ihrem Beruf an.

Als Antwort auf meine Bitte, ihren ersten Brief für dieses Buch verwenden zu dürfen, schrieb Moira in ihrem nächsten Brief gleich zu Anfang, sie mache sich Sorgen, daß auch ihre Tochter möglicherweise eine Anfälligkeit für Beziehungssucht mitbekommen habe. So wie Moira geht es vielen Frauen, die zu sehr lieben. Wenn Beziehungssüchtige sich nicht gerade auf ihren Partner konzentrieren, wenden sie sich sehr häufig ihren Kindern zu und versuchen, sie «in Ordnung» zu bringen – um Moiras Worte zu gebrauchen.

In diesem nächsten Brief wird schnell deutlich, daß in Moiras Familiengeschichte Macht und Kontrolle schon lange wichtige Themen sind und daß auch Moira selbst – unter dem Vorwand zu helfen – sich dieser Methoden im Umgang mit den ihr nahestehenden Menschen bedient. In der Tat enthält ihr Brief klare Hinweise darauf, daß in allen ihren zwischenmenschlichen Beziehungen ein eiserner Wille zum Tragen kommt, und der Brief zeigt auch, daß man diesen rigiden Eigensinn – zumindest vor sich selbst – verbergen kann, indem man abwechselnd die Rolle der Helferin und die Rolle des Opfers übernimmt.

Moira ist in einem mittlerweile alteingefahrenen Beziehungsmuster gefangen. Es funktioniert nicht, es führt nicht zu den ersehnten glücklichen Ergebnissen, und dennoch kann sie nicht damit aufhören. Das Verhaltensmuster selbst schafft Druck, und wenn Moira unter Druck steht, weiß sie sich nicht anders zu verhalten.

Liebe Robin,

meine Kinder sind gerade wieder nach Hause gekommen, nachdem sie drei Wochen bei ihrem Vater waren. Seit ich mich vor fünf Jahren von ihm scheiden ließ, hatten sie ihn nicht mehr gesehen. Die dreiwöchige Trennung hat uns allen gutgetan, vor allem mir, denn dadurch hatte ich Zeit, darüber nachzudenken, was mein «Zu-sehr-Lieben» bei ihnen angerichtet hat. Ihre Bitte, meinen Brief verwenden zu dürfen, hat mich auf den Gedanken gebracht, daß es wohl gut wäre, Ihnen das zu schreiben; es scheint nämlich, daß diese Krankheit von einer Generation auf die nächste übertragen werden kann. Meine Tochter war mein erstes Baby und sozusagen meine Gegenleistung dafür, daß ich am Leben geblieben war und schließlich geheiratet und eine Familie gegründet hatte, während es meinem Bruder nicht einmal vergönnt war, ein Teenager zu werden. Bei ihrer Geburt wog sie 4791 Gramm und war 59,7 Zentimeter groß. Alle Schwestern und viele Ärzte, die ich nicht einmal kannte, haben kurz ins Zimmer geschaut, um mir zu diesem wundervollen Baby zu gratulieren. Ich war im siebten Himmel! Ich hatte meinen Eltern bewiesen, daß ich perfekte Leistungen bringen konnte, sogar beim Kinderkriegen. Meine Tochter war ein Muster-Baby. Sie war schön. Sie lernte alles früh, mühe- und fehlerlos. Im Supermarkt und auf der Straße wurden wir von wildfremden Leuten angesprochen, die das Baby gar nicht genug bewundern konnten. Mein Vater war ganz vernarrt in die Kleine, doch meine Mutter benahm sich, als wünschte sie, meine Tochter wäre nie geboren worden, sie wollte auf gar keinen Fall «Omi» genannt werden.

Inzwischen ist mir klar, daß ich meinen Mann nie so richtig an das Baby herangelassen habe. Ich glaubte, er sei nicht fähig, unserer Tochter das zu geben, was sie brauchte. Nur ich allein konnte ihr die erforderliche Liebe geben und das Richtige beibringen. Die Ärmste! Als sie in die Schule kam, ging sie natürlich gleich in eine Hochbegabtenklasse und rechtfertigte dadurch erneut mein Dasein. Ich fand das gar nicht aufregend und war auch nicht besonders beeindruckt, denn ich habe das von ihr einfach erwartet. Schließlich war sie ja meine Tochter! Wie hätte es da überhaupt anders sein können? Als sie in der vierten Klasse war, ging ich wieder an die Uni zurück, um meinen Magister zu machen. Meine Tochter wollte unbedingt, daß ich alle ihre Zeugnisnoten in einen Punktedurchschnitt umrechnete, damit sie sie mit meinen Noten vergleichen konnte. Ich habe natürlich nur Einser gehabt. Sie hatte auch ein paar Zweien. Ihre Lehrerin bat mich, zu ihr in die Sprechstunde zu kommen. Sie hatte den Eindruck, daß meine Tochter nicht so glücklich sei, wie sie es hätte sein können. Irgend etwas fing da an, in die falsche Richtung zu laufen.

Jetzt, mit fünfzehn, ist sie längst nicht mehr so perfekt wie früher. Letztes Jahr hat sie in zwei Fächern versagt. Sie will einfach nicht glauben, daß sie gut aussieht, auch wenn sie von den Jungen nur so umschwärmt wird. Ich habe immer wieder versucht, ihr zu sagen, wie toll sie in Wirklichkeit ist, aber da es von mir kommt, will sie es einfach nicht glauben. Robin, geben die meisten der Frauen, die so sind wie ich, diese Krankheit an ihre Töchter weiter? Was für ein furchtbarer Gedanke! Es scheint, als würde meine Tochter *nicht genug* lieben – sich selbst nicht ausgenommen –, doch ich habe den Verdacht, daß sie genau wie ich «zu sehr liebt». Bitte schreiben Sie mir, ob das Ihrer Erfahrung nach zutrifft. Ich habe solche Schuldgefühle. Ich liebe sie so sehr und habe Angst um sie. Sie sperrt sich dagegen, zu einer Beratung zu gehen, und ich will erst abwarten, was dieses Schuljahr bringt und ob das, was ich über mich gelernt habe, ihr nicht vielleicht auch hilft, ehe ich darauf bestehe, daß sie therapeutische Hilfe in Anspruch nimmt.

Außerdem muß ich Ihnen erzählen, wie ich mir meine Ehemänner ausgesucht habe, denn mir ist vor kurzem klar geworden, was ich da getan habe. Meinen ersten Mann habe ich mit achtzehn geheiratet; er war dreißig. Mein Vater ist sehr wohlhabend, und ich heiratete einen Mann, der an einer Tankstelle bediente. Das sagt schon einmal eine Menge! Ich glaubte, ich könnte aus diesem Mann etwas machen, und natürlich hatten wir beide unter meinen Bemühungen in dieser Richtung zu leiden. Auf Wunsch meines Vaters zogen wir in drei verschiedenen Bundesstaaten mehrmals um, damit mein Mann in den Firmen meines Vaters arbeiten konnte. Dahinter steckte die Idee, daß mein Mann später einmal einen Teil der Firmen übernehmen sollte. Doch das war einfach nicht drin. Weder in meines Vaters noch in meinen Augen hätte mein Mann je gut genug sein können. Von seiner Ausbildung her brachte er keinerlei Voraussetzungen für eine solche Aufgabe mit. Und er konnte einfach keine männliche Ausgabe von mir werden oder meinen toten Bruder ersetzen – aber, mein Gott, was haben wir ihn dazu gedrängt! Er hat sich unter unserem Druck gewunden und ist mir gegenüber gewalttätig geworden. Unsere Ehe ist schließlich in die Brüche gegangen, auch wenn sie elf-einhalb Jahre gehalten hat.

Ich war erst zwei Wochen allein, da lernte ich meinen zweiten Mann kennen. Er war, als Achtzehnjähriger, schon einmal verheiratet gewesen und hatte, als ich ihn kennenlernte, die letzten acht Jahre allein gelebt. Er hatte einen dreizehnjährigen Sohn, der seit seinem dritten Lebensjahr bei seinem Vater lebte. Gleich zwei Menschen, die ich «in Ordnung» bringen konnte! Sowohl mein Mann als auch sein Sohn waren schon damals drogenabhängig. Ich habe das, als wir uns kennenlernten, nur nicht mitbekommen, oder ich habe es nicht sehen wollen – ich weiß es nicht. Sie nehmen Kokain. Mein Stiefsohn ist bereits mit dem Gesetz in Konflikt gekommen, weil er gedealt hat, und mein Mann hat wegen seiner Sucht schon fast ein Jahr lang nicht mehr gearbeitet. Obwohl ich unsere Ehe vier Jahre lang aufrechterhalten habe, wurde mir zum Schluß doch klar, daß ich da raus mußte. Auch mein zweiter Mann war gewalttätig, und einmal bin ich im Krankenhaus gelandet und mußte operiert werden, als er mir bei einem Streit so stark auf den Kopf geschlagen hatte, daß mein Trommelfell geplatzt war. Jetzt sehe ich das alles und begreife auch, warum ich mir diese Männer ausgesucht habe. Da war so vieles, was ihnen fehlte, und in meinen Augen brauchten beide jemand wie mich, die sich um sie kümmerte!

Ich schreibe Ihnen das alles, weil ich weiß, daß Sie mich verstehen. Meine Freundinnen würden entsetzt sein, wenn sie je darauf kämen, daß ich so kaputt bin. Mich fragen sie nämlich immer um Rat. Es ist so schön, daß ich mit jemandem darüber reden kann, daß ich alles andere als vollkommen bin.

Moira D.

Als ich in Moiras zweitem Brief las, daß sowohl ihr jetziger Ehemann als auch ihr Stiefsohn kokainabhängig seien, habe ich ihr zurückgeschrieben und ihr eindringlich nahegelegt, in eine Al-Anon-Gruppe*zu gehen, weil sie dort vielleicht nicht nur die Suchtproblematik besser verstehen lernt und erkennt, wie machtlos sie demgegenüber ist, sondern weil sie dort vielleicht auch lernt, von den Problemen ihrer Tochter abzulassen um sich auf sich selbst zu konzentrieren. Aus ihrem Antwortbrief läßt sich der Grad ihrer Krankheit ablesen: Zum einen fällt es Moira schwer, ihr Leben zu meistern, zum anderen ist sie (noch) nicht bereit, zu kapitulieren und geeignete Hilfe in Anspruch zu nehmen. Obwohl sie bei ihrer Tochter die Absicht hat, genau darauf zu dringen, meint sie, bei sich selbst davon ausgehen zu können, daß sie mit ihren Problemen schon alleine und im stillen Kämmerlein zurechtkomme.

Liebe Robin,
was ich Ihnen jetzt schreibe, sind Gedanken, die mich schon viele Jahre umtreiben, so daß ich gedacht habe, ich müßte explodieren. Ich habe immer geglaubt, niemand könne meine Gefühle wirklich verstehen, bis ich «Wenn Frauen zu sehr lieben» gelesen habe. Was wir durchleiden, können wohl nur Leidensgenossinnen wirklich verstehen. Ich habe früher geglaubt, es sei unmöglich, zu sehr zu lieben oder zu stark Anteil zu nehmen. Ich habe einfach gemeint, ich

* Statt *Nar-Anon* (einer Selbsthilfegruppe für Angehörige und Freundinnen beziehungsweise Freunde von Drogenabhängigen) oder *C-Anon* (für Angehörige und Freundinnen/Freunde von Kokainsüchtigen) habe ich Moira *Al-Anon* empfohlen, und das aus zwei Gründen: Erstens ist die Wahrscheinlichkeit größer, daß es in ihrer Nähe eine Al-Anon-Gruppe gibt, denn diese Gruppen sind zur Zeit wesentlich weiter verbreitet als die beiden anderen. Zweitens gibt es Al-Anon schon sehr viel länger und so ist die Wahrscheinlichkeit größer, daß dort der Genesungsprozeß bei einigen Mitgliedern schon eine tragfähigere Basis erreicht hat, als das in den neueren Gruppen der Fall ist. Der Genesungsprozeß folgt in allen diesen Gruppen den gleichen Prinzipien, und ideal wäre es, zu allen von ihnen zu gehen.

müsse nur noch immer mehr Liebe verströmen, und habe dabei nicht erkannt, daß die Quelle meines Herzens, meiner Seele, ja, meines ganzen Wesens irgendwo doch einen Grund hat und versiegen kann. Vermutlich können manche von uns erst dann das Licht sehen, wenn sie mit einem kräftigen Plumps unten auf dem Grund angelangt sind. Einer meiner besten Freunde schüttelt immer den Kopf und nennt mich ironisch eine «schwergeprüfte Weltverbesserin». Er macht auf mich einen recht herzlosen Eindruck, scheint aber mit sich sehr glücklich zu sein – was will man da sagen? Die Mitte von uns beiden, das wäre das, was ich gern finden würde.

Was die Genesung von meiner Sucht betrifft, so hat der Hauptknackpunkt zur Zeit etwas mit der von Ihnen erwähnten Al-Anon-Gruppe zu tun. Mein zweiter Mann bringt mich in arge Bedrängnis. Als wir uns letzten März getrennt hatten, war er sehr verbittert und ich sehr traurig. Ich war völlig fertig – erschöpft davon, mit zwei Süchtigen gleichzeitig zusammenzuleben und dabei noch ständig versuchen zu müssen, mich und meine Kinder vor Wills und Billys Sucht zu schützen. Mit ihren fünfzehn beziehungsweise zwölf Jahren waren meine Kinder noch so jung und verletzlich, und für mich stand (und steht) meine Arbeit als Lehrerin auf dem Spiel, wenn herauskäme, daß ich irgend etwas mit Drogen und Drogenabhängigen zu tun habe. Sowohl Will als auch Billy sind hin und wieder mir und den Kindern gegenüber tätlich geworden. Als mein Sohn und ich einmal vor Will ins Auto geflüchtet sind und von innen zugesperrt haben, hat er meinen neuen Wagen mit dem Baseballschläger bearbeitet und einen Schaden von zweihundert Dollar angerichtet. Ganz kurz bevor wir uns getrennt haben, hat Will für irgendein Drogengeschäft von unserem gemeinsamen Konto zwanzigtausend Dollar abgehoben. Wie dem auch sei, bis letzten Monat habe ich von ihm weder etwas gesehen noch gehört. Billy hat man zu seiner leiblichen Mutter nach Florida geschickt, nachdem er vor kurzem zweimal wegen Drogengeschichten verhaftet worden war und in ziemlichen Schwierigkeiten steckte. Er hatte seine Mutter seit dem dritten Lebensjahr nicht mehr gesehen. Will ist nun allein und hat mir seitdem einiges von dem Geld und den Sachen, die er unberechtigt an sich genommen hatte, zurückgegeben. Er ruft mich fast jeden Tag an und bittet und bettelt – sagt, er habe sich geändert, ich würde ihm fehlen und so weiter und so weiter. Das macht mich ganz fertig! Mein Sohn wird am Montag dreizehn, und Will hat mir ein Geburtstagsgeschenk für ihn gegeben – und das, obwohl er früher immer eifersüchtig darauf war, daß ich meinen Sohn so lieb hatte, und er zu ihm immer besonders gemein war. Einmal hatten wir den Kindern gesagt, daß sie nach dem Abendessen keinen Eistee mehr trinken sollten. Will erwischte meinen Sohn mit einem großen Teeglas und goß es ihm über den Kopf. Das war gemein und demütigend für das Kind! Welche Mutter hätte weiter mitansehen können, wie ihre Kinder unter solchen Umständen aufwuchsen? Wenn ich anfange, Will zu bedauern, führe ich mir jedesmal diese Bilder vor Augen. Ich versuche dann, keinen traurigen, einsamen Mann zu sehen, sondern einen, dessen Sucht schon so vielen Menschen weh getan hat. Ich habe in letzter Zeit häufig einen Alptraum: Ich bin mit Will in einer tiefen Grube und versuche, an den Wänden hochzuklettern, aber Will zieht mich immer wieder am Bein in die Tiefe. Meine Hände sind ganz aufgerissen und bluten. Alle Kinder, sogar Billy, stehen oben und weinen und rufen, daß ich ihnen versprochen hätte, für sie zu sorgen. Manchmal ist sogar unser Hündchen oben bei ihnen. Will ist unten, hält mich fest und sagt mir, wie sehr er mich liebe. Ich bin jedesmal ganz erschöpft, wenn ich aufwache. Er hat immer noch keine Arbeit und nimmt immer noch Drogen, obwohl er behauptet, er habe im Juli damit aufgehört. Ich höre ihm das Kokain an der Stimme an – ich kenne es gut.

Der zweite Knackpunkt ist mein erster Mann. Seitdem ich mich von Will getrennt habe, schickt er mir Unterhalt für die Kinder, was er seit meiner zweiten Heirat nicht mehr getan hatte. Diesen Sommer hat er die Kinder zum erstenmal seit unserer Scheidung wiedergesehen. Er ruft mindestens zweimal die Woche an und redet ewig mit mir, und wenn ich ihn dann zum Schluß frage, ob er auch mit den Kindern sprechen will, antwortet er: «Ja, aber sag ihnen, sie sollen es kurz machen. Das hier ist ein Ferngespräch.» Er bittet mich, meine Ehe mit Will als einen fünfjährigen Urlaub von ihm anzusehen, und meint, wir sollten «es noch einmal miteinander versuchen». Beide Männer machen mich noch verrückt. Ich gehe schon noch mit anderen Männern aus, aber versuche da jetzt etwas kürzerzutreten, weil ich im Moment von den Männern genug habe.

Nun zu Al-Anon: Robin, meine größte Angst ist, eine Situation nicht unter Kontrolle zu haben. Aus diesem Grund trinke ich nicht und habe auch noch nie den Drang verspürt, irgendwelche Drogen auszuprobieren. Ich weiß, daß Al-Anon eine Selbsthilfegruppe ist, aber ich habe gesehen, wie manche Leute von religiösen Gruppen, von den Anonymen Alkoholikern und so weiter furchtbar abhängig geworden sind. Ich mag die Kontrolle über mein Leben nicht aus der Hand geben. Und so geht es mir im Moment mit jeglicher Art von Therapie. Ich meine, ich müßte mich dann geschlagen geben, aber ich fühle mich noch nicht geschlagen. Ich glaube, ich fühle mich stärker, wenn ich es so lange wie möglich allein versuche. Es ist komisch: Ich bin immer mit Männern zusammengewesen, um nicht allein zu sein, und habe nie gemerkt, wie ungeheuer allein ich doch mit ihnen war. Jetzt möchte ich wirklich gerne für eine Weile nur mit Moira allein sein und einfach erfahren, was das für ein Gefühl ist. Manchmal ist es schon toll, dann fühle ich mich so stark und fähig. Zwischendurch komme ich wohl auch mal ins Stolpern, aber nie für sehr lange. Während ich das alles hier schreibe, hätte ich fast vergessen, Ihnen für Ihren Rat in bezug auf meine Tochter zu danken. Ich werde versuchen loszulassen, aber es ist so schwer – «Fleisch von meinem Fleisch» und so weiter, Sie verstehen. Ich werde es weiter versuchen. – Danke.

Moira D.

Seit Moira erwachsen ist, hat sie immer mit einem Mann eine Beziehung gehabt, manchmal auch mit mehreren gleichzeitig, wie das zur Zeit der Fall ist. Ob diese Männer nun mit einer anderen Frau verheiratet, ob sie drogenabhängig, gewalttätig oder einfach unzulänglich waren – immer hat Moira sich auf sie fixiert. Durch die Männer hat sie sich von ihrem eigenen Leben mit seinem Leiden und seinen Schuldgefühlen abgelenkt. Wenn es noch eines Beweises bedurft hätte, daß sie stark beziehungssüchtig ist, dann findet sich dieser Beweis in ihrem dritten Brief, denn darin ist nun einmal von all den «anderen» weit mehr als von ihr selbst die Rede. Solange sie weiterhin ihre Männerbeziehungen als Vermeidungsstrategie benutzt, um nur nicht innehalten und zu sich selbst eine tiefere Beziehung entwickeln zu müssen, solange wird sie niemals gesund werden. Moira wird sich von Männern und ihren Problemen fernhalten müssen, bis sie ihr *eigenes* Leben voll angenommen hat. Erst wenn sie in ihrem Innersten versteht, daß *kein* Mann *jemals* ihre Schwierigkeiten beseitigen kann, wird sie nicht mehr in ihren bisherigen Verhaltensmustern gefangen sein.

Es überrascht nicht, daß eine Frau, die all die Jahre so stark von Männern abhängig und beziehungssüchtig gewesen ist wie Moira, trotz allem sagt, sie habe Angst, von einer bestimmten Heilmethode zu sehr abhängig zu werden. Es steckt eine unglaubliche Ironie darin, daß Moira sich weigert, Hilfe in Anspruch zu nehmen, und meint, wenn sie es täte, würde sie die Kontrolle über ihr Leben aus der Hand geben. Ein Leben, das noch offensichtlicher außer Kontrolle geraten ist als das ihre, läßt sich kaum vorstellen. Doch sie ist sich sicher, daß sie es schon sehr bald und allein schaffen werde, das Problem in den Griff zu bekommen; sie müsse dazu nur genügend Willen aufwenden. Jeder Süchtige kann seine Sucht *eine Zeitlang* kontrollieren. Aber von meiner ganzen beruflichen und persönlichen Erfahrung her weiß ich, daß es eine tödliche Illusion ist zu glauben, man könne durch Willensstärke (oder Dickkopf) eine dauerhafte Kontrolle erreichen. Zur Gesundung kommt es erst, wenn man kapituliert hat. Die meisten Menschen in unserem Kulturkreis setzen Dickköpfigkeit mit Stärke und Entschlossenheit gleich, während eine Kapitulation für sie einer Charakterschwäche gleichkommt. Bis zu einem gewissen Punkt ist das richtig, aber für viele von uns gibt es Zeiten im Leben, in denen wir einsehen müssen, daß all unsere Kräfte nicht ausreichen, um unsere Schwierigkeiten zu meistern. In diesen Momenten müssen wir fähig sein, uns an andere Menschen zu wenden, die verstehen, was bei uns abläuft, und sie ins Vertrauen ziehen. Das ist keine Schwäche. Das ist Demut und Bescheidenheit. Und wir werden feststellen, daß uns mit Hilfe der Demut eine unglaubliche Kraft zur Verfügung steht. Es ist vorauszusehen, daß Moira nicht in der Lage sein wird, sich innerlich so stark zu verändern, wie das für eine Genesung notwendig wäre. Ohne die Unterstützung von Menschen, die die gleichen Kämpfe, die ihr bevorstehen, durchgemacht haben und durchmachen, fehlen ihr die für eine anhaltende Genesung nötigen Kräfte.

Egal, wovon sie abhängig sind, Süchtige bringen immer wieder die Sorge zum Ausdruck, sie könnten von einer bestimmten Hilfsquelle abhängig werden. Alkoholiker behaupten zum Beispiel oft, daß sie Angst davor hätten, von den Anonymen Alkoholikern «abhängig» zu werden, und deshalb mit diesem Programm nichts zu tun haben wollten. Aber der Begriff der Abhängigkeit trifft nur dann zu, wenn man mit dem eigenen Leben immer weniger zurechtkommt. Wenn man nun dadurch, daß man sich auf ein Zwölf-Schritte-Programm einläßt, mit seinem Leben nicht schlechter, sondern besser zurechtkommt, dann handelt es sich dabei nicht um Abhängigkeit, sondern um Genesung. Statt mit echter Angst davor, von einer Hilfsquelle zu sehr abhängig zu werden, hängen die Widerstände gegen ein Sich-Einlassen denn auch häufig eher damit zusammen, daß wir nicht bereit sind zu kapitulieren, beziehungsweise daß wir die Illusion hegen, alles unter Kontrolle zu haben – oder daß wir zu stolz und dickköpfig sind. Es kann auch noch einen anderen Grund dafür geben, daß wir uns auf ein Therapieprogramm nicht einlassen wollen: Wir sind einfach noch nicht bereit, die Sucht selbst aufzugeben.

Der nächste Brief macht deutlich, daß Abhängigkeit und Co-Abhängigkeit als Krankheiten von einer Generation zur anderen weitergegeben werden können und daß Menschen aus suchtgeprägten oder anderweitig dysfunktionalen Familien einander oftmals anziehend finden. Der Brief und meine Antwort darauf lassen erahnen, wie langwierig und anstrengend der Genesungsprozeß sein kann.

Liebe Robin,
ich bin gerade dabei, mich von meinem dritten Ehemann zu trennen. (Nummer eins und drei sind Alkoholiker; Nummer zwei war verheiratet, als wir uns kennenlernten, und als wir beide dann heirateten, verlor ich alles Interesse an ihm, während er sich in einen prügelnden Ehemann verwandelte.) Mein jetziger Mann ist Alkoholiker, derzeit allerdings trocken. Seit knapp vier Jahren geht er zu den Anonymen Alkoholikern. Wir sind seit viereinhalb Jahren miteinander verheiratet. Vom aktiven Alkoholiker hat er sich inzwischen zum aktiven Arbeitssüchtigen entwickelt, und ich habe darauf mit Wut, Gewalttätigkeit und ähnlichem Kontrollierverlangen reagiert, wie sie in «Wenn Frauen zu sehr lieben» beschrieben sind. Alles in allem hat mir diese Ehe emotional, sexuell und intellektuell wenig oder nichts gegeben, nur finanzielle Sicherheit. Ich denke, daran wird deutlich, daß auch ich beziehungssüchtig bin, und

von daher möchte ich Ihnen jetzt einen kurzen Überblick über meine Kindheit geben:

Meine Eltern ließen sich scheiden, als ich noch sehr klein war. Meine Mutter hat mich einfach verlassen, mein Vater bekam das Sorgerecht für mich. Meine Großmutter väterlicherseits (in zweiter Ehe mit einem Alkoholiker verheiratet) zog mich groß, bis dann, als ich fünf war, mein Vater wieder heiratete, und zwar eine Frau, die in einer Alkoholikerfamilie großgeworden war. Mein Vater und meine Stiefmutter mißhandelten mich: Zur Strafe wurde ich immer in den Keller gesperrt. Das ging jahrelang so. Gleichzeitig fing mein Großvater väterlicherseits (Großmutters erster Mann) an, sich sexuell an mir zu vergreifen. Auch das setzte sich über mehrere Jahre fort. Mein Vater war sehr gewalttätig und hat mich und meine fünf Halbbrüder und -schwestern oft verprügelt. Mir wurde eine ungeheure Last an Verantwortung aufgeladen, und ich durfte kaum je das tun, was andere Kinder und Jugendliche ganz selbstverständlich durften. Meine leibliche Mutter wurde zur Alkoholikerin, war dann sieben Jahre lang trocken und bei den Anonymen Alkoholikern, trinkt inzwischen aber wieder. Mein Vater ist aktiver Alkoholiker und unternimmt dagegen nichts. Die ganze Familie ist zerrüttet. Manche Kinder haben inzwischen ihrerseits Drogenabhängige und Alkoholiker geheiratet. Es hat Selbstmordversuche gegeben und so weiter. Ein Sohn ist mit zweiundzwanzig schon völlig dem Alkohol verfallen.

Und jetzt die gute Nachricht: Dank Ihrem Buch und meiner Therapeutin, zu der ich drei- bis viermal die Woche gehe, und auch dank meiner Jahre bei Al-Anon bin ich mittlerweile auf dem Weg zur Genesung ein gutes Stück vorangekommen.

Meine zwei Söhne (aus erster Ehe) und ich sind dabei, meinen jetzigen Mann zu verlassen, und wir werden bald ausziehen. Weder ich noch mein Mann haben bislang eine Scheidung beantragt, aber ich lebe jetzt mein eigenes Leben. Meine Beziehung mit ihm ist zu Ende. Ich verschließe mich zwar nicht der Möglichkeit, daß eine neue Beziehung aus der Asche der alten entstehen könnte, aber solange er nicht von sich aus bereit ist, eine Therapie zu machen und mindestens sechs Monate bei der Stange zu bleiben, denke ich nicht daran, wieder zu ihm zu ziehen.

Ich bin heute freier und glücklicher, als ich es je gewesen bin.

Holly L.

Liebe Holly,

ich möchte Ihnen helfen, sich wieder auf sich selbst zu konzentrieren, denn erst müssen Sie gesund werden, ehe *Sie* einem anderen Menschen nah sein und ihm Vertrauen entgegenbringen können. Sie sind auf Ihren jetzigen Mann wütend – manchmal so sehr, daß Sie gewalttätig werden –, weil er sich, seit er trocken ist, in Arbeit vergräbt und es so scheint, als wolle er sich Ihnen bewußt und absichtlich entziehen. Aber Holly, Sie haben ihn geheiratet, als er noch trank! Auch da kann er wohl kaum zugänglich gewesen sein. Also ist seine Unzugänglichkeit nichts Neues, und Ihre Wut auf seine Arbeitssucht ist somit nicht ganz verständlich.

Ihnen ist schon in vieler Hinsicht klar geworden, daß Ihre Familiengeschichte Ihr Leben und Ihre Persönlichkeit entscheidend geprägt hat. Machen Sie sich dann aber auch klar, daß Ihr jetziger Mann nicht Ihr Hauptproblem ist: Er ist einfach der Mann, den Sie geheiratet haben, weil die begrenzte Art von Nähe, die er geben konnte (zusammen mit dem Drama und dem Chaos, die als Begleiterscheinungen zum aktiven Alkoholismus dazugehören), Ihnen angenehm war. Sie verstehen im Moment schon einiges von dem, was bei Ihnen abläuft, und sind sich zum Teil Ihrer Familiengeschichte bewußt, aber doch noch nicht genug, um zu lernen, einem anderen Menschen wirklich nah zu sein. Keiner von uns kann die Art, in der er auf andere zugeht, im Verlaufe eines einzigen Lebens radikal ändern. Wir haben schon unglaubliches Glück, wenn wir es auch nur ein bißchen schaffen, Vertrauen zu haben, auf ehrliche, nichtmanipulative Weise einem anderen Menschen nah zu sein und seine liebevolle Zuwendung einfach und dankbar anzunehmen. Sie verlangen da von Ihrem Mann etwas, mit dem Sie im Moment wahrscheinlich gar nicht umgehen könnten, wenn Sie es bekämen.

Ein sehr kluger Freund von mir, ein Bischof, hat mir einmal gesagt, auf die Frage, was er von der Scheidung halte, antworte er den Leuten immer: «Manchmal haben es Menschen nötig, getrennt zu leben. Man sollte sich aber nicht trennen, bevor man nicht die Lektion gelernt hat, die die Beziehung einem zu vermitteln sucht. Wenn man die Lektion nicht lernt, wird man mit ihr in der nächsten und vielleicht auch übernächsten Beziehung erneut konfrontiert werden.» Holly, wenn wir die Lektion gelernt haben, erkennen wir manchmal, daß es in Wirklichkeit gar nicht darum geht, ob wir beim Partner bleiben oder ihn besser verlassen sollten. Vielmehr sind wir mit einer viel simpleren und dennoch weit schwierigeren Aufgabe konfrontiert: Wir müssen lernen, innezuhalten und bei allen (unterschiedlichen oder gemeinsamen) Schwächen mit uns selbst und mit einem anderen Menschen zusammenzuleben.

Solange Sie von ihrem jetzigen Mann mehr Zuwendung fordern, als er geben kann, wird er sich aus Selbstschutz, Angst und Zorn instinktiv noch mehr zurückziehen. Dieses drängende, unwiderstehliche Bedürfnis, *irgend etwas* zu tun – will sagen, bei jemand anders eine Änderung zu bewirken –, ist eines der zerstörerischsten Elemente der Co-Abhängigkeit. Anstatt diesem Bedürfnis nachzugeben, können Sie lernen, innezuhalten und still auf Ihre eigenen Ängste, Ihren Zorn, Ihre Enttäuschung und Verzweiflung (oder welches Gefühl auch immer gerade von Ihnen Besitz ergriffen hat) zu horchen. Folgen Sie ihm bis zu seinem Ursprung in *Ihrem* Innern. Lassen Sie das Gefühl zu (heißen Sie es sogar willkommen, wenn Sie können!), spüren Sie ihm nach, erleben Sie es, erkunden Sie es und nehmen Sie das an, was Sie von ihm über sich, über Ihre Lebensgeschichte und über Ihren Schmerz lernen können. Denn, Holly, *keine* Beziehung kann Ihnen den Schmerz Ihrer eigenen Lebensgeschichte nehmen. Kein Partner kann Ihnen soviel Ablenkung bieten oder soviel Liebe geben, daß der Schmerz verdeckt bleibt. Sie müssen sich ihm stellen, in ihn hineingehen, ihn akzeptieren und zulassen, daß Ihre Höhere Macht Ihnen hilft, sich von Ihrem Leid zu erholen, zu vergeben und Ihr Leben zu leben. Dann werden Sie die Lektion lernen, von der mein Freund gesprochen hat.

Wenn Sie wirklich gelernt haben innezuhalten und wenn Sie alles, was Sie bei Al-Anon und in der Therapie gelernt haben, nehmen können, um Ihren Mann zu segnen und ihn *genau so* zu akzeptieren, wie er ist – ohne Wut oder Widerwillen, ohne ihn strafen oder ändern zu wollen, ohne das, was er tut oder nicht tut, persönlich zu nehmen –, dann haben Sie wahrhaftig eine tiefere seelische Dimension erreicht und die Gabe empfangen, die diese Beziehung Ihnen die ganze Zeit über zu geben versucht hat. Danach wird sich die Frage des Bleibens oder Gehens von alleine regeln, das garantiere ich Ihnen.

———————

Die Beziehungssucht ergibt sich meist, wenn wir mit einem Ehemann oder Freund zusammenleben. Manchmal glauben wir schon, wir hätten uns von der Sucht befreit, nur weil die Beziehung mit dem Menschen, auf den wir uns suchthaft fixiert hatten, zu Ende ist. Doch wie der nächste Brief zeigt, bedeutet es für sich genommen in der Regel noch keine Befreiung von der Sucht, wenn sich die Umstände ändern.

Liebe Frau Norwood,
ich habe mir gerade «Wenn Frauen zu sehr lieben» gekauft und es mit zur Arbeit genommen. Aber ich mußte dort mit dem Lesen aufhören, weil es meinen Chef gestört hat, daß ich ständig «Oh, mein Gott!» gerufen habe. Ich bin jetzt zwanzig Jahre mit einem Mann verheiratet, der, wenn er mal eine Zeitlang versucht, nicht zu trinken, mürrisch, nörgelig und launisch ist.

Früher habe ich meinen Mann immer mit einem Adler verglichen, der in einem Käfig sitzt und mit den Flügeln gegen die Gitterstäbe schlägt. Ich dagegen sah mich als eine kleine, dicke, lahme Ente, die zufrieden war, im Käfig zu hocken. Hin und wieder gelang es dem Adler, sich aus dem Käfig zu befreien; die Ente flog mit ihm und war glücklich. Sie war es aber immer zufrieden, wieder in den Käfig zurückzukehren. Auch der Adler kehrte immer wieder zurück, schlug aber nach kurzer Zeit schon wieder mit den Flügeln gegen die Gitterstäbe.

Vor zwei Monaten ist mein Mann mit meiner ehemals besten Freundin durchgebrannt. Er lebt mit ihr irgendwo da draußen in einer Traumwelt. Als er mich verließ, war mein erster Gedanke: «Wenn *er* mich schon nicht haben will, wer dann?» – Kommt Ihnen bekannt vor? Damals hatte ich sechzehn Kilo Übergewicht, was ihn angeblich nie gestört hat; Freunden hat er aber gestanden, er finde mich doch zu dick. In all den Jahren unserer Ehe habe ich immer gemeint, er sei intelligenter, attraktiver und so weiter als ich und ich könne von Glück reden, mit einem solchen Mann verheiratet zu sein. Ich konnte mir nicht vorstellen, ohne ihn zu existieren.

Vor zwei Jahren fand ich eine Arbeit, die mir gefiel, und ich galt dort als intelligent, innovativ und einfallsreich. Etwa gleichzeitig fing ich an, bei örtlichen Theaterproduktionen mitzuspielen und mitzusingen und bekam sehr positive Kritiken. Ich begann auch wieder zu schreiben, aber zu Hause hielt man mich immer noch für haarsträubend dumm und langweilig. Unsere zwei Ältesten, damals schon Teenager, machten mich für alle ihre Probleme verantwortlich. Ich sei verrückt, ob ich das noch nicht begriffen hätte? Wie könne ich mich bei meiner Verrücktheit auch noch in die Öffentlichkeit wagen?

Vorigen Herbst lief unsere fünfzehnjährige Tochter von zu Hause weg. Erst nach zwei Tagen tauchte sie wieder auf. Sie trank zu der Zeit reichlich Alkohol und nahm eine Menge Tabletten. Bis dahin hatte mein Mann all meine Aufmerksamkeit beansprucht, aber jetzt konzentrierte ich mich ganz auf meine Tochter, um ihr zu helfen. Er war der Meinung, wir sollten sie hinauswerfen. Er wollte mit dem ganzen Problem nichts zu tun haben. «Sie ist unser Kind», war meine Antwort. «Ich werfe sie nicht hinaus!» Mit der Hilfe einer psychologischen Beratungsstelle fing sie sich dann wieder ein bißchen, während meine Beziehung zu meinem Mann zusehends in die Brüche ging. Ich sah, wie sein Verhältnis zu meiner Ex-Freundin immer enger wurde, aber ich versuchte doch, meine Tochter zu retten und konnte ihm gar nichts geben.

Ich konnte es nicht ändern. In zwanzig Jahren hat er sich sechsmal so geöffnet, daß ich ihm nah sein konnte – alle drei oder vier Jahre einmal. Von viel Liebe und gegenseitigem Verständnis konnte da nicht die Rede sein. Zehn Jahre lang bin ich zur psychologischen Beratung gegangen, um herauszufinden, was ich falsch machte und wie ich mich ändern könnte, damit es zwischen uns besser liefe. Denn war letzten Endes nicht alles mein Fehler?

Als er mich verließ, zeigte eine Freundin mir eine Informationsschrift über Suchtmittelabhängigkeit und deren Auswirkungen auf die betroffenen Familien. Auf einmal hatte ich Teile des Puzzles in der Hand, nach denen ich die ganzen zwanzig Jahre lang gesucht hatte! Seitdem gehe ich zu einer Al-Anon-Gruppe, und das hat mir schon eine Menge geholfen.

Wenn mein Mann mich nicht haben will, dann eben ein anderer. Ich bin nicht dumm, ich bin nicht häßlich, und ich habe wirklich etwas zu bieten. Auf diese Weise habe ich inzwischen über elf Kilo abgenommen, und ich mache auch weiterhin Sport und halte Diät. Das Essen hat nicht mehr diesen hohen Stellenwert für mich – gerade auch, was Süßigkeiten anbelangt. Ich spiele weiterhin Theater und singe.

Ich habe mein Programm und kann ganz gut ohne meinen Mann leben.

Aber meine Tochter ist wieder auf ihrem Drogen- und Alkoholtrip und ist mir gegenüber schon tätlich geworden. Es geht mit ihr immer steiler bergab, und ich sehe bei ihr schon die gleichen Verhaltensmuster wie bei meinem Mann. Am Montag habe ich beschlossen, sie für eine sechswöchige Entziehungskur in ein Rehabilitationszentrum für alkohol- und drogenabhängige Jugendliche zu schicken. Heute abend werde ich ihr diesen Entschluß eröffnen. Sie wohnt zur Zeit bei einem Bekannten von mir, einem Gesprächstherapeuten. Vergangene Woche ist sie zweimal weggelaufen, und so haben wir uns darauf geeinigt, ihr – da sie zu Hause unglücklich war – anderswo für eine Weile eine akzeptable Wohnmöglichkeit zu suchen. Wenn sie heute abend wegläuft, bleibt mir nichts anderes übrig, als die Polizei zu rufen. Ich weiß, wenn sie die Therapie erst einmal anfängt, bleibt sie auch dabei. In Wirklichkeit ist sie nämlich ein einziger Hilfeschrei.

Noch vor einem Monat wäre ich starr vor Angst gewesen und hätte mich immer wieder gefragt, was ich bei meiner Tochter bloß falsch gemacht habe, daß sie sich so verhält. Ich lerne nun aus schmerzlicher Erfahrung, loszulassen und diese Krisen halbwegs normal zu überstehen. Es wird besser mit mir – Gott sei Dank!

Ich weiß nicht, was mit mir in Zukunft sein wird, aber im Moment fühle ich mich so stark wie noch nie. Ich mag mich. Ich bin in Ordnung. Ich kann auch ohne meinen Mann leben. Ich danke Ihnen für Ihr Buch. Es hat mir die Augen geöffnet und mir geholfen, die schwerer faßbaren Teile von mir zu finden.

Willow D.

Liebe Willow,

zu den Fortschritten, die Sie in bezug auf Ihre Selbsterkenntnis und das Erkennen Ihrer Familiensituation gemacht haben, möchte ich Ihnen gratulieren und Ihnen gleichzeitig etwas zu bedenken geben. Wenn man sich bewußt macht, wie stark sich eine Beziehungssucht (die in Ihrem Fall co-alkoholischer Art ist) auswirkt, ist leicht einzusehen, warum Sie Ihre fürsorgliche Aufmerksamkeit erst in dem Augenblick von Ihrem Mann losreißen konnten, als Sie sie auf Ihre Tochter umlenken konnten. Da Ihr Mann aus dem Haus ist, werden Sie nun um so stärker den Drang verspüren, sich auf Ihre Tochter zu konzentrieren. Wenn der Partner von der Bildfläche verschwunden ist, drängt es Beziehungssüchtige sehr häufig, sich dem nächsten engvertrauten Menschen zu widmen. Oft bedeutet das, daß jetzt eins oder mehrere der Kinder den Hauptteil der Aufmerksamkeit von der beziehungssüchtigen Mutter abbekommen. Wenn die Beziehungssüchtige eine Co-Alkoholikerin ist und nun zwar der alkoholabhängige Partner nicht mehr da ist, dafür aber ein alkoholabhängiges Kind, dann *erscheint* das Bedürfnis, dem Kind zu helfen und sein Leben zu regeln und zu kontrollieren, als ein vollkommen gerechtfertiges Bemühen und nicht als die Fortsetzung des Krankheitsprozesses, was es aber in Wirklichkeit ist.

Menschen hören mit dem Mißbrauch von Alkohol und anderen Drogen nicht deshalb auf, weil sie andere Leute glücklich machen oder ihnen einen Gefallen tun wollen – ganz egal, ob es sich bei diesen anderen nun um ihren Mann, ihre Frau, ihre Kinder oder ihre Eltern handelt. Wenn, dann hören sie deshalb damit auf, weil ihnen die Folgen ihrer Sucht unerträglich geworden sind.

Auf die Gefahr hin, mir den Zorn aller Eltern zuzuziehen, die sich in diesem Sinne engagieren, möchte ich Ihnen sagen, daß Ihre wichtigste Aufgabe nicht darin besteht, Lösungen für die Probleme Ihrer Tochter zu finden. Ihre Aufgabe ist es vielmehr, für sich selbst zu sorgen. Je besser Sie es schaffen, für sich selbst zu sorgen und nicht zuzulassen, daß das Verhalten Ihrer Tochter Sie völlig aus den Gleisen wirft, desto größer ist der Gefallen, den Sie sowohl ihr als auch sich selbst erweisen.

Es bedarf einer sehr hohen Form der Liebe, um zuzulassen, daß ein Mensch, an dem wir sehr hängen, die natürlichen Folgen seines Verhaltens zu spüren bekommt; dadurch erhält er die Gelegenheit, die aus seinem Verhalten resultierenden speziellen Lehren zu ziehen. Wenn wir – aus Angst oder aus Schuldgefühlen heraus – die gefürchteten Folgen und damit auch die entsprechenden Lehren vermeiden, dann geschieht das eher uns selbst als dem geliebten Menschen zuliebe. Wenn wir uns verantwortlich fühlen und unsere Schuldgefühle oder anderer Leute Mißbilligung nicht ertragen können, dann brauchen wir Hilfe, *um mit unseren eigenen unangenehmen Gefühlen zurechtzukommen*, nicht aber, um das Leben eines anderen Menschen zu bewältigen. Im Grunde genommen müssen wir lernen zu klären, ob ein Problem unser eigenes oder das eines anderen Menschen ist. Ich rate Ihnen dringend, die Verantwortung für den Alkohol- und Drogenmißbrauch Ihres Kindes dem Menschen zu geben, bei dem sie natürlicherweise liegt: bei Ihrer Tochter. Wenn Sie versuchen, eine Lösung für deren Problem zu erzwingen, dann gehört diese Handlungsweise zu Ihrem Krankheitsbild als Co-Alkoholikerin. Ihr eigener Gesundungsprozeß hat erst vor recht kurzer Zeit angefangen, und Sie müssen erst noch lernen, die Menschen um Sie herum nicht zu dirigieren und zu kontrollieren.

Ich habe immer wieder beobachtet, wie Jugendliche und junge Erwachsene versucht haben, die Verantwortung für ihr Leben selbst zu übernehmen und sich von einer Sucht zu befreien (ersteres ist Voraussetzung für letzteres). Sie haben ihre Eltern regelrecht *angefleht*, sie nicht mehr mit aller Gewalt retten zu wollen, keine Kaution mehr zu stellen, ihnen kein Geld und kein Zimmer mehr zu geben und *keinen Therapieplatz oder sonstige Hilfsmaßnahmen für sie ausfindig zu machen*, sondern sie alles in die eigene Hand nehmen zu lassen. Und immer wieder habe ich gehört, wie die betreffenden Eltern zu ihren Kindern gesagt haben, es sei ihre elterliche Pflicht, ihnen zu helfen, und im übrigen könnten sie es nicht ertragen, sie leiden zu sehen – ja, selbst wenn es letztlich zum Besten ihres Kindes wäre, könnten sie nicht aufhören zu «helfen». Ich habe aber auch sowohl Eß- als auch Drogensüchtige und Alkoholiker/innen, die auf dem Wege der Genesung waren, sagen hören: «Meine Eltern haben mich gesundzukriegen versucht und dabei über eine Million Dollar ausgegeben. Erst als sie schließlich damit aufgehört hatten, habe ich beschlossen, mein Leben zu ändern.» Für den Umgang mit Süchtigen gilt als Faustregel: Am besten ist es, wenn man – ohne Gewissensbisse! – für diese Menschen nichts tut, was sie selbst für sich tun könnten, *wenn sie nur wollten.*

In vielerlei Hinsicht sind wir Beziehungssüchtige eigentlich sehr gefährliche Menschen, denn wir *brauchen* einen anderen, um eine Aufgabe, ein Ziel für unsere Aufmerksamkeit, einen Lebenszweck und eine Ablenkung von uns selbst zu haben. Da wir uns von der Abhängigkeit oder Unzulänglichkeit eines anderen stark angezogen fühlen, neigen wir dazu, eine Sucht zu romantisieren, statt sie als die Krankheit zu sehen, die sie ist. (Der Vergleich Ihres Mannes mit einem Adler ist dafür ein Beispiel.) Tatsächlich können wir bei anderen Menschen die Entwicklung von Selbstachtung und ein inneres Wachstum nachhaltig stören, wenn wir entweder zuviel Verantwortung dafür übernehmen, daß es zu diesem inneren Wachstum kommt, oder ihm eine allzu bedrängende Aufmerksamkeit schenken, während es sich zu entfalten sucht. Willow, erweisen Sie Ihrer Tochter einen ganz großen Liebesdienst, indem Sie Ihre Aufmerksamkeit von ihr und ihrer Genesung ab- und sich selbst zuwenden!

––––––––––

Viele Menschen sehnen sich danach, in irgendeiner Sache der oder die Beste zu sein und sich auf zumindest eine bemerkenswerte Weise von allen anderen Menschen auf der Erde zu unterscheiden. Das ist ein weit verbreiteter Wunsch, wenn auch nicht unbedingt einer, der immer zu größtem Seelenfrieden führt. Wenn zum Beispiel Beziehungssüchtige diese Sehnsucht verspüren, anders zu sein, etwas Besonderes zu sein, dann kann daraus eine Überidentifikation mit den negativsten Aspekten ihrer Lebensgeschichte und ihrer Krankheit entstehen. Es kann sein, daß sie sich fast nur aus der (durch eigene

Erzählung gestützten) Überzeugung heraus, sie hätten die *allertraurigste* Kindheit, den *gefährlichsten* Freund oder die *schokkierendsten* Erlebnisse gehabt, wichtig fühlen und die Aufmerksamkeit anderer auf sich lenken können. Wenn man einmal diesen Zug entwickelt hat, kann es einem unangenehm sein, ihn wieder aufzugeben und für die Ruhe und Gelassenheit der Genesung einzutauschen; man hat dann ein Gefühl, als begnüge man sich mit einer nicht weiter beachtenswerten Mittelmäßigkeit. Aber wenn es zu einer Genesung kommen soll, wird es letzten Endes absolut notwendig, diesen Zug aufzugeben. Mit einer solchen überdramatisierten Identität ist nämlich entweder Selbstmitleid oder Wichtigtuerei oder beides verbunden: Man ist fest entschlossen, den ersten Preis in der Kategorie «Das beste Schlimmste» im Leben zu gewinnen. Das Bemühen, ein solches Ziel zu erreichen, ist wirklich ein hohler Zeitvertreib, verglichen mit dem Lohn, der winkt, wenn man sein Leben nüchtern angeht, die Vergangenheit akzeptiert, ihr verzeiht und von ihr lernt, um dann, weiser geworden, vorwärts zu streben.

Im folgenden Brief läßt sich eindeutig ein Wetteifern um den ersten Preis für «Das beste Schlimmste» erkennen. Daran wird deutlich, daß Hedy Gefallen an ihrer Hauptrolle in den immer wiederkehrenden Dramen und Melodramen findet, die aneinandergereiht ihr Leben ergeben. Im zweiten Teil ihres Briefes fängt sie an, sich mit der Möglichkeit eines ruhigeren, gesünderen Lebens zu befassen. Wenn Hedy wirklich den Schritt zur Veränderung machen will, wird sie wohl auf einen Großteil ihres Stolzes verzichten müssen.

Liebe Robin,
entschuldigen Sie bitte die äußere Form dieses Briefs, aber wenn ich jetzt erst die Schreibmaschine aus der Ecke hervorholen muß, bekommen Sie diesen Brief vielleicht nie zu sehen!

Ich habe Ihr Buch mit einer Leidenschaft gelesen, als gäbe es nichts anderes für mich. Ich habe es zum Lesen überall mit hingenommen und habe sehr vielen Männern und Frauen davon erzählt!

Ich bin eine Frau, die zu sehr geliebt hat (und vielleicht auch jetzt noch zu sehr liebt). Ich habe neun Jahre Therapie hinter mir – das reicht, um davon die Collegeausbildung des Babys meiner Therapeutin zu zahlen. Ich habe mich immer hundertzehnprozentig eingelassen und andere Menschen inständig gebeten, mit mir zu reden, mir Feedback zu geben und mich zu ermutigen, bin aber nur grausam entmutigt worden. Jetzt kann ich die Teile des Puzzles zusammensetzen. Ich war zwar auch bisher schon bereit, einen großen Sprung zu machen, wußte aber nicht genau, wie ich ihn machen sollte oder was eigentlich mein wirkliches Problem war.

Meine Geschichten hätten Ihre Leserinnen sicherlich aufs höchste schockiert. Ich bin schon mit einer Menge unglaublich verschiedener Männer aus- und auch ins Bett gegangen. Unter ihnen waren alle nur vorstellbaren Volks-, Alters- und Berufsgruppen vertreten. Hin und wieder war auch mal ein netter Kerl dabei – das waren die, für die ich keinerlei Achtung hatte. Für mich waren sie Schwächlinge. Jetzt also, mit sechsunddreißig Jahren, habe ich beschlossen, mich zusammenzureißen – es wird Zeit! Während ich Ihr Buch las, habe ich über mein Leben nachgedacht und mich gewundert, wie ich es geschafft habe, eine Zulassung als Heilgymnastin, ein Tanz- und Schauspieldiplom und in zwei Fächern eine Lehrbefähigung zu bekommen, außerdem die Prüfungen als Hypnotiseurin und Masseurin zu bestehen und bei all dem noch meinen Vollzeitjob im Krankenhaus zu halten. Ich achte auch sehr auf meine Gesundheit und mache täglich Sport und Gymnastik. Und ich habe auch wahnsinnig viele Freunde und Bekannte!

Beim Lesen Ihres Buches habe ich mich an so manche Situation erinnert, in der ich mit einem Mann zusammengewesen bin und Sätze abgelassen habe wie: «Nur du kannst mir helfen, meinen Traum zu verwirklichen!» oder «Du hast mich schwer enttäuscht!»

Mir ist jetzt klar, daß ich diese Männer manipuliert habe. (Es fällt mir schwer, das zuzugeben!) Wenn ich an meine Kindheit zurückdenke, sehe ich, daß meine Eltern und ich nach der gleichen Melodie getanzt haben. Ihnen war meine Schwester wichtig, und ich wurde gezeugt, damit sie jemand zum Spielen hatte. Meine Mutter hat mir einmal gesagt, wie enttäuscht sie gewesen ist, als ich auf diesem Gebiet ihre Erwartungen nicht erfüllte.

Familien ändern sich nicht – wie recht Sie damit haben! Meine Eltern erwarten immer noch von mir, daß ich die Ferngespräche zahle, wenn sie sich lang und breit mit mir darüber unterhalten, was alles vorbereitet werden muß, damit sie sich mal wieder sechs Mann hoch für zehn Tage in meiner kleinen Wohnung einquartieren können. Wieso auch nicht? Ich habe es ja vorher schon mal gemacht. Jetzt wird es mit aller Selbstverständlichkeit erwartet! Ich glaube, daß wir, also die in Ihrem Buch beschriebenen Frauen, oft von der Gesellschaft, der Familie oder von Freunden geradewegs dazu angehalten werden, uns weiter im Kreis zu drehen.

Ich habe ein aufregendes Leben – immer wieder ein neuer Freund, ein neues Restaurant, ein neues Ereignis – immer dieses «Hochgefühl». Die Leute staunen nur so, daß ich eine ganze Nacht durchmachen und am nächsten Tag mit unglaublicher Energie arbeiten kann oder daß ich einfach meinen Job an der Ostküste aufgeben und an der Westküste einen neunundzwanzig Jahre älteren Buchmacher heiraten kann, den ich vorher überhaupt nicht gekannt habe. Solche Geschichten habe ich früher voller Humor und Stolz erzählt, und alle haben über mich gestaunt.

Als ich angefangen habe, Ihr Buch zu lesen, bin ich gerade mit einem (vielleicht) «netten Kerl» gegangen und bin auch noch mit einem anderen Mann zusammengewesen, den ich irgendwie «charismatisch» gefunden habe. Der nette Kerl, ein Mediziner, war von

Anfang an sehr freundlich und geduldig, aber bei ihm geht kein Feuerwerk ab. Mr. Charisma hat immer tolle Komplimente gemacht und dabei ganz ehrlich (?) gewirkt. Er war einfach romantisch, und wenn er nachts um drei stürmisch an meine Tür gepocht hat, habe ich immer Zeit für ihn gehabt, um mit ihm zu reden *und* mit ihm zu schlafen. Die Wochen vergingen, und Mr. Charisma war immer zur Stelle, wenn er Hunger hatte, und hat natürlich meine Kochkünste gelobt. (Und er hat das auch so gemeint, das weiß ich!) Dann wieder ist er nur noch mitten in der Nacht aufgetaucht. Wer sonst hätte ihn reingelassen? Und als an seinem Auto einmal zwei Wochen lang das Licht nicht funktionierte, hat er mich angerufen und mir gesagt, ich solle ihn abholen und ihn zu mir fahren. (Natürlich war es noch nicht spät – *erst* ein Uhr.) Fürs Liederschreiben hatte er ein Talent, und er ist nur hin und wieder mal für ein Wochenende nach Hollywood rübergefahren, um Geld für die Miete und fürs Kokain zu verdienen.

Den Mediziner habe ich immer wieder gekränkt, zum Beispiel indem ich von seiner Wohnung aus meinen Anrufbeantworter abhörte. Wenn Mr. Charisma auch nur angerufen hatte, um zu fragen, wo ich sei, bin ich gleich nach Hause gerast und habe mich neben das Telefon gesetzt.

Ich habe mich eine Zeitlang gezwungen, abends zu Hause zu bleiben und zu lesen, und als ich zwei Drittel Ihres Buches gelesen hatte, ist mir klargeworden: Was auch immer getan werden muß – ich bin es, die es tun muß.

Robin, Sie wissen, wie schwer das ist!

Vielleicht können einige Techniken, die ich angewendet habe, auch manchen Ihrer Patientinnen helfen. Ich habe angefangen, Mr. Charisma um kleine Gefälligkeiten zu bitten. Zum Beispiel habe ich auf seine Kosten Ferngespräche geführt und ihn gebeten, mir etwas zu besorgen oder mich irgendwo abzuholen und so weiter. Ich habe es geschafft, meinen Anrufbeantworter anzulassen und keine Anrufe entgegenzunehmen. Dann habe ich zwei Wochen lang mit ihm nur am Telefon geredet. Als ich dann Lust hatte, ihn zu sehen und mit ihm etwas zu unternehmen, habe ich ihn angerufen und zu einer klar begrenzten Sache eingeladen. Ich habe dafür gesorgt, daß ich zwei Stunden später einen anderen Termin hatte. Wir haben uns nicht bei mir, sondern an einem öffentlichen Ort verabredet. Durch diese ganzen Schachzüge habe ich mir etwas Abstand zu ihm verschafft, ohne dabei das Gefühl zu haben, ich hätte die Beziehung ganz und gar abgebrochen. Aber seitdem ich es geschafft habe, etwas Abstand zu bekommen, hat sich meine Wahrnehmung verändert, und ich erinnere mich jetzt an die versprochenen Tennisstunden, die er mir nie gegeben hat, an den Segeltörn, zu dem es nie gekommen ist, und an die Fahrradtouren, die wir nie unternommen haben. Ich habe angefangen, mich zu fragen, was diese Beziehung mir gibt. Na, und was? Sex und Schmeicheleien. Ich habe mir vorgestellt, wie kaputt sein Gehirn vom Rauchen und Kokain-Nehmen sein muß, und wenn er mir etwas erzählt hat, habe ich mir immer klargemacht, wie dumm sich das in Wirklichkeit anhörte. Er hatte eine kleine kahle Stelle auf dem Kopf, und auf die habe ich mich dann im stillen konzentriert. Außerdem hat er sich nicht gerade gesund ernährt, und sein weicher Körper ist ganz teigig-schlaff geworden. Wenn ich von ihm geredet habe, dann habe ich ihn einen «charismatischen Blödmann» genannt.

Vergangene Nacht hat er angerufen – um halb drei, um drei, um halb vier, um vier, um halb fünf und um fünf Uhr, und er hat jedesmal sehr fordernd geklungen. Es war für mich eine Erleichterung zu sehen, daß es gerechtfertigt gewesen war (auch wenn keinerlei Rechtfertigung nötig war), die Beziehung auf Sparflamme zu schalten. Dabei habe ich wirklich gezögert, ob ich nicht doch besser ans Telefon gehen sollte, denn ich habe mir gesagt: «Was denkt er nur von mir, wenn ich nicht rangehe?!» (So schnell kommt man nicht davon los!)

Es wird immer irgendeinen «charismatischen Blödmann» geben. Da fällt es gar nicht leicht, bei dem netten Kerl zu bleiben. Ich höre mich selbst sagen: «Ist das alles?» Und dann antwortet die andere kleine Stimme in mir: «Was erwartest du? Dieser nette Mann ist ein ganz normaler Mensch. Du hast einen großen Schritt getan – jetzt bleib auch dabei!» Mein Mediziner mag für mich vielleicht nicht der «Mann fürs Leben» sein, aber bei ihm habe ich auf jeden Fall schon einmal eine gute Gelegenheit zu üben!

Wenn ich merke, daß ich in Panik gerate, forsche ich nach der Ursache und frage mich, was ich eigentlich will. Ich versuche innezuhalten, um zu sehen, ob die Angst wieder verfliegt. Und das tut sie dann auch.

Ich stecke meine Energie jetzt in meine Arbeit. Ich habe immer gesagt, wenn ich auf meine Arbeit genausoviel Zeit verwenden würde wie auf meine Beziehungen, wäre ich berühmt! Die Leute fühlen sich unglaublich zu mir hingezogen. Ich habe das Glück, durch meine Arbeit und meinen Bekanntenkreis viele Freunde und nützliche Kontakte zu haben, und so kann ich mich in jede Richtung entwickeln, ganz wie ich will.

Ich bin bereit, selbst Entscheidungen zu treffen (durchaus ein großes Risiko), und merke, daß ich weiß, was für mich das beste ist. Es macht Spaß, die Reaktionen und die Körpersprache zu beobachten, wenn ich eine Entscheidung treffe. Dieses Gefühl von Macht! Von sicherer Macht und ruhiger Kraft. Ein wunderbares Gefühl!

Hedy P.

Liebe Hedy,

der Schlüssel zu den in Ihrem Brief geschilderten Verhaltensmustern steckt in dem Abschnitt über Ihr Verhältnis zu Ihren Eltern und Ihrer Schwester. Als ich das las, verstand ich alles andere, denn bei jedem der von Ihnen beschriebenen Bereiche – Arbeit, Freundschaften, Männerbeziehungen und Ehe – klingt an, daß Sie zwanghaft bemüht sind, die Identität zu überwinden, die Ihre Familie Ihnen «verpaßt» hat. Man hat Sie ständig als eine Art Hilfe und Unterstützung für Ihre Schwester definiert und war unfähig, Sie selbst als eine getrennte, eigenständige, einzigartige und geschätzte Person zu sehen. Das muß Ihnen immer noch sehr weh tun, da Sie sich so arg anstrengen zu beweisen, daß Sie liebenswert, fähig, interessant und attraktiv sind, und sich gleichzeitig mit aller Kraft von dem abzulenken versuchen, was meiner Vermutung nach die Angst ist, Ihre Familie könnte doch recht haben. Am Ende Ihres Briefes erwähnen Sie die Panik, die Sie überfällt, wenn Sie nicht gerade fieberhaft mit irgendeiner Arbeit beschäftigt sind. Sie scheinen sich auf einen Anfall von Arbeitswut einzustellen, der Ihnen die Ablenkung verschaffen soll, die Ihnen bisher Ihr dramatisches Liebesleben gegeben hat. So wechseln Sie vielleicht von einer zwanghaften Beschäftigung zur anderen; von Ihrem zwanghaften Tun werden Sie sich jedoch erst *befreien* können, wenn Sie den Mut finden, sich auf sich selbst zu konzentrieren statt auf einen Mann (*egal*, ob aufregend oder langweilig!), eine neue Arbeit, ein weiteres Diplom, irgendeine Urkunde, eine Party, ein gesellschaftliches Ereignis, ein Familientreffen oder welche Ablenkung Sie sonst noch finden können.

Um in diesem Sinne innezuhalten, brauchen Sie möglicherweise Hilfe – Hilfe von Menschen, denen gegenüber Sie offen werden zugeben müssen, daß Sie es alleine nicht schaffen. Ich hoffe, Sie finden den Mut, den diese Art von Kapitulation auf Ihrer Seite erfordert – den Mut, zuzugeben, daß Ihr Leben nicht so aufregend und wunderbar ist, wie Sie es eigentlich gern hätten. Wenn es bei Ihnen zu einer Genesung kommen soll, werden Sie außerdem der Tatsache ins Auge sehen und akzeptieren müssen, daß Sie in den Augen Ihrer Familie vielleicht nie etwas so Besonderes sein werden, wie Sie es gerne wären. Sie müssen aufhören, die Einschätzung Ihrer Eltern und Schwester derart persönlich zu nehmen. Die Art, in der Ihre Familie Sie wahrnimmt, sagt viel mehr über Ihre Eltern und Ihre Schwester aus als über Sie. Wenn Sie das erkennen, gelingt es Ihnen vielleicht, loszulassen und nicht mehr so sehr danach zu streben, von ihnen beachtet, anerkannt und geliebt zu werden. Schließlich kommt Ihre fieberhafte Beschäftigungswut und Ihr Hang zu verrückten Abenteuern mittlerweile nicht mehr daher, daß Ihre Eltern und Ihre Schwester Ihnen nicht genügend Anerkennung oder Wertschätzung entgegenbringen, sondern daher, daß *Sie selbst* sich nicht genügend anerkennen und schätzen. Das können Sie ändern, aber Sie werden dazu viel Demut und Bescheidenheit brauchen, da sich Ihre Selbstablehnung so sorgfältig hinter Aktivität und Leistung versteckt.

Für einen Menschen mit Ihrer Persönlichkeitsstruktur kann ich mir keine größere Herausforderung vorstellen als die Entwicklung einer demütig-bescheidenen Haltung. Bislang haben Sie sich vorzugsweise durch Betriebsamkeit und Macht vor Ihrem Schmerz geschützt, und Demut und Bescheidenheit sind das genaue Gegenteil: das Kapitulieren, das Loslassen, das Akzeptieren der Tatsache, daß niemand von uns alle Antworten oder alle Mittel hat und daß wir uns deshalb gedulden und von etwas leiten lassen müssen, das größer ist als wir.

Hedy, für so viele von uns liegt der Schlüssel zur Genesung darin, zu lernen, genau das Gegenteil dessen zu tun, was wir immer getan haben. Das mag vielleicht Angst machen, aber wenn das, was wir bisher die ganze Zeit getan haben, wirklich funktionieren würde, hätten wir keine Genesung nötig, nicht wahr?

———————

Liebe Frau Norwood,
fast dreißig Jahre lang versuche ich nun herauszufinden, was der Sinn meines Lebens ist und warum es die ganze Zeit so chaotisch ist. Bei mir stehen hauptsächlich Selbsthilfebücher im Regal. Auf dem College

früher habe ich fast nur Soziologie- und Psychologie-
kurse belegt. Ich habe schon bei den unterschiedlich-
sten Gruppen mitgemacht und eine Menge Einzel-
therapiestunden hinter mir, aber nichts davon hat
wirklich hingehauen oder mir eine Erklärung dafür
geliefert, warum ich so bin, wie ich bin.

Meine beiden Ex-Gatten hätten kaum verschiedener sein können – so dachte ich zumindest. Der eine
war sanft, liebenswürdig, lebenslustig und zu Hause
und anderswo ständig mit allen möglichen Projekten
und Interessen beschäftigt. Als guter, anständiger
Mensch war er beliebt und geachtet. Mein zweiter
Mann war ein Einzelgänger, der wenig Freunde und
keine Hobbys oder Projekte hatte und mich am liebsten ganz für sich allein haben wollte. Er wollte mich
möglichst immer um sich haben und mochte es nicht,
wenn ich mit anderen Leuten zusammen war. Er
hatte einen fabelhaften Sinn für Humor und konnte
manchmal sehr komisch sein.

Warum habe ich mich zu diesen beiden Männern
hingezogen gefühlt, die doch so verschieden waren
wie Tag und Nacht? Und warum sind beide Ehen in
die Brüche gegangen? Ich habe da keinen gemeinsamen Nenner gesehen, bis ich «Wenn Frauen zu sehr
lieben» gelesen hatte. Dann war es mir plötzlich klar:
mangelnde echte Zugänglichkeit! Beide waren sie
ständig mit anderen Dingen beschäftigt – der eine mit
äußeren Interessen und der andere mit sich selbst; bei
beiden kam ich erst unter «ferner liefen». Als Kind
war es für mich ganz genauso gewesen! Daran war
ich *gewöhnt*.

Mein Vater war früher ständig mit anderen Dingen
beschäftigt und nie für mich da. Er war Arzt und dabei drogen- und alkoholabhängig. Sein Charakter
und seine Gesundheit haben sich mit der Zeit immer
mehr verschlechtert, bis er schließlich an einem
Schlaganfall gestorben ist, nachdem er zwei Jahre
lang bettlägerig gewesen war. In der Zeit vor seinem

Tod hat meine Mutter alles für ihn getan und von niemandem Hilfe angenommen. Ihr Märtyrertum hat bei ihr schließlich zu einem Herzleiden geführt.

Als Kind habe ich meine Mutter nur leiden sehen. Sie sagte, sie liebe ihn, aber ich habe nie verstehen können warum, denn sowohl zu ihr als auch zu meinem älteren Bruder und mir war er abscheulich. Uns Kindern sagte sie, es sei für sie ein Schock gewesen, als mein Vater ihr ins Gesicht gesagt habe, daß er sie nicht mehr liebe. Sie hatte die Warnsignale übersehen oder sie nicht wahrnehmen wollen. Uns sagte sie, sie sei wegen uns Kindern bei ihm geblieben. Mein Bruder war ihr dafür dankbar, aber ich fand, es sei Wahnsinn. Ich wußte, daß es mir viel besser gegangen wäre, wenn mein Vater aus meinem Leben verschwunden wäre. Statt dessen hatte ich beide Eltern ständig vor Augen und lernte zu leiden, ja, ich lernte sogar, genau den gleichen Gesichtsausdruck wie meine Mutter aufzusetzen. Ich sah mir dabei noch zu! Als ich in die High School kam, hatte ich die Rolle schon total drauf. Ich war auch von mir aus traurig, aber ich nahm zusätzlich noch *ihre* Traurigkeit an. Ich sagte mir, daß ich sie liebe, und habe dann versucht, sie zu der Mutter zu machen, die ich gern gehabt hätte. Ich brachte mich dazu, so auf sie zuzugehen, als *wäre* sie diese von mir erfundene fiktive Person, und das schien auch zu funktionieren. Ich fühlte mich ein bißchen besser.

Sowohl meine Mutter als auch mein Vater waren sehr streng, ohne zu wissen warum. Sie sagten zu allem und jedem automatisch nein. Sie hatten grundlose Ängste, und die bestimmten ihre Reaktionen. Sie gingen nie wirklich auf mich ein und interessierten sich auch nicht dafür, worum es bei mir eigentlich ging. Ich bin nie gefragt worden, wie das Leben für mich sei. Ich kann mich nicht daran erinnern, daß einer der beiden mich je irgend etwas Persönliches gefragt hätte. Beide gingen bei dem, was sie taten, von Vermutungen aus, und meistens vermuteten sie etwas Negatives. Allein darin stimmten sie überein. Sie kämpften gegeneinander im stillen und meinten, das würde meinen Bruder und mich nicht weiter berühren. Wenn ab und zu ihre Wut doch einmal zum Vorschein kam, wurde sie gleich wieder unterdrückt. Anständige Menschen zanken miteinander nicht wie Katz und Hund. So etwas tun nur *gewöhnliche* Leute.

Mein Bruder und ich hatten als Kinder ein äußerst feindseliges Verhältnis zueinander. Wir haben allen Ernstes versucht, uns gegenseitig weh zu tun, und haben uns gefreut, wenn der andere verletzt oder krank war. Mein drei Jahre älterer Bruder hat sich Vater gegenüber nie behauptet, und dafür habe ich ihn gehaßt. Außerdem hat er sich dumm verhalten. Er hat immer im falschen Moment geredet und bei unserem Vater dann dadurch einen Wutanfall ausgelöst. Ich habe wenigstens gewußt, wann ich meinen Mund halten mußte; für meinen Bruder hatte ich keinerlei Achtung. Aber als ich meinen ersten Mann heiratete, haben sich mein Bruder und er gut verstanden, und so habe ich meinen Bruder nach und nach ein bißchen schätzen gelernt.

Ich habe den einzigen Mann geheiratet, von dem mein Vater wirklich etwas gehalten hat. Mir war damals auch klar, daß ich auf diese Weise meinem Vater näherkommen wollte, der mich immer nur entweder ignoriert oder mir das Leben auf die eine oder andere Weise unerträglich gemacht hatte.

In der Ehe mit meinem ersten Mann fing es gleich an zu kriseln, kaum daß sie begonnen hatte. Als dann die Kinder kamen, sah ich, daß mein Mann für sie genausowenig da war, und ich fing an, nervös zu werden. Ich merkte nicht, daß die Geschichte dabei war, sich zu wiederholen. Ich wußte nur, daß es mir allzu bekannt vorkam. Ich fühlte mich wegen der zwei kleinen Kinder an die Ehe gefesselt und stellte plötzlich fest, daß meine Mutter und ich uns dadurch näherkamen. Auch wenn sie ein ganzes Stück älter war als ich, hatten wir doch miteinander gemein, daß wir beide verheiratet waren und Kinder hatten. Und noch etwas verband uns im stillen: Beide waren wir als Frauen unglücklich.

Als die Kinder älter waren, fing ich an auszugehen. Ich traf einen Mann wieder, für den ich viele Jahre vorher einmal geschwärmt hatte. Er war nicht mehr frei, aber er beklagte sich *ständig* über seine Ehe. Er hatte zwei Kinder, die schon viel älter waren als meine, und eine medikamentenabhängige Frau, die er durch Schlankheitspillen selbst auf den Geschmack gebracht hatte. Aus einer schlechten Angewohnheit wurde bei ihr zusehends eine Sucht. Sie fälschte Rezepte, um an Amphetamine zu kommen, und fing schließlich zu trinken an. Zwischen ihm und mir entwickelte sich eine ernsthafte Beziehung. Er schenkte mir viel Aufmerksamkeit, und da ich so etwas die ganze Zeit nicht bekommen hatte, fühlte ich mich wie im siebten Himmel. Er hatte seinerseits bei mir ein gutes Gefühl, weil ich weder Alkohol noch Drogen mißbrauchte und er sich immer auf mich verlassen konnte. Schließlich heirateten wir. Ich war für ihn all das, was er nie gehabt hatte, und er war für mich all das, was ich nie gehabt hatte. Wir hatten unsere Ehe im Himmel geschlossen, so schien es zuerst. Na ja, vielleicht nicht ganz. Es gab schon Anzeichen für die kommenden Probleme, aber ich war sicher, daß wir mit ihnen fertig werden würden, denn in unserer Beziehung gab es doch soviel Gutes. – Falsch gedacht! Ich fing zu trinken an, um etwas von dem Druck loszuwerden, bis er mir eines Tages unverblümt erklärte, er werde mich verlassen und mich keines Blikkes mehr würdigen, wenn aus mir genauso eine Trinkerin würde wie seine erste Frau. Ich wußte, das meinte er wörtlich. Ich hörte auf zu trinken. Ich hielt mein Versprechen. Ich bat ihn meinerseits, seine Wutanfälle in den Griff zu kriegen und herauszufinden, warum er oft so kalt und unnahbar war; aber seinen Teil des Abkommens hat er nie eingehalten. Die Situation wurde immer schlimmer.

Während sich all das abspielte, ging ich regelmäßig zur Beratung und versuchte, ihn zum Mitkommen zu bewegen. Er kam nur einige wenige Male mit, und jedesmal war es sehr störend. Ich konnte diese Ehe nicht allein retten, aber ich habe mich bemüht, weil ich ihn so sehr liebte. Es tat mir wahnsinnig weh. Fast wäre ich daran zugrunde gegangen. Zweimal bin ich zum Anwalt gegangen und habe die Scheidung eingeleitet. Zweimal habe ich sie wieder zurückgezogen und es noch einmal versucht. Ich war nicht davon überzeugt, daß unsere Ehe nicht mehr zu retten sei, und ich habe versucht, ihm einen heilsamen Schrecken einzujagen, damit er endlich sah, was wirklich bei uns ablief. Ich habe nämlich gedacht, daß für ihn die Ehe genauso wichtig sei wie für mich. – Wieder falsch gedacht!

Bei mir entwickelten sich MS-artige Symptome. Nach allen möglichen Tests meinten zwei Ärzte, daß ich multiple Sklerose hätte, während zwei andere vom Gegenteil überzeugt waren. Aber ich konnte ihnen ansehen, daß keiner von ihnen wirklich wußte, was mit mir los war. Nur eins stand fest: Ich war eine sehr kranke Frau.

Die Symptome habe ich immer noch. Nach jahrelangen Anläufen lasse ich mich nun gerade von meinem zweiten Mann scheiden. Ich bin jetzt glücklicher als je zuvor in meinem Leben – trotz der unwahrscheinlich vielen Unbekannten: Geld? Das Haus, das ich auf ihn überschrieben habe? Das Auto? Und so weiter und so weiter. Ich war in meinem Leben an einem Punkt angelangt, an dem klar war: Ich lasse mich nicht mehr seelisch mißhandeln; das hier war *das allerletzte Mal*! Es war mir egal, ob ich vielleicht auf der Straße landen würde. Ich wollte diese ganze Traurigkeit und den ganzen Schmerz los sein und alles und jeden, der dabei mitgemacht hatte. Das hatte ich alles auch schon früher gesagt. Diesmal war es mir absolut ernst. Und so geht es mir auch jetzt noch damit.

Ich schicke Ihnen diesen Brief so, wie er ist, weil ich glaube, daß es Ihnen einfach wichtig ist, ihn zu lesen – auch wenn ein paar Fehler drin sind.

Leslie S.

Liebe Leslie,

wenn ein Kind in einer Familie aufwächst, in der – wie in Ihrem Fall – die Eltern beide krank sind (der eine Elternteil auf Grund seiner fortschreitenden Alkoholabhängigkeit, der andere auf Grund seiner immer verzweifelteren und unwirksameren Anstrengungen, den Partner zu kontrollieren), so führt das dazu, daß die Bedürfnisse des Kindes nach Zuwendung, Zärtlichkeit und emotionaler Sicherheit fast vollständig vernachlässigt werden. Das betreffende Mädchen entwickelt sich dann beinah zwangsläufig zu einer Erwachsenen, die ein praktisch unstillbares Bedürfnis danach hat, bestätigt zu bekommen, daß sie geliebt wird. Gleichzeitig ist sie jedoch unfähig daran zu glauben, daß jemand willens und in der Lage ist, sie zu lieben. Hinzu kommt, daß sie wahrscheinlich auch unfähig ist, sich einen gesunden Partner zu suchen. Sollte sie heiraten, sind die Folgen abzusehen. Anfangs besteht noch ein Hoffnungsschimmer, daß alles schon gutgehen und jedes Bedürfnis Befriedigung, jede aus der Kindheit stammende Wunde Heilung finden werde. Doch diese Hoffnung schwindet bald. Da ist wieder dieses schwarze Loch, das gefüllt sein will. Bei der betroffenen Frau kommt ein nagendes Gefühl der Enttäuschung auf, da ihre Ehe, ihr Partner, ihr nicht das Gefühl geben kann, sicher zu sein und geliebt zu werden. Ihr Partner fühlt sich durch ihr ständiges Bedürfnis, ihn in ihrer Nähe zu haben, schließlich nicht mehr geschmeichelt. Zuerst hatte er es noch für eine Bestätigung seiner Attraktivität und ein Zeichen inniger Liebe gehalten, aber nun empfindet er es als das, was es wirklich ist: ein alles vereinnahmendes Bedürfnis. Der Frau mangelt es so sehr an Vertrauen, daß bei ihr dadurch die Wahrnehmung jeglichen Kontaktes zwischen den Partnern getrübt wird.

Wir alle neigen dazu, uns Menschen zu Partnern zu wählen, die zu dem gleichen Grad an Intimität fähig sind wie wir. Insofern kommen in einer Ehe häufig beide Partner aus ähnlichen Verhältnissen, die jeden der beiden entsprechend gut oder schlecht darauf vorbereitet haben, sich auf einen anderen Menschen einzulassen und ihm auf Dauer nah zu sein. Tatsächlich ist Partnern, die in ihrer Kindheit Schaden genommen haben, ein volles Sich-Einlassen oder eine Möglichkeit wahrer Nähe alles andere als angenehm: Ihnen erscheinen solche Situationen als beängstigend und äußerst bedrohlich. Wenn erst einmal andauernde Spannungen herrschen und häufig über gegensätzliche Ansichten gestritten wird, verfliegt die von der unvertrauten, unangenehmen Nähe ausgehende Bedrohung bald. Nun haben beide Partner das Gefühl, daß die Ehe, die ursprünglich alte Probleme lösen und altes Leid vergessen machen sollte, selbst zum größten aller Probleme geworden ist.

Die Fronten werden abgesteckt und gegensätzliche Strategien bestimmt. Eine Kontrahentin wählt vielleicht die Rolle der «Verfolgerin» und eilt erst (liebes)hungrig, dann zornig hinter dem anderen her, der seinerseits auf Distanz geht und vor der drohenden völligen Vereinnahmung flieht. Wenn es zu einer Krise kommt und eine Trennung unvermeidlich scheint, kann es sein, daß das Paar die Rollen tauscht und jetzt der auf Abstand bedachte Partner hinter der ehemaligen «Verfolgerin» her ist, die aus Verzweiflung die Verfolgung zumindest zeitweilig aufgegeben hat. Ein solcher Rollentausch erklärt viele Versöhnungen, die bei keinem der beteiligten Partner auf einem tiefgreifenden Wandel in der Bereitschaft und Fähigkeit, Liebe zu geben und zu empfangen, beruhen, sondern einfach auf einer vorübergehend beruhigenden Änderung der Kampftaktiken. Eine solche Wende dient letztlich noch immer dazu, den Status quo aufrechtzuerhalten und keine echte Nähe zuzulassen.

Wenn die entmutigte ehemalige «Verfolgerin» merkt, daß der zuvor unzugängliche Partner sich nun um sie bemüht, ist ihre Entschlossenheit, ihn zu verlassen, bald untergraben. Sie wendet sich von neuem der Beziehung zu, doch das bewirkt nur, daß der Spieß recht schnell wieder umgekehrt wird.

Schon bald nehmen beide Partner erneut ihre alten, ihnen besser vertrauten Rollen und Verhaltensweisen an, die gewährleisten, daß beider Fähigkeit, einander zu vertrauen und einander nah zu sein, nicht unerträglich strapaziert wird.

In Ihrer ersten Ehe scheinen Sie die «Verfolgerin» gewesen zu sein, während sich in Ihrer zweiten zumindest am Anfang Ihr Partner sehr um Sie bemüht hat. Ich vermute, daß Ihr zweiter Mann in seiner Herkunftsfamilie als Co-Alkoholiker aufgewachsen ist – genau wie Sie. Darauf weist vor allem der Umstand hin, daß er zum einen eine Frau geheiratet hat, die zur Süchtigen wurde, und sich als nächstes eine Partnerin ausgesucht hat, deren Trinkgewohnheit für ihn ein Problem darstellte. Wenn jemand aufhört, Drogen zu nehmen, um dadurch jemand anderen versöhnlich zu stimmen – so wie das bei Ihnen der Fall war, als Sie zu trinken aufhörten, um Ihren Partner zu halten –, dann geschieht das, nebenbei bemerkt, nur mit enormem Widerwillen. Der oder die Betreffende erwartet dann von dem auf Nüchternheit drängenden Partner, daß er dafür sorgt, daß «es sich auch gelohnt hat». Aus Ihrem Brief geht hervor, daß Ihr zweiter Mann nie in der Lage gewesen ist, Sie angemessen dafür zu entschädigen, daß Sie mit dem Trinken aufgehört hatten.

Wie Sie schildern, haben Sie immer wieder versucht, von jedem Ihrer Ehemänner die Zärtlichkeit und Zuwendung zu bekommen, nach der Sie sich so sehr gesehnt haben, und dabei sind Sie schließlich ernsthaft krank geworden. Dieser Schilderung liegt die Annahme zugrunde, daß jeder der Männer Ihnen sehr wohl hätte geben *können*, was Sie wollten und brauchtes, wenn ihm nur soviel an Ihnen gelegen gewesen wäre, daß er sich auch genug Mühe gegeben hätte. Mir scheint diese Annahme auf einer falschen Voraussetzung zu beruhen. Ich meine, daß jeder der beiden Männer soviel gegeben hat, wie er konnte, und als das nicht genug war, hat jeder sich zurückgezogen, und zwar einerseits aus Angst vor einer Überforderung und andererseits aus Zorn über die empfundene Unzulänglichkeit. Das ist so, als würde eine Frau in Ihrer Lage Wasser brauchen und folgendes tun: Sie nimmt einen Eimer, geht zum Brunnen mit der Aufschrift «Ehemann» und läßt ihren Eimer in den Brunnen hinab. Als sie ihn wieder heraufzieht und feststellt, daß er nicht richtig voll ist, reagiert sie verletzt und verärgert. Jetzt läßt sie den Eimer ein ums andere Mal hinab, und jedesmal verschüttet sie beim Hochziehen etwas mehr und bekommt immer weniger Wasser. In ihrer Verzweiflung wendet sie sich vielleicht einem anderen Brunnen mit der Aufschrift «Familie» zu. Doch das Ergebnis ist das gleiche, und je weniger Wasser sie erhält, desto verletzter, verärgerter und unwilliger wird sie. Zur gleichen Zeit gibt es vielleicht ein Dutzend anderer Brunnen in der Nähe, von denen sie, wenn sie wollte, unterschiedliche Wassermengen bekommen könnte, die insgesamt genug wären, um ihren Bedarf zu decken und ihre Bedürfnisse zu befriedigen. Ihr Fehler ist es, daß sie darauf beharrt, *daß ein bestimmter Brunnen ihren gesamten Bedarf decken soll.*

Ihre Herkunftsfamilie und anschließend Ihre beiden Männer haben Ihnen nur einen Bruchteil dessen geben können, was Sie wollten und brauchten. Da ihnen selbst etwas fehlte, da sie selbst innerlich leer waren, konnten sie Sie nicht voll zufriedenstellen. Als Erwachsene sind wir aber alle selbst dafür verantwortlich, für uns zu sorgen und sicherzustellen, daß unsere Bedürfnisse befriedigt werden. Es gibt viele Quellen, an die wir uns zur Befriedigung unserer Bedürfnisse wenden können, wenn wir nur bereit sind, von unserem Dickkopf und unserem Selbstmitleid Abstand zu nehmen; wenn wir also aufhören, wild entschlossen unseren gesamten Bedarf aus einer ganz bestimmten Quelle decken zu wollen.

Eines der Hauptmerkmale der Beziehungssucht ist eine enorme Abhängigkeit, die sich häufig, aber nicht immer, hinter einer scheinbaren Stärke verbirgt. Die Abhängigkeit ist so groß, weil die betreffenden Menschen so viele ungestillte Bedürfnisse aus ihrer Kindheit mit sich herumschleppen. Diejenigen von uns, die beziehungssüchtig sind, werden niemals fähig sein, eine gesunde Partnerschaft einzugehen, solange sie nicht die Bereitschaft entwickeln, sich aus mehr als nur einer geeigneten Quelle zu versorgen. Wir brauchen andere gesunde Quellen, zum Beispiel Freundinnen und Freunde, Interessen, Spiritualität und so weiter, die uns bestärken, uns unterstützen, unsere Leere ausfüllen und uns von unserer Abhängigkeit heilen. Wenn wir es versäumen, die Verantwortung für die Befriedigung unserer Bedürfnisse in diesem Sinne selbst zu übernehmen, dann werden wir immer wieder mit Beziehungen zu kämpfen haben, in denen wir entweder unsere (Pseudo-) Stärke demonstrieren und uns einen Mann aussuchen, der seine Bedürftigkeit zeigt, oder wir zeigen umgekehrt, daß wir bedürftig sind und suchen uns einen Mann, der scheinbar stark ist. Aber sehr wahrscheinlich ist dieser «starke» Mann ebenso auf jemand anders angewiesen wie wir. Das heißt, er gibt nur vor, so stark zu sein, daß ihm die Belastung durch unsere Bedürftigkeit nichts ausmacht, und verbirgt dahinter, daß er selbst ebenfalls ein ganz tiefes Abhängigkeitsbedürfnis hat.

Ich nehme an, daß Sie sich jetzt, da Sie Ihre zweite Ehe hinter sich lassen, Freundinnen und Freunden zuwenden, damit Ihr Bedürfnis nach Zuwendung wenigstens teilweise gestillt werden kann, und daß Sie Ihren Horizont erweitern und dafür sorgen, daß in Ihrem Leben Raum für kreative Ausdrucksmöglichkeiten und positive Interaktion mit anderen ist. Eine solche Ausweitung Ihres Bezugskreises zur Befriedigung Ihrer Bedürfnisse wird Ihnen für jede künftige Beziehung von Nutzen sein. Das wird Ihnen helfen, einen möglichen Partner so zu sehen, wie er ist, mit allen seinen Stärken *und* seinen Schwächen. Sie werden nicht mehr vor lauter eigenen Bedürfnissen blind sein, wenn es zur Begegnung kommt, denn Ihre eigenen Bedürfnisse sind dann nicht mehr so groß. Wenn Sie gut für sich sorgen, ist es weit weniger wahrscheinlich, daß Sie sich blindlings binden. Je besser wir unsere eigenen inneren Wunden ausheilen und je weniger wir von einem Partner *brauchen*, desto eher sind wir fähig, uns jemanden auszusuchen, der nicht so kaputt oder bedürftig ist. Dann ist es uns möglich, von innen heraus wirklich glücklich und gleichzeitig dankbar für das zu sein, was uns von Herzen gegeben wird.

———

Die nächsten beiden Briefe lesen Sie am besten direkt hintereinander, damit Sie verstehen, in welchem Maße normalerweise der Dickkopf bei einer beziehungssüchtigen Frau zum Tragen kommt. Es fällt nicht schwer, zwischen den Zeilen den Zorn und die Verachtung gegenüber den Männern herauszulesen, die Wynne jetzt als Erwachsene in ihre «Liebes»beziehungen einfließen läßt. Wie ihr erster Brief andeutet, haben diese Gefühle ihre Wurzeln in der Vergangenheit. Die Bitterkeit, die sie gegenüber ihrem Vater empfindet, muß erst ausheilen, sonst wird sie nie erfahren, wie eine Beziehung mit einem Mann sein kann, die nicht zu einem Wettkampf der Willensstärken entartet.

In ihrem zweiten Brief schreibt Wynne sehr ausführlich (einschließlich Seitenangaben) über bestimmte Bücher, die ich ihres Erachtens weiterempfehlen sollte. Diese Stellen sind im folgenden nicht mitabgedruckt. Außerdem schickte sie mir Kopien von Texten, die sie ihrer Ansicht nach im Vorwort meines nächsten Buches verarbeiten sollte (dazu noch Name und Anschrift von jemandem, der mir behilflich sein könnte, «das Zitat zu überprüfen», das sie angeführt hatte). Sie gab mir den Rat, in einer bestimmten Fernsehsendung aufzutreten, und bot mir zu guter Letzt noch an, bei meinem Buch Korrektur zu lesen! Unter dem Vorwand, helfen zu wollen, wirkt Wynne lenkend und kontrollierend auf andere Menschen ein. Dieses Bedürfnis ist für Beziehungssüchtige sehr typisch.

Sehr geehrte Frau Norwood,
mein Vater war *kein* Alkoholiker, aber er war ein selbstsüchtiges Kind in Mannsgestalt, und wir konkurrierten miteinander um die Zuwendung meiner Mutter. Da er mir vorwarf, ich hätte die Krankheit meiner Mutter verschuldet, bemühte ich mich nur noch um so stärker, von ihm anerkannt und geliebt zu werden. Seither habe ich mich nur mit unzugänglichen Männern eingelassen. Aus eigenem Antrieb habe ich gerade per Brief einen Schlußstrich unter eine eineinhalbjährige Beziehung gezogen, die vor lauter Gegeneinander nirgendwo hinführte. Ich habe

eine Idee geliebt, aber er hat meine Liebe und das, was ich ihm gegeben habe, nicht erwidert oder wenigstens bestätigt. Und nun bin ich innerlich völlig gespalten. Ich weiß, daß ich richtig gehandelt habe; aber ich frage mich wirklich, ob ich auf einen Mann, der mich liebt und für mich sorgt, überhaupt richtig eingehen könnte. So einen Typ empfinde ich nicht als Herausforderung, sondern nur als langweiligen Schwächling.

Wynne F.

Liebe Robin,
fast ein Jahr ist vergangen, seit ich Ihnen das erste Mal geschrieben habe. Ihr Buch empfehle ich andauernd weiter und lese auch immer wieder in meinem eigenen Exemplar.

Ich möchte Sie heute, was meine Fortschritte angeht, aufs laufende bringen. Nachdem ich mich drei Wochen lang auf einen total passenden Freund programmiert hatte, rief die «Klapperschlange» an, mit der ich seit einiger Zeit zusammen bin, und wir trafen uns dann auch, aber ich sah ihn mit anderen Augen. Es fällt mir immer noch schwer, so einfach über ihn hinwegzukommen. Er taucht auf, bringt die Hormone in Wallungen und verschwindet wieder. Inzwischen hat meine Selbstprogrammierung aber dazu geführt, daß ein sehr netter Mann wieder in mein Leben getreten ist. Wir waren vor drei Jahren mal zusammen – eine rein freundschaftliche Beziehung. Er besitzt wirklich all die Eigenschaften, nach denen ich die ganze Zeit suche (und auf die ich mich programmiert habe), aber damals hatte ich ihn einfach abgetan: Schon wieder so ein stinknormaler Mann, nett, aber langweilig, nicht die prickelnde Herausforderung, die ich immer so gemocht habe, und ganz gewiß kein Mann, der mich sexuell angemacht hätte. Er ist ein guter Kerl – gut zu mir und gut für mich –, und obwohl ich das vom Verstand her weiß, ist mein emotionales, sexuelles/hormonelles Ich noch immer hinter der «Klapperschlange» her.

Ich weiß, daß ich bestimmte Vorstellungen in meinem Kopf umprogrammieren muß, damit ich von der «Klapperschlange» ablassen kann. Es ist nicht so, daß ich ihn will. Ich möchte nur, daß er mich will. (Das gleiche galt vor Jahren für die Beziehung mit meinem Ex-Mann.) Es kratzt an meinem Ego, daß er nach meinem Brief, in dem ich unser Verhältnis für beendet erklärt habe, nicht gekommen ist und gesagt hat: «Du bist eine tolle Frau, und ich will dich, brauche dich, liebe dich!» Dann hätte ich «Tut mir leid» sagen können. Sie sehen, das Ganze liegt an meinem Ego; es fühlt sich herausgefordert.

Unglücklicherweise kommt die «Klapperschlange» mir in den Sinn und – im übertragenen Sinne – ins Bett, wenn ich mit dem netten Mann zusammen bin.

Wenn wir das Selbstprogrammieren lernen, gibt man uns den Rat, darauf zu achten, auf was wir uns programmieren oder auf was wir aus sind, denn das bekommen wir dann auch. Da mich die «Klapperschlange» nicht haben wollte, habe ich Gott um einen Mann gebeten, der mich mehr will als ich ihn. Auf den netten Mann paßt diese Beschreibung, deshalb mache ich jetzt noch einmal ein Drei-Wochen-Programm und bitte darum, daß wir eine gleichberechtigte, fürsorglich-liebevolle Beziehung zueinander bekommen. Ich muß von der «Klapperschlange» loskommen und lernen, den netten Mann zu lieben und zu begehren.

Bisher habe ich mich bei mindestens drei Männern in meinem Leben angestrengt darum bemüht, akzeptiert und anerkannt zu werden… daher weiß ich, wovon Sie schreiben! Ich habe davon profitiert und mich weiterentwickelt!

Wynne F.

Liebe Wynne,

ich möchte zwei Punkte ansprechen, die in Ihrem Brief erwähnt sind. Den einen möchte ich als «eigener Wille gegen Gottes Wille» bezeichnen. Der zweite hat mit den widerstreitenden Komponenten des Begehrens und Verführens zu tun.

Fangen wir mit dem zweiten Punkt an. Ganz offensichtlich mögen Sie den Mann nicht, den Sie als «Klapperschlange» bezeichnen, obwohl Sie behaupten, daß Sie ihn früher geliebt hätten und sexuell immer noch sehr anziehend fänden, während Sie für den netten Mann sexuell kaum etwas oder gar nichts empfänden. Dieses Phänomen ist bei beziehungssüchtigen Frauen sehr häufig, und es ist gar nicht schwer zu verstehen, wenn Sie nur die falsche Vorstellung fallenlassen, daß bei Ihnen das hohe Maß an sexueller Anziehungskraft oder Begierde irgend etwas mit Liebe zu tun habe oder je damit zu tun gehabt hätte. Ihre sexuellen Gefühle kommen im Prinzip wahrscheinlich weit eher der erregenden Spannung nahe, die ein Jäger empfindet, wenn er seine Beute umkreist, als irgend etwas, das wirklich mit Liebe in Zusammenhang gebracht werden könnte. Lieben heißt, einen anderen Menschen tief und zärtlich annehmen und sich liebevoll um ihn kümmern. Wenn man sexuell hinter jemand her ist, hat das eher etwas Raubtierhaftes an sich und bedeutet den Wunsch, den anderen mit Hilfe der eigenen Attraktivität zu unterwerfen. Es ist ein äußerst spannungsgeladener Kampf, bei dem es um Vorherrschaft, um Kontrolle und letzten Endes natürlich um Sieg geht.

Für die beziehungssüchtige Frau ist es ein enormes Stück Arbeit zu lernen, sich mit einem anderen Menschen auf eine intim-vertrauensvolle und nicht auf eine konkurrenzhafte und im wesentlichen feindselige Art und Weise sexuell auszutauschen. Das wird erst möglich, *nachdem* sie auf dem Weg zur Genesung schon ein gutes Stück vorangekommen ist und dramatische, schwierige Beziehungen für sie somit ihren Reiz verloren haben. Wenn wir erst einmal in erster Linie daran interessiert sind, unsere Gelassenheit und unser eigenes Wohlergehen zu schützen – und nicht daran, den richtigen Mann zu finden –, dann und erst dann sind wir fähig, uns einen Gefährten zu suchen, mit dem wir wirklich befreundet sein können und der sich auch auf gesunde Art und Weise um uns kümmern kann. Bei einer Frau, die auf dem Wege der Genesung ist, beruht eine sexuelle Beziehung nicht auf dem krampfhaften Bemühen, einen unerreichbaren Liebhaber zu erobern, sondern auf Zärtlichkeit (die daher kommt, daß ihr an dem anderen Menschen wirklich etwas liegt) und auf freudiger Erregung (die von der gemeinsam empfundenen Nähe herrührt).

Nun zum ersten Punkt: eigener Wille gegen Gottes Wille. Ihrem Brief entnehme ich, daß Sie offensichtlich mit einer religiös-philosophischen Richtung zu tun haben, die häufig als «New Thought» oder «Neues Denken» bezeichnet wird. Unter anderem wird dort betont, wie hilfreich Affirmationen oder Bestärkungen sein können, wenn man in seinem Leben bestimmte Ergebnisse zu erzielen sucht. Was ich im folgenden schreibe, ist natürlich nur meine persönliche Meinung, aber ich möchte sie Ihnen doch gerne mitteilen.

Ich bin voll und ganz dafür, Affirmationen zu benutzen, damit sich positivere Umstände einstellen (etwa: «Mit jedem Tag werde ich gelassener») beziehungsweise widrige Umstände verschwinden (zum Beispiel: «Ich leide nicht mehr»). Ich glaube allerdings, daß wir einen großen Fehler machen, wenn wir unserer Höheren Macht mit einem Wunschzettel kommen, der auf bestimmte Ergebnisse abzielt – sei es nun, daß wir um einen passenden Mann bitten, sei es, daß wir uns ein spezielles Ereignis oder ein bestimmtes materielles Gut wünschen. Da wir niemals so gut wie diese Höhere Macht wissen können, was letztlich tatsächlich zu unserem Besten ist, schränken wir durch unsere speziellen Affirmationen (oder unsere «Programmierung», um Ihr Wort zu gebrauchen) unser eigenes Wachstum und das, was zu unserem Besten ist, vielleicht in Wirklichkeit ein. Unsere Affirmationen sollten immer eine Einladung an spirituelle Prinzipien sein, uns in unserem Leben zu leiten; sie sollten keine dem eigenen Willen entspringenden Wünsche oder Forderungen nach diesem oder jenem speziellen Gegenstand, Ereignis oder Menschen sein. Wenn Sie sich zum Beispiel darauf programmieren, daß ein anderer Mann in Ihr Leben treten soll, dann brocken

Sie sich in Wirklichkeit vielleicht noch viele weitere Monate oder Jahre der Auseinandersetzung in einer Beziehung ein – Zeit, die Sie besser darauf verwenden könnten, gesund zu werden.

Die meisten der Frauen, mit denen ich gearbeitet habe und die ein ähnliches Leben wie Sie geführt haben, konnten nicht darauf hoffen, jemals mit irgendeinem Mann eine gesunde Beziehung zu haben, solange sie sich nicht die Zeit nahmen, darauf hinzuarbeiten, sich selbst und alle anderen Menschen in ihrem bisherigen Leben besser zu verstehen und zu akzeptieren. Sie mußten lernen, so zu leben, daß sie ihre Aufmerksamkeit nicht mehr auf einen Mann konzentrierten und ihn für ihr Problem oder die Lösung ihres Problems hielten. Sie mußten lernen, alle Männer (und auch Frauen), mit denen sie in der Vergangenheit jemals einen heftigen Streit oder eine dauerhafte Auseinandersetzung gehabt hatten, zu segnen und ihnen zu vergeben und sie – zumindest im Herzen – *um Vergebung zu bitten*.

Das ist eine sehr anstrengende spirituelle Arbeit. Sie verlangt von uns Demut, eine beständige Konzentration auf unseren spirituellen Weg und eine uneingeschränkte Bereitschaft, alte Wut und Selbstgerechtigkeit aufzugeben, an denen wir oftmals doch sehr hängen. Dazu bedarf es oft monate-, ja sogar jahrelanger geduldiger Arbeit. Doch wenn diese Bereitschaft dann schließlich wirklich echt ist, kommt es häufig zu einem großen Durchbruch: Auf einmal verstehen und begreifen wir, und der aus der Vergangenheit stammende Schmerz fällt plötzlich von uns ab. Nicht immer geschieht ein solcher Durchbruch auf einen Schlag; manchmal geht das schritt- oder phasenweise vor sich. Manchmal dehnt sich dabei unser Innerstes, unsere Seele, schmerzhaft, manchmal empfinden wir reine Freude. Immer haben wir dabei jedoch das Gefühl, irgend etwas loszulassen, das hart, eisig und bis dahin unüberwindlich gewesen ist – etwas, das unwahrscheinlich alt ist und unermeßlich tief sitzt. Ich glaube, durch dieses Werk der Vergebung lernen wir das, was unsere Seele sich für unser derzeitiges Leben als Lektion vorgenommen hat.

Ihr Zorn auf Ihren Vater ist alt und unerbittlich und sitzt tief, und solange Sie sich nicht zur Ausheilung dieser Beziehung –

zur Aussöhnung – entschließen, werden Ihre Männerbeziehungen in einem gewissen Maße immer durch Ihr ungesundes Verhältnis zu ihm belastet sein. Doch ein Entschluß zur Ausheilung bedeutet in diesem Fall nicht, daß Sie zu Ihrem Vater hingehen und ihm sagen, wie schrecklich er zu Ihnen gewesen ist – in der Hoffnung, daß es ihm dann leid tut und er sich bei Ihnen entschuldigt. Wenn Sie so handeln, ist nämlich wieder Ihr eigener Wille am Werk, und Sie bringen dann *sich* und Ihr Wohlbefinden in Gefahr, weil Sie von Ihrem Vater eine ganz bestimmte Reaktion *brauchen*. Je stärker wir eine bestimmte Reaktion von jemand anderem brauchen, desto abhängiger machen wir uns von diesem Menschen und desto wahrscheinlicher ist es allerdings auch, daß wir bei ihm nur auf Abwehrreaktionen stoßen. Falls Ihr Vater dann nämlich, um sich zu schützen, wütend wird und zu Ihnen sagt, Sie seien verrückt, oder aber alles, was Sie sagen, abstreitet beziehungsweise sagt, so habe er es ganz und gar nicht in Erinnerung, dann reagieren Sie wahrscheinlich so, wie Sie es gewohnt sind. Wenn Sie dazu neigen, angesichts einer Enttäuschung zornig zu werden, dann werden Sie unter diesen Umständen äußerst wütend werden. Wenn Sie einen Hang zur Depression haben, werden Sie vielleicht an Selbstmord denken, wenn Ihr Vater nicht so reagiert, wie Sie das gerne hätten. Wenn Sie mit Frustrationserlebnissen so umgehen, daß Sie sich immer zutiefst verletzt fühlen, dann werden Sie wahrscheinlich in Selbstmitleid zerfließen. Wenn es Ihre Art ist, es in solchen Fällen dem anderen heimzuzahlen, dann werfen Sie Ihrem Vater vielleicht alle möglichen Schimpfnamen an den Kopf, die Ihnen gerade einfallen. Ich glaube, es wird deutlich, daß Sie es sich nicht leisten können, Ihre Gelassenheit von seiner Reaktion abhängig zu machen. Sie müssen lernen, von ihm nichts zu brauchen.

Statt dessen ist es erforderlich, daß Sie Ihre spirituellen «Hausaufgaben» machen und täglich darum beten, daß Sie es schaffen, Ihrem Vater *alles* zu vergeben, wodurch er Sie jemals verletzt oder erzürnt hat. Während Sie daran arbeiten, kommen Ihnen vielleicht durch nächtliche Träume oder auch am Tag weitere traurige Erinnerungen in den Sinn. Es ist als ob die Psyche auf unsere Gebete hin bereit wird, unsere «Hausputz»-

Bemühungen zu unterstützen, und den tiefsitzenden Schmerz der Vergangenheit an die Oberfläche bringt, damit wir ihn bewußt freisetzen können. Ich wiederhole: Dies ist harte Arbeit. Sie werden sich vor lauter Anstrengung oft müde fühlen. Sie dürfen die Größe der Aufgabe, die Sie da angehen, und den dazu erforderlichen Energie- und Zeitaufwand (oftmals mehrere Jahre) nicht unterschätzen. Sie werden immer und immer wieder darum beten müssen, daß Sie die Bereitschaft, die Kraft und den Mut aufbringen, sich Ihre Vergangenheit offen und ehrlich anzuschauen – die Kraft und den Mut, alle Gefühle zu empfinden, sich über Ihre eigene Rolle in Ihrem bisherigen Leben klarzuwerden, sich selbst und anderen zu vergeben sowie den aus der Vergangenheit stammenden Schmerz freizusetzen und loszulassen. In Ihrem Herzen müssen Sie die Bereitschaft entwickeln, Ihren Vater für allen Zorn und Groll und alle feindseligen Gefühle um Vergebung zu bitten, die Sie während all dieser Jahre ihm gegenüber gehegt haben. Wenn es Ihnen möglich ist, ihn persönlich um Vergebung zu bitten, dann werden Sie die Bereitschaft dazu aufbringen müssen. Wenn das unangebracht ist, weil Sie, er oder jemand anders zu Schaden kommen könnte / n (oder wenn es aus anderen Gründen unmöglich ist), dann wird doch der Umstand, daß Sie es in Ihrem Herzen ihm gegenüber wiedergutmachen, in Ihrer beider Leben Berge versetzen. Selbst wenn Ihr Vater inzwischen gestorben sein sollte, ist es für eine Wiedergutmachung nicht zu spät. Sie müssen nur, sobald Sie dazu bereit sind, anfangen, darauf hinzuarbeiten – um seiner und um Ihrer eigenen Seele willen.

Wynne, ich glaube daran, daß wir durch Wiedergeburt viele Male hierher auf diese Erde zurückkehren und daß unsere Seele jeweils die Lebensumstände wählt, die es ihr ermöglichen, das zu lernen, was sie braucht, um der Vollendung näherzukommen. Doch – wie in Ihrem Fall – um bestimmte Lektionen zu lernen, müssen wir schonungslos gerade den Lebensumständen ausgesetzt werden, die in uns normalerweise genau das Gegenteil von dem hervorrufen würden, was wir zu lernen versuchen. Unsere Lektion lernen wir erst dadurch, daß wir unsere natürliche Reaktion auf unsere Lebensumstände überwinden. Wenn ich zum Beispiel lernen soll, wahrhaft Geduld zu haben, dann muß meine Geduld in ganz extremer Weise auf die Probe gestellt werden. *Vielleicht* lerne ich dann letzten Endes, Geduld zu haben, indem ich meine Ungeduld aufgebe – vielleicht aber auch nicht. Doch die Gelegenheit, Geduld zu üben, erhalte ich allein dadurch, daß meine Geduld auf die Probe gestellt wird. Wenn ich lernen soll, zu vergeben oder zu verzeihen, muß ich zuerst erfahren, was es heißt, ständig nachtragend zu sein, bevor ich mich auf Grund der selbstzerstörerischen Wirkung meiner eigenen Verbitterung dann vielleicht dazu bereitfinde, zu verzeihen. Wenn ich das Unverzeihliche jedoch nicht verzeihe, was habe ich dann gelernt? Wo ist dann das die Seele erweiternde und erlösende Wachstum?

Eine Frau, die zu einem meiner Seminare gekommen war, erzählte, ihre Therapeutin habe ihr gesagt, daß Inzestopfer die einzigen Menschen seien, die niemals vergeben müßten. Meiner Meinung nach ist niemand *gezwungen*, alles zu vergeben, aber letzten Endes kommen wir nicht darum herum, wenn wir selbst wirklich gesund werden wollen. Vergeben bedeutet nicht, daß wir hingehen und uns von denselben Menschen aufs neue verletzen lassen. Es bedeutet vielmehr, daß wir uns von ihnen genügend lösen, um das, was sie uns angetan haben, nicht länger so persönlich zu nehmen. Unsere Daseinsberechtigung und Wertschätzung machen wir nicht von ihnen, sondern von einer Höheren Macht abhängig. Wir führen uns vor Augen, daß diese Menschen wahrscheinlich selbst ziemlich kaputt gewesen sind und ihr Bestmögliches getan haben – auch wenn dieses Bestmögliche eben sehr beklagenswert gewesen ist. Wir rufen uns in Erinnerung, daß ihr Lebensweg genauso in Gottes Hand liegt wie der unsere. Wir segnen sie, geben sie frei und lassen sie ziehen, *damit wir leben können*.

Wenn Sie schreiben, Sie müßten «von der ‹Klapperschlange› ablassen», dann binden Sie sich durch Ihre abschätzige Namensgebung in Wirklichkeit noch viel stärker an diesen Mann als je zuvor. Wut und Haß auf jemanden ketten uns an eben diesen Menschen. Das ist einer der Gründe, warum es so wichtig ist, zu vergeben und um Vergebung zu bitten. Durch Vergebung geben wir (andere) frei und werden (unsererseits) freigegeben. Ohne Vergebung wenden wir uns dem betreffenden

Menschen oder anderen, die ihm ähnlich sind, erneut zu und agieren unser Drama immer wieder von neuem aus. Durch Vergebung werden wir keineswegs zu Schwächlingen, auf denen andere herumtrampeln können, sondern zu freien Menschen, die sich nie mehr schlecht behandeln zu lassen brauchen. Wir haben Gutes *für* Schlechtes ge*geben* (*vergeben*), und damit ist die Angelegenheit für uns erledigt.

Doch hinter dem Akt des Vergebens steckt noch mehr. Daß es ein so enormes Stück Arbeit ist, liegt meiner Erfahrung nach daran, daß wir das, was wir bei jemand anderem akzeptieren, vergeben und freigeben, auch bei uns akzeptieren, vergeben und freigeben. Dabei kann es um Dinge aus diesem oder auch aus einem anderen Leben gehen. Das folgende ist ein Beispiel dafür, wie eng das Sich-selbst-Vergeben und das Anderen-Vergeben miteinander verflochten sein können. Daß Sue Träume hatte, die ihr Erlebnisse aus vergangenen Leben offenbarten, spielt für ihre Genesung keine wesentliche Rolle, obwohl die Träume ihr eine Menge klargemacht haben und letzten Endes Teil eines tiefen spirituellen Erlebnisses gewesen sind. Viele meiner Leserinnen und Leser werden jetzt vielleicht sagen, vergangene Leben hätten nichts mit Realität zu tun. Genau wie bei allem anderen, was in diesem Buch steht, gilt auch hier: Nehmen Sie bitte nur das, was Sie annehmen können und hilfreich finden, und sehen Sie über den Rest hinweg!

Sue, die jetzt Anfang Dreißig ist, hatte eine äußerst traumatische Kindheit. Sie wurde sexuell mißbraucht und körperlich mißhandelt, am schlimmsten von ihrem Vater, aber auch von ihrer Mutter, von ihrer Großmutter und von einer ihrer Stiefmütter. Als sie älter wurde, entwickelte sie ein zwanghaftes Sexualverhalten und kümmerte sich beängstigend wenig um ihre eigene Sicherheit. Mehr als einmal wurde sie vergewaltigt, und oft fand sie sich in äußerst gefährlichen Situationen wieder. Nachdem sie über einen Zeitraum von ungefähr zehn Jahren mit einer großen Anzahl von Männern Beziehungen, und zwar in erster Linie sexuelle Beziehungen, gehabt hatte – die meisten der Männer hatte sie ganz gezielt verführt –, lernte sie einen mehrere Jahre jüngeren Mann kennen, der selbst ein zwanghaftes Sexualverhalten hatte. Als sie zum erstenmal seine Wohnung betrat, lagen überall auf dem Boden verstreut pornographische Utensilien. Diesen Mann heiratete Sue. Sowohl vor als auch während ihrer Ehe war er ständig hinter anderen Frauen her und hatte heimliche Affären. Darüber hinaus beschäftigte er sich weiterhin stark mit Pornographie, wobei er sich im Laufe der Zeit immer mehr auf Dinge wie Fesselung, Unterwerfung und Gewalt konzentrierte. In den folgenden Jahren steigerte sich sein Zwangsverhalten – noch mehr Affären, noch mehr versteckte Utensilien, noch mehr Zeit, in der er Sue aus dem Wege ging und sein krankhaftes Verhalten auslebte –, während Sue immer stärker versuchte, ihn zu beeinflussen und zu kontrollieren. Der sexuelle Kontakt untereinander nahm unterdessen immer mehr ab, und Sue zog schließlich einen Schlußstrich unter die Ehe.

Der spirituelle Bereich war für Sue schon immer sehr wichtig gewesen: Sie betete, meditierte und las. In ihrem Schmerz über das Ende ihrer Ehe wendete Sue sich diesen Trost und Heilung spendenden Quellen noch in weit stärkerem Maße zu, als sie das in den zurückliegenden Jahren schon getan hatte. Mit Hilfe von Al-Anon begann sie, sich auch auf ihren Co-Alkoholismus zu konzentrieren, da ihre Mutter drogenabhängig gewesen war und ihr Vater, ihre Großmutter und ihr Ehemann Alkoholmißbrauch getrieben hatten. Sie machte die Zwölf Schritte von Al-Anon zu einem zentralen Bestandteil ihrer täglichen spirituellen Praxis.

Sue war jedoch auch weiterhin mit Männern zusammen, die drogen- oder alkoholabhängig und sexsüchtig waren. Und bei jedem neuen Mann war der Hang zur Gewalt stärker ausgeprägt. Außerdem traf sie in der Öffentlichkeit immer wieder auf Exhibitionisten oder Männer, die sich auf eine andere Weise ganz offenkundig sexuell unangemessen verhielten.

Während dieser Zeit starb Sues Vater. Als Folge hatte sie mit folgenden einander widerstreitenden Gefühlen zu kämpfen: Zum einen war da die Wut auf ihren Vater, zum anderen die Trauer über den mit seinem Tod verbundenen Verlust. In dieser Zeit hatte sie den ersten einer ganzen Reihe von lebhaften Träumen. Darin sah sie deutlich, daß sie in einem anderen Leben genauso gelebt hatte wie ihr Vater jetzt in diesem. Auch sie *kannte aus Erfahrung* das Gefühl, alkoholabhängig und gewalttätig zu sein und jemand anderen sexuell zu mißbrauchen. Dieses Wissen half ihr, ihren Vater nicht mehr so hart zu verurteilen und ihm nach und nach zu vergeben.

Durch nachfolgende Träume erhielt Sue den Anstoß, sich mit ihren derzeitigen Verhaltensweisen und Gefühlen zu befassen, und es gelang ihr – wenngleich unter enormen Angst- und Schamgefühlen –, sich mit ihrem gegenwärtigen zwanghaften Sexualverhalten kritisch auseinanderzusetzen. Sie war nun bereit, sich vor Augen zu führen, daß *sie* sexuell völlig außer Rand und Band gewesen war und dann einen Mann geheiratet hatte, bei dem sie versuchen konnte, eine Kontrollfunktion auszuüben, statt sich ihrem eigenen immer größer werdenden Problem zu stellen. Als sie sich das klarmachte, begann sie, die Alltagswirklichkeit anders wahrzunehmen. Nach einer Weile begegneten ihr keine Exhibitionisten mehr. Die äußerst krankhaft veranlagten Männer, zu denen sie sich sowohl vor als auch nach ihrer Ehe hingezogen gefühlt hatte, verloren für sie ihren Reiz – und umgekehrt. Auch diese Männer verschwanden nach und nach aus ihrem Leben.

Zusammengenommen halfen diese Träume Sue dabei, ihr eigenes zwanghaftes Sexualverhalten zu erkennen, zu akzeptieren und sich selbst zu vergeben. Und dadurch gelang es ihr dann auch, den Menschen zu vergeben, die sie mißbraucht und mißhandelt hatten. Früher hatten krankhaft veranlagte Menschen und ungesunde Situationen einen unerklärlichen Reiz auf sie ausgeübt; jetzt lernte sie immer mehr, dazu *nein* zu sagen. Schließlich verschwanden diese Menschen und Situationen ganz aus ihrem Leben, denn das, was Sue dabei hatte lernen sollen, hatte sie nun voll und ganz gelernt.

Sues machtvolle und deutliche Traumserie war ein Geschenk ihrer Psyche, das den Heilungsprozeß fördern sollte. Die Träume waren eine Reaktion darauf, daß Sue sich für ihre Genesung einsetzte und spirituellen Prinzipien folgte. Sie nahm diese Träume klugerweise an, benutzte sie aber nicht dazu, nun angestrengt nach weiteren Erkenntnissen über ihre vergangenen Leben zu forschen und sich dadurch nur abzulenken. Sie erkannte, daß wir uns unserer vergangenen Leben normalerweise deshalb nicht bewußt sind, weil sie nicht das sind, was uns im Hier und Jetzt kümmern sollte. Wir sollen uns vielmehr auf das konzentrieren, was jetzt, in *diesem* Leben geschieht. Es ist wirklich eine Ironie, daß wir in die Vergangenheit und in die Zukunft und von einem Ende des Globus zum anderen reisen möchten, um Erleuchtung zu finden, wo doch unsere seelische Arbeit immer direkt vor uns liegt. Auch ohne die Träume wäre Sues Arbeit, sich und anderen zu vergeben, die gleiche gewesen. Die Träume kamen nur als eine Art belohnende Erklärung hinzu, nachdem Sue durch ihre spirituelle Praxis schon dabei war, auf diese Vergebung hinzuarbeiten.

Dieser ganze Prozeß der Selbsterforschung und des Heilens ist eine schwierige, bedrohliche und schmerzhafte Arbeit, die uns ganz in Anspruch nimmt, das kann nicht genug betont werden. Aber die Alternative wäre für Sue ein unlösbar mit ihrer Krankheit verbundenes Leben gewesen – und, wie sich leicht voraussehen läßt, schließlich auch ein ebensolcher Tod.

Nichts soll so bleiben, wie es ist, und wenn wir keine Fortschritte machen, machen wir Rückschritte. Wir sind hier, um zu wachsen, zu lernen und aufzuwachen. Deshalb gibt es bei unseren alltäglichen Beziehungen auch keine Zufälle. Unaufhaltsam fühlen wir uns zu genau den Partnern hingezogen, mit denen wir entweder unsere persönlichen und Beziehungslektionen lernen können oder uns noch mehr in unsere ungesunden Lebens- und Beziehungsmuster verstricken, die uns dann schließlich einem immer größeren Druck aussetzen, damit wir unsere Verhaltensweisen doch noch ändern. Ebenso glaube ich, daß es kein Zufall ist, auf welche Seelen wir besonders ansprechen – seien es nun unsere Väter, unsere Mütter oder die anderen, zu denen wir eine zwanghafte Bindung haben. Bei allen Schwierigkeiten, die sie uns vielleicht bereiten, sind sie doch ein Geschenk für unsere Seele. Sie geben uns Gelegenheit, die nächste spirituelle Lektion zu lernen. Und entweder lernen wir sie, oder wir werden noch stärker seelenkrank und verlieren noch mehr den Kontakt zu unserer eigentlichen Spiritualität, auch wenn wir im übrigen unsere religiöse Praxis einhalten.

Sie sehen, Wynne, unsere Arbeit ist immer eine Arbeit an uns selbst. In unserem Herzen muß sich etwas ändern, damit wir uns nicht mehr mit der Rolle identifizieren, die uns lange und in mancher Hinsicht gut gedient hat – mit der Rolle des Opfers, der Märtyrerin, der Retterin oder der selbstgerechten Rächerin (oder vielleicht auch mit all diesen Rollen nacheinander). Es ist klar, daß das eine viel größere Herausforderung ist, als einfach hinzugehen und sich einen neuen Mann zu suchen und zu hoffen, daß es diesmal der «richtige» ist. Kein Mann wird jemals für uns der richtige sein, solange wir nicht das in uns ausheilen lassen, was sich bisher immer von Willenskämpfen angezogen gefühlt und es bisher immer nötig gehabt hat, entweder zu gewinnen oder zu verlieren und dann jemand anders für unsere Schwierigkeiten verantwortlich zu machen.

————————

Menschen, die sowohl mit der Sucht- als auch mit der Genesungsproblematik gründlich vertraut sind, werden beinahe ständig mit zwei sehr schwierigen Situationen konfrontiert: Zum einen treffen sie mit Menschen zusammen, die süchtig sind, dabei aber zu beweisen suchen, daß sie es nicht sind, zum anderen begegnen sie solchen, die fest darauf beharren, daß sie inzwischen vollständig genesen sind, obwohl das längst nicht zutrifft. Ersteres ist sehr häufig bei Menschen der Fall, deren fortschreitende Sucht gesellschaftlich stark stigmatisiert ist, während letzteres häufiger dann auftritt, wenn die betreffende Sucht wenig oder gar nicht stigmatisiert ist. Wenn eine Frau zugibt, beziehungssüchtig zu sein (egal, ob dieser spezielle Ausdruck benutzt wird oder nicht), erntet sie in der heutigen Gesellschaft eher Mitgefühl oder Sympathie, als daß sie verdammt wird, denn diese Sucht ist von allen diejenige, die am stärksten romantisiert wird, und die meisten Menschen glauben, sie habe kaum etwas mit so erbärmlichen Dingen wie Drogenabhängigkeit oder Alkoholismus gemein. Weil darüber hinaus die Genesung von einer Beziehungssucht rigorose Anstrengungen erfordert, dabei aber nur schwer wirksam zu messen ist, kommt es sehr häufig vor, daß Beziehungssüchtige zwar behaupten, sie seien von ihrer Sucht genesen, diesen Punkt aber noch längst nicht erreicht haben. Aussagen wie «Diesmal habe ich eine Lehre daraus gezogen!», «Ich könnte nie wieder zu ihm zurück; das wäre für mich zu demütigend» oder «Jetzt wird alles gut. Ich habe soviel andere Dinge zu tun, da bleibt mir gar keine Zeit, um ihm hinterherzulaufen» sind meist eher ein Zeichen von Krankheit als von Genesung. In diesen Aussagen deutet nichts darauf hin, daß anerkannt wird, welch eine unglaubliche Macht die Beziehungssucht über diejenigen von uns hat, die an ihr leiden, und welch eine Disziplin und Arbeit erforderlich ist, um sie zu überwinden.

Es ist so verlockend, uns schon für gesund zu halten, wenn wir mit dem lebenslangen Prozeß der Veränderung, des Wachsens, des Kämpfens und der Selbsterfahrung in Wirklichkeit noch kaum angefangen haben. Der Schlüssel liegt in der Erkenntnis, daß die Genesung immer ein Prozeß sein wird und niemals ein fertiges Produkt. Jeder Tag der Genesung ist ein unschätzbares Geschenk und gleichzeitig eine hervorragende Leistung.

Kapitel 3: Briefe von Frauen, die mißhandelt werden

Für meine Arbeit definiere ich Sucht folgendermaßen: Wir haben genügend Beweise dafür, daß etwas für uns nicht gut ist, können damit aber trotzdem nicht aufhören. Wir hören damit nicht auf, obwohl wir bereits negative Folgen gespürt haben – und zwar sowohl seelischer (durch Demütigung und Erniedrigung) als auch körperlicher Art (durch eine allgemeine Verschlechterung unseres Gesundheitszustandes sowie durch die Möglichkeit, das Auftreten oder das Wiederauftreten einer ernsthaften Erkrankung oder Verletzung) – und obwohl Menschen, die unseren Zustand am besten verstehen (weil sie berufsmäßig mit Abhängigkeit und Sucht befaßt sind oder weil sie ähnliches durchgemacht haben und jetzt davon genesen), uns sagen, daß wir noch unglücklicher und kränker werden, als wir es schon sind, wenn wir unser Verhalten nicht ändern. Der innere Zwang, an unserem Verhalten festzuhalten, läßt sich nicht durch mehr Information oder auch noch so großes Leid beseitigen. Das ist Sucht.

Diese Definition steht in einem so schroffen Widerspruch zu den rationalen Methoden, mit denen die meisten Menschen den meisten Problemen beizukommen versuchen, daß es vielen Süchtigen – und vielen, die mit ihnen zu tun haben, aber nichts von Sucht verstehen – unverständlich ist, daß irgendein Aspekt menschlichen Verhaltens derart unkontrollierbar sein sollte. Menschen, die süchtig sind, gelten als halsstarrig oder dumm, und solche Vorwürfe kommen sowohl von Leuten, die versuchen, sie zu ändern, als auch von den Betroffenen selbst.

Erst wenn man das Wesen und die Macht der Sucht richtig einzuschätzen weiß, kann man diesen beträchtlichen Teil des sonst unerklärlichen menschlichen Verhaltens verstehen und – wenn die (oder der) Süchtige die entsprechende Bereitschaft mitbringt – auch therapieren. Zu diesen Bereichen scheinbar unerklärlichen Verhaltens gehört der Problembereich der mißhandelten Frauen. Der folgende Brief von Meg zeigt deutlich die irrationale Seite der Beziehungssucht geschlagener Frauen auf. Erst wenn man den Begriff der Beziehungs*sucht* auf ihren Zustand anwendet, wird es möglich, Meg zu verstehen und wirksam zu therapieren.

Auf Meg treffen ganz genau die Angaben zu, die ich in meiner Praxis immer wieder von geschlagenen Frauen zu hören bekomme. Sie kommt aus einer Familie, in der Gewalttätigkeiten an der Tagesordnung waren; sie fühlt sich stark zu dramatischen, chaotischen und erregenden Situationen hingezogen; und sie ist von ihrem Partner bereits geschlagen worden, *bevor* sie sich ernsthaft an ihn gebunden hat. Wenn diese Faktoren vorhanden sind (und das waren sie noch bei *jeder* der geschlagenen Frauen, die ich beraten habe), dann ist es äußerst wichtig, sie auch zu erkennen, damit man davon abkommt, die geschlagene Frau als naives Opfer eines brutalen Mannes zu sehen. Sieht man in ihr nämlich nur das Opfer, schlägt die Therapie unter Garantie fehl.

Auch wenn ich mich wiederhole, möchte ich doch noch einmal betonen, daß wir uns *das* an Beziehungen aussuchen, was uns bereits vertraut ist. Am besten ist uns das vertraut, was wir von klein auf aus unserer Familie kennen; das wird uns immer das Angenehmste sein, egal wie krankmachend unsere Familie gewesen ist. Wenn wir von dort her Gewalt gewohnt sind, dann werden wir uns als Erwachsene automatisch einen entsprechenden Partner und eine Situation suchen, in der Gewalt wiederum ein Faktor ist. Das tun wir deshalb, weil Gewalt uns «paßt» und weil sich uns, solange sie um uns ist, immer wieder die Gelegenheit bietet, vielleicht doch einmal zu . . . *gewinnen* – denn das ist unser größter Wunsch. Wenn wir auf irgendeine

Weise ein Trauma erlitten haben, drängt es uns (meist unbewußt) ständig dazu, die traumatische Situation wiederherzustellen und uns diesmal durchzusetzen und die Oberhand über
das zu gewinnen, was uns zuvor besiegt hat. Je größer das
Trauma, desto mächtiger ist dieser Drang, es zu überwinden.

Geschlagene Frauen können ganz verschiedener Art sein;
das Spektrum reicht von hilf- und hoffnungslosen Fällen über
Frauen, die sich allen anderen Bereichen ihres Lebens durchaus
gewachsen zeigen, bis zu solchen, die sich selbstgerecht in ihr
Schneckenhaus zurückziehen, und anderen, die aggressiv sind.
Immer jedoch kocht in ihnen eine Wut, die schon lange vorher
da war, ehe sie mit ihrem jetzigen Partner zusammenkamen.
Diese Wut stammt daher, daß sie als Kinder ausgenutzt und
mißhandelt worden sind – zu einer Zeit also, als sie sich nicht
wehren oder schützen konnten. Damit die Wut ausheilen kann
und die Beziehungsmuster sich ändern können, ist es erforderlich, diese Wut anzuerkennen, sie bewußt zu erleben und zu
untersuchen, mit Hilfe welcher Methoden sie geleugnet, unterdrückt oder auch abgelassen wird.

Wenn ich darauf dränge, diese Faktoren anzuerkennen, so
will ich damit keineswegs den geschlagenen Frauen die Schuld
daran geben, daß sie geschlagen worden sind – das möchte ich
hier klarstellen. Jeder Gewalttäter ist für seine Handlungen immer selbst verantwortlich. Doch die Frau, die geschlagen worden ist, und die Menschen, die wirksam mit ihr arbeiten wollen, müssen fähig sein einzusehen, daß der starke Reiz, den
gewalttätige Männer auf sie ausüben, zu ihrem Zustand beigetragen hat. Wer, wie zum Beispiel Anwältinnen, Therapeutinnen oder Sozialarbeiterinnen, mit Opfern häuslicher Gewalttätigkeiten zu tun hat, erlebt immer wieder, daß Frauen unter
den Einfluß eines derartigen Reizes geraten und dadurch die
besten Beratungs- und Schutzbemühungen durchkreuzt werden. Dieser Reiz muß erkannt und angegangen werden.

Im wesentlichen sind es drei Bereiche, die in jedem
Frauenhaus und in jedem Programm für geschlagene Frauen
mit den Klientinnen angegangen werden sollten: ihre eindeutig vorhandene Beziehungssucht, der bei ihnen wahrscheinlich
vorhandene Co-Alkoholismus und ihre durchaus mögliche

Abhängigkeit von Tabletten und anderen chemischen Substanzen. Ungefähr achtzig Prozent der Männer, die ihre Frauen schlagen, sind Alkoholiker; ihre Partnerinnen werden damit automatisch zu Co-Alkoholikerinnen. (Außerdem sind die meisten Frauen, die geschlagen werden, Töchter von gewalttätigen Alkoholikern.) Des weiteren ist etwa die Hälfte der Frauen, die Schutz vor ihren schlagenden Ehemännern oder Freunden suchen, ihrerseits tablettensüchtig oder von anderen Suchtmitteln abhängig. Mitarbeiterinnen von Frauenhäusern und andere, die bei ihrer Arbeit mit geschlagenen Frauen zu tun haben, zögern oftmals, bei ihren Klientinnen Alkoholismus oder Drogenabhängigkeit anzusprechen, weil sie befürchten, daß die Frauen dann die gerade begonnene Therapie abbrechen. Aber bei keiner Therapie besteht irgendeine Hoffnung auf Wirksamkeit, wenn dabei Alkoholismus oder andere bei der Klientin vorhandene Suchtkrankheiten ausgeklammert werden. Keine Frau, die suchtmittelabhängig ist und zu Hause geschlagen wird, kann überhaupt die Voraussetzungen entwickeln, die sie für eine Genesung von ihrer Beziehungssucht braucht. Wenn eine Suchtmittelabhängigkeit vorliegt, muß die betreffende Frau sich zuerst dieser Abhängigkeit stellen. Um diesen ersten Schritt kommt sie in ihrer Therapie nicht herum.

Wenn geschlagene Frauen an Meetings der Anonymen Alkoholiker oder an anderen Gruppen teilnehmen, die sich mit Suchtmittelabhängigkeit befassen, dann kommen sie mit der heilenden Kraft einer spirituell ausgerichteten Selbsthilfegruppe in Berührung. Eine solche Erfahrung wird ihnen auch für die Befreiung von jeder anderen Form von Sucht, einschließlich der Beziehungssucht, hilfreich sein. Ebenso wird die Teilnahme an Al-Anon-Meetings für all jene geschlagenen Frauen von Nutzen sein, auf die die Kriterien des Co-Alkoholismus zutreffen, weil sie entweder mit einem alkoholabhängigen Partner zusammenleben oder aus einer Alkoholikerfamilie stammen oder auch weil beides gleichzeitig auf sie zutrifft. Wenn weder die betreffende Frau noch ihr Partner alkoholabhängig ist, kann sie eine entsprechende Hilfe in der Zwölf-Schritte-Methode der Anonymen Beziehungssüchtigen (siehe Kapitel 9) oder in anderen Zwölf-Schritte-Programmen finden, in denen Beziehungssucht angegangen wird. Egal, wie der Fall im einzelnen auch gelagert ist, für *jede* geschlagene Frau kommt mindestens eines der Zwölf-Schritte-Programme in Frage. Die Teilnahme an dem (oder den) entsprechenden Programm(en) muß zu einer Hauptquelle ihrer Genesungsarbeit werden.

Die Genesung von einer Beziehungssucht – zumal von der Art, an der geschlagene Frauen leiden – ist ein sehr schwieriger, jeden Tag aufs neue zu erarbeitender Prozeß und erfordert ein sehr starkes Verlangen danach, gesund zu werden. Diese Krankheit ist genauso hinterhältig, verwirrend und stark wie der Alkoholismus, und dabei ist die Genesungsquote sogar noch niedriger, was vielleicht daher rührt, daß häufig mehrere Arten der Abhängigkeit gleichzeitig vorliegen. (Neben Alkoholismus und Drogenabhängigkeit leiden geschlagene Frauen oftmals auch an Eßzwang und sexueller Sucht.)

Die Arbeit mit geschlagenen Frauen ist eine entmutigende Angelegenheit, denn zum einen ist die Genesungsquote niedrig, und zum anderen nimmt die Genesung oft eine ziemlich lange Zeit in Anspruch, manchmal viele Jahre. Die geschlagene, gefährdete, psychisch geschädigte Frau, die verängstigt und verzweifelt zur Therapeutin (oder zum Therapeuten) kommt, spricht in ihrem (beziehungsweise seinem) Innern fast unweigerlich ganz stark den Teil an, der sie retten, ihr helfen und sie lenken und kontrollieren will. Aber um wirklich zu helfen, muß man sich immer der für eine Genesung geltenden Prinzipien bewußt bleiben und diese der Klientin vermitteln.

Wenn man zum Beispiel Megs Brief liest, fällt es einem sehr schwer, nicht das zu tun, worum sie bittet, nämlich ihr zu raten, ob sie bei ihrem Mann bleiben soll oder nicht. Ein solcher Ratschlag ist jedoch immer zweck- und wirkungslos – gleichgültig, ob er nun von einer Therapeutin oder von Freundinnen und Freunden kommt –, denn *bei Sucht funktionieren Ratschläge nicht*. Eine angemessene Antwort kann nur darin bestehen, Meg aufzufordern, ihre Beziehungssucht anzugehen, und zwar jeden Tag aufs neue.

Liebe Robin Norwood,

ich lese gerade Ihr Buch und identifiziere mich mit diesen Frauen.

Ich bin vierundzwanzig Jahre alt und seit drei Monaten verheiratet. Meine Eltern haben sich getrennt, als ich elf war, und sich scheiden lassen, als ich sechzehn war. Wenn mein Vater zu Hause war, war er eher ein autoritärer Zuchtmeister als ein Vater und hat eher mit Schlägen als mit vertrauensvoll offenen Gesprächen dafür gesorgt, daß wir nicht aus der Reihe getanzt sind.

Bei meiner ersten Romanze war ich achtzehn, ging in die High School-Oberstufe und wohnte bei meinem Vater in Massachusetts (meine Mutter und der Rest der Familie in Ohio). Mein Freund war vierundzwanzig, fuhr ein tolles Auto und wohnte bei seinen Eltern. Als ich ihm sagte, daß ich ihn verlassen wolle, rastete er völlig aus und ging auf mich los. Wenn ich bei einem Streit mit ihm mal sarkastisch geworden bin, hat er mich meistens so fest geschlagen, daß ich umgefallen bin. Eines Abends hat er versucht, mich umzubringen, damit mich kein andrer haben kann, wenn er mich schon nicht haben soll – das hat er gesagt. Ich habe mich losreißen können und auf der Straße eine Polizeistreife angehalten, die mich nach Hause gebracht hat. Mein Vater war ganz außer sich über meinen Zustand, hat sich eine Pistole geschnappt und ist aus dem Haus gestürmt. Als er später zurückkam, hat er mir ein Ultimatum gestellt: Entweder ich zeige den Kerl an, oder er knallt ihn ab. Ich habe ihn angezeigt, meinem Vater aber gesagt, daß ich nicht zur Verhandlung gehen würde. Und so habe ich es dann auch gemacht. Ich bin wieder in die Schule gegangen und habe den Kerl nie mehr gesehen.

Während meiner College-Zeit hatte ich keine ernsthaftere Beziehung. Nach dem Examen fand ich vorübergehend einen Job und brauchte dann eine

Wohnung. Ich hatte vor, wieder zurück nach Worcester zu gehen, damit mein Vater mir bei der Suche helfen könnte. Als Ausgleich für mein Studentendarlehen, auf das er während meines ersten Studienjahres zurückgegriffen hatte, wollte er mir ein Apartment besorgen. Aber dann habe ich Tim kennengelernt und versucht, dort etwas zu finden, wo ich war: in New Rochelle. Ich habe ihn gebeten, bei ihm einziehen zu dürfen, und die nächsten drei Monate war ich dann arbeitslos. Anschließend hat mich mein ehemaliger Chef wieder für einen befristeten Job in die Firma geholt. Und als ich dort zu arbeiten anfing, habe ich mir große Hoffnungen auf eine Dauerstellung gemacht.

Tim und ich hatten eine recht hitzige Beziehung. Manchmal haben wir uns eine ganze Nacht lang gestritten; dabei hat er mich auch geschlagen. Ich habe dann geweint und mich von ihm trösten lassen. Schließlich haben wir uns wieder vertragen und anschließend miteinander geschlafen.

Ich habe allerdings immer wieder damit gedroht, auszuziehen und war dadurch ständig am Ein- und Auspacken. Meine Freundinnen haben mir dringend geraten, ihn fallenzulassen. Statt dessen habe ich mehr oder weniger sie fallengelassen.

Schließlich hat Tim mich zu meinem Vater nach Worcester gebracht, und die ganze Fahrt über haben wir uns gestritten. Er hat mir sogar mit einer Zeitung ins Gesicht geschlagen, weil ich den weißen Mittelstreifen überfahren habe.

Bei meinem Vater bin ich einen Monat lang geblieben, und er hat die ganze Zeit an mir herumkritisiert, ich sei zu dick und würde viel zu lange brauchen, um einen Job zu finden. Tim hat mich dann (ob Sie es glauben oder nicht) am Telefon immer getröstet und mich gebeten, «wieder heimzukommen».

Schließlich hat Tim von New Rochelle genug gehabt und ist zu Besuch nach Worcester gekommen.

Wir haben uns gestritten, und ich habe ihn hinausgeworfen. Er ist schnurstracks ins Auto gestiegen, auf die Autobahn rauf und nach Hause gefahren. Ich habe mir deswegen Vorwürfe gemacht und acht Stunden lang geheult, bis ich ihn dann endlich am Telefon hatte.

Er war damit einverstanden, ganz nach Worcester zu ziehen, kam dann aber erst zwei Wochen später als abgemacht. Er war in dieser Zeit regelrecht verschwunden; niemand, nicht einmal seine Mutter, wußte, wo er war. Er hat mir später gesagt, er sei nach Mexiko und Kalifornien gefahren, weil er versuchen wollte, mich zu vergessen.

Ich hatte in der Zwischenzeit auf die schnelle eine einwöchige Affäre mit einem Wachmann bei uns im Büro. Als Tim schließlich doch auftauchte, habe ich sie schließlich nach ein paar letzten heimlichen Besuchen beendet.

Auch in Worcester haben wir uns das Leben schwergemacht und hatten sowohl verbale als auch körperliche Auseinandersetzungen. Ich habe ihn gebeten auszuziehen. Als er es wirklich getan hat, habe ich gebettelt, daß er wieder zurückkommt. Wir haben uns darauf geeinigt, uns regelmäßig zu sehen.

Dann haben wir beschlossen zu heiraten – meine Idee. Er hat meinen Verlobungsring aus der Pfandleihe zurückgeholt (den Pfandschein hatte er noch), und zwei Monate später haben wir geheiratet.

Nach einem Monat Ehe bin ich depressiv geworden und habe versucht, mir mit Tabletten das Leben zu nehmen. Der Psychiater hat den Vorschlag gemacht, zu einer Eheberatung zu gehen. Tim war einverstanden, hat sich später dann aber geweigert mitzukommen.

Vor kurzem hat er sich eine Pistole gekauft, um sich bei dem Teilzeitjob, den er nachts hat, verteidigen zu können. Er ist schon zweimal überfallen worden. Ich habe Angst, daß die Pistole bald auch bei unsern häuslichen Auseinandersetzungen eine Rolle spielt. Vergangene Nacht hat er mich geweckt (ich habe im zweiten Schlafzimmer geschlafen) und mir nachts um zwölf gesagt, ich solle das Haus verlassen; er habe so eine Wut im Bauch, daß er mir leicht etwas antun würde.

Ich bin zu meinem Vater gefahren, wo ich auch jetzt noch bin und mir darüber klarzuwerden versuche, ob sich das noch irgendwie regeln läßt??!!??

Zu dem Streit ist es gekommen, weil ich ein Paket in Empfang genommen und den Erhalt mit meiner Unterschrift bestätigt hatte. Das Paket kam von einer Frau, bei der der Sohn meines Mannes ist; sie will finanzielle Unterstützung für das Kind haben. Er hat mir auch gesagt, ich solle abhauen, weil ich mit den Türen knalle, auch wenn er mir eben erst gesagt hatte, daß ich das nicht tun soll.

Jetzt möchte er, daß ich nach Hause zurückkomme. Ich habe ihm gesagt, daß mein Vater mir gerade hilft, eine neue Wohnung zu finden, und daß ich die Ehe bald annullieren lassen werde.

Tim meint, er werde jetzt einfühlsamer und nicht mehr gewalttätig sein, werde zur Eheberatung gehen und so weiter und so weiter.

Robin, irgendwo ganz hinten sagt mir mein Verstand, daß es für diese Beziehung keine Hoffnung mehr gibt. Glauben Sie, daß eine Eheberatung doch noch helfen könnte? Wäre es für Tim und mich besser, getrennt zu leben?

Wenn wir uns andererseits mal nicht streiten, können wir uns stundenlang über Gesellschaft, Religion, Familie und Kinder unterhalten. Normalerweise gehen wir jede Woche ins Kino oder machen irgend etwas andres, was uns Spaß macht. Doch von ihm kommt nicht viel, und in unsrem ersten Jahr, als wir noch in New Rochelle wohnten, hat er meinen Geburtstag vergessen. Auch bei andren Gelegenheiten hat er mir nur halbherzig ein Geschenk in die Hand gedrückt.

Gibt es trotz alledem noch Hoffnung? Mit einer Eheberatung? Oder sollte ich die Ehe besser vergessen?

Ich versuche, das Beste daraus zu machen.

Meg C.

Liebe Meg,

Sie leiden an einer der tödlichsten Arten von Beziehungssucht. Nicht nur Ihre körperliche Gesundheit ist in Gefahr, sondern Ihr *Leben*, wie Sie schon selbst vermutet haben, als Tim seine Pistole gekauft hat. Aber wenn ich Ihnen (wie andere das bereits getan haben) sagen würde, Sie sollten sich von Tim trennen, dann würde dieser Rat es Ihnen nicht plötzlich möglich machen, das auch zu tun. Statt dessen bitte ich Sie dringend, sich wegen *Ihrer* Abhängigkeit von Tim Hilfe zu holen – nicht Hilfe für ihn oder Hilfe für die Ehe, sondern Hilfe für Sie selbst und Ihr Leben, mit dem Sie nicht zurechtkommen. Um sich diese Hilfe zu holen, müssen Sie sich nicht unbedingt von Tim trennen. Sie brauchen die Hilfe unabhängig davon, ob Sie zu ihm zurückkehren oder sich von ihm fernhalten. Solange Sie nichts gegen Ihre Sucht unternehmen, wird es in Ihrem Leben ständig lebensbedrohliche Gewalt geben. Sie werden sie nicht einfach eines Tages «hinter sich haben». Statt dessen wird es – ob mit Tim oder mit jemand anders – zu immer gefährlicheren Situationen und lebensbedrohlicheren Begegnungen kommen, und Sie werden immer ernstere körperliche Verletzungen davontragen. Sowohl Ihre eigene Beziehungssucht als auch der suchtartige Hang Ihres Partners zur Gewalttätigkeit sind fortschreitender Natur und werden von sich aus im Laufe der Zeit immer mehr eskalieren.

Sehr viele gewalttätige Männer sind gleichzeitig Alkoholiker, und sehr viele geschlagene Frauen stammen aus Familien, in denen Gewalt und Alkoholismus eine große Rolle gespielt haben, daher kommt für die meisten mißhandelten Frauen Al-Anon in Frage. Sollte das auch bei Ihnen der Fall sein, haben Sie großes Glück, weil man nirgendwo besser lernen kann, sich der Tatsache zu stellen, daß man in bezug auf die Handlungen und Stimmungsschwankungen eines anderen Menschen machtlos ist. Wenn Sie voll und ganz begreifen, daß Sie keine Macht über ihn haben, dann können Sie mit Unterstützung der Al-Anon-Mitglieder und mit Hilfe der Mittel, die dieses Programm Ihnen an die Hand gibt, anfangen, besser für sich selbst zu sorgen, und schließlich den Teil in Ihrem Innern ausheilen lassen, der es bisher *nötig gehabt hat, sich gefährliche Männer und gefährliche Situationen auszusuchen.*

Genau wie viele andere Frauen, die von ihren Vätern mißhandelt worden sind, haben auch Sie immer noch eine enge Bindung zu Ihrem Vater (und er zu Ihnen). Sie treffen mit ihm verschiedene «Abmachungen», die Sie beide weiter aneinanderketten. Ihr Vater war der erste Mann, der Sie geschlagen hat, und jedesmal, wenn Sie einen anderen Mann verlassen und zu Ihrem Vater, seinem Haus, seinen Regeln, seinen Ratschlägen, seiner Kritik, seinem «Schutz» zurückkehren, kommen Sie im wesentlichen vom Regen geradewegs in die Traufe. Ständig reagieren Sie entweder auf ihn oder auf einen anderen gewalttätigen Mann und sehen abwechselnd den einen oder den anderen als Ihren «Ausweg» oder Ihr «Problem» an. Es wird für Sie eine weit größere Herausforderung sein, anders handeln zu lernen – still bei sich zu sein, damit Sie sich Ihrer *eigenen* Wut stellen und sie heilen können und letzten Endes lernen, ein ruhigeres Leben zu führen –, als ständig mit den tätlichen Angriffen und wiederholten Umzügen fertig zu werden, die Ihnen schon so vertraut sind. Aber auf lange Sicht wird es Ihnen das Leben retten, wenn Sie lernen, innezuhalten und innerlich gesund zu werden.

Diese Veränderungen werden Sie nicht allein und auch nicht nur mit Hilfe einer Therapeutin oder eines Therapeuten erreichen. Sie brauchen eine ständig verfügbare Quelle der Unterstützung. Sie brauchen Menschen, die Sie aus ihrer Erfahrung heraus in die Mittel einweihen, welche ihnen auf dem Weg zur Genesung helfen; Menschen, die Sie teilhaben lassen, Ihnen aber keine der zwanghaften Verhaltensweisen nachsehen, die Teil der Krankheit sind (zum Beispiel, daß Sie ihn anrufen, ihn suchen gehen, ihn zu kontrollieren oder zu bestrafen versuchen, über ihn reden, sich in Affären mit anderen Männern stürzen und so weiter). Sie brauchen Menschen, die Ihnen durch ihr eigenes Beispiel helfen, Ihr Denken auf Vorstellungen hinzulenken, die eine Genesung fördern. Dazu gehört auch, daß Sie die Lösung Ihrer Probleme und die Befreiung von Ihrem Schmerz statt Tim oder Ihrem Vater einer Höheren Macht überantworten.

Denken Sie bitte daran, Meg, daß es zwar hilfreich ist, wenn Sie wissen, warum Sie so handeln, wie Sie es tun, aber daß es doch nicht genug ist, um Sie dazu zu bewegen, sich zu ändern. Dazu müssen Sie vielmehr kapitulieren und eingestehen, daß Sie es allein einfach nicht schaffen, Ihren inneren Zwang (sich Männer zu suchen, die gewalttätig sind) zu überwinden. Sodann müssen Sie sich mit anderen Menschen zusammenschließen, die gleichfalls daran arbeiten, sich von einem derartigen Zwangsverhalten zu befreien. Dieser Weg ist notwendig, wenn Sie zu einem gesunden und gelassenen Leben finden wollen. Ich hoffe, daß Sie die Hilfe eines Frauenhauses in Ihrer Nähe in Anspruch nehmen und daß die Mitarbeiterinnen dort dann für Sie den Kontakt zu einer Gruppe herstellen, die die Zwölf-Schritte-Methode zur Genesung anwendet.

––––––––––

Liebe Robin,
ich bin in einer sehr konservativ-spießigen Umgebung aufgewachsen. Drogen, Alkohol, Fluchen hat es da nicht gegeben und auch sonst kaum etwas, außer Kritik, strenger, gewaltsam durchgesetzter Disziplin und harter Bestrafung. Ich *weiß*, daß meine jetzige Ehe nicht gesund und entwicklungsfördernd ist. Sie ist für mich eine Sucht, da bin ich mir sicher, und ich frage mich jeden Tag: Warum, *warum* bin ich noch hier?! Schon jahrelang (mindestens fünf oder sechs Jahre) beschimpft und quält mein Mann mich emotional und psychisch, und jetzt hat er auch noch (obwohl ich nie gedacht hätte, daß er das je tun würde) die Schwelle zur Gewalttätigkeit überschritten. Das allein ist schon schlimm, aber ich bin nun in knapp einem Jahr auch schon zweimal von seinem fünfzehn-

jährigen Sohn (aus seiner ersten Ehe) tätlich angegriffen worden und bin sicher, daß es wieder geschehen wird. Zwei Eheberaterinnen (eine weltliche und eine christliche) und zwei Psychologinnen haben mir gesagt, ich solle mich von meinem Mann trennen. Mein Mann ist schon bei drei Psychologen gewesen, und wir haben *haufenweise* Geld ausgegeben, um «ihn wieder hinzukriegen», aber all das hat zu nichts geführt. *Alle* Leute (meine Freundinnen und Bekannten, meine Familie, die Polizei, die Frauen vom hiesigen Frauenberatungszentrum) scheinen der Meinung zu sein, daß ich wegziehen soll. Denn ich habe es ja nicht mit einem, sondern mit *zwei* Tätern zu tun! Dabei ist der Sohn bisher schlimmer als sein Vater. Bei uns ist es wie auf einem Schlachtfeld. Da fehlt nur noch ein Funke zur Explosion. Und doch bin ich *immer noch hier!*

Es kommen noch viele andere Faktoren zu dieser Situation hinzu, die das Ganze verschlimmern und sehr kompliziert machen. Eines der Dinge, die mir in Ihrem Buch am meisten bedeutet haben, war, daß Sie speziell die Spiritualität ansprechen. Als Christin fällt es mir *sehr schwer*, eine Art Mittelding oder Kompromiß zwischen zwei – wie ich meine – Extremen zu finden. Durch die Kirchengemeinde hier bin ich an ein ausgezeichnetes Programm für geschlagene Frauen geraten, und doch höre ich so oft «Laß den Mistkerl sitzen!», «Pfeif auf ihn!», «Geh da um Himmels willen weg!», «Laß dich scheiden!» und so weiter, als wäre das die einzig denkbare Möglichkeit; und das stört mich, offen gesagt. Das *andere* Extrem, dem ich durch die Kirche, einen Frauen-Bibelkreis und die meisten meiner christlichen Freundinnen und Freunde ausgesetzt bin, besagt, daß man eine Ehe aufrechterhält, *egal, was auch geschieht*. Man gibt *niemals* auf. Scheidung ist ein absolutes Unding. Die Ehe kommt an erster Stelle – vor meiner persönlichen Sicherheit (?!?!). Ich sehe jetzt, daß diese Leute ganz klar von mir wollen, daß ich eine Märtyrerin werde und tatsächlich mein ganzes Leben opfere beziehungsweise jede Möglichkeit oder Hoffnung begrabe, irgendwie glücklich zu werden. Mir fällt es sehr schwer, mich auf eine der beiden Richtungen festzulegen, und bis jetzt ist es noch zu keiner Lösung für unsere Probleme gekommen. Für mich war es *sehr* aufbauend zu lesen, daß Sie die spirituelle Entwicklung als Teil der Genesung ansprechen. Ich weiß nur zu gut, wie wichtig es ist, ein Du zu haben, dem ich das alles anvertrauen kann, wenn ich am Ende, wenn ich verzweifelt bin. So viele Menschen scheinen sich dieser Tage von Gott abzuwenden, da war ich beinah erschüttert, Ihn in einem Buch erwähnt zu finden, das ich nicht in einer christlichen Buchhandlung gekauft hatte.

Fay K.

Liebe Fay,
ich kenne Beziehungen, die so ähnlich sind wie Ihre: zwei Menschen, die äußerst aggressiv miteinander streiten und sich bei Angehörigen, Freunden, Priestern und Rechtsanwältinnen Verstärkung holen. Denn genau das läuft ja ab: eine äußerst aggressive Auseinandersetzung zwischen *zwei* sehr zornigen und eigenwilligen Menschen, von denen beide fest entschlossen sind, den anderen zu ändern (zu beeinflussen und zu kontrollieren). Warum fällt es ihnen so schwer, den aggressiven Umgang miteinander zu beenden und nicht mehr Runde um Runde durchzukämpfen? Weil jede / r der beiden entschlossen ist, zu gewinnen und sich gegenüber dem (oder der) anderen durchzusetzen. Dies gilt sowohl für den mißhandelten als auch für den mißhandelnden Partner.

Eine der stärksten Waffen, die Sie in diesem andauernden Konflikt mit Ihrem Mann und seinem Sohn haben, ist die Art und Weise, in der Sie an Ihrem Glauben festhalten. Da es zum Christsein gehört, sanft- und demütig zu sein und sich Gottes Willen zu überlassen, glauben Sie vielleicht, daß Sie sich aus christlicher Nächstenliebe um die Einstellung und das Verhalten Ihres Mannes sorgen. Ich vermute, daß in Ihnen etwas ganz anderes abläuft. Ich hege den Verdacht, daß sich bei Ihnen – wie auch bei vielen anderen – hinter dem «Christentum» Ihre unnachgiebige Entschlossenheit verbirgt, *Ihren Mann* zu ändern – in der Meinung, Gott sei bei allen Ihren Bemühungen auf Ihrer Seite. Können Sie ehrlich sagen, daß alle Ihre Versuche, Ihren Mann dazu zu bringen, sich zu ändern, liebevoll und nicht etwa nötigend oder manipulativ gewesen sind? Denken Sie daran: Wenn wir meinen, für andere Leute die richtige Antwort zu haben, und glauben, wir seien im Recht und sie im Unrecht, dann sind wir *selbstgerecht*, und das verträgt sich nicht mit den spirituellen Grundsätzen der Demut und des Kapitulierens, des Sichüberlassens.

Selbstgerechtigkeit – das heißt: die Überzeugung, genau zu wissen, was richtig und was falsch ist – kann unglücklicherweise als unüberwindliche Abwehrreaktion dienen, die erfolgreich verhindert, daß wir uns der Wahrheit über uns selbst bewußt werden. Ich hoffe, Sie können sich nach und nach eingestehen, daß Sie in diese Ehe schon viel Zorn über die Behandlung, die Ihnen in Ihrer Herkunftsfamilie widerfahren war, mitgebracht haben und daß die Auseinandersetzungen mit Ihrem Mann zwar zum Teil ein Ventil für diese Wut gebildet, sie gleichzeitig aber auch vergrößert haben.

Da es durchaus möglich ist, daß zwei Menschen sich scheiden lassen und ihren Streit trotzdem noch jahrelang weiterführen, gibt es auf Ihre Frage offensichtlich keine Antwort, die so simpel wäre wie «Sie müssen bei Ihrem Mann bleiben» oder «Sie müssen sich von ihm trennen». Wenn Sie wirklich von Ihrer Beziehungssucht freikommen wollen, müssen Sie die Verantwortung dafür übernehmen, daß Sie sich diesen Partner *ausgesucht haben*, und erkennen, daß es für Sie in Ihrer Beziehung etwas zu lernen gibt. Als erstes werden Sie lernen müssen, sich davon freizumachen, einen anderen Menschen ändern zu wollen. Als nächstes müssen Sie lernen, die Verantwortung dafür zu übernehmen, daß die Ihnen in der Vergangenheit zugefügten Wunden heilen. Von dieser Arbeit haben Ihr Mann und Ihr Stiefsohn Sie die ganze Zeit stark abgelenkt; jetzt müssen Sie Ihre Aufmerksamkeit um so stärker darauf richten. Wenn Sie die Bereitschaft entwickeln, diese Arbeit anzugehen, dann lassen Sie sich durch Ihren Mann und Ihren Stiefsohn nicht mehr von Ihrem eingeschlagenen Kurs abbringen. Sie werden dann besser für sich sorgen und die beiden Gott überlassen.

Wenn bei uns die Genesung einsetzt, berechnen wir bei dem, was wir sagen und tun, nicht mehr, wie der andere wohl darauf reagieren wird – ob er uns wohl «hört» und sich ändert, ob es ihm leid tut, ob er vielleicht zornig wird, weggeht oder was auch immer. Vielmehr tun wir, was wir tun, und sagen, was wir sagen (und meistens sagen wir *sehr viel* weniger) allein unter dem Gesichtspunkt, unseren eigenen Seelenfrieden zu bewahren. Wir hören mit *unserem* Anteil am Streit auf, und wenn wir das tun, ist die Streiterei vorbei. Sie sehen, Fay, bei der Gesundung geht es nicht ums Gewinnen – Sie spielen gar nicht erst mit! Wenn wir anfangen, uns umzustellen, und nicht mehr versuchen, jemand anderen krampfhaft dazu zu bringen, sich zu ändern, und wenn wir uns statt dessen auf unsere eigene Gesundung konzentrieren, folgt für gewöhnlich eine Phase unheimlicher Spannung, während der wir daran arbeiten, diese neuen Denk- und Verhaltensweisen zu erlernen. Unser Partner versucht vielleicht, uns wieder in den gewohnten Streit zu verwikkeln, und etwas in uns möchte vielleicht tatsächlich gerne dahin zurück und dem altbekannten Handlungsmuster folgen. Wenn sich dann die Dinge etwas beruhigt haben, stellen wir manchmal fest, daß in der Zeit, in der wir für uns gesorgt haben, sich auch bei unserem Partner und in unserer Beziehung etwas positiv verändert hat. Das ist aber keineswegs immer der Fall. Ironischerweise fällt die Trennung (falls sie denn letzten Endes notwendig wird) *leichter*, wenn wir schon ein Stück auf unserem Weg zur Genesung vorangekommen sind. Wenn wir lernen, unsere Aufmerksamkeit nicht mehr darauf zu konzentrieren, jemand anderen zu ändern, sondern darauf, für uns selbst zu sorgen, dann rückt uns der Streit mit dem Betreffenden instinktiv ferner und wir akzeptieren diesen Menschen eher so, wie er ist, und sind weniger zornig. Denken Sie daran: Was die meisten Menschen in kranken Beziehungen festhält, ist Zorn und nicht Liebe. Wenn wir nicht mehr darauf beharren, daß *der andere* emotional für uns sorgt, und statt dessen *selbst* für uns sorgen, werden wir selbständiger und können leichter loslassen. Dann sind wir, wenn wir mit dem Partner zusammen sind, nicht mehr leer, ohne Hoffnung, zornig, frustriert und verzweifelt. Wir können ihn sein lassen, wer und was er ist, und uns das aussuchen, was für uns richtig ist.

Damit Sie die Hilfestellung erhalten, die Sie brauchen, um sich so zu ändern, daß Sie gesund werden, wäre es für Sie empfehlenswert, an den Treffen der Anonymen Beziehungssüchtigen in Ihrer Nähe teilzunehmen. Obwohl dieses Programm in den meisten Teilen des Landes noch sehr neu ist, ist es doch schon weit verbreitet. Aber bedenken Sie dabei: Da es noch neu ist, ist auch den meisten Mitgliedern diese Methode noch neu, wenn sie nicht schon über einen längeren Zeitraum an anderen Zwölf-Schritte-Programmen teilgenommen haben. Bei jedem dieser Programme dauert es lange, bis sich ein Kern von Mitgliedern herausbildet, der Neuankömmlingen auf Grund einer reichen Genesungserfahrung und gefestigten raxis wirklich etwas zu geben hat.

Die sehr einfache (wenn auch nicht immer leichte) Zwölf-Schritte-Methode der Anonymen Programme steht in keinerlei Widerspruch zu Ihren religiösen Werten. Sie wird auf diese vielleicht sogar noch ein erhellendes Licht werfen.

Mit «Wenn Frauen zu sehr lieben» wollte ich so überzeugend wie möglich darlegen, daß Beziehungssucht, genau wie Alkoholismus, als ein fortschreitender und letztlich tödlich verlaufender Krankheitsprozeß angesehen werden muß. Der im folgenden abgedruckte kurze Brief stützt diese Theorie mit erschütternder Klarheit. Ihm läßt sich deutlich entnehmen, daß Nan in einem Beziehungsmuster gefangen war, das sie allein nicht kontrollieren konnte und das im Laufe der Zeit immer mehr zu einer schädigenden und hemmenden Kraft in ihrem Leben wurde. Einfach gesagt, wenn sie nicht Hilfe in Anspruch genommen und *durchgehalten* hätte, wäre sie sehr wahrscheinlich an ihrer Krankheit gestorben.

Obschon man vielleicht versucht ist, ihren gewalttätigen Mann als den eigentlichen Faktor anzusehen, der ihre Gesundheit bedroht, wird aus der offenen Schilderung ihrer Geschichte deutlich, daß er nur einer von vielen gefährlichen Partnern gewesen ist, die sie sich auf Grund ihrer Krankheit *selbst ausgesucht hat.*

Sehr geehrte Frau Norwood,
am 1. Mai habe ich Mr. Wunderbar kennengelernt, und am 31. Mai ist er bei mir eingezogen. Nach zwei Wochen hat er mir mein Loch im rechten Ohrläppchen ausgerissen. Er hat mich wiederholt geschlagen, mir gewaltsam einen Besenstiel reingeschoben und mir ins Gesicht gespuckt, bis ich ihn schließlich verhaften ließ. Ja, und meine Haare hat er auch noch angezündet und mir brennende Zigaretten ins Gesicht und auf die Arme gedrückt.

Robin, nach drei gescheiterten Ehen wollte ich diese nicht auch scheitern lassen, und als er nach sechs Monaten aus dem Gefängnis gekommen ist und bei mir geschellt hat, habe ich ihn ins Haus gelassen. Er hat mich wieder geschlagen, aber diesmal hat der Bezirksstaatsanwalt meine Anzeige niedergeschlagen, obwohl mein Mann seine Bewährungsauflagen nicht erfüllt und mich tätlich angegriffen hatte.

Ihr Buch hat mir geholfen, innerhalb der letzten paar Monate vier Beziehungen zu beenden, die ich angefangen hatte, weil ich einsam war. Ich habe es geschafft, mich von meinem Mann fernzuhalten, und mich auch nicht mehr mit dem einen Typ getroffen, der Beruhigungsmittel nimmt, mit dem anderen, der verheiratet ist, und mit dem, der Drogen und Alkohol konsumiert.

Ich fange an zu begreifen, warum ich so geworden bin. Ich bin ein Adoptivkind. Während meine Adoptivmutter bei der Arbeit gewesen ist, hat ihr Sohn uns übrige Kinder fast immer verprügelt.

Dank dem «Opfer und Zeugen»-Programm des

Bezirksstaatsanwalts gehe ich zu einer psychologischen Beratung. Es ist phantastisch und hilft mir eine Menge.

Mein Mann steht bald vor Gericht, und er will, daß ich auf seiner Seite bin. Aber ich kann und will keine Mißhandlungen mehr einstecken. Ich ziehe die Scheidung durch. Ich bin einsam, aber ich will nicht mehr so weiterleben wie bisher.

Wünschen Sie mir Glück! Ich fange an zu erkennen, daß Gott mich liebt.

Nan G.

Als Nan mir die Bestätigung zurückschickte, daß ich ihren Brief verwenden dürfe, schrieb sie mir auch, daß ihre Scheidung jetzt rechtsgültig sei, daß sie ihren Mann erneut habe festnehmen lassen müssen, weil er sie wieder tätlich angegriffen habe, daß sie ihre Therapie fortsetze und daß sie jetzt jeden Tag aufs neue wisse, daß es einen Grund zum Leben gebe.

Nan lernt gerade, für sich zu sorgen und sich zu schützen. Wenn sie weiter an ihrer Gesundung arbeitet, wird sie sich schließlich auch den in ihrer eigenen Persönlichkeit begründeten Gewaltaspekten stellen (und diese ausheilen) müssen, die bewirkt haben, daß sie gewalttätige Männer angezogen und sich ihrerseits zu ihnen hingezogen gefühlt hat. Wenn sie ihren Schmerz und ihre Wut anerkennt, sich beiden stellt und sie ausheilen läßt, wird sie ihrem Mann und anderen, die gewalttätig sind, bald nicht mehr begegnen.

Es ist ein spirituelles Prinzip, daß wir immer wieder anderen Menschen begegnen, die für uns die Gelegenheit verkörpern, das in unserem Leben Dringlichste zu lernen. Wenn wir lernen, das Problem *in uns* zu überwinden, werden unsere «Lehrer» von alleine gehen.

Sehr oft fühlen sich diejenigen, die geschlagene Frauen beraten, zu dieser Arbeit hingezogen, weil sie selbst eine unverarbeitete und oftmals sogar unerkannte Wut auf andere Menschen, vor allem auf Männer, haben. Wenn das der Fall ist, wird es ihnen nicht gelingen, ihre Klientinnen zu dem Ziel zu führen, das am Ende ihrer gemeinsamen Arbeit stehen sollte:

Die Wut sollte geheilt und (statt eines «Sieges») eine wirkliche Loslösung von der Gewaltsituation erreicht sein. Für alle von uns, ob Klient / in oder Therapeut / in, liegt die wichtigste Arbeit immer bei uns selbst.

Liebe Robin Norwood,
als ich von «Wenn Frauen zu sehr lieben» hörte, habe ich das Buch bestellt und mir ins Büro schicken lassen. Meiner Sekretärin habe ich erklärt, ich nähme an einem Kurs teil (stimmt ja auch!), müsse deshalb in der Mittagspause lernen und dürfe nicht gestört werden. Meine roten Augen hätten mich verraten können, aber anscheinend fielen sie nicht auf. Nach drei Monaten habe ich «den Kurs» über Mittag je einmal pro Woche mit einem Al-Anon-Meeting und mit einer Sitzung bei einem Alkoholismustherapeuten in einem örtlichen Rehabilitationszentrum fortgesetzt. Nachdem weitere drei Monate ins Land gegangen waren, haben mein Therapeut und ich beschlossen, daß es das beste sei, wenn ich in eine andere Gegend zöge – möglichst heimlich, um einer möglichen Konfrontation mit meinem gewalttätigen und alkoholabhängigen Mann aus dem Weg zu gehen. In Anwesenheit eines Polizisten habe ich mit Hilfe von ein paar Möbelpackern einen gemieteten Möbelwagen vollgepackt, meine achtjährige Tochter und unsere Katze genommen und bin nach Washington umgezogen, wo zwei meiner Schwestern wohnen.

Inzwischen habe ich in meinem hochspezialisierten Arbeitsgebiet einen guten Job gefunden, gehe regelmäßig zu einem Alkoholismus- und Co-Alkoholismusspezialisten und möchte demnächst eine Gruppentherapie anfangen. Meiner Tochter geht es gut – abgesehen von ein paar Ängsten, die wohl zu erwarten waren. Ich gehe mit ihr deswegen ab und zu zu einer Kinderpsychiaterin. Wir haben ein Haus direkt gegenüber vom Haus meiner Lieblingsschwester gemietet, die mich emotional ganz stark unterstützt.

Mein Ex-Mann hat uns bisher in Ruhe gelassen. Ab und zu (wenn auch nicht so oft, wie ich es gern hätte) schreibt er meiner Tochter. Er ist ziemlich herunter, raucht extrem viel Marihuana, trinkt eine Menge Bier und nimmt auch viel Kokain. In seinem Dickdarm sind präkanzerogene Zellen gefunden worden. Ich hoffe, daß es mir möglich sein wird, mit Amelia zu ihm in den Süden zu fahren, damit sie ihn noch einmal sieht, solange er noch da ist. Ich muß dazu aber erst stark genug sein, damit ich es gut über die Bühne bringe.

Ich bin glücklich, allein zu sein, und arbeite gleichzeitig an mir, damit ich eines Tages mit einem Mann eine gute Beziehung haben kann, falls mir einer über den Weg läuft. Es ist ein wahres Wunder, wenn man sieht, wie sehr ich mich in diesem einen Jahr verändert habe! Und der Kreis wird größer: Meine Schwestern haben sich vorsichtig nach den Meetings für erwachsene Kinder von Alkoholikern erkundigt, an denen ich nun teilnehme! Ich freue mich für sie, wenn sie damit anfangen, aber ich sage nur etwas, wenn sie die Sprache darauf bringen.

«Wenn Frauen zu sehr lieben» hat mein Leben wahrscheinlich genauso stark beeinflußt wie meine Eltern – und hat mich jetzt endlich erwachsen werden lassen. Ich danke Ihnen!

Kathryn F.

Es ist ermutigend, wenn man ein Kapitel mit Briefen von geschlagenen Frauen so positiv ausklingen lassen kann. Kathryn unternimmt geeignete Schritte, um gesund zu werden, und ihre Bemühungen tragen Früchte. Wenn sie meine Klientin wäre, würde ich ihr allerdings ernsthaft raten, sich darüber klar zu werden, aus welchen Motiven sie mit ihrer Tochter ihren Ex-Mann besuchen will.

Auf die Gefahr hin, daß mich Leser/innen, die meinen, diese Tochter «brauche» ihren Vater, für herzlos halten, möchte ich zwei Punkte klarstellen. Erstens ist dieser Mann ein Alkoholiker/Süchtiger, der sich bereits in einem Spätstadium seiner Krankheit befindet. Solange er trinkt und Drogen nimmt, wird jeder Besuch für seine Tochter bestenfalls verwirrend und bestürzend und schlimmstenfalls gefährlich sein. Zweitens ist es ein schwerer Fehler zu glauben, nur er habe das Problem und Kathryn könne ihn unbesorgt besuchen, ohne selbst ein Risiko einzugehen. Ich denke hierbei nicht allein an ihre körperliche Sicherheit, obwohl das in diesem Zusammenhang sicherlich eine wichtige Überlegung ist. Da Kathryn – wie noch jedes Opfer häuslicher Gewalttätigkeiten, das ich kennengelernt habe – beziehungssüchtig ist, ist ein Besuch bei ihrem Ex-Mann für sie und ihre Genesung genauso gefährlich wie ein Schluck Alkohol für eine trockene Alkoholikerin.

In uns ist ein unglaublich starkes Bedürfnis, den Verlauf der Dinge nach unseren Wünschen zu wenden und selbst den unglückseligsten Situationen irgendwie noch ein glückliches Ende abzuringen. Aber für die Beziehungssüchtigen unter uns kommen solche Manöver verdächtig nahe an eine zwangsweise Manipulation heran.

Wir Beziehungssüchtige müssen immer sehr genau hinterfragen, aus welchen Motiven wir uns von neuem mit den Menschen einlassen, die bislang unsere «Droge» gewesen sind. Manchmal klingen unsere Gründe so plausibel, ja menschenfreundlich und sind doch Rationalisierungen, damit wir unser krankhaftes Verhalten ausleben können. Die Initiative zu einem Treffen zwischen Amelia und ihrem Vater sollte von ihm ausgehen und nicht von Kathryn. Solange er nicht nüchtern ist, wird er zu einer solchen Initiative allerdings kaum in der Lage sein. Seine Tochter weiß schon, wie er ist, wenn er trinkt und Drogen nimmt. Ein Besuch wird keine wundersame Veränderung herbeiführen – wenn, dann muß Amelias Vater sich ändern.

Genau wie beim Tod müssen wir auch beim Alkoholismus Abschied von unseren Wunschvorstellungen nehmen. Was der Tod oder der Alkoholismus einmal genommen hat, können wir von unserer Seite her nicht mehr rückgängig machen. Wir müssen es akzeptieren. Kathryn wird einsehen müssen, daß es zum Lebensweg ihrer Tochter gehört, sich damit abzufinden, wenn bestimmte Menschen oder Dinge nicht Teil ihrer Kindheit sind. Auch als Mutter ist es nicht Kathryns Aufgabe, dafür zu sorgen, daß ihre Tochter und ihr Ex-Mann wieder zusammenkommen. Das überläßt sie besser Gott.

Wenn man es im eigenen Leben mit Abhängigkeit und Mit- oder Co-Abhängigkeit zu tun hat, kann man nicht umhin, die üblichen «guten» Umgangsformen aufzuheben und statt dessen den für eine Genesung erforderlichen Richtlinien zu folgen. Bei der Genesung von Co-Abhängigkeit ist das einer der schwierigsten Aspekte. Das, was wir tun müssen, um unsere eigene Genesung zu schützen, erscheint anderen nicht immer als «nett». In den Augen anderer sind wir vielleicht egoistisch, gedankenlos oder kleinlich. Aber uns selbst und den Menschen, die wir lieben, schulden wir es, daß wir alles unternehmen, um gesund zu werden. Ihre eigene anhaltende Genesung ist das beste Geschenk, das diese Mutter ihrer Tochter machen kann. Durch Kathryns Gesundungsprozeß wird Amelia immer wieder sehen, was es heißt, sich für einen Weg zu entscheiden, der der Gesundheit förderlich ist – und nicht für den «leichten», gut und liebenswürdig scheinenden, der zwar von anderen oft gutgeheißen wird, aber in Wirklichkeit Teil der Suchtkrankheit ist.

Weniger das, was ihre Mutter ihr sagt, als das, was ihre Mutter ihr vorlebt – wie sie handelt und empfindet –, wird Amelia am meisten prägen und ihr am stärksten vermitteln, was es heißt, eine Frau zu sein. Kathryns Genesung ist keine Garantie dafür, daß Amelia nicht ihrerseits auch beziehungssüchtig wird, aber angesichts ihrer gemeinsamen Lebensgeschichte bietet Kathryns Genesung den besten Schutz davor, daß die Krankheit auch bei ihrer Tochter zum Ausbruch kommt. Es ist ein tröstliches Prinzip dieser Art der Genesung, daß wir anderen Menschen um so stärker die Möglichkeit schaffen, wirklich gesund zu werden, je besser wir für uns selbst sorgen.

Kapitel 4: Briefe von Frauen, die sexuell belästigt wurden und / oder sexuell süchtig sind

Sexuelle Süchtigkeit ist nicht das gleiche wie Beziehungssucht. Es kann sein, daß eine Frau ihre sexuelle Sucht auslebt und dabei kaum oder gar nicht an eine Beziehung denkt. Es kann aber auch sein, daß eine Frau wie besessen Beziehungen eingeht, um auf diese Weise den erforderlichen Rahmen für das Ausleben ihrer sexuellen Sucht zu haben. Ob mit oder ohne Beziehung, in beiden Fällen handelt es sich um sexuelle Süchtigkeit. Bei der Beziehungssucht besteht ein dringendes Bedürfnis nach einem anderen Menschen, auf den man die eigene Aufmerksamkeit konzentrieren kann. Bei der sexuellen Sucht ist man von sexuellen Gedanken und / oder Handlungen besessen. Beide Suchtarten können zusammen auftreten, wie das ja auch bei anderen Suchtkrankheiten der Fall ist, etwa bei der Kauf- und Eßsucht oder bei der Trunk- und Spielsucht. Aber jede Suchtkrankheit ist ein Fall für sich, der einer eigenständigen Heilung bedarf, auch wenn die dafür angewandten Mittel vielleicht im wesentlichen die gleichen sind.

Man kann seine sexuelle Sucht mit einem einzigen Partner und im staatlich oder kirchlich sanktionierten Rahmen der Ehe ausleben, aber auch mit unzähligen namenlosen Partnern oder ganz ohne Partner. Wichtig ist, daß man in der Lage ist, sie als Suchtkrankheit zu identifizieren, und daß man über die für sie wirksamste Therapiemethode Bescheid weiß.

Bisher gibt es nur sehr wenig Literatur, die sich mit zwanghaftem Sexualverhalten und entsprechender Mit- oder Co-

Abhängigkeit befaßt. Ich selbst habe erst durch Briefe von Frauen, die «Wenn Frauen zu sehr lieben» gelesen hatten, erste Hinweise auf diesen speziellen Aspekt der Abhängigkeit und Co-Abhängigkeit erhalten. Inzwischen freue ich mich, sagen zu können, daß ich Menschen kenne, die dabei sind, von dieser Abhängigkeit oder Sucht zu genesen. Durch sie habe ich erfahren, in welchem Maße sexuelle Abhängigkeit und Co-Abhängigkeit geleugnet werden, auf welche Weise sich diese Krankheiten bei «normalen»* Menschen zeigen und wieviel Ehrlichkeit man sich selbst gegenüber braucht, wenn man gesund werden will.

Welches sind die spezifischen Elemente der sexuellen Abhängigkeit oder Sucht? Genau wie das Trinkverhalten bei Alkoholikern kann sich auch das zwanghafte Sexualverhalten einzelner Süchtiger unterscheiden, aber es gibt immer Elemente, die sich bei allen Süchtigen unabhängig von der Art ihrer Sucht finden.
  Dazu gehört,
○ daß Süchtige wegen ihrer Sucht mit dem Leben immer weniger zurechtkommen;
○ daß das Ausleben der Sucht zwar vorübergehend Erleichterung verschafft, letzten Endes aber zu mehr Unbehagen als Erleichterung führt;
○ daß das Verhalten das eigene emotionale Wohlbefinden und – im Laufe der Zeit – auch die eigene körperliche Gesundheit untergräbt;
○ daß es dadurch abgesichert wird, daß Süchtige sich selbst und anderen gegenüber unaufrichtig sind;
○ daß sie dauernd versuchen, das Zwangsverhalten zu kontrollieren – es nicht wieder zu tun –, und daß diese Versuche meistens fehlschlagen;

---

* Die Unterscheidung in «normale» und «abnormale» Menschen geschieht in unserem Kulturkreis zumeist recht willkürlich, vor allem wenn man bedenkt, daß Inzest in sehr vielen Fällen ungeahndet bleibt. Als «abnormal» gelten diejenigen, die auf Grund von Sexualdelikten eingesperrt worden sind, während diejenigen, denen das (noch) nicht widerfahren ist, als «normal» gelten.

○ daß Süchtige sich schämen sowohl wegen ihres Verhaltens als auch wegen ihrer Unfähigkeit, es abzustellen;

○ daß unbewußte Abwehrmechanismen am Werk sind: Süchtige *verdrängen* (das heißt, sie sind sich ihres eigenen Verhaltens und dessen Häufigkeit nicht richtig bewußt) und *rationalisieren* (das heißt, sie erfinden Ausreden und machen vor allem andere für ihr eigenes Verhalten verantwortlich), und durch diese Abwehrmechanismen verhindern die Süchtigen, daß sie ihren eigenen Zustand korrekt erkennen.

Wenn diese Kriterien auf das Sexualverhalten eines Menschen zutreffen, dann liegt sexuelle Abhängigkeit oder Süchtigkeit vor. Beim Alkoholismus, sagt man, kommt es nicht darauf an, was oder wieviel oder wie oft jemand trinkt; ob Alkoholismus vorliegt, hängt allein davon ab, wie sich das Trinken auf das Leben der (oder des) Betreffenden auswirkt. Das gleiche gilt für sexuelle Süchtigkeit. Sexuelle Süchtigkeit definiert sich nicht notwendigerweise daraus, wie oft man mit jemandem Sex hat – oder mit wem (außer bei Vergewaltigung und der Verführung von Kindern), auf welche Weise oder unter welchen Umständen. Ob sexuelle Süchtigkeit vorliegt, hängt vielmehr davon ab, wie das eigene Sexualverhalten andere Lebensbereiche beeinflußt und ob man angesichts von Problemen, die vom eigenen Sexualverhalten herrühren, nicht in der Lage ist, aufzuhören und sich zu ändern. Zu solchen Problemen kann zum Beispiel gehören, daß die eigene sexuelle Betätigung keine gesunden Beziehungen zu anderen Menschen fördert, sondern sie entweder verhindert oder zerstört. Auch die Bedrohung der eigenen Gesundheit und des eigenen Lebens (Aids!) kann durchaus zu diesen Problemen zählen. Ein weiterer Hinweis auf das Vorliegen sexueller Süchtigkeit besteht dann, wenn jemand bei bestimmten Sexualpraktiken Verhaftung, strafrechtliche Verfolgung und eine Gefängnisstrafe riskiert – und trotzdem weitermacht. Es müssen nicht alle Kriterien gleichzeitig zutreffen. Um sexuelle Süchtigkeit diagnostizieren zu können, reicht es, wenn irgendeines von ihnen erfüllt ist.

Viele Menschen benutzen hin und wieder Sex als Droge, um

sich aus irgendeinem Grund zu betäuben, und genausoviele benutzen zu dem gleichen Zweck Alkohol, Essen, einen Großeinkauf oder einen Ausflug in ein Spielkasino. Wenn aber das Bedürfnis nach und das Benutzen von Sex (oder irgendeines anderen Verhaltens oder Mittels) größere Probleme schafft, als das dadurch bewirkte momentane «Hoch» rechtfertigen oder kompensieren kann, dann sollte das suchthafte Wesen dieser Betätigung untersucht werden. Eine Sucht entsteht, wenn aus der freien Entscheidung für eine Droge, ein Mittel oder eine Tätigkeit eine zwanghafte Abhängigkeit wird. Ist die Sucht sexueller Natur, dann hat man nicht mehr die Freiheit, sich (ob bewußt oder unbewußt) als Ablenkung von einem unbehaglichen Gefühl für eine bestimmte sexuelle Betätigung zu entscheiden, sondern man *muß* sich nun dieser Betätigung hingeben, wenn man nicht von einem beklemmenden Gefühl der Unruhe überwältigt werden will. Genau wie bei allen anderen Arten der Süchtigkeit wird auch bei der sexuellen Süchtigkeit diese innere Beklemmung und Unruhe zu einer immer größeren Belastung. Das liegt zum einen daran, daß sich die (oder der) Süchtige mit Hilfe von Sex ablenkt von unbearbeiteten und immer stärker drückenden Schwierigkeiten, zum anderen daran, daß verdrängte traumatische Erlebnisse an die Oberfläche drängen; und teilweise ergibt sich die Belastung aus vergangenen Episoden suchthafter Betätigung.

Frauen, bei denen Sex die «Droge ihrer Wahl» ist und / oder die sich einen sexsüchtigen Partner wählen, treffen meiner Beobachtung nach weder die eine noch die andere Wahl zufällig. Auf Grund von traumatischen Kindheitserlebnissen (vor allem sexueller Belästigung) bringen sie die Veranlagung mit, diese spezielle Form der Sucht und / oder Co-Abhängigkeit zu entwickeln. Tatsächlich sind zwanghaftes Sexualverhalten und sexuelle Co-Abhängigkeit (die vorliegt, wenn man eine Verbindung mit einem sexuell süchtigen Partner eingeht) oft zwei untereinander austauschbare Aspekte derselben Krankheit: der Sexbesessenheit. Ob es nun um die eigene sexuelle Betätigung oder die eines anderen geht, man ist jedenfalls von Sex besessen, und die Wurzeln dieser Besessenheit sind die gleichen: Sie gehen auf ein sexuelles Trauma in der Kindheit zurück. Eine sexuelle Verführung ist ein feindseliger, aggressiver Akt, unabhängig davon, ob er nun von einer sexuell süchtigen oder von einer co-abhängigen Frau ausgeführt wird, die den Süchtigen zu steuern sucht. Das ständige Bedürfnis, über jemand anderen sexuell die Oberhand zu gewinnen, wurzelt in der Scham und Wut darüber, selbst mißbraucht worden zu sein.

Wenn ein Kind sexuell mißbraucht * worden ist und daraufhin später eine sexuelle Sucht entwickelt, so kann man vielleicht sagen, daß die Psyche auf diesem Wege versucht, das aus der Vergangenheit stammende Trauma zu heilen. Derartige Kindheitserlebnisse sind fast immer so tief verschüttet oder werden emotional so stark verleugnet, daß es wohl einer so qualvollen und gefährlichen Kraft wie der sexuellen Sucht bedarf, um die Anerkennung dieser Erlebnisse zu erzwingen. Da man von sexueller Sucht nur genesen kann, wenn man sich dem in der Vergangenheit erlittenen sexuellen Trauma stellt, es emotional noch einmal durchlebt und schließlich vergibt, dient die Sucht selbst als Schlüssel zur Vergangenheit der betroffenen Frau. Setzt die Kranke sich nicht wirklich voll für ihre Genesung ein, dann wird sie zu all den beliebten Rationalisierungen greifen, die «erklären», warum sie sich so sehr mit Sex beschäftigt; und sie wird weiterhin die Wirklichkeit ihrer unangenehmen Familiengeschichte unterdrücken oder in Schach halten.

Verschiedene Faktoren machen es schwer, objektiv über Sexualität zu reden – von zwanghaftem Sexualverhalten ganz zu schweigen. Eine Schwierigkeit besteht darin, daß das Thema in einem gewissen Maße unvermeidlich erregend ist, da es entweder Unbehagen erzeugt oder zu einer Art Voyeurismus ermuntert. Ein anderer Faktor ist die enorme Ambivalenz, die unsere Kultur jeder Äußerung von Sexualität entgegenbringt. Bei uns besteht keine wirkliche kulturelle Übereinstimmung darüber, welche Verhaltensweise angemessen oder unange-

---

* Es ist heute allgemein üblich, von sexuellem «Mißbrauch» zu reden, deshalb ist dieser Begriff hier auch beibehalten worden. Eigentlich ist er aber ein verräterischer Begriff, impliziert er doch, daß es auf der anderen Seite einen *richtigen* Gebrauch von Kindern gäbe. (Anm. d. Übers.)

messen, gesund oder pervers, befreit oder unmoralisch ist. Zwar haben wir in bezug auf das Äußern von Sexualität kulturelle Regeln und Werte, aber kaum jemand hält sich an sie. Wir müssen erst noch entscheiden, ob eine Verletzung dieser Regeln falsch, bedeutungslos oder aber ehrlicher ist, als die Regeln erlauben. Diesen Fragen soll hier nicht weiter nachgegangen werden. Alle Arten von Sucht sind meines Erachtens niemals unmoralisch, sondern einfach amoralisch, genau wie jede andere Krankheit auch. Eine Sucht ist genausowenig richtig oder falsch, wie Krebs richtig oder falsch ist. Zu einer Suchtkrankheit gehört sowohl eine Verletzung des eigenen Wertsystems als auch die Unfähigkeit, das eigene Verhalten durch eigene Anstrengungen zu beenden oder zu ändern.

Den folgenden Brief erhielt ich von einer Ärztin, die in ihrem Beruf anerkannt ist, aber wegen sexueller Abhängigkeit und Co-Abhängigkeit mit ihrem eigenen Leben nicht zurechtkam. Sie schildert darin ihre Genesung von ihrer sexuellen Co-Abhängigkeit und verdeutlicht ihre Ansicht (die ich teile), daß sich Abhängigen und Co-Abhängigen in den Anonymen-Programmen die *Haupt*quelle zu einer Genesung bietet. Eine psychologische Beratung kann als zusätzliche Hilfe dienen – nicht umgekehrt.

Ihr Brief ist eine gute Einführung in den Bereich des zwanghaften Sexualverhaltens.

Liebe Frau Norwood,
ich habe Ihr Buch, «Wenn Frauen zu sehr lieben», mit großem Interesse gelesen. Ich meine, es ergänzt das, was wir über Frauen als Co-Abhängige wissen, in ganz wichtigen Teilen. Als Ärztin und Mitglied einer Anonymen-Gruppe haben mich mehrere Punkte in Ihrem Buch beeindruckt:

1. *In Verbindung mit einer wie auch immer gearteten professionellen psychologischen Beratung müssen diese Frauen unbedingt an Zwölf-Schritte-Programmen teilnehmen.*

Es hat mich *sehr* gefreut zu lesen, daß Sie darauf bestehen, daß Ihre Klientinnen entsprechend ihrer

Veranlagung an den Meetings der Anonymen Alkoholiker-, Al-Anon-, Anonymen Eßsüchtigen- oder anderer Anonymen-Gruppen teilnehmen müssen, wenn sie bei Ihnen weiter in der Therapie bleiben wollen. Ich bin darüber bestürzt, wie viele der psychologischen Berater/innen an meinem Wohnort die Zwölf-Schritte-Programme als *Alternative* zur Beratung ansehen, statt als Teil des Selbstheilungsprozesses. Tatsächlich scheinen sich viele Berater/innen, Psycholog/inn/en und Psychiater/innen durch diese Gruppen bedroht zu fühlen, als ob sie Angst hätten, es könnte ihnen das Geschäft verderben, wenn Leute in Selbsthilfegruppen gehen. Darüber hinaus scheint unter Psychiater/innen die Ansicht zu bestehen, daß Selbsthilfegruppen für Leute mit kleineren Problemen unter Umständen in Ordnung seien, daß man bei *wirklichen* Problemen aber Fachleute *statt* Selbsthilfegruppen bräuchte. Ich habe mir eine Liste derjenigen psychologischen Berater/innen hier am Ort angelegt, die mit Anonymen-Gruppen zusammenarbeiten, und wenn es sich anbietet, weise ich meine Patientinnen und Patienten auf diese Fachkräfte hin. Ich hoffe, daß Ihr Buch eine weite Verbreitung findet und daß es eine maßgebliche Wirkung auf diejenigen ausübt, die Frauen, die zu sehr lieben, beraten.

2. *Es ist kein Zufall, daß es bestimmte Frauen zu Beziehungen mit Alkoholikern oder anderen Süchtigen hinzieht.*

Seit etwa zwei Jahren gehe ich zu einer Zwölf-Schritte-Gruppe für Ehepartner von Sexsüchtigen. Andere Frauen haben dort von sich erzählt, und es war deutlich, daß sie sich ihr Leben lang immer wieder mit ungeeigneten, süchtigen Männern verbunden hatten. Als ich sie so reden hörte, wurde mir klar, daß auch ich schon lange mit diesem Problem zu tun habe – angefangen damit, daß ich einen Homosexuellen zu meiner ersten Liebe erkoren habe, bis zu meiner jetzigen Ehe mit einem Mann, der süchtig nach Affären mit anderen Frauen ist. Eine Frau in meiner Gruppe hat einmal treffend bemerkt: «Wir sind Freiwillige und keine Opfer!» Dieses Wissen hat mir sehr dabei geholfen, meinem Mann für den Schmerz zu verzeihen, den mir seine ewigen Affären angetan haben.

3. *Die jeweilige Sucht, die jemand entwickelt, mag verschieden sein; die Dynamik ist jedoch die gleiche.*

Sie erwähnen Alkohol, Essen, Drogen, Glücksspiel und Arbeit. Ich stimme darin hundertprozentig mit Ihnen überein, und ich möchte Ihnen gerne noch etwas über eine andere Sucht mitteilen, die Sie in Ihrem Buch kurz ansprechen. Auf Seite 156/157 heißt es: «Somit wird Sex gelegentlich auch als Ersatz für den Drogengebrauch eingesetzt, mit dem Ziel, die Angst zu lindern, die in diesem Frühstadium des drogenfreien Lebens häufig auftritt.» Stimmt. Aber Sex, für sich genommen, kann auch eine Primärsucht sein, mit den ganzen dysfunktionalen Merkmalen der anderen Suchtarten. Das zu diesem Thema maßgebliche Buch heißt *Zerstörerische Lust: Sex als Sucht* von Patrick Carnes.

Es gibt verschiedene Zwölf-Schritte-Gruppen, die sich mit diesem Thema befassen. Die Gruppe, der mein Mann angehört, nennt sich *Anonyme Sexsüchtige (Sexaholics Anonymous)*. So wie es parallel zu den Anonymen Alkoholikern Al-Anon gibt, gibt es parallel zu den Anonymen Sexsüchtigen (AS) S-Anon, und dieser Gruppe gehöre ich an. Mein Mann hat keine andere Sucht; Affären mit anderen Frauen sind schon immer seine «Droge» gewesen. Ich fand ihn aufregend, dynamisch, sexy, einfühlsam und so weiter – und unser gemeinsames Leben war chaotisch, bis er dann zu AS und ich zu S-Anon ging. Ich kann mich mit allem, was bei Al-Anon gesagt wird, identifizieren, und ich habe schon vor langer Zeit erkannt, daß die Probleme unabhängig von der speziellen Sucht immer die gleichen sind. Mein Mann ist jetzt seit fast zwei Jahren «trocken» und arbeitet mit Hilfe der Gruppe an sich und ich mit Hilfe meiner an mir, und unser Leben ist viel, viel besser geworden.

Übrigens kommt es in AS-Kreisen häufig vor, daß jemand mehrere Süchte gleichzeitig hat. Viele Gruppenmitglieder haben sich zuerst von ihrer Alkoholabhängigkeit befreit und dann gemerkt, daß ihr Sexualverhalten außer Kontrolle war und ihre gerade erreichte Nüchternheit bedrohte.

Schade, daß Ihnen das Problem der sexuellen Abhängigkeit und die entsprechenden Zwölf-Schritte-Gruppen nicht bekannt waren, als Sie Ihr Buch geschrieben haben, denn ich bin sicher, daß viele Ihrer Leser/innen mit diesem Thema zu kämpfen haben und froh wären, wenn sie wüßten, daß es Gruppen gibt, bei denen sie Hilfe finden können.

Dr. med. Sharon J.

Dieser Brief beschreibt deutlich, welche Parallelen zwischen sexueller Sucht und Co-Abhängigkeit und anderen Arten der Sucht und Co-Abhängigkeit bestehen, und schildert auch, wie wirksam in diesem Zusammenhang die Zwölf-Schritte-Methode ist. Ein Kommentar meinerseits erübrigt sich hier. Mir bleibt nur, der Frau zu danken, die den Brief geschrieben hat. Nachdem ich ihn erhalten hatte, konnte ich diejenigen meiner Klientinnen und Klienten, die sexuell süchtig oder co-abhängig waren und gesund werden wollten, zu AS und S-Anon schicken. Die Zahl dieser Gruppen nimmt schnell zu, denn der Bedarf ist groß.

Allerdings ist bei den meisten Angehörigen der helfenden Berufe – also bei Ärzt/inn/en, Therapeut/inn/en und so weiter – hinsichtlich der Diagnose und Therapie der sexuellen Abhängigkeit noch kaum eine angemessene Einstellung zu finden. Während Schwierigkeiten wie mangelnde sexuelle Lust oder die Unfähigkeit, den Sexualakt zu vollziehen, von Therapeutinnen und Therapeuten durchaus als berechtigte Problembereiche angesehen werden, haben sie erst in jüngster Zeit erkannt, daß eine zwanghafte Sexualität ein suchtartiger

Krankheitsprozeß ist, der – genau wie andere Suchtkrankheiten – am besten auf die Zwölf-Schritte-Methode anspricht. Auch unsere Ausbildung ist in dieser Hinsicht nicht sehr hilfreich. Ich habe beobachten können, daß viele Fachleute, die sich auf die Erforschung und Therapie von sexuellen Problemen spezialisiert haben, selbst sexuell besessen sind (weshalb sie sich dieses spezielle Arbeitsfeld ausgesucht haben). Auf Grund ihres eigenen Verdrängens, Rationalisierens und anderer Abwehrmechanismen, die verhindern, daß sie ihren eigenen Zustand erkennen, fällt es ihnen natürlich auch schwer, ein zwanghaftes Sexualverhalten bei ihren Klientinnen und Klienten zu diagnostizieren. Was eine zwanghafte Sexualität ausmacht, ist sogar noch unklarer definiert, als worin zwanghaftes Trinken besteht, und das hat größtenteils die gleichen Gründe. In unserer Kultur haben wir Wege gefunden, wie wir Süchte schön «verschleiern» können, so daß sie als freie Wahl erscheinen und nicht als das zwanghafte Verhalten, das sie in Wirklichkeit sind.

Die Angehörigen der Therapieberufe haben (wenn sie denn lernwillig waren) in erster Linie von Alkoholikerinnen und Alkoholikern gelernt, was Alkoholabhängigkeit ist und wie sie sich therapieren läßt. Meines Erachtens läßt sich vorhersagen, daß es bei der sexuellen Abhängigkeit und ihrer Therapie genauso sein wird. Diejenigen, die eingestandenermaßen sexuell süchtig sind, davon aber gerade genesen und sexuell enthaltsam bleiben, werden die Informationsquelle bilden, die zu einem wirklichen Verständnis dieses Krankheitsprozesses beiträgt. In ähnlicher Weise könnten genesende Co-Abhängige ihre Komponente dieser Krankheit erhellen. Von ihnen werden die Therapeutinnen und Therapeuten lernen, daß es bei sexueller Abhängigkeit und Co-Abhängigkeit – genau wie bei Alkoholismus und Co-Alkoholismus – erforderlich ist, daß sowohl die körperlichen als auch die seelischen und spirituellen Aspekte angegangen werden müssen, wenn die Therapie erfolgreich sein soll.

Zwar gibt es offenbar keinen speziellen Beruf oder Arbeitsbereich, der besonders gern von Alkoholikerinnen und Alkoholikern gewählt wird, aber bei anderen Suchtarten habe ich beobachten können, daß die betreffenden Süchtigen häufig zu ganz bestimmten Berufen neigen, in denen sich ihre Krankheit tatsächlich widerspiegelt. Zum Beispiel fühlen sich beziehungssüchtige Frauen typischerweise zu den sogenannten helfenden Berufen hingezogen, am stärksten zum Beruf der Krankenschwester und dem der psychologischen Beraterin. Der nächste von ihnen gern gewählte Beruf ist der der Lehrerin, vor allem wenn dabei der Aspekt des «Helfens» betont wird, wie etwa bei der Sonderschullehrerin für behinderte oder für verhaltensgestörte Kinder. Schulden- oder Kaufsüchtige fühlen sich häufig zu einer Arbeit hingezogen, bei der sie mit der Verwaltung von Geld zu tun haben, zum Beispiel als Bankangestellte, Wirtschaftsprüfer/innen, Steuerberater/innen und Buchhalter/innen oder im Kreditgewerbe. Die Arbeit von Eßsüchtigen hängt typischerweise irgendwie mit Essen zusammen. Sie befassen sich mit Ernährungslehre, arbeiten in Diätkliniken, schreiben Kochbücher, unterrichten im Kochen oder arbeiten als Kellnerinnen beziehungsweise Kellner. Diejenigen, die körperlich mißhandelt worden sind und selbst zur Gewalttätigkeit neigen, fühlen sich häufig zu Berufen hingezogen, bei denen Gewalt eine große, wenn auch kontrollierte Rolle spielt, wie etwa bei der Polizei oder beim Militär. Und diejenigen, die sexuell zwanghaft veranlagt sind, wählen oftmals Berufe, die sich auf zwischenmenschliche Beziehungen konzentrieren, besonders auf dem Gebiet der Moral. Typischerweise haben sie mit irgendeinem geistlichen Amt oder sonstwie mit dem religiösen Leben zu tun und beraten dabei häufig andere Menschen. Oft wählen sie auch Berufe, bei denen sie mit anderer Menschen Körper befaßt sind, etwa im medizinischen Bereich. (Damit will ich aber nicht behaupten, daß alle, die in den genannten Bereichen arbeiten, auf die eine oder andere Weise süchtig sind, sondern nur sagen, daß diese verschiedenen Berufe häufig auf solche Menschen anziehend wirken, die eine entsprechende Sucht haben.)

Es läßt sich unschwer erkennen, daß alle diese Typen von Süchtigen danach trachten, ständig mit dem befaßt zu sein, was ihr Leben immer unbeherrschbarer werden läßt; dabei versuchen sie aber die ganze Zeit, die betreffende Droge oder Verhaltensweise mit Hilfe von Anstrengung, Bildung und

Fachwissen zu *kontrollieren*. Diese Süchtigen versuchen außerdem immer verzweifelter, ihren Beruf als Schutzwall gegen ihre Sucht zu benutzen. Wie kann man in einem bestimmten Bereich ein Problem haben, wenn man schließlich auf diesem Gebiet Expertin ist?

Da die Sucht aber nun einmal so ist, wie sie ist, führen all diese Bemühungen um die Bewahrung der Kontrolle zum genauen Gegenteil des Erhofften. Die Kontrollbemühungen schlagen wiederholt fehl, und das Bild, das man in der Öffentlichkeit abgibt, und das geheimgehaltene private Verhalten klaffen immer beunruhigender auseinander. Aus Angst und Stolz wird der Beruf, der als größter Schutzwall gegen ein Ausleben der Krankheit gedacht war, zum größten Hindernis, das einer Kapitulation und Genesung im Wege steht.

Lesen Sie bitte die folgenden zwei Briefe von Catherine N., einer Pastorin, vor dem Hintergrund der eben geäußerten Gedanken. Sie beschreibt gut, wie die Beziehungssucht (in ihrem Fall ist es sexuelle Co-Abhängigkeit) immer weiter fortschreitet und welch einer Demut, Kapitulationsbereitschaft und Ausdauer es bedarf, wenn man von dieser Krankheit genesen will.

> Liebe Frau Norwood,
> ich habe Ihr Buch gelesen und entdecke an mir die chronischen Symptome einer Frau, die zu sehr liebt: panikartige Anfälle, Platzangst, Gebrauch von Beruhigungsmitteln, starke Angstzustände, Depression, Gedanken an Selbstmord, ein *andauernder* quälender Schmerz, der mir in Brust und Hals sitzt, und mehrmals täglich Weinkrämpfe. Ich kann gegen den Schmerz nichts machen, und ich weiß nicht, warum ich weine. Bevor ich Ihr Buch gelesen hatte, dachte ich, ich würde verrückt. Niemand wußte, was ich hatte, ich selbst am allerwenigsten. Ich bin siebenunddreißig Jahre alt, habe drei Kinder im Alter von neun, elf und dreizehn Jahren und bin seit fünfzehn Jahren mit einem Mann verheiratet, der gut aussieht, vom Typ her ein Macho ist und seit seinem zwölften Lebensjahr illegalen Sex praktiziert. Er ist seiner Sucht

auch während unserer Ehe nachgegangen, und ich habe ihm ständig geholfen, sie zu vertuschen, und es für meine «Pflicht» gehalten, ihm immer wieder zu vergeben. Ich wußte sehr gut, wie man das macht, nachdem ich damit aufgewachsen war, daß meine alkoholabhängige Mutter mich körperlich und seelisch mißhandelt hatte. (Typisch, nicht wahr?)

Mein Mann ist Pastor, ich bin Pastorin. Was für einem Bild man da entsprechen muß! Vor sechs Wochen hatte ich gerade die ersten drei Kapitel in Ihrem Buch gelesen, da kam mein Mann und beichtete mir einen erneuten «Ausrutscher». Daraufhin habe ich ihn verlassen. Jetzt bin ich mit den Kindern wieder zu Hause und habe ihm gesagt, er solle sich eine andere Bleibe suchen. Ich will nicht, daß er zurückkommt, solange er nicht die Hilfe eines Therapeuten und einer Selbsthilfegruppe in Anspruch nimmt und den Gemeindeältesten bei uns in der Kirche reinen Wein einschenkt. Er hat sich damit einverstanden erklärt, hat auch schon einen ersten Schritt unternommen und zugegeben, daß er süchtig und hilflos ist und es alleine nicht schafft. Er hat emotionale Mauern durchbrochen und weint jetzt zum erstenmal seit zwanzig Jahren. Währenddessen quäle ich mich mit diesem seelischen Schmerz und brauche dringend Hilfe. Manchmal ist der Schmerz so schlimm, daß ich nicht weiß, was ich tun soll. Ich kann nicht arbeiten, nicht richtig für meine Kinder sorgen (mich ihnen halbwegs angemessen widmen) und mich auch nicht anständig ums Haus kümmern. Ich weine ständig und kann nirgendwo hingehen, denn kaum bin ich da, muß ich schon wieder weinen.

Den Schmerz und das Weinen habe ich in dieser starken Form seit anderthalb Jahren. Es hört nicht auf, hat nicht einmal nachgelassen, als wir uns vor sechs Wochen getrennt haben. Ich glaube, Sie wissen, wovon ich schreibe.

Catherine N.

Liebe Robin,

ich möchte Ihnen mitteilen, wie dankbar ich bin, daß Sie im Dezember meinen Brief beantwortet haben. Inzwischen geht es mir langsam besser. Nachdem ich meinen Mann letzten November verlassen hatte, haben wir im Dezember zusammen an einem dreitägigen Fortbildungsseminar teilgenommen, das von Patrick Carnes, dem Autor des Buches *Zerstörerische Lust: Sex als Sucht*, geleitet wurde. Bei diesem Seminar hat mein Mann sein Problem erkannt, er geht seither zu einem Ehe- und Familienberater, den wir dort kennengelernt haben. Auch ich habe dort mein Problem der sexuellen Co-Abhängigkeit besser erkannt und eine Therapie angefangen. In seinem Genesungsprogramm empfiehlt Dr. Carnes den Sexsüchtigen, eine Zeitlang enthaltsam zu leben. Wir waren beide damit einverstanden, und es hat mir genauso gutgetan wie meinem Mann. Dadurch wurde ihm seine «Droge» (Sex) und mir meine «Droge» (er) entzogen. In Ihrem Brief haben Sie mir geraten, zu S-Anon zu gehen. Über meinen Mann, der damals schon bei den Anonymen Sexsüchtigen war, habe ich eine S-Anon-Gruppe gefunden und gehe seither jede Woche hin. Gleichzeitig hat unser Eheberater uns mit Nachdruck geraten, vorerst auseinanderzubleiben, und diesem Rat sind wir sieben Monate lang gefolgt.

Die ganze Zeit über habe ich weiter getrauert und geweint, und angesichts der Realität, mit der ich konfrontiert war, sind meine Depressionen immer schlimmer geworden. Ich fing an, mich durch einige Themen hindurchzuarbeiten, die mit meiner Kindheit zusammenhängen, denn ich bin in einer Alkoholikerfamilie aufgewachsen. Ich nahm an einem achtwöchigen Seminar teil, das zu diesem Thema hier in der Nähe stattfand. Ich hatte Selbstmordgedanken und große Angst vor meinem Mann. Alle Tränen, die ich vorher nie geweint hatte, strömten nur so aus mir heraus, als ob ein Damm gebrochen wäre. Ich sagte mir immer wieder: «Die Geschichte mit meinem Mann habe ich viel zu lange (vierzehn Jahre) laufen und viel zu weit kommen lassen! Das wird nie wieder werden, und ich weiß nicht, ob ich es schaffe, darüber hinwegzukommen.» Ich hatte den starken Drang, wegzulaufen, und konnte mich dabei nur an die Worte in Ihrem Buch klammern: «...wenn Sie von Ihrer Sucht genesen, werden Sie merken, daß Bleiben nicht das Problem ist und Gehen nicht die Lösung.» Ich habe mich tagelang im Bett versteckt, mich unter meine Bettdecke verkrochen, die ganze Zeit geweint und Selbsthilfebücher um mich aufgetürmt. Wenn ich mal aufgestanden bin, um Geschirr zu spülen, dann kam mir das so vor, als ob ich auf einen Berg hinaufklettern müßte. Ich dachte, ich würde mich nie wieder normal (seelisch gesund) fühlen. Das einzige, was mich noch am Leben gehalten hat, war mein Aerobic-Kurs.

Aber ich begann zu begreifen, daß auch ich eine Krankheit hatte, und gerade jetzt, acht Monate später, fange ich an zu verstehen, was es heißt, mich zu beherrschen und mich nicht wie besessen auf meinen Mann zu konzentrieren, ihn nicht zu kontrollieren, ihm nicht die Schuld zu geben und ihn nicht zu manipulieren. Er lebt jetzt seit neun Monaten enthaltsam und ist inzwischen zusammen mit anderen zum Rollenvorbild und Mentor seines AS-Programms geworden. (Da das Programm für Sexsüchtige noch so neu ist, gibt es nur sehr wenige «alte Hasen» dabei.) Meine Krankheit scheint sogar noch subtiler als seine zu sein, da sie sich recht erfolgreich in meinem Innern verstecken kann. Anstatt mich auf mich selbst und mein Programm zu konzentrieren, habe ich anfangs im alten Stil weitergetrickst und versucht, sein Programm für ihn zu machen. Jetzt sind wir mittlerweile schon seit drei Monaten wieder zusammen, und ich fange gerade erst an, ruhiger und lockerer zu werden.

Die Depression läßt langsam nach, und ich habe jetzt schon mal drei, vier gute Tage hintereinander. Seit ich Ihr Buch gelesen und meinen Mann verlassen habe, um gesund zu werden, habe ich keine panikartigen Anfälle und auch keine chronischen Angstzustände mehr gehabt. Vorher hatte ich die panikartigen Anfälle sechzehn Jahre lang und zwölf Jahre lang diese chronischen Angstzustände. Ich habe meine Angst und meine Depressionen genauso zu vertuschen versucht, wie jede gute Co-Abhängige das Trinken oder das sexuelle Abreagieren vertuschen würde, aber ich hatte enorme Schuldgefühle, weil ich so labil war. Als ich erst einmal gelernt hatte, es laut auszusprechen, es zuzugeben, es zu akzeptieren und in jedem Bereich bescheiden Hilfe in Anspruch zu nehmen, ging es mir langsam besser. Vorher hatte ich immer obenauf sein müssen – immer die Ärztin, nie die Patientin. Meine Besessenheit ging so weit, daß ich sogar meinte, ich müßte in einem Haufen von Psychologiebüchern meine Antworten selbst finden. Ich habe vor Jahren schon in der Kirche gelernt, daß eigensinnige Selbständigkeit (wenn ich also meine, alles selbst schaffen zu können) bedeutet, daß ich nicht auf Gott vertraue. Im Kopf war es mir vom Theologischen her klar, daß ich mich Gott überlassen müsse, aber nicht im Herzen, und ich habe dieses Wissen auch nicht durch irgendeine Handlungsweise unterstützt. Die Zwölf-Schritte-Programme können uns Pfarrern wirklich eine Menge über die spirituelle Praxis vermitteln! Ich lerne erst gerade, auf meinen Gott zu zählen; gekannt habe ich ihn zwar schon immer, ihm aber nie vertraut.

Ich habe außerdem festgestellt, daß meine Depression unter anderem dem Wunsch entsprungen ist, meinen Mann weiterhin für das zu bestrafen, was er mir angetan hat. Schließlich ist mir klar geworden, daß ich mich durch dieses Rachebedürfnis nur weiter selbst verletze, und als ich dann die Verantwortung für das übernommen habe, was ich mir bis dahin selbst angetan hatte, ist die Depression langsam gewichen.

Jetzt, wo ich hier nun sitze und Ihnen diesen Brief schreibe, fühle ich mich innerlich ganz ruhig und voller Hoffnung. Das *beste* daran ist, daß mein Mann und ich gemeinsam genesen. Was für ein Glück, daß ich einen Mann habe, der dazu bereit ist! Wenn er sich nicht um Hilfe bemüht und statt dessen über einen längeren Zeitraum alles beim alten belassen hätte, wäre ich wohl nie wieder zurückgekommen. Ich drücke meine Gefühle aus, spreche meine Bedürfnisse an und behaupte mich ihm gegenüber. Er hat mir schon mehrfach dafür gedankt, daß ich ihn damals verlassen und ihm gesagt habe: «Dieses Verhalten kann ich nicht mehr akzeptieren!»

Catherine N.

Catherines beiden Briefen ist wenig hinzuzufügen. Sowohl Therapeutinnen und Therapeuten als auch Frauen, die zu sehr lieben, finden hier deutlich die Verhaltensweisen, Gefühle und Antriebskräfte der Co-Abhängigkeit beschrieben, und erfahren, mit welchem enormen Schmerz und Kampf nicht nur der Krankheits-, sondern auch der Genesungsprozeß verbunden ist. Nachdem Co-Abhängige ihr Leben lang einem ungesunden Beziehungsmuster gefolgt sind, fühlen sie sich zu Beginn ihrer Genesung oft schlechter, obwohl es ihnen langsam besser geht. Das kommt daher, daß sie den Entzug ihrer alten Denk- und Verhaltensmuster verspüren, denn die müssen sich *insgesamt* ändern, wenn die Betreffenden gesund werden wollen. Wenn Co-Abhängige lernen, ihre Aufmerksamkeit nicht mehr wie besessen dem Verhalten und Wohlbefinden eines andern Menschen zu widmen, haben sie auf einmal keine Ablenkung von ihren eigenen Problemen mehr, die sehr massiv sein können. Dazu können (einzeln oder in Verbindung) folgende Dinge gehören: panikartige Anfälle und chronische Angstzustände (wie Catherine sie erlebt hat); Phobien; ein lebenslanges Ankämpfen gegen eine endogene (körperlich bedingte) Depression; ein tiefer Selbsthaß sowie starke Schuld- und Schamgefühle (häufig vor dem Hintergrund körperlicher Mißhandlung und / oder sexuellen Mißbrauchs); ein stark zwanghaftes Verhalten (Verschwendungssucht, Putzzwang und so weiter) und eine eigene Alkohol-, Drogen-, Eß- oder sexuelle Sucht.

Kein Wunder, daß viele von uns sich als Partner Männer mit derart krassen Suchtproblemen aussuchen! Wir tun das absichtlich, auch wenn wir vielleicht zuerst behaupten, wir seien uns ihres Hangs zu Verhaltensweisen, die wir unakzeptabel finden, nicht bewußt. Nur durch die dramatische Zuspitzung *ihrer* Probleme können wir genug Ablenkung von unseren eigenen finden. Wenn unsere Partner jedoch anfangen, sich um ihre Genesung zu bemühen, stehen wir auf einmal ohne äußeres Ziel für unsere Aufmerksamkeit da. Uns bleibt dann nur übrig, uns entweder um unsere eigene Krankheit und unsere eigene Genesung zu kümmern oder uns einen anderen Menschen beziehungsweise ein genauso großes Problem zu suchen, um uns weiterhin abzulenken. Da ist es so wiederum kein Wunder, daß so viele Co-Abhängige unterschwellig oder auch nicht so unterschwellig die Genesung ihres Partners sabotieren! Es ist traurig, aber wahr, daß es für viele von uns leichter ist, mit einem sehr kranken Partner zusammenzuleben, als sich der eigenen Krankheit zu stellen und die eigene Genesung in Angriff zu nehmen.

Catherines Fall ist insofern sehr typisch, als sie sich durch ihre Berufswahl eine Ablenkung von und einen Schutzwall gegen ihre eigene spezielle Krankheit verschafft hat. Sie hat noch nicht entdeckt, woher es kommt, daß sie sich derart mit Sex befaßt, und meint bislang, es liege daran, daß sie sich wegen des Verhaltens ihres Mannes Sorgen mache. Die Entdeckung dieses Ursprungs wird einen wichtigen Teil ihres weiteren Heilungsprozesses ausmachen. Genau wie die Wahl eines bestimmten Berufes kann auch die Wahl eines mit einer bestimmten Sucht behafteten Partners, zu dem wir dann unsererseits eine Beziehungssucht oder Co-Abhängigkeit entwickeln, eine enorme Abwehrreaktion dagegen sein, unsere eigenen unakzeptablen Impulse und unsere eigene schmerzhafte Lebensgeschichte zu untersuchen. So schwierig diese Untersuchung auch ist, sie ist unbedingt erforderlich, damit wir eine möglichst vollständige Genesung von unserer speziellen Art der Co-Abhängigkeit erreichen.

Wir alle, Fachleute wie Nichtfachleute, dürfen nicht vergessen, daß die meisten Menschen, die sich zwanghaft verhalten oder von Suchtmitteln abhängig sind, von ihrer Sucht *nicht loskommen* und daß das *auch* für die meisten co-abhängigen Menschen gilt. Ich möchte damit nicht entmutigend wirken, sondern nur daran erinnern, realistisch zu sein. Die meisten Menschen sterben letzten Endes an ihrer Krankheit. Catherines Brief zeigt deutlich, warum das so ist. Wenn wir von einer Co-Abhängigkeit genesen wollen, müssen wir genauso umfassend kapitulieren, wie wenn wir uns von irgendeiner Suchtmittelabhängigkeit oder einem Zwangsverhalten befreien wollen. Catherines Geschichte verdeutlicht, daß jedes Loskommen, jede Genesung nichts weniger als ein Wunder ist – ein Wunder, das aus Gnade, aber nicht aus Zufall geschieht. Wir müssen bereit sein, *alles* zu unternehmen, um gesund zu werden. Genau wie Catherine müssen wir den Mut finden, überall dort hinzugehen, wo an der Genesung gearbeitet wird, und uns dem stellen, was wir dort über uns erfahren. Wenn wir das tun und wenn wir weiter bereit sind, unseren Dickkopf aufzugeben, wird eine Macht, die größer ist als wir, für das übrige sorgen.

––––––––––

Der folgende Brief veranschaulicht unsere Prämisse, daß ein zwanghaftes Sexualverhalten bei beiden Geschlechtern ein *erlerntes* Verhalten ist, dessen stark suchthafte Komponente aus dem Drang entsteht, sich mit dem erdrückenden, doch oftmals verdrängten und vergessenen sexuellen Kindheitstrauma erneut zu konfrontieren und es von neuem zu inszenieren. Sandras Brief skizziert auch den geeigneten Therapieansatz, der auch für sie wiederum in einer Selbsthilfegruppe von Menschen besteht, die als Kinder ähnliches durchgemacht haben und als Erwachsene einen ähnlichen Krankheitsprozeß durchlaufen. Wenn zu dieser Gruppenarbeit noch die Fachkenntnisse einer Therapeutin oder eines Therapeuten hinzukommen, die oder der sich mit dem Thema sexueller Mißbrauch/sexuelle Sucht gründlich auskennt (am besten aufgrund eigener Erfahrung und anhaltender Genesung sowie einer entsprechenden Berufsausbildung), dann wird ein für die Heilung förderliches Klima geschaffen. Meiner Ansicht nach geht absolut nichts – weder Fortbildung noch Forschung noch Lesen von Fachliteratur – über die eigene Suchterfahrung *und Genesung* einer Therapeutin oder eines Therapeuten; nur so ist sie (er) darauf vorbereitet, realistisch, mitfühlend und angemessen mit Klientinnen und Klienten zu arbeiten, die mit dem gleichen Problem zu kämpfen haben.

> Liebe Frau Norwood,
> ich gehe seit zwei Jahren zu *Parents United*. Das ist eine Selbsthilfegruppe für diejenigen von uns, deren Kinder unter einem Inzesterlebnis leiden, das ihnen entweder von uns selbst, von unserem Partner oder von einem nahen Verwandten zugefügt worden ist. Der Therapeut, bei dem ich Einzeltherapie habe, hat mir Ihr Buch empfohlen, weil darin alle wichtigen Themen angesprochen werden, an denen ich gerade arbeite. Ich bin im Alter von fünf Jahren sexuell mißbraucht worden, habe mich daran aber erst wieder erinnert, als ich vor zweieinhalb Jahren außerhalb des *Parents United*-Programms eine Zeitlang eine Regressionstherapie* gemacht habe. Der damalige Therapeut war von seiner Ausbildung her auf so einen Fall

---

* Bei der Regressionstherapie versetzt sich die Patientin beziehungsweise der Patient in traumatische Szenen – in der Regel aus der Kindheit – zurück und durchlebt diese noch einmal. Zur Regressionstechnik siehe zum Beispiel S. Damm: «Eine an Janovs Primärtherapie orientierte neuartige Methode der Gruppentherapie auf psychoanalytischer Grundlage» in: P. Kutter (Hg.): *Methoden und Theorien der Gruppenpsychotherapie*, Stuttgart Bad-Cannstatt 1985, S. 217–236, besonders S. 220ff (Anm. d. Übers.)

wohl nicht vorbereitet und meinte, jetzt, wo ich Bescheid wüßte, solle ich das Ganze hinter mir lassen und mein Leben leben. Das paßte ganz genau zu dem, was ich wollte. Ich wollte nämlich vergessen, was passiert war, und ignorieren, wie ich mich bei dem Gedanken daran fühlte – ignorieren, wie dieses Kindheitserlebnis sich immer noch in vielem auf mein jetziges Leben auswirkte! Nun, sechs Monate nachdem ich mich an das schreckliche Erlebnis wieder erinnert hatte, habe ich schließlich meinen zweiten Mann verlassen und dann herausgefunden, daß er sich an meiner fünfzehneinhalbjährigen Tochter vergangen hatte. Das war für mich der Anlaß, sofort zu *Parents United* zu gehen.

Auf die eine oder andere Weise habe ich mich in jedem Kapitel Ihres Buches wiedergefunden, aber wo es bei mir wirklich «klick» gemacht hat, das war bei dem Abschnitt über Kindheitsrollen. Ich habe mich in dem «unsichtbaren» Kind wiedererkannt. Kurz bevor ich Ihr Buch las, habe ich in der Gruppe (ich bin zur Zeit in «Recontact» – das sind Erwachsene, die als Kinder sexuell mißbraucht worden sind, Mütter von solchen Kindern und außerdem sowohl männliche als auch weibliche Täter) daran gearbeitet, endlich etwas von meiner Wut zum Ausdruck zu bringen, indem ich mit einem Holzschläger auf ein Kissen eingeschlagen habe. Dabei habe ich mich auf einmal an eine weitere Einzelheit erinnert: Ich liege unter dem Täter; er drückt mir die Knie auf die Brust und preßt mich auf den Boden. (Mein erster Mann – ein Alkoholiker, der mich beschimpft, geschlagen und vergewaltigt hat – hat das auch mit mir gemacht, und ich bin jedesmal völlig *bewegungsunfähig* gewesen.) Ich war zu Tode erschrocken, habe mich aber dazu gebracht, durch diese Erinnerung hindurchzugehen, und habe mich dann von der Therapeutin, die die Gruppe leitet, trösten lassen. Am unheimlichsten, wenn auch am schönsten, war der Moment, als sie mir etwas klarzumachen versuchte und ich ihr dabei in die Augen schaute und erkannte, daß sie mich sah, mit mir fühlte und für mich da war. Ich sah mich wie in einem Spiegel als wirklichen Menschen, fühlte endlich den Schmerz und wurde mit ihm fertig. Vorher hatte ich mit meiner Unsichtbarkeit, meinem Als-Mensch-nicht-vorhanden-Sein nur so fertig werden können, daß ich mich betrank und mir irgendeinen Fremden in einer Bar aufgegabelt habe (außer der sexuellen kannte ich keine Art von Berührung). Als das nicht funktionierte, habe ich einen Mann geheiratet, der so krank war wie ich, und habe mich – statt mich zu betrinken – mit Essen vollgestopft und mich auf diese Weise betäubt.

Mein Therapeut arbeitet mit mir an dem Problem, daß ich unfähig bin, mir selbst zu vergeben oder Mitleid mit mir zu haben, und daß ich mir immer angeknackste, gefährliche, sich mir verweigernde, verbotene (verheiratete!) oder sonstwie für mich ungesunde Männer aussuche. Ich habe immer gemeint, daß der Teil von mir, der sich diese Männer aussucht, wirklich krank und verdorben sei. Als ich Ihr Buch las, hat irgend etwas «klick» gemacht, und jetzt verstehe ich endlich, daß ich die ganze Zeit und jedesmal von neuem nach dem «gleichen» Gefühl gesucht habe – nach dem Gefühl, das bei mir durch das Zusammensein mit diesen Männern hervorgerufen wurde, und das ich von meiner Kindheit her kannte. In meiner Familie hatte es keine Berührung (außer Inzest), keine Unterstützung und kein gemeinsames Gespräch gegeben. Was ich auch getan hatte – ob es um Schulnoten, Hausarbeit oder was auch immer ging –, es war meinen Eltern nie gut genug gewesen. Von daher habe ich mir natürlich Männer ausgesucht, die weiter bestätigten, daß ich schlecht war, indem sie mich geschlagen, vergewaltigt, beschimpft und seelisch mißhandelt haben. Sie haben genau die offene und die heimliche Botschaft bestätigt, die mir schon meine Familie gegeben hatte. Wie dem auch sei – ich fange endlich an, mir zu verzeihen, daß ich eine derart krankhafte Wahl getroffen habe. Ich bin noch nicht wieder bereit, eine Beziehung einzugehen; mein Heilungsprozeß ist noch zu frisch, und ich fürchte, ein «guter» Mann würde mir nicht echt oder aufregend genug erscheinen. Aber zum erstenmal fühlt es sich okay an, ohne Mann zu sein, nicht Teil eines Paares zu sein, und ich habe keine Eile...

Es gibt mir Halt, wenn ich Ihr Buch lese und mich in jedem Kapitel wiederfinde und weiß, daß ich nicht die einzige bin, die derart selbstverletzend reagiert hat. Und was mir vor allem Rückhalt gibt, ist, wenn ich dort vom Genesungsprozeß lese und merke, daß ich das alles schon tue, was da aufgeführt wird. In meiner Gruppe bin ich mit anderen Frauen (und Männern) zusammen, denen man auf die gleiche Art wehgetan hat wie mir und die dadurch wirklich dysfunktional geworden sind. Und zum erstenmal überhaupt lerne ich, Männer als Menschen wie mich zu sehen: Auch ihnen tun Dinge weh, auch sie sind einsam, auch sie benutzen ihre Sexualität als ihr einziges zwischenmenschliches Kontaktmittel, und auch sie wollen gesund werden – genau wie ich. Ich bin auf dem Weg der Genesung schon ein gutes Stück vorangekommen, und ich weiß, daß ich bald vielleicht sogar zu einer gesunden Beziehung bereit bin. Ich fange an, gesunde Freundschaften zu schließen, lerne zu lieben und mit Menschen zusammenzusein, ohne daß gleich Sex im Spiel ist. Ich bin noch nie einem Menschen richtig nah gewesen, und es ist, als wäre ich ein Baby und würde von vorn anfangen. Ich hoffe, daß ich eines Tages für die Intimität (igitt!) einer wirklichen Beziehung offen bin.

Auch meine Tochter wird langsam gesund, zum einen dank *Daughters and Sons United* und zum anderen dadurch, daß aus mir eine gesunde Mutter wird, die keine Geheimnisse hat, mit ihrer Zuneigung nicht

hinter dem Berg hält und die ihre Liebe nicht von Bedingungen abhängig macht. Noch macht es angst,
aber es ist echt, und das ist die Sache wert!

Sandra S.

Was Sandra als Kind und als Erwachsene erlebt hat, ist viel
stärker verbreitet, als sich die meisten von uns klarmachen.
Wir sehen Menschen, die sich so wie Sandra verhalten, und
fragen uns, warum sie das tun. In Sandras Briefen stehen einige
der am häufigsten vorkommenden Gründe. Sandras Sucht
danach, fremde Männer in Bars aufzugabeln und mit ihnen
anonymen Sex zu haben, ist ein Merkmal, das bei sexuell süchtigen Frauen häufig zu finden ist und oft genau auf die Ursprünge zurückgeht, die Sandra beschreibt. Als Kind war sie
sexuell mißbraucht worden, und als Erwachsene fuhr sie damit fort, sich selbst und den Sex zu entpersönlichen. Genau
wie bei Sandra liegt bei sehr vielen Frauen dem Alkohol- und
sonstigen Drogenmißbrauch ein Kindheitstrauma zugrunde,
das auf sexuellen Mißbrauch und körperliche Mißhandlung
zurückgeht. Durch das Trinken betäuben diese Frauen ihren
Schmerz. Gleichzeitig schaffen sie sich dadurch die Gelegenheit, die für sie mit dem gefährlichen, unpersönlichen Sex verbundene dramatische Erregung auszukosten. Bei dieser Art
von Sex sind die Menschen füreinander eigentlich nur Ob-
jekte. Und anstatt sich dadurch Erleichterung zu verschaffen,
bekommen sie nur noch stärker ein Gefühl innerer Orientie-
rungslosigkeit, Scham und eigener Wertlosigkeit – und genau
dadurch war es ursprünglich ja überhaupt erst zu ihrem Verhalten gekommen. Oft sagen sich diese Frauen dann, sie hätten
sicher anders gehandelt, wenn sie nicht betrunken gewesen
wären; doch dadurch vermeiden sie nur erfolgreich, die Verantwortung für ihre eigene Entscheidung zu übernehmen und
deren Bedeutung für ihr Leben zu untersuchen. Und so drehen
sie sich weiter im Kreis.

Sandras Brief zeigt meines Erachtens wieder einmal beispielhaft, warum es so selten zu einer Genesung kommt. Um
gesund zu werden, mußte sie Mut aufbringen und sich nicht
nur den schmerzhaften, verschütteten Erinnerungen aus ihrer

Kindheit stellen, sondern sich auch mit dem Ausmaß ihrer krankhaften Entscheidungen und Verhaltensweisen jetzt als Erwachsene konfrontieren. Sandra hätte ihr Verhalten niemals so bemerkenswert ändern können, wenn sie an ihre eigene Krankheit nicht genauso offen und ehrlich herangegangen wäre wie an die Krankheit ihrer Eltern und die ihres Mannes.

Den nächsten Brief habe ich aufgenommen, um zu zeigen, wie vage manchmal das Vorhandensein von gewalttätigem und sexuell unangemessenem Verhalten von Menschen angedeutet wird, die von einem der beiden Themen betroffen sind. «Inzest», «sexueller Mißbrauch» und «Gewalt» oder «Gewalttätigkeit» sind Begriffe, die vielen Menschen nicht leicht über die Lippen gehen – schon gar nicht, wenn sie beschreiben sollen, unter welchen Bedingungen sich ihr Familienleben abspielt. In Alkoholikerfamilien kommt sexueller Mißbrauch und / oder körperliche Mißhandlung derart oft vor, daß alle Therapeutinnen und Therapeuten, die von Menschen aufgesucht werden, in deren Familien Alkohol eine Rolle spielt oder gespielt hat, fähig sein müssen, gründlich zu prüfen, ob solche sexuell-aggressiven Verhaltensweisen im Einzelfall vorkommen oder nicht. Dazu ist ein liebevolles, sanftes und langsames Vorgehen erforderlich.

Liebe Robin Norwood,
seit neun Jahren lebe ich in einer krankhaften Beziehung. Ihr Buch hat mir geholfen, die Dinge mit anderen Augen zu sehen. Ich gehe mittlerweile zu einer psychologischen Beratung und versuche zu entscheiden, was ich mit der Beziehung machen soll. Der Mann, mit dem ich zusammen bin, ist Alkoholiker. Ein sehr erfolgreicher Alkoholiker. Er wurde krank, wir wurden krank, und beinah wären wir alle zusammen kaputtgegangen. Wir haben nie geheiratet, haben miteinander aber zwei Töchter. Meinen Mädchen und mir geht es langsam besser, aber er ist immer noch

krank. Ich wünsche und hoffe immer noch, daß er sich ändert, aber ich fange an, einzusehen, daß er sich nur ändern wird, wenn und wann er es selbst will. Es ist ein Traum, eine Phantasievorstellung von mir, daß ich ihn jemals gesund sehen werde. Finanziell ist er unabhängig und wird jede Minute nur immer reicher, von daher ist seine Macht wichtiger als seine geistige Gesundheit. Was mich am meisten davon abhält, mich von ihm zu trennen, ist Angst. Angst wovor? Ich weiß es nicht. Ich habe einfach Angst. Zum Teil wegen meiner Töchter. Ich möchte nicht, daß er mit ihnen zusammen ist, wenn ich nicht dabeisein kann. Aber ich weiß, wenn ich mich von ihm trenne, wird er sie sehen wollen, und ich werde ihn nicht daran hindern können.

Ich habe auch wahnsinnige Angst vor einer neuen Beziehung. Ich habe versucht, mit gesunden Männern eine Beziehung anzufangen, aber ich bekomme dann immer Angst und laufe weg. Ich lese Ihr Buch immer wieder, und langsam, aber sicher hilft es mir. Vielen Dank dafür, daß Sie mir zugehört haben.

Jane S.

Liebe Jane,
ich möchte speziell auf Ihre Sorge eingehen, was Ihren Töchtern geschehen könnte, wenn Sie nicht da sind, um sie zu schützen. Ich vermute, Sie befürchten entweder, daß ihr Vater sie beschimpft, daß er sie schlägt oder daß er sich ihnen gegenüber sexuell unangemessen verhält (oder alle drei Punkte auf einmal). Ich vermute auch, Sie haben bis jetzt ständig dafür gesorgt, daß der Mann mit Ihren Töchtern nicht allein war und sie somit vor ihm sicher waren.

Zuerst einmal, Jane, müssen Sie den Tatsachen ins Auge sehen, *die Sie schon kennen*, und dürfen *vor sich selbst* nicht länger ein Geheimnis aus den Neigungen dieses Mannes machen. Wenn es um die Verhaltensweisen und Neigungen ihres Partners oder ehemaligen Partners geht, drücken Co-Abhängige sich gerne absichtlich unklar aus. Dieses Im-unklaren-Lassen ist jedoch gefährlich.

Es stimmt: Wenn Sie sich von Ihrem Partner trennen, steht ihm möglicherweise das Recht zu, die Mädchen zu sehen, ohne daß Sie dabei sind. Aber viele nichttrockene Alkoholiker sind viel stärker daran interessiert, um das Sorgerecht, das Besuchsrecht und so weiter zu *streiten*, als es dann auch tatsächlich auszuüben. Sie brauchen die Dramatik und Aufregung einer Auseinandersetzung mit ihrer «Exfrau», damit sie ein Problem haben, auf das sie sich konzentrieren können, denn ein solches Problem liefert ihnen eine willkommene Ablenkung von ihrem Alkoholismus und dessen Folgen. Paradoxerweise bieten Sie dem Vater Ihrer Töchter eine um so größere Ablenkung von seinem Alkoholismus, je mehr Sie mit ihm über das Besuchsrecht oder andere Themen streiten.

Zwischen Alkoholikern und ihren Co-Abhängigen kommt es sehr häufig zu Gewalttätigkeiten und Inzest. Sie müssen mit Ihren Töchtern über Ihre Sorgen sprechen. Und das bedeutet: Sie müssen lernen, *sachlich* (ohne Schuldzuweisung) über die Krankheit des Alkoholismus und über die unangemessene Art und Weise zu reden, in der sich manche Alkoholiker gegenüber anderen Menschen – und eben auch gegenüber ihren Kindern – verhalten. Sie müssen mit den Mädchen über die Sorgen, die Sie sich um ihre Sicherheit machen, genauso klar und sachlich reden, wie Sie das tun würden, wenn ihr Vater beispielsweise epileptische Anfälle hätte. Die Mädchen müssen erfahren, welche Verhaltensweisen zu erwarten sind und wie sie unter schwierigen Umständen auf sich selbst achtgeben können.

Wenn Sie das auf *sachliche* Art und Weise tun können, werden Sie anschließend vielleicht auch dem Vater der Mädchen von Ihrem Gespräch mit den beiden erzählen wollen. Tun Sie das aber erst, wenn Sie das, was Sie zu sagen haben, sagen können, ohne dabei zornig, streitlustig oder defensiv zu werden. Ich brauche wohl nicht zu betonen, daß Sie in Ihrem Genesungsprozeß schon ein großes Stück vorángekommen sein müssen, ehe Sie in der Lage sind, mit ihrem Ex-Mann in dieser Weise zu reden. Meines Erachtens eignet sich Al-Anon am besten für Sie, um zu seinem Verhalten und seinen Problemen eine gesunde Distanz zu bekommen.

Die Geheimnisse, die wir hüten, lassen uns noch kränker

werden. Es wird deshalb Ihrer eigenen Gesundheit und der Ihrer Töchter zugute kommen, wenn Sie nicht länger die Geheimnisse für diesen Mann bewahren – allerdings nur, solange Sie Ihre Töchter aus den richtigen Motiven heraus einweihen. Es darf Ihnen dabei nicht darum gehen, Ihre Mädchen stärker an sich zu binden oder ihren Vater verächtlich zu machen. Und falls Sie ihm schließlich erzählen, worüber Sie und Ihre Töchter gesprochen haben, darf bei Ihnen nicht die Absicht dahinterstecken, ihm auf diesem Wege einen Anstoß zur Änderung zu geben. Damit würden Sie nur ein weiteres Mal versuchen, ihn in Ihrem Sinne zu beeinflussen. Ist ihr Trinken erst einmal kein Geheimnis mehr, dann neigen die meisten Alkoholiker dazu, den Menschen, die «Bescheid wissen», aus dem Wege zu gehen.

Wenn dieser Mann jedoch neben seinem Alkoholismus auch noch ein unangemessenes Sexualverhalten zeigt (beides kommt häufig nebeneinander vor), wird er vielleicht sein Besuchsrecht nicht so leicht aufgeben. Sollte das der Fall sein, dann tun Sie bitte alles, um Menschen zu finden, die sich von Berufs wegen mit Kindesmißbrauch gründlich auskennen und Ihnen dabei helfen können, Ihre Töchter zu schützen. In vielen Städten gibt es mittlerweile *Sexual Abuse Response Teams*, die Ihnen in so einem Fall helfen werden.

In jedem Fall werden Sie sich zur Vorbereitung Ihrer Trennung nach Möglichkeit einen Anwalt (oder eine Anwältin) suchen, der (die) sich mit der Krankheit Alkoholismus auskennt. Sollte der Vater Ihrer Töchter potentiell oder tatsächlich gewalttätig sein oder ein unangemessenes Sexualverhalten zeigen, dann muß Ihr Anwalt bereit sein, sich auch mit diesen Themen zu befassen. (Nicht alle Anwälte sind dazu bereit.) Ein gemeinsames elterliches Sorgerecht erfreut sich heutzutage zwar großer Beliebtheit, ist aber in Ihrem Fall wegen der Alkoholabhängigkeit des Vaters nicht angebracht. Sie brauchen einen Anwalt, der diese Tatsache anerkennt.

Ich hoffe, Sie werden bei Al-Anon und – falls es bei Ihnen auch um sexuellen Mißbrauch geht – außerdem bei S-Anon mitmachen. In diesen beiden Selbsthilfegruppen können Sie die Weisheit und Anleitung finden, die Sie brauchen, um mit Ihrer Situation fertigzuwerden.

Denken Sie daran, daß Sie nicht zufällig eine Beziehung mit einem Mann eingegangen sind, den Sie nicht vertrauenswürdig finden. Ich vermute stark, daß das Thema des sexuellen Mißbrauchs einen Teil Ihrer Kindheitsgeschichte ausmacht. Wir neigen dazu, uns als Erwachsene ähnliche Menschen und Situationen zu suchen wie die, mit denen wir schon in unserer Kindheit zu kämpfen hatten. Frauen, die in ihrer Kindheit mißbraucht oder mißhandelt worden sind, neigen als Erwachsene dazu, entweder ihren Kindern gegenüber aggressiv zu sein oder sich einen Partner zu suchen, der ihnen gegenüber aggressiv ist. Bitte arbeiten Sie daran, daß dieser äußerst wichtige Bereich Ihres Lebens heilen kann. Nur so wird es Ihnen gelingen, dieses Muster nicht mit einem weiteren ungeeigneten Mann zu wiederholen. Wenn Sie in dieser Hinsicht gesunden, helfen Sie dadurch auch Ihren Töchtern, die dann dieses bei der Partnerwahl und Kindererziehung ablaufende Muster vermutlich gar nicht erst entwickeln werden.

Viele Leute fragen sich, wie Frauen heute noch, nach der Frauenbewegung der sechziger und siebziger Jahre, derart besessen hinter Männern und Beziehungen her sein können. Der nächste Brief schildert sehr offen und ausführlich, wie eine Frau trotz ihrer stark feministischen Einstellung und ihres politisch radikalen Standpunkts ein Leben geführt hat, mit dem sie wegen ihrer Beziehungs- und ihrer sexuellen Sucht schließlich nicht mehr zurechtgekommen ist. Terris Brief deutet stark darauf hin, daß bei Frauen, die mit Leib und Seele Feministin und gleichzeitig «männersüchtig» sind, sowohl ihre politische Überzeugung als auch ihre Sucht ironischerweise wohl in denselben Kinderheitserlebnissen wurzelt: Sie waren als Kind in ihrer Familie einerseits männlicher Wut, Aggression und Dominanz unterworfen und andererseits weiblichem Unmut, Märtyrertum und weiblicher Fügsamkeit ausgesetzt. Diese klischeehafte Mann-Frau-Dynamik wurde in Terris Kindheit durch die Alkoholabhängigkeit beider Eltern noch weiter verstärkt. Später, als Terri erwachsen war, kam zu ihrer eigenen

Suchtmittelabhängigkeit noch die ihres Partners hinzu, und so ging es mit der ungesunden Beziehungsdynamik wieder von vorne los.

Liebe Robin,
beim Lesen habe ich mich auf jeder Seite Ihres Buches wiedergefunden. Ich bin eine dreiundvierzigjährige Karrierefrau im mittleren Management und leite zur Zeit ein Büro mit fünfunddreißig Personen. Ich war zweimal verheiratet und habe zwei Töchter großgezogen. Ich setze mich für feministische Belange ein und gelte als starke, durchsetzungsfähige Frau, zu der man aufschaut. Meine beiden Ehen waren gewiß nicht von der traditionellen, chauvinistischen Sorte. Aber ich weiß jetzt, wenn man einen Mann zum Mittelpunkt des eigenen Lebens macht, kommt es nicht darauf an, ob man ihm seinen Kaffee und seine Pantoffeln bringt. Ich habe mich geweigert, die traditionelle Frauenrolle in der Ehe zu spielen, aber das hat mich nicht davor bewahrt, zu sehr zu lieben; es hat mir nur geholfen, das Problem vor mir selbst zu verbergen.

In meiner Familie bin ich das älteste von elf Kindern. Meine Eltern waren beide alkoholabhängig. Meine Mutter ist eine Frau, die zu sehr liebt. Sie sieht ihre Kinder überhaupt nicht so, wie sie sind. Dafür ist sie viel zu sehr mit ihrer hitzigen Beziehung zu meinem Vater beschäftigt. Ich wollte auf keinen Fall so werden wie sie, deshalb habe ich mir mein Geld immer selbst verdient und um die Männer einen Bogen gemacht, die wie mein Vater materiell erfolgreich waren. Ich hatte nie die Absicht, Kinder zu bekommen, denn ich war fest entschlossen, nicht in die gleiche Falle zu tappen wie meine Mutter. Trotzdem habe ich von ihr gelernt, eine Frau zu sein, die zu sehr liebt und Alkohol als Tröster nimmt. Zwar habe ich einen anderen Lebensstil entwickelt, aber am Ende stehe ich nun mit den gleichen Süchten da wie sie.

Der Alkoholismus meines Vaters hat sich nie auf seine Karriere ausgewirkt, sondern nur auf seine Familie. Finanziell ist er sagenhaft erfolgreich und sehr bekannt. Er behauptet steif und fest, sein Trinken unter Kontrolle zu haben, und vielleicht hat er auf eine Art recht. In den letzten paar Jahren hat er endlich gelernt, sich etwas besser zu beherrschen, aber als ich noch jünger war, hatten wir oft heftige Auseinandersetzungen. Damals habe ich mir geschworen, niemals eine Beziehung mit einem Mann einzugehen, der so ist wie mein Vater, und ich habe die ganze Zeit geglaubt, ich hätte meinen Schwur gehalten. Doch jetzt sehe ich, daß ich gegen ihn und seither gegen jeden Mann, mit dem ich zusammen war, angekämpft habe. Wieviel Geld oder welche politische Ansichten sie hatten oder welcher Rasse sie angehörten, hat letzten Endes doch keinen wirklichen Unterschied gemacht.

Als Kind habe ich meine Eltern beschimpft und meine Brüder und Schwestern gegen ihren Zorn und ihre Kritik in Schutz genommen. Ich habe Bücher über Freiheitskämpfer/innen und Märtyrer/innen gelesen und wollte auch so sein. Bei den Jungen war ich unbeliebt, obwohl ich so furchtbar gerne gehabt hätte, daß sie sich für mich interessieren. Mit siebzehn habe ich den Sex entdeckt und mich über meine religiöse Erziehung hinweggesetzt, um an dieser wunderbaren neuen Erfahrung festhalten zu können, denn dadurch hatte ich endlich das Gefühl, mit anderen Menschen verbunden zu sein.

Auf dem College lernte ich dann Schwarze kennen und war auf einmal beliebt. Ich bekam ein uneheliches Kind und gab es zur Adoption frei. Aber dieses Trauma hat mich keineswegs dazu bewogen, mich etwas zurückzuhalten. Mit neunzehn zog ich von zu Hause fort und ging in den Osten. Ich wollte finanziell auf eigenen Füßen stehen und mit einem Schwarzen zusammenziehen, den ich auf dem College kennengelernt hatte. Ich hatte mich während meiner Schwangerschaft in ihn verliebt. Mein Vater war außer sich vor Zorn und drohte damit, mich in eine psychiatrische Anstalt einweisen zu lassen, um mich von meinem Schritt abzuhalten. Also haben Dex und ich geheiratet.

Bald schon war ich erneut schwanger und wurde dann zwei Wochen vor meinem einundzwanzigsten Geburtstag Mutter.

Mein emotionaler Bedarf war groß, und als meine Ehe ihren ersten Reiz verloren hatte, fing ich ein Verhältnis mit einem anderen Mann an. Dann ging ich wieder aufs College zurück und wurde zu einer politischen Revolutionärin. Ich hatte auch da weitere Affären mit Männern, habe das aber diskret gehandhabt, weil ich Dex nicht verletzen wollte. Er war sehr zurückhaltend und nicht in der Lage, mich zur Rede zu stellen, und mit unserer Ehe ging es bergab.

Eugene war genau wie ich ein Revolutionär. Wegen seiner politischen Ansichten war er von der Armee desertiert. Er und ich hatten ein heißes Wochenende zusammen, ehe er dann nach Kanada ging. Als er in die Staaten zurückkam, habe ich sofort einen Schlußstrich unter meine Ehe gezogen und mir zusammen mit ihm eine Wohnung genommen.

Nachdem wir anderthalb Jahre lang eine ganz enge Beziehung gehabt hatten, zog Eugene aus, weil er meinte, sich selbst finden zu müssen. Bis dahin waren wir in der Liebe und bei unserer revolutionären Arbeit ein unzertrennliches Paar gewesen, und ich hatte ihn finanziell unterstützt, weil er sich als Deserteur versteckt halten mußte.

Mir tat Eugenes Auszug schrecklich weh. Da habe ich dann Whisky als schmerzstillendes Mittel entdeckt und angefangen zu trinken – fünfzehn Jahre lang, täglich. Auch Eugene begann, täglich zu trinken. Ich trank allein, er zusammen mit anderen, aber das war auch der einzige Unterschied. Von seinen anderen Frauen wußte ich da noch nichts. Er hat mich angelogen und ich habe es ihm geglaubt, weil ich es glauben wollte.

Nachdem wir etwa acht Monate getrennt gelebt, uns aber jede Woche zwei- oder dreimal gesehen hatten, hielt ich es für das beste, wegzuziehen. Ich fand in einer anderen Stadt eine neue Wohnung. Eugene konnte aber nicht von mir lassen, kam einfach nach und zog in meine Wohnung mit ein.

In den Monaten vorher, als er allein gewohnt hatte, hatte er eine andere Frau kennengelernt, und jetzt fing er an, nachts fortzubleiben – mit der Begründung, er ginge zu revolutionären Organisationstreffen, die die ganze Nacht dauerten. Es klang unglaubwürdig, und ich bat ihn des öfteren mich mitzunehmen, aber irgendwie hat er mich dann doch überzeugt, weil es angeblich nicht ginge, daß ich als Weiße an den Treffen dieser Gruppe von Schwarzen teilnehme. Schließlich wurden die Spannungen zu groß, und er zog erneut aus. Diesmal zog er angeblich zu einem Freund. Zwei Tage nach seinem Umzug ging ich zu seiner neuen Wohnung rüber. Als ich an die Tür klopfte, wollte eine Frauenstimme von innen wissen, wer draußen sei. Da wußte ich Bescheid.

Die folgenden Monate waren für mich die Hölle. Er klammerte sich an mich, beteuerte, daß er mich liebe, und gleichzeitig wohnte er bei ihr. Er hatte immer ein Kind von mir gewollt, aber ich war nie einverstanden gewesen. Schließlich überredete er mich, zu versuchen, ob ich nicht doch ein Kind bekommen könnte, und versprach mir, wenn es klappte, zu mir zurückzukommen. Ich setzte die Pille ab. Dann überlegte ich es mir anders und nahm sie doch wieder, aber da ich ähnlich fruchtbar bin wie meine Mutter, war ich bereits schwanger. Eugene zog jedoch nicht gleich wieder zu mir. Damit hatte ich schon gerechnet, als ich eingewilligt hatte, das Kind zu bekommen, hatte mir aber überlegt, daß ich als alleinstehende Mutter ja schon ein Kind großzog und daß da ein zweites keinen Unterschied machen würde, selbst wenn Eugene nicht zu mir zurückkäme. Ich meinte, daß mir mit einem Kind von ihm immer ein Stück unserer Beziehung bleiben würde. Ich wußte auch, daß ich ihm weh tun konnte, wenn er nicht zu mir zurückkäme: In dem Fall könnte ich sein Kind auf die Welt bringen und ihn ganz davon ausschließen.

Wenn ich nicht arbeitete, verbrachte ich während der Schwangerschaft meine Zeit mit Schlafen und – Trinken. Wieso ich kein Kind mit einem fötalen Alkoholsyndrom (damals kannte man so etwas gar nicht) bekam, weiß ich nicht. Ich schlief mit einer Pistole unter meinem Kopfkissen und hatte den Wunsch, mich umzubringen.

Mein Schmerz und meine Wut führten noch zu einem weiteren beinah tödlichen Vorfall. Während Eugene in Kanada war, hätte ich an Silvester beinah die «andere Frau» umgebracht. Ich hatte mir vorgenommen, zu ihrem Haus zu fahren und sie um Mitternacht zu erschießen, denn dann würde das vielleicht als außer Kontrolle geratene Silvesterknallerei und «Unfall» durchgehen. Es war mir egal, ob ich dabei erwischt würde. Mir war alles egal. Ich mußte einfach irgend etwas tun, um das Problem zu beenden; die Folgen waren mir gleichgültig. Ich werde nie erfahren, ob ich es geschafft hätte, meinen Plan durchzuziehen. Die Frau war nicht zu Hause. Sie war nach Kanada gefahren, um Eugene über Weihnachen zu besuchen. Aber meine Sucht zu lieben hatte mich so weit gebracht, daß ich fast einen Mord begangen hätte.

Als Eugene im Frühjahr aus Kanada zurückkam, fuhr ich zu dem Haus hin, in dem die andere Frau wohnte. Als sie hörte, daß ich schwanger sei, stellte sie Eugene vor die Wahl. Er wählte mich. Ich hatte gewonnen.

Nachdem er wieder bei mir eingezogen war, quälte

mich täglich der Gedanke an sie. Meine Tochter kam im Juni zur Welt. Im Oktober heirateten Eugene und ich. Ich weiß nicht, warum er mich heiratete. Ich heiratete ihn, um allen zu beweisen, daß er mich liebte; um mein Selbstwertgefühl wiederherzustellen, nachdem ich diese Hölle durchgestanden hatte. Ich sagte mir, daß ich mich ja immer noch scheiden lassen könnte, und bei einer Scheidung wüßte ich dann wirklich, daß es vorbei sei. (Mir war damals gerade die Bedeutung von Ritualen wie Beerdigung und Scheidung klargeworden: Auf diese Weise sollen die Lebenden erfahren, daß es vorbei ist.) Vielleicht habe ich zum Teil auch aus Liebe geheiratet – aber nur zu einem sehr kleinen Teil.

Vier Jahre nachdem er desertiert war, wurde Eugene schließlich verhaftet. Natürlich stand ich ihm in dieser Situation bei, denn egal, was wir für Probleme hatten, wir waren doch politische Verbündete, und ich hätte ihn in einem solchen Augenblick nie im Stich gelassen.

Sechs Wochen später wurde er aus der Haft entlassen und kam gewandelt zurück: Er liebte mich wieder.

So lange es anhielt, war es schön, aber es hielt nicht lange an. Wir zogen immer wieder um. Ich arbeitete. Er nicht. Nach fünf Jahren Ehe meinte er, wir sollten beide auch andere sexuelle Partner haben. Partnertausch gefiel mir nicht, aber ich erklärte mich ihm zuliebe damit einverstanden. Ich erlaubte ihm, mich sexuell völlig zu bestimmen und sagte mir dabei noch, daß das zeige, wie frei und emanzipiert ich sei.

Schließlich fing er mit einer Freundin ein Verhältnis an. Das verletzte unsere Abmachung, daß flüchtiger Sex in Ordnung sei, eine feste Bindung aber nicht. (Ist es nicht verrückt, wie wir denken und handeln?) Damit steckte er wieder in der alten Klemme: Er wußte nicht, was er wollte. Zusammen mit unseren anderen Problemen führte das schließlich zur Scheidung.

Nach der Trennung hatte ich Angst, ich würde keinen anderen Mann mehr finden. Trotz meines starken feministischen Bewußtseins hatte meine Aufmerksamkeit die ganze Zeit Männern gegolten. Aber nach all den Auseinandersetzungen mit Eugene herrschte endlich Frieden, und ich war darüber so froh, daß ich noch ein paar Monate gewartet habe, ehe ich mich nach Ersatz umsah.

Als ich dann schließlich doch eine neue Beziehung anfing, drehte Eugene durch und drohte wiederholt, sich und mich umzubringen. Später gab er zu, daß er uns beinah alle umgebracht hätte – sich, mich und den neuen Mann in meinem Leben. Was den neuen Mann betraf – er war verheiratet. Zuerst war ich von ihm ganz begeistert, aber als ich nach und nach die Wahrheit herausbekam, zog ich mich von ihm zurück. Er verprügelte mich ganz schlimm, trotzdem: ich schaffte es nur dadurch, mich von ihm zu lösen, daß ich wieder eine neue Beziehung einging. Der nächste Mann war emotional völlig verschlossen, zweimal geschieden und nicht bereit, sich irgendwie stärker an mich zu binden. Als ich mich in ihn verliebte, zog er sich von mir zurück. Dieses Hin und Her in unserer Beziehung machte mich verrückt. Dann log er mich an, als es um Treue ging, und ich trennte mich von ihm.

Mit Volldampf ging es in die nächste Beziehung, diesmal mit einem Mann, der zehn Jahre jünger war als ich – ein lieber Kerl, der mich irgendwie an meinen ersten Mann erinnerte. Wir zogen sofort zusammen, und dann entdeckte ich, daß er kokainsüchtig war. Ich hatte Drogen immer nur ganz vorsichtig genommen, weil ich nicht abhängig werden wollte. In den sechziger Jahren hatte ich fast alles durchprobiert und auch eine ganze Menge Gras geraucht, hatte damit dann aber Mitte der siebziger Jahre aufgehört, weil mir das Trinken besser gefiel. Aber jetzt, mit diesem ganzen Kokain im Haus, gab es für mich kein Halten mehr.

Vergangenes Jahr las ich Ihr Buch. Das war der rettende Strohhalm. Es half mir, mein Leben mit nüchternen Augen zu betrachten. Ich sah, daß mein Problem einen Namen hatte, daß auch andere Menschen daran litten und daß es heilbar war. Ich ging zu einem Therapeuten, der sich darauf spezialisiert hatte, erwachsene Kinder von Alkoholikern zu therapieren, und mir wurde gesagt, wenn ich gesund werden wolle, müsse ich zuerst etwas gegen meinen Alkoholismus unternehmen. Nun, ich schaffte es, das Trinken aufzugeben, aber vom Kokain konnte ich einfach nicht lassen. Der Freund, der bei mir wohnte, nahm es noch immer, dadurch fiel mir das Aufhören doppelt schwer. Schließlich schaffte ich es doch, aber da ich noch immer eine Frau war, die zu sehr liebte, brauchte ich noch vier weitere Monate, bis ich ihn aus dem Haus hatte. Damit ich es schaffte, bin ich auch von neuem eine Beziehung mit dem «verschlossenen» Mann eingegangen, mit dem ich vor der Geschichte mit dem Kokainsüchtigen zusammengewesen war. Inzwischen ist mir klar, daß dieser Mann auch Alkoholiker ist. Bei den Anonymen Alkoholikern sagt man uns: «Ein Jahr lang keine ernsthaften Beziehungen!» Ich verstehe, warum sie das sagen, aber ich weiß nicht, ob ich es schaffe. Ich finde immer wieder neue Gründe, warum ich mit diesem Mann weiter zusammenbleiben will. Was Drogen und Alkohol betrifft, bin ich jetzt «sauber» und «trocken», aber ich bin immer noch eine Frau, die zu sehr liebt – genau das, was ich mir geschworen hatte, nie zu werden. Soviel zu meinem politisch aufgeklärten feministischen Bewußtsein!

Vielen Dank fürs Zuhören, Robin.

Terri D.

Liebe Terri,

auf Grund Ihres Briefes vermute ich stark, daß Sie nicht nur alkohol-, kokain- und beziehungssüchtig, sondern auch sexuell süchtig sind. Ihr Sexualverhalten als Jugendliche und als Erwachsene, das zwanghafte Sexualverhalten von vielen der Partner, die Sie sich ausgesucht haben, Ihre Wut und Ihr Wunsch nach Rache deuten alle stark darauf hin, daß bei Ihnen diese Sucht vorliegt. Ein weiterer Hinweis darauf ist die Dominanz, Gewalttätigkeit und Alkoholabhängigkeit Ihres Vaters und die Alkoholabhängigkeit und extreme Passivität Ihrer Mutter. Auch diese Faktoren sind häufig vorhanden, wenn Mädchen sexuell mißbraucht werden.

Was die meisten Erwachsenen dazu treibt, zwanghafte Sexualbeziehungen einzugehen, ist in der Regel, daß sie als Kinder sexuell ausgenutzt worden sind. Allerdings kann auch allein Gewalt, wenn sie stark sexuell gefärbt ist, später zur Ausbildung eines zwanghaften Sexualverhaltens führen. Bei manchen Kindern reicht es auch schon, wenn ein Elternteil sich zwanghaft in heimliche Affären stürzt. Obwohl Sie in Ihrem Brief nicht schreiben, daß Sie als Kind sexuell ausgenutzt worden seien, deuten Ihre Beziehungsmuster als Erwachsene darauf hin, daß Sie entweder sexuell mißbraucht worden sind oder daß die Gewalttätigkeiten bei Ihnen zu Hause eine stark sexuelle Komponente gehabt haben. Mit anderen Worten, Ihre Geschichte weist sowohl auf eine gegenwärtig vorhandene sexuelle Sucht hin als auch auf ein in der Vergangenheit liegendes sexuelles Trauma, unabhängig davon, ob Sie sich heute dieses Traumas bewußt sind oder nicht.

Hierzu einige Fakten:

○ In unserem Kulturkreis wird jede vierte Frau vor ihrem achtzehnten Geburtstag sexuell belästigt oder mißbraucht.

○ In der großen Mehrzahl der Fälle kennt das Opfer den Täter und vertraut ihm. Tatsächlich handelt es sich zumeist um Familienangehörige.

○ Achtzig Prozent aller Fälle von sexuellem Mißbrauch und achtzig Prozent aller Fälle von häuslichen Gewalttätigkeiten (diese zwei Kategorien überschneiden sich häufig), geschehen in Alkoholikerfamilien. In bezug auf Inzest und körperliche Mißhandlung stehen, von der statistischen Häufigkeit her gesehen, stark religiöse Familien an zweiter Stelle.

O Die meisten Opfer «vergessen» ihr(e) Erlebnis(se) auf Grund eines unbewußt und automatisch einsetzenden Verdrängungsmechanismus.

O Mißbrauchsopfer neigen dazu, entweder selbst ihre Kinder sexuell zu mißbrauchen oder sich einen Partner auszusuchen, der das tut.

Inzest ist für ein Kind ein ungeheuer schlimmes, verheerendes traumatisches Erlebnis, durch das es so stark geschädigt wird, daß ein massiver Schutzmechanismus einsetzt, der zu einem «Vergessen» führt und meist bis ins Erwachsenenalter hinein aktiv bleibt. Normalerweise werden durch den Schutzmechanismus die schmerzhaften Erinnerungen äußerst wirksam und tief verdrängt, um das Ich davor zu schützen, von ihnen erdrückt zu werden. Da diese Erinnerungen aber nicht ausgelöscht, sondern nur überdeckt werden, können sie weiterhin – wenn auch unbewußt – mit ihrer ganzen Macht alltägliche Verhaltensweisen, Gefühle und Entscheidungen beeinflussen. Sie erzeugen in hohem Maße innere Unruhe und Beklemmung, Mißtrauen, Angst und eine Art latent vorhandene Scham, durch die die erwachsene Frau, die als Kind einen Inzest erlitten hat, effektiv daran gehindert wird, ein angenehmes, einigermaßen glückliches und sicheres Leben zu führen. Solange diese Erinnerungen verdrängt sind, kann man der Unruhe und Beklemmung, dem Mißtrauen, der Angst, der Unsicherheit und Scham auch durch noch so große Bemühungen nicht beikommen – ganz zu schweigen von der sich häufig entwickelnden sexuellen Sucht, die ihren Ursprung in diesem Trauma hat.

Es ist nicht nur deshalb so schwer, die sexuelle Traumaproblematik anzusprechen, weil das Opfer eine natürliche Abneigung dagegen hat, ein solches Erlebnis einzugestehen, und weil automatisch der Schutzmechanismus einsetzt, der das Ereignis oder die Ereignisse aus der bewußten Erinnerung verdrängt, sondern auch, weil so schwer zu definieren ist, worin sexuelle Ausnutzung oder Ausbeutung besteht. Genau wie bei vielen anderen Arten von verletzenden Kindheitserlebnissen möchte auch hier jede(r) von uns notwendigerweise glauben, daß das, was ihr (oder ihm) widerfahren ist, in Wirklichkeit nicht so schlimm war. Aus der Abhängigkeit der Kinder von den Eltern entwickelt sich ganz natürlich eine Loyalität, die es noch schwieriger macht, das Ausmaß des von uns erlebten Traumas richtig zu beurteilen. Wenn einzelne Erinnerungen hochkommen, versuchen wir uns einzureden, daß wir uns das alles nur einbilden würden, daß wir das geträumt hätten oder daß wir in der Erinnerung übertreiben würden. Wir lassen das Ganze absichtlich im unklaren und halten unsere Gefühle für grundlos und unsere Reaktionen insgesamt für übertrieben. Fast immer trifft jedoch genau das Gegenteil zu. Wir unterschätzen das Geschehene und seine Auswirkungen auf uns so sehr, daß wir schließlich außer uns vor Zorn, Scham und Verzweiflung dastehen, aber nichts haben, an dem wir unseren Schmerz vernünftigerweise festmachen können. Wenn wir aber unsere Vergangenheit unbewußt massiv verdrängen oder sie bewußt und absichtlich verheimlichen, bleiben wir an deren Auswirkung auf unsere Gegenwart gekettet.

Terri, ich möchte Ihnen helfen, neben den Formen sexueller Ausnutzung, deren schädigender Charakter leicht zu erkennen ist, auch einige weniger leicht erkennbare Formen zu identifizieren. Denken Sie aber bitte daran, daß ich diese Begriffe hier nicht im juristischen, sondern im psychologischen Sinne verwende, und daß ich dabei von den Auswirkungen auf das Opfer ausgehe und mich nicht danach richte, ob der jeweilige Vorfall ein von Rechts wegen strafbares Delikt ist oder nicht.

Einerseits kann sexuelle Ausnutzung offen körperlicher Art sein, wenn der kindliche Körper etwa unangemessen betrachtet, untersucht, berührt, gestreichelt, stimuliert und/oder penetriert wird. Dies kann einmalig oder gelegentlich oder aber auch über viele Jahre hinweg geschehen. Andererseits kann sexuelle Ausnutzung auch verdeckter und in erster Linie psychischer Art sein. Wenn in Gegenwart von Kindern unangebrachte sexuelle Ausdrücke, Schilderungen, Spitz- und Schimpfnamen verwendet, sexuell anzügliche Andeutungen gemacht oder anzügliche Fragen und Gesprächsthemen erörtert werden oder wenn in ihrer Gegenwart unanständige Geschichten und Witze erzählt oder offenkundig sexuelle und / oder pornographische Hefte oder Utensilien zur Schau gestellt werden beziehungsweise herumliegen, so stellt all das eine sexuelle Ausbeutung der Kinder dar. Auch sollte nicht vergessen werden, daß Gewalttätigkeit eine in höchstem Maße sexuell gefärbte Form der Aggression sein kann. Viele Mädchen werden von ihren sexuell eifersüchtigen Müttern oder sexuell besitzergreifenden Vätern nicht nur geschlagen, sondern ihnen werden auch die Kleider zerrissen, die Haare abgeschnitten und Dinge zerstört, die ihnen gehören.

Zu verstecktem Inzest zählt auch die ernstliche und wiederholte Verletzung der emotionalen Grenzen des Kindes. Wenn ein Vater oder eine Mutter ein Kind zur Gefährtin beziehungsweise zum Gefährten macht und es in bezug auf Eheprobleme (einschließlich sexueller Probleme), eng ins Vertrauen zieht, wenn er oder sie das Kind also hinsichtlich der Verantwortung mit dem Erwachsenen auf eine Stufe stellt, es mit dem eigenen Kummer belastet und vom Kind Erlösung von diesem Kummer und auch sonst Bestätigung und Trost erwartet, dann wird dadurch die lebensnotwendige Eigenständigkeit und Unabhängigkeit des Kindes verletzt. Wenn der Vater oder die Mutter das Kind außerdem noch zu seinem beziehungsweise ihrem hauptsächlichen emotionalen Partner macht, so kann allein das schon stark zur späteren Ausbildung eines zwanghaften Sexualverhaltens beitragen, da eine solche Art des Umgangs auf eine Verführung des Kindes hinausläuft. In der (beziehungsweise dem) späteren Erwachsenen werden dadurch sehr ähnliche Gefühle ausgelöst wie durch offenen Inzest: Sie (er) fühlt sich überfahren, schämt sich irgendwie, empfindet eine ohnmächtige Wut, und es drängt sie (ihn) nach Rache und Wiedergutmachung. Außerdem schließen sich offener und verdeckter Inzest auch nicht gegenseitig aus. Zum Beispiel kann es sein, daß ein Vater seine Tochter körperlich ausnutzt, während ihre Mutter sie gleichzeitig seelisch ausbeutet.

Als Erwachsene streiten viele Frauen ab, je das Opfer eines Inzests gewesen zu sein, weil sie als Kind keine körperlichsexuellen Beziehungen hatten. Doch ein Kind, das körperlich ausgenutzt worden ist, behält nicht unbedingt ein größeres Trauma zurück als eines, das psychisch mißbraucht worden ist. Eine Frau, der als Kind wiederholt abverlangt wurde, im Zimmer mit dabeizusein und für die Getränke zu sorgen, während ihr Vater und dessen Freunde derbe Witze und Geschichten erzählten, kann dadurch genauso Schaden genommen haben und nicht mehr richtig fähig sein, zu vertrauen und eine gesunde Intimität zu erleben, wie eine andere Frau, deren Vater zu ihr als Kind nachts heimlich ins Bett gestiegen ist, um mit ihr sexuellen Kontakt zu haben. Zum Inzesttrauma gehört, daß Vertrauen verletzt, Geheimhaltung durchgesetzt und Schutz verweigert wird und daß körperliche und / oder psychische Grenzen überschritten werden. Und durch dieses Trauma wird das Opfer später als erwachsener Mensch dazu getrieben, zwanghaft sexuelle Begegnungen herbeizuführen, die wiederum die erwähnten Elemente des Mißtrauens, der Geheimhaltung, der Gefahr und des psychischen und / oder körperlichen Mißbrauchs in sich bergen.

Als Gesellschaft neigen wir dazu, ein zwanghaftes Sexualverhalten (solange es sich zwischen Mann und Frau im richtigen Alter abspielt) als Ausdruck eines «starken Sexualtriebs» wegzuerklären. Das ist genauso unzutreffend, wie wenn man die Unfähigkeit einer Alkoholikerin, ihr Trinken unter Kontrolle zu halten, als Ausdruck eines «starken Dursts» erklären würde. Ein zwanghaftes Sexualverhalten will – genau wie alle anderen Arten der Sucht – Erleichterung schaffen, und zwar Erleichterung von den Auswirkungen eben dessen, was auch als Quelle der Erleichterung gesehen wird. Durchs Trinken entsteht bei der Alkoholikerin das Bedürfnis, wieder zu trinken. Durchs Schuldenmachen entsteht bei der Verschwendungssüchtigen das Bedürfnis, noch mehr Geld auszugeben. Und bei der sexuell süchtigen Frau wird durch das Erlebnis der Verführung das Bedürfnis nach der nächsten sexuellen Begegnung geschürt.

Wenn wir daran denken, daß ein zwanghaftes Sexualverhalten ein unbewußtes Bemühen darstellt, die von der Ausbeutung in der Kindheit herrührende Ohnmacht, Scham und Wut zu leugnen und sie gleichzeitig zu überwinden, dann läßt sich leichter einsehen, daß die meisten Frauen, die dem Sex wie besessen nachjagen, das nicht tun, weil sie die Männer so sehr lieben, sondern weil sie ihnen gegenüber eine enorme Angst und Wut empfinden. Die Gefühle machen sich wiederum unbewußt bemerkbar; sie erzeugen eine unerträgliche innere Unruhe und Beklemmung und treiben die an dem Trauma leidende Frau dazu, immer wieder für eine Erneuerung der sexuellen Begegnung zu sorgen. Die Frau hat dann den Drang, ein inneres Gleichgewicht wiederherzustellen, und sie versucht das dadurch zu erreichen, daß sie andere unterwirft, statt selbst unterworfen zu werden, und dominiert, statt dominiert zu werden. Dabei spielt sie aber auch mit dem Feuer. Jede zwanghaft vollzogene sexuelle Begegnung birgt in sich den Keim für das Bedürfnis, die Handlung zu wiederholen und dabei, wenn möglich, von neuem zu «gewinnen». Die Frauen, die einen äußerst starken Hang dazu haben, Männer gezielt zu verführen, haben meist auch ein äußerst tiefes Trauma und sehr viel verdrängte Wut und schmerzliche Angst. Eine zwanghafte Verführung ist eine verzweifelte und feindselige Handlung, die mit dem Ziel ausgeführt wird, über einen anderen Menschen zu siegen.

Terri, Sie haben sehr großes Glück gehabt, daß Sie an einen Therapeuten geraten sind, der erkannt hat, daß Sie sich als erstes von Ihrer Suchtmittelabhängigkeit befreien mußten. Als nächstes, meine ich, sollten Sie – während Sie diesem ersten Punkt weiter treu bleiben – sich für eine Weile sexuelle Enthaltsamkeit auferlegen und sich in dieser Zeit auf den eigentlichen Ursprung und die jetzige Funktion dieser Sucht in Ihrem Leben konzentrieren. Sie werden von der Beziehungssucht nicht loskommen, solange Sie diese elementare Sucht nicht angehen.

———————

Liebe Frau Norwood,
Ihr Buch war für mich Teil einer ernsthaften Suche.
Ich wollte herausfinden, aus welchen grundlegenden

Problemen heraus es bei mir dazu gekommen ist, daß ich zweimal geschieden bin, mehrere gescheiterte Beziehungen hinter mir habe, unfähig bin, von unmöglichen Männern die Finger zu lassen, und mich wertlos, unzulänglich und so weiter fühle.

Im Grunde genommen habe ich bisher immer Männer angezogen, die jünger waren als ich (der jüngste war neun Jahre jünger), oder Männer, die in meinem Alter waren, aber niemals ältere Männer. Da ich klein und zierlich bin, sehe ich relativ jung aus. Aber jetzt, bei meiner letzten Beziehung, habe ich zum erstenmal erlebt, wie es mit einem älteren Mann ist. Ich bin sechsunddreißig, und er ist vierundvierzig. Nachdem wir uns neun Monate lang kannten, gestanden wir uns gegenseitig ein, daß wir uns sehr ineinander verliebt hatten. Ein Jahr später behauptete er, es sei für ihn «zu schnell gegangen und zuviel auf einmal gewesen» und er brauche mehr Raum. Ich weiß jetzt, daß ich mit seinem Alter bestimmte Erwartungen verbunden habe. Auf Grund dieser Erwartungen hatte ich mich schon in ihn verliebt, noch bevor ich Gelegenheit hatte, ihn näher kennenzulernen und zu verstehen, warum er schon einmal geschieden ist, warum er bei seiner zweiten Ehe nicht in die Scheidung einwilligen will und wieso er ein solcher Schürzenjäger ist (befreundet ist er *ausschließlich* mit Frauen).

Beim Lesen habe ich in Ihrem Buch verzweifelt nach Geschichten gesucht, die speziell mit Inzest zu tun haben, aber davon gibt es nur zwei, und nur eine davon spricht entfernt das an, was ich durchgemacht habe. Sehen Sie, ich bin *kein* Inzestopfer, aber ich bin das fünfte von neun Kinder, darunter sechs Mädchen. Als Kind war ich sehr kränklich, und deshalb hat mein Vater mich in Ruhe gelassen, aber ich habe ihn immer zusammen mit meiner sechzehn Monate jüngeren Schwester nebenan hören können. Außer mir hat er sich an allen seinen Töchtern vergangen. Mich konnte er anscheinend nicht ausstehen, und wir hatten die meiste Zeit Krach miteinander. Als ich sechzehn war, habe ich gedroht, ihn umzubringen, wenn er seine Drohung wahrmachen und mich schlagen würde. Zu meiner Mutter sagte er, ich sei wegen meiner Krankheit eine finanzielle Belastung und er wünschte, ich wäre nie geboren worden. Aber der Umstand, daß ich von uns Mädchen als *einziges* von unserem Vater unbehelligt geblieben war, hat bei mir irgendwie das Gefühl hinterlassen, von einem Mann gar nicht geliebt oder akzeptiert werden zu können.

Diese innere Qual hat sich auf viele meiner Beziehungen ausgewirkt: Wenn ein Mann gesagt hat, daß er mich liebe, habe ich ihm nie geglaubt und immer versucht, seine Worte zu widerlegen, während ich gleichzeitig von ihm verlangt habe, mir seine Liebe noch stärker zu zeigen, aber nie bereit war, so lange zu warten, bis er sie mir auch zeigen konnte und wollte. Dann wiederum war ich wie ausgewechselt und habe ihn mit meiner Zuneigung und Liebe überschüttet und fast erdrückt. An dem Punkt angelangt, bekam ich unweigerlich zu hören, ich solle ihn nicht so bedrängen – und schon stand ich wieder alleine da. Wenn wir Krach hatten, dann meistens deshalb, weil ich ihm den Vorwurf gemacht hatte, daß er mir seine Liebe nicht zeige. Klingt verwirrend und durcheinander, ich weiß. Nun, soweit es um diesen Teil meines Lebens geht, bin ich es auch!

Was haben Sie bei Ihrer Untersuchung festgestellt: Hängt das Phänomen des Zu-sehr-Liebens eher mit Eltern zusammen, die Alkoholprobleme haben und Drogen mißbrauchen, oder mit lieblosen Vätern und Inzest? Ich habe gehört, daß Inzest und Alkoholismus normalerweise in derselben Familie vorkommen. Stimmt das? In meiner Familie hat es keinen Alkoholismus gegeben. Mein Vater hatte allerdings ein Magengeschwür.

Ich habe schon weiter vorn im Brief erwähnt, daß

ich als Kind sehr kränklich war. Ich habe eine Hauterkrankung, die sich atopische Dermatitis nennt und eine Kombination von ganz unterschiedlichen Allergien ist. Ich bin gegen viele verschiedene Nahrungsmittel, Pollenarten, Schadstoffe in der Luft und so weiter allergisch. Das Ganze ist mit einem schlimmen Ekzem verbunden. Infolge falsch verschriebener Medikamente bin ich außerdem von Narben gezeichnet. Das hat mir nur noch stärker das Gefühl gegeben, unzulänglich zu sein.

Ich komme langsam darüber hinweg, weil Gott mich mit zwei prachtvollen Jungen gesegnet hat. Sie sind sechs und dreizehn Jahre alt und haben keine Allergien oder Hauterkrankungen. Sie sind völlig gesund, sehr aufgeweckt und voller Liebe. Ich bin zu ihnen sehr streng, kontrolliere sie ständig und habe es bisher noch nicht geschafft, ihnen viel Liebe zu geben. Ich möchte so gerne ruhiger und lockerer sein und einfach an ihnen Freude haben können, weiß aber nicht recht, wie ich das anstellen soll. Also habe ich mich seit kurzem auf eine innere Suche begeben und arbeite daran, meine beiden Jungen wirklich zu lieben, sie weniger zu kritisieren und zu kontrollieren und mich ihnen statt dessen aufmerksamer zu widmen. Ich möchte ihnen verantwortliches Handeln beibringen und alles, was sie sonst noch so brauchen. Ich möchte meinen beiden Kindern, vor allem meinem Dreizehnjährigen, so furchtbar gerne eine Freundin sein. Das wird seine Zeit brauchen, aber ich will es versuchen.

Lana Z.

Liebe Lana,
in Ihrem Brief schreiben Sie, Sie seien nicht Opfer eines Inzests geworden. Das sehe ich anders. Wenn Ihr Vater mit Ihren Schwestern, nicht aber mit Ihnen körperliche Beziehungen hatte, so bedeutet das nicht, daß Sie keinen Schaden genommen haben. Keine von Ihnen hat in Ihrem Vater einen vertrau-

enswürdigen Erwachsenen erlebt, der für ihr Wohlergeben sorgte und sie nach Kräften vor Schaden bewahrte. Von ihm ging vielmehr eine ständige Bedrohung und Gefahr aus; infolge seiner Krankheit belästigte und mißbrauchte er seine Kinder.

Daß Sie sich eher zu Männern hingezogen fühlen, die jünger sind als Sie, wird verständlich, wenn Sie sehen, daß Frauen, die sich mit jüngeren Männern zusammentun, oft einen inneren Drang danach haben, andere zu kontrollieren. Sie haben dann das Gefühl, erfahrener und anspruchsvoller, stärker, weiser und weniger verletzlich zu sein. (Das ist zwar in Wirklichkeit längst nicht immer der Fall, vor allem was die Verletzlichkeit anbelangt, aber anfangs *scheint* es doch wenigstens so.)

Auch der Umstand, daß der ältere Mann, mit dem Sie jetzt zusammen sind, ganz offensichtlich Schwierigkeiten hat, mit Frauen – vor allem auf sexuellem Gebiet – offen und ehrlich umzugehen, kann nicht überraschen; schließlich haben wir eine natürliche Vorliebe dafür, uns Menschen zu suchen, mit denen wir die Beziehungsmuster unserer Kindheit wiederholen können. Im Bereich der Sexualität sind für Sie Fehlverhalten, Mißtrauen und Bedrohung altbekannte Themen.

Ja, am häufigsten kommt es in Alkoholikerfamilien zu Inzest, recht häufig aber auch in extrem religiösen und in disziplinarisch sehr strengen Familien. Inzest ist eine Krankheit, die oft von einer Generation zur nächsten weitergegeben wird. Meistens ist der Täter oder Aggressor als Kind sexuell ausgenutzt worden und mißbraucht dann als Erwachsener wiederum seine eigenen – oder auch andere – Kinder. Frauen, die einem Inzest zum Opfer gefallen sind, heiraten oft Männer, die Aggressoren oder potentielle Aggressoren sind und sich schließlich an ihren Kindern vergehen. Im übrigen fangen wir gerade erst an, uns ein Bild davon zu machen, wie häufig es auf der anderen Seite vorkommt, daß Frauen die Rolle der Aggressorin übernehmen und Kinder mißbrauchen. Auf diese Weise nimmt eine Generation nach der anderen Schaden, denn wenn das Geheimnis gewahrt bleibt, geht der Kreislauf weiter.

Alle von uns, die als Kind ein Trauma erlitten haben, drängt es stark dazu, die Oberhand über das zu gewinnen, wovon wir einst überwältigt worden sind. Je überwältigender das (die) Erlebnis(se) gewesen ist (sind), desto größer ist das Bedürfnis, die betreffenden Umstände von neuem entstehen zu lassen und diesmal dabei die Oberhand zu behalten. Das ist es, was die Menschen, die mißbraucht worden sind, dazu treibt, sich einerseits erneut sexuell mißbrauchen zu lassen oder sich andererseits selbst an Kindern zu vergehen beziehungsweise sich mit einem Aggressor zusammentun, den sie dann zu kontrollieren suchen. Alle diese Beziehungs- und zwanghaften Verhaltensmuster sind nicht länger rätselhaft, wenn wir erkennen, daß sich in ihnen das drängende Bedürfnis zeigt, jetzt, in der Gegenwart, dasjenige unter Kontrolle zu bekommen, was wir in der Vergangenheit nicht kontrollieren oder steuern konnten.

Strenge und Kontrolle spielen auch bei Ihrer Beziehung zu Ihren Söhnen eine Rolle. Wie könnte es auch anders sein? Alles, was wir über das Elternsein wissen, haben wir als Kinder von unseren eigenen Eltern erfahren, und obwohl wir uns geschworen haben, es einmal anders zu machen, müssen wir deshalb feststellen, daß wir nicht in der Lage sind, etwas anderes als das zu tun, was uns selbst angetan worden ist. Aus diesem Grunde empfehle ich allen Menschen immer eindringlich, an sich zu arbeiten, um in den Bereichen gesund zu werden, in denen sie als Kinder Schaden genommen haben. Wir können als Erwachsene lernen, sowohl das Kind, das wir einst waren, als auch den Erwachsenen, der wir geworden sind, zu lieben und zu schätzen. Wir können anfangen, uns selbst vorbehaltlos zu lieben – wir müssen nur wollen. Oft erfordert das viele Gebete und viel Arbeit, aber wir können es schaffen. Natürlich ist unsere eigene Genesung das größte Geschenk, das wir unseren Kindern machen können. Und es ist *nie* zu spät – weder für sie, noch für uns. Wir *können* dafür sorgen, daß wir unseren Kindern nicht Krankheit, sondern Genesung vererben, und zwar dadurch, daß wir an unserer *eigenen* Heilung arbeiten.

Sämtliche körperlichen Krankheiten sind stressbezogen, und zwar insofern, als sie durch Stress entweder hervorgerufen oder verschlimmert werden. Das scheint besonders für Hautkrankheiten zu gelten. Der Satz: «Das geht mir unter die Haut» ist da sehr treffend. Meiner Ansicht nach sollten Sie sich einer Selbsthilfegruppe anschließen, in der Menschen zusammenkommen, die ähnliches erlebt haben wie Sie. In erster Linie wird sich Ihr Heilungsprozeß dort abspielen. Möglicherweise brauchen Sie auch eine Einzeltherapie, aber achten Sie bei der Auswahl Ihrer Therapeutin (oder Ihres Therapeuten) unbedingt darauf, daß sie (er) sich in bezug auf Inzest und dessen Auswirkungen auch tatsächlich auskennt und wirklich weiß, was eine Genesung alles erfordert. Suchen Sie sich eine Therapeutin, die es unterstützt, daß Sie in einer Selbsthilfegruppe sind. Für eine Arbeit mit Inzestopfern sind am besten diejenigen qualifiziert, die selbst dabei sind, dieses Thema zu verarbeiten.*

Bei alledem ist Geduld erforderlich, denn der Genesungsprozeß braucht Zeit. Diese Verletzungen sind Ihnen über viele Jahre hinweg zugefügt worden, und diese Verhaltensmuster haben über noch mehr Jahre hinweg ein Eigenleben entwickelt. Versuchen Sie, mutig und nicht ungeduldig zu sein, denn wenn Sie genesen, wird sich bei Ihnen letzten Endes in jedem Lebensbereich eine Besserung einstellen, ob das nun Ihre Gesundheit, die Beziehung zu Ihren Kindern, Ihre anderen Beziehungen oder Ihr spirituelles Leben ist.

Liebe Frau Norwood,
ich bin einundzwanzig, studiere Psychologie und mache bald mein Examen. Seit einem Jahr werde ich immer wieder von schmerzhaften Erinnerungen überfallen, die damit zu tun haben, daß mein Vater mich als Kind sexuell mißbraucht hat. Bis vor einem Jahr hatte ich diese Zeit völlig aus meinem Bewußtsein verdrängt. Aber dann fing ich an, meine Männerbeziehungen unter die Lupe zu nehmen. Leider

---

* Da die überwiegende Mehrheit der Opfer von sexuellem Mißbrauch Mädchen sind, heißt das folglich, daß für die Arbeit mit Inzestopfern in erster Linie Therapeut*innen* in Frage kommen. Im Originaltext ist neutral von *therapists* die Rede. (Anm. d. Übers.)

brauchte ich mehrere dieser schlimmen Beziehungen und schmerzhaften Fehler, bis ich merkte, daß ich mich dabei tatsächlich nach einem bestimmten Muster verhielt. Das gab mir den Anstoß, Ihr Buch zu lesen. Dort fand ich meine Probleme, Gefühle und Ansichten in Worte gefaßt. Da war das Muster und auch der Grund dafür beschrieben – das Erlebnis, das ich als Kind mit meinem Vater gehabt hatte. Ich glaube, ich habe ihn nie mit meinen ungesunden Beziehungen in Verbindung bringen wollen. Ich wollte ihm nicht die Schuld geben – also gab ich sie mir.

Durch Ihr Buch wurde mir klar, daß dieses mich schwächende Beziehungsmuster in einem viel ernsteren Problem seine Wurzeln hatte – ein Problem, das ich bearbeiten mußte. Ich gestand mir endlich ehrlich ein, was mit mir geschehen war und auch daß dadurch in meinem Leben immer noch Probleme erzeugt wurden. Zum Glück habe ich einen guten Freund, der als Assistent im psychologischen Beratungszentrum der Universität arbeitet. Er empfahl mir eine Therapeutin, und ihr offenbarte ich dann dieses Geheimnis, das ich fast dreizehn Jahre allein mit mir herumgetragen hatte.

Im Laufe eines Monats sondierten wir meine Gefühle. In dieser Zeit hat sich meine Einstellung zu meinem Vater geändert. Anfangs entlastete ich ihn total, dann aber kam in mir eine noch nie dagewesene Wut hoch. Ich sah, daß er mit dafür verantwortlich ist, daß aus mir eine Frau geworden ist, die zu sehr liebt. Auf einmal war mir klar, warum ich andere Leute immer kontrollieren, ändern und in Ordnung bringen wollte und warum ich in einen Traum vernarrt war und meinen Gefühlen ständig auswich. Zum erstenmal in meinem Leben hatte ich das Gefühl, echt zu sein, weil ich den Schmerz und die Wut erlebte, die schon immer dagewesen waren. Ich wußte, daß ich mich jetzt nicht mehr verstellen konnte, vor allem zu Hause nicht.

Ich hatte ungefähr einen Monat Therapie hinter mir, als die Weihnachtsferien kamen und ich mit diesen ungeheuer starken Gefühlen, die da in mir brodelten, nach Hause fahren mußte. Es war mir unmöglich, normal auf meinen Vater zuzugehen. Wir hatten immer eine scheinbar gute Beziehung gehabt. Ich erinnere mich allerdings, daß ich mich als Jugendliche in seiner Nähe manchmal unwohl gefühlt hatte. Er merkte zweifellos, daß in mir eine Veränderung vorgegangen war.

Als meine älteste Schwester eintraf, redete ich – auf Anregung meiner Therapeutin – mit ihr über unseren Vater, um dann von ihr zu erfahren, das er sich auch an ihr vergangen hatte. Ich hatte gemeint, das sei nur mir passiert, und sie hatte umgekehrt dasselbe angenommen. Als ich das von ihr erfuhr, wurde meine Wut noch größer und drängte mich, etwas zu unternehmen. Da wußte ich, daß ich ihn damit konfrontieren mußte. Dabei mußte ich aber auch an die übrigen Familienmitglieder denken: an meine Mutter, meinen Bruder und meine zweite Schwester.

Meine Mutter und mein Vater haben schon immer eine wackelige Beziehung gehabt, aber die letzten Jahre sind für sie eine besonders schwere Zeit gewesen. Mein Vater hat Angst, gegenüber meiner Mutter seine Gefühle zu zeigen, und sie ist zweifellos eine Frau, die zu sehr liebt. (Ich habe ihr gleich das Buch zu lesen gegeben.) Ihr gegenüber bleibt mein Vater auf Abstand, macht dabei aber keinen Hehl daraus, daß er sich zu anderen Frauen hingezogen fühlt; er spricht ständig von ihnen, und hin und wieder fängt er auch mit einer ein Techtelmechtel an. Mutter ist trotz alledem bei ihm geblieben. Sie ist eine sehr intelligente, mitfühlende und tatkräftige Frau und unternimmt alles mögliche, damit ihre Ehe funktioniert. Dabei läßt sie aber meinem Vater viel zuviel durchgehen.

Meine Mutter drückt nun wieder die Schulbank,

weil sie ihr Krankenpflegeexamen machen möchte, und wir sind uns seither sehr nahe gekommen. Wir unterhalten uns oft lange über meinen Vater und seine Eigenheiten und über ihre Beziehung zu ihm. Durch diese Gespräche habe ich erst erfahren, wie unglücklich sie ist.

Meine Mutter merkte bei unseren Gesprächen, wie wütend ich auf meinen Vater war, und sie begriff, daß diese Wut aus mir herausmußte. Sie glaubte jedoch, ich sei wütend, weil ich mich nach all den Jahren endlich über Vaters emotionale Unzugänglichkeit und sein besessen-zwanghaftes Verhalten aufregte. Wir Kinder (und meine Mutter) hatten viele Male seinen irrationalen Zorn und seine krassen Stimmungsschwankungen erlebt, ganz zu schweigen von seinen seltsamen Angewohnheiten. Für uns waren die Besuche zu Hause nicht immer so angenehm, wie sie hätten sein sollen. Es ist kein Wunder, daß wir alle eine Wut in uns haben: Wir durften nie widersprechen oder unserem Vater gegenüber zornig sein, weil wir nie wußten, wie er reagieren würde. Meine Mutter hat mir erzählt, daß er in manchen Situationen mit dem Kopf oder den Fäusten gegen die Wand schlägt. Auch sie hat seit den ersten Tagen ihrer Ehe Angst vor ihm. Wenn er mal ruhig und entspannt ist, ist das immer nur wie eine Art Ruhe vor dem Sturm.

Der Clou dabei – wie sicher auch in ähnlichen Fällen – ist, daß viele Leute meinen Vater für vorbildlich halten; sie meinen, wir seien eine vorbildliche Familie. Wir Kinder haben an diesem Scheinbild sogar festgehalten, als wir größer wurden. Mein Vater ist Pfarrer – mittlerweile im Ruhestand. Sein Vater war schon Pfarrer, und auch zwei seiner Brüder sind es. Meine Freundinnen haben oft geschwärmt, was für einen tollen Vater ich hätte. Die Freundinnen meiner Mutter sagen ihr immer, sie habe großes Glück, mit einem so wunderbaren Mann verheiratet zu sein. Seine Kirchengemeinden haben ihn praktisch mehr verehrt als ihren Gott. Und viele Frauen haben schon versucht, ihn zu verführen. Doch keiner von diesen Menschen hat mit ihm leben müssen so wie wir.

Wenn ich mir rückblickend unser aller Leben anschaue, dann erkenne ich jetzt, daß nichts daran so großartig war, wie ich es früher gern anderen vorgemacht habe. Damals sah es so aus: Ich hatte mehrere Geschwister, wir alle schienen recht gut an die Erfordernisse des Lebens angepaßt zu sein, und wir hatten Eltern, die zusammenblieben, statt dem Trend der Zeit mit seiner steigenden Scheidungsrate zu folgen. Ich war ein mustergültiges Kind: ausgezeichnet in der Schule, wohlerzogen, hübsch, nett und reif für mein Alter – von außen gesehen fast ideal. Meine Mutter gab sogar vor kurzem noch mir gegenüber zu, daß sie dachte, von den vier Kindern sei ich das einzige, das keine großen Probleme hätte. Aber als wir uns jetzt näherkamen, lernte sie mich besser kennen.

Schon bevor es um den Inzest ging, hatte sich in den letzten Jahren das Bild, das die Familie nach innen und außen abgab, immer weniger halten lassen, und außer meinem Vater hatten das auch alle gemerkt. Mit unserem neuen Bewußtsein standen meine älteste Schwester und ich nun vor einem Dilemma. Sollten wir unserer Mutter sagen, was uns unser Vater vor so vielen Jahren angetan hatte? War es das wert? Was würde dann mit der Familie geschehen, die ja eigentlich im gesunden Sinne des Wortes bisher gar keine Familie gewesen war? Würden wir die Schuldgefühle unserer Mutter vielleicht nicht ertragen können? Wie würden die übrigen Familienmitglieder uns gegenüber reagieren? Und was würde aus diesem oberflächlich gesehen großartigen Mann werden, den eigentlich niemand richtig kennt, am wenigsten er selbst?

Wir kamen zu der Überzeugung, daß etwas gesagt werden mußte. Meine älteste Schwester hatte genauso Angst vor der Konfrontation, wie ich zu Beginn meiner Therapie, aber meine Wut war so groß, daß ich die Angst irgendwie überwand. Als der Zeitpunkt der Konfrontation näher rückte, reimte sich meine Mutter alles zusammen. Durch Andeutungen, die meine Schwester und ich machten, und durch Dinge, die meine Mutter im Zusammenhang mit dem seltsamen Verhalten meines Vaters (seinen Stimmungsschwankungen, Depressionen, besessenzwanghaften Handlungen und seiner ständigen Beschäftigung mit sexuellen Themen) gelesen hatte, kam sie darauf. Sie fragte mich, ob er mich jemals sexuell mißbraucht habe. Ich sagte «ja» und sah, wie sich in ihrem Gesicht all das abspielte, was ich befürchtet und erwartet hatte. Ich sah aber auch ihre Stärke und Entschlossenheit langsam die Oberhand gewinnen. Sie war mit mir der Meinung, daß ich mit Vater zuerst einmal darüber reden solle, ehe irgend etwas anderes unternommen würde. Auch sie wollte dann ihren Teil dazu sagen.

Am nächsten Tag nahm ich ihn beiseite, und wir hatten ein langes Gespräch. Ich kann ehrlich sagen, daß mir nichts in meinem Leben jemals so schwergefallen ist, wie dort mit ihm zu reden – mich zu öffnen und ihm gegenüber emotional aufrichtig zu sein. Er hatte gewußt, daß mir etwas im Kopf herumging, und er hatte sich große Sorgen um unsere Beziehung gemacht. Er hatte auch schon vermutet, daß mein Zorn und mein distanziertes Verhalten ihm gegenüber mit dem Mißbrauch zu tun hatten. Offensichtlich hatte er das, was geschehen war, nicht verdrängt oder verleugnet.

Bei unserem Gespräch kamen viele Tränen und viel Traurigkeit hoch. Obwohl ich über das, was passiert ist, entsetzt bin und meinem Vater die Schuld gebe, macht es mich doch auch traurig, daß es überhaupt geschehen mußte und in dieser Welt immer noch so oft geschieht. Es bricht einem wirklich das Herz, zu sehen, wie das Bild, das man sich von seinem Leben und seiner Familie gemacht hat, in tausend Stücke zerspringt. Zu sehen, wie der eigene Vater sich in ein hilfloses Häufchen Elend verwandelt, ist qualvoll. Das Merkwürdigste ist: Ich zeigte ihm meine Wut, und das ermöglichte es mir, in dem Moment auch noch Liebe für ihn zu empfinden. Aber das war das letzte Mal, daß es mir so gegangen ist. Momentan pendeln meine Gefühle zwischen Wut, Abscheu und Mitleid hin und her. Manchmal empfinde ich überhaupt nichts für ihn, dann würde es mir nichts ausmachen, wenn er einfach aus dieser Welt verschwände. Ich frage mich, ob wir jemals wieder irgendeine Art von sinnvoller Beziehung zueinander haben können.

Zur Zeit machen meine Eltern beide eine Therapie und sind dabei, sich zu trennen. Die Scheidung läuft schon. Meine älteste Schwester und ich setzen beide unsere Therapie fort, und ich würde gern eines Tages mit Kindern oder erwachsenen Frauen arbeiten, die sexuell mißbraucht worden sind. Meine andere Schwester und mein Bruder verstehen die Situation, und wir reden oft darüber. Dadurch habe ich doch tatsächlich von meinem Bruder erfahren, daß es auch zwischen unserem Vater und ihm eine sexuelle Episode gegeben hat. Eigentlich habe ich das Gefühl, daß wir zum erstenmal eine Familie sind; jeder hört dem anderen zu und versteht ihn. Ich fühle mich endlich *echt* und kann besser auf meine Bedürfnisse und Wünsche achten. Das hilft mir, mich in meiner Familie und in anderen Situationen zu behaupten. Mehr als je zuvor freue ich mich darüber, mit meiner Mutter, meinen Schwestern und meinem Bruder zusammenzusein. Wir haben jetzt eine sehr enge Bindung. Wir alle gehen miteinander achtsam, einfühlsam und liebevoll um. Wir entwickeln uns weiter.

Über die Scheidung sind wir alle erschüttert, aber sie kommt nicht überraschend. Es ist so am besten, aber es fällt schwer, sich daran zu gewöhnen, weil unsere Eltern fünfunddreißig Jahre miteinander verheiratet waren. Es schmerzt mich, daß meine Mutter meint, die meisten Jahre davon habe sie vergeudet, weil sie immer wieder versucht habe, diesen Mann ihren Wünschen und Bedürfnissen entsprechend zu ändern. Dennoch ist sie jetzt zu diesem Schritt bereit, und sie merkt, daß sie mit vierundfünfzig noch jung genug ist, um es noch einmal zu versuchen. Vater ist nicht so stark, und ich kann seine Schwäche nur bemitleiden. Vielleicht gelingt es ihm, durch seine Therapie etwas stärker zu werden und einen Teil unserer Achtung zurückzugewinnen.

Was mich betrifft, so will ich mich mit der ganzen Angelegenheit manchmal überhaupt nicht mehr befassen, und ein andermal wiederum kann ich gar nicht anders, weil ich von meinen intensiven Gefühlen überwältigt werde. In der Hauptsache bin ich damit beschäftigt, mich selbst kennenzulernen. Irgendwo macht es Spaß und ist für mich eine große Herausforderung, aber es macht mir auch ein bißchen angst. Ich habe mich bisher nicht unterkriegen lassen und viele Dinge getan, die ich niemals getan hätte, wenn ich diesen Teil meiner Erfahrung nicht anerkannt hätte. Mehrmals war ich sogar selbst von mir überrascht. Langsam, aber sicher harmoniere ich mit meinen Bedürfnissen und Wünschen und lerne zu erkennen, was für mich gut ist und was schlecht. Ich habe genug davon, immer wieder dieselben Fehler zu machen. Aber schwerer ist es, dann auch wirklich das Gute zu tun. Ich bin es nicht gewöhnt, und manchmal schreckt mich sogar die Vorstellung, in einer stabilen, gesunden Umgebung zu leben.

Das schwerste sind die Beziehungen. Wenn man sich aktiv darum bemühen will, jemand zu finden, dem man vertrauen kann, ist das eine ganz schöne Arbeit! Ich traue nicht einmal meinen eigenen Gefühlen darüber, wem ich vertrauen kann. Und wenn ich daran denke, was ich bei meinen Eltern gesehen habe und wie oft ich von Männern enttäuscht worden bin, neige ich dazu, Beziehungen in einem negativen Licht zu sehen. Aber ich versuche, das nicht zu verallgemeinern, und möchte schon auch eine vertrauensvolle Einstellung haben. Es geht nur langsam voran, doch ich glaube wirklich, daß ich irgendwann auf dem richtigen Punkt anlangen und den richtigen Mann treffen werde. Ich bin ja so froh, daß ich nicht einen dieser kaputten Typen geheiratet habe, mit denen ich früher zusammengewesen bin. Ich weiß, daß ich es schaffen werde, und das ist das beste daran.

Amy M.

Liebe Amy,

Ihr Brief schildert in ergreifender Weise das Dilemma, vor dem viele Familien stehen, wenn es zu sexuellem Mißbrauch gekommen ist. Solange der Mißbrauch uneingestanden bleibt, kann die Familie – obwohl sie eine Lüge lebt – doch intakt bleiben und die Anerkennung genießen, die die Gesellschaft denen zollt, die als normal erscheinen. Wird aber der sexuelle Mißbrauch aufgedeckt, dann ist die Familie meist derart erschüttert, daß sie nicht als Einheit überleben kann. Mit anderen Worten: die Familie wird zumindest in manchen Bereichen dafür belohnt, wenn sie das Geheimnis wahrt, und dafür bestraft, wenn sie es preisgibt. Statt die Harmonie in der Familie wiederherzustellen, kann das Eingeständnis, daß es zu einem Inzest gekommen ist, allen Familienmitgliedern noch mehr Leid zufügen. Damit möchte ich aber nicht andeuten, man solle einen solchen Vorfall besser für sich behalten, sondern ich will damit sagen, daß dieses Problem allein durch ein Eingeständnis noch nicht behoben ist. Ein solches Eingeständnis *ist* allerdings der erste notwendige Schritt, damit überhaupt je die Hoffnung bestehen kann, diese Wunde zu heilen. Es liegt auf der Hand, daß Sie als Individuum gesund werden können, unabhängig davon, ob beispielsweise Ihr Vater ebenfalls gesund wird. Aber wie Sie ja gerade selbst erfahren, bedarf es, um den durch den Inzest angerichteten Schaden zu beheben, viel mehr als nur einer Konfrontation mit dem Täter.

Meiner Meinung nach gehören die Mitglieder Ihrer Familie

nicht in verschiedene Einzeltherapien, sondern in eine Familientherapie und zwar bei Therapeut / inn / en, die sich mit sexueller Sucht auskennen. Bei dieser Methode wird auf jede / n von Ihnen als Einzelperson eingegangen, dabei aber auch berücksichtigt, daß das Familiensystem, in dem es zu dem Inzest gekommen ist, gleichfalls therapiert werden muß. Ich glaube, man kann Ihren Vater mit Fug und Recht als sexuell süchtig diagnostizieren. Das bedeutet, daß er – genau wie ein Alkoholiker auch – krank ist. Diese Krankheit entlastet ihn nicht von seiner Verantwortung für das, was er tut, aber sie enthebt ihn *meines Erachtens* der Schuld. Man könnte Ihren Vater mit jemand vergleichen, der Tuberkulose hat. Für seine Krankheit kann man ihm keine Schuld geben, aber er ist wohl dafür verantwortlich, sich seinen Zustand einzugestehen und alles zu tun, damit er niemanden infiziert. Außerdem muß er sich um seiner selbst und um derer willen, mit denen er Kontakt hat, einer angemessenen Behandlung unterziehen. Diese Krankheit bedeutet für ihn eine Verantwortung, sie ist aber nicht sein Fehler. Ich wage die Vermutung, die Sucht Ihres Vaters habe ihre Ursache darin, daß er selbst früher sexuell ausgenutzt worden ist, und daß er, um seine Krankheit zu heilen, sich einem Trauma stellen müßte, das in manchem dem ähnelt, was Sie durchgemacht haben. Erst bei der Arbeit mit der ganzen Familie, in der sich der Inzest abgespielt hat, wird ein Höchstmaß an Aufrichtigkeit, persönlicher Verantwortung, Verständnis und Vergebung erreicht. Das ist der ideale Therapieansatz.

Außerdem möchte ich darauf hinweisen, daß es zwar bequem und sogar tröstlich sein mag, Ihren Eltern konträre Rollen zuzusprechen – Ihr Vater als der schlimme, hinterhältige Untäter und Ihre Mutter als die gute, aufrichtige, leidgeprüfte Frau –, doch den tatsächlichen Sachverhalt trifft das nie ganz genau. Damit der in Ihrer Familie vorgefallene sexuelle Mißbrauch geheimgehalten werden konnte, war es erforderlich, daß Sie alle – auch Ihre Mutter – nicht ganz aufrichtig waren. Sie alle haben gewisse Fragen nicht gestellt, Wahrgenommenes verzerrt, Beobachtetes verleugnet und Gefühle unterdrückt. Bei der Therapie von Familien, in denen es zu einem Inzest gekommen ist, wird oft deutlich, daß der nicht agierende Elternteil (in Ihrem Fall Ihre Mutter) meist genauso sehr der Hilfe bedarf – ja, innerlich genauso geschädigt ist – wie der Täter. Ihres Vaters Krankheit wird nicht einfach automatisch verschwinden, nur weil sie aufgedeckt worden ist; ebensowenig wird die Co-Abhängigkeit Ihrer Mutter beseitigt sein, wenn sie sich von Ihrem Vater scheiden läßt.

Einige Krankenhäuser bieten die Möglichkeit, sexuelle Sucht als Familienkrankheit stationär zu therapieren. Die Zwölf-Schritte-Methode ist fester Bestandteil der meisten dieser Programme, die entwickelt worden sind, weil bei der stationären Behandlung von Süchtigen festgestellt wurde, daß in Alkoholikerfamilien häufig auch sexuelle Süchtigkeit anzutreffen ist. Es wäre einfach unsinnig gewesen, den Alkoholismus zu therapieren und die sexuelle Süchtigkeit zu ignorieren. Im übrigen sprechen sexuelle Abhängigkeit und Co-Abhängigkeit auf die gleiche Familiensystemmethode an, die sich schon als derart wirksamer Ansatz bei der stationären Therapie von Suchtmittelabhängigkeit erwiesen hat. Durch diese Methode werden die Familienmitglieder dazu gebracht, *mit*einander statt *über*einander zu reden, und die Familiengeheimnisse werden aufgedeckt, damit sie offen anerkannt und geheilt werden können.

Amy, es werden vielleicht nicht alle Mitglieder Ihrer Familie bereit sein, bei einer solchen, sich auf das Familiensystem konzentrierenden Methode der Inzesttherapie mitzumachen (ob nun in einem Krankenhaus oder nicht), aber ich bin überzeugt, daß ein solcher Ansatz die größten Heilchancen bietet; je mehr von Ihnen mitmachen, desto tiefer wird die Heilung gehen.

———

Liebe Robin Norwood,
ich bin auf dem Weg der Genesung und mache bei den Anonymen Alkoholikern, den Anonymen Drogensüchtigen, den Anonymen Eßsüchtigen und bei Al-Anon mit. Vor kurzem bin ich auch mit meiner sexuellen Sucht ins reine gekommen und mache in-

zwischen bei den Anonymen Sexsüchtigen mit, um auch in diesem Bereich gesund zu werden. Darüber hinaus bin ich bei einer Therapeutin und gehe zu einer Drogenberatungsstelle. Ich mache außerdem bei den Erwachsenen Kindern von Alkoholikern mit und fange gerade an, einige der damit zusammenhängenden Themen anzugehen. Mein Hauptproblem ist, daß ich soviel verdrängt habe (ich glaube, sogar etwas, das mit Inzest zu tun hat), und ich weiß nicht recht, wie ich da am besten drankommen kann. Ich habe eine Beziehung mit dem Mann, mit dem ich seit acht Jahren verheiratet bin. Wir haben fünf Kinder. Seit zwei Jahren wohnen wir nicht mehr zusammen, und er trinkt immer noch. Ich hoffe weiterhin inständig, daß er sich ändert. Meinen Schmerz reagiere ich dadurch ab, daß ich mir irgendwelche kaputten Typen suche und mit ihnen immer wieder sexuelle Beziehungen habe. All diese Männer sind alkohol- oder drogenabhängig. Bei jedem glaube ich, verliebt zu sein, und kann mit dem «Tanz» nicht aufhören. Seit der letzten dieser sexuellen Beziehungen sind zwei Monate vergangen, in denen ich – abgesehen von meinem Mann – enthaltsam gelebt habe.

Ich mache eine Ausbildung und möchte später einmal Therapeutin werden. Das ist mein langfristiges Ziel, aber zunächst möchte ich wissen, in welche Richtung ich gehen soll. Ich habe dem Autor Patrick Carnes einmal geschrieben, und er hat mir zurückgeschrieben, und dadurch habe ich angefangen, diesen Bereich zu bearbeiten. Auch an einer Antwort von Ihnen wäre ich sehr interessiert.

Felice D.

Liebe Felice,
ich möchte Ihnen gerne mitteilen, was ich über zwanghafte Sexualität weiß. Erstens einmal rührt sie meistens daher, daß die oder der Betreffende in der Kindheit sexuell mißbraucht worden ist. Während ein solcher Mißbrauch einerseits zu einer

Abneigung gegen jedwede sexuelle Betätigung führen kann, kann er andererseits auch ein zwanghaftes Sexualverhalten erzeugen. Letzteres ist meiner Erfahrung nach sogar häufiger. Ein sexuelles Zwangsverhalten ist – genau wie Gewalttätigkeit – ein angelerntes Verhalten. Menschen, die selbst gewalttätig sind oder mit einem Partner zusammenleben, der gewalttätig ist (oder beides), kommen aus Verhältnissen, in denen Gewalttätigkeit eine Rolle gespielt hat. Menschen, die sexuell süchtig sind oder sich zu anderen hingezogen fühlen, die es ihrerseits sind (oder beides), stammen aus Verhältnissen, in denen ein zwanghaftes Sexualverhalten eine Rolle gespielt hat, und sind in den meisten Fällen als Kinder sexuell mißbraucht worden.

Wenn Sie die Vermutung hegen, einem Inzest zum Opfer gefallen zu sein, dann trifft diese Vermutung höchstwahrscheinlich auch zu, und zwar aus drei Gründen. Der erste Grund ist, daß Sie es vermuten. Viele Inzestopfer können sich an keine Einzelheiten mehr erinnern, haben aber das vage und sehr unangenehme Gefühl, daß «in dem Bereich etwas nicht in Ordnung gewesen ist». Die Erinnerung daran ist verdrängt, weil die Betreffenden sonst durch die Kenntnis, durch das Erinnern, durch das Konfrontiertsein mit den widersprüchlichen Gefühlen erdrückt würden. Der zweite Grund ist Ihr sexuelles Zwangsverhalten. Ihr Verhalten ist ja nicht im luftleeren Raum entstanden. Sie haben gelernt, sich als sexuelles Objekt zu verstehen und in erster Linie sexuelle Beziehungen zu haben, weil Sie aller Wahrscheinlichkeit nach als Kind so behandelt und traumatisiert worden sind. Jede Art von Trauma kann dazu führen, daß die (oder der) Betreffende den jeweiligen Vorfall zwanghaft wiederholt in dem Bemühen, den aus dem Vorfall resultierenden Schock und Schmerz zu vertreiben. Bei traumatischen sexuellen Vorgängen führt die Wiederholung zu einem weiteren Trauma. Wenn erwachsene Frauen zwanghafte Sexualbeziehungen haben, läßt sich praktisch die Diagnose stellen, daß sie als Kind sexuell mißbraucht worden sind. Es handelt sich dabei sowohl um ein angelerntes Verhalten als auch um eine zwanghafte Wiederholung des Vorfalls, dem sie in der Vergangenheit ausgeliefert waren.

Wenn Sie gesund werden wollen, müssen Sie erkennen, daß

Sie nicht «Ihren Schmerz dadurch abreagieren, daß Sie sich irgendwelche kaputten Typen suchen und mit ihnen sexuelle Beziehungen haben». Sie müssen sich vielmehr bewußt machen, daß Sie inzwischen Ihre Suchtkrankheit ausagieren und daß Ihr jetziger Schmerz von Ihrer sexuellen Abhängigkeit herrührt und gleichzeitig dazu dient, wieder das nächste – als «Abreagieren» empfundene – Ereignis zu rationalisieren. Daß Sie aus einer Alkoholikerfamilie stammen, ist der dritte Grund, warum Inzest wahrscheinlich Teil Ihrer sozialen Erfahrung ist. Zwar kommt es keineswegs in allen Alkoholiker-familien zu Inzest, aber in den Familien, in denen es zum Inzest kommt, findet sich sehr häufig auch Alkoholismus.

Sie werden sich wahrscheinlich fragen, woher es kommt, daß Sie von so vielen verschiedenen Dingen abhängig sind. Das folgende Erklärungsmodell kann Ihnen vielleicht helfen, das zu verstehen. Viele Suchtkrankheiten sind «überdetermi-niert», wie wir im Therapiebereich sagen. Das heißt einfach, daß mehr als ein – für sich genommen schon ausreichender – Grund für das Auftreten der Krankheit vorhanden ist. In Ih-rem Fall ließe sich Ihre Abhängigkeit von Alkohol und ande-ren Drogen zum einen allein darauf zurückführen, daß Sie von Ihren alkoholabhängigen Eltern wahrscheinlich eine körper-liche Veranlagung für die Abhängigkeit von bestimmten che-mischen Substanzen geerbt haben. Zum anderen könnte man in Ihrem Alkoholismus einzig ein angelerntes Verhalten oder einen Verarbeitungsmechanismus sehen, den Sie sich zu eigen gemacht haben, weil Sie mit Alkoholismus aufgewachsen sind. Schließlich könnte man Ihre Suchtmittelabhängigkeit noch so interpretieren, daß Sie versucht haben, Ihr Inzest-trauma durch Selbstmedikation zu beseitigen, und daß sich dann aus der übermäßigen Einnahme von süchtigmachenden Drogen eine Abhängigkeit ergeben hat. Wahrscheinlich trifft bei Ihnen jeder einzelne dieser Gründe zu, und wahrscheinlich läßt sich jede dieser Erklärungen in gewissem Maße auch auf Ihre Eßsucht übertragen.

Denken Sie daran, daß Sie – trotz aller Probleme, die durch Ihre Alkohol-, Drogen- und Eßsucht heraufbeschworen wor-den sind – diese Dinge vielleicht mißbrauchen mußten, um das

Trauma aus der Vergangenheit zu überstehen. Mit Hilfe der Mittel, die Ihnen die Anonymen-Programme an die Hand geben, und mit Hilfe anderer geeigneter Unterstützung können Sie nun anfangen, Ihre vermutliche Primärsucht anzugehen, also die Sucht mit der längsten Geschichte und den am tiefsten reichenden Wurzeln: Ihr zwanghaftes Sexualverhalten.

Sie wollten wissen, wie Sie «da am besten drankommen können». Statt Ihnen die eine oder andere spezielle therapeutische Technik zu empfehlen, möchte ich Ihnen sagen, daß meines Erachtens der für Sie wichtigste Schritt darin besteht, daß Sie daran arbeiten, *bereit* zu werden – bereit, sich dem zu stellen, was auch immer in Ihrer Vergangenheit vorgefallen ist. Wenn Sie um diese Bereitschaft beten und um den Mut, mit den Inhalten aufrichtig umzugehen, wird das übrige von alleine kommen. Sie werden dann das Therapieprogramm und die Menschen finden, die Sie zu Ihrer Unterstützung brauchen, und die Erinnerungen werden dann so schnell oder langsam in Ihr Bewußtsein aufsteigen, daß Sie davon nicht überfordert werden. Ich bewundere, daß Sie sich so mutig für Ihre Genesung einsetzen und den Wunsch haben, Therapeutin zu werden. Meiner Meinung nach kann niemand eine bessere Therapeutin werden als eine Frau, die selbst mit einer Sucht zu ringen hatte und es inzwischen so weit gebracht hat, daß sie auf eine mehrjährige gründliche Genesung zurückblicken kann. Je mehr Suchtarten wir an uns selbst kennengelernt und bearbeitet haben, desto besser verstehen wir, wie Menschen krank werden und wie sie wieder gesund werden können. Sehr viele der Menschen, die sich zu den helfenden Berufen hingezogen fühlen, kommen aus ähnlichen Verhältnissen wie Sie – Verhältnisse, durch die auch sie in vielem ähnlich süchtig und zwanghaft besessen geworden sind. Daraus ergibt sich für uns Angehörige der helfenden Berufe die Frage: Verdrängen wir unsere eigene(n) Krankheit(en) oder genesen wir von ihr (ihnen)? Ein Verdrängen oder Leugnen läßt uns meiner Meinung nach in allen Bereichen unseres Lebens gefährlich werden. Andererseits müssen wir für eine Genesung so viel Stolz (das Bedürfnis, gut auszusehen) und Eigensinn («Damit werde ich allein fertig») aufgeben, daß die meisten Therapeut / inn / en und psychologischen Berater/innen sich lieber dafür entscheiden, ihre eigenen Geheimnisse sorgfältig zu hüten. Wenn aber das Schicksal uns gnädig ist, wird es uns unmöglich, so weiterzuleben wie bisher. Wir stehen dann vor der Wahl, entweder an unserer Genesung zu arbeiten oder zu sterben. Wenn wir uns dann dafür entscheiden, uns unseren eigenen Geheimnissen zu stellen, werden wir eine Demut entwickeln, die uns gute Dienste dabei leistet, die Kämpfe unserer Klientinnen und Klienten zu verstehen. Bei allen Ausbildungsjahren, die Sie noch vor sich haben, wird die eigene anhaltende Genesung von Ihren verschiedenen Suchtkrankheiten die für Sie lehrreichste Erfahrung sein.

Aber wenn Sie dann schließlich Ihr Examen und Ihre Zulassung haben, möchte ich Ihnen dringend empfehlen, immer daran zu denken, daß Sie in erster Linie ein von Suchtkrankheiten genesender Mensch sind und erst in zweiter Linie eine Therapeutin. Wenn Sie die Reihenfolge dieser beiden Rollen umkehren, geht es Ihnen möglicherweise so, daß Sie in Bereichen, in denen Sie noch nicht gesund sind, eine Genesung vortäuschen müssen, um Ihren Status als Therapeutin zu rechtfertigen. Häufig wird unser Beruf auch als Ablenkung von der eigenen Krankheit benutzt. Da das Leben die Angewohnheit hat, uns immer neue Prüfungen aufzuerlegen (ob wir nun ein Examen und eine Zulassung haben oder nicht), werden die persönlichen Probleme, auf die Sie später als Therapeutin stoßen, entweder dazu beitragen, daß Sie weiter bescheiden an sich arbeiten, oder sie werden bei Ihnen eine Abwehrhaltung und Verschlossenheit hervorrufen und die menschlich natürliche Neigung zur Verdrängung begünstigen. Wenn das geschieht, werden Sie als Therapeutin unweigerlich weniger effektiv arbeiten und außerdem Ihren eigenen Genesungsprozeß gefährden. Glücklicherweise werden die gleichen Eigenschaften, die für eine gute Genesung erforderlich sind, auch Ihre therapeutischen Fähigkeiten verbessern. Das ist ein großes Plus der Genesung – und es ist nicht das einzige.

Kapitel 5: Briefe von Frauen, die an anderen Abhängigkeiten leiden

Eine Sucht läßt sich am besten nach dem Krankheitsmodell beschreiben, darin stimmen heutzutage die meisten Suchtfachleute überein. Nach allgemeiner Überzeugung lassen sich bei jeder Sucht bestimmte seelische, körperliche und Verhaltenssymptome ausmachen, die sich mit fortschreitender Krankheit verschlimmern. Ziel des zu diesem suchtbezogenen Krankheitsmodell gehörenden Therapieansatzes ist es, Enthaltsamkeit zu erreichen. Die Therapiemethode baut dabei auf die Teilnahme an Selbsthilfegruppen. Wenn dieser Ansatz befolgt wird, ist die Methode äußerst effektiv; sie fördert die Genesung von einer fortschreitenden und letztlich tödlich verlaufenden Krankheit.

Wenn wir erst einmal verstehen, was eine Sucht ist, wie sie fortschreitet und wie sie am besten therapiert werden kann, dann haben wir damit (je nach unserem speziellen Bezugsrahmen) eine Diagnose, eine Hypothese oder eine Metapher, die unsere Gefühle und unser Verhalten erklären kann. Mit Hilfe dieses Verständnisses können wir uns manchmal in mehr als einem Problembereich Erleichterung verschaffen, weil wir Süchtigen oft an mehr als einer Sucht leiden. Unsere verschiedenen Süchte können sich in verschieden großem Maße negativ auf unser Leben auswirken. Vielleicht wird bei uns zum Beispiel eine Sucht von einer anderen verdeckt, wie etwa wenn eine Fitneßsucht die Auswirkungen einer Eßsucht vertuschen hilft. Vielleicht wird bei uns aber auch durch die eine Sucht die Therapie einer anderen, noch tiefer verankerten verhindert, wie etwa wenn wegen einer akuten Alkoholabhängigkeit die Behandlung einer eigentlich noch schwereren und grundlegenderen sexuellen Abhängigkeit nicht möglich ist, solange der Alkoholismus nicht angegangen wird.

Es gibt Leute, die die Beziehungssucht niemals als *Krankheitsprozeß* akzeptieren werden, genauso wie es Leute gibt, die nicht einsehen können, daß sich Alkoholismus als Krankheit begreifen läßt. Doch viele von uns, die im Therapiebereich tätig sind, betrachten schon seit langem die Menschen, die gerade von irgendeiner Sucht genesen, als die wahren «Fachleute» auf dem Gebiet der Sucht. Von diesen genesenden Süchtigen können alle Therapeutinnen und Therapeuten, die die jeweilige Sucht behandeln, sehr viel lernen. Wenn Süchtige ihren Zustand als Krankheit erkennen, ihn als solchen behandeln und schließlich gesund werden, dann ist meines Erachtens das allein schon ein überzeugender Grund dafür, Sucht als Krankheit zu begreifen.

Der folgende Brief legt überzeugend dar, daß zwischen Alkoholismus und Beziehungssucht Parallelen bestehen, und zwar sowohl, was die aktive Phase, als auch, was den Weg zur Genesung angeht. Die Frau, die den Brief geschrieben hat, kennt beide Suchtarten aus eigener Erfahrung. Sie hat auch erlebt, wie frustrierend es sein kann, wenn man mit jemand über seine Sucht zu reden versucht, der sich zwar große Sorgen macht und es sehr gut mit einem meint, einen aber einfach nicht versteht.

Liebe Frau Norwood,
ich will hier nicht auf Einzelheiten eingehen, da ich weiß, daß sich meine Geschichte nicht wesentlich von der anderer Leute unterscheidet, denen Sie bei Ihrer Forschungsarbeit begegnet sind. Aber ich möchte Ihnen mitteilen, wie sehr «Wenn Frauen zu sehr lieben» zur Verständigung zwischen meiner ehemaligen Schwägerin und mir beigetragen hat. Sie ist seit dreißig Jahren meine Freundin. Fünfundzwanzig Jahre lang war sie mit meinem Bruder verheiratet und hat da ganz traditionell die Hausfrauenrolle ausge-

füllt, während ich in der Zeit zweimal kurz verheiratet, sonst aber größtenteils alleinstehend gewesen bin. Die Beziehungen, die sie nun seit ihrer Scheidung vor mehreren Jahren hat, sind ganz anders als die, die ich immer habe. Ihre Beziehungen scheinen beständiger und lohnender zu sein, während ich von den Wogen der Liebe mal hier und mal dort an Land gespült werde. In diesen vielen Jahren hat sie mir unzählige Stunden lang zugehört, wenn ich ihr mein Leid geklagt habe, und hat versucht, mir zu helfen und mich zu trösten. Und ich habe in all diesen zahllosen Stunden versucht, ihr verständlich zu machen, wieso ich derart anstrengende Beziehungen aufrechterhalten wollte. Sosehr wir beide uns auch bemühten, ich habe mich nie angemessen verständlich machen können, und sie hat mich nie richtig verstehen können.

Ich bin Alkoholikerin – inzwischen auf dem Weg der Genesung. Weil ich glaube, daß Alkoholismus eine Krankheit ist, gehe ich regelmäßig zu den Anonymen Alkoholikern, bei Bedarf auch zu einem Therapeuten und bin jetzt (durch die Gnade Gottes) seit siebeneinhalb Jahren trocken. Ich bin fest überzeugt, daß meine Krankheit fortschreitender Art ist, egal, ob ich ihr nachgebe oder nicht.

Als ich meinen Alkoholismus als Krankheit begriffen hatte, hat mir das auch geholfen, meine Probleme mit Männern zu verstehen. Anscheinend werden nämlich auch meine Romanzen immer ungesünder. Im Juni dieses Jahren fühlte ich mich nach zwei Jahren völliger Enthaltsamkeit endlich gefestigt genug, um es zum erstenmal nach der Katastrophe von damals wieder mit einem Mann zu versuchen. Aber selbst ich konnte endlich sehen, daß mit *mir* etwas nicht in Ordnung ist, denn die Qual ging sogleich von vorne los!

Bei dem neuen Mann, mit dem ich ab Juni zusammen war, folgte ich wieder denselben negativen Verhaltensmustern und war bald tausendmal unglücklicher als zuvor.

Im August war dann der Stress für mich so groß, daß ich beinah unfähig war, etwas zu tun. Innerhalb von vier Tagen sagten mir drei Leute unabhängig voneinander, ich solle Ihr Buch lesen. Ich kaufe mir nur selten Bücher, meistens leihe ich sie mir in der Bücherei aus, aber in dem Fall hatte ich (dank meiner Erfahrung als Anonyme Alkoholikerin) das Gefühl, daß Gott mir etwas sagen wollte, und so habe ich mir Ihr Buch gekauft und es gelesen.

Genauso wie mir durch ein spirituelles Erwachen damals klar wurde, daß ich nüchtern werden mußte, ist mir jetzt durch Ihr Buch klar geworden, daß ich zu einer realistischen Einschätzung meines Verhaltens in Beziehungen kommen muß. All die Jahre habe ich mich als absonderlich empfunden, weil die Menschen, denen ich mein Leid klagte, zufällig nicht unter suchthaften Beziehungen litten oder sonstwie süchtig waren. So habe ich natürlich Ratschläge erhalten, die mir unverständlich und überhaupt nicht durchführbar erschienen. Ich wußte nicht, was nicht in Ordnung war; aber da war irgend etwas Unbekanntes, das alles durchzog. Ich glaubte, ich sei eine Außenseiterin.

Mir ging es etwa so wie einer Farbenblinden, bei der weder sie selbst noch die anderen etwas von ihrer Farbenblindheit wissen. Wenn die Leute versucht haben, mir «Farben zu erklären», haben weder sie noch ich unsere Kommunikationsprobleme verstehen können. Jetzt weiß ich endlich, daß ich die meiste Zeit meines Lebens zu meinen Freundinnen und Ratgebern in einer fremden Sprache gesprochen habe, und außerdem habe ich nun entdeckt, daß ich nicht allein bin. Ich habe ein ernstes Problem, sicher – aber damit stehe ich keineswegs alleine da! Genauso wie ich mich selbst besser akzeptieren konnte, als ich mich mit meinem Alkoholismus konfrontierte und feststellte, daß Millionen an derselben Krankheit leiden, habe ich mich nun «normaler» gefühlt, als ich mich mit meiner Liebessucht konfrontierte. Erst die neue Beziehung, dann Ihr Buch und schließlich mein dadurch ausgelöstes Erwachen – August und September waren wirklich interessante Monate, das können Sie mir glauben! Hinsichtlich meiner Beziehungen stand ich vor drei Wahlmöglichkeiten:

1. Ich ändere mich nicht und habe keine Aussicht auf irgendeine positive Art von Beziehung – in diesem Fall konnte ich nicht viel Sinn im Leben sehen.

2. Ich gebe die Hoffnung auf eine natürliche, gesunde Nähe zu einem besonderen Mann auf und bleibe für den Rest meines Lebens allein – auch in diesem Fall konnte ich nicht viel Sinn im Leben sehen.

3. Ich sehe der Tatsache ins Auge, daß ich beziehungssüchtig bin und unternehme alles Erforderliche, um mich zu ändern, damit ich ein einigermaßen glückliches Leben führen kann.

Ich freue mich, Ihnen mitteilen zu können, daß ich die «Romanze» beendet und mich für die dritte Möglichkeit entschieden habe! Ich habe eingesehen, daß Lieben sich für mich eigentlich genauso auswirkt wie Trinken, und da ich in den Jahren bei den Anonymen Alkoholikern einige Techniken gelernt habe, die mir helfen, meine Abhängigkeit zu überwinden, war ich von Anfang an recht zuversichtlich, auch in diesem Fall den rechten Weg einzuschlagen. Der September war der Entzugsmonat: ich entzog mich körperlich der Beziehung (oder habe ich mich vielleicht *allen* vergangenen Romanzen entzogen?). Es war zweifellos schlimmer als mit dem Trinken aufzuhören. Aber ich war fest dazu entschlossen, um körperlich und geistig überleben zu können. Ich ging zu einer Beratungsstelle, machte bei einer Suchtbeziehungsgruppe speziell für Co-Alkoholiker/innen mit, beobachtete mich, untersuchte, warum ich in der Vergangenheit unglückliche Liebesaffären gehabt hatte, und las so viel wie möglich zu diesem und zu verwandten Themen.

Fast wie durch Zauberei war ich Ende September dann von der jüngsten schmerzhaften Beziehung «geheilt». Und während dieser Zeit hatte ich wie immer die hilfreiche Unterstützung meiner Schwägerin. Aber nun konnte sie auf eine wirklich konstruktive Weise für mich da sein, weil ich darauf bestanden hatte, daß sie «Wenn Frauen zu sehr lieben» las. Jetzt versteht sie uns Liebessüchtige!

Oh, ich weiß, daß ich noch nicht über den Berg bin und daß dieses augenblickliche «Geheiltsein» nur vorübergehend Bestand haben wird. Aber ich bin dabei, von meinem Alkoholismus loszukommen, und weiß in groben Zügen, was vor mir liegt und wie ich es ungefähr anpacken kann. Bei meinen neuen Zukunftsaussichten tappe ich zwar noch etwas im dunkeln, aber ich glaube, daß dieselben Grundsätze, die ich die ganze Zeit bei den Anonymen Alkoholikern anwende, mir auch helfen werden, diese Sucht zu überwinden und zu einer besseren Lebensweise zu finden. Ich erwarte, daß es klappt, und ich bin bereit, daran zu arbeiten.

Sie haben erwähnt, Sie seien der Ansicht, daß bei Beziehungssucht Gruppen ähnlich den Anonymen Alkoholikern die beste Hilfe böten. Ich hatte daran gedacht, eine solche Gruppe ins Leben zu rufen, habe es bisher aber noch nicht getan. Ich glaube allerdings, daß ein solcher gegenseitiger Austausch notwendig ist, um anderen bei ihrem Liebessucht-Problem zu helfen. Wenn ich ein bißchen ruhiger geworden bin und noch ein paar meiner praktischen Lebensprobleme gelöst habe, werde ich mich bemühen, andere von «uns» für diese Idee zu gewinnen.

Rhonda D.

Liebe Rhonda,
ich bin ganz Ihrer Meinung, daß Beziehungssucht, genau wie Alkoholismus, eine fortschreitende Krankheit ist. Es gehört zu den ungelösten Rätseln von Sucht, daß der Krankheitsprozeß

zwar zum Stillstand kommt, solange Alkoholiker/innen oder Drogensüchtige ihre Droge nicht nehmen, daß diese Menschen aber schon bald genauso krank wie vor ihrer Abstinenz sind, wenn sie wieder Gebrauch von den bewußtseinsverändernden Stoffen machen. Körperlich und seelisch gesehen ist es dann, als habe es nie eine Phase der Nüchternheit oder Drogenfreiheit gegeben, ja, als hätten die Betreffenden die Droge(n) die ganze Zeit über weitergenommen. Und das gilt selbst dann, wenn sie viele Jahre lang «trocken» oder «sauber» gewesen sind. Wir wissen nicht, warum das so ist; wir wissen nur, daß es so ist.

Bei Vorträgen bin ich gefragt worden, ob ich glaube, daß Beziehungssucht eine in gleicher Weise fortschreitende Krankheit sei wie eine Suchtmittelabhängigkeit – ob also ein Mensch nach einer Phase der Abstinenz rasch noch kränker werden könne als je zuvor, wenn er wieder suchthafte Beziehungen eingehe. Aus eigener Erfahrung und Beobachtung heraus antworte ich darauf mit «ja». In dieser Hinsicht ist Ihre «August-Romanze» typisch: Die Zeitspanne zwischen dem Beginn einer suchthaften Beziehung und der Feststellung, daß man mit dem Leben wieder einmal überhaupt nicht zurechtkommt, verkürzt sich im Laufe der Jahre drastisch. Darüber hinaus sind die negativen Folgen für die körperliche und seelische Gesundheit meist nicht nur schneller zu sehen, sondern sie werden auch mit jedem neuen «Ausrutscher» schlimmer, genau wie das beim Alkoholismus der Fall ist.

Ich möchte Ihnen das kurz anhand einer Geschichte veranschaulichen. Eine junge Frau, die ich hier Agnes nennen möchte, hatte eine Zeitlang mit einem (abgesehen von seinen Drogengeschäften) arbeitslosen, gewalttätigen Drogenabhängigen zusammengewohnt und dann dank ihrer beharrlichen Teilnahme an Al-Anon-Meetings endlich genug Selbstwertgefühl entwickelt, um sich aus dieser Wohnsituation zu befreien. Da sie auch weiterhin an den Gruppentreffen teilnahm und engen Kontakt zu hilfsbereiten Freunden aus ihrer Gruppe hielt, schaffte sie es, in den ersten Monaten ihrer Trennung von ihm Abstand zu halten, obwohl er immer wieder versuchte, sie von neuem an sich zu binden. Schließlich hörte er damit auf und meldete sich nicht mehr.

Nach vier Jahren hatte sie ihr Leben ganz gut in Ordnung gebracht. Eines Tages traf sie ihren ehemaligen Freund zufällig auf der Straße wieder. Die beiden unterhielten sich eine Weile, und er sagte ihr, er würde sie gern einmal mittags zum Essen einladen. Sie war damit einverstanden, denn sie war sich sicher, daß sie nun gesund genug sei, um mit einem solchen Treffen, zumal unter so harmlosen Umständen, umgehen zu können. Die beiden verabredeten sich für den übernächsten Tag. In der Zwischenzeit merkte sie, wie sie immer stärker an ihn dachte und immer mehr darauf brannte, ihm zu zeigen, wie sehr sie sich verändert habe und wie «gut» es ihr nun gehe. Sie glaubte sogar, daß sie jetzt, wo sie so gesund war, ihm vielleicht sogar helfen könne.

Als er nicht zu der Verabredung erschien, hielt sie zwei Stunden lang der immer größer werdenden inneren Spannung stand; dann rief sie seine Mutter an (die einzige Telefonnummer, die sie noch hatte und mit deren Hilfe sie ihn vielleicht irgendwie erreichen könnte), um herauszufinden, wo er war. So wie an diesem Nachmittag hatten sie und seine Mutter sich schon oft am Telefon unterhalten und darüber gesprochen, wie sie den unzuverlässigen, sich ihnen immer wieder entziehenden Süchtigen dazu bringen könnten, zuverlässig zu werden. Schon bald wählte Agnes eine neue Nummer, die seine Mutter ihr durchgegeben hatte, und als das vergebens war, fuhr sie zu dem Haus hin, in dem er jetzt wohnte. Die folgenden vier Tage hindurch versuchte sie wie besessen, ihn zu finden, damit sie ihm klarmachen könne, wie krank *er* sei und wie sehr *er* Hilfe brauche. Sie rief noch mehrmals seine Mutter an, bat sie flehentlich, ihm kein Geld mehr zu geben, damit er «die Talsohle» erreichen könne, und versuchte die Frau davon zu überzeugen, daß sie unbedingt zu Al-Anon gehen müsse. Seine Mutter war zu diesem Schritt aber nicht bereit. Obwohl es Agnes in den vier Tagen nicht gelang, ihren ehemaligen Freund zu finden, agierte sie doch auf jede ihr mögliche Weise ihre Krankheit aus.

Als ich Agnes am vierten Tag dieses Marathons traf, sah sie zehn Jahre älter aus, war grau im Gesicht und hatte vor Erschöpfung tiefliegende Augen (sie hatte die ganze Zeit nicht geschlafen), und sie war zutiefst erschüttert, was sie da alles angerichtet hatte – selbst nach einem jahrelangen guten und beständigen Genesungsprozeß. Agnes' Einwilligung, sich mit diesem Mann zu treffen, hatte für sie genau die gleiche Wirkung, die ein Glas Whisky für eine «trockene» Alkoholikerin gehabt hätte. Eine jahrelange Genesung war wie mit einem Schlag ausgelöscht, und Agnes' Besessenheit ging stärker mit ihr durch als je zuvor.

Zum Glück nahm Agnes regelmäßig an Al-Anon-Meetings teil. So kam sie dann am vierten Tag ihrer Orgie zu einem ihrer regelmäßigen Gruppentreffen, erzählte von ihrem «Ausrutscher», bekam die Unterstützung, die sie brauchte, und wurde wieder stark genug, ihren ehemaligen Freund nicht mehr anzurufen, nicht mehr bei ihm vorbeizufahren und sich nicht mehr wie besessen mit ihm zu beschäftigen. Heute weiß sie die Macht ihrer Krankheit besser einzuschätzen.

In mancher Hinsicht sind Beziehungssucht und Eßsucht eher miteinander zu vergleichen als Beziehungssucht und Alkoholismus. Wenn Alkoholiker / innen auch «den Korken auf der Flasche» lassen können und nie wieder einen Schluck Alkohol zu trinken brauchen, so müssen doch Beziehungssüchtige genau wie Eßsüchtige mit der Quelle ihrer Abhängigkeit irgendwie zurechtkommen. Wir können nicht ohne Nahrung leben, und nur wenige von uns könnten oder wollten ohne echte Beziehungen leben. Wenn wir eßsüchtig sind, besteht für uns die Lösung darin, zu lernen, mit Bedacht zu essen und dabei alles zu meiden, was in unserem Körper wie eine Droge wirkt. Dementsprechend müssen wir als Beziehungssüchtige lernen, unsere Beziehungen mit Bedacht zu wählen und dabei jene Menschen zu meiden, die uns wie eine Droge dazu bringen, uns Hals über Kopf in unsere Krankheit zu stürzen. Der folgende Brief ist ein schönes Beispiel dafür.

Liebe Robin,
ich muß Ihnen erzählen, wie sich Ihr Buch kürzlich auf mein Leben ausgewirkt hat. Ich hatte «Wenn Frauen zu sehr lieben» gelesen und daraufhin beschlossen zu versuchen, mein Leben nach der zweiten

Scheidung wieder in Ordnung zu bringen und wieder Kontakt zu einer Gruppe guter alter Bekannter (alles Ehepaare) aufzunehmen, mit denen ich zur Zeit meiner ersten Ehe befreundet gewesen war. Mein zweiter Mann hatte diese Leute nicht leiden mögen, und ihnen war es umgekehrt genauso gegangen. Ich meinte natürlich, daß mein Platz «an der Seite meines Mannes» sei, und opferte dafür meine zehnjährige Freundschaft mit ihnen. Ich hatte gerade erst diese alten freundschaftlichen Kontakte wiederaufgefrischt, da wurde ich auch schon von den Damen der Gruppe eingeladen, mit ihnen an einem Golfturnier teilzunehmen. Die Männer hatten zur gleichen Zeit im Club ebenfalls ein Spiel. Bei dem Spiel machten auch zwei alleinstehende Männer mit, und meine Freunde brannten darauf, sie mir vorzustellen. Alle Wetten standen auf Hal, dreimal geschieden, wohlhabend, gutaussehend und «ein echt heißer Typ», wie die Männer meinten. (Meine Freunde kennen mich ja so gut!) Der andere Mann, Greg, ist ein Anwalt aus Phoenix. Er wurde mir als ein «angenehmer» und «netter Kerl» geschilderte. Vor zwei Monaten wäre ich wie eine Motte aufs Licht auf Hal losgesteuert, aber auf Grund meines neuen Bewußtseins mied ich ihn wie die Pest und verbrachte den größten Teil des Samstagabends beim Dinner und Tanzen damit, Greg näher kennenzulernen. Ja, er ist wirklich nett. Vor zwei Monaten hätte ich ihn vielleicht für langweilig gehalten, aber so fand ich ihn nun interessant und – an mir interessiert. Ich glaube, bei den Eßsüchtigen gelten bestimmte Nahrungsmittel als «ungefährlich». Nach Ihrem Buch habe ich jetzt beschlossen, bestimmte Männer als «ungefährlich» einzustufen. Greg ist es ganz bestimmt. Kein Knistern, kein Feuerwerk, einfach ein ruhiges, freundschaftliches Zusammensein. Wir lernen uns langsam kennen.

Millie D.

Liebe Millie,

als ich einmal einen Vortrag über Eßsucht hielt, wollte eine Zuhörerin wissen, wie sie feststellen könne, welche Nahrungsmittel für sie «gefährlich» und welche «ungefährlich» seien. Da rief eine andere Frau: «Also, reden wir doch nicht drumherum! Wir stehen schließlich nicht mitten in der Nacht auf und fahren einmal quer durch die Stadt, weil wir Brokkoli suchen!»

Seither benutze ich ihre Worte, um diesen Punkt zu erläutern. Ich empfehle keineswegs, die Lösung darin zu sehen, uns auf Männer zu beschränken, die so fade sind wie eine strenge Diät. Ich sage damit einfach, daß manche Männer wie Brokkoli sind – nicht besonders aufregend, aber gesund und gut für uns. Und manche Männer sind wie eine Schokoladentorte: unwahrscheinlich anziehend, doch für die Süchtigen unter uns zweifelsohne sehr gefährlich.

———————

Liebe Frau Norwood,

ich bin von Ihrem Buch so begeistert, daß ich Ihnen schreiben muß. Ich habe mich in jeder Geschichte wiedergefunden und erkannt, daß ich mich ständig zu dem Typ Mann hingezogen fühle, der mich «zuerst liebt und dann verläßt». Ich hatte geglaubt, nur ich hätte dieses Beziehungsmuster. Ich war erleichtert, als ich erfuhr, daß ich nicht die einzige bin, die es blind danach drängt, mit einem Mann zusammenzusein, gleichgültig, ob er für einen gesund ist oder nicht.

Obwohl mir dieser Trend bei meinen Beziehungen schon aufgefallen war, fühlte ich mich außerstande, mein Bedürfnis unter Kontrolle zu bekommen. Es war immer das gleiche: Ich kämpfte gegen die Gefühle an, aber sie wurden immer stärker, je mehr ich gegen sie ankämpfte, und dann gab ich schließlich einfach nach.

Meist fing es damit an, daß ich einen Mann traf, der ein Problem hatte. Dann widmete ich mich ihm, gab ihm Ratschläge, und da ich ihm dadurch einen Teil seiner Sorgen abnahm und deren Lösung zu meiner eigenen Aufgabe machte, blieb er meist eine Weile bei mir, und ich durfte versuchen, sein Leben zu verbessern. Wenn ich diese Beziehungen einging, war ich mir jedesmal voll bewußt, daß ein Mann dieses Typs nicht auf Dauer bei mir bleiben würde. Doch es war alles so berauschend, so aufregend und so schmeichelhaft, solange er von mir abhängig war. Ich sagte mir sogar, daß ich diese Gelegenheit jetzt wahrnehmen müsse, weil ich vielleicht nie wieder die Möglichkeit hätte, diese Gefühle zu erleben.

Sobald ich aber anfing, dem Betreffenden zu zeigen, daß nun ich seine Zeit und Zuwendung bräuchte, verschwand er unweigerlich, ohne auch nur einen Abschiedsgruß zu hinterlassen. Diese Männer strengten sich jedesmal an, meine Abwehrhaltung zu brechen, die ins Spiel kam, wenn ihre Probleme besonders erschreckend oder abstoßend für mich waren. Dann bekam ich Blumen, wurde zum Essen ausgeführt, und wir sprachen über Gefühle und verbrachten viel Zeit zusammen. Aber sobald sie glaubten, mich sicher zu haben, schien es jedesmal Zeit für sie zu sein, die Flucht zu ergreifen.

Ich habe ein oder zwei halbwegs gesunde Beziehungen gehabt. Während meiner College-Zeit ging ich ein Jahr lang mit Phil; keine andere Beziehung hat je so lange gehalten. Er war all das, was diese anderen Männer nicht waren: vertrauenswürdig, liebevoll, verläßlich und immer für mich da. Langsam, aber sicher verschwand meine «Liebe» für ihn. Ich versuchte, ihm zu vermitteln, daß sich meine Gefühle geändert hatten und daß die Beziehung für mich langweilig geworden war. Schließlich nahm ich zu dem einzigen Ausweg Zuflucht, den ich kannte: Ich fing ein Verhältnis an, und zwar mit einem verheirateten und völlig unerreichbaren Mann. Diese Affäre war nur von kurzer Dauer, aber Phil begriff endlich, was ich hatte sagen wollen. So hatte ich denn die unerträgliche Langeweile gegen die mir so vertraute Situation einer schmerzhaften Krise eingetauscht.

Nach dem Studium war ich zwei Jahre lang depressiv und mehrmals drauf und dran, mich umzubringen. Eine meiner Freundinnen war bei den Anonymen Alkoholikern, und ich ging mit ihr zu einigen Meetings hin. Ich hörte mit dem Trinken auf, weil ich einfach nicht mehr leiden wollte. Jetzt bin ich seit sechzehn Monaten trocken. Bei den Anonymen Alkoholikern habe ich die Unterstützung und das Therapieprogramm gefunden, das ich brauche, um meine alten Muster zu ändern, und zwar nicht nur die Verhaltensmuster beim Trinken, sondern auch die Denkmuster.

Aber die Beziehungsabhängigkeit läßt sich nur schwer knacken. Nachdem wir fünf Monate lang eine rein platonische Beziehung gehabt hatten, fing ich an, mit Al (der auch bei den Anonymen Alkoholikern ist) auszugehen. Ich wußte, daß ihm viel an mir lag, aber ich fühlte mich einfach nicht zu ihm hingezogen. Genau wie Phil war auch er liebevoll und vertrauenswürdig. In dem Bemühen, mein bisheriges Verhalten zu ändern, betete ich zu meiner Höheren Macht darum, daß ich Al genausosehr lieben könne wie er mich. Es heißt, man soll aufpassen, worum man betet, denn es könnte sein, daß es eintritt. Bei mir war es so. Ich wurde emotional immer abhängiger von ihm. Als Freunde hatten wir fast jeden Tag zusammen verbracht und waren gemeinsam zu den Gruppentreffen gegangen oder hatten sonst irgend etwas zusammen gemacht. Als wir dann ein Paar wurden, sah ich nicht, daß er Raum für sich brauchte. Ich ging davon aus, daß wir genausoviel Zeit wie vorher miteinander verbringen würden, nur jetzt noch intensiver. Ich gab ihm emotional alles, was ich hatte, weil ich dachte, nun könne ich es gefahrlos tun.

Ich brauche wohl nicht zu sagen, daß ich ihn mit

meinen intensiven Gefühlen fast erdrückte. Wir trennten uns, und ich war wieder einmal am Boden zerstört. Aber an diesem Punkt machte sich die Wirkung der Anonymen Alkoholiker und die Ihres Buches bemerkbar. Ich bin noch nicht darüber hinweg; ich denke immer noch an Al. Aber es tröstet mich etwas, zu wissen, daß mir jemand am Herzen liegen *kann*, dem ich am Herzen liege. Dafür bin ich dankbar. Ich glaube, ich muß einfach meine Gefühle etwas zügeln.

Phil hat immer gesagt, ich hätte nicht wie die meisten Leute verschiedene Schutzschichten übereinander, sondern nur eine einzige dicke Schutzmauer. Wenn man da erst einmal durch sei, läge ich ganz offen da und sei verletzlich wie eine Muschel mit zerbrochener Schale.

Das Komische daran ist, daß ich Drogenberaterin bin. Sie haben ja selbst geschrieben, wieviele von unserem Typ in helfenden Berufen zu finden sind! Zumindest verstehe ich mich jetzt besser und weiß, welche Art von Hilfe ich brauche.

Suzi C.

Liebe Suzi,
ein Schlüsselsatz in Ihrem Brief ist für mich: «Ich glaube, ich muß einfach meine Gefühle etwas zügeln.» Wenn es nur so einfach wäre! Da es hier um Beziehungs*sucht* geht, ist dieser Satz etwa so optimistisch naiv, wie wenn eine Alkoholikerin sagen würde: «Ich glaube, ich muß einfach mein Trinken etwas zügeln.» Um von einer Sucht loszukommen, ist mehr erforderlich, als sich zu sagen, man müsse sich ändern. Wenn es auf diese Weise klappen würde, gäbe es nämlich so etwas wie Sucht gar nicht. Die Menschen würden dann einfach ihr Verhalten «etwas zügeln», sobald es außer Kontrolle zu geraten droht, und das wäre es dann schon. Da solche eigensinnigen Bemühungen, eine Sucht unter Kontrolle zu halten, nicht funktionieren, wollen wir uns einmal anschauen, was denn funktioniert.

Um von einer Sucht loszukommen, müssen Sie erst einmal

bereit sein, den Gefühlen, von denen Sie in Ihre Krankheit hineingetrieben werden, auf andere Weise Erleichterung zu verschaffen. Es wird Ihnen nicht gelingen, ein bestimmtes Verhalten (etwa wenn Sie sich suchthaft an jemanden klammern) auszumerzen, ohne es durch ein anderes zu ersetzen. Ebensowenig werden Sie es schaffen, eine bestimmte «Lösung» zur Bekämpfung Ihrer Einsamkeit und inneren Unruhe (etwa das Zusammensein mit einem Mann) zu beseitigen, solange Sie nicht eine andere an ihre Stelle setzen. Häufig können andere Menschen, die diese Art der Besessenheit aus eigener Erfahrung kennen und auf dem Weg der Genesung sind, uns zu dieser Erleichterung verhelfen, aber wir müssen sie ansprechen und ihnen erzählen, mit welchen Gefühlen wir zu kämpfen haben. An den Gruppentreffen teilzunehmen und Bücher zum Thema Genesung zu lesen, ist sehr hilfreich und außerdem in hohem Maße notwendig, um das Vakuum auszufüllen, das entsteht, wenn wir ein altes Verhaltensmuster abzubauen beginnen. Und nichts hilft dabei besser als ein Gebet, solange wir darum bitten, daß Gottes Wille geschehe und nicht unser eigener. Wenn wir dies alles nicht tun, werden wir innerlich immer unruhiger werden und immer stärker den zwanghaften Drang verspüren, unsere Krankheit auszuagieren, je stärker wir dagegen ankämpfen – genau wie Sie es erlebt haben. Die Verzweiflung, die eine Beziehungssüchtige auf der Suche nach ihrem (oder einem potentiellen) Partner empfindet, kann durchaus genauso stark sein wie die Verzweiflung, mit der eine Heroinsüchtige nach neuem Stoff sucht. Die Eindringlichkeit, mit der wir unseren Partner anrufen, unsere oft mitternächtlichen Fahrten an seinem Haus vorbei – all das ähnelt nur zu sehr der Drogensüchtigen, die Erlösung von einem unerträglichen Unbehagen sucht. Eine weitere Parallele ist unser Bedürfnis, die «Kontrolle über unseren Nachschub» zu haben – zu wissen, wo unser Partner ist und was er macht, wenn er gerade nicht bei uns ist. Während man eine Droge aber in der Regel kaufen kann, läßt sich das bei einem Menschen nicht machen. Deshalb plagt uns die quälende Angst, daß wir es nicht schaffen werden, diesen Mann zu halten, der für uns die Erlösung von unserer inneren Anspannung bedeutet. Durch unsere angestrengten Versuche, ihm etwas zu bedeuten, für ihn attraktiv, ja unwiderstehlich zu sein und für sein Wohlbefinden genauso unverzichtbar zu werden, wie er es für unseres ist, können wir zu klammernden, verführerischen, manipulativen, erdrückenden, kontrollierenden und manchmal uns selbst erniedrigenden Frauen werden, die schließlich wegen all ihrer Bemühungen doch nur verachtet werden – und das sowohl vom Partner als auch von uns selbst.

Bei Ihrer Beziehungssucht gehen Sie so vor, daß Sie dem Mann, den Sie als hilfebedürftig empfinden, einen unausgesprochenen Handel anbieten: ‹Ich werde zuerst für dich sorgen und dann du für mich.›

Sie fangen mit Ihrem Teil an und übernehmen gegenüber diesem hilfebedürftigen, ungezogenen Kind die Rolle der alles gebenden, alles akzeptierenden, ganz und gar fürsorglichen Mutter. Solange Sie es schaffen, ihm gegenüber grenzenlos fürsorglich zu sein, scheint es mit der Beziehung zu klappen. Da Sie durch diese Haltung aber in zunehmendem Maße Ihre eigenen, begrenzten seelischen Quellen erschöpfen, bleibt Ihnen schließlich nichts anderes übrig, als sich nun Ihrerseits an den Mann zu wenden, um all die Fürsorge und Zuwendung, die sie ausgeteilt haben, nun wieder «aufzutanken». Diesen Schritt nimmt Ihnen der Mann übel, da das für ihn eine Anforderung ist, die er trotz all Ihrer Fürsorge weder erfüllen kann, noch erfüllen will. Er ist mit dem ersten Teil der Abmachung (daß Sie für ihn sorgen wollen) einverstanden gewesen, nicht jedoch mit dem zweiten (daß er dann seinerseits für Sie sorgen soll). Und wenn Sie also – und sei es noch so sehr durch die Blume – Ihre Ansprüche geltend machen, fällt der ganze Handel ins Wasser, und die Beziehung ist zu Ende.

Wenn wir mit Hilfe einer Droge, einer Verhaltensweise oder eines anderen Menschen mit unseren unangenehmen Gefühlen, vor allem unserer Angst, fertigwerden wollen, laufen wir Gefahr, eine ungesunde Abhängigkeit zu entwickeln, aus der dann eine regelrechte Sucht werden kann. Es gibt ein chinesisches Sprichwort, das die Entwicklung des Alkoholismus – und im wesentlichen auch die Entwicklung jeder anderen Art von Sucht – beschreibt:

Erst nimmt der Mann den Drink.
Ein Drink ergibt den nächsten.
Dann nimmt der Drink den Mann.

Die Möglichkeit einer Sucht beginnt, wenn wir beschließen, etwas zu tun, von dem wir erwarten, daß es uns von einem leicht oder auch stark unangenehmen seelischen Zustand erlösen wird. («Erst nimmt der Mann den Drink.») Wir fühlen uns schlecht. Wir wollen uns besser fühlen. Wir trinken etwas, nehmen eine Droge, essen ein Eis, kaufen uns etwas, treffen einen neuen Mann – und fühlen uns besser... jedenfalls für eine Weile. Da wir aber unserem Unbehagen im Schnellverfahren ausgewichen sind, sind wir nicht seiner Ursache nachgegangen und haben an ihr auch nichts geändert. Das Unbehagen ist nur vorübergehend aufgeschoben worden. Wir haben nicht versucht, es zu bewältigen, und sind in dieser Hinsicht auch nicht gestärkt aus einer eigenen Bemühung hervorgegangen. Wenn sich dann unser Unbehagen wieder bemerkbar macht, sind wir noch weniger in der Lage oder willens, uns ihm zu stellen. Wir sind ein bißchen faul geworden. Wir haben eine scheinbar leichte Möglichkeit gefunden, um unangenehmen Gefühlen auszuweichen, und fangen nun an, uns auf diese «Gewohnheit» des Ausweichens zu stützen.

Unser «Schuß» kostet uns allerdings immer etwas im Gegenzug für die Erleichterung, die er uns bringt. Zum einen führen diese verschiedenen Gewohnheiten dazu, daß wir keinen gesunden Bewältigungs- oder Verarbeitungsprozeß entwickeln können, zum anderen bleibt immer ein körperlicher und/oder seelischer «Kater» zurück. Bald schon nehmen wir Zuflucht zu unserer Droge, um mit dem Unbehagen fertig zu werden, das der Gebrauch eben dieser Droge hervorruft. Zum Beispiel empfinden die meisten beziehungssüchtigen Frauen eine quälende Unruhe, wenn der Mann das Bett, das Zimmer oder das Haus verläßt. Sie haben sofort die Angst, verlassen zu werden, und die kann nur dadurch beschwichtigt werden, daß der Mann verspricht, wiederzukommen. Somit hat unser Zusammensein mit ihm unsere innere Unruhe letzten Endes nicht verringert, sondern sie eher noch verstärkt. Sind wir mit ihm zusammengewesen, dann haben wir sogleich das Bedürfnis nach einem weiteren Zusammensein mit ihm. («Ein Drink ergibt den nächsten.»)

Wenn wir unsere Droge immer wieder nehmen und immer stärker von ihr abhängig werden, quält uns der anschließende Katzenjammer schließlich so unerträglich, daß wir uns fast ausschließlich darum bemühen, diese Qual auch nur halbwegs unter Kontrolle zu halten. («Dann nimmt der Drink den Mann.») Unsere Lösung im Schnellverfahren – der Drink, die Droge, das Essen, das Kaufen, der Mann – ist für uns zu einer Sucht geworden, und von dieser Sucht sind wir beherrscht. Nicht nur, daß sie uns keine Erleichterung bringt – wir fühlen uns jetzt schlimmer als je zuvor.

Wenn ein Mann oder eine Beziehung zu unserer Droge geworden ist, sind wir ganz besonders gefährdet, denn wenn wir ihn am nötigsten brauchen, ist er vielleicht gerade mit seinen Gedanken woanders oder mit irgend etwas beschäftigt, ist uninteressiert oder auch nicht in der Stimmung und wird vielleicht sogar ausfallend. Er soll uns von der Qual erlösen, macht das aber nicht, sondern vergrößert sie noch. Wir sind einsamer, unglücklicher und unzufriedener als zuvor. Da aber der Mann uns in unseren Augen von diesen Gefühlen erlösen könnte, wenden wir uns mit immer stärkerem Bedürfnis, vermehrten Anforderungen und größerer Verzweiflung an ihn. Wir kommen so nicht weiter, können aber nicht damit aufhören. Was früher einmal eine einfache Lösung zu sein schien, ist nun zu unserem größten Problem geworden. Das liegt in der Natur der Sucht.

Suzi, Ihre Abhängigkeit von Beziehungen ist als Krankheit vielleicht ernster als Ihr Alkoholismus. Natürlich müssen Sie erst einmal trocken sein, um ihre Beziehungssucht angehen zu können, und um von ihr genesen zu können, müssen Sie trocken bleiben. Aber die Genesung von Ihrer Beziehungssucht wird Ihnen möglicherweise noch schwerer fallen.

Nehmen Sie darauf Rücksicht. Wenden Sie alle Techniken der Anonymen Alkoholiker an, um auch gegen Ihre Beziehungssucht anzugehen – vielleicht in einem speziell darauf ausgelegten Zwölf-Schritte-Programm. Sie sollten wissen, daß

bei dieser Krankheit «Ausrutscher» unvermeidlich sind und
anfangs entmutigend häufig vorkommen. Als genesende Beziehungssüchtige können wir nicht zählen, wieviele Tage wir
schon «trocken» sind. Bei der Genesung handelt es sich um
einen zwar durchaus realen, aber doch auch sehr subtilen Vor-
gang, der sich, wenn überhaupt, dann daran messen läßt,
welchen Grad an Gelassenheit wir letztlich in unserem Leben
erreichen.

––––––––––

Liebe Frau Norwood:
meine Geschichte mit Männern bestand daraus, daß
ich mich immer mit welchen getroffen habe, denen
ich, wie ich wohl wußte, gar nicht näherkommen
konnte, weil ich sie eigentlich nicht mochte. Ich
nehme an, ich habe sie mir ausgesucht, weil ich
Angst vor Nähe hatte. In meiner College-Zeit ging
ich mit einem sehr netten, sehr angenehmen, sehr
liebevollen Mann. Aber ich war immer so ängstlich.
Ich konnte ihm einfach keine gleichberechtigte Partnerin sein, weil er so viel reifer und auf eine natürliche Art liebevoller zu sein schien als ich. Ich fühlte
mich unterlegen, und obwohl mir viel an ihm lag,
hatte ich das Gefühl, seine Liebe nicht zu verdienen.
Ich war erst dreiundzwanzig, als er mich heiraten
wollte, aber ich wußte, daß ich noch zu jung war.
Also trennten wir uns. Für mich kam dann eine
Phase, in der ich völlig isoliert auf dem Trockenen
saß. Monatelang habe ich mich mit keinem Mann
getroffen, ich verbrachte die Zeit mit Nachdenken,
stärkte mein Selbstwertgefühl und versuchte zu lernen, mich gut zu fühlen.

Aber trotz all der Arbeit an mir und obwohl ich
beruflich glänzend vorankomme, ist die Beziehung
zu meinem jetzigen Freund nicht besonders gut. Er
ist sehr damit beschäftigt, sich selbst zu finden und
herauszubekommen, was er mit seinem Leben an-

fangen will. Vor kurzem haben wir uns fast getrennt, weil er ein paar Sachen gemacht hat, um ein paar Fragen zu klären. Ich war über sein Verhalten *schockiert* und fühlte mich verletzt und dachte daran, mit unserer Beziehung Schluß zu machen. Meine Schwester wies mich darauf hin, wenn ich mich von ihm trennte, würde ich ihn auch verlieren und auch leiden. Nicht nur er würde mich verlieren und leiden. Also habe ich sehr offen mit ihm gesprochen und ihm gesagt, wo bei mir die Toleranzschwelle überschritten wird, und ich habe geweint und geweint – und jetzt habe ich das Gefühl, daß ich durch den Ärger, durch Verstehen, Ehrlichkeit und Vergeben ein Stück gewachsen bin und etwas über Beziehungen gelernt habe. Mir ist klar, daß ich immer noch Verhaltensmuster aus der Kindheit habe, die mich im Umgang mit meinem Freund stören, besonders aus der Beziehung zu meinem älteren Bruder, gegen den ich mich immer behaupten und verteidigen mußte.

Mein Freund und ich sind eßsüchtig. Wir versuchen damit klarzukommen, so gut es geht. Mit Übergewicht habe ich keine Probleme, weil ich jeden Tag Sport treibe. Mein Freund ist übergewichtig. Diese Gemeinsamkeit ist eher ein Segen als ein Fluch. Zumindest können wir darüber sprechen – Kartoffelchips verboten!! Ich sehe, daß die Gier nach Essen immer da ist – ganz gleich, ob ich mir gerade etwas zu essen besorge oder nicht. Ich rauche nicht, habe niemals Drogen genommen, und Alkohol trinke ich eigentlich nur bei besonderen Gelegenheiten. Alkohol reizt mich nicht, selbst dann nicht, wenn ich nervös bin oder mich mies fühle. Ich kann mich erinnern, daß ich einmal gedacht habe: «Jetzt brauche ich erstmal einen Schluck», aber getrunken habe ich damals nichts, weil der Gedanke, das zu brauchen, mir angst machte.

Na ja, man kann nicht alles analysieren. Das Leben ist da, um gelebt zu werden, mit allen Schmerzen und

auch den traurigen Zeiten – und um meinen Regen-
bogen täglich neu zu finden.

Mikki K.

Liebe Mikki,
gut, wir werden nicht *alles* analysieren, aber einiges von dem,
was Sie geschrieben haben, verdient schon nähere Betrachtung.

Lassen Sie uns zuerst einen Blick darauf werfen, was zwischen Ihnen und Ihrem Freund abläuft. Ihr Brief beschreibt
einen Umgang mit unakzeptablen Verhaltensweisen eines
Partners, der sehr verbreitet ist, meiner Meinung nach aber
nicht weit führt. Sie stellen fest, daß Ihr Freund, als er versuchte, «ein paar Fragen zu klären», sich so verhalten hat, daß
Sie entsetzt und verletzt waren. Sie sagen, daß Sie damit
schließlich fertiggeworden sind, indem Sie Grenzen gezogen
und ihm klargemacht haben, welche seiner Verhaltensweisen
Sie akzeptieren können und welche nicht. Mit anderen Worten, Sie haben ihm erklärt, wogegen Sie sich wehren werden
und wogegen nicht, und erwarten jetzt, daß er sein Verhalten
entsprechend ändert.

Wenn sein Verhalten Sie schockiert hat, dann darum, weil es
gegen Ihr Wertsystem verstoßen hat. Sie sind sechsundzwanzig. Ich nehme an, er ist ungefähr gleich alt. Das heißt, Sie sind
beide erwachsene Menschen, jeder mit einem eigenen, gut entwickelten Wertsystem, mit dem Sie Ihr Leben leben. Was Ihr
Freund getan hat, verstößt gegen *Ihr* Wertsystem, aber nicht
gegen *seines*. Sonst würden *Sie* ihm keine Grenzen setzen, um
ihm klarzumachen, was für *ihn* erlaubt ist. Denn dann würde
er gemäß seinen eigenen Werten sich selbst Grenzen ziehen.

Ich betreibe hier keine Wortklauberei, Mikki. Sie müssen
erkennen, daß dieser Mann Ihnen über sich und seine Einstellung zum Leben etwas Wichtiges mitteilt. Es ist naiv und anmaßend zugleich, wenn Sie meinen, ihm mit erhobenem Zei-
gefinger vorschreiben zu können, was er zu tun und zu lassen
habe, um die Beziehung mit Ihnen aufrechzuerhalten. Er ist
nun einmal so, wie er ist, und wird garantiert so bleiben. Es ist
nicht Ihre Aufgabe, ihm beizubringen, daß er der Beziehung

zuliebe ein anderer Mensch werden muß. Ihre Aufgabe ist es zu entscheiden, ob Sie ihn und seine Einstellung zum Leben problemlos akzeptieren können. Am glücklichsten sind wir ja mit Menschen, die wir genauso akzeptieren können, wie sie sind. Wenn wir erwarten, daß sie sich uns zuliebe ändern, achten wir sie nicht und geben auch auf uns nicht acht. Es ist sehr wahrscheinlich, daß er Sie durch sein Verhalten wieder schockieren und verletzen wird, nur daß Sie dann viel weniger das Recht haben, schockiert oder auch nur überrascht zu sein, weil sie dann ja bereits wissen, daß er zu einem solchen Verhalten fähig ist.

Ich habe mit Frauen gearbeitet, die von ihrem Partner erwarteten, daß er aufhört, sich mit anderen Frauen zu treffen, sich mit Männern einzulassen, Drogen zu nehmen, zu trinken, zu spielen, sich mit Pornographie zu beschäftigen, sie selbst zu schlagen, zu kritisieren oder ihnen durch Arbeit aus dem Weg zu gehen – und so weiter, und so fort. Diese Männer waren nicht in der Lage, ihren Frauen zuliebe damit aufzuhören, jedenfalls nicht auf lange Sicht. Sie haben ihr Verhalten vielleicht eine Zeitlang geändert, damit Ruhe war, aber das konnten sie nicht durchhalten. Menschen sind nicht in der Lage, sich zum Wohle eines anderen Menschen auf Dauer zu verändern. Eine Zeitlang können sie sich Zügel anlegen oder anlegen lassen, aber das ist alles nur vorübergehend. Nach und nach werden sie ihr früheres Verhalten wieder aufnehmen, weil ein Mensch, der sich verändert, um einem anderen Menschen zu gefallen oder auch nur einen Gefallen zu tun, im Grunde unverändert bleibt.

Ich hoffe, daß Sie sich sagen können: «Dieser Mann ist fähig, Dinge zu tun, die mich abstoßen. Kann ich dieser Tatsache ins Auge sehen und damit leben? Zwar habe ich wohl das Recht, ihm zu sagen, wie sein Verhalten auf mich wirkt, aber ich habe nicht das Recht, von ihm zu erwarten oder gar zu fordern, daß er sich mir zuliebe ändert. Wenn ich ihm mehr als einmal mitteile, wie sein Verhalten auf mich wirkt, so *ist* das eine indirekte Aufforderung, sich zu ändern. Es ist meine Sache zu entscheiden, wie *ich* mit meinen Gefühlen zu seinem Verhalten umgehe, nachdem ich sie ihm einmal mitgeteilt habe. Ich kann ihm meine Entscheidung mitteilen, aber wiederum nur, um ihn zu informieren, und nicht, um ihn unter Druck zu setzen, er solle sich ändern. Sonst komme ich womöglich noch dahin, Drohungen auszusprechen, die ich dann doch nicht wahrmache.» Das alles ist nicht leicht in die Tat umzusetzen, Mikki, aber es ist eine Bewältigung Ihrer Situation, die Ihnen vielleicht jahrelangen Ärger, Schmerz und Anschuldigungen ersparen kann.

Was Sie davon abhält, Ihre Situation in dieser Weise zu betrachten, ist Ihr Eigensinn. Ihr Brief enthält deutliche Anzeichen von Eigensinn, vor allem auf dem Gebiet der Ernährung. Das ist das Zweite, was ich mir mit Ihnen zusammen gern genauer anschauen möchte.

Wenn Sie beide eßsüchtig sind, hat es wirklich keinen Sinn, miteinander darüber zu sprechen. Es kommt häufig vor, daß Menschen, die süchtig sind, andere Süchtige heiraten oder sich mit ihnen zusammentun. Dann neigt jeder dazu, die Probleme des anderen zu kontrollieren. Wenn beide dieselbe Sucht haben, wie das bei Ihnen und Ihrem Freund der Fall ist, nimmt es oft einer der beiden in die Hand, die Krankheit für beide zu überwachen. Dieser Versuch, das Eßverhalten zu kontrollieren, ist ebenso ein Symptom der Krankheit Eßsucht wie der Nahrungsmittelmißbrauch selbst. Er schließt die Bereitschaft aus, einzugestehen, daß es einem selbst an Kontrollvermögen mangelt, und gerade das ist der erste Schritt zur Besserung. Außerdem wird Ihr Versuch, das Eßverhalten Ihres Partners zu überwachen, in ihm letzten Endes keine dankbaren Gefühle für Sie hervorrufen. Vielmehr wird Ihr Verhalten ihn früher oder später wütend machen, weil er sich von Ihnen gegängelt fühlt. Als Folge davon wird er den Wunsch verspüren, sich dagegen aufzulehnen und irgendwie durchzumogeln. Er wird, entsprechend Ihrer Rolle der «kontrollierenden Mutter», das «unartige Kind» spielen.

Wenn Sie Ihre Eßprobleme angehen wollen, dann fangen Sie damit an, sich nicht mehr darum zu kümmern, was Ihr Freund ißt, und konzentrieren Sie sich auf sich selbst. Das ist der Punkt, wo Ihre Aufmerksamkeit hingehört. Sein Eßverhalten und sein Gewicht sind seine Angelegenheiten, nicht Ihre. Der

Versuch, anderen bei der Bewältigung ihres Lebens zu «helfen», zeugt wiederum nur von einem Mangel an Respekt vor dem Recht des anderen, er selbst zu sein, *auch wenn er uns scheinbar zu diesem Eingreifen einlädt oder es zuläßt*. Dieses Verhalten wird für beide zu einer Falle, es ist ein Kneifen vor der Verantwortung für die eigene Person.

Zum Schluß, Mikki, möchte ich noch einen Blick auf mögliche Schlüsselerlebnisse für ihre Kämpfe mit Männern werfen. Die Auseinandersetzung mit Ihrem älteren Bruder in Ihrer Kindheit kann bei Ihnen den Wunsch hinterlassen haben, «gewinnen» zu wollen, den Wunsch, sich ihm oder jedem anderen Mann gegenüber, mit dem Sie sich einlassen, durchzusetzen, weil jeder dieser Männer letzten Endes für Ihren Bruder steht. Wenn dieses Bedürfnis, über den anderen zu triumphieren, immer noch in Ihnen wühlt, werden Sie sich zu Männern und zu Situationen hingezogen fühlen, die Ihnen nicht wirklich guttun, und werden dann versuchen, sie ebenso zu lenken und zu kontrollieren, wie Sie sich damals wünschten, Ihren Bruder lenken und kontrollieren zu können. (Ich vermute, daß das «schockierende» Verhalten Ihres augenblicklichen Freundes dem Ihres Bruders in gewisser Weise ähnelt.) Dieses Bedürfnis wird Sie in einer kämpferischen Grundhaltung mit Männern gefangenhalten, mit Männern, die immer auf irgendeine Weise die schwierigen Seiten Ihres Bruders und Ihres Kampfes mit ihm repräsentieren. Bevor Sie nicht stillhalten, sich Ihre Machtlosigkeit über ihn und jeden anderen Menschen eingestehen und bereit sind, den Teil Ihrer Persönlichkeit, der durch ihn enttäuscht und verletzt wurde, heilen zu lassen, werden Sie nicht in der Lage sein, Ihr Bedürfnis nach Kontrolle über einen Mann so weit aufzugeben, daß Sie lieben und geliebt werden können.

––––––––––

Liebe Frau Norwood,
auch ich bin Kind eines alkoholsüchtigen Vaters. Mein Leben lang hatte ich Probleme mit Freßanfällen und wurde auch schon wegen schwerer Depressionen ins Krankenhaus eingewiesen. Meine Familie

war gestört im umgekehrten Sinne, denn ich wurde von meinem Vater mit Liebe überhäuft und mit übertriebener Fürsorglichkeit erstickt. Als ich in die Pubertät kam und das andere Geschlecht entdeckte, war ich natürlich angewiesen auf Bestätigung von außen, außerhalb meiner Familie. Aber dort wurde ich nicht mit der gleichen selbstverständlichen Wärme aufgenommen, wie mein Vater sie mir entgegenbrachte. Ich sah darin den Beweis meiner Unzulänglichkeit und strengte mich um so mehr an, liebenswert zu werden. Und damit geriet ich in einen Teufelskreis.

Ich glaube, ich gehöre zu einer Gruppe von liebesabhängigen Frauen, die Sie in Ihrem Buch übergangen haben, nämlich zu denjenigen unter uns, die immer allein gelebt haben und die noch nicht einmal eine *ungesunde* Beziehung längere Zeit aufrechterhalten konnten. Ich weiß, es gibt unter uns viele, die sich bei den Männern für nicht liebenswert halten und deswegen total verschüchtert sind und sich trotzdem abquälen mit ihrer Sehnsucht nach einer befriedigenden Beziehung. In den wenigen Tagen, die vergangen sind, seit ich Ihr Buch las, habe ich gespürt, wie Liebe zu mir selbst aufkeimt. Ich habe auch «den Knoten, den wir Liebe nennen» in meinem Bauch gespürt und «den Wind, der durch meine leere Seele weht.» Ich weiß, ich werde weiter wachsen.

Marcie G.

Liebe Marcie,
wenn wir das Opfer übermäßiger, besitzergreifender elterlicher Fürsorge waren, ist es sehr angstauslösend, diese schmeichelhafte Aufmerksamkeit neu zu definieren und sie nicht mehr «Liebe» zu nennen, sondern einzusehen, daß es sich dabei in Wirklichkeit um eine unangemessene, verdeckt sexuelle Annäherung handelte. Viele alkoholabhängige Männer schenken ihren Töchtern sehr viel mehr Aufmerksamkeit als ihrer Ehefrau oder anderen erwachsenen Partnerinnen, weil

eine wirklich offene und liebevolle Beziehung zu einem ebenbürtigen Menschen bei Alkoholismus im Grunde genommen nicht möglich ist. Zum einen sind sexuelle Störungen auf Grund der betäubenden Wirkung des Alkohols und der verminderten Produktion männlicher Hormone bei männlichen Alkoholabhängigen sehr verbreitet. Zum andern ist die Selbstachtung des Alkoholikers immer angeschlagen, und der Selbsthaß steigt entsprechend. Unter diesen Umständen ist es natürlich leichter, die eigene Tochter, die unkritisch ist und den Vater bewundert, als Liebesobjekt zu wählen, statt eine erwachsene, ebenbürtige Frau, die wahrscheinlich sauer auf ihn ist, ihn ablehnt und seine Schwachstellen nur zu genau erkennt.

Wenn eine Tochter auf diese Weise mit ihrem Vater auf ein und dieselbe Ebene gehoben wird, ganz gleich, ob es zu direkten sexuellen Handlungen zwischen ihnen gekommen ist oder nicht, so hat alles zwischen ihnen einen sexuellen Unterton, *weil er seine Tochter als seinen Besitz behandelt hat.*

Zu dieser Dynamik kommt eine zweite hinzu, die damit zusammenhängt und den Druck exponentiell verstärkt. Nämlich: Obwohl die Eltern allem Anschein nach die Sorge für ihr Kind übertreiben, trägt in Wirklichkeit das Kind die Last der Verantwortung für das Wohlergehen seiner Eltern. Normalerweise kommen Erwachsene ihren Bedürfnissen nach Liebe, Unterstützung, Verständnis und Geselligkeit vor allem durch das Zusammensein mit anderen Erwachsenen nach. Der Versuch, diese Bedürfnisse durch das Zusammensein mit einem Kind zu befriedigen, ist fehl am Platz, weil das Kind noch kein ausreichend starkes Gefühl von sich selbst und seinem Getrenntsein von anderen hat, um solche Anforderungen eines Erwachsenen ohne Schaden überstehen zu können. Das Kind wird vereinnahmt, um den Bedürfnissen des Erwachsenen zu dienen.

Diese beiden zusammenhängenden seelischen Dynamiken können für eine Tochter in Ihrer Position, Marcie, alle späteren Begegnungen mit Männern überschatten. Kein Wunder, daß die Beziehung zu einem Mann, der ebenso erwachsen ist wie Sie, Ihnen genauso große Angst macht wie das Alleinsein. In beiden Fällen wirkt nach, daß Ihr Vater Sie sich als Partnerin angeeignet hat. Sind Sie doch einmal mit einem Partner zusammen, so betrügen Sie Ihren Vater, weil Sie ihn wegen eines anderen Mannes verlassen. Sind Sie dagegen alleine, so bleiben Sie in der Falle drückender Verantwortung stecken, die Sie sowohl als seine Tochter als auch als seine (unpassende) Hauptpartnerin für ihn empfinden.

Natürlich hängen Ihre Freßanfälle und Ihre Depressionen höchstwahrscheinlich mit den Umständen Ihrer Kindheit und Ihrer erblichen Veranlagung aufs engste zusammen. Viele, viele zwanghafte Esser kommen aus Alkoholikerfamilien, von denen sie nicht nur die Anlage zu einem gestörten Stoffwechsel von Kohlehydraten geerbt haben, sondern in denen auch die Grenzen zwischen Eltern und Kind auf die eine oder andere Weise nachhaltig verschoben waren. Ihr zwanghaftes Essen muß als die primäre Suchtkrankheit angegangen werden, und zwar bei Overeaters Anonymous. Es ist eine primäre Krankheit, weil sie direkt behandelt werden muß und nicht als Symptom einer anderen Krankheit. Zwanghaftes Essen sowie Alkoholismus als primäre Krankheit zu betrachten bedeutet aber nicht, daß über die Probleme, die die Sucht «verursacht» haben, weniger gesprochen werden müßte. Sowie es eine Sucht *ist*, handelt es sich um einen eigenständigen Krankheitsverlauf, der aufgehalten werden muß. Das ist das vorrangige Anliegen der Genesung. Für den Alkoholiker, der trocken bleiben will, oder für den zwanghaften Esser, der sich an seine Diät hält, ist es wahrscheinlich sehr hilfreich (wenn auch nicht unbedingt notwendig), wenn er sowohl die seelischen als auch die körperlichen Umstände versteht, die zu seiner Sucht geführt haben. Tatsächlich kommen die seelischen Ursachen oft zum Vorschein, sobald man mit der Enthaltsamkeit begonnen hat. Aber selbst die ausführlichste Besprechung der seelischen Seite der Krankheit bewirkt ohne Enthaltsamkeit keine Heilung, weil der veränderte Zustand infolge der Eßsucht genauso wie der veränderte Zustand infolge von Alkohol oder anderen Drogen eben diese Heilung verhindert. Der Schlüssel zur Genesung von Sucht ist, zuerst das Suchtverhalten aufzugeben und dann darüber Gespräche zu führen, nicht umgekehrt.

Damit Sie sich Ihren Gefühlen und Ihrem Verhältnis zu

Ihrem Vater (und Ihrer Mutter) zuwenden können, müssen Sie mit dem Suchtverhalten aufhören, das dazu dient, eben diese Gefühle nicht hochkommen zu lassen. Ohne den Mißbrauch von Nahrungsmitteln als Droge, mit der Sie sie betäuben, unterdrücken oder auf andere Weise bemänteln, werden diese höchst unangenehmen Gefühle hochkommen und ihren Zweck erfüllen, nämlich Ihr Verständnis zu vertiefen und Ihre Heilung zu fördern.

Wenn Sie sich all das anschauen, zusammen mit anderen, die den gleichen Hintergrund haben, darüber sprechen, wenn Sie erleben, daß Sie mit Ihren Erfahrungen und Ihren Reaktionen auf diese Erfahrungen nicht allein dastehen, wird der Druck Ihres heimlichen Ringens nachlassen. Ich möchte annehmen, daß Ihre Treue zum Vater der größte Stolperstein auf dem Wege zu Ihrer Heilung ist. Ich hoffe, daß Sie sich trotzdem entschließen, an Selbsthilfegruppen teilzunehmen, die Ihnen Heilung bringen können.

————————

Liebe Frau Norwood,
Ihr Buch war mir eine große Hilfe. Als ich das erste Mal den Titel Ihres Buches hörte, sagte ich zu mir: «Das war ich früher mal!» Ich war sicher, jetzt gesund zu sein. Wie sehr habe ich mich doch geirrt! Und darum schreibe ich Ihnen jetzt auch. Ich möchte hier in meiner Umgebung die Therapie finden, die für mich in Frage kommt, und ich weiß einfach nicht, wie die aussieht. Ich hoffe, Sie können mir einen konkreten Tip geben. Am liebsten würde ich zu Ihnen persönlich kommen, um mich beraten zu lassen.

Ich bin neununddreißig und Künstlerin. Ich war nie verheiratet. Ich bin auf allen Gebieten meines Lebens ziemlich erfolgreich, nur nicht in der Liebe. Ich habe einen großen Freundeskreis und bin meist voller Lebensfreude. Aber jedesmal, wenn ich mich auf eine Liebesgeschichte einlasse, ist es um meine innere Sicherheit geschehen. Das einzige, was mich um-

schmeißt und durcheinanderbringt, ist mein Liebesleben. Immer wieder bin ich in einer Beziehung so
depressiv geworden, daß ich mich selbst nicht mehr
wiedererkannt habe. Das macht mir angst. Ich
möchte nicht, daß das wieder passiert.

Vor zehn Jahren habe ich ein paar Jahre lang eine
Psychoanalyse gemacht. (Meine Mutter lag damals im
Sterben, und ich war in eine katastrophale Liebesaffäre
verwickelt.) Als mir letzten Monat klarwurde, daß
ich ernsthaft in seelischen Schwierigkeiten stecke,
ging ich zu meinem alten Psychoanalytiker zurück.
Er ist inzwischen emeritiert, arbeitet aber privat mit
einigen Patienten weiter. Seitdem gehe ich weiter zu
ihm. Ich bin aber nicht davon überzeugt, daß die
Freudsche Therapie das Richtige ist für mich, eine
Frau, die zu sehr liebt. Für einen Rat wäre ich Ihnen
sehr dankbar.

Karla J.

P. S. Mein Vater ist Alkoholiker, und ich esse manchmal übermäßig. Ich leide nicht unter Anorexie und
auch nicht unter Bulimie.

Liebe Karla,
ich bin Ihnen sehr dankbar für Ihren Brief, weil er mir Gelegenheit gibt, mehrere sehr wichtige Themen anzusprechen.
Ich möchte mit Ihrem erstaunlichen Postskriptum beginnen –
es ist so erstaunlich, weil es ganz eindeutig ins Zentrum Ihrer
Probleme zielt und den Schlüssel für deren Lösung enthält.
Wenn Sie sich dazu bereiterklären, die Themen, die Sie in Ihrem Postskriptum erwähnen, vorrangig anzugehen, werden
Sie sich von den lebenslangen körperlichen und seelischen Ursachen befreien, die zur Geschichte Ihrer gestörten Liebesbeziehungen beigetragen haben.

Sie sind eßsüchtig und Co-Alkoholikerin. Das ist bei Ihnen
das primäre Krankheitsgeschehen, Ihre Diagnose, wenn Sie so
wollen. Beides, die Freßsucht und der Co-Alkoholismus, bedingt sich gegenseitig, sowohl verhaltensmäßig als auch genetisch. Die Töchter von Alkoholikern erben häufig die Anlage

zur Entwicklung von Überempfindlichkeit gegen und Abhängigkeit von bestimmten Nahrungsmitteln, wozu auch das Symptom Eßzwang gehört. Zwanghaftes Essen ist auch eine stressbedingte Störung, was heißt, daß sie durch starken Stress ausgelöst und / oder verstärkt werden kann. Im Umfeld von Alkoholismus aufzuwachsen, bringt sicherlich die ganze Kindheit hindurch genügend Stress mit sich, um eine Eßstörung zu erzeugen oder zu verschlimmern. Aber eine Familiengeschichte mit Alkoholabhängigkeit wirkt sich auch auf die Gegenwart aus, weil die erlernten ungesunden Verhaltensmuster des Co-Alkoholismus in Beziehungen weiter praktiziert werden und für den Erwachsenen weitere Schwierigkeiten mit sich bringen. Der Stress, den diese Verhaltensmuster in Beziehungen unweigerlich hervorrufen, kann die Eßstörung verstärken, und natürlich kann die Eßstörung die seelische Stabilität und das körperliche Wohlbefinden schwer beeinträchtigen, die zu einer gesunden Beziehung beitragen.

Zwanghaftes Essen geht fast immer mit Depressionen einher, nicht nur als Folge der Schwierigkeiten mit der eigenen äußeren Erscheinung und dem Selbstbild, sondern auch auf Grund des gestörten Stoffwechsels, der das vegetative Nervensystem schädigt. Wir wissen ja, daß unsere Gefühle durch ein System von Nervenzellen erzeugt werden, die eine vielseitige Ernährung mit chemischen Substanzen benötigen, für die unser Körper entweder ausreichend sorgt oder auch nicht. Die Fähigkeit des Körpers, diese Nervenzellen zu ernähren und zu erhalten, beruht auf einem Stoffwechselprozeß, der bei den meisten Eßsüchtigen gestört ist.

Nahrungsmittel, die Sie übermäßig zu sich nehmen, wirken auf Ihr Nervensystem wie eine Droge, die zumindest teilweise den gesunden Stoffwechsel beeinträchtigt. Sie sind von der Nahrungsmitteldroge körperlich und auch seelisch abhängig, weil Sie sich damit in einen veränderten Zustand bringen. In dieser Hinsicht ähneln Ihre Gedanken, Gefühle und Verhaltensweisen in hohem Maße denen jedes anderen Süchtigen. Und auch Ihr Genesungsverlauf gleicht dem von anderen Suchtkrankheiten. Darum sind die Overeaters Anonymous, die nach den gleichen Grundsätzen vorgehen wie die Anonymen Alkoholiker, auch so wirkungsvoll bei der Behandlung von Eßsucht.

Wenn es um Sucht oder Co-Abhängigkeit geht, muß diese Erkrankung im Mittelpunkt jeder therapeutischen Bemühung stehen. Geht es um beides, um Sucht und Co-Abhängigkeit, müssen sie als Krankheitsverläufe betrachtet werden, die sich gegenseitig bedingen. Die Behandlung beginnt mit dem Entzug der süchtig machenden Drogen oder Nahrungsmittel, weil der Klient sich ohne diese Abstinenz in einem veränderten Zustand befindet und für den Genesungsprozeß nicht zugänglich ist.

Menschen, die an Abhängigkeit von chemischen Substanzen oder an Zwangsverhalten erkrankt sind, müssen Menschen aufsuchen, die beide Abhängigkeiten und den entsprechenden Genesungsverlauf vollständig verstehen. Am hilfreichsten ist es, wenn der professionelle Berater auch ein Mensch auf dem Wege der Genesung von der gleichen Abhängigkeit ist. Geht es um Co-Abhängigkeit (in Ihrem Fall Co-Alkoholismus), gilt das gleiche. Der Therapeut muß die Co-Abhängigkeit und deren Genesungsprozeß verstehen und sollte im Idealfall selbst ein Mensch auf dem Weg der Genesung sein. Sie müssen sich jemanden suchen, Karla, der möglichst all das in sich vereint. Nach einem Therapeuten oder einer Therapeutin zu suchen, der oder die über diese Erfahrungen und dieses Wissen verfügt, erscheint Ihnen vielleicht als ausweglosses Unterfangen. Aber denken Sie daran, daß die meisten zwanghaften Esser von ihrer Familiengeschichte her auch Co-Alkoholiker sind, und Therapeuten, die zwanghaftes Essen als eine Sucht ähnlich der Alkoholabhängigkeit verstehen, kennen sich meistens auch mit Co-Alkoholismus gut aus. Zum Glück wächst die Anzahl der Therapeuten, die die Krankheiten Sucht und Co-Abhängigkeit behandeln und dafür auch die wichtigste Qualifikation aufweisen, daß sie nämlich selbst auf dem Wege sind, von diesen Krankheiten zu genesen.

Einen Therapeuten aufzusuchen, der kein Spezialwissen auf den Gebieten Sucht und Genesung von Sucht hat, ist meiner Meinung nach für Sie die gleiche Zeit- und Geldverschwendung wie die Behandlung durch einen Herzspezialisten, wenn

Sie unter Sehstörungen leiden und Kontaktlinsen verschrieben bekommen müßten. Beim Herzspezialisten werden Sie alle möglichen vorbeugenden Ratschläge für Ihr Herz und Ihre Herzkranzgefäße erhalten, was sehr interessant sein kann, aber es wird Ihnen nicht besser gehen. Menschen, die an Sucht und Co-Abhängigkeit erkrankt sind, müssen jemanden aufsuchen, der das Problem erkennt, versteht und als *primären* Krankheitsverlauf behandelt, und *nicht als Symptom eines anderen Leidens.* Die Krankheiten Sucht und Co-Abhängigkeit erzeugen viele psychische Symptome, die Menschen in eine Therapie bringen. Leider erkennen Psychotherapeuten, die suchtkranke Menschen behandeln, die Abhängigkeit nur sehr selten und sind deshalb auch nicht in der Lage, ihren Klienten auf die Hilfsprogramme hinzuweisen, die den ersten notwendigen Schritt zur Genesung herbeiführen können: den Abbruch des Suchtverhaltens. Jede, auch die am besten geeignete Therapie muß diese Voraussetzung schaffen, damit der Klient davon profitieren kann.

Meiner Erfahrung nach kann es in der Therapie keinen wirklichen Fortschritt geben, wenn der Klient weiterhin sein zwanghaftes Verhalten oder seine Abhängigkeit von chemischen Substanzen praktiziert. Ihr erster Schritt muß deshalb darin bestehen, daß Sie Ihr zwanghaftes Essen angehen (das sowohl ein Zwangsverhalten als auch eine Abhängigkeit von chemischen Substanzen darstellt). Wenn Sie meine Klientin wären, würde ich es zur Bedingung für die Fortsetzung der Therapie machen, daß Sie sich fest bei Overeaters Anonymous engagieren. Für die ersten dreißig Tage würde ich mindestens ein tägliches Treffen empfehlen und anschließend drei Treffen die Woche. Wenn Ihre Genesung bei Overeaters Anonymous erst einmal begonnen hat, müßten Sie auch regelmäßig zwei-, dreimal die Woche zu Al-Anon gehen. Wenn Sie vor einem solchen Maß an Verpflichtungen für Ihre Genesung zurückschrecken, dann sollten Sie daran denken, daß beides fortschreitende Krankheiten sind; das heißt, sie verschlimmern sich mit der Zeit und können tödlich enden. Wenn Sie Krebs hätten, wären Sie wahrscheinlich eher bereit, alles zu tun, was die Genesung erfordert. Sie würden sich Zeit und Mittel nehmen, um bei jeder Behandlung zu erscheinen, die Sie heilen könnte. Versuchen Sie doch, für Ihre Genesung von diesen ebenso lebensbedrohlichen Krankheiten das gleiche Maß an Verpflichtungen aufzubringen.

In Ihrem Brief schreiben Sie auch von Ihrem Wunsch, für eine Beratung mich aufzusuchen. Aber ich bin nicht die Quelle der Heilung für Ihre Suchtkrankheit und Co-Abhängigkeit, Karla, sondern die entsprechenden Zwölf-Schritte-Programme sind es. Sie gehören zu Overeaters Anonymous und zu Al-Anon. Sie *können* nur mit Unterstützung durch das Zwölf-Schritte-Programm genesen, aber meiner Meinung nach nicht allein durch eine Psychotherapie, ganz gleich wie wunderbar und qualifiziert die Therapeutin auch sein mag. Meiner Meinung nach würde die Therapeutin allerdings darauf *bestehen*, daß Sie Ihr Zwölf-Schritte-Programm durcharbeiten, wenn sie wirklich so wunderbar und qualifiziert wäre. Ihre Genesung wird größtenteils in einer Gemeinschaft von Menschen vor sich gehen, die mit den gleichen Fragen kämpfen wie Sie.

Liebe Frau Norwood,
Ihr Buch erreichte mich in einer entscheidenden Zeit meines Lebens. Mein Ehemann, mit dem ich nur drei Jahre zusammenlebte, hat mich vor vier Monaten verlassen und will nichts mehr mit mir zu tun haben. Er hat die Scheidung noch nicht eingereicht, verschließt sich aber jeder Hilfe, damit wir unsere Beziehung weiterführen können. Jetzt habe ich erkannt, daß das, was ich «Liebe» für ihn nannte, wohl eher Besessenheit gewesen ist, die mich so gelähmt hat, daß ich nicht in der Lage war, weiterzukommen.

Ich bin alkoholabhängig und auf dem Weg der Genesung, ebenso mein Mann. Wir haben uns beim Trinken kennengelernt und zur gleichen Zeit, aber in verschiedenen Kliniken mit dem Genesungsprozeß angefangen. Wir sind beide Mitglied bei den Anonymen Alkoholikern und arbeiten das Programm durch, und ich mache außerdem eine Therapie und bin bei Al-Anon. Ich habe das Gefühl, als hätte ich nicht verstanden, was ich zu tun habe, oder als hätte ich nicht richtig gehört, was ich tun muß, um verstehen zu können. Deswegen schreibe ich Ihnen. Ich glaube, Sie wissen etwas, das ich auch wissen muß. Ich hoffe sehr, von Ihnen zu hören.

Gloria J.

P. S. Ich bin übrigens einundvierzig, habe einen fünfundzwanzigjährigen Sohn und eine zweiundzwanzigjährige Tochter, war sechsmal für kürzere Zeit verheiratet und habe die Kinder aufgezogen, die beide das College absolviert haben. In den Augen anderer Menschen bin ich sehr erfolgreich und habe trotzdem das Gefühl, als menschliches Wesen total versagt zu haben...

Liebe Gloria,
vielleicht haben Sie bei der Arbeit an Ihrem Programm bei den Anonymen Alkoholikern den Spruch gehört: «Wenn du's nicht nüchtern und trocken getan hast, hast du's überhaupt nicht getan.» Die meisten Menschen, die von Alkohol oder anderen Drogen abhängig geworden sind, haben diese Drogen schon in sehr jungen Jahren benutzt, um sich nicht mit der Realität auseinandersetzen zu müssen, typischerweise im Alter von vierzehn. Ich weiß nicht, wann Sie mit dem Alkoholmißbrauch angefangen haben, aber für die Antwort auf Ihren Brief nehme ich mal an, daß Sie, wie so viele Menschen, die an dieser Abhängigkeit erkranken, ziemlich früh die Droge in unangenehmen Lebenssituationen als Stütze benutzt haben. Wenn das auf Sie zutrifft, dann haben Sie die schwierige Aufgabe, eine eigene Identität zu entwickeln, die normalerweise zwischen Pubertät und Anfang zwanzig in Angriff genommen und oft als «Identitätskrise» bezeichnet wird, bis zu Ihrer Trockenheit aufgeschoben. Viele Menschen, die drogenabhängig waren, sind, seit sie trocken wurden, *niemals* tanzen gegangen, haben sich mit niemandem verabredet oder sind bei keiner Verabredung erschienen und hatten keinerlei sexuellen Kontakt. Im-

mer wenn das Leben unangenehm wurde und uns herausgefordert hat, haben wir bei der Droge Zuflucht gesucht, damit sie unbehagliche Situationen glättete oder die Angst betäubte. Da wir stärker und reifer werden, wenn wir uns diesen unangenehmen, schmerzlichen Zeiten stellen und sie durchleben, kommt unser natürliches seelisches Wachstum zum Stillstand, wenn wir ihnen ausweichen.

Offensichtlich heißt trocken sein noch viel mehr, als sich zu enthalten. Wenn Sie trocken sind, wird es notwendig, gewissermaßen durch die Jahre bis zum Ursprung Ihrer Sucht zurückzugehen und sich dann durch die Lektionen und die Wachstumsschritte hindurchzuarbeiten, die Sie wegen Ihres chemisch veränderten Zustands ausgelassen haben. Das ist nicht leicht, wenn Sie einundvierzig und Mutter erwachsener Kinder sind. Es erfordert ein beträchtliches Maß an Ergebenheit und Mut, dort wieder anzufangen, wo Ihr Reifungsprozeß vor so vielen Jahren abbrach.

Aber es liegt auch ein Trost darin zu wissen, daß Ihr Problem nicht darin besteht, daß an Ihnen etwas verkehrt wäre – Sie müssen einfach nur etwas an sich arbeiten, um erwachsen zu werden. Welche Vierzehnjährige ist denn schon reif für eine gesunde, vernünftige, verbindliche Beziehung mit einem Angehörigen des anderen Geschlechts? Sie hat einfach noch nicht genügend Selbsterkenntnis und Selbstsicherheit für eine stabile, gesunde Partnerschaft erworben.

Wenn Sie bedenken, daß alles, was ich schreibe, auf Sie und auch auf Ihren Mann zutrifft, dann können Sie vielleicht begreifen, warum es für das Funktionieren Ihrer Ehe nicht ausreichte, trocken zu sein. Trocken sein löst nicht die Probleme, die in Beziehungen auftauchen; es bewirkt lediglich die Beseitigung eines gewaltigen Hindernisses auf dem Weg, uns diesen Problemen zu stellen. Es ist, als wenn Sie versuchten, im Gebirge eine Straße zu bauen. Liegt ein riesiger Felsbrocken im Weg, so muß zunächst er beiseite geschafft werden, ehe mit den Bauarbeiten begonnen werden kann. Ähnliches gilt für den Aufbau einer Beziehung. Solange eine Alkoholabhängigkeit nicht behandelt wird, stellt sie für die Weiterentwicklung ein unüberwindliches Hindernis dar.

Ihr Mann und Sie haben sich füreinander entschieden, während Sie noch tranken. Ihre Beziehungsdynamik wird damals sehr anders ausgesehen haben als heute. Ich wage zu behaupten, daß keiner von Ihnen die geringste Ahnung hat, wie man nüchtern mit einem Ehepartner zusammenlebt, und diese Wahrheit ist schmerzlich. Es ist oft leichter zu sagen: «Dieser Mensch ist mein Problem», als die unvermeidliche Peinlichkeit und Angst einzugestehen, die durch die simple Tatsache hervorgerufen werden, daß wir ständig mit einem anderen Menschen zusammen sind und das vorher nie gekannt haben.

Aus den genannten Gründen überleben nur sehr wenige Beziehungen zwischen zwei Menschen, die von chemischen Substanzen abhängig sind, oder zwischen einem Alkoholiker oder Süchtigen und einem Co-Alkoholiker das Stadium der Trockenheit. Wenn Menschen glauben, daß Nüchternheit die «Antwort» auf ihre Probleme ist, werden sie zwangsläufig eine Enttäuschung erleben. Nüchternheit schafft nur die Bedingungen, unter denen wir mit Geduld, Mut, Ergebenheit und Beharrlichkeit nach der Antwort suchen und sie möglicherweise finden können.

Ein letztes Wort: Bei meiner jahrelangen Arbeit auf dem Gebiet der Suchtkrankheiten sind mir viele Menschen begegnet, die trocken geworden sind, und ich habe beobachtet, daß ihr Leben sich zunehmend verbessert, wenn sie trocken bleiben und sich mutig jeder «nächsten Genesung» stellen, die durch Nüchternheit erst möglich wird. Manchmal allerdings springen Menschen auf dem Weg zur Genesung ab, die Lebensbedingungen ändern sich, oder es wird uns etwas genommen, das wir in unserer Beschränktheit für unser höchstes Gut halten und freiwillig niemals aufgegeben hätten. Dann ist es wichtig, daran zu denken, daß wir das, was uns wirklich ausmacht, niemals verlieren können. So wird es zu unserer Aufgabe, was uns genommen wurde, loszulassen, um Platz zu schaffen für etwas Größeres und Besseres, das sich in unserem Leben zeigen will.

Liebe Robin,

ich fand es entsetzlich einfach, Ihr Buch auf mich zu beziehen.

Meine Mutter starb im Alter von fünfundfünfzig Jahren an Alkoholismus, zwanzig Jahre nach dem Zeitpunkt, als ich mit dem Versuch anfing, ihr das Leben schön zu machen. Mein Vater sitzt im Rollstuhl, halbseitig gelähmt, unfähig zur Kommunikation, und trinkt immer noch. Ich bin nach zweiundzwanzigjähriger Ehe von meinem Mann geschieden worden, der ebenso trinkt wie sein Vater und sein Großvater vor ihm.

Ich habe bei den Anonymen Alkoholikern mehr oder weniger regelmäßig mitgemacht, manchmal jahrelang mit guten Resultaten. Ich glaube an sie! Jetzt trinke ich wieder und stecke in einer ungesunden Beziehung – auch mehr oder weniger regelmäßig.

Meine Frage lautet: Kennen Sie eine Therapeutin in Baltimore, die Ihr Buch kennt, danach arbeitet und mir helfen könnte?

Ich hoffe, recht bald etwas von Ihnen zu hören.

Connie V.

Liebe Connie,

viele alkoholabhängige Frauen werden rückfällig auf Grund von co-abhängigen Verhaltensmustern. Anders ausgedrückt: Alkoholikerinnen, die trocken sind, werden meistens rückfällig wegen ihrer Probleme mit Männern. Ein offensichtlicher Grund dafür ist, daß die meisten Frauen (und Männer), die alkoholabhängig sind, genauso wie Sie aus Alkoholikerfamilien stammen. Sie waren also Co-Alkoholiker, lange bevor sie an Alkoholismus erkrankten. Auch wenn sie trocken sind, sind diese Alkoholiker immer noch Co-Alkoholiker ohne Behandlung, deren sämtliche ungesunde, früh entwickelte Verhaltensmuster in ihren Beziehungen weiterwirken.

Bei den meisten trockenen Alkoholikerinnen ist Co-Alkoholismus der Hauptgrund für ihre Schwierigkeiten, abstinent zu bleiben. Ihr Co-Alkoholismus drückt sich entweder als starkes Kontrollverhalten oder als ebensostarkes Abhängigkeitsverhalten aus, meist zeigen sie abwechselnd beides. Dieses Hin und Her in Beziehungen ist Ausdruck der zugrunde liegenden Angst vor Nähe und gleichzeitig der noch größeren Angst davor, verlassen zu werden. Frauen (und Männer), die in Alkoholikerfamilien aufgewachsen sind, waren oft Opfer unterschiedlich schwerer seelischer, körperlicher oder sexueller Mißhandlungen, und vor allem aus diesen Vorgeschichten setzen sich auch die Beziehungsprobleme zusammen, unter denen diese Menschen als Erwachsene leiden. Sie neigen dazu, Partner zu wählen, die ihnen die Gelegenheit geben, sich der familiären Konstellation und den Kämpfen der Vergangenheit noch einmal auszusetzen – diesesmal mit der Hoffnung, aus diesen Kämpfen als Sieger hervorzugehen.

Dies alles zur Erklärung dessen, was ich Ihnen jetzt sagen will. Ihre Alkoholabhängigkeit erleichtert es Ihnen, ihre Beziehungssucht zu praktizieren. Ihre Beziehungssucht liefert Ihnen alle möglichen Entschuldigungen dafür, daß Sie trinken. Sie können jede der beiden Abhängigkeiten im Dienste der jeweils anderen einsetzen. Wenn Sie diesen Teufelskreis durchbrechen wollen, müssen Sie wieder trocken werden, jetzt hoffentlich streng begrenzt auf eine reine Frauenrunde. Bei diesen Treffen «nur für Frauen» werden Sie zumindest diese eine Stunde sicher davor sein, Ihrer Beziehungssucht nachzugehen (gemischte Treffen der Anonymen Alkoholiker können für Beziehungssüchtige sehr schlüpfrige Orte sein!) und können Ihre Fragen über Männer und was diese mit Ihrem Trinken zu tun haben offen besprechen. Später werden Sie wahrscheinlich auch zu Al-Anon gehen wollen, wo Sie ein reiches Wissen über Beziehungen und viel Heilung von krankhafter Co-Abhängigkeit finden werden.

Zu Ihrer Bitte um eine Empfehlung muß ich Ihnen sagen, daß ich schon seit Jahren die Anonymen Hilfsprogramme und niemals einzelne Therapeuten/tinnen empfehle. Wenn es darum geht, positive Veränderungen zu fördern, glaube ich mehr an den Einfluß der Selbsthilfegruppen als an den einer Einzeltherapie. Jeder Therapeut, der auf meinen Theorien aufbaut, würde wissen, daß seine primäre Verantwortlichkeit Ihnen gegenüber darin besteht, dafür zu sorgen, daß Sie die Anonymen Alkoholiker besuchen, und Ihnen dabei zu helfen, das Programm zu verstehen und durchzuarbeiten. Ein guter A A-Mentor könnte das gleiche für Sie unentgeltlich tun.

Wenn Sie sich entschließen, zu den Anonymen Alkoholikern zurückzukehren, und dann immer noch einen Therapieplatz suchen, werden Sie vielleicht den Menschen in Ihrer Umgebung hören, die auch im Programm für professionelle Berater sind und Sucht und Genesung wirklich verstehen. Aber denken Sie daran: Therapie ist kein «leichter, bequemer Weg», und nüchtern zu werden ist immer noch der erste Schritt, der für Ihre Genesung notwendig ist. Ich wünsche Ihnen viel Glück.

Liebe Robin,

Ihr Buch bekam ich durch eine Frau, für die ich bei Overeaters Anonymous Mentorin bin, und sie wiederum hat über die Lektüre Ihres Buches zu Overeaters Anonymous gefunden.

Ich kann immer noch nicht begreifen, wie es kommt, daß ich mit den Menschen bei Overeaters Anonymous und Al-Anon so sehr verbunden bin, oder wie es passieren konnte, daß ich einen ehemaligen Alkoholabhängigen heiratete, der schizophren war und vor zweiundzwanzig Tagen, acht Wochen nachdem ich ihn verlassen hatte, Selbstmord beging.

Meine Eltern tranken beide nicht. Im Augenblick beschäftigen mich die Gründe für meine Krankheiten aber nicht so sehr, sondern mir ist wichtig, daß mir die verheerende Natur meiner schädlichen Verhaltensmuster in Hinsicht auf Essen, Familie und Männer – in dieser Reihenfolge – vollkommen bewußt wird.

Im Februar begann meine Genesung von einer dreizehnjährigen Eßstörung, die drei anorektische Phasen, zwei Phasen von Fettleibigkeit und am Ende (ich hoffe jedenfalls, daß es das Ende ist) eine vierein-halbjährige bulimische Phase mit beinah tödlichem Ausgang umfaßt.

Bis heute hat mir niemand die ganze Reihe merk-würdiger körperlicher Anpassungsprozesse und Empfindlichkeiten erklären können, die für meine Genesung charakteristisch sind. Ich beschreibe sie Ih-nen jetzt in der Hoffnung, daß Sie über medizinisches Wissen verfügen, das mir weiterhelfen könnte.

Ich bin sechsundzwanzig, wiege ungefähr 50 kg und bin 1,61 m groß. Mein Gewicht ist stabil, und meine Diät besteht aus 1300 Kalorien täglich, die dem kritischen Blick eines Ernährungswissenschaftlers standhalten können.

Trotzdem gab es in den ersten vier Monaten uner-klärliche epileptische Anfälle, die nach dieser Zeit-spanne genauso unerklärlich wieder verschwanden – so der Chefarzt für Neurologie des Krankenhauses, wo ich behandelt werde. Meine Menstruaion *setzte aus*, als ich aufhörte, abwechselnd mich zu überfres-sen und dann gleich Abführmittel zu nehmen, wäh-rend ich meine Menstruation wie am Schnürchen be-kommen hatte, als ich nur achtzig Pfund wog und bulimisch war. Ich kenne drei Fälle von Bulimie, die mit schwerem Herzversagen einhergingen. Eine die-ser Frauen starb im zweiten Monat ihrer Genesung; eine im akuten bulimischen Stadium. Die dritte, auch eine Frau, für die ich bei Overeaters Anonymous Mentorin bin, hatte vor acht Tagen einen Anfall von Herz- und Lungenversagen und kann von Glück sa-gen, daß sie noch lebt. Sie befindet sich auch in den ersten Monaten ihrer Genesung.

Ebenso wie Ihr Buch (für mich) Beziehungsneu-land erobert, muß jemand für die *Genesung* (im Ge-gensatz zur Krankheit) von Bulimie neues Gebiet er-schließen. Ich bin kein Arzt. Ich weiß nicht, was da im einzelnen vor sich geht, aber offensichtlich ist es ein enormer Schock, wenn man mit der Völlerei und dem Abführen *aufhört*, ein Schock, der traumatischer ist und länger dauert, als man bislang angenommen hat.

Das einzige, was ich bis jetzt herausgefunden habe, ist, daß das Abführen eine Art Krampf bewirkt. Was meinen eigenen Fall angeht, ich habe solche Krämpfe viereinhalb Jahre lang dreißig bis vierzig Mal pro Nacht eingeleitet. Ist dadurch meine Anfallsschwelle ernstlich in Mitleidenschaft gezogen worden? Wurde mein Nervensystem vorübergehend oder auf Dauer geschädigt? Diese Auswirkungen haben mit den Folgen von langfristiger Unterernährung und Schlafmangel nichts zu tun und stellen eine Reaktion für sich dar. Einige andere Menschen mit Bulimie bei Overeaters Anonymous haben sehr viel längere Krankengeschichten als ich. Wie können wir uns gegenseitig am besten helfen, erst einmal körperlich am Leben zu bleiben, damit wir dann die seelischen Fragen besprechen können, um die es in unseren Gruppen und in Ihrem Buch geht?

Wenn Sie wissen, wer oder was uns bei unserer körperlichen Erholung helfen könnte, so sagen Sie es mir bitte. Heute *will* ich leben. Ich möchte genau verstehen, was sich da eigentlich abspielt und was ich zur Heilung beitragen kann, indem ich bei meinem eigenen Körper anfange.

Pat M.

Liebe Pat,
ich antworte Ihnen erst heute auf Ihren Brief vom Dezember, weil er unter anderen Arbeiten auf meinem Schreibtisch vergraben lag, wo ich ihn erst kürzlich hervorholte. Sinnigerweise lag er in einem Stapel von Briefen, die ich sehr gern ausführlicher beantworten wollte, als es mir normalerweise möglich ist. Sie stellen mir viele Fragen über Eßstörungen, die Sie wahrscheinlich viel besser beantworten können als ich; Sie sind die *Expertin*, weil Sie unter der Krankheit leiden. Sie und andere bei Overeaters Anonymous, die auf dem Weg der Ge-

nesung sind und über ihre Krankheit sprechen, müssen viel voneinander lernen und es den Menschen in medizinischen und beratenden Berufen beibringen.

Ich möchte Sie um einen großen Gefallen bitten. Würden Sie mir wieder schreiben und mir die Lösungen mitteilen, auf die Sie bei Ihrer Genesung gestoßen sind? Weil ja doch Sie die Expertin sind, Pat, und nicht ich! Fast alles, was ich jemals über die verschiedenen Suchtkrankheiten gelernt habe, habe ich nicht im Hörsaal oder aus Büchern gelernt, sondern von Menschen, die an diesen Krankheiten leiden und auf dem Weg der Genesung sind.

Ich schreibe ein zweites Buch mit Briefen, die ich als Reaktion auf «*Wenn Frauen zu sehr lieben*» erhalten habe. Ich würde gerne Ihre beiden Briefe, den ersten und den zweiten, um den ich Sie bitte, in dieses Buch aufnehmen. Sie *müssen* natürlich nicht zustimmen – aber es ist eine gute Möglichkeit, andere Menschen wie Sie zu erreichen, die auch Fragen haben und vielleicht auch die Antworten finden, wenn sie lernen, sich selbst zu vertrauen.

In jedem Fall danke ich Ihnen, daß Sie mir geschrieben haben und wünsche Ihnen für Ihre weitere Genesung alles Gute.

Liebe Robin,
ich kann auch nicht erklären, wie es zu der Genesung von meinen Eßstörungen gekommen ist. Die Entscheidung, gesund zu werden, war ebensowenig eine bewußte Entscheidung wie die, anorektisch, adipös und bulimisch zu werden. Eines Tages, ungefähr zwei Wochen nachdem Patti, meine bulimische Freundin, im Schlaf an Herzversagen gestorben war, verlor ich meine «Zauberkraft», die Macht, willentlich mich vollzufressen und zu entleeren.

Zurückgezogenheit, Enthaltsamkeit und Witwenschaft haben eine unglaublich verheerende Wirkung auf mich gehabt. Ihr Brief erreichte mich in einem schrecklichen Augenblick. Mein Mann hat sich vor einem Jahr um diese Zeit während der Feiertage erhängt. Dieses Jahr hat meine Mutter mich gebeten, aus ihrer Wohnung auszuziehen, während meine Schwester bei uns Ferien macht. Ich fühle mich in gewisser Weise doppelt am Boden zerstört...

Ich bin jetzt siebenundzwanzig Jahre alt und habe seit zwei Jahren mein Gewicht gehalten, das erste Mal seit meiner Pubertät. Ich bin außerdem anfällig für Angstzustände, meine Periode bleibt manchmal aus, und ich habe hin und wieder pseudo-epileptische Anfälle, mit entsprechenden EEG-Befunden.

Gefühlsmäßig weiß ich nie, was als nächstes kommt: Verzweiflung mit Selbstmordtendenzen, gespannte Kontrolliertheit, stille Freude oder die sanfte Ruhe des Akzeptierens.

Mein Geist produziert Phantasien mit Orchesterbegleitung in Technicolor, manchmal auch Szenen mit meinem letzten Mann oder aus meiner Kindheit. Beide Arten von Visionen sind erfüllt von Schmerzen und Ohnmachtsgefühlen.

Ich arbeite ganztags als Sekretärin für den Chef einer großen Abteilung an einer der bedeutendsten Medizinischen Hochschulen der USA. An sechs Tagen in der Woche spreche ich mit meinen beiden Genesungspartnerinnen, die beide früher auch anorektisch/bulimisch waren. Ich gehe mindest einmal am Tag zu einem Treffen, manchmal auch zu zwei Treffen täglich. Außerdem empfange und verteile ich pro Treffen mindestens drei Umarmungen und führe drei oder mehr Telefongespräche täglich. Ich lese täglich Bücher der Anonymen Alkoholiker, von Overeaters Anonymous, Al-Anon und Alateen und schreibe jeden Morgen und jeden Abend auf, wie ich mich fühle und was ich erlebt habe. Irgendwie nehme ich auch jeden Tag ein gutes Frühstück, ein Mittagessen und ein Abendbrot zu mir. Mich wiege ich nie. Ich wiege das Essen.

Wenn ich über mein Programm und meine Genesung schreibe, schreibe ich immer mit der linken Hand, wie jetzt auch. Ich weiß nicht warum. Ich bin Rechtshänderin.

Es fällt mir immer noch schwer zu glauben, daß ich nicht nur in Hinsicht auf Nahrungsmittel, sondern auch in Hinsicht auf Beziehungen krank bin und leide. Aber ich weiß, was mich im Augenblick am meisten bedroht: seelische Unterdrückung. Es tut weh, mit Menschen zusammenzusein, die das Spiel spielen «Wann haben wir denn unseren Spaß?» Und genau dieses Spiel wollen die meisten Amerikaner in meinem Alter offensichtlich spielen. Jetzt, wo ich auf dem Weg der Genesung bin, macht mir die Vorstellung angst, jemanden sexuell zu lieben. Ich nehme mir viel Zeit, mich langsam mit Menschen vertraut zu machen und herauszufinden, ob wir gefühlsmäßig zusammenpassen, und wenn mich etwas abstößt, ziehe ich mich zurück, auch wenn mir nicht immer klar ist warum. Ich bin aggressiv geworden, wenn es darum geht, mich vor anderen zu schützen. Wenn das Wesen des anderen mit meinem nicht gut zusammenpaßt – nein, danke.

Ich plane zur Zeit, im Januar meine Ausbildung fortzusetzen, um mich als technische Sachbearbeiterin im medizinischen Bereich zu qualifizieren.

Das wär's, was ich über mich zu berichten habe, Robin. Sie können mit meinen besten Wünschen alles veröffentlichen, was Sie für geeignet halten.

Pat M.

Liebe Pat,
obwohl ich Ihre Fragen hinsichtlich der manchmal katastrophalen körperlichen Reaktionen beim Aufhören von Freßanfällen und Abführorgien nicht beantworten kann, bin ich doch sicher, daß Sie von den einschlägigen Forschungsergebnissen erfahren, sobald welche auftauchen, bei dem großen Wissensdurst, den Sie haben, bei Ihren Verbindungen zu anderen mit der gleichen Krankheit, bei Ihrer offensichtlichen Intelligenz und dem Zugang, den Sie auf Grund Ihrer Arbeit zur medizinischen Forschung haben.

Da ich Psychotherapeutin bin und nicht Ärztin, veranlaßt

mich Ihr Brief eher dazu, mich mit den Angelegenheiten von Herz und Seele zu beschäftigen und weniger mit den körperlichen Aspekten und Auswirkungen von Sucht. Wie Ihr Brief deutlich zeigt, Pat, sind Suchtkrankheiten tödlich. Es liegt in der Natur des Suchtkranken, daß er die Sucht praktiziert, und es liegt in der Natur jeder Suchtkrankheit, daß sie sich verschlimmert und schließlich tödlich verläuft. Die medizinischen Einzelheiten, warum und wie jemand auf Grund einer Suchtkrankheit stirbt, sind zweifellos wichtig, aber meiner Meinung nach tragen sie zum Verständnis eines vollständigen Bildes nicht so viel bei, wie wir manchmal glauben möchten. Vor allem deswegen nicht, weil die Medizin gar nicht weiß, warum ein Mensch wie Sie, der sich die Suchtkrankheit einmal zugezogen hat, daran *nicht* stirbt, sondern gesund wird. Suchtkrankheiten besetzen, anders als sonstige Krankheiten, jede Dimension des betroffenen Menschen; die seelische und geistige Dimension des Süchtigen wird ebenso angegriffen wie sein physischer Körper. Meistens erkrankt die seelische Dimension zuerst, gefolgt von der geistigen, wobei der Körper erst Reaktionen zeigt, wenn die Sucht schon in den letzten Stadien ist. Wenn irgendeine Form von Sucht zu einer akuten körperlichen Krise führt und Lebensgefahr besteht, muß mit Hilfe medizinischer Eingriffe alles versucht werden, um das körperliche Gleichgewicht des Patienten wieder herzustellen. Aber nachdem das getan ist, wird die größte Paradoxie der Suchtkrankheiten offensichtlich. Ganz gleich, wie krank der Süchtige war oder wie stark sein oder ihr Leben auch in Gefahr war, wenn die medizinische Hilfe die einzige Behandlung bleibt, wird der Patient nach einer gewissen Zeit sein Suchtverhalten fast immer unweigerlich wieder aufnehmen. Die Erfahrung, wie sehr die körperliche Verfassung infolge der Sucht gelitten hat, reicht nicht aus, um Genesung zu bewirken. Wissen allein, wie alarmierend es auch sein mag, reicht für eine Beendigung des Suchtverhaltens nicht aus.

Der folgende Fall macht das deutlich. Ich kannte vor Jahren einmal einen stattlichen Mann aus der Mittelschicht, Angestellter, verheiratet und Vater von vier Kindern. Mit Ende fünfzig wurde er wegen schwerer Komplikationen als Folge seiner Alkoholabhängigkeit ins Krankenhaus eingeliefert. Zwei Tage später entdeckte eine Krankenschwester, daß er nicht mehr atmete. Durch den gerade noch rechtzeitigen Einsatz des Krankenhauspersonals konnte er wiederbelebt werden.

Nachdem er gründlich untersucht und sorgfältig gesundgepflegt worden war, wurde er auch noch unmißverständlich aufgeklärt, welche tödlichen Folgen es haben würde, wenn er vom Alkohol nicht ganz und gar abließe. Und trotzdem nahm er vier Wochen nach seiner Entlassung aus dem Krankenhaus die Trinkerei wieder auf. Schließlich verlor er seine Familie, dann seine Arbeit, wurde angezeigt, weil er ein Kind belästigt hatte, und saß seine Strafe im Gefängnis ab. Am Ende, nachdem er ein paar Jahre von Sozialhilfe gelebt hatte, ging er endgültig an seiner Alkoholabhängigkeit zugrunde.

Ich zitiere dieses Trinkerleben nicht als eine Schauergeschichte und gewiß nicht, weil es etwas Seltenes wäre, sondern eher um die Tatsache zu verdeutlichen, daß Suchtkrankheiten, obwohl ihre körperlichen Auswirkungen medizinisch behandelt werden müssen, durch die medizinische Behandlung allein auf Dauer nicht behoben werden, ganz gleich wie ausgezeichnet oder angemessen diese Behandlung auch sein mag. Und zwar deswegen, weil die Medizin den seelischen und geistigen Dimensionen des Süchtigen nicht gerecht wird, die fortlaufend heilen müssen, damit der Genesungsprozeß fortschreiten kann.

Manchmal offenbart sich Süchtigen plötzlich eine segensreiche und umfassende Erkenntnis von sich selbst und ihrer Krankheit – ein solcher «Augenblick der Klarheit» wird oft als spirituelle Erfahrung empfunden –, und sie sind dadurch in der Lage, ihr Suchtverhalten aufzugeben und mit der Genesung zu beginnen. Häufiger geschieht der Wechsel aber subtiler, und das übliche Krankheitsverhalten funktioniert für den Süchtigen einfach nicht mehr. Das war bei Ihnen der Fall, als sie zwei Wochen nach dem Tod Ihrer Freundin feststellen mußten, daß Sie Ihre «Zauberkraft» verloren hatten, sich durch Völlerei und Abführen Erleichterung zu verschaffen. Auch Alkoholabhängigen passiert es oft, daß sie einfach nicht mehr trinken können. Wenn das geschieht, verliert der Alkohol seine «Zauberkraft», egal wieviel und wie oft sie trinken.

Aber ob es nun mit dem Geschenk eines leuchtend klaren Augenblicks beginnt, oder ob das Suchtverhalten einfach nicht mehr «funktioniert» – um die Genesung muß weiterhin Alltag für Alltag gerungen werden. Selbst diejenigen, die auf die Knie fallen und tränenüberströmt einen Ausweg aus ihrer Sucht sehen, den es vorher nicht gab – selbst diese begnadeten Menschen müssen trotzdem mit ganzem Herzen Tag für Tag an ihrer Genesung arbeiten.

Ich weiß, daß ich Ihnen das nicht erzählen muß, Pat. Ihr Brief macht deutlich, daß Ihre Genesung für Sie das Allerwichtigste ist. Ich weiß, Sie wissen, daß Sie ein Wunder sind.

Und Ihre Genesung ist mit einem stabilen Gewicht und einer gesunden Beziehung zum Essen nicht abgeschlossen. Selbst aus den wenigen Worten über Ihre Familie geht hervor, daß in diesem Bereich noch sehr viel Schmerzvolles für Sie liegt.

Es gibt viele typische Verhaltensweisen, die zwanghafte Esserinnen gemeinsam haben. Zwanghaftes Reden (um die Kontrolle über das Gesagte zu behalten) ist eine. Extremer Perfektionismus in bezug auf die eigenen Leistungen und Ziele ist eine weitere. Eine der wichtigsten ist meiner Erfahrung nach, daß sie mit ihren Müttern oft durch eine extrem enge Beziehung verbunden sind, die beladen ist mit gegenseitiger Feindseligkeit und Abhängigkeit. Beide kommen häufig, um durch Rat und Hilfe die andere vor zahlreichen Schwierigkeiten zu retten, die trotzdem unvermindert bestehen bleiben. Mutter und Tochter verhalten sich beide, als kämpften sie ständig darum, die andere zu ihrer Aufpasserin zu machen. Beide sind so bedürftig und möchten gleichzeitig so unbedingt die Kontrolle behalten, daß sie zwischen der Rolle der Gebenden und der Nehmenden hin und her schwanken. Das Essen spielt bei dieser Auseinandersetzung als Beweis oder Ersatz für Liebe oft eine Schlüsselrolle. Je mehr Zeit sie miteinander verbringen, desto kränker werden sie, weil beide noch nicht einmal für sich selbst genügend seelische Kräfte haben, geschweige denn für die andere. Sie «borgen» sich ihre seelischen Vorräte voneinander aus und verwischen dabei ständig die individuellen Grenzen zwischen sich. Weil beide ständig «Fürsorge» füreinander aufbringen, fühlt sich jede zunehmend bedürftiger, und die Folge davon ist, daß sie noch enger zusammenrücken.

Sie haben bei Ihrer Genesung sehr viel Mut und Entschlossenheit bewiesen, Pat. Ich habe den starken Verdacht, daß für Sie das Haus Ihrer Mutter ein «schlüpfriger Ort» ist. Denken Sie bitte daran, daß Ihre Mutter nicht dazu da ist, Sie zu erhalten. Dafür ist Gott da. Halten Sie sich an Ihr Programm, dann schaffen Sie beides: Ihre Mutter zu segnen und sie loszulassen.

Die Briefe in diesem Kapitel machen sehr deutlich, daß Abhängigkeiten nicht säuberlich voneinander getrennt existieren. Ihre körperlichen und seelischen Wurzeln sind oft miteinander verwoben. Die Genesung von einer Sucht kann entweder das Auftauchen einer anderen Sucht beschleunigen oder zu einer weiteren Genesung führen. Die Heilung von jeder Sucht erfordert die Anwendung der gleichen Prinzipien wie Hingabe, Offenheit, Demut und Bereitwilligkeit, aber die fälligen Verhaltensänderungen können sich im einzelnen beträchtlich unterscheiden. Alkoholiker zum Beispiel müssen, um trocken zu bleiben, ihre starke Selbstbezogenheit aufgeben und sich mehr darauf einlassen, anderen zu helfen. Aber die meisten Beziehungssüchtigen und besonders die Co-Alkoholiker müssen sich genau in die entgegengesetzte Richtung entwickeln, das heißt, sie müssen egoistischer werden (sich selbst mehr lieben und fördern) und sich weniger um das Wohlergehen anderer kümmern. Darüber hinaus habe ich Alkoholiker und andere Süchtige kennengelernt, die kein ganzes Jahr enthaltsam bleiben konnten, bevor sie nicht ihre co-abhängigen Verhaltensweisen angingen und ihre Versuche unterließen, andere zu retten und sich dabei völlig zu verausgaben. Und mir sind Beziehungssüchtige bekannt, die die besessene Suche nach einem Mann nicht aufgeben konnten, bevor sie nicht aufgehört hatten, zu trinken und Drogen zu nehmen.

Manchmal fühlen wir uns vielleicht völlig am Boden zerstört, wenn wir uns all den Abhängigkeiten gegenübersehen, die unser Leben bestimmen. Doch wir können, wie viele Frauen in den Briefen dieses Kapitels feststellen, dieselben Hilfsmittel, mit denen wir bereits umzugehen gelernt haben, auch auf die nächste Sucht anwenden, die während des Genesungsprozesses sichtbar wird.

Kapitel 6: Briefe von Frauen, die in Therapie sind

Neben dem Wunsch, die Briefe, die ich erhalten habe, auch Menschen zugänglich zu machen, die die gleichen Erfahrungen oder Sorgen haben, hatte ich noch einen weiteren Grund, ein neues Buch zusammenzustellen. Ich hoffe, daß diese Briefe zum Lehrstück für diejenigen werden, die Gruppen leiten, welche nach den Grundideen über Suchtkrankheit und Genesung aus *«Wenn Frauen zu sehr lieben»* vorgehen. Es war nicht einfach, mit ansehen zu müssen, wie sich plötzlich eine große Anzahl von therapeutisch geleiteten Gruppen bildete, die angeblich nach den Grundideen von *«Wenn Frauen zu sehr lieben»* arbeiten und trotzdem offensichtlich von Menschen geleitet werden, die erst einmal selbst begreifen müssen, was Beziehungssucht eigentlich ist, was sie mit anderen Suchtverhalten gemeinsam hat und wie sie am besten behandelt wird.

So wurde mir zum Beispiel folgende Geschichte von einer Journalistin erzählt, die bei ihren Recherchen zum Thema *«Wenn Frauen zu sehr lieben»* mit Teilnehmerinnen einer solchen therapeutisch geleiteten Gruppe sprach. Die Journalistin hatte angedeutet, daß sie ein Interview mit mir vorhabe, und sofort wurde sie von den Teilnehmerinnen der Gruppe gebeten, mir zu sagen, daß sie ein weiteres Buch von mir, eine Art *«Wenn Frauen zu sehr lieben, Band II»*, für dringend nötig hielten. Da der erste Band *«Wenn Frauen zu sehr lieben»* zu der Zeit kaum ein Jahr auf dem Markt war und ich für meine eigene Genesung mehr als sechs Jahre gebraucht hatte und immer noch einen weiten Weg vor mir habe, fragte ich die Journalistin, ob diese Frauen wirklich das Gefühl hätten, bereits alles befolgt zu haben, was in «*Wenn Frauen zu sehr lieben*» empfohlen wird. Sie antwortete, sie hätten einen sechswöchigen Kursus zu dem Thema absolviert, alle hätten ihre schädlichen Beziehungen abgeschüttelt und hätten folglich ebenso wie ihre Therapeutin das Gefühl, es sei an der Zeit, sich jetzt ein paar «gute» Männer zu suchen. Ich war ehrlich gesagt entsetzt, daß sich so etwas aus dem entwickeln konnte, was ich geschrieben hatte. In sechs Wochen konnten diese Frauen unmöglich alle Lektionen durchgearbeitet haben, die sie brauchten, um ihr Verhalten im Zusammensein mit ihren früheren Partnern zu begreifen, noch konnten sie die Trauerarbeit um das Ende dieser Beziehungen angemessen geleistet haben. Mir kam es so vor, als ob sie nur deshalb nach einem neuen Mann Ausschau hielten, um sich von ihrer Angst zu befreien, alleine und mit sich selbst konfrontiert zu sein. Anders gesagt: mit Hilfe therapeutischer Unterstützung benutzten sie ihre Jagd auf eine neue Beziehung als *Droge*. Und all dies im Namen ihrer Genesung!

Als ich in einem Seminar versuchte deutlich zu machen, daß Therapeuten (neben Krankenschwestern) zu der Berufsgruppe mit den meisten Beziehungssüchtigen gehören und daß wir oft ohne zu wissen, was Genesung ist, geschweige denn, sie selbst erlangt zu haben, Gruppen zu diesem Thema leiten, erzählte ich diese Geschichte. Eine der Zuhörerinnen rief wütend: «Sie sind Therapeuten gegenüber aber auch nur feindlich eingestellt!», und mehrere Zuhörer klatschten, um ihre Äußerung zu unterstreichen. Es war ein brenzliger Augenblick, aber wie so viele brenzlige Augenblicke im Leben war er auch ein Geschenk, denn er veranlaßte mich, meine Erfahrungen als Therapeutin *und* Klientin sowie meinen Genesungsprozeß sorgfältig zu überdenken.

Mir wurde dadurch klar, daß ich tatsächlich große Vorbehalte gegenüber der Therapie als Allheilmittel gegen alle möglichen Leiden habe, für das sie heute allgemein gehalten wird. Die Überzeugung, mit dem Auffinden des richtigen Therapeuten würden alle Probleme im Leben gelöst, ist vielleicht genauso weit verbreitet wie die Auffassung, daß wir nur die richtige Beziehung finden müssen, um zum gleichen Ergebnis zu kommen. Auch in meinem Leben gab es eine Zeit, da war ich fest davon überzeugt, die Beratung durch einen tüchtigen, mitfühlenden Therapeuten würde mir Lösungen für die meisten seelischen Schwierigkeiten bieten, mit denen einzelne Menschen und Familien zu kämpfen haben. Diese Überzeugung spielte für meinen stark ausgeprägten Wunsch, Therapeutin zu werden, eine große Rolle. Ich sehnte mich danach, anderen Menschen bei der Veränderung ihres Lebens zum Besseren beistehen zu können.

Erst nach mehrjähriger Arbeit mit alkohol- und drogensüchtigen Klienten, bei der es mir nicht *ein einziges Mal* gelang, diese Veränderung zum Besseren zu erzielen, wurde mein unerschütterlicher Glaube an die therapeutischen Möglichkeiten, Menschenleben zumindest in Hinsicht auf Suchtverhalten verändern zu können, dann doch nachhaltig erschüttert. Nach ungefähr fünf Jahren, in denen ich ernsthaft versucht hatte, drogensüchtigen Menschen dabei zu helfen, von ihren Drogen loszukommen, und dabei früher oder später immer einen Fehlschlag erlitt, wurde ich von trockenen Mitgliedern der Anonymen Alkoholiker eingeladen, ihre öffentlichen Treffen zu besuchen. Ohne meine mehrjährigen vergeblichen Anstrengungen auch nur mit einem Wort zu kritisieren, sagten sie zu mir: «Robin, wenn du mit uns Alkoholikern arbeitest, bekommst du vielleicht Lust mitzumachen und dir anzusehen, wie wir es schaffen.»

Meine Begegnung mit Anonymen Alkoholikern brachte mich mit Hunderten von trockenen, glücklichen Menschen in Kontakt. Was ich nicht auch nur einem einzigen Menschen für länger als ein, zwei Wochen beizubringen verstand, das schafften diese Menschen schon seit mindestens Jahren oder sogar Jahrzehnten. Sie blieben nüchtern und trocken, frei von Alkohol oder anderen Drogen, und lebten ein Leben in Würde und Selbstachtung.

Bei meinen fortgesetzten Besuchen ihrer öffentlichen Treffen hörte ich trockene Alkoholiker offen und nicht selten sogar humorvoll über ihre früheren qualvollen Erfahrungen sprechen und dann beschreiben, wie sie jetzt Tag für Tag mit Hilfe ihrer Mitgliedschaft bei den Anonymen Alkoholikern und einer höheren Macht auf dem Wege der Genesung sind. Diese Geschichten veränderten mein therapeutisches Vorgehen, weil ich das erste Mal anfing, wirklich zu *begreifen*, was Sucht eigentlich ist. Und ich fing auch an zu begreifen, welch ein Wunder die Genesung von Sucht ist – ein Wunder, das ich als Therapeutin nicht zustande bringen konnte.

Mit diesem neuen Bewußtsein machte ich es zur Bedingung für die Fortsetzung der Therapie bei mir, daß meine süchtigen Klienten zu den Anonymen Alkoholikern gingen. Da viele meiner Klienten damals auf Grund gerichtlicher Anweisung wegen alkohol- oder drogenbedingter Vergehen zu mir kamen, konnte ich beträchtlichen Druck auf sie ausüben, damit sie die Treffen besuchten. Einge dieser Klienten begannen infolge der Begegnung mit den Anonymen Alkoholikern tatsächlich zu genesen, und ihr Erfolg färbte schließlich auf mich ab. Ich wurde als Beraterin für Fälle von Alkohol- oder Drogenmißbrauch mehr und mehr anerkannt.

Es kostete mich fünf weitere Jahre als Beraterin im Bereich der Suchtkrankheiten, in denen ich vor allem mit den Familienmitgliedern des abhängigen Klienten arbeitete, um zu begreifen, daß der Besuch bei Al-Anon für die Genesung dieser Co-Abhängigen ebenso notwendig war wie der von Alkoholikern bei den Anonymen Alkoholikern. Mitzuerleben, wie Co-Abhängige immer kränker wurden und sogar an den stressbedingten Störungen starben, die die jahrelange zermürbende Beschäftigung mit einem Alkoholiker mit sich brachte, machte mir deutlich, daß Co-Abhängigkeit ebenso wie die Abhängigkeit selbst eine fortschreitende und schließlich tödlich endende Krankheit ist. Ich sah, daß die Genesung von der Co-Abhängigkeit ein ebenso großes Wunder ist wie die Genesung von jeder anderen Abhängigkeit auch – und daß auch sie ein Wunder ist, das *ich* trotz meiner jahrelangen Erfahrung und meiner Hingabe an die therapeutische Arbeit nicht vollbringen konnte. So wurde der Besuch bei Al-Anon ein Muß für jeden Co-Abhängigen, der mich als Therapeutin aufsuchte, und allmählich fingen auch viele dieser Klienten an, ihr Leben zu ändern und gesund zu werden.

Die schwierigste Lektion, die ich als Therapeutin auf dem Gebiet der Abhängigkeit und Co-Abhängigkeit zu lernen hatte, war die Einsicht, was ich für den abhängigen oder co-abhängigen Klienten *nicht* zustande bringen kann. Ich kann die Genesung nicht zustande bringen, aber die Anonymen-Programme mit ihrem liebevollen Gemeinschaftsgefühl und ihrer Verankerung in spirituellen Grundsätzen *können* es, wenn der Klient wirklich geheilt werden will. Daß ich mein Verlangen aufgeben konnte, meine Klienten im Alleingang zu retten, hat zu dem dankenswerten Ergebnis geführt, daß viele von ihnen durch die Zauberkraft der Anonymen-Programme in ihrem Leben Nüchternheit und Seelenfrieden gefunden haben.

Während sich all dies in meinem Berufsleben ereignete, gab es auch in meinem Privatleben einige Veränderungen...

Als ich meine berufliche Laufbahn als Beraterin begann, glaubte ich nicht wirklich an eine Höhere Macht, hatte aber gleichzeitig das Gefühl, daß Gott, wenn er überhaupt existierte, seine Sache nicht besonders gut machte. Ich war sicher, es besser machen zu können. Es ist für mich ein kleines Wunder, daß ich trotz meiner Überheblichkeit jemals lernte, mich zu bescheiden – jedenfalls gegenüber Gott. Aber das Leben hat schon seine eigene Methode, uns besonders anmaßende Menschen auf die Knie zu zwingen. Als meine persönlichen Verhältnisse sich verschlechterten und immer chaotischer wurden, bis sie mich schließlich meine Arbeit, die Vormundschaft für meine Kinder und meine Gesundheit kosteten, mußte ich schließlich eingestehen, daß ich noch nicht einmal mein eigenes Leben bewältigen konnte. Ein Beruf, bei dem ich die Rolle einer Autorität auf dem Gebiet «Erfolg im Leben» übernahm, kam schließlich selbst mir etwas anmaßend vor.

Ich hatte von vielen Alkoholikern gehört, wie das Leben von der Sucht mehr und mehr zerstört wird, daß dieser Zustand sich aber zum Besseren wenden kann, wenn man gewisse Grundsätze befolgt. Obwohl ich weder Alkohol- noch sonstigen Drogenmißbrauch trieb, begann mein Leben ähnlich auszusehen wie ihres in den akuten Phasen der Abhängigkeit, und zwar weil ich mich selbst in der akuten Phase von

Abhängigkeit befand. Ich war von keiner Droge abhängig aber von der Beziehung zu Männern, die ich immer dazu benutzt hatte, mich von unerträglichen Ängsten zu befreien. Mit anderen Worten, ich hatte diese Beziehungen als Droge benutzt, von der ich nach und nach völlig abhängig geworden war.

Nur weil ich all den genesenden Alkoholikern der Anonymen Alkoholiker zuhörte, konnte ich schließlich begreifen, daß auch ich eine Suchtkranke war und, noch wichtiger, daß auch ich genesen konnte, wenn ich ihrem Beispiel folgte.

So wandte ich mich schließlich um Hilfe an Gott, und dadurch begann sich mein Leben auf ebenso wunderbare Weise zu verändern, wie ich es von anderen Abhängigen, die auf dem Weg der Genesung waren, gehört hatte.

Das ist jetzt fast sieben Jahre her, und mit jedem Jahr wuchs meine Überzeugung, die zugegebenermaßen auf rein subjektiven Erfahrungen beruht, daß die wichtigste Voraussetzung jeder therapeutischen Bemühung, ob es nun um Sucht geht oder nicht, in folgendem besteht: jeden leidenden Menschen in sich selbst nach dem heilenden spirituellen Leitprinzip suchen zu lassen und ihm dabei zu helfen, sich daran festzuhalten. Ich habe allerdings gesehen, daß viele von uns, die in die Helferberufe gehen, nicht nur ähnliche Lebensgeschichten mit vielen Schmerzen und Traumatisierungen aufweisen, sondern alle auch einen tiefen Zorn hegen auf unsere Eltern und auf Gott. Ich glaube, so ziemlich alle von uns verspüren das dringende Bedürfnis, einem nicht vorhandenen oder gleichgültigen oder unberechenbar grausamen Gott die Zügel aus der Hand zu nehmen, mit denen er das Leben unserer Klienten lenkt. Das führt oft dazu, daß wir geneigt sind, unsere Klienten eher zu mehr als zu weniger «Selbstbewußtsein» (Selbstüberhebung) anzuleiten. Die Klienten werden dazu ermuntert, sich auf ihre eigene Intelligenz und auf die des Therapeuten zu verlassen, statt ihre einzigartige und ganz persönliche spirituelle Führung in sich selbst zu suchen und zu finden. Natürlich kann ein Therapeut, der nicht selbst mit einer solchen inneren Führung lebt, nicht einsehen, warum es wichtig sein soll, dem Patienten bei dieser Suche zu helfen.

Da ich diesen Weg beruflich und privat gegangen bin, lassen Sie mich noch zwei Dinge dazu sagen. Erstens sind nach meiner Erfahrung die Suche nach unserem inneren spirituellen Prinzip und unsere Unterwerfung unter seine Führung harte Arbeit, weil ja doch alles im Leben – Menschen, Umstände, materielle Dinge, Ehrgeiz, Begierden und Ängste – uns in die andere Richtung ziehen will, nach außen. Es erfordert meine *ständige* Wachsamkeit und Hingabe, mich daran zu erinnern, daß bei dem Spiel nicht ich Regie führe und daß ein Höheres Prinzip mich leitet, wenn ich darum nachsuche.

Zweitens, obwohl diese ständige und wiederholte Kapitulation eine schwierige Herausforderung ist, ist es mir heute unmöglich, anders zu leben. Ich möchte nicht mehr so leben wie damals, als ich noch glaubte, selber alles am besten zu wissen. Heute weiß ich, daß jede Heilung, ob es nun um ein gebrochenes Bein, einen gebrochenen Geist oder ein gebrochenes Herz geht, durch das Wirken des spirituellen Prinzips zustande kommt. Wenn wir eine Heilung fördern wollen, tun wir das am besten, indem wir dieses spirituelle Prinzip mit Demut und voller Dankbarkeit anerkennen.

Ich arbeite heute nicht mehr als Therapeutin. Einer der Gründe dafür ist, daß meine eigene Genesung weder die Folge der akademischen und praktischen Ausbildung für meinen Beruf war noch aufgrund meiner eigenen Therapie geschah, obwohl ich sicher lange genug in beiden Richtungen nach Lösungen gesucht habe. Bei meiner Suche habe ich sehr viele verschiedene Methoden ausprobiert, manche waren schädlich, manche wirkungslos und einige, in begrenztem Umfang, hilfreich. Aber meine Genesung geschah und geschieht weiterhin in einer Selbsthilfegruppe mit spiritueller Ausrichtung. Keiner ist der Experte, wir alle sind gleich, und jeder von uns ist selbst dafür verantwortlich, seinen Weg mit Hilfe von Akzeptieren, Liebe und gegenseitigem Verständnis zu finden. Geld ist nicht erforderlich, Ratschläge werden nicht erteilt, und es wird kein Druck ausgeübt, ein anderer Mensch zu werden, als der, der wir sind. Das kommt bedingungsloser Liebe näher, als alles was ich jemals erfahren habe, und ihre heilende Kraft versetzt mich nach wie vor in Erstaunen.

Ein weiterer Grund für die Entscheidung, meine therapeutische Praxis aufzugeben, besteht darin, daß ich an einem Punkt angelangt bin, wo ich kein Geld mehr dafür annehmen kann, mit anderen die Hilfsmittel zu teilen, die mein Leben gerettet haben und die ich selbst umsonst bekam. Diese Hilfsmittel sind wirklich alles, was ich anderen Menschen heute geben kann – und auch das nur, wenn der andere sie wirklich haben will. Sie umfassen die einzige Einstellung, die meiner Erfahrung nach angesichts von Sucht etwas bewirkt, und sind ein Geschenk, das von einer Macht kommt, die größer ist als wir – die zu uns kommt und durch uns wirkt, die aber nicht *uns* gehört. Und das Schönste an diesem Geschenk ist, daß wir es an andere weitergeben können.

Nichts von alledem ist als Vorschrift für andere Therapeuten oder als Kritik an ihrer Arbeit gedacht. Es gibt keine Art zu leben oder zu arbeiten, die für uns alle paßt. Bei mir hat es sich nun einmal so entwickelt.

Vielleicht haben einige meiner Vorbehalte gegen Therapie auch mit den Gründen zu tun, aus denen ich sie aufgesucht habe. Ich glaube, die meisten von uns gehen aus ähnlichen Gründen in eine Therapie, aus denen wir auch unsere Sucht entwickeln und praktizieren: Wir wollen es vermeiden, uns dem Schmerz auszuliefern, der in unserem Leben so unerträglich heftig ausbricht. Wir hoffen, daß dieser Schmerz durch den Besuch bei einem Therapeuten zum Stillstand kommt, verhütet, erleichtert, in Ordnung gebracht oder zumindest erheblich verringert werden kann. Tatsächlich ist es für uns aber ein Segen, wenn ein Therapeut oder eine andere geeignete Person uns erkennen hilft, daß dieser Schmerz uns eine unschätzbare Lektion erteilt und uns dann den Mut aufbringen läßt, uns ihm zu stellen. Meiner Meinung ist es am besten, wenn der Therapeut auf der Grundlage seiner persönlichen Erfahrungen und seines persönlichen Beispiels arbeitet.

Seelischer Schmerz kommt zustande, wenn wir uns nicht ehrlich bestimmten Erkenntnissen über uns selbst und unsere Lage stellen wollten, die uns eigentlich schon längst bewußt sind. Was auch immer unser Geheimnis sein mag, wir finden es zu bedrohlich, überwältigend, beschämend oder unerträglich, um ihm ins Gesicht sehen zu können, und so versuchen wir zu verhindern, daß es zum Vorschein kommt – und der Schmerz hält an und wird schlimmer, bis wir schließlich vielleicht keine andere Wahl mehr haben und ihn uns anschauen müssen.

Wenn wir uns wirklich verändern und wachsen wollen, müssen wir uns diesem Schmerz und dem, was er uns sagen will, beugen, und das ist tatsächlich so etwas wie eine Kreuzigung. Wenn wir unser kostbares Selbst wiedererlangen wollen, das unter äußerlichen Bildern und inneren Lügen begraben wurde, müssen wir oft gerade die Überzeugungen von der eigenen Identität, von unserer Familiengeschichte, unseren gegenwärtigen Lebensumständen und unserem innersten Wesen aufgeben, an denen wir am meisten hängen. Die wenigsten von uns begrüßen eine so qualvolle Erfahrung, ganz gleich, wie sehr sie uns vielleicht auch verändern kann. Statt dessen suchen wir nach Wegen, dem Schmerz zu entgehen, wo wir eigentlich einen Weg finden müßten, der uns *durch* den Schmerz hindurchführt.

Seelischer Schmerz bedeutet für die Psyche das gleiche wie physischer Schmerz für den Körper: er ist ein Hinweis, daß etwas in uns krank oder kaputt ist. Er ist eine dringende Aufforderung, die notwendige Heilung zu suchen. Wenn wir heil werden wollen, müssen wir den Schmerz willkommen heißen wie den weisesten Lehrer, der an unsere Tür klopft, und wir müssen willens sein, die Lektion zu lernen, die er uns beizubringen versucht. Letzten Endes geht es im Leben darum, aufzuwachen und zu wachsen, und diese Vorgänge werden oft schmerzvoller als nötig, *weil wir sie nicht willkommen heißen.*

Gott sei Dank, daß niemand uns unsere Seelenarbeit abnehmen kann. Unsere schlimmsten Probleme entstehen dadurch, daß wir versuchen, diese Arbeit zu vermeiden oder aufzuschieben. Letzten Endes müssen wir diese Arbeit aber doch annehmen, sie ergründen, von ihr lernen, sie segnen und weitermachen, dankbar für das Geschenk eines tieferen Verständnisses für uns als Individuen ebenso wie für die ganze Menschheit. Denn wir sind nicht einzigartig in unserem Schmerz. Niemand von uns hat neue Spielarten des furchtbaren Geheimnisses und entsetzlichen Verlustes erfunden. Was für uns gilt, gilt auch für sehr viele andere, und was uns bei der Heilung hilft, kann auch anderen bei der Heilung helfen. Wenn sie bereit dazu sind, können wir anderen helfen, sich ihren Problemen ebenso zu stellen, wie wir uns ihnen gestellt haben, ganz gleich, ob wir von Beruf Therapeut sind oder nicht. In dem Maße, wie wir genesen, ehrlich und demütig werden und offen dafür sind, einem höheren Zweck zu dienen – in dem Maße sind wir auch als Menschen auf dem Weg der Selbsthilfe Therapeuten, Geistliche, Heiler im Sinne eines höheren Ganzen.

Andrerseits kann es eine riskante Angelegenheit sein, sich einen Therapeuten zu suchen und in Therapie zu begeben, weil diese Beziehung nicht auf dem Selbsthilfeprinzip beruht, sondern unweigerlich die Überlegenheit eines Menschen über den anderen beinhaltet, besonders wenn man bedenkt, daß niemand verletzlicher ist als der Klient, der Hilfe für seine seelischen Probleme sucht. Während ich dies schreibe, laufen in der Stadt, in der ich lebe, Gerichtsverfahren gegen drei Therapeuten, von denen zwei amtierende Geistliche sind, wegen angeblich sexuellen Verhaltens gegenüber ihren Klienten. Sexuelle Zudringlichkeit ist nur eine der offensichtlicheren Verhaltensweisen, durch die Therapeuten das Vertrauen und die Leichtgläubigkeit ihrer Klienten ausnutzen können. Jemand, der beruflich ausgebildet ist und die entsprechenden Zeugnisse und Zulassungen vorweisen kann, ist nicht zwangsläufig auch gesund oder fähig genug, Klienten zu helfen. Tatsächlich kann es leicht vorkommen, daß Therapeuten ihre Klienten psychisch schädigen, einfach weil ihnen die nötige Ausbildung fehlt oder auf Grund schwerwiegender verdeckter Charakterschwächen. Viele von uns wählen einen Helfer-Beruf, weil wir selbst geschädigt sind. Oft erben wir das physiologische Vermächtnis und die Verhaltensweisen unserer kranken Familien und entwickeln auf diesem Wege unsere eigenen unerkannten und unbehandelten Probleme mit Sucht und Co-Abhängigkeit. Diese Anfälligkeit wird unser persönliches Leben und auch unser Berufsleben so lange in Mitleidenschaft ziehen, wie sie nicht erkannt und behandelt wird. Und so lange werden wir uns auch vor unserem eigenen Schmerz und der Entdeckung unserer Geheimnisse schützen, indem wir uns hinter der

Expertenrolle verstecken und unsere Arbeit dazu benutzen, uns auf das Leben und die Schwierigkeiten anderer Menschen zu konzentrieren, um dadurch unseren eigenen Problemen aus dem Weg zu gehen.

Das alles soll nicht ausschließen, daß Therapie auch hilfreich und der Therapeut ein kompetenter Berater für Menschen sein kann, die um seine Hilfe nachsuchen. Aber Therapeuten sind auch nur Menschen, die ein unruhiges Leben führen, das sich oft in andere Richtungen entwickelt, als sie es wünschen oder anderen eingestehen mögen. In diesem Fall stellt sich die Frage: Was tut ein männlicher oder weiblicher Therapeut, wenn seine berufliche Glaubwürdigkeit an einer persönlichen Lebensführung hängt, mit der er aus verschiedenen Gründen immer weniger zurechtkommt?

Meine eigenen Kämpfe mit diesem Dilemma gehören zu den schwierigsten meines Lebens. Und gleichzeitig waren es Erfahrungen, die sich von allem, was ich erlebt habe, am meisten auszahlten und zu den größten Veränderungen führten. Diese Lektionen, das weiß ich inzwischen, waren der Grund dafür, daß meine Seele mich diesen Berufsweg hat wählen lassen.

Neben dem Wunsch, anderen zu helfen, hat mich der therapeutische Bereich angezogen, weil ich selbst immer unter großen seelischen Schmerzen litt und Auswege und Erleichterung suchte. Aber je länger ich in der Beratung tätig war, desto schwerer fiel es mir, offen zuzugeben, daß ich die Antworten, nach denen ich ständig suchte, immer noch nicht gefunden hatte und daß die Schmerzen nur noch schlimmer wurden. Zu oft wurde das kompromißlose Eingeständnis meiner eigenen verfahrenen Situation von dem Zwang beiseite geschoben, als kompetente Therapeutin auftreten zu müssen. Therapeutin zu sein, machte es mir letzten Endes schwerer, dafür zu sorgen, daß es mir besser ging. Mein Stolz sowie meine Angst vor dem Verlust der beruflichen Glaubwürdigkeit standen mir im Wege, und so wurde ich immer kränker. Ich mußte an den Punkt kommen, wo ich bereit war, mich ganz und gar zu ergeben, ehe meine eigene Heilung anfangen konnte.

Den Schmerz und die verzweifelte Anstrengung an diesem

Wendepunkt, diese Kapitulation, dieses Aufgeben kann ich einfach nicht beschreiben. Ich habe eine Bekannte, die niemals wirklich verwinden konnte, daß der Therapeut, der ihr so wunderbar geholfen hat, Selbstmord beging. Alle, die wir im therapeutischen Bereich tätig sind, kennen diesen Druck nur zu gut, der entsteht, wenn wir unser eigenes Leben immer weniger bewältigen können. Wir geraten mehr und mehr in die Defensive, haben immer mehr Geheimnisse, und unsere Angst wächst, daß die Wahrheit über uns ans Licht kommt und wir unsere Glaubwürdigkeit und unseren Beruf verlieren. Oder wir bekennen uns zu der Verletzlichkeit unseres Wesens, stellen uns der Lektion, wie hart und gleichzeitig hilfreich sie auch immer sein mag, sammeln die Scherben auf und machen weiter. Wie sehr dieser Schritt uns auch ängstigen mag, nur dadurch, daß wir unsere eigene Genesung suchen, verwandeln sich unsere ängstlich gehüteten Geheimnisse in Gaben, die wir am höchsten schätzen, in Mittel, durch die wir uns selbst und auch die, denen wir helfen möchten, wirklich verstehen lernen. Im Verlauf meiner Heilung stellte sich für mich heraus, daß ich nichts verlor, was zu meinem höchsten Wohle wirklich notwendig gewesen wäre, und daß mein Leben sich zu etwas Höherem und Schönerem entwickelte, als ich es jemals vorher gekannt hatte. Außerdem weiß ich, daß meine Erfahrungen nicht einzigartig sind. Daß unser Leben *schöner* wird und wir jetzt *besser* in der Lage sind, anderen zu helfen – beides stellt die Genesung uns in Aussicht.

Diejenigen, die am besten verstehen, aus welchen Gründen Menschen eine Therapie suchen (und die meisten Menschen, die eine Therapie suchen, haben Probleme mit Sucht und / oder Co-Abhängigkeit), sind mit diesen Gründen auch aus eigener Erfahrung vertraut und haben mit ihrer Genesung beträchtliche Fortschritte gemacht. Manche in den helfenden Berufen, die auf dem Gebiet dieser Krankheiten keine ausreichende Ausbildung oder keine persönliche Erfahrung mit der Genesung haben, wissen oft nicht, welche Hilfe und Unterstützung ihren Klienten mit dem Programm der Anonymen-

Gruppen zur Verfügung stehen, oder sie unterschätzen, wie notwendig es ist, daß ihre Klienten daran teilnehmen. Der folgende Brief belegt einige dieser Fehler, die professionellen Therapeuten regelmäßig unterlaufen, wenn sie diese grundlegenden Tatsachen nicht verstehen.

Liebe Robin Norwood,
ich habe flüchtig in Ihrem Buch gelesen und war sicher, es würde mir nur zeigen, wie total hoffnungslos alles ist, aber Sie sind ziemlich gründlich, soweit ich das mit meinem begrenzten Verständnis dieser Probleme beurteilen kann – meiner Probleme.

Ich bin neunundzwanzig Jahre alt, eßsüchtig, magersüchtig, alkoholabhängig – mir geht es nicht gut. Seit meinem neunten Lebensjahr bin ich in Therapie. Letztes Jahr habe ich mich selbst in eine Privatklinik aufnehmen lassen und bin dort drei Monate geblieben. Im Verlauf meines Aufenthaltes fing ich an, unter Panik- und Angstanfällen zu leiden. Gestern hatte ich einen solchen Anfall. Mein Arzt ist verreist.

Die Beziehungen, die Sie in Ihrem Buch beschreiben, entsprechen genau den Erfahrungen, die ich mit meinem Therapeuten mache. Gleich zu Anfang habe ich ihn darum gebeten, er solle nicht zulassen, daß ich ihn zu sehr liebe, aber er sagte, das sei schon in Ordnung, er liebe mich auch und würde mich niemals verlassen, in die Irre führen oder Vereinbarungen brechen, die wir gemeinsam getroffen haben. Er sagte mir, daß er sehr gern eine Beziehung zu mir hätte, die über die Arzt-Patienten-Beziehung hinausgehe, daß er mich wirklich liebe und vieles in mir (und nicht nur an mir) sähe, was er wundervoll finde.

Während meiner Zeit in der Klinik traf er mich jeden Tag, auch sonntags. Nach meiner Entlassung ging ich dreimal die Woche zu ihm, auch jetzt noch. Das geht jetzt über ein Jahr so, und ich lebe nur von

Sitzung zu Sitzung. Glauben Sie mir, es wäre eine Erleichterung, wenn ich sterben könnte, wenn ich den Mut aufbrächte, mich umzubringen. Es wäre nicht mein erster Versuch. Das ist keine Drohung. Mir ist bewußt, wie egoistisch und feige das wäre. Ich bin völlig erschöpft und durcheinander. Ich muß noch sagen, daß ich meinen Arzt anfangs nach der Möglichkeit fragte, körperlich mit ihm intim zu werden. Er war der Meinung, daß das zu dieser Zeit schädlich für mich wäre, aber nichts sei unmöglich, und ich sei so krank, daß er noch gar nichts absehen könne. Bei einem Ausgang während meines Klinikaufenthaltes habe ich fünfzehntausend Dollar für Kleidung ausgegeben, nur damit ich jeden Tag etwas Neues anzuziehen hatte. Ich konnte dieselben Kleider nicht zweimal tragen. Ich habe mich völlig verausgabt – und war buchstäblich am Verhungern. In diesem Körper wohnen zwei Sallys.

Ich habe oft versucht, zu einem anderen Arzt zu gehen. Ich ließ ihn das wissen, und er hat einen so großen Einfluß auf mich, daß ich diese Verabredungen um seinetwillen natürlich abgesagt habe. Ein enger Freund meiner Mutter ist hier im Osten ein prominenter Professor für Innere Medizin. Der hat versucht, mit mir Termine zu vereinbaren, hat aber schließlich aufgegeben, weil ich sie immer absagte.

Über meine Kindheit brauche ich kein Wort zu verlieren. Von all den Fallgeschichten in Ihrem Buch etwas. Was Männer in meinem Leben betrifft: sie müssen mindestens dreihundert Millionen auf dem Konto haben, sonst zählen sie für mich nicht als menschliche Wesen. Hinzu kommt, daß ich vor Jahren von zu Hause weggelaufen bin, um Stripteasetänzerin zu werden und dies und das und jenes.

Eines meiner größten Probleme war / ist die Angst, verlassen zu werden. Mein Vater ging von zu Hause weg, als ich vier Jahre alt war. Er sagte, er würde mich besuchen kommen, und ich machte mich schön für ihn, aber er ist nie gekommen. Er haßte meine Mutter, und ich gehörte zu ihr... wir gaben ihm das Gefühl, versagt zu haben. Das mache ich immer noch so mit Männern.

Jedenfalls fuhr mein Therapeut vor zwei Monaten nach Florida, um Urlaub zu machen. (Er nennt mir seine Terminplanung Wochen im voraus, weil ich sonst ausraste.) Als er aus dem Urlaub zurückkam, erzählte er mir, daß er weggehen würde. In zwei Monaten zieht er nach Florida um. Er verläßt mich! Plötzlich sah alles ganz anders aus. Er sagt, er liebt mich, aber 1. würden wir immer nur eine Arzt-Patienten-Beziehung haben, 2. sei er nicht meine Mutter, mein Vater, meine Tochter, mein Sohn und so weiter, und 3. ist die Rechnung, die ich immer bezahlt habe, zum Hauptthema geworden, obwohl er vorher gesagt hatte, ich solle mir überhaupt keine Sorgen machen, das sei nicht wichtig. Er zog sich zurück und verhielt sich kühler, und ich fühlte und wußte, daß er in den Sitzungen gar nicht mehr bei mir war. Er war schon gegangen. Nur wegen der Therapie bei ihm bleibe ich noch in diesem Teil des Landes. Gefallen hat es mir hier überhaupt nicht.

Als er mir das erste Mal sagte, daß er weggehen würde, habe ich meine Wut gegen mich selbst gerichtet – habe mir die Pulsadern aufgeschnitten – und so weiter und so fort. Wir beschlossen, daß ich auch nach Florida ziehe. Ich fühlte mich sofort toll. Ich hätte endlos weit laufen können. Er war wirklich begeistert. Aber nichts ist von Dauer. Er hat alles zurückgenommen. Mit anderen Worten, meine schlimmsten Befürchtungen sind wahr geworden.

Ich liebe ihn so sehr, daß ich ihn gehen lassen kann. Ich liebe ihn so sehr, daß ich auch die Therapie fortsetze, wenn das die Bedingung dafür ist, daß ich ihm nach Florida folgen kann. Ich will wissen, was das Ganze soll.

Entschuldigen Sie, daß ich diesen Brief so hingeschludert habe, aber ich bin wirklich in Schwierigkeiten. Ich hoffe, Sie können mir helfen.

Wir hatten diese blödsinnige Abmachung – wenn ich mein Essen bei mir behielte, würde er mich in die Cafeteria zum Essen einladen. Nicht im Traum hätte ich jemals auch nur einen Fuß in ein Speiselokal gesetzt. Also habe ich aufgehört, mich zu übergeben, aber nun will er mich nicht mitnehmen. Das hört sich alles so dämlich an, aber es bricht mir wirklich das Herz. Er weiß ganz genau, wie wichtig das für mich war.

Sally V.

Meine erste Reaktion auf Sallys Brief war Zorn über ihren Therapeuten, weil er sich ihr gegenüber sachlich und menschlich so falsch verhielt. Der sexuelle Part ihrer Begegnungen stieß mich besonders ab, und ich sah in Sally das Opfer eines Opportunisten, der sie ausnutzte und seinen Beruf dazu mißbrauchte, sich mit schwachen Frauen wie ihr zu treffen und sie zu verführen. Daß es solche Therapeuten gibt, ist oft genug festgestellt worden, und ich fühlte mich in meiner Auffassung bestätigt, daß Frauen, die eine Therapie machen, am besten bei Therapeut*innen* aufgehoben sind.

Während ich das deutliche Gefühl hatte, der beste Weg, ihren Fall angemessen zu behandeln, wäre für diesen Mann gewesen, Sally an eine kompetente Therapeutin zu überweisen, die mit Suchtkrankheit und ihrer Behandlung bestens vertraut ist, wurde mir beim zweiten Lesen des Briefes klar, daß sein Verhalten weniger ein Kunstfehler, als das Verhalten eines Co-Abhängigen war. Diese veränderte Sichtweise des Geschehens zwischen den beiden wurde durch ein Telefongespräch, das ich mit Sally führte, noch weiter bestätigt. (Obwohl ich mich strikt daran halte, die zahlreichen Anfragen nicht per Telefon zu beantworten, war ich durch Sallys dramatischen Brief so alarmiert, daß ich in ihrem Fall eine Ausnahme machte!) Bei diesem Telefonat wurde mir klar, daß es ihr wichtigstes Anliegen war, ihre verschiedenen Süchte ungestört durch ernsthafte Genesungsversuche befriedigen zu können, und daß sie das ständige Drama als ihr Lebenselixier brauchte. Sally war nicht im geringsten daran interessiert, eine Therapeut*in* zu finden, was ich ihr zusammen mit der Teilnahme an den Veranstaltungen der Anonymen-Gruppen, die für ihre verschiedenen Süchte zuständig sind, dringend empfahl.

Die Anspielung im Brief auf das Weglaufen, um Stripteasetänzerin zu werden, sowie das kokette «dies und das und jenes» weisen auf ein weiteres Zwangsverhalten von Sally hin, vielleicht im sexuellen Bereich.

In den meisten Fällen gibt es in der Lebensgeschichte von Frauen, die Stripteasetänzerin oder Prostituierte werden oder andere Berufe mit sexuellen Seiten ergreifen, sexuelle Mißhandlungen, und sie verspüren das Bedürfnis, das sexuelle Drama zu wiederholen, wobei sie ständig auf der Suche nach einem Gefühl von Macht und Überlegenheit Männern gegenüber sind. Das ist ein wichtiges therapeutisches Thema, aber in Sallys Fall hätte die Abhängigkeit von chemischen Suchtmitteln zuerst behandelt werden müssen. Nüchternheit ist erforderlich, bevor irgendwelche anderen Probleme in der Therapie aufgegriffen werden können.

Die ganze briefliche und telefonische Auseinandersetzung mit Sally war für mich ein erneuter wichtiger Hinweis darauf, wie wenig wir alle – Familie, Freunde oder professionelle Helfer – tun können, um im Falle von Abhängigkeit einen Menschen zu verändern. Alles, was wir als spontane Reaktion auf Abhängigkeit zeigen, ist falsch. Wir versuchen zu helfen oder zu bestrafen. Beide Reaktionen sind die eines Co-Abhängigen. Unseren Anstrengungen, helfen zu wollen, liegt ein Gefühl von Mitleid zugrunde und der irreführende Glaube, daß der andere den Mut zur Veränderung bekommt, wenn wir ihm die Sache erleichtern und ihm helfen, sich besser zu fühlen. Dieses Vorgehen scheint ganz folgerichtig zu sein, aber es bewirkt nichts, weil Menschen sich selten ändern, es sei denn, ihre Schmerzen werden schließlich unerträglich. Mit unserer Anstrengung zu helfen, lindern wir den Schmerz des Abhängigen, was nur eine Verlängerung der Krankheit zur Folge hat.

Wenn diese Methode «Hilfreich» nichts bewirkt, sind wir enttäuscht und ärgerlich und wollen, daß der Abhängige leidet und dadurch seine Lektion erteilt bekommt und gezwungen wird, sich zu ändern. Tatsächlich kann aber der Abhängige oft viel mehr Schmerz ertragen, als wir es mit ansehen können, zum Teil auch mit «Hilfe» bewußtseinsverändernder Drogen, die wie Betäubungsmittel wirken. Aus Mitleid und Schuldgefühlen heraus starten wir dann vielleicht schon bald einen neuen Versuch zu helfen.

Wir müssen in der Lage sein, klar zu vermitteln, was Abhängigkeit ist, wie sie verläuft, welche Folgen sie hat und welche Heilmethode die beste ist. Dann müssen wir zurücktreten und der Süchtigen die Entscheidung überlassen, ob sie bereit ist, das für ihre Genesung Erforderliche zu tun. Der größte Unterschied zwischen Sallys Therapeuten und mir besteht wahrscheinlich darin, daß ich in der Lage war, Sallys Abneigung herauszuhören, ihrem Suchtverhalten wirklich den Kampf anzusagen, und dadurch konnte ich sie loslassen. Die Fähigkeit, herauszuhören, daß ein Süchtiger noch nicht dazu bereit ist, seine Genesung ernsthaft in Angriff zu nehmen, und ihn dann loszulassen, wird größer, wenn man viele Jahre lang zu hartnäckig versucht hat zu helfen und einsehen mußte, daß dadurch nichts bewirkt wird.

Es ist sehr schwer für berufsmäßige Helfer, klar und objektiv zu sein und sich an die Grundsätze zu halten, die für die Behandlung von Sucht gelten – die Regeln nicht abzuändern, keine Ausnahmen zu machen und nicht mit den Versuchen fortzufahren, die Abhängigen zu bewegen, das zu tun, was wir selbst für richtig halten. Schwieriger wird das noch durch die Tatsache, daß wir ja schließlich *bezahlt* werden und man von uns Resultate erwartet. Und um die Dinge noch komplizierter zu machen – viele von uns in den helfenden Berufen wären gar nicht in diesem Bereich tätig, wenn wir nicht das starke Bedürfnis hätten, andere zu retten oder zu kontrollieren oder beides. Aber zum Wohle der Abhängigen müssen wir unseren Traum fahren lassen, derjenige zu sein, der den Wendepunkt im Leben dieses Menschen bewirkt. Wir müssen akzeptieren, daß es in unserer Verantwortung liegt, uns privat mit der Enttäuschung auseinanderzusetzen, die unweigerlich durch die Tatsache hervorgerufen wird, daß wir mit Menschen arbeiten, die nicht auf vorbildliche Weise genesen. Unsere Anteilnahme muß ebenso unpersönlich und unbeeinflußt wie echt sein. Ihre eigene Genesung muß der Klientin wichtiger sein als uns. Sonst werden wir versuchen, sehr viel mehr zu tun als unseren angemessenen Arbeitsanteil für das Leben der Klientin zu leisten, was letztendlich weder den Süchtigen noch uns zugute kommt.

Man kann unmöglich genau wissen, welche Motive hinter dem Verhalten von Sallys Therapeuten stecken. Vielleicht ist er ein Frauenheld übelster Sorte, der sich an seine schwachen Klientinnen ranmacht. Vielleicht hat er nach bestem Gewissen gehandelt und geglaubt, es würde Sally besser gehen, wenn er sie davon überzeugen könnte, daß sie liebenswert ist, und ihr eine stabile, fürsorgliche Beziehung böte, in der ihr Selbstwertgefühl wachsen kann. Vielleicht waren seine Beweggründe auch gemischt, wie es bei den meisten von uns der Fall ist, die professionelle Berater werden. Ohne ein ausreichendes Verständnis für den eigenen Willen, der die Manöver einer Süchtigen von Sallys Kaliber schürt, verwandelten seine fehlgeleiteten und / oder selbstsüchtigen Anstrengungen ihre Begegnung in ein Duell, das am Ende sie gewonnen hat. Sie geht immer noch all den Süchten nach, die sie entwickelt hat, und betrachtet trotzdem jetzt den Therapeuten, der ihr helfen sollte, als ihr Hauptproblem – statt ihren Alkohol- und Drogenmißbrauch, ihre lebensbedrohlichen Eßstörungen und ihre zwanghafte Verschwendungssucht.

Dieser Fall enthält für uns alle wichtige Warnungen. Klientinnen sollten auf der Hut sein vor Therapeuten oder Therapeutinnen, die meinen jemanden durch ihre «Liebe» verändern zu können. So reizvoll die Vorstellung auch sein mag, die Liebe und die Weisheit eines Therapeuten könnten der magische Katalysator für die Verwandlung sein – Genesung wird so nicht erreicht. Die Veränderung ist Sache der Klientin. Der Therapeut kann nur als Ratgeber dienen.

Und Therapeuten sollten wachsam gegenüber Klientinnen sein, die den professionellen Berater als bezahlte Lösung für ihre Probleme betrachten. Kein professioneller Berater kann das für einen Klienten sein, ebensowenig wie jeder andere

Mensch, ob Ehemann, Ehefrau, Eltern oder Freunde. Veränderung, Genesung ergibt sich zwischen dem Betroffenen und einer viel größeren Macht, die über uns professionelle Berater weit hinausreicht, ganz gleich, wie sehr wir uns anstrengen.

Das Problem im nächsten Brief ist nicht die Abhängigkeit von chemischen Suchtmitteln, sondern Beziehungssucht, in diesem Falle Co-Alkoholismus. Und trotz der ernsthaften Bemühungen von Therapeutin und Klientin zeigen sich wiederum keine Fortschritte, weil die Therapeutin nicht in der Lage ist, eine genaue Diagnose zu stellen und die Co-Abhängigkeit als ein eigenständiges Krankheitsgeschehen angemessen zu behandeln.

Nach meiner Beobachtung ist das Aufsuchen eines Therapeuten bei Sucht in Wirklichkeit nichts anderes als das Aufschieben der Genesung, es sei denn, der betreffende Therapeut hätte das methodische Vorgehen nach dem Programm der Zwölf Schritte gründlich verstanden und unterstütze diese Methode voll. Wenn der Therapeut glaubt, die Therapie sei die Basis für eine Genesung, erweist er der süchtigen Klientin einen schlechten Dienst, der viel Geld und Zeit kosten kann und trotz aller Anstrengungen nicht verhindert, daß die Sucht weiter fortschreitet. Viele Menschen, die auf dem Gebiet der Sucht arbeiten, sind einig in der Beobachtung, daß Therapie hierbei eine sehr schlechte Erfolgsrate aufweist. Selbst wenn der Therapeut erkennt, daß den Problemen der Klientin die Sucht zugrunde liegt, und wenn er ihr hilft, sich ihrer zerstörerischen Verhaltensmuster und der tieferen Beweggründe für ihre Sucht bewußt zu werden, ist die Klientin meist noch lange nicht in der Lage, ihr *Suchtverhalten aufzugeben*. Weder Information noch Identifikation, weder Verständnis noch Einsicht reichen bei Suchtkrankheiten aus, um die Genesung zu bewirken, und auch die größten Anstrengungen des Therapeuten nicht, der Klientin bei der Kontrolle ihres Verhaltens zu helfen, weil diese Anstrengungen auf lange Sicht immer Teil der

Krankheit selbst sind, ganz gleich, wie durchdacht sie auch sein mögen. Durch solche Anstrengungen, die Klientin zu überwachen, wird der Therapeut mit seinem Versuch, etwas zu kontrollieren, worauf weder er noch die Klientin irgendeinen Einfluß haben, grundsätzlich zum Co-Abhängigen der Klientin. Das erzeugt beim Therapeuten Enttäuschung und Ärger, bei der Klientin Schuldgefühle und Vorwürfe.

Um für süchtige Klientinnen hilfreich sein zu können, muß der Therapeut ein gründliches Verständnis dafür haben, daß Sucht eine Krankheit ist, und ebenso wissen, daß wir hinsichtlich der Genesung machtlos sind und uns dem Geschehen überlassen müssen. Der Therapeut muß fest darauf beharren, daß die Klientin an dem Programm der Anonymen-Gruppen teilnimmt, das auf ihre Sucht zugeschnitten ist. Wenn der Therapeut die Grundlagen des methodischen Vorgehens nach den Zwölf Schritten nicht versteht und für die Therapie noch weitere Ziele festsetzt, können diese die Klientin verwirren und mit den Zielen in Konflikt geraten, mit denen die Anonymen-Gruppen erfahrungsgemäß so gut vorankommen.

Der Therapeut könnte seiner Klientin zum Beispiel seine Unterstützung versagen, wenn sie sich auf eine höhere Macht verläßt, und dieses Verhalten als eine Form unreifer Abhängigkeit interpretieren. Oder der Therapeut erkennt nicht, daß erst das Suchtverhalten *aufhören* muß, bevor der Genesungsprozeß anfangen kann. Der Therapeut ermuntert die Klientin vielleicht direkt oder indirekt dazu, anderen die Schuld an ihrer Konditionierung zur Sucht zu geben (wenn wir anderen die Schuld geben, werden wir ärgerlich, und Ärger *nährt* die Sucht). Oder der Therapeut legt den Vergleich mit anderen Menschen nahe, statt die Klientin anzuleiten, die eigene Heilung und das innere Vergeben zu suchen und erst dann die Beziehung zu anderen richtigzustellen. Außerdem wird es einem Therapeuten schwerfallen, die abhängige Klientin und die Macht der Sucht wirklich anzuerkennen, wenn er Abhängigkeit nicht persönlich erfahren und wesentliche Fortschritte bei der Genesung gemacht hat; und um so weniger kann er dann auch zugestehen, wieviel Zeit die Genesung braucht. Vor allem diese persönliche Erfahrung versetzt den Therapeuten in die Lage, der Klientin zu helfen, indem er vorhersagen kann, wie die Genesungsschritte aussehen, die Schwierigkeiten, die bei jedem dieser Schritte überwunden werden müssen, die Themen, denen sie sich stellen muß, und die ständige Gefahr des Rückfalls, wenn sie diese Themen vermeidet. Aber ich betone nochmals, daß ein guter Mentor in der Selbsthilfegruppe dafür ebenso geeignet ist wie ein Therapeut.

Andererseits gibt es einen sehr wichtigen Punkt bei der Genesung, mit dem ein Therapeut wahrscheinlich besser umgehen kann als ein Mentor – nämlich der Klientin bei ihrer vertieften Auseinandersetzung mit schwierigen Familienverhältnissen zu helfen. Meiner Meinung nach können Therapeuten dort segensreich einwirken, wo es darum geht, die abhängige Familie als Einheit zu behandeln, sich gemeinsam die verschiedenen Rollen anzuschauen, die jeder entwickelt hat, um es mit der Sucht aufnehmen zu können, und zu untersuchen, wie diese Rollen in Wirklichkeit zum Fortschreiten der Sucht beigetragen haben. Familientherapie hilft den Familienmitgliedern, ein neues Verständnis von sich selbst zu gewinnen, das ihre individuelle Genesung ebenso fördert wie die der gesamten Familie. Ergiebige familientherapeutische Sitzungen bauen die Gewohnheit ab, anderen die Schuld zu geben, fördern das Selbstverständnis und die Übernahme der persönlichen Verantwortung für die eigenen Entscheidungen und das eigene Verhalten.

Viele professionelle Berater, Krankenhäuser und Kliniken mit Stationen für Alkohol- und Drogenabhängige haben jetzt seit einigen Jahren diese Methode der Familienbehandlung in Verbindung mit dem Zwölf-Schritte-Programm angewandt. Dieselbe Methode wurde bei der Behandlung anderer Abhängigkeiten wie Eßsucht oder dem Gebrauch von Sex als Droge eingesetzt. Aber die Anerkennung der Beziehungssucht als einer ebenso schweren Krankheit ist noch nicht so weit verbreitet, vielleicht auf Grund unserer tiefsitzenden und weit verbreiteten Gewohnheit auch noch die schädlichsten Spielarten von Beziehungssucht romantisch zu verklären.

Obwohl stationäre wie auch ambulante Behandlungsprogramme Abhängigkeit und Co-Abhängigkeit inzwischen gleichermaßen als ernst zu nehmende Krankheiten betrachten, wird die Beziehungssucht selten ernster genommen als eine dumme Fehlentscheidung im Liebesleben. Ein, zwei dumme Fehlentscheidungen im Liebesleben – das gibt es schon, aber außerdem gibt es auch die Tatsache, daß Beziehungssucht eine ernst zu nehmende Krankheit ist. Als der Gebrauch von Marihuana und später von Kokain sich auszubreiten begann, wurden beide Drogen von Medizinern und professionellen Beratern im allgemeinen nicht als Suchtmittel betrachtet. Erst als die von diesen Drogen Abhängigen nach mehreren Jahren feststellten, daß sie ohne Hilfe davon nicht loskamen, erkannten die Fachleute, daß diese Substanzen einige Menschen sehr wohl süchtig machten. Und so ist auch die Vorstellung von Beziehungssucht für die meisten Menschen neu, und der Begriff wird wahrscheinlich so lange ziemlich oberflächlich benutzt, bis die wahre Natur von Sucht genauer verstanden wird.

Nach meiner Erfahrung können weder Menschen mit Beziehungssucht noch andere Abhängige allein mit Hilfe einer Therapie vollständig genesen. Sie hören vielleicht *eine Zeitlang* auf, aber der Tendenz nach nehmen sie das Suchtverhalten nicht nur wieder auf, sondern fahren damit im verstärkten, noch schädlicheren Maße fort, wenn sie im Verlaufe des Genesungsprozesses ihren Eigensinn nicht aufgeben und eine spirituelle Richtung finden.

Der folgende Brief von Mary Ellen belegt diese Punkte ganz deutlich. Sie kam wegen des seelischen Durcheinanders und der Schmerzen infolge einer Beziehungssucht (die bis jetzt nicht diagnostiziert wurde) in Therapie. Weil der Suchtcharakter ihres Verhaltens bis jetzt nicht erkannt und schon gar nicht behandelt wurde, haben Mary Ellens Bereitwilligkeit zur Therapie und die gut gemeinten Anstrengungen der Therapeutin, ihr zu helfen, bis jetzt zu keiner Verbesserung ihres Zustands geführt. Im Gegenteil: sie wird kränker.

Liebe Frau Norwood,
seit fast neun Jahren bin ich von einem Alkoholiker geschieden – die letzten drei Jahre war ich bei einer

Frau in Therapie, die ihren Doktor in Psychologie hat. Ich ging zu ihr, nachdem meine Beziehung mit einem anderen Mann plötzlich abbrach, der auch Alkoholiker war. In meiner Ehe und in dieser Beziehung habe ich die ganze Verzweiflung und das gleiche zwingende Bedürfnis erlebt, diese Männer ständig anzurufen, wie Sie es im ersten Kapitel beschreiben.

All die Jahre hatte ich immer das Gefühl, daß ich mit meinem Ex-Ehemann jederzeit Kontakt aufnehmen könnte... daß er sich irgendwo aufhielt und mich immer noch liebte, aber auf Grund seiner Krankheit nicht in der Lage war, sich für mich und unsere Kinder aufzuraffen. Ich habe diese Verbindung niemals wirklich abgebrochen. Jedesmal wenn ich ihn besuchte (er wohnt in Kalifornien, und ich wohne in Oregon), habe ich mit ihm geschlafen und hatte immer das Gefühl, daß er sich irgendwie ändern würde, wenn ich ihm nur zeigte, wie sehr ich ihn liebe.

Nachdem ich ihn fast zwei Jahre nicht gesehen hatte, habe ich mich im letzten Mai mit ihm verabredet, weil ich geschäftlich in Kalifornien zu tun hatte. Ich hatte mehrere Jahre lang keinerlei Beziehung zu einem Mann gehabt, und die Begegnung mit ihm kam mir vor, als ob all meine Gebete erhört worden seien. Klar, er trank immer noch und hatte praktisch nichts getan, um sein Leben zu ändern. Aber er war immer noch ein Mann, der mir Liebe und Aufmerksamkeit schenkte. Um es kurz zu machen: Wir ließen uns intensiv aufeinander ein und pendelten den ganzen Sommer lang hin und her. Es war im Gespräch, daß er wieder nach Oregon ziehen sollte, um ganz neu anzufangen, als er im August, während ich gerade bei ihm war, einen schweren Herzanfall bekam.

Drei Wochen lag er auf der Intensivstation – sein Kreislauf war sehr, sehr krank. Sein Herz ist angegriffen, und als weitere Komplikation bekam er noch eine schwere Lungenentzündung und litt außerdem in der Klinik drei Tage lang unter Delirium tremens (eine Folge des plötzlichen Alkoholentzugs).

Ich sprach dann mit dem Arzt und beschrieb ihm die Situation. Der Arzt erzählte mir und den beiden Brüdern des Patienten (beide trockene Alkoholiker), daß Michael keine Genesungschance hätte, wenn er in Kalifornien bliebe und in seinem alten Beruf weiterarbeitete. Er war Portier in einem großen Hotel und trug schweres Gepäck. Außerdem rauchte und trank er stark. Nachdem er aus dem Krankenhaus entlassen war, kam er schließlich mit mir nach Oregon. Der Doktor warnte mich, ich solle mir gut überlegen, was ich da auf mich nähme, aber ich wollte ihn bei mir haben und hatte das Gefühl, das wäre der einzige Weg. Er blieb sechs Monate.

Ich wußte, daß er die ganze Zeit über, die er bei mir lebte, im Hinterkopf hatte, daß er nach Kalifornien zurückkehren und sein altes Leben weiterführen wollte. Aber seine Brüder und ich warnten ihn ständig, daß er das wegen seiner wackeligen Gesundheit nicht tun dürfe. Ich tat alles, um es ihm schön zu machen, und habe, glaube ich, jedesmal einen Streit angefangen oder ihn einfach nicht beachtet, wenn er wieder von Kalifornien sprach. Er tat sogar so, als fühle er sich die meiste Zeit sehr wohl, und fing hier ein Rehabilitierungsprogramm für Herzkranke an.

Schließlich fuhr er eines Tages mit dem Wagen meines älteren Sohnes weg und nahm den größten Teil seiner Kleider mit. Er rief mich an und sagte, er wolle die Versicherung für seine Arbeitsunfähigkeit verlängern, die nach einem halben Jahr abgelaufen war, in ein paar Tagen werde er zurück sein. Zwei Tage später rief ich seinen Bruder an und erfuhr, daß er, kaum zurück in Kalifornien, wieder zu trinken angefangen hatte und mit mir nicht sprechen wollte. Nach weiteren vergeblichen Anrufen sprach er schließlich mit mir und verhielt sich so, als wäre ich wie seine Eltern, die ihn ausschimpfen. Eine Woche später tauchte er schließlich mit dem Wagen auf, nachdem er die ganze Nacht durchgefahren war und ständig getrunken hatte, und erzählte mir gleich als erstes, ich solle ihn zum Bus bringen – er tauge nichts und täte mir nur einen Gefallen, wenn er aus meinem Leben verschwände. Er weigerte sich, über irgend etwas zu sprechen – er war einfach schrecklich niedergeschlagen und feindselig.

Ich brachte ihn zum Bus, und das war das letzte Mal, daß ich von ihm etwas gesehen oder gehört habe. Er hat sich auch bei keinem seiner Brüder gemeldet, aber einer von ihnen hat seine Spur verfolgt und herausgefunden, daß er wieder mit seinen Saufkumpanen zusammen ist und sein altes Leben fortführt.

Soweit die Vorgeschichte. Vom Verstand her weiß ich, daß er ja doch tut, was er will, und daß ich machtlos bin und ihm nicht helfen oder ihn verändern kann. Am liebsten würde ich das alles wegstecken und mein Leben einfach weiterleben, aber es fällt mir wahnsinnig schwer. Immer noch zieht es mich ans Telefon, um ihn ausfindig zu machen und mit ihm zu sprechen, obwohl ich weiß, daß wir uns nichts zu sagen haben.

Meine Therapeutin macht sich Sorgen um mich und meint, ich würde mich wegwerfen und hätte nicht den Willen, meine lebenslangen selbstzerstörerischen Verhaltensmuster aufzugeben. Ich bin sauer auf sie, weil ich finde, sie sollte mich gerade jetzt nicht fallenlassen, wo alles für mich so furchtbar ist.

Ich weiß, Sie können mir auch kein todsicheres Rezept dafür geben, wie ich all das hinter mir lassen kann. Ich habe überlegt, zu Al-Anon zu gehen, aber ich will über mein Leben mit einem Alkoholiker gar nicht nachdenken und reden – ich lebe ja nicht mehr mit ihm zusammen und werde ihn wahrscheinlich nie wiedersehen – bis zu seiner Beerdigung, die wahrscheinlich nicht mehr lange auf sich warten läßt.

Übrigens hatte ich keine gestörte Kindheit, so wie Sie das beschreiben. Aber es gab Probleme, als mein Vater starb. Ich war damals zehn Jahre alt, und meine Mutter wurde mit ihrer Einsamkeit im Zusammenleben mit einer Tochter im Teenageralter nicht fertig. Ich bin einsam aufgewachsen. Meine Schwester und mein Bruder waren erwachsen und aus dem Haus, und als ich Michael heiratete, war ich schwanger. Meine Familie war komplett gegen diese Ehe. Ich glaube, sie haben mich damals aufgegeben.

Beruflich geht es mir ausgezeichnet. Ich habe die letzten acht Jahre in einer großen Firma hart gearbeitet und bin schließlich in eine Führungsposition aufgestiegen. Meine Kinder sind wunderbar, es geht ihnen gut. Selbst Michaels Weggehen hat ihnen nicht allzuviel ausgemacht. Sie waren bei meiner Therapeutin, und sie meint, daß sie – anders als ich – nie geglaubt haben, daß er wirklich bei uns bleibt. Meine Schwierigkeit liegt in mir selber. Ich kann ihn nicht loslassen und fühle mich, als ob ich frisch geschieden wäre und mein Leben vorbei sei. Am liebsten würde ich nicht ins Büro gehen und muß mich sehr zusammenreißen, um meinen Kindern ein glückliches Gesicht zu zeigen.

Können Sie mir etwas empfehlen? Meine Therapeutin (die ich wirklich sehr gerne mag und der ich vertraue) meint, ich solle einen Psychiater aufsuchen und mich medikamentös behandeln lassen. Ich nehme jetzt mehrere Medikamente wegen einer schweren Überfunktion der Schilddrüse, die ich seit November habe. Meine Therapeutin meint, es wäre ratsam, einen zweiten Experten zu konsultieren, weil jemand anders vielleicht etwas herausfindet, das ihr entgangen ist.

Ich möchte nicht aufgeben. Am meisten sehne ich mich nach einer festen Beziehung mit einem verläß-

lichen Mann. Ich war dazu nie in der Lage. Wie es in
«Wenn Frauen zu sehr lieben» schon heißt – diese Art
von Männern hat mich immer «gelangweilt».

Meine Kinder werden in weniger als fünf Jahren
aus dem Haus gehen. Diese Aussicht und die andere,
daß ich in diesem Mai vierzig werde, ist für mich entsetzlich. Wie kommt es, daß ich in allen Lebensbereichen so erfolgreich bin, nur nicht im persönlichen?

Mary Ellen J.

Liebe Mary Ellen,
Sie schreiben in Ihrem Brief: «Vom Verstand her weiß ich, daß
er ja doch tut, was er will, und daß ich machtlos bin und ihm
nicht helfen oder ihn verändern kann. Am liebsten würde ich
das alles wegstecken und mein Leben einfach weiterleben, aber
es fällt mir wahnsinnig schwer. Immer noch zieht es mich ans
Telefon, um ihn ausfindig zu machen und mit ihm zu sprechen, obwohl ich weiß, daß wir uns nichts zu sagen haben.»

Diese Sätze belegen, daß Sie in die gleichen Kämpfe verwik-
kelt sind wie ein Alkoholiker, der weiß, daß durch sein Trinken alles nur noch schlimmer wird, und trotzdem ohne Hilfe
damit nicht aufhören kann. Sie kämpfen mit ihrer eigenen Abhängigkeit von *ihm*, die ebenso fortschreitet und genauso stark
ist wie jede Abhängigkeit von chemischen Substanzen. Und
ebenso wie die chemisch bedingte Abhängigkeit beeinflußt
diese seelisch bedingte Ihr ganzes Leben: Ihre übrigen Beziehungen, Ihre Arbeit und Ihre Gesundheit.

Ihre Therapeutin ist von Ihnen enttäuscht, weil Sie nicht in
der Lage sind, Ihre Krankheit, die Beziehungssucht, zum Stillstand zu bringen – in Ihrem Fall vor allem Co-Alkoholismus.
Wie jeder andere Süchtige auch können Sie aus eigener Kraft
oder allein durch therapeutische Hilfe mit dieser Sucht nicht
aufhören. Sie brauchen ein Hilfsprogramm. Ich glaube, daß
ein Therapeut, der einen Alkoholiker behandelt, der nicht zu
den Anonymen Alkoholikern gehen will, oder einen Co-Alkoholiker, der nicht zu Al-Anon gehen will, die Macht dieser
Abhängigkeiten ebenso unterschätzt, wie er die alleinige Wirkung von Therapie überschätzt. Im Idealfall ist der Therapeut

nicht nur bereit, darauf zu bestehen, daß der Klient das entsprechende Hilfsprogramm in Anspruch nimmt, sondern hat außerdem gründliche Kenntnisse davon, wie die Grundsätze dieses Programms die Genesung bewirken, so daß er sie voll unterstützen kann.

Mary Ellen, Ihr Widerstand, bei Al-Anon mitzumachen, ist genau der gleiche Widerstand, den ein Alkoholiker gegen die Anonymen Alkoholiker verspürt. Ich hoffe, daß Sie die Bereitwilligkeit entwickeln, alles Notwendige für Ihre Genesung zu tun, und anfangen, mehrere Male in der Woche zu Al-Anon-Meetings zu gehen. Es ist ein Programm für die Familien und Freunde von Alkoholikern. Es ist nicht erforderlich, daß Sie mit einem Alkoholiker zusammenleben, weil die Krankheit Co-Alkoholismus – wie Ihr Brief deutlich macht – ganz unabhängig davon existiert, ob der Alkoholiker körperlich anwesend ist oder nicht.

Ich hoffe auch, daß Sie selbst Ihre Krankheit ernst genug nehmen, um sicherzustellen, daß Sie Hilfe von professionellen Beratern bekommen, die mit den Krankheiten Abhängigkeit und Co-Abhängigkeit sowie dem *Genesungsprozeß* Erfahrung haben. Ich würde die Kompetenz jedes Therapeuten auf diesem Gebiet anzweifeln, der den Besuch bei Al-Anon nicht zur Bedingung seiner Therapie macht. Wenn wir professionellen Berater Abhängigkeit und Co-Abhängigkeit begreifen, lernen wir die heilende Kraft der Anonymen-Programme sehr schätzen und können akzeptieren, daß diese Programme für unsere Klienten das leisten, was wir nicht zustande bringen.

Außerdem muß bei der Beurteilung Ihrer Kinder weitaus mehr in Betracht gezogen werden als die Frage, ob sie geglaubt haben, daß Ihr Mann zu Hause bleibt. Kinder von Alkoholikern (und Co-Alkoholikern) sind oft imstande, nach außen hin «gut auszusehen», obwohl sie unter großen seelischen Schmerzen leiden, die sie anderen und sich selbst gar nicht eingestehen können. Das Zusammenleben mit einem Elternteil, der Co-Alkoholiker, depressiv und körperlich angeschlagen ist (und außerdem womöglich sich selbst aufopfert und andere übermäßig kontrolliert, da dies die häufigsten Symptome für Co-Alkoholismus sind), kann ebenso schädigend sein wie das

Zusammenleben mit einem trinkenden Alkoholiker. Auch hier ist für jede Beurteilung ein gründliches Verständnis der Krankheitsbilder Abhängigkeit und Co-Abhängigkeit erforderlich.

Für uns alle, ob professionelle Helfer oder Laien, ist es wichtig, sich ständig bewußt zu halten, daß die meisten Süchtigen nicht genesen. Die meisten sterben allmählich an ihrer Krankheit. Das gilt für Menschen, die von chemischen Substanzen abhängig sind, und ich glaube, daß es auch für Beziehungssüchtige gilt. Es wäre keine Übertreibung zu sagen, daß Sie, genauso wie Ihr Mann, an Ihrer Suchtkrankheit sterben, wenn man Ihren gegenwärtigen Gesundheitszustand bedenkt.

Ich wage zu behaupten, daß sich Ihre Probleme sowohl im körperlichen als auch in jedem anderen Bereich Ihres Lebens bessern werden, wenn Sie die nächsten fünf Jahre an Ihrer Genesung arbeiten. Sollte das dann auch die Zeit sein, da Ihre Kinder das Haus verlassen, werden Sie sich weniger allein fühlen als je zuvor.

Liebe Frau Norwood,
ich bin fast mein ganzes Erwachsenenleben lang in den verschiedensten Therapien gewesen, und keine hat mir geholfen, meine Verhaltensmuster zu ändern.

Obwohl ich attraktiv bin und jünger aussehe, bin ich doch schon über fünfzig und habe also nicht mehr viel Zeit, um eine gesunde Beziehung zu entwickeln. Ich habe gerade eine neunjährige Beziehung zu einem Mann hinter mir, der mich schlecht behandelt hat, nicht auf meine Bedürfnisse einging, viele andere Frauen hatte – und im Verlauf unserer Beziehung eine Frau geheiratet hat, die in einer anderen Stadt wohnt. Ich habe sogar das mitgemacht, bis seine Frau darauf bestand, daß er mit ihr zusammenlebt. Er wollte mich als Geliebte nebenher behalten und mich ungefähr alle drei Wochen einmal sehen! Das hat selbst mir gereicht (oder besser, nicht gereicht).

Ich habe die ganze Zeit über geweint, als ich Ihr Buch las, ich wurde daran erinnert, daß meine Eltern sich gegenseitig offensichtlich so dringend brauchten, daß sie uns Kindern fast gar keine Beachtung schenkten. Ich weiß, daß ich auch in meiner letzten Liebesbeziehung immer noch das Gefühl hatte, die Welt wäre vollkommen in Ordnung, wenn ich ihn nur dazu bewegen könnte, mich zu lieben. Dieser Mann schien genauso wie mein Vater in der Lage zu sein, einen anderen Menschen (mangelhaft) zu lieben – warum also nicht mich? Und ich stelle mir diese Frage immer noch.

Vielleicht sollte ich hinzufügen, daß ich seit meinem zwölften Lebensjahr immer wieder an Depressionen erkrankt bin, und das einzige, was mir je geholfen hat, war, daß ich neuerdings Psychiater gefunden habe, die Depressionen medikamentös behandeln. Das soll nicht heißen, daß ich glücklich bin, sondern nur, daß ich zumindest einigermaßen klarkomme, wenn ich diese Medikamente einnehme. Ohne sie bin ich depressiv und bekomme Angst, wieder in die Klinik zu müssen.

Ich danke Ihnen, daß Sie sich die Zeit nehmen, dies zu lesen und zu beantworten.

Tanya L.

Liebe Tanya,
viele, viele Frauen, die zu sehr lieben, leiden an endogener Depression* und kämpfen oft ihr Leben lang damit, so wie Sie auch. Auch ich habe die meiste Zeit meines Lebens versucht, davor wegzulaufen und damit fertig zu werden, trotz der un-

---

* *Endogene* Depressionen sind physiologisch bedingt, das Ergebnis einer Stoffwechselstörung mit mehreren Ursachen wie zum Beispiel erbliche Veranlagung und ständige schwere Belastungen (Stress), die nach und nach den Stoffwechsel verändern. Genetisch sind sie oft verbunden mit Alkoholismus. *Exogene* Depressionen sind reaktiv, das heißt, sie sind Folge eines Verlustes, also hauptsächlich Trauer. Bei einem Menschen, der für endogene Depressionen anfällig ist, kann jeder Stress (Verlust und Trauer darüber) eine Episode endogener Depression auslösen.

geheuren dunklen Wolke, die sich im Laufe der Jahre in immer kürzeren Abständen auf mich herabsenkte.

Endogene Depressionen sind die Folge einer Stoffwechselstörung, die durch körperliche oder seelische Belastungen hervorgerufen oder verstärkt wird. In mancher Hinsicht gleichen diese Depressionen dem Zustand der Betrunkenheit. Der Stoffwechsel des Gehirns ist dann genauso stark verändert wie im schweren Rauschzustand. Viele von uns geben in der akuten depressiven Phase Litaneien von sich, die den endlos wiederholten Klagen eines Betrunkenen in der Kneipe ähneln, seine Frau habe ihn vor zwanzig Jahren verlassen. Wir geben vielleicht ständig unserem Bedauern Ausdruck, entschuldigen uns ständig oder verspüren das dringende Bedürfnis, einen sinnlosen Telefonanruf zu machen (wieder ganz ähnlich wie ein Betrunkener).

Ich habe einmal eine Gruppe für Depressive geleitet, und wir haben uns erzählt, wie es uns mit den Kämpfen gegen diese Krankheit ergangen ist. Ich war verblüfft, wie sehr wir den Alkoholabhängigen der Anonymen Alkoholiker glichen und uns ebenso wie sie trafen, um ernsthaft darüber zu sprechen, wie die Depression unser Leben beeinflußt. Es kursieren unter professionellen Beratern viele Mythen über Depressionen, aber bei unseren Treffen sprachen wir darüber, was sie für uns *wirklich* bedeuten. Wir halfen uns gegenseitig, gesund zu werden, indem wir gemeinsam lernten, die Macht der Krankheit über uns anzuerkennen. Wir halfen uns gegenseitig mit einfachen Gedächtnisstützen, nachzugeben, auszuruhen, sobald die Depression uns befiel, statt wieder das ganze Theater unserer gewohnten Gegenmaßnahmen zu inszenieren und uns dann erst recht von der Krankheit niederdrücken zu lassen. Wir alle hatten schwere Schuldgefühle, weil wir depressiv waren, und neigten zu Perfektionismus, mit dem wir unser heimliches Unvermögen zu kompensieren trachteten. Viele von uns kamen aus Alkoholiker- oder sonstwie gestörten Familien und hatten als Erwachsene unglaublich belastende Beziehungen angefangen. Wir lebten in einem ständigen Chaos und hatten außerdem noch Angst, die Männer, mit denen wir zusammen waren, würden uns wegen unserer Depressionen verlassen und wir dadurch noch viel depressiver werden. Kein Wunder, daß die meisten von uns immer kränker wurden.

Ein paar Dinge haben uns geholfen:

○ Viele Mitglieder unserer Gruppe gingen zur «Recovery Inc.», einer Selbsthilfegruppe, die der Psychiater Dr. Abraham Low für Menschen mit neurologischen Störungen ins Leben gerufen hat. Die Methoden, die bei «Recovery» für die Genesung eingesetzt werden, können für jeden Depressiven von großer Hilfe sein, und es ist schade, daß so wenige Ärzte und Psychotherapeuten ihre Klienten auf diese ausgezeichnete und zudem *kostenlose* Möglichkeit hinweisen.

○ Wir riefen uns gegenseitig an, wenn wir Angst hatten oder verzweifelt waren. Wir lernten, damit nicht so lange zu warten, bis wir schon gar nicht mehr ansprechbar waren. Weil wir nicht so lange warteten, konnten wir oft einem schweren Schub zuvorkommen, indem wir durch den Anruf *unseren Stress abbauten.*

○ Wir hörten auf, uns unserer Depressionen zu schämen und sie möglichst zu kaschieren. Erst mußten wir sie selbst als Krankheitsbild anerkennen, ehe wir erwarten konnten, daß auch andere sie ernst nehmen.

○ Wir betrachteten die Depression schließlich als eine Krankheit wie Diabetes. Und wir lernten, daß wir Selbstdisziplin brauchten, wenn wir uns davor schützen wollten, durch unsere Krankheit behindert zu werden – wie auch Diabetiker ihre Gesundheit nicht halten können, wenn sie weiterhin Zucker essen. Viele von uns litten unter Überempfindlichkeit gegen und Abhängigkeit von bestimmten Nahrungsmitteln, was berücksichtigt werden mußte. Wir unterstützen uns gegenseitig bei der Einhaltung unserer neuen, seltsamen Diätpläne, mit denen wir uns oft wie gesellschaftliche Außenseiter vorkamen, die aber schon bald bei vielen Symptomen wesentliche Erleichterung brachten.

○ Einige von uns brauchten regelmäßig ihre Medikamente, aber bei vielen aus der Gruppe hat die ganze Zeit über nicht ein Medikament angeschlagen. Für diese Menschen hat mit der Zeit jedes verschriebene Arzneimittel seine Wirkung verloren, und einige Medikamente hatten böse innere und äußere Folgen. Für niemand in der Gruppe war irgendein Medikament «die Lösung».

○ Es wurde uns allen klar, daß die vollständige Abstinenz von Alkohol und anderen «belebenden» Mitteln eine absolut unumgängliche Voraussetzung für unsere Bemühungen war, depressive Schübe zu verhüten. Wir durften doch unseren Körper bei seinen Anstrengungen nicht behindern, den Stoffwechsel zu entgiften.

○ Für uns alle war die Unterstützung durch Gespräche mit anderen Menschen, die uns verstanden, von unschätzbarem Wert. Uns mit den individuellen Auslösern für unsere Allergien zu konfrontieren und etwas dagegen zu tun, war ein ebenso wichtiger Faktor für die Genesung, wie daß wir Mittel und Wege fanden, um mit unseren äußeren und inneren Gegebenheiten, unserer Lebenssituation und ihrer geistigen Verarbeitung realistischer umgehen zu lernen.

Was uns *nicht* half, wenn wir uns in den Qualen der Depression verloren, war die übliche Psychotherapie durch Reden. Wenn wir einem Therapeuten von unseren tief verwurzelten seelischen Problemen erzählen, verstärkt das meistens die Depression allein schon wegen der Belastung, die eine typische Therapiesitzung mit sich bringt. Außerdem waren wir alle so wenig wir selbst wie ein Betrunkener, wenn die endogene Depression uns im Griff hatte. Der Therapeut sprach zu jemand mit *verändertem Bewußtseinszustand*, in einem Stadium der Stoffwechselstörung mit Auswirkungen auf die Gehirnfunktion. Es wurde uns klar, daß die einzige Aufgabe des Therapeuten dann darin bestand, uns bei unseren Kämpfen mit der Krankheit zu unterstützen – und das konnten wir auch selber tun in der Gruppe.

Der Versuch, mit endogenen Depressionen ein normales Leben zu führen, gleicht dem Versuch, mit einem angebrochenen Bein Ski fahren zu wollen. Es ist sehr schwer und sehr schmerzhaft. Hinzu kommt, daß niemand, auch nicht wir selbst, einzuschätzen vermag, wie schwer wir behindert sind, denn wir bluten nicht aus offenen Wunden. Weil wir uns schämen, versuchen wir alles, was in unseren Kräften steht, um zu kaschieren, wie es uns erschöpft, den Anschein von Normalität aufrechtzuerhalten. Dieses Ringen macht unseren Feind, den Stress, noch stärker.

Auch hier, wie bei so vielen seelischen, körperlichen und geistigen Problemen, läßt der Versuch, das Geheimnis zu wahren, uns kränker werden, und es hilft uns, gesund zu werden, wenn wir diesen Versuch aufgeben. Das Bemühen, unsere Verfassung zu verbergen, während wir gleichzeitig immer verwirrter werden, ist verzweifelt anstrengend. Wieviel leichter ist es dagegen zu bekennen: «Ich habe auf Grund von Stoffwechselstörungen ab und zu depressive Zustände. Wenn die eintreten, bin ich nicht ich selber und muß mich ausruhen, bis es mir wieder besser geht.»

Für die meisten aus unserer Gruppe ist die endogene Depression etwas, womit wir wohl unser ganzes Leben zu tun haben werden. Aber sie kann besser gehandhabt werden, wenn wir uns daran erinnern, daß unsere Genesung, genauso wie die eines Alkoholkranken, auf körperlicher, seelischer und spiritueller Ebene vor sich geht. Indem wir, soweit wir es vermögen, auf jeder dieser Ebenen an uns arbeiten, schaffen wir das Klima, in dem wir uns selbst heilen können.

Liebe Frau Norwood,
ich habe Ihr Buch auf Empfehlung meiner Therapeutin gelesen, zu der ich wegen meiner Veranlagung zum Alkoholismus gehe. Meine Beziehungen schienen sich alle aufzulösen, und auch ich fing an, mich aufzulösen. Ich glaubte, alles zu tun, was von mir in einer Beziehung erwartet wird, aber ich stieß immer nur auf irgendwelche Blödiane, die nichts von mir hielten. Ich begreife jetzt, daß das gar nicht der Fall war, sondern daß ich nach Männern süchtig war.

Außer Männern habe ich noch ein paar weitere Süchte: Zucker, Kleidung, Rauchen, Trinken, gelegentliche Anfälle von Waschzwang und Verschwendungssucht. Ich war überrascht, daß Sie über Verschwendungssucht nicht mehr geschrieben haben. Ich fühle mich innerlich oft so schlecht, daß ich wenigstens nach außen hin gut aussehen möchte (Verleugnung), und glaube, daß jeder mich mag, wenn ich gutes Aussehen und Vertrauenswürdigkeit ausstrahle (Kontrolle). Aber es geht so nicht; ich habe mich dadurch nur in «Schulden» gestürzt (noch eine Besessenheit).

Mein größtes Problem ist, Hilfe zu bekommen. Deswegen gehe ich ja zu einer Therapeutin, aber ich fühle mich wie ein Quengelbaby. Ich schreie meinen Jammer heraus, aber ich kann mich nicht so weit davon befreien, daß ich irgendwelche Fortschritte mache. Ich war bei den Treffen der Anonymen Alkoholiker, aber ich fühle mich dort fehl am Platz, weil ich ja noch nicht «ganz unten» bin. Ich war bei den Treffen der «Erwachsenen Kinder von Alkoholikern», aber dort fühle ich mich auch fehl am Platz. Ich habe das Gefühl, sobald ich den Mund auftue, kommen nur Klagen heraus. Wenn ich einfach nur zuhöre, nehme ich schon ein paar wichtige Dinge auf, aber dort zu sein, macht mir höllische Angst. Ich fühle mich nicht stark genug, um meine eigene Gruppe zu gründen. Wissen Sie, was ich meine? Ich fühle mich irgendwie festgefahren.

Im Augenblick will ich niemanden in meinem Leben haben. Ich bin sehr, sehr einsam, aber ich will niemanden in meinem Leben haben, weil ich so schlecht auf mich achtgeben kann, wenn ich jemanden um mich habe. Wenn ich doch nur zuerst an mich denken könnte! Denken Leute aus normalen Familien zuerst an ihr eigenes Glück?

Ich bin in dem Glauben aufgewachsen, daß man für die Liebe alles tut und sich aufopfert, daß Liebe verlangt, daß wir uns fügen und vergeben und uns mit dem Schmerz abfinden. Inzwischen hat die Welt sich wohl gewandelt, und ich habe es nicht mitbekommen – weil Sie mir jetzt erzählen, Liebe erfordere auch Egoismus (von der guten Sorte). Werde ich *jemals* erwachsen genug sein, um so zu lieben, daß ich mir meine Individualität bewahre und mit mir selbst in Kontakt bleibe?

Jeannie C.

Liebe Jeannie,
Ihrem Brief entnehme ich, daß Sie noch nicht bereit sind, das Erforderliche zu tun, um gesund zu werden. Ich hoffe, ich irre mich, denn es gibt vieles, was Ihnen sehr helfen kann, wenn Sie sich entscheiden, es anzunehmen – Hilfe, die Ihr Leben wirklich verändern wird.

Mehrere der Anonymen-Programme kommen für Sie in Frage, und genau dort gehören Sie meiner Meinung nach auch hin. Wenn Sie wirklich erwachsen werden wollen, müssen Sie als erstes mit dem Trinken aufhören. Es ist Zeit- und Geldverschwendung, eine Therapie zu machen und gleichzeitig irgendwelche bewußtseinsverändernden Drogen zu nehmen. Sie müssen trocken und nüchtern sein, damit Sie in anderen Lebensbereichen Fortschritte machen können. Gehen Sie also wieder zu den Anonymen Alkoholikern, um sich bei der Alkoholabstinenz unterstützen zu lassen. Übrigens haben sich die meisten Alkoholiker, mit denen ich in meiner fünfzehnjährigen Berufspraxis auf dem Gebiet der Suchtkrankheiten zu tun hatte, genauso gefühlt wie Sie. Die haben auch nicht geglaubt, daß sie zu den Anonymen Alkoholikern gehören. Die meisten trinken immer noch und kommen mit ihrem Leben immer weniger zurecht, aber sie glauben weiterhin nicht, daß sie Alkoholiker sind.[*]

---

[*] Alkoholismus ist gar nicht so schwer zu definieren. Wenn jemand trinkt, dadurch Probleme bekommt und trotzdem weitertrinkt – das ist Alkoholismus. In vieler Hinsicht ist Alkoholismus vergleichbar mit Schwangerschaft. Entweder man ist es, oder man ist es nicht. Aber wenn man es ist, zeigt es sich zu Anfang nicht sehr deutlich, also wird es einem selbst und anderen Menschen vielleicht gar nicht auffallen. Aber im Verlauf der Zeit wird es immer offensichtlicher.

Wenn Sie eine Zeitlang trocken sind – ein halbes bis ein ganzes Jahr –, stellen Sie vielleicht fest, daß Sie auch für die anderen Suchtkrankheiten, die Sie erwähnen, Hilfe brauchen. «Debtors Anonymous» (Anonyme Schuldner) haben vielen trockenen Alkoholikern geholfen, ihre zwanghafte Verschwendungssucht zu überwinden. «Overeaters Anonymous» ist für die Genesung des Eßsüchtigen ebenso wichtig wie die Anonymen Alkoholiker für den Alkoholabhängigen. (Die meisten zwanghaften Esser stellen fest, daß sie sich vom Alkohol fernhalten müssen, auch wenn sie davon nicht in erster Linie abhängig sind, weil Alkohol und Zucker im Körper die gleiche Wirkung haben; die Einnahme jeder dieser beiden chemischen Substanzen kann einen Eßanfall zur Folge haben.) An vielen Orten gibt es inzwischen «Relationships Anonymous», Selbsthilfegruppen zum Thema Beziehungssucht für diejenigen, die Beziehungen als Droge benutzen; auch solche Gruppen könnten für Sie in Frage kommen.

Keiner dieser Genesungsprozesse kann von Dauer sein, wenn Sie weiter trinken, weil eine der wesentlichen Funktionen von Alkohol darin besteht, daß er den Teil des Gehirns einlullt, der nein sagt. Und, Jeannie, Sie wissen, wie wichtig dieser Teil Ihres Gehirns für den Versuch ist, sich von einer Sucht zu befreien. Sie können es sich nicht leisten, diese Funktion einzuschläfern, weil Sie dann bald dahin kommen, ja zu sagen zu den Schuhen für zweihundert Dollar, zu der Mousse au chocolat, zu dem verheirateten Mann oder zu allen dreien.

Auch Al-Anon und die Treffen der «Erwachsenen Kinder von Alkoholikern» kommen für Sie in Frage, und diese Hilfsprogramme sollten nach und nach ein wichtiger Bestandteil Ihrer Genesung werden. Meiner Meinung nach sollten Sie mit diesen Programmen aber warten, bis Sie ein volles Jahr trocken und nüchtern sind. Bei den Treffen von Al-Anon oder der «Erwachsenen Kinder von Alkoholikern» identifizieren sich die erst kurzzeitig trockenen Alkoholiker oft mehr mit den Alkoholikern, deren Trinkerei anderen so viele Schmerzen bereitet, als mit den anwesenden Co-Alkoholikern. So können gewaltige Schuldgefühle entstehen. Umgekehrt können Alkoholiker, die noch kein ganzes Jahr trocken sind, es vorziehen, ihre Genesung vom Alkoholismus nicht weiter zu beachten, sich nur noch auf ihre Verhaltensmuster als Co-Alkoholiker konzentrieren und im Verlaufe dieses Prozesses wieder zu trinken anfangen. Also ist ein Jahr Nüchternheit die angemessene Voraussetzung für all diese Genesungsprozesse.

Lassen Sie mich Ihnen abschließend sagen, daß Sie mit der entscheidend wichtigen Arbeit anfangen müssen, Ihre Abhängigkeiten und Verhaltensmuster als Co-Abhängige mit Hilfe der entsprechenden Programme und in der entsprechenden Reihenfolge konkret anzugehen, und das ist *wichtiger*, als noch einen weiteren Therapeuten aufzusuchen oder noch ein weiteres Buch zu lesen. Die Treffen werden Sie vor Einsamkeit, vor Angst und vor Besessenheit schützen. Dort in erster Linie werden Sie lernen, was es heißt, mit gesundem Egoismus an Ihrem Leben zu arbeiten und wie Sie für Ihre Genesung Unterstützung finden können, statt Ihre Süchte zu befriedigen. Und das Schönste von allem – durch die bedingungslose Liebe, die Sie dort erfahren, kommen Sie nach und nach an den Punkt, wo Sie nur noch Entscheidungen treffen, die Ihnen helfen, Ihr Wohlbefinden und Ihren inneren Frieden zu unterstützen und zu festigen – ganz gleich, ob es bei diesen Entscheidungen um Essen, Trinken, materiellen Besitz, Verhalten oder Menschen geht. Nur gesunde, liebevolle Menschen können auch gesunde und liebevolle Beziehungen eingehen. Wenn Sie sich selbst so lieben, daß Sie sich von der Sucht befreien können, schaffen Sie die Vorbedingung dafür, daß Sie sich auch auf andere Menschen gesund und liebevoll beziehen können.

Liebe Frau Norwood,
ich arbeite im metaphysischen Bereich. Ich war als Beraterin tätig, habe Vorträge gehalten und Gruppen geleitet und benutze eine Heilmethode, die vor allem mit dem Emotionalkörper arbeitet.

Ich habe mit meinem Sohn eine Woche in einem Rehabilitierungszentrum für Alkohol- und Drogenabhängige verbracht, und dort arbeitet man nach Ihrem Buch. Meine zukünftige Schwiegertochter hat es gelesen und weiterempfohlen, speziell den Familienangehörigen der Patienten.

Da es so hilfreich ist, würde ich gern eine Gruppe über das anbieten, was Sie geschrieben haben. Ich würde gern wissen, was Sie von einem solchen Workshop halten.

Ginger J.

Liebe Ginger,
zunächst einmal vielen Dank dafür, daß Sie mich nach meiner Meinung fragen; denn ich habe natürlich eine, und zwar eine ganz entschiedene. Ehrlich gesagt finde ich es alarmierend, wieviele Therapeuten, die selbst überhaupt nicht verstehen, was Sucht eigentlich ist und wie man sie angemessen behandelt, Gruppen zum Thema Beziehungssucht anbieten.

Sucht heißt, daß ein Mensch sich nicht alleine davon befreien kann. Weitere Informationen oder Gruppenerfahrungen werden die Sache nicht umkehren und einen Menschen plötzlich in die Lage versetzen, sein destruktives, abhängiges Verhaltensmuster ganz aufzugeben, ob es nun um Essen, Alkohol, Arbeit, Sexualität, Drogen oder Beziehungen geht.

Ich wünsche mir von ganzem Herzen, daß jeder, der Vorträge zum Thema Beziehungssucht plant, zumindest mehrere öffentliche Treffen verschiedener Anonymen-Gruppen besucht, besonders die der Anonymen Alkoholiker und von Al-Anon. Nur auf diese Weise kann er die gewaltige Macht von Sucht und Co-Abhängigkeit begreifen. Nur *von den Menschen, die auf dem Weg der Genesung sind*, kann er lernen, welch langwieriger, schwieriger Prozeß die Genesung ist, und sie als ein Geschehen verstehen, das zu seiner Entfaltung tatsächlich Jahre der Anstrengung und Hingabe verlangt.

Die Genesung erfordert, daß wir unser Vertrauen nicht auf einen Therapeuten, sondern auf eine Höhere Macht setzen, und darauf wird in kaum einer jener Gruppen, von denen ich gehört habe, Nachdruck gelegt. Statt dessen neigt man in diesen kurzzeitigen Workshops dazu, größeres Gewicht auf die Kontrolle durch den eigenen Willen zu legen, ein Vorgehen, das auf lange Sicht bei Sucht *nichts* bewirkt.

Viele Menschen, die solche Vorträge halten oder Gruppen leiten wollen, sind, wie Sie auch, Ginger, selbst Co-Alkoholiker. Das Bedürfnis, anderen zu erzählen, wie es ihnen besser gehen kann, ist ein wichtiges Merkmal des unbehandelten Co-Alkoholismus. Ich glaube fest daran, daß wir anderen mehr nützen, als all diese Vorträge es vermögen, wenn jeder von uns sich um seine *eigene* Genesung kümmern und sie zur absoluten Priorität machen würde, weil wir dann *beispielhaft* für ein Leben wären, in dem wir nicht mehr dirigieren, kontrollieren und Ratschläge erteilen müssen unter dem Deckmantel des «Helfers». Über Genesung reden, schreiben und Vorträge halten – das alles kommt häufiger vor als die Genesung selbst.

Auf viele von uns, die Berater oder Therapeuten geworden sind, übt die Vorstellung, andere zu heilen, einen großen Reiz aus, und einige von uns sind tatsächlich fähige Heiler. Aber die Aufforderung «Arzt, hilf dir selbst!» gilt sowohl für diejenigen unter uns, die bei der Heilung der Seele helfen wollen, als auch für Menschen, die die Heilung des Körpers fördern wollen. Wir müssen bei uns selbst beginnen, und manchmal heißt Heilung für uns, daß wir eine Zeitlang damit *aufhören* müssen, für andere Hilfe zu suchen, besonders wenn wir Co-Alkoholiker oder auf andere Weise beziehungssüchtig sind. Statt dessen müssen wir lernen, innezuhalten und uns um uns selbst zu kümmern.

Alles, was für die Genesung wirklich von Wert ist, habe ich von Menschen gelernt, die selbst auf dem Weg der Genesung sind. Ich glaube nicht, daß wir anderen bei der Erreichung von Zielen helfen können, die wir selbst nicht erreicht haben. Darum muß unsere eigene Genesung immer an erster Stelle stehen, wenn wir anderen eine Hilfe sein wollen. Um etwas geben zu können, müssen wir es zunächst einmal haben.

Genesung kann man nicht kaufen. Sie kann nicht erlangt werden, indem man den richtigen Therapeuten aufsucht oder sich den richtigen Vortrag anhört (obwohl das alles sehr hilfreich sein kann). Sie ist nicht der Entschluß: von jetzt an für alle Zeiten. Genesung ist ein kontinuierliches Geschehen, das Minute für Minute beginnt, Stunde für Stunde wächst und sich schließlich Jahr für Jahr weiterentwickelt, aber sie geht niemals schneller vor sich als Tag für Tag. Sie erfordert keinen einmaligen gewaltigen und dramatischen Angriff, sondern angesichts der Macht dieser Krankheit vielmehr ein tägliches hingebungsvolles Umgehen mit dem Problem, die täglich neue Verpflichtung, alles zu tun, um das schädliche Verhalten zu verhindern, all die kleinen und großen Dinge zu unterlassen, die zu einem «Ausrutscher» führen, die Schritte nicht zu tun, die uns so leicht, so selbstverständlich und heimtückisch in den Sinn kommen. Nur jemand, der selbst auf dem Weg der Genesung ist, kann das wirklich verstehen und an andere weitervermitteln.

———

Frau Norwood,
ich habe Ihr Buch gerade zu Ende gelesen. Nach den ersten Seiten dachte ich, ich würde dieses Buch nie wieder anfassen. Ich weinte, weil ich feststellen mußte, daß ich noch eine weitere Krankheit habe. Ich bin bereits eine Süchtige auf dem Weg der Genesung und Alkoholikerin. Ich war über ein Jahr bei den «Narcotics Anonymous» und bei den Anonymen Alkoholikern und bin ein halbes Jahr nüchtern. Anderthalb Jahre war ich in Therapie und habe außerdem zwei Entzugsprogramme mitgemacht. Ich bin ein erwachsenes Kind eines Alkoholikers, und wahrscheinlich komme ich auch für «Overeaters Anonymous» in Frage.

Als ich anfing, Ihr Buch zu lesen, war ich wie erschlagen. Das war ich, schwarz auf weiß! All meine alten Denkmuster schalteten sich wieder ein. Ich arbeite an meinem vierten Schritt (innere Inventur) und war der Meinung, daß ich zusätzlichen Druck nicht gebrauchen kann. Aber als ich über meine Beziehungen schrieb, sah ich, daß meine Verhaltensmuster mit Männern bereits mit meinem Vater angefangen haben. Ich dachte dann, vielleicht sollte ich den Mut aufbringen und das Buch doch wieder zur Hand nehmen.

Es tat weh. Es ist keine Freude, sich so zu sehen. Es

hilft mir, daß Sie sagen, es ist eine Krankheit. Damit kann ich umgehen, weil ich weiß, das heißt: es ist nicht mein Fehler, ich muß mir keine Vorwürfe machen. (Ich wollte nur einfach nicht *noch eine* Krankheit haben.)

Ich hatte fast ein Jahr lang eine Beziehung zu einem Abhängigen, der auch auf dem Weg der Genesung ist. In der Therapie sagte man mir, mich auf einen Mann einzulassen sei, außer einen Schluck zu trinken oder Drogen zu nehmen, das Gefährlichste, was ich überhaupt tun könne, und daß es zu einem Rückfall meiner Suchtmittelabhängigkeit führen würde. Und kurzfristig trat das auch ein. Bevor ich Ihr Buch las, dachte ich, vielleicht bin ich nicht ganz richtig im Kopf, weil ich diese *total* ungesunde und unbefriedigende Beziehung nicht um's Verrecken aufgeben wollte.

Ich tue mein Bestes, um mein Programm durchzuarbeiten, und das hat mir sehr geholfen. Aber die Tür hinter dieser Beziehung ganz zu schließen, fällt mir sehr schwer. Ihr Buch hat mir ein paar ganz entscheidende Werkzeuge in die Hand gegeben, die mir helfen, mit diesem Teil meiner abhängigen Persönlichkeit umzugehen. Erstens werde ich meiner Therapeutin gegenüber ehrlich sein (sie denkt, daß ich die Beziehung beendet habe) und mir die Hilfe holen, die ich brauche. Außerdem habe ich vor einer Woche erfahren, daß einige Frauen im Anschluß an die Lektüre Ihres Buches eine Selbsthilfegruppe gegründet haben, und daran werde ich teilnehmen. Ich war bereits in einer Selbsthilfegruppe für Beziehungssüchtige. Sie dauerte nur sechs Wochen, hat mir aber sehr geholfen.

Roberta J.

Liebe Roberta,
Ihr Brief ist deswegen so wichtig, weil Sie darin beschreiben, was keine von uns ins Auge fassen will und was doch für die

meisten von uns so wichtig ist – die «nächste Genesung». Vor allem für Menschen, die wie Sie an einem oder mehreren der Anonymen-Programme teilnehmen, kommt ein Punkt, an dem sie das Gefühl haben: «So! Geschafft! Ich habe genug aufgegeben, jetzt darf ich mich mal ausruhen. Natürlich arbeite ich an meinem Programm/en so gut ich kann weiter. Aber nun will ich mich ein bißchen entspannen.» Und trotzdem räumt die Genesung in einem Lebensbereich oft gerade nur den Schutt beiseite, so daß wir erkennen können, warum wir in anderen Lebensbereichen noch immer kaum zurechtkommen.

Wenn sie sich mit einer Abhängigkeit oder einem Krankheitsverlauf auseinandergesetzt haben, wollen die meisten Menschen mit aller Macht verhindern, daß sie ihre nächste Abhängigkeit, die schon wartet, wahrnehmen oder sich gar damit beschäftigen. Paradoxerweise müssen sie weitaus mehr Energie aufbringen, um den nächsten anstehenden Arbeitsschritt zu ignorieren, wenn ihre Genesung in einem Bereich schon fortgeschritten ist. Der Mann bei den Anonymen Alkoholikern, der seit mehreren Jahren trocken ist, kann sich trotzdem der Einsicht verschließen, was seine Abhängigkeit von abnormem Sex seiner Familie immer noch antut. Oder eine Frau mit einem guten, soliden Al-Anon-Programm hat vielleicht mit dem Alkoholismus ihres Mannes Frieden geschlossen, versucht aber weiterhin zu ignorieren, daß sie selbst nach bestimmten Nahrungsmitteln süchtig ist.

Die meisten alkoholabhängigen Frauen müssen sich, genau wie Sie, Ihrer Beziehungssucht stellen, wenn sie erst einmal trocken sind, denn fast alle stammen aus Alkoholiker-Familien, in denen sie von klein auf Co-Abhängigkeit gelernt haben. Viele waren das Opfer körperlicher und sexueller Mißhandlungen, und nach und nach müssen sie auch in diesen Bereichen geheilt werden, um sich mit ihrer Nüchternheit wirklich wohlzufühlen. Wenn es bei trockenen Alkoholikerinnen zu einem «Ausrutscher» kommt, dann meistens auf Grund von co-abhängigen Verhaltensmustern. Darum wurden Sie gewarnt, sich nicht auf einen Mann einzulassen, wenn Sie erst kurzfristig trocken sind. Kein anderes Gebiet ist so «rutschig» für gerade erst nüchterne und trockene Frauen wie das der Beziehungen.

Je länger die erste Genesung anhält, desto mehr Mut und Demut erfordert es, sich der nächsten Genesung zu stellen. Im Laufe der Jahre, die man genesen ist, häuft sich Stolz an, und es ist weder leicht noch erfreulich, bekennen zu müssen, daß wir uns beim Aufräumen in einem Lebensbereich noch lange nicht um alle Schmerzen oder alle Geheimnisse gekümmert haben. Aber statt die nächste Genesung als Dämpfer für den eigenen Stolz oder als fehlerhaftes Durcharbeiten eines perfekten Programms anzusehen, wäre es angebrachter, sie zu begrüßen. Es hilft, wenn wir uns – noch bevor wir unseren anderen Abhängigkeiten gegenüberstehen – daran erinnern, welche Erleichterung das volle Eingeständnis unserer Niederlage gegenüber der Sucht war. Und zu erkennen, daß die Genesung kein endgültiger Zustand ist; sie ist keine Tür, die wir hinter einem zurückliegenden Lebensweg zuschlagen, sondern eine, die wir täglich neu öffnen müssen, um besser, freier und umfassender erfahren zu können, was es heißt, lebendig und heil und gesund zu sein.

Das alles liegt vor Ihnen, Roberta. Vor Ihnen liegt kein Kümmerdasein, in dem Sie nach und nach Ihre liebsten Dinge und Beschäftigungen aufgeben müssen, damit Sie so gerade eben überleben – physisch und psychisch. Gerade das Gegenteil wartet auf Sie: ein Leben, in dem die Wege geebnet wurden, und vor Ihnen liegt ein großer, offener, freier Platz für all das Gute, das auf Sie zukommen möchte. Und an Ihrer nächsten Genesung arbeiten Sie einfach deswegen so eifrig, weil Sie all dem Guten ein weiteres Hindernis aus dem Weg räumen wollen.

Eine abschließende Bemerkung. Ich mußte lachen und war zugleich traurig, als ich Ihr «Bekenntnis» las, daß Sie Ihre Therapeutin über Ihre augenblickliche ungesunde Beziehung getäuscht haben. Dieses Vorgehen, für eine Therapie zu bezahlen und dann dem Therapeuten gegenüber noch nicht einmal ehrlich zu sein, ist *sehr* verbreitet, mehr als Therapeuten es sich eingestehen wollen, weil wir diesem Phänomen gegenüber so hilflos sind.

Menschen, die eine Therapie anfangen, suchen meistens Linderung für den Schmerz, der eine natürliche Folge ihrer gegenwärtigen Lebensweise ist. Sie hoffen, diese Linderung durch den «Kauf» eines Experten sicherzustellen. Mit anderen Worten, sie tragen in die Therapiesituation die gleiche selbstverständliche Konsumentenhaltung hinein wie jemand, der sein Auto in die Werkstatt bringt. Sie sind bereit, dafür zu bezahlen, daß jemand mit dem entsprechenden Fachwissen Fehlerhaftes repariert, aber es ist Sache des Experten, das Problem zu finden und zu beheben. Wenn es um ein kaputtes Auto geht, steht unser Ego nicht auf dem Spiel und sucht zu verbergen, weshalb der Wagen nicht funktioniert. Aber wenn es um ein unglückliches Leben geht, das wir nicht bewältigen können, steht unser Ego sehr wohl auf dem Spiel und will unbedingt verbergen, welche Einstellungen, Verhaltensweisen und Heimlichkeiten den Schmerz erzeugen. Das gilt vor allem für jede Form von Abhängigkeit.

Es liegt in der Natur des abhängigen Menschen (ganz gleich, unter welcher Abhängigkeit er leidet), herunterzuspielen oder gänzlich zu verleugnen, wie krank er ist und wie sehr seine Situation sich verschlechtert hat. Für Alkoholiker, mit denen wir als Berater arbeiten, ist es typisch, daß sie ihr Trinken verniedlichen oder ganz verleugnen. Wenn unser / e Klient / in beziehungssüchtig ist und wir wissen, wie wir diese spezielle Abhängigkeit diagnostizieren können, dann wissen wir auch, daß die Aussagen über die schädliche Verbindung meistens beträchtlich geschönt werden oder ganz unterbleiben.

Wenn wir Therapeuten einem Klienten gegenübersitzen, können wir nur mit dem Material arbeiten, das der Klient uns mitteilt; hinzu kommt unser Verständnis von der Situation oder der Krankheit des Klienten, wie sie typischerweise auch von anderen erfahren wird, die all das durchgemacht haben. Wenn wir uns selber damit herumgeschlagen haben, trägt das erheblich zum Verständnis der kritischen Lage des Klienten bei. Wir versuchen, für den Klienten ein Spiegel zu sein, der ihm eine Kombination zeigt aus dem, was er uns erzählt und was wir als Experten und möglicherweise selbst genesende Menschen über die Umstände wissen, mit denen er kämpft.

Aber wegen der unvermeidlichen Verleugnungtendenz des Klienten kann die Einzeltherapie für Süchtige (und auch hier gilt: ganz gleich, um welche Sucht es geht) niemals die Methode der Wahl sein. Die Spiegelung durch den Therapeuten, die natürlich auf den Berichten des Klienten beruht, wurde bereits verzerrt durch den unbewußten Drang des Klienten, entscheidende Dinge herunterzuspielen oder ganz wegzulassen. Aber durch das Zusammentreffen mit anderen, die unter der gleichen Abhängigkeit leiden, wird hier Abhilfe geschaffen. Selbst wenn jede/r Teilnehmer/in bestimmte Aspekte seiner oder ihrer Krankheit verleugnet – wenn alle ihre Geschichten und alle ihre Kämpfe zusammenkommen, dann decken sie jede Facette der Krankheit ab und stellen einen Spiegel zur Verfügung, der am Ende jeder und jedem von ihnen das Bild, das sie oder er sich anschauen muß, in seiner Ganzheit widerspiegelt.

Roberta, Sie brauchen diesen Spiegel für Ihre Beziehungssucht ebensosehr wie für Ihre Abhängigkeit von chemischen Drogen. Wie Sie bereits entdeckt haben, werden die Gruppentreffen zum Thema Beziehungssucht als Ergänzung zu Ihrer Therapie die beste Unterstützung für Ihre Heilung auch auf diesem Gebiet sein.

Kapitel 7: Briefe von Frauen, die an Selbsthilfegruppen für Beziehungssüchtige teilnehmen

Gruppen für Beziehungssüchtige haben sich in sehr großer Zahl gebildet. Einige fingen an, noch bevor «Wenn Frauen zu sehr lieben» erschienen war, sehr viele kamen nach der Veröffentlichung des Buches hinzu. Einige dieser Gruppen werden von Therapeutinnen geleitet, andere halten sich bei der Gründung einer Selbsthilfegruppe für Beziehungssüchtige eng an die Richtlinien von «Wenn Frauen zu sehr lieben». Meine langjährige Arbeit auf dem Gebiet der Suchtkrankheiten hat mir gezeigt, daß das Zwölf-Schritte-Programm die effektivste und angemessenste Behandlung für *alle* Formen von Sucht ist, die Beziehungssucht eingeschlossen. Ich freue mich sehr, daß es überall Gruppen gibt, die auf der Grundlage der Zwölf Schritte der Anonymen Alkoholiker an der Beziehungssucht arbeiten. Diese Gruppen haben mit mir persönlich nichts zu tun. Schließlich sind sie anonym. Aber sie sind, zusammen mit entsprechenden anderen Zwölf-Schritte-Programmen, die *einzigen* Gruppen, die ich Beziehungssüchtigen mit gutem Gewissen empfehlen kann. Wenn ich auch glaube, daß die Zehn Schritte zur Genesung, die in «Wenn Frauen zu sehr lieben» bekanntgemacht wurden, von ganz wesentlicher Bedeutung für alle Frauen sind, die zu sehr lieben, so meine ich doch, daß ein Zwölf-Schritte-Programm, das der spirituellen Entwicklung größere Bedeutung beimißt, der beste Rahmen ist, in dem diese Zehn Schritte befolgt werden können. Wenn es um Beziehungs*sucht* geht, ist keine andere Behandlung auf Dauer so effektiv. Bei alledem geht es nicht darum, irgendein bestimmtes Zwölf-Schritte-Treffen bejahend zu unterstützen. Das wäre unangemessen und nicht ratsam, weil diese Meetings, was die Befolgung der Schritte und der ursprünglich von den Anonymen Alkoholikern entwickelten Traditionen betrifft, sehr unterschiedlich sein können.

Ich halte mich schon lange daran, daß ich nur die Anonymen-Programme empfehle und niemals einzelne Therapeuten oder Therapeutinnen, Gruppentherapien oder psychologische Behandlungsinstitute. Und mir ist niemals ein Mensch mit Problemen begegnet, der für die Teilnahme an zumindest einem der über hundert verschiedenen Anonymen-Programme nicht in Frage gekommen wäre.

Der folgende Brief macht deutlich, was für viele alkoholabhängige Frauen auf dem Weg der Genesung gilt: daß es, nachdem sie trocken geworden sind, noch eine weitere Krankheit gibt, der sie sich zuwenden müssen, wenn sie weiterhin trocken bleiben wollen. Die Krankheit Beziehungssucht taucht bei so vielen Alkoholikerinnen auf, weil sie oft aus Alkoholikerfamilien stammen, wo sie schon lange, bevor sie ihre Abhängigkeit von chemischen Substanzen entwickelten, Co-Alkoholikerinnen waren.

Ist die Erkrankung an Suchtmittelabhängigkeit erst einmal aufgehalten worden, dann wird die seelische Berg- und Talfahrt, die durch die Verhaltensmuster des Co-Alkoholismus verursacht wird, zur größten Bedrohung für anhaltende Nüchternheit. Die Länge der Strecke, die die Verfasserin des nächsten Briefes zurücklegen mußte, um von ihrer Beziehungssucht zu genesen, entspricht in vollem Maße ihren Anstrengungen, trocken zu bleiben, und das aus gutem Grunde. Ihr wird klar, daß ihre Beziehungssucht eine ebenso große Bedrohung für ihr Leben und Wohlergehen darstellt wie ihre Alkoholabhängigkeit.

Liebe Robin Norwood,
ich heiße Ramona und bin nicht nur genesende Alkoholikerin, sondern auch eine genesende Frau, die zu sehr liebt.

Ich wurde vor drei Jahren trocken, den Drohungen meines (damaligen) auch trinkenden Ehemannes folgend, der darauf bestand, daß ich wegen *meiner* Trinkerei etwas unternehmen sollte. Also begab ich mich in Behandlung, voller Angst ihn zu verlieren, wenn ich nicht tat, was er von mir verlangte.

Irgendwann auf diesem Weg beschloß ich, selber gerne trocken werden zu wollen, und ich fing an, das Programm der Anonymen Alkoholiker für *mich* durchzuarbeiten. Während ich an meinem Programm arbeitete, begann mein Mann Bemerkungen fallenzulassen, die mir deutlich machten, daß ihm die Veränderungen nicht gefielen, die er an mir wahrnahm. Er fing an, immer länger von zu Hause wegzubleiben und auch mehr zu trinken. Die Angst, ihn zu verlieren, war immer noch mein erster Gedanke, obwohl ich – so wie die Dinge zwischen uns standen – wußte, daß ich wieder zu trinken anfangen und ihn dann ganz sicher verlieren würde, wenn wir zusammenblieben. Also verließ ich nach zehnmonatiger Trockenheit sein Haus und hoffte, er würde mich so sehr vermissen, daß er wegen seiner eigenen Trinkerei etwas unternehmen würde. Dann wären wir beide trocken und würden an unserem AA-Programm arbeiten und für immer und ewig glücklich sein. Er war ehrlich genug, mir zu sagen, daß er nicht bereit oder willens war, sich zu ändern, als ich ihn bat, mit mir zusammen eine Beratung aufzusuchen. Aber natürlich dachte ich, daß er die Dinge mit der Zeit anders sehen würde.

Bei der Behandlung hatte man mir gesagt, daß ich auch von ihm abhängig sei und nicht nur vom Alkohol. Aber ich konnte das einfach nicht einsehen, geschweige denn akzeptieren. Ich fing also an, alles zu lesen, was mir in die Finger kam, um ihm schwarz auf weiß zeigen zu können, was zwischen uns falsch lief, und dann würde ich ihn in Ordnung bringen und meine Ehe mit ihm weiterführen können.

Ich ging zu Al-Anon, aber ich schöpfte dort nur

neue Hoffnung, er könne doch trocken werden, und das band mich noch enger an ihn. So jedenfalls malte ich es mir aus.

Und natürlich fuhr ich fort, mich mit ihm zu treffen, seinen Lügen zu glauben und zuzulassen, daß er mich so behandelte, wie es ihm paßte. Er hat mich nicht körperlich mißhandelt, aber die seelische Mißhandlung war unerträglich. Während er sich mit anderen Frauen herumtrieb und trank, wartete ich auf ihn, hoffend und betend, daß er sich ändern möge. Ich tat alles, was man sich nur vorstellen kann, um ihm zu gefallen, und wollte immer so gern glauben, daß er im Guten zu mir zurückkehrte.

Daß ich nicht trank, das weiß ich jetzt, geschah allein durch Gottes Gnade, der wohl etwas Besseres für mich im Sinn hatte. Letztes Jahr war ich dann seelisch am Ende, ebenso wie ich mit meiner Trinkerei am Ende gewesen war. Beim Zubettgehen abends betete ich darum, sterben zu dürfen, und verfluchte Gott, als ich aufwachte und immer noch lebte. Ich ging zur Arbeit, kehrte nach Hause zurück, kapselte mich ab, weinte und betete darum, sterben zu dürfen. Nur eine liebe Freundin hatte mich nicht aufgegeben. Inzwischen habe ich sie durch Krebs verloren, aber sie war die Freundin, die mich mit bedingungsloser Liebe zu den Schritten ermutigte, die später mein Leben verändert haben.

In meiner seelischen Hölle fand ich irgendwann Ihr Buch und las es. Das war auf jeder Seite ich, da stand, was mit mir nicht in Ordnung war. Erst jetzt konnte ich annehmen und einsehen, daß es Hoffnung gab.

Al-Anon war immer noch verwirrend für mich, weil ich ständig heraushörte, daß er mit dem Trinken Schluß machen würde, wenn ich es nur richtig anstellte (das haben sie nicht *gesagt*, sondern das habe ich *gehört*). Ich dachte, meine einzige Hoffnung auf Genesung liege darin, meine eigene Gruppe zu gründen für Frauen wie mich – süchtig nach Männern. Ich war bereits in Therapie, hatte aber das Gefühl, mehr zu brauchen. Mit Hilfe der Liebe und Ermutigung meiner lieben Freundin Carla und einer weiteren Freundin, Lois, fing ich eine Gruppe an, die auf Ihrem Buch beruhte.

Ich weiß gar nicht, wo ich anfangen soll, Ihnen zu erzählen, wie sehr mein Leben sich seither verändert hat, wie die Türen mir offenstehen, mein Selbstwertgefühl gewachsen ist, meine Zuversicht gewachsen ist oder ich gewachsen bin.

Ich glaube wirklich, daß ich nicht mehr da wäre und Ihnen diesen Brief nicht mehr schreiben könnte, wenn ich meinen früheren Weg weitergegangen wäre. Dreimal habe ich beim Trinken versucht, mich umzubringen – alles nur aus süchtiger Liebe zu meinem (jetzt ehemaligen) Mann.

Nachdem ich die Frauengruppe gegründet hatte, habe ich angefangen, neben meiner regulären Arbeit auf einer offenen Station für genesende Sucht- und Alkoholkranke zu arbeiten. Ohne mein persönliches Wachstum in den vergangenen sechs Monaten wäre ich nicht in der Lage gewesen, das alles zu bewältigen.

Ich sitze nicht mehr da und weine oder kapsele mich ab oder bete darum, sterben zu dürfen. Ich bin auch nicht mehr ständig deprimiert oder habe das Gefühl, einen Mann in meinem Leben zu brauchen, der auf mich aufpaßt und/oder mit dem ich glücklich sein kann.

Heute bin ich die meiste Zeit glücklich. Heute bin ich voller Dankbarkeit für all das, was Gott mir gegeben hat (und auch für das, was er mir nicht gegeben hat). Ich führe heute ein reiches und aktives Leben. Wenn es dazu kommt, daß ich mich mit jemandem verabrede, sagen mir meine fünf Sinne, ob es mir gut tut oder nicht. Ich kann es genießen, mit einem Mann zusammen zu sein, aber wenn keiner da ist, sitze ich nicht da wie eine Armamputierte und warte auf seinen Anruf. Ich lebe mein Leben jetzt für mich. Sollte zufällig ein Mann vorbeikommen, gut, aber wenn nicht, kann ich mein Leben ebenso gut für mich leben. Ich langweile mich nie, und ich weiß, daß ich nicht alleine sein muß.

Ramona A.

Liebe Robin,
ich habe Ihr Buch gelesen und finde es einfach toll! Wir haben hier (zehn Frauen) eine Selbsthilfegruppe angefangen, sind aber auf ein Problem gestoßen. Auch Männer, die das Buch gelesen haben, möchten sehr gern an der Selbsthilfegruppe teilnehmen. Wir sind ganz erschrocken! Aber sie leiden doch wahrscheinlich genauso wie wir. Was sollen wir bloß tun?

Rachel R.

Liebe Rachel,
ich glaube, daß es für Männer und Frauen getrennte Selbsthilfegruppen geben muß, wenn es um die Krankheit Beziehungssucht geht. Frauen und Männer verhalten sich anders, wenn das jeweils andere Geschlecht anwesend ist. Mit ihren eigenen Geschlechtsgenossinnen sind Frauen meistens offener und geben mehr von sich preis, besonders wenn sie Probleme besprechen, bei denen es um Männer geht. Für Männer gilt das Gegenteil. Sie teilen sich in der Gegenwart von Frauen offener mit, als wenn nur Männer anwesend sind, zumindest am Anfang. Aber mit der Zeit werden auch sie viel ehrlicher, wenn nur das eigene Geschlecht anwesend ist. Wenn die Männer, von denen sie gehört haben, wirklich eine Selbsthilfegruppe wollen, werden sie ihre eigene anfangen. Sie, Rachel, müssen nicht für die Genesung dieser Männer sorgen.

Lange bevor «Wenn Frauen zu sehr lieben» geschrieben wurde, gab es schon Selbsthilfegruppen, die die Zwölf-Schritte-Methode für das Problem Beziehungssucht einsetzten. Viele sind für Männer *und* Frauen offen, es gibt also nicht «den richtigen» Weg, mit dieser Frage umzugehen. Sie bekommen hier nur meine Meinung zu hören. Wenn Sie sich entscheiden, Ihre Gruppe auf Frauen zu beschränken, können Sie sich immer noch entschließen, beide Gruppen einzuladen, nachdem sie erst einmal gefestigter sind. Denkbar ist, daß daraus gelegentliche gemischte Treffen für Frauen und Männer entstehen, wodurch eine eventuelle Stimmung von «wir gegen sie» abgebaut werden kann. Aber wenn Sie so vorgehen sollten, dann denken sie auf jeden Fall daran, bei den gemeinsamen Treffen an Ihrer eigenen Genesung zu arbeiten, nicht an der der Männer! Vielleicht können die beiden folgenden Briefe Ihrer Gruppe bei der Entscheidung helfen.

———

Liebe Robin,
nachdem ich «Wenn Frauen zu sehr lieben» gelesen hatte, versuchte ich verzweifelt, in der Nähe eine Selbsthilfegruppe zu finden, in der Frauen diesen Fragen gemeinsam nachgingen. Nachdem ich zu meiner großen Enttäuschung herausfand, daß es keine solche Gruppe gab, entschloß ich mich, Ihrem Rat folgend, meine eigene zu gründen. Ich bin glücklich, sagen zu können, daß wir jetzt eine feste, engagierte und begeistert arbeitende Gruppe haben, die von zwölf Teilnehmerinnen in der ersten Woche auf fünfundzwanzig bei unserem letzten (dem fünften) Treffen angewachsen ist. Ich möchte Ihnen auch sagen, Robin, daß die Gründung dieser Gruppe und meine aktive Teilnahme an der inhaltlichen Arbeit das Beste ist, was ich jemals für mich getan habe.

Obwohl wir bereits mehrere Fragen, die aufgetaucht sind, durchgearbeitet haben, wären wir sehr froh, wenn Sie uns bei einigen Bedenken weiterhelfen könnten, die uns kürzlich kamen. Zum einen: Würden Sie empfehlen, Männer in die Gruppe aufzunehmen? Diese Frage hat bereits einige Verwirrung gestiftet, weil bei einem unserer letzten Treffen ein

Mann auftauchte. Natürlich lud ich ihn ein zu bleiben, aber da wir mitten in der Diskussion über die Frage waren, ob wir Männer zulassen wollen oder nicht und noch keine eindeutige Antwort gefunden hatten, fühlten sich einige Teilnehmerinnen in seiner Gegenwart ziemlich gehemmt. Außerdem haben wir uns entschieden, der Zwölf-Schritte-Methode zu folgen, die die Anonymen Alkoholiker und Al-Anon benutzen. Finden Sie auch, daß das ein gutes Konzept ist? Und weiter würden wir unser Konzept ab und zu gern ändern, indem wir Videotapes benutzen und/oder eine Referentin dazuholen und so weiter. Können Sie uns noch andere wirksame Mittel empfehlen, um die Inhalte zu vermitteln? Und welchen allgemeinen Richtlinien sollten diese Treffen folgen? Im Augenblick überlassen wir es den jede Woche wechselnden, freiwilligen Leiterinnen, die Themen auszusuchen und führen dann offene Diskussionen. Aber vielleicht gibt es bessere, effektivere Möglichkeiten?

Und könnten Sie mir auch etwas zu «Relationships Anonymous» sagen? Ist das das Gleiche wie «Wenn Frauen zu sehr lieben», nur unter einem anderen Namen?

Wir würden jeden Vorschlag, jedes Feedback und ergänzende Material von Ihrer Seite sehr begrüßen, Robin, weil wir natürlich unbedingt das Bestmögliche für uns aus der Gruppe herausholen möchten. Inzwischen ist sie für mich von absoluter Wichtigkeit, aber manchmal tappe ich etwas im dunkeln herum, wenn es um die «richtige» Strukturierung geht.

Marti S.

Bevor ich mich den anderen Fragen in Martis Brief zuwende, ist es vielleicht aufschlußreich, wenn ich zunächst den Zusatz über den neuesten Stand der «Männerfrage» zitiere, den sie auf dem Einverständnisschreiben für mich notiert hat, mit dem sie mir die Erlaubnis gab, ihren Brief für das vorliegende Buch zu verwenden.

Liebe Robin,

was die Frage betrifft, ob wir in unsere Gruppe Männer aufnehmen sollen: Wie ich schon erwähnte, waren wir nicht sicher, ob wir Männer aufnehmen sollen, und nachdem bei einem Treffen ein tapferer Knabe in unserer Gruppe gesessen hatte, rief ich jede Teilnehmerin an und fragte sie, wie sie die Gruppe an diesem Abend empfunden hätte. Drei oder vier Frauen hatte ich um ihre Meinung gefragt und konnte nicht verstehen, warum sie alle dafür waren, daß Männer in unsere Gruppe kamen, obwohl ich an diesem Abend in Gegenwart des einen sehr viel Unbehagen empfunden hatte. Auf einmal wurde es mir klar! Ich fragte Frauen, die ja in erster Linie Männer *umsorgt* hatten, ob wir Männer zulassen sollten. Jede sagte: «Ja, weil er sonst nirgendwo Hilfe findet» oder etwas ähnliches. Also formulierte ich meine Frage anders, nämlich: «Fühlst du dich mit Männern in der Gruppe genauso offen und entspannt?», und die überwältigende Mehrzahl stimmte mit «Nein!». Das war für mich und die anderen Teilnehmerinnen der Gruppe wirklich ein gutes Beispiel dafür, wie wir die Bedürfnisse anderer (besonders die von Männern) über unsere eigenen stellen!

Marti S.

Was Martis übrige Fragen betrifft, so weiß ich, wie schon einmal in diesem Buch gesagt wurde, keine effektiveren Mittel, mit Sucht und Genesung umzugehen, als die Zwölf-Schritte-Methode der Anonymen-Programme. Und für die Fragen zur Abänderung der Struktur für ein bestimmtes Treffen gilt, daß die Teilnehmerinnen dieses Treffens solche Fragen am besten untereinander besprechen und dabei den Richtlinien folgen, die in den bewährten Anonymen-Programmen für Entscheidungsprozesse in Gruppen entwickelt worden sind.

Die Anonymen Alkoholiker (die als erste das Zwölf-

Schritte-Programm einführten) haben von Anfang an strikt demokratische Prinzipien für die Entscheidung jeder organisatorischen und inhaltlichen Frage benutzt. Jede Gruppe, die die Zwölf-Schritte-Methode für ihre Zwecke einsetzt, täte gut daran, die Literatur der Anonymen Alkoholiker gründlich zu studieren und deren Prinzipien für ihre Entscheidungsprozesse zu übernehmen. Die Anonymen-Programme gingen immer davon aus, daß keine einzelne Person, ganz gleich wie «fachlich» bewandert, Entscheidungen für andere treffen sollte. Und sie sind immer von der Überzeugung ausgegangen, daß jeder Mensch, der mit einer bestimmten Sucht kämpft, ein Experte *ist* und bei allen Entscheidungen Mitspracherecht haben sollte. Alle Fragen (auch die nach dem Ein- oder Ausschluß von Männern) können von jeder einzelnen Gruppe entschieden werden, indem sie den Richtlinien folgt, die seit fünfzig Jahren die Entscheidungsprozesse der Anonymen Alkoholiker so demokratisch gestalten. Es ist verführerisch zu glauben, ein anderer Mensch wisse, was das Beste für uns ist, und dabei unsere eigenen Fähigkeiten zu unterschätzen und die eigene Verantwortung für wichtige Entscheidungsprozesse abzugeben. Aber wenn wir bereit sind, die Antwort auf jede Frage in unserem eigenen Herzen zu suchen, können wir anderen, die ebenso suchen, mitteilen, was wir gefunden haben, und gemeinsam zu einer Entscheidung gelangen, die für alle Beteiligten am besten ist.

Menschen, die mit ihrem Genesungsprozeß angefangen haben, suchen oft nach einer Möglichkeit, die Dinge zu beschleunigen. Diese Haltung ist so unproduktiv, daß wir ständig dagegen ankämpfen müssen. Die Bereitschaft, langsam vorzugehen und eine neue Lebensweise Tag um Tag zu lernen, ist auf die Dauer bei weitem effektiver, als wenn wir mit übertriebener Anstrengung versuchen, möglichst schnell voranzukommen und schon bald frustriert, enttäuscht und entmutigt sind.

Gruppen, die sich mit Beziehungssucht auseinandersetzen und die Zwölf-Schritte-Methode benutzen, laufen unter vielen Namen, «Relationships Anonymous» ist am weitesten verbreitet. Andere Gruppen, die sich mit den gleichen Fragen beschäftigen, sind «Love-n-Addiction» («Liebe und Sucht»),

«Love and Sex Addicts Anonymous» («Anonyme Liebes- und Sexsüchtige»), (die sich sowohl mit Beziehungssucht als auch mit dem Gebrauch von Sex als Droge auseinandersetzen) und verschiedene «Wenn Frauen zu sehr lieben» – Gruppen, *die nach einer Zwölf-Schritte-Methode vorgehen*, im Unterschied zu gleichnamigen Gruppen, die von professionellen Helferinnen geleitet werden. (Ich muß noch hinzufügen, daß der beste Name für eine Selbsthilfegruppe zum Thema Beziehungssucht vom Verleger der Hardcoverausgabe von «Women Who Love Too Much» im Scherz erfunden wurde und trotzdem die Sache sehr gut trifft: «Overlovers Anonymous».)

Liebe Robin,

wir haben Sie kürzlich in einer Talkshow gesehen und bekamen Lust, Ihnen zu schreiben. Wir sind eine Frauengruppe, die auf Grund Ihres Buches zusammengefunden hat. Seit Anfang August dieses Jahres treffen wir uns einmal die Woche.

Zunächst etwas zur Geschichte unserer Gruppe. Die Gruppe für Frauen, die zu sehr lieben, war bei uns am Ort so stark angewachsen, daß wir sie in kleinere Gruppen aufteilen mußten. Unsere setzt sich aus Frauen zusammen, von denen die meisten an Zwölf-Schritte-Programmen teilnehmen. Eine Teilnehmerin tippte einen Plan mit Präambel und der Aufzählung von Hindernissen für erfolgreiches Arbeiten, übernommen vom Zwölf-Schritte-Programm, und los ging's, hauptsächlich auf der Grundlage Ihres Buches und mit dem Gelassenheitsspruch endend. Einige Frauen sind dazugekommen, aber über kurz oder lang wieder ausgeschieden, doch fünf von uns sind dabeigeblieben, und kürzlich stießen drei weitere als aktive Teilnehmerinnen zu unserer Gruppe.

Wir hatten oft das Gefühl, überhaupt nicht voranzukommen, aber als wir Ihr Interview im Fernsehen sahen, wurde uns klar, was für große Fortschritte wir in den letzten vier Monaten (einer relativ kurzen Zeit) gemacht hatten. Wir erkannten bei den beiden Frauen, die mit Ihnen in der Talkshow auftraten, unsere alte Verleugnung wieder und sind nun sehr erleichtert und dankbar, daß wir uns auf ein neues Verständnis zu bewegen.

Es ist nicht leicht gewesen, und von der Genesung sind wir weit entfernt. Wir arbeiten hart, jede auf ihre Art und nach ihren individuellen Möglichkeiten, und machen oft angsterregende Schritte ins Unbekannte dank der Aufrichtigkeit, mit der wir uns in der Gruppe gegenseitig unterstützen, und dank unserer Bereitschaft, auszusprechen, was wir fühlen.

Wir denken uns, daß Sie vielleicht viele Zuschriften von Frauen bekommen, die gerade die ersten Schritte in Richtung Genesung unternehmen und noch sehr unter Stress stehen. Wir möchten Ihnen versichern, daß es einigen von uns hier immer besser geht und daß wir anfangen zu begreifen und uns dafür zu lieben, wer wir sind.

Wir haben Menschen bei den Anonymen Alkoholikern oft sagen hören, daß sie beim ersten Besuch nicht gerade froh gewesen seien, dort zu sein, sich aber sehr darüber gefreut hätten, daß es andere genesende Alkoholiker dort gebe. Wir freuen uns sehr, daß es Sie gibt!

Acht Frauen auf dem Weg der Genesung

Am besten kann man die Zwölf-Schritte-Methode auf Beziehungssucht übertragen, nachdem man sich mit dem Vorgehen der Anonymen-Programme vertraut gemacht hat. Dafür besucht man entweder viele öffentliche Treffen der verschiedenen Zwölf-Schritte-Programme oder wird aktive Teilnehmerin an einem Zwölf-Schritte-Programm zur Genesung von einer anderen (als der Beziehungs-)Sucht.

Der folgende Strukturplan ist ein möglicher Rahmen für das Vorgehen nach der Zwölf-Schritte-Methode bei Beziehungssucht. Ich habe diesen Plan nicht entworfen. Er wurde mir von einigen Frauen zugesandt, die ihre eigene Gruppe gebildet und dabei die Vorgehensweisen der Anonymen Alkoholiker und von Al-Anon übernommen haben. Es sind viele ähnliche Pläne entwickelt worden, und vielleicht werden sie eines Tages alle zusammengefaßt, um die Methoden für den Umgang mit dieser speziellen Sucht zu vereinheitlichen. Doch schon jetzt sind die Ähnlichkeiten der Strukturpläne, die ich gesehen habe, sehr viel größer als ihre Unterschiede.

Ich habe diesen Strukturplan zusammen mit anderen, die mir zugeschickt wurden, an Frauen weitergegeben, die mir schrieben und um weitere Anleitungen für die Gründung einer Selbsthilfegruppe baten. Folgende Punkte müssen bei der Benutzung dieser Strukturpläne bedacht werden:

○ Alle Beteiligten müssen anonym bleiben;
○ niemand beansprucht die Expertenrolle; wer in den Helferberufen arbeitet, nimmt teil als – anonyme – Betroffene und nicht als Spezialistin;
○ es gibt keine Teilnahmegebühren;
○ die Leitungsfunktion geht reihum, Entscheidungen werden stets von der ganzen Gruppe getroffen.

Die Literatur der Anonymen Alkoholiker und von Al-Anon ist eine unschätzbare Informationsquelle für die Themen Sucht und Genesung, für empfehlenswerte Richtlinien, nach denen die Treffen organisiert werden können, für die Gestaltung von Entscheidungsprozessen und das Durcharbeiten der Schritte und Traditionen. Aber es ist das beste, wenn jedes spezifische Zwölf-Schritte-Programm durch eigene Erfahrung, Kraft und Hoffnung seine eigene Literatur entwickelt, in der die jeweils betreffende Krankheit und der Genesungsverlauf der einzelnen Teilnehmer beschrieben wird.

Strukturplan
für ein einstündiges Treffen
Anonymer Beziehungssüchtiger (Muster)

Guten Abend euch allen! Ich heiße.............. und leite heute unser Gruppentreffen.

Begrüßung (Vorlesen der Präambel).

Kurzes Schweigen, dann gemeinsam den Gelassenheitsspruch sprechen.

Die Zwölf Schritte.

Die Zwölf Traditionen.

Richtlinien zur Unterstützung der Genesung.

Gegenseitige Vorstellung (nur Vornamen).

Diskussion: ein selbstgewähltes Thema oder eines aus dem Anhang von «Wenn Frauen zu sehr lieben».

Die Siebte Tradition: die Anonymen Beziehungssüchtigen finanzieren sich selbst durch eigene Beträge.

Wahl einer Freiwilligen, die das nächste wöchentliche Treffen leitet.

Vorlesen der Genesungsaussichten (aus: «Wenn Frauen zu sehr lieben»).

Vorlesen der abschließenden Worte (aus: «Wenn Frauen zu sehr lieben»).

Schlußgebet.

Frauen, die zu sehr lieben
Selbsthilfegruppe
Präambel

Die Parallelen zwischen dem Verlauf der Alkoholkrankheit und dem der Beziehungssucht sind klar. Abhängigkeit, sei es von einer bewußtseinsverändernden Droge, sei es von einer Beziehung, erfaßt letzten Endes jeden Lebensbereich des Süchtigen in immer verheerenderem Ausmaß. Wir suchen Genesung von unserer Sucht, indem wir die Prinzipien der Zwölf

Schritte von den Anonymen Alkoholikern übernehmen und auf unser Leiden anwenden.

Gelassenheitsspruch

Gott gebe mir die Gelassenheit,
Dinge hinzunehmen,
die ich nicht ändern kann;
den Mut, Dinge zu ändern,
die ich ändern kann;
und die Weisheit, das eine
von dem anderen zu unterscheiden.

Die Zwölf Schritte

(Mit der freundlichen Erlaubnis von Alcoholics Anonymous World Services, Inc.)

1. Wir gaben zu, daß wir dem Alkohol gegenüber machtlos sind – und unser Leben nicht mehr meistern konnten.
2. Wir kamen zu dem Glauben, daß eine Macht, größer als wir selbst, uns unsere geistige Gesundheit wiedergeben kann.
3. Wir faßten den Entschluß, unseren Willen und unser Leben der Sorge Gottes – wie wir Ihn verstanden – anzuvertrauen.
4. Wir machten eine gründliche und furchtlose Inventur in unserem Inneren.
5. Wir gaben Gott, uns selbst und einem anderen Menschen gegenüber unverhüllt unsere Fehler zu.
6. Wir waren völlig bereit, all diese Charakterfehler von Gott beseitigen zu lassen.
7. Demütig baten wir Ihn, unsere Mängel von uns zu nehmen.
8. Wir machten eine Liste aller Personen, denen wir Schaden zugefügt hatten, und wurden willig, ihn bei allen wiedergutzumachen.
9. Wir machten bei diesen Menschen alles wieder gut – wo

immer es möglich war –, es sei denn, wir hätten dadurch sie oder andere verletzt.

10. Wir setzten die Inventur bei uns fort, und wenn wir Unrecht hatten, gaben wir es sofort zu.

11. Wir suchten durch Gebet und Besinnung die bewußte Verbindung zu Gott – wie wir Ihn verstanden – zu vertiefen. Wir baten Ihn nur, uns Seinen Willen erkennbar werden zu lassen und uns die Kraft zu geben, ihn auszuführen.

12. Nachdem wir durch diese Schritte ein seelisches Erwachen erlebt hatten, versuchten wir, diese Botschaft an Alkoholiker weiterzugeben und unser tägliches Leben nach diesen Grundsätzen auszurichten.

Die Zwölf Traditionen

(Mit der freundlichen Erlaubnis von Alcoholics Anonymous World Services, Inc.)

1. Unser gemeinsames Wohlergehen sollte an erster Stelle stehen; die Genesung des einzelnen beruht auf der Einigkeit der Anonymen Alkoholiker.

2. Für den Sinn und Zweck unserer Gruppe gibt es nur eine höchste Autorität – einen liebenden Gott, wie Er sich in dem Gewissen unserer Gruppe zu erkennen gibt. Unsere Vertrauensleute sind nur betraute Diener; sie herrschen nicht.

3. Die einzige Voraussetzung für die AA-Zugehörigkeit ist der Wunsch, mit dem Trinken aufzuhören.

4. Jede Gruppe sollte selbständig sein, außer in Dingen, die andere Gruppen oder die Gemeinschaft der AA als Ganzes angehen.

5. Die Hauptaufgabe jeder Gruppe ist, unsere AA-Botschaft zu Alkoholikern zu bringen, die noch leiden.

6. Eine AA-Gruppe sollte niemals irgendein außenstehendes Unternehmen unterstützen, finanzieren oder mit dem AA-Namen decken, damit uns nicht Geld-, Besitz- und Prestigeprobleme von unserem eigentlichen Zweck ablenken.

7. Eine AA-Gruppe sollte sich selbst erhalten und von außen kommende Unterstützungen ablehnen.

8. Die Tätigkeit bei den Anonymen Alkoholikern sollte immer ehrenamtlich bleiben, jedoch dürfen unsere zentralen Dienststellen Angestellte beschäftigen.

9. Anonyme Alkoholiker sollten niemals organisiert werden. Jedoch dürfen wir Dienst-Ausschüsse und -Komitees bilden, die denjenigen verantwortlich sind, welchen sie dienen.

10. Anonyme Alkoholiker nehmen niemals Stellung zu Fragen außerhalb ihrer Gemeinschaft, deshalb sollte auch der AA-Name niemals in öffentliche Streitfragen verwickelt werden.

11. Unsere Beziehungen zur Öffentlichkeit stützen sich mehr auf Anziehung als auf Werbung. Deshalb sollten wir auch gegenüber Presse, Rundfunk, Film und Fernsehen stets unsere persönliche Anonymität wahren.

12. Anonymität ist die spirituelle Grundlage aller unserer Traditionen, die uns immer daran erinnern soll, Prinzipien über Personen zu stellen.

Anonyme Beziehungssüchtige
Die Zwölf Schritte der AB

1. Wir gaben zu, daß wir Beziehungen gegenüber machtlos sind – und unser Leben nicht mehr meistern konnten.

2. Wir kamen zu dem Glauben, daß eine Macht, größer als wir selbst, uns unsere geistige Gesundheit wiedergeben kann.

3. Wir faßten den Entschluß, unseren Willen und unser Leben der Sorge Gottes – wie wir Ihn verstanden – anzuvertrauen.

4. Wir machten eine gründliche und furchtlose Inventur in unserem Inneren.

5. Wir gaben Gott, uns selbst und einem anderen Menschen gegenüber unverhüllt unsere Fehler zu.

6. Wir waren völlig bereit, all diese Charakterfehler von Gott beseitigen zu lassen.

7. Demütig baten wir Ihn, unsere Mängel von uns zu nehmen.

8. Wir machten eine Liste aller Personen, denen wir Schaden zugefügt hatten, und wurden willig, ihn bei allen wiedergutzumachen.

9. Wir machten bei diesen Menschen alles wieder gut – wo immer es möglich war –, es sei denn, wir hätten dadurch sie oder andere verletzt.

10 Wir setzten die Inventur bei uns fort, und wenn wir Unrecht hatten, gaben wir es sofort zu.

11. Wir suchten durch Gebet und Besinnung die bewußte Verbindung zu Gott – wie wir Ihn verstanden – zu vertiefen. Wir baten Ihn nur, uns Seinen Willen erkennbar werden zu lassen und uns die Kraft zu geben, ihn auszuführen.

12. Nachdem wir durch diese Schritte ein seelisches Erwachen erlebt hatten, versuchten wir, diese Botschaft an alle Frauen, die zu sehr lieben, weiterzugeben und unser tägliches Leben nach diesen Grundsätzen auszurichten.

Anonyme Beziehungssüchtige
Die Zwölf Traditionen der AB

1. Unser gemeinsames Wohlergehen sollte an erster Stelle stehen; der persönliche Fortschritt der meisten beruht auf der Einigkeit der Anonymen Beziehungssüchtigen.

2. Für den Sinn und Zweck unserer Gruppe gibt es nur eine höchste Autorität – einen liebenden Gott, wie Er sich in dem Gewissen unserer Gruppe zu erkennen gibt. Unsere Vertrauensleute sind nur betraute Diener; sie herrschen nicht.

3. Die einzige Voraussetzung für die AB-Zugehörigkeit ist der Wunsch, von Beziehungssucht zu genesen.

4. Jede Gruppe sollte selbständig sein, außer in Dingen, die andere Gruppen oder die Gemeinschaft der AB als Ganzes angehen.

5. Die Hauptaufgabe jeder Gruppe ist, uns selbst und einander zu helfen, von Beziehungssucht zu genesen. Wir tun dies, indem wir selbst den Zwölf Schritten der AA folgen und indem wir andere Beziehungssüchtige aufnehmen und ihnen Hilfe bieten.

6. Eine AB-Gruppe sollte niemals irgendein außenstehendes Unternehmen unterstützen, finanzieren oder mit dem AB-Namen decken, damit uns nicht Geld-, Besitz- und Prestigeprobleme von unserem eigentlichen spirituellen Zweck ablenken. Obwohl wir eigenständige Gruppen sind, sollten wir immer mit den anderen Anonymen Programmen zusammenarbeiten.

7. Eine AB-Gruppe sollte sich selbst erhalten und von außen kommende Unterstützungen ablehnen.

8. Die Tätigkeit bei den Anonymen Beziehungssüchtigen sollte immer ehrenamtlich bleiben, jedoch dürfen unsere zentralen Dienststellen Angestellte beschäftigen.

9. Unsere Gruppen sollten niemals organisiert werden. Jedoch dürfen wir Dienst-Ausschüsse und -Komitees bilden, die denjenigen verantwortlich sind, welchen sie dienen.

10. Anonyme Beziehungssüchtige nehmen niemals Stellung zu Fragen außerhalb ihrer Gemeinschaft, deshalb sollte auch unser Name niemals in öffentliche Streitfragen verwickelt werden.

11. Unsere Beziehungen zur Öffentlichkeit stützen sich mehr auf Anziehung als auf Werbung. Deshalb sollten wir auch gegenüber Presse, Rundfunk, Film und Fernsehen stets unsere persönliche Anonymität wahren. Außerdem sollten wir besonders darauf achten, daß die Anonymität all jener Menschen gewahrt wird, von denen wir abhängig waren.

12. Anonymität ist die spirituelle Grundlage aller unserer Traditionen, die uns immer daran erinnern soll, Prinzipien über Personen zu stellen.

Um unsere Genesung zu fördern, empfehlen wir, nach folgenden Richtlinien vorzugehen

1. Wir vermeiden es, während der Treffen Ratschläge zu geben und durcheinander zu reden. Wir treffen uns, um uns und anderen zu helfen, indem wir einander unsere Erfahrungen, unsere Kraft und unsere Hoffnung mitteilen. Jeder Mensch muß einen geschützten Ort haben, wo er frei sprechen kann ohne Kommentare, Fragen oder Ratschläge von anderen. Wenn wir anderen etwas sagen möchten zu dem, was sie uns mitgeteilt haben, so tun wir das am besten nach dem Treffen.

2. Wir vermeiden es, über «ihn» zu sprechen. Wir sind hier, um zu lernen, wie wir uns auf uns selbst konzentrieren können. Es ist wichtig, daß wir über unser eigenes Leben sprechen, nicht über das von anderen. Wir vermeiden es auch, uns in Vorwürfe, Haß und Selbstmitleid zu verlieren, weil all das unsere Genesung behindert.

3. Wir vermeiden die Vorherrschaft einzelner, indem wir die Gruppenleitung rotieren lassen und unsere Redezeit begrenzen, so daß jede zu Wort kommt. Niemand soll sich gezwungen fühlen zu reden, aber jede soll wissen, daß der Beitrag willkommen ist. Beachte: Keine von uns wird alle ihre Probleme bei einem einzigen Treffen lösen können – und es ist wichtig, das auch nicht zu versuchen.

Die Aussichten auf Genesung von Beziehungssucht

1. Wir akzeptieren uns vollständig, auch wenn wir uns in einigen Bereichen ändern wollen. Wir entfalten und hegen unsere bereits vorhandene Selbstliebe und Selbstachtung.

2. Wir akzeptieren andere so, wie sie sind, und versuchen nicht, sie zu ändern, so daß sie unseren Bedürfnissen entsprechen.

3. Wir sind in Kontakt mit unseren Gefühlen und Einstellungen hinsichtlich aller Bereiche unseres Lebens, einschließlich unserer Sexualität.

4. Wir schätzen uns selbst in jeder Hinsicht: unsere Persönlichkeit, unsere äußere Erscheinung, unsere Glaubens- und Wertvorstellungen, unseren Körper, unsere Interessen und Leistungen. Wir betrachten uns selbst als wertvoll, statt nach einer Beziehung zu suchen, die uns Selbstwertgefühl gibt.

5. Unsere Selbstachtung ist so groß, daß wir es genießen können, mit anderen Menschen – auch mit Männern – zusammen zu sein, die mit sich selbst in Einklang sind. Wir haben es nicht nötig, gebraucht zu werden, um Selbstwertgefühl zu entwickeln.

6. Wir gestatten es uns, im Umgang mit dafür geeigneten Menschen offen und vertrauensvoll zu sein. Wir haben keine Angst davor, von anderen in unserem tiefsten Wesen erkannt zu werden, aber wir liefern uns nicht Menschen aus, denen unser Wohlergehen gleichgültig ist.

7. Wir fragen uns: «Ist diese Beziehung gut für mich? Ermöglicht sie es mir weiterzuwachsen und meine Persönlichkeit voll zu entfalten?»

8. Wenn eine Beziehung uns schadet, sind wir fähig, diese aufzugeben, ohne durch Depressionen handlungsunfähig zu werden. Wir haben einen Kreis von Freunden und Freundinnen, die uns Unterstützung gewähren, und Interessen, die uns helfen, Krisen zu überstehen.

9. Wir schätzen unsere eigene innere Gelassenheit mehr als alles andere. Die Kämpfe, die Dramen und das Chaos der Vergangenheit haben ihren Reiz für uns verloren. Wir schützen uns selbst, unsere Gesundheit und unser Wohlbefinden.

10. Wir wissen, daß eine positive, erfüllende Beziehung nur zwischen Partnern bestehen kann, die gleiche Wertvorstellungen, Interessen und Ziele haben und von denen jeder fähig zu echter Nähe ist.

Und wir wissen, daß wir es wert sind, das Beste zu bekommen, was das Leben zu bieten hat.

Ein Vorschlag zum Abschluß der Gruppe

Die erste Phase der Genesung von der Krankheit «Zu sehr lieben» beginnt, wenn wir erkennen, was wir tun, und uns wünschen, damit aufhören zu können. Die zweite Phase kommt, wenn wir bereit sind, für uns Hilfe zu suchen, gefolgt von ersten ernsthaften Versuchen, uns diese Hilfe zu beschaffen. Dann treten wir in die Phase der Genesung ein, die von uns verlangt, daß wir uns auf unsere eigene Heilung verpflichten und bereit sind, mit dem Genesungsprogramm fortzufahren. Während dieser Phase fangen wir an, unsere Handlungs-, Denk- und Empfindungsweise zu verändern. Was uns früher normal und vertraut vorkam, empfinden wir allmählich als unangenehm und ungesund. In die nächste Phase der Genesung gelangen wir, wenn wir beginnen, Entscheidungen zu treffen, die nicht mehr unseren alten Mustern entsprechen, sondern unser Leben bereichern und unser Wohlbefinden fördern. Und schließlich entwickelt sich eine echte Liebe zu uns selbst. Wenn Selbst-Akzeptanz und Selbstliebe anfangen, sich zu entwickeln und zu festigen, sind wir bereit, immer anderen gefallen zu wollen, und werden fähig, einfach wir selbst zu sein, ohne durch eine bestimmte Form von Selbstdarstellung auf die Anerkennung und Liebe eines anderen abzuzielen.

«Nichts, absolut gar nichts geschieht in Gottes Welt versehentlich... Solange ich das Leben nicht als solches vollständig akzeptiere, kann ich niemals glücklich sein. Ich muß mich weniger auf die Veränderung der Welt als vielmehr auf die Veränderung meiner selbst und meiner Einstellungen konzentrieren.» [*]

---

[*] Aus dem «Big Book of Alcoholics Anonymous», 3. Auflage, S. 449, Abdruck mit Genehmigung von Alcoholics Anonymous World Services, Inc.

Kapitel 8: Briefe von Frauen, die Fragen, Vorschläge und Beschwerden äußern

Wie sollen wir mit unserem empörten Sinn für Gerechtigkeit umgehen, wenn es den Männern, die uns weh getan haben, im Leben so gut geht, während wir weiter leiden? Wie sind die Männer, die so unfähig sind zu lieben, so geworden? Wenn zu sehr lieben tatsächlich gar nichts mit Liebe zu tun hat, wie sieht dann wirkliche Liebe aus? Was ist mit Müttern, die ihre Töchter mit Liebe überschütten, und mit Töchtern, deren Hauptsorge dem Glück ihrer Mütter gilt? Wie sieht die lesbische Erfahrung von «zu sehr lieben» aus? Welcher Zusammenhang besteht zwischen Beziehungssucht und dem Verhalten einer verheirateten Person, die sich in eine aussichtslose Liebesaffäre stürzt und dafür alles aufs Spiel setzt?

Briefe von Leserinnen des Buches «Wenn Frauen zu sehr lieben», die Fragen zur Sprache bringen, die in die anderen Kapitel dieses Buches nicht passen, sind zu einem ganzen Abschnitt über «Verschiedenes» angewachsen und werden im folgenden behandelt.

> Liebe Robin,
> ich möchte Ihnen schreiben, weil ich mich zu sehr schäme, meine Gefühle meinen Freunden und Freundinnen und meiner Familie mitzuteilen.
>
> Mit Hilfe Ihres Buches «Wenn Frauen zu sehr lieben» war ich in der Lage, die destruktive Beziehung mit einem Mann zu beenden, der ein echter Versager war. Ich sagte ihm vor zwei Monaten, er solle auszie-

hen, nachdem wir zehn Monate lang zusammengelebt hatten. Ich will Sie nicht mit Einzelheiten langweilen. Jedenfalls bin ich haargenau wie die Frauen in
Ihrem Buch, und mein Ex-Freund Burt ist genau wie
die drogensüchtigen, arbeitssüchtigen, selbstzerstörerischen und nie erreichbaren Männer, die Sie beschreiben. Es beunruhigt mich, welche Gefühle ich
immer noch für ihn und die Beziehung habe, obgleich sie zu Ende ist. Er hat eine herausgehobene,
ziemlich prominente Stellung, die er auch nach unserer Trennung beibehielt, und ich könnte platzen vor
Neid, weil er nach außen hin so erfolgreich scheint,
obwohl er doch in Wirklichkeit so gierig, geldgeil,
selbstsüchtig und rücksichtslos gegen die Gefühle anderer Menschen ist.

Ich finde es ungerecht, daß er aus seinen krummen
Touren lauter Vorteile zieht (er dreht nämlich kriminelle Dinger), während ich immer versuche, das
Richtige zu tun, aber damit anscheinend nicht sehr
weit gekommen bin.

Ich glaube an Ehrlichkeit, Treue, Achtung und
Liebe. Mein Ex-Freund glaubt an Geld, Gier und
Macht. Ich meine, Sie können sich selber ein Bild ma-
chen, Robin.

Ich möchte wissen, warum es schlechte Menschen
oft so gut haben, während man gute Menschen nicht
schätzt. Ich hätte diese negativen Gefühle für meinen
Ex-Freund nicht, wenn er mir sagen würde, daß ich
vielleicht in manchen Dingen recht hatte. Zumindest
würde ich gern von ihm hören, er sei mir dankbar für
alles, was ich für ihn getan habe. (Ich habe eine
Menge für ihn getan!) Am liebsten wäre mir, wenn er
sich für alle Lügen entschuldigen würde, die er mir
erzählt hat. Ich werde aber nicht mit angehaltenem
Atem darauf warten, weil ich weiß, daß er keine echten Gefühle kennt und keinen Sinn für Recht und Unrecht hat.

Robin, ich leide schrecklich wegen diesem Blö-

dian. Ich will ihn niemals zurückhaben, aber es wäre
schön zu wissen, daß ich ihm auch etwas bedeutet
habe, obwohl ich weiß, daß das nie der Fall war.

Danke fürs Zuhören! Ich habe mich sehr geschämt,
jemandem zu zeigen, daß ich an diesen Mann weiterhin auch nur einen Gedanken verschwende.

Bonnie J.

Liebe Bonnie,
ich danke Ihnen für die große Offenheit bei der Beschreibung der Gefühle, die Sie, wie Sie feststellen müssen, ihrem
Ex-Freund immer noch entgegenbringen. Solche Gefühle
wie: «Er ist kein guter Mensch, und trotzdem geht es ihm
gut, während ich, die geschädigte Seite, immer noch so
schrecklich leide» sind nach einer Trennung häufig zu beobachten.

Diese Gefühle werden mit der Zeit von allein verblassen,
wenn Sie sich verbieten, andauernd über die scheinbare Ungerechtigkeit der Welt (eine ebenso unrichtige wie unnütze Feststellung) zu grübeln. Wenn Sie in solchen Gedanken schwelgen, wird sich Haß anstauen. Haß ist wie Frankensteins Mon-
ster, weil er so lange ein Eigenleben führt, wie wir uns nicht
von ihm befreien. Er wächst und wächst, und mit der Zeit
braucht er täglich Pflege und Nahrung. Wenn Sie also nicht
aufpassen, haben Sie plötzlich einen Lieblingshaß namens
Burt, der Sie ständig begleitet und mehr und mehr Platz in
Ihren Gedanken, Gefühlen und vielleicht sogar in Ihrem Verhalten fordert. Wenn wir uns die Geschichte, wie wir betrogen
wurden, oft genug selbst erzählen, fangen wir irgendwann
auch damit an, sie anderen zu erzählen, klammern uns an die
Ungerechtigkeit all dieser Ereignisse und lassen zu, um Ihre
Formulierung aufzugreifen, daß «sie uns umbringen». Ein
Beispiel: Ich war einmal in einem Restaurant, wo ein Gast zu
der Bedienung sagte: «Wie geht es Ihnen?», und sie antwortete
mürrisch: «Mir würde es gut gehen und heute wäre mein
zwölfter Hochzeitstag, wenn mein Mann mich nicht vor sieben Jahren wegen einer anderen Frau verlassen hätte!» Diese
Kellnerin hatte ganz offensichtlich einen Lieblingshaß, den sie

seit sieben Jahren hegte und pflegte. Passen Sie also auf, Bonnie! Sich selbst zuliebe müssen Sie *Ihre* Einstellung zu diesem Mann und dieser Beziehung heilen.

Nichts geschieht in einer Beziehung zufällig oder im luftleeren Raum. Burt war vom ersten Tag an, als Sie sich getroffen haben, genau der Mensch, der er nun einmal ist. Vielleicht waren Sie damals von dem gleichen fragwürdigen Tun und seinem schwierigen Charakter gefesselt, die Sie heute an ihm so verabscheuenswert finden. Aber um lernen zu können, was diese Beziehung Ihnen beizubringen versucht, und um den Segen – ja, *Segen* – empfangen zu können, den sie Ihnen schenken will, müssen Sie etwas eigene Seelenerforschung betreiben. Wenn Sie damit anfangen, es abzulehnen, sich als Burts Opfer zu sehen, und wenn Sie zugeben, daß Sie an den Spielen, die zwischen Ihnen beiden liefen, voll beteiligt waren und alle Ihre Mittel eingesetzt haben, um ihn zu manipulieren, damit er sei und tue, was Sie wollten, dann sind Sie schon auf halbem Wege zu Ihrer Heilung. Solange Sie aber umgekehrt noch in irgendwelchen Phantasien schwelgen, daß Ihre Motive alle rein waren, seine hingegen abgefeimt, und sich weigern einzusehen, wie Ihre Überheblichkeit sowohl während der Beziehung als auch nach ihrem Ende gearbeitet hat, so lange bleiben Sie nicht nur stecken, sondern werden den ganzen Prozeß höchstwahrscheinlich wiederholen, vielleicht in einem noch ungesünderen Maße. Sie sollten lieber dahin kommen, Ihren eigenen Part wahrzunehmen, Ihre Schritte beim gemeinsamen Tanz mit Burt.

Und mehr noch: suchen Sie rücksichtslos nach Selbstkenntnis! Wenn Sie es zulassen, kann diese Beziehung Ihnen helfen, herauszufinden, wo Sie diese Schritte das erste Mal gelernt haben, wie Sie sie mit ihm und mit anderen vor ihm geübt haben und warum Sie diesen Tanz tanzen. Wenn Sie all dies erkannt haben, wird Ihnen natürlich die volle Verantwortung für Ihr Leben übergeben und die Bequemlichkeit genommen, anderen die Schuld an Ihrem Unglück zuzuschieben. Um eingestehen zu können, daß es keinen Zufall gibt und wir keine Opfer sind, müssen wir erwachsen werden und auch unsere Schattenseiten anschauen, statt das Problem immer außerhalb von uns und in einem anderen Menschen zu sehen.

Und schließlich müssen Sie, um Ihre eigene Heilung zu fördern, noch etwas tun, das große Disziplin erfordert. Jedesmal, wenn Sie sich selbst dabei ertappen, wie Sie sich an Burt mit Vorwürfen, Neid und Haß festbeißen, müssen Sie ihn segnen, segnen, segnen, ihm das Beste wünschen und ihn loslassen. Es gibt einen alten Spruch, der diesen sehr praktischen spirituellen Rat ausdrückt:

> When confronted by a foe
> Praise him,
> Bless him,
> Let him go.

> (Stellt ein Feind sich dir entgegen,
> Schenk ihm Lob und Dank und Segen
> Und laß ihn dann zieh'n seiner Wegen.)

Für jemanden um das Beste zu beten, von dem wir uns gekränkt fühlen und der ungestraft davongekommen ist, das ist nicht leicht, ich weiß. Ich mußte es auch tun, während ich mit den gleichen Gefühlen kämpfte wie Sie. Es erfordert große Bereitschaft und enorme Disziplin, aber es befreit uns von der Last unseres Hasses und Selbstmitleids.

Wenn wir auf einen anderen Menschen neidisch sind, sind wir in dem Irrglauben befangen, daß die Welt nicht genug Gutes für alle Menschen bereithält und daß das Gute, das andere erhalten, unseren Anteil schmälert. Das ist ein falscher und unproduktiver Gedanke. Wir erhalten im Leben nicht mehr, indem wir anderen weniger wünschen. Das Gegenteil ist der Fall. Wir erhalten, was wir geben – drum: schenken Sie Segen!

Ich hoffe, Sie können einsehen, Bonnie, daß Sie durch intensive Arbeit an einer veränderten Einstellung zu Burt schließlich die Geschenke empfangen werden, die diese Beziehung Ihnen zukommen lassen will: Selbstkenntnis und die Befreiung von Selbstmitleid und Haß. Dann spielt es keine

Rolle mehr, ob Burt Ihnen dankbar ist. Auf gesunde und unabhängige Weise werden Sie ihm und für ihn dankbar sein – und tatsächlich von ihm so frei werden, wie Sie es auf anderem Wege kaum erreichen könnten.

Liebe Frau Norwood,
ich finde Ihr Buch hilfreich, aber arbeiten Sie nur mit weißen Frauen? Ich hatte beim Lesen diesen Eindruck.

Und wann werden Sie (oder jemand anderes) ein Buch zum Thema «Männer, die zu wenig lieben» schreiben? Nachdem ich die Erinnerungen dieser Frauen an ihre Väter und Ex-Liebhaber gelesen hatte, habe ich mich gefragt: «Wo zum Teufel haben es diese Männer gelernt, so miese Väter, Liebhaber und Ehemänner zu sein?»

Was mich betrifft, so versuche ich es mit folgender Affirmation, um meinem Vater zu vergeben (obwohl ich mich nicht erinnern kann, von meinen Eltern körperlich belästigt oder mißhandelt worden zu sein): «Ich vergebe meinem Vater, daß er sich mir gegenüber so unaufgeklärt verhalten hat.»

Marcie K.

Liebe Marcie,
um Ihre erste Frage zu beantworten: Ich «arbeite» gar nicht mehr «mit» irgend jemandem, weder mit Weißen noch mit anderen. Es ist an diesem Punkt meines Lebens für mich sehr wichtig geworden, einfach meine eigene Genesung in einer Selbsthilfegruppe mit anderen Betroffenen voranzutreiben. Ich habe keine Privatpraxis mehr.

Die Fallgeschichten aus «Wenn Frauen zu sehr lieben» stammen vor allem aus dem Leben von Frauen, die ich beruflich und privat gekannt habe und auch aus meinem eigenen Leben. Das sind durchweg weiße Frauen; einige sind Lateinamerikanerinnen (Hispania). Ich halte es für sinnvoll, bei der Suche nach einer Therapeutin darauf zu achten, daß sie einen ähnlichen Lebenshintergrund hat wie Sie und deswegen auch verstehen kann, wie Sie leben. Meiner Meinung nach sind kulturelle Gegebenheiten wichtig, damit Therapeutin und Klientin sich verstehen und aufeinander beziehen können, obwohl viele Fachleute im Beratungsbereich dem nicht zustimmen würden.

Um Ihre zweite Frage zu beantworten: Ich glaube, daß ein Buch darüber, warum Männer zu wenig lieben, am besten von einem Mann geschrieben wird, der sich mit dem Thema persönlich und möglicherweise auch beruflich auskennt und die Prinzipien gelernt und angewendet hat, die jene Beziehungsmuster umwandeln können. Es käme für mich niemals in Frage, ein Buch über Männer zu schreiben, weil ich nicht verstehe, was es heißt, ein Mann zu sein, ebenso wie nach meiner Beobachtung Männer nicht verstehen, was es heißt, eine Frau zu sein. Es wäre gut, wenn beide Geschlechter alles täten, um sich selbst besser verstehen zu können. Weil das ein Unternehmen ist, das uns ganz fordert, möchte ich behaupten, daß wir nicht hoffen können, jemals zu «Experten» füreinander zu werden.

Ihre Frage, warum so viele Männer negative Verhaltensmuster in Beziehungen entwickelt haben und lieblos, unfreundlich und sogar brutal im Umgang mit den Menschen sind, die ihnen am nächsten stehen, ist eine wesentliche Frage. Das zwischenmenschliche Verhalten müßte ich erst noch entdecken, das unehrlich, hinterlistig und rücksichtslos ist und seine Wurzeln nicht in Angst hat – Angst vor Scham und Lächerlichkeit, Angst vor Strafe, Angst, überwältigt und erdrückt zu werden, Angst vor körperlichem oder seelischem Schmerz, Angst, die Kontrolle zu verlieren, Angst vor Schwäche, Angst vor Verlust, Angst, verlassen zu werden, Angst vor dem Tod. In gewissem Maße ist jede dieser Ängste unvermeidliche Folge davon, lebendig und ein menschliches Wesen zu sein. Aber wenn die Angst zu groß wird, ist das Verhalten entsprechend übertrieben, stereotyp und unproduktiv. Und zwar darum, weil wir die Neigung haben, zu primitiveren Verhaltensweisen zu regredieren, wenn die Angst uns überfällt. Statt ruhig und überlegt die Worte und Handlungen auszuwählen, die gut durchdacht, objektiv ehrlich und gerecht sind und das gewünschte Ziel wahrscheinlich erreichen werden, neigen wir dazu, uns verzweifelt anzuklammern, gewalttätig anzugreifen oder blindlings zu fliehen.

In Beziehungen haben Männer im allgemeinen mehr Angst davor, überwältigt und erdrückt zu werden, während Frauen eher zu der Angst neigen, verlassen zu werden. Bei Konflikten zwischen beiden Geschlechtern liegt bei Männern, die sich bedroht fühlen, die Betonung auf Angriff (um die Bedrohung abzuschwächen) und auf Rückzug (um der Bedrohung zu entkommen), bei Frauen hingegen auf Klammern (weil die Bedrohung darin besteht, verlassen zu werden) und auf Angriff (um im Mann Schuldgefühle hervorzurufen und ihn und die Verlassensangst, für die er steht, dadurch unter Kontrolle zu bekommen). Natürlich wird wahrscheinlich keine dieser Reaktionen in der Hitze des Konflikts zu einer harmonischen Lösung führen, und genau deswegen, weil sie zu nichts führen, steigern sie die Angst und werden folglich noch heftiger.

Die physiologischen, soziologischen und psychologischen Ursachen für diese grundsätzlichen Unterschiede zwischen männlichem und weiblichen Beziehungsverhalten, besonders bei Stress, würden ein ganzes eigenes Buch rechtfertigen. Ohne groß ins Detail zu gehen, lassen Sie mich Ihnen einfach sagen, daß diese Ursachen auf allen Ebenen tatsächlich vorhanden sind. Diese Verhaltensweisen werden meist noch auffälliger, wenn die Herkunftsfamilie gestört war. Frauen aus Familien mit bestimmten Störungen entwickeln ein außergewöhnlich starkes Bedürfnis nach Sicherung durch Nähe; dieses Bedürfnis führt zu Verhaltensweisen wie Klammern, Besänftigen, Nörgeln und Betteln und zu übermäßiger Abhängigkeit (alle motiviert durch die Angst vor dem Verlassenwerden). Männer mit ähnlichem Familienhintergrund entwickeln ein außerordentlich starkes Bedürfnis nach Distanz, das zu emotionaler Zurückhaltung und zur Vorliebe für Außenaktivitäten führt (wiederum durch die Angst motiviert, erdrückt zu werden). Einfach gesagt: je gestörter eine solche Frau ist, desto stärker neigt sie dazu, in Mann und Familie ihre «Versorger» zu sehen, während der entsprechend gestörte Mann dazu neigt, in Frau und Familie eine Bedrohung für seine Sicherheit und Unabhängigkeit zu sehen.

Männer, die (um Ihren Ausdruck zu gebrauchen, Marcie) «zu wenig lieben», neigen dazu, sich mit Frauen zusammenzutun, die zu sehr lieben, weil beide den gleichen seelischen Hintergrund haben. Jeder der beiden ist bereits mit der Rolle vertraut, die der Partner spielt, und fühlt sich deshalb «wohl» mit diesem Partner oder zu ihm hingezogen. Dann kommen Kinder und werden von diesem gleichermaßen stark gestörten Elternpaar großgezogen.

So wird ein Teufelskreis in Gang gesetzt oder fortgeführt, in dem beziehungsgestörte Männer und Frauen beziehungsgestörte Männer und Frauen heranziehen.

Es versteht sich von selbst, daß jedes Kind – Jungen wie Mädchen – von seinem Vater beeinflußt wird, ganz gleich, ob dieser Vater anwesend ist oder abwesend und ob dieser Einfluß positiv oder negativ ist. Der Einfluß von Vätern oder Vaterfiguren kann sowohl im Guten wie im Schlechten von enormer Bedeutung sein. Aber dieses Buch ist für und über Frauen geschrieben, und deshalb möchte ich mich auf den Part konzentrieren, den wir bei der Entwicklung von Männern spielen, die unfähig sind, eine liebevolle Partnerschaft zu gestalten und aufrechtzuerhalten.

In unserer Kultur werden Männer hauptsächlich von Frauen großgezogen. Wenn ich mich auf Frauen konzentriere, will ich damit nicht sagen, daß vor allem Frauen, weil sie Mütter sind, die Verantwortung für Männer tragen, die «zu wenig lieben». Aber wenn so viele Männer unfähig sind, andere zu lieben, liegt das vielleicht teilweise an dem von ihren Müttern offen geäußerten oder versteckten Ärger und an ihrer Enttäuschung über die Männer im allgemeinen in unserer immer noch sehr sexistischen Gesellschaft oder über bestimmte Männer, und das sind meistens die Ehemänner und/oder die Väter dieser Frauen. Diese weibliche Wut auf Männer kann sich gegen das männliche Kind richten in Form von aggressiver Beherrschung und übermäßiger Kontrolle, Verspottung und Beschämung oder körperlicher Mißhandlung oder durch all diese Verhaltensweisen zusammen. Oder eine Mutter, die einsam ist, weil sie seelisch oder tatsächlich von ihrem erwachsenen Partner alleingelassen wurde, kann ihren unerreichbaren erwachsenen Partner durch ein verfügbares männliches Kind ersetzen und eine Beziehung mit ihm entwickeln, die sowohl unangemessen ist als auch auf übermäßiger Abhängigkeit beruht und oft auch noch stark sexuell gefärbt ist.

Kulturelle Vorurteile lassen uns dazu neigen, diese kleinen Jungen, die von älteren Frauen sexuell mißbraucht und / oder verführt wurden, eher für glücklich als für ausgebeutet zu halten. Mit dieser Einstellung fällt es uns schwer, einzuschätzen oder auch nur zuzugestehen, in welchem Maße Mütter ihre sehr empfindlichen Söhne durch versteckt verführerisches Verhalten schädigen. Inzest zwischen Mutter und Sohn wird von den meisten Fachleuten für die verheerendste Spielart des Inzest gehalten. Eine Freundin erzählte mir von zwei ihr bekannten alleinstehenden Müttern, die sich eine Wohnung teilten und drei Jungen im Alter zwischen sieben und zehn bei sich hatten. Diese Mütter gaben häufig Parties, tranken viel mit ihren Gästen und jagten dann zur Unterhaltung ihre Söhne und «waren wild auf sie» (was heißt, daß sie ihnen vor den Augen aller Gäste die Hosen herunterzogen). Meine Freundin beendete die Geschichte mit dem Kommentar: «Jetzt weiß ich, wo einige unserer Mörder und Vergewaltiger herkommen.» Und tatsächlich hatte sie eine besonders demütigende Form von Kindesmißbrauch beschrieben, mit schrecklichen Folgen für die späteren Beziehungen dieser Jungen zu erwachsenen Frauen.

Obwohl ich damit nicht sagen will, daß Frauen die Hauptursache für die verschiedenen Behinderungen gesunder Beziehungen sind, unter denen so viele Männer leiden, möchte ich doch darauf hinweisen, daß sehr viele Männer und Frauen durch Frauen psychischen, körperlichen und sexuellen Mißbrauch erfahren haben. In einer Zeit, wo den verschiedenen Formen von Mißhandlung, die Kinder erleiden, so viel Aufmerksamkeit geschenkt wird, ist die Rolle von Frauen bei diesen Mißhandlungen immer noch nicht voll erkannt worden. Wenn wir Schaden erlitten haben und dann nicht geheilt werden, sind wir tendenziell gefährlich. Da Frauen seit so langer Zeit Opfer von Mißhandlungen waren, ist es nur logisch, daß einige von uns jetzt auch zu Täterinnen geworden sind.

Und zum Schluß, Marcie, möchte ich Ihre Einstellung zu den mangelnden elterlichen Fähigkeiten Ihres Vaters loben. Um Ihretwillen ist es viel wichtiger, daß Sie ihm vergeben, als daß Sie ihn verstehen. Dank der spirituellen Prinzipien, die dem Vergeben zugrunde liegen, wird uns plötzlich all das Verständnis geschenkt, das wir brauchen, um die Lage eines Menschen begreifen zu können, wenn wir wirklich bereit sind, ihm zu vergeben.

Liebe Frau Norwood,
während ich Ihr Buch las, kam mir immer wieder eine Frage in den Sinn, auf die ich keine Antwort fand. Wir Frauen, die zu sehr lieben, sind nach Ihrem Buch bereit, den Schmerz einer mißglückten Beziehung auf uns zu nehmen, entweder um dadurch eine Daseinsberechtigung zu bekommen, oder um uns von unserem eigenen Leben abzulenken oder um den vertrauten märtyrerhaften Verhaltensmustern zu folgen. Aber Sie sagen nirgendwo, was Liebe eigentlich ist. Was ist wirkliche Liebe? Wie konnten wir sie so entstellen, daß wir unsere Gefühle für real hielten? Ich möchte gerne wissen, worauf wir uns bei unserer Genesung in der Abteilung «Liebe» freuen können. Ann hat am Ende Ihres Buches Angst vor Nähe, obwohl sie wieder gesund geworden ist. Wie konnte sie wissen, daß das, was sie fühlte, nun doch Liebe war? Was ist Liebe?

Es gibt mehrere Frauen in meiner Umgebung, die Ihr Buch lesen, und wir planen, gemeinsam nach Ihren Vorschlägen eine Selbsthilfegruppe zu gründen. Ich wäre Ihnen sehr dankbar, wenn Sie uns diese Frage beantworten würden. Es ist vor allem meine Frage, aber ich bin sicher, daß sie anderen auch in den Sinn gekommen ist.

Ich will die Genesung wirklich! Nicht nur für mich, sondern auch für meine drei Jungen, die ich, wie ich befürchte, ebenso, wenn nicht noch mehr durcheinandergebracht habe, als ich es jemals gewesen bin.

Barbara M.

Liebe Barbara,
eine große Bestellung! Ich kann nicht behaupten, die endgültige Antwort auf die uralte Frage «Was ist Liebe?» gefunden zu haben. Aber ich habe in all den Jahren gelernt, daß Liebe nicht das ist, was ich immer dafür gehalten habe, und daß sie paradoxerweise das ist, was ich immer zu «zahm» fand, um es für Liebe halten zu können.

Wie Sie wissen, Barbara, wird das Wort «Liebe» für viele stark aufgeladene Zustände, Gefühle und Erfahrungen benutzt, die in Wirklichkeit das verkörpern, was Liebe *nicht* ist. Lust, Leidenschaft, Eifersucht, Leiden, Angst, Aufregung, Gier, Verführung, Hoffnung, Unterwerfung, Selbstaufgabe, Befreiung von Langeweile und Einsamkeit, Demütigung, Anspruch, Konkurrenzkampf, Stolz und Eigensinn sind zum Beispiel einige Erregungszustände, die meistens aufgeputzt und als Liebe verkleidet werden. Je überwältigender die Erfahrung für uns war, desto überzeugter haben wir diese Empfindungen als Liebe bezeichnet. Die allgemeine Meinung geht in die Richtung, daß der Mensch, der am meisten aufgewühlt wird, auch am stärksten liebt. Umgekehrt neigen wir zu der Überzeugung, daß der Mensch, der am meisten mit sich in Frieden lebt, wahrscheinlich überhaupt nicht liebt.

Heute glaube ich, daß das Gegenteil zutrifft. Die Liebe zu einem Menschen ist nicht zwanghaft, sondern gelassen. Es gibt keine Verzweiflung, kein Getriebensein, und nur ein Mensch, der bereit, fähig und geübt darin ist, sich selbst ganz zu lieben und anzunehmen, ist dazu in der Lage. Die Fähigkeit, einen anderen Menschen zu lieben, erwächst aus einem vollen Herzen, nicht aus einem leeren.

Das führt zu einem schrecklichen Dilemma für sehr viele von uns, die nach ihrer Kindheit mit leeren, einsamen, sehnsüchtigen Herzen aufbrachen und ihr Erwachsenenleben damit verbrachten, fieberhaft nach dem einen Menschen zu suchen, der uns den Schmerz nehmen könnte. Als unsere Suche uns statt Erleichterung nur noch mehr Schmerzen brachte, sind wir immer verzweifelter geworden. Wo ist «er», fragen wir, weil «er» unsere Antwort, unsere Hoffnung und unser Bedürfnis ist. Durch die Intensität und Inbrunst unserer Suche machen wir die Beziehung im Grunde zu einer Religion und legen ihr die größten Lasten des Menschseins zu Füßen.

Wir verlangen von einer Beziehung, daß sie uns Bedeutung, Identität und Lebenszweck schenkt, daß sie uns das Gefühl von Isolation nimmt und unsere Angst vorm Verlassenwerden mildert. Wir erwarten, daß wir uns in einer unsicheren Welt sicher fühlen und vor der Bedrohung durch Verlust, Trennung und Tod geschützt sind, wenn wir nur mit dem «richtigen» Menschen zusammen sind. Wir erwarten von dieser perfekten Beziehung, daß sie uns zu einem besseren Menschen macht und uns von unseren menschlichen Fehlern und Schwächen heilt – von unserer Unzufriedenheit und unserem Neid, von Stolz und Verzweiflung –, und uns außerdem den Fehlern und Schwächen anderer gegenüber toleranter werden läßt. Kurz gesagt, wir denken, eine Beziehung sollte uns vollkommen glücklich machen. Der Mann, auf den wir uns eingelassen haben, wird zu unserer Höheren Macht, zur heilenden Quelle für unseren Schmerz, zur Antwort auf all unsere Fragen und zum Lieferanten für alles, was wir nicht haben oder was in uns nicht entwickelt ist. Was für eine törichte und sogar gefährliche Sammlung von Erwartungen!

Die Beziehung zu einem anderen menschlichen Wesen, ob Eltern, Partner oder Kind, war niemals dafür da, uns mit all dem zu versorgen. Eine Beziehung kann uns Begleitung schenken, ja; ein gewisses Maß an Verständnis, ja; und auf jeden Fall immer die Möglichkeit, uns selbst besser kennenzulernen und zu erfahren, wo wir uns strecken und wachsen müssen. Eine gute Beziehung zu einem Partner schließt Zärtlichkeit, Anteilnahme und Sexualität mit ein. Aber für den Rest ist sie nicht verantwortlich. Der Kampf mit Sorge und Angst um die Zukunft, das Bedürfnis nach Identität und Sicherheit und nach jemandem, der uns mit all unseren Schwächen und Fehlern akzeptiert, die Sehnsucht, für unser Leben

Sinn und Bedeutung zu finden, die Notwendigkeit, mit Verlust und Tod zurechtzukommen, ohne uns in Verzweiflung oder Bitterkeit zu vergraben – unser Ringen mit solchen Lebensfragen gehört in den Bereich einer spirituellen Suche, nicht in den Bereich der Suche nach einer Beziehung. Wir haben kein Recht, von einem anderem Menschen zu erbitten, was wir von Gott erbitten müssen. Solange wir darauf bestehen, werden wir niemals das finden, was wir suchen.

Wenn wir statt dessen die Bereitschaft entwickeln, diese Bürde einer Macht zu übergeben, die größer ist als wir, und dann zulassen, daß diese Macht in unserem Leben wirkt, werden wir sehr viel besser imstande sein, anderen Menschen statt bedürftig und fordernd liebevoll und akzeptierend gegenüberzutreten. Außerdem werden wir, statt uns zu Menschen hingezogen zu fühlen, die nicht zu unserem eigentlichen Wohle beitragen, stärker in Richtungen gezogen, wo es für uns am besten ist. Wir sind besser in der Lage, klar zu unterscheiden und gleichzeitig weniger zu verurteilen. Paradoxerweise sind wir eher in der Lage, Menschen auszuwählen, die uns guttun, und die, die uns nicht guttun, gehenzulassen und zu segnen, wenn unsere Fähigkeit wächst, Menschen so zu akzeptieren, wie sie sind, statt sie in die Kategorien gut und böse einzuordnen.

Und wer tut uns gut? Die einfachste Antwort, die ich weiß, lautet: der Mensch, der uns in unserer Verbindung zu unserer Höheren Macht nicht beschneidet. Solange wir unserer spirituellen Bindung den *absoluten* Vorrang geben, werden Beziehungsfragen (und Antworten) sich von selbst klären. In dem Augenblick, wo wir die Beziehung als unsere Höhere Macht deklarieren, erkranken die Beziehungssüchtigen unter uns erneut. Das Vertrauen in etwas, das größer und anders ist als wir und unsere Beziehung, *muß* vorhanden sein, damit wir ungehemmt, tief und richtig lieben können. Sonst wächst die Angst vor dem Verlust der Beziehung, wo wir uns wünschen, die Liebe möge wachsen.

Die Liebe zwischen zwei Menschen wächst dann meiner Meinung nach auf spirituellem Fundament. Sie ist eine langsam wachsende Pflanze, wenn man so will, die die richtigen Bedingungen – den entsprechenden Boden, das richtige Klima und die gehörige Pflege – und viele Jahre braucht, um zur vollen Blüte zu gelangen. Wesentlich für ihr Sprießen ist eine Atmosphäre von gegenseitigem Vertrauen und Respekt. Wenn diese beiden Elemente fehlen, können viele der aufwühlenden Zustände Wurzeln schlagen und wachsen, die fälschlich Liebe genannt werden und eher Besessenheit sind, aber nicht Liebe.

Außer den grundsätzlichen Bedingungen wie gegenseitiges Vertrauen und gegenseitiger Respekt braucht Liebe auch die Verwurzelung in gemeinsamen Interessen, Werten und Zielen, um blühen zu können. Weil wir unsere Werte niemals einem anderen Menschen zuliebe ändern und Interessen und Ziele unmöglich über Jahre hinweg begeistert verfolgen können, wenn das Engagement nicht echt ist, kann Liebe nicht wirklich wachsen, wenn wir versuchen, die Übereinstimmung mit einem anderen Menschen vorzutäuschen. Die Wurzeln der Beziehung sind dann einfach zu flach. Das Vorhandensein der anderen Bedingungen sorgt dagegen für tiefe, kräftige und gesunde Wurzeln. Und schließlich braucht Liebe ein Klima von Intimität, um ihre höchsten Dimensionen entfalten zu können. Wer darauf hinarbeitet, muß sich dafür einsetzen, dieses Klima immer wieder herzustellen und ständig zu erneuern, selbst wenn er diese Anstrengung lieber umgehen würde. Intimität erfordert, daß wir verletzlich werden – daß wir unsere Abwehr fallenlassen und das Bedürfnis, gut dazustehen – und zulassen, als der Mensch erkannt zu werden, der wir wirklich sind.

––––––––––

Liebe Robin Norwood,
ich schreibe Ihnen wegen meiner Mutter, die Schwierigkeiten hat, weil sie meine Schwester auf eine ungute Weise liebt.

Ich weiß nicht, ob Sie meiner Mutter weiterhelfen können, denn es geht dabei ja nicht um eine eheartige Beziehung zwischen Frau und Mann. Kurz gesagt: meine Schwester ist zweiunddreißig Jahre alt und hat in den letzten fünfzehn bis achtzehn Jahren Drogen genommen, Drogen auf Rezept und auch Drogen vom Schwarzen Markt. Meine Mutter war in all diesen Jahren grundsätzlich immer da zur Unterstützung meiner Schwester. Wenn sie meiner Schwester nicht hilft, hat sie Schuldgefühle, und alle Versuche, meiner Schwester zu helfen, sind gescheitert. Es tut mir weh, mit ansehen zu müssen, wie meine Mutter für meine Schwester ihr Leben hingibt. Meine Mutter ist erst dreiundfünfzig, und ich finde, sie verdient es, ihr eigenes Leben zu führen. Sie hat wörtlich gesagt, daß sie sich von meiner Schwester suchtartig abhängig fühlt.

Es war immer mein größter Wunsch, meine Mutter glücklich zu sehen. Wie gesagt: ich suche Hilfe für sie. Ich wäre Ihnen für jeden Rat und jede Information zutiefst dankbar.

Rebecca V.

Liebe Rebecca,
Ihre Mutter muß damit aufhören, Hilfe für Ihre Schwester zu suchen, und Sie müssen damit aufhören, Hilfe für Ihre Mutter zu suchen. Sie sehen ja, wie alle Anstrengungen, die Ihre Mutter für Ihre Schwester unternimmt, letztlich nur dazu dienen, die Drogenabhängigkeit Ihrer Schwester zu unterstützen. Aber Sie können vielleicht nicht sehen, daß alle Anstrengungen, die Sie für Ihre Mutter unternehmen, sie in Wirklichkeit nur in die Lage versetzen, mit ihrer krankhaften Co-Abhängigkeit fortzufahren. Wenn wir uns mit Sucht und Co-Abhängigkeit auseinandersetzen, müssen wir wissen, daß Menschen sich nur dann zur Veränderung entschließen, wenn ihr Elend entsprechend schlimm geworden ist. Gerade weil Ihre Mutter sich immer so für sie eingesetzt hat, empfindet Ihre Schwester ihren Elendszustand nicht stark genug, um die Bereitschaft entwickeln zu können, selbst für sich Hilfe zu suchen. Und weil Sie sich immer so selbstlos eingesetzt haben, ist auch der Zustand Ihrer Mutter noch erträglich. Sie müssen damit aufhören, die Co-Abhängige Ihrer Mutter zu sein, ebenso wie Ihre Mutter damit aufhören muß, die Co-Abhängige Ihrer Schwester zu sein. Wenn Sie sich über Ihren eigenen Anteil an

315

dem ganzen Gefüge klarwerden, werden Sie begreifen, wie schwierig die Genesung von Co-Abhängigkeit ist, und Sie werden verstehen, warum Ihre Mutter bis jetzt damit fortfahren mußte, ihre Schwester zu unterstützen. Sie müssen sich selbst zuliebe genesen; aber wenn Sie lernen, das Leiden zu beenden, wirkt Ihre Genesung auf Ihre Mutter vielleicht so anziehend, daß sie ihrerseits das Interesse verspürt, ihre eigene Genesung in Angriff zu nehmen. Dafür gibt es aber natürlich keine Garantie, und also darf dies nicht der Grund dafür sein, daß Sie sich um sich selbst kümmern. Aber Gesundheit kann ebenso ansteckend sein wie Sucht und Co-Abhängigkeit.

Fragen Sie doch mal, ob in Ihrer Gegend Meetings von Al-Anon und auch von Nar-Anon (Narcotics Anonymous) stattfinden. Gehen Sie da hin, um zu lernen, wie Sie sich selbst helfen können, nicht Ihrer Mutter. Und schleppen Sie niemanden mit dorthin. Arbeiten Sie an *sich*. Darum geht es bei dieser Genesung. Co-Abhängige warten alle darauf, daß der oder die Süchtige gesund wird – was vielleicht niemals geschieht –, bevor sie sich selbst erlauben, glücklich zu sein. Lernen Sie glücklich zu sein, ganz gleich was Ihre Mutter oder Ihre Schwester tut. Dadurch verbessern Sie tatsächlich auch deren Genesungsaussichten.

———————

Liebe Frau Norwood,
ich entspreche genau dem Typ Frau Ihres Buches, und wenn ich Sie kennen würde, hätte ich mich sehr darüber aufgeregt, daß Sie über mich schreiben und meine intimsten Gedanken und Gefühle auf den Seiten Ihres Buches für alle Welt lesbar ausbreiten.

Mein früherer Mann war zwar kein Alkoholiker, aber ein zwanghafter Spieler. Ich ging regelmäßig zum Gam-Anon-Treffen (Gamblers Anonymous) und finde, daß wir bei Gam-Anon den Frauen von Al-Anon, die Sie beschrieben haben, sehr ähnlich sind. In weiteren Auflagen Ihres Buches könnten Sie vielleicht die Tatsache erwähnen, daß der Ehepartner oder die wichtigste Bezugsperson im Leben eines zwanghaften Spielers grundsätzlich die gleiche Rolle spielt wie der Co-Alkoholiker für den Alkoholiker, und Sie könnten diesen Menschen das Gam-Anon-Programm vorschlagen. Das Gam-Anon-Programm ist im wesentlichen das gleiche Programm, nach dem man auch bei Al-Anon vorgeht.

In meiner Nachbarschaft haben sich einige Frauen zusammengetan, um eine Selbsthilfegruppe nach den Richtlinien in Ihrem Buch zu gründen. Ich habe vor, diese Gruppe zusätzlich zu meiner Gam-Anon-Gruppe zu besuchen, um mir die Unterstützung zu holen, die ich brauche.

Wie Sie dem Briefkopf entnehmen können, bin ich Rechtsanwältin. Beruflich bin ich erfolgreich und genieße das sehr. Früher war ich vierzehn Jahre lang Lehrerin an einer High School, studierte vier Jahre lang an vier Abenden in der Woche Jura und hatte in der Zeit, als ich Jura studierte und eine volle Lehrerstelle hatte, auch noch meine beiden Kinder. In einem anspruchsvollen Beruf erfolgreich zu arbeiten ist mir also nie schwergefallen.

Ich bin jetzt alleinstehende Mutter, nachdem ich vor drei Jahren geschieden wurde, und ziehe meine beiden Söhne, acht und zehn Jahre alt, allein groß. Ich glaube, ich bin eine gute Mutter, und meine Freunde und Freundinnen und meine Familie äußern sich in demselben Sinne.

Ich hatte aber mein ganzes Leben lang Schwierigkeiten in meinen Männerbeziehungen. Durch die Lektüre Ihres Buches wurde mir klar, daß die Gründe für diese Schwierigkeiten in meinem familiären Hintergrund liegen. Obgleich meine Eltern beide nicht in das klassische Bild des zwanghaften Trinkers oder zwanghaften Spielers passen, ist meine Mutter trotzdem ein sehr zwanghafter Mensch. Ihre Zwanghaftigkeit zeigte sich in ihrer Haushaltsführung und in ihrem Bemuttern.

Letztes Jahr, nachdem ich «Wenn Frauen zu sehr lieben» schon gelesen hatte, ging ich zu einer Party für alleinerziehende Mütter und Väter. Mein Verhalten und meine ganze Einstellung waren auf dieser Party anders als früher. Weil ich ja wußte, wie ich früher in Schwierigkeiten mit Männern hineingeraten war, beschloß ich, mir keinen speziellen Gesprächspartner zu suchen, sondern mit allen zu sprechen, die mir gerade über den Weg liefen. Vier Männer schrieben sich auf dieser Party meine Telefonnummer auf, und jeder von denen lud mich später ein, mit ihm auszugehen. Zwei riefen mich am Tag nach der Party an und einer zwei Tage später. Mit einem dieser Männer treffe ich mich jetzt seit zehn Monaten, und obwohl ich noch nicht weiß, was am Ende dabei herauskommen wird, war diese Beziehung bis jetzt doch ganz anders als alle meine früheren.

Mein Freund ist von der äußeren Erscheinung und auch von seiner Persönlichkeit her ganz anders als die Männer, mit denen ich mich früher eingelassen habe. Trotzdem ist die Versuchung, in meine alten Verhaltens- und Reaktionsmuster zurückzufallen, immer noch sehr stark, und ich kämpfe ständig dagegen an. Das Wissen, das ich durch mein Programm bei Gam-Anon und durch Ihr Buch erhielt, hat mir Kraft für diesen Kampf verliehen, der ständig weitergeht. Ich nehme an, ich werde mich auch in Zukunft noch lange Zeit damit herumschlagen müssen.

Obwohl ich noch einen weiten Weg vor mir habe, habe ich bereits beträchtliche Fortschritte gemacht. Ich bin ständig auf der Hut, ob ich nicht meinen alten Verhaltensmustern folge und zuviel gebe und den Mann bemuttere, mit dem ich eine Beziehung habe. Außerdem habe ich mir selbst versprochen, mich niemals wieder mit jemandem einzulassen, der den gleichen Charakter hat wie mein früherer Mann, der ein zwanghafter Spieler war.

Gina R.

Liebe Gina,

ich stimme Ihnen zu, daß Frauen, die zwanghafte Spieler heiraten, einen ähnlichen Charakter haben wie Frauen, die zwanghafte Trinker heiraten; und der Verlauf ihrer Beziehungen weist auch viele Parallelen auf. In vieler Hinsicht ist Sucht eben Sucht und Co-Abhängigkeit Co-Abhängigkeit, ganz gleich, um welche Variante es sich handelt. Darum wirken auch die gleichen Grundsätze bei der Behandlung jeder der beiden Formen.

Sie beschreiben Ihre Mutter als zwanghaft in ihrem Bemutterungsstreben und sagen dann, daß Sie selber dagegen ankämpfen, den Mann zu bemuttern, mit dem Sie zusammen sind. Viele von uns Co-Abhängigen haben sich selbst geschworen, niemals jemanden so zu verhätscheln, wie unsere Eltern es taten, und uns unserem Ehemann gegenüber niemals so zu verhalten, wie unsere Eltern sich gegeneinander verhielten. Und trotzdem müssen wir als Erwachsene feststellen, daß wir uns scheinbar gar nicht anders verhalten können. Und zwar darum, weil das Bemuttern und, wenn ich ein neues Wort einführen darf, das «Bepartnern» Verhaltensweisen sind, die sich uns tief eingeprägt haben, und keine intellektuell gewonnene Einstellung zu diesen Aufgaben. Wir lernen durch das alltägliche Leben in unserer Herkunftsfamilie ganz von selbst, was es heißt, Mutter zu sein, Vater zu sein, Ehemann zu sein oder Ehefrau zu sein. Wir sind durch das Vorbild unserer Eltern unweigerlich in jeder Faser unseres Wesens gefärbt worden, im positiven wie im negativen Sinne. Und so ertappen wir uns denn dabei, daß wir reden wie sie und uns wie sie verhalten, oft obwohl wir uns ganz fest vorgenommen haben, es anders zu machen.

Diese erlernten Verhaltensmuster sind in mancher Hinsicht dem Phänomen der Prägung im Tierreich verwandt. Ein Beispiel für Prägung ist ein frisch ausgeschlüpftes Küken, das dem ersten sich bewegenden Gegenstand folgt, den es sieht, wobei es dieses Objekt instinktiv mit seiner Mutter identifiziert. Manchmal (zum Beispiel bei Experimenten – über Prägung – in der Verhaltensforschung) ist der erste sich bewegende Gegenstand, den das Küken sieht, vielleicht keine Graugans, sondern etwa ein rollender Ball. Das Küken wird unwiderstehlich angezogen, dem Ball zu folgen, und wenn ein solches Verhalten für das Überleben des Vögelchens noch so unsinnig sein mag.

Ein anderes Beispiel für Prägung, das wegen seiner Übertragbarkeit auf den biologisch näher verwandten Homo sapiens noch viel bedeutsamer ist, ist Harry Harlows Experiment mit Rhesusaffen. Wer einmal Psychologie studiert hat, wird den Film* über dieses Experiment kennen, in dem das Affenbaby, dem die natürliche Mutter weggenommen wurde, sich lieber an ein gepolstertes Gestell klammert, vielleicht sogar daran herumnuckelt, statt an das nackte Drahtgestell, das Nahrung bereithält. Harlow leitete aus dieser Verhaltensbeobachtung die Theorie ab, daß die (dürftige) Gemütlichkeit, die das weich gepolsterte Gestell bietet, einen stärkeren Bonding-Effekt habe als das ungepolsterte Gestell, welches dagegen die Nahrungsquelle zu bieten hat, und daraus werde deutlich, daß tröstliche Geborgenheit sehr viel wichtiger ist als die Versorgung mit Essen.

Vielleicht noch wichtiger und folgenreicher für menschliches Verhalten ist die nächste Stufe dieser Experimente.** Die Affenbabys, die man in dieser deprivierten Umgebung – ohne Mutter – aufzog, entwickelten keine normalen sozialen Fähigkeiten für den Umgang mit Artgenossen. Entweder kauerten sie sich ängstlich nieder, oder sie fielen unverhältnismäßig aggressiv über andere her. Ihr Nahrungsbedarf war gedeckt worden, da aber ihr Bedürfnis nach liebevollem Austausch mit anderen Artgenossen unbefriedigt blieb (besonders mit den eigenen Eltern, die sie bei einer natürlichen Entwicklung liebkost, gefüttert und beschützt hätten), waren diese Affen als Erwachsene unfähig zur normalen Paarung und Elternschaft. Wenn die weiblichen Affen zwangsweise oder künstlich ge-

---

* «Mother Love», produziert von Columbia Broadcasting Systems, 51 West 52 nd Street, New York, NY 10019. Zu beziehen über Carousel Films, Inc., 241 East 34th Street, New York, NY 10016.
** «Love among the Monkeys», Science News, Dezember 20, 1975, S. 389–390.

schwängert wurden, brachten sie Kinder zur Welt, die sie nicht säugten oder versorgten. Entweder beachteten sie ihre Kinder nicht oder behandelten sie schlecht, oder beides. Da sie selber die Fürsorge nicht bekommen hatten, die sie normalerweise für ihr eigenes Überleben gebraucht hätten, konnten sie als Erwachsene ihren eigenen Nachwuchs nicht versorgen.

Wir Menschen werden von Schuldgefühlen geplagt, wenn wir unser persönliches Wertsystem durch unser Verhalten oder auch nur in Gedanken verletzen. Oft kämpfen wir verzweifelt und blindlings gegen das, was bei uns Menschen der «Prägung» entspricht: jenes unentrinnbare Ausagieren dessen an anderen, was an uns und um uns herum ausagiert wurde, als wir klein waren. Wenn wir in der Kindheit übermäßig kontrolliert wurden, neigen wir als Erwachsene dazu, unsere Partner, unsere Kinder und vielleicht sogar unsere Kollegen und Kolleginnen übermäßig zu kontrollieren. Wenn wir in der Kindheit körperlich mißhandelt wurden, neigen wir dazu, unsere Kinder zu mißhandeln oder jemanden zu heiraten, der uns genauso einschüchtert, wie unsere Eltern es taten, und uns oder unsere Kinder mißhandelt. Wenn wir das Objekt unangemessener sexueller Annäherungsversuche eines Erwachsenen waren, werden wir selbst übermäßig verführerisch agieren oder uns mit einem sexuell haltlosen Menschen zusammentun, so daß wir unserer eigenen Sexbesessenheit nachgehen können, indem wir versuchen, den anderen zu kontrollieren.

Es ist nicht schwer, sich Generationen von Rhesusaffen vorzustellen, die genug Nahrung erhalten, um ihr physisches Überleben sicherzustellen, die aber aus Mangel an elterlicher Fürsorge nicht in der Lage sind, ihren Nachwuchs elterlich zu hegen – eine Generation von ungeliebten und liebesunfähigen Affen nach der anderen.

Wie für Harlows Rhesusaffen ist es auch für uns so gut wie unmöglich, etwas zu geben, das wir selbst nicht bekommen haben. Und fast ebenso unmöglich ist es, daß wir anderen gewähren, was uns nicht gewährt wurde. Wenn wir mit übermäßiger Fürsorge in unseren Bemühungen unterdrückt wurden, unsere Fühler auszustrecken, zu wachsen und selbständig zu werden, werden wir die gleiche ungesunde Reaktion auf das

Selbständigwerden unserer eigenen Kinder zeigen. Dieses Prinzip verursacht den Generationsaspekt der krankhaften Verhaltenszwänge und trägt, zusammen mit genetischen Faktoren, zum Generationsaspekt der krankhaften Abhängigkeit von chemischen Substanzen bei.

Die Macht dieser tief verankerten Verhaltensweisen kann nicht einfach durch gute Vorsätze gebrochen werden. Es genügt nicht, sich selbst und anderen zu geloben: Das werde ich nie wieder tun! Es bedarf konkreter Schritte, wie Sie, Gina, sie ja schon unternehmen: die täglich erneuerte Verpflichtung auf ein Genesungsprogramm.

«Wenn Frauen zu sehr lieben» habe ich für und über heterosexuelle Frauen geschrieben, die von ihren Beziehungen mit Männern abhängig sind, weil das die Art von Beziehungssucht war (und ist), die ich am besten kenne und verstehe. Während ich im Vorwort zu jenem Buch einräumte, daß auch Männer liebessüchtig sein können, scheine ich doch unbeabsichtigt den Schluß nahegelegt zu haben, daß alle Beziehungssüchtigen heterosexuell sind. Ich weiß, daß das nicht stimmt. Zwischen Liebespartnern des gleichen Geschlechts kann es die allerabhängigsten Beziehungen geben.

Phyllis und zahlreiche andere lesbische Frauen haben geschrieben (manchmal freundlich, manchmal weniger freundlich), um mich auf meinen Fehler hinzuweisen.

Liebe Robin Norwood,
vielen Dank, daß Sie «Wenn Frauen zu sehr lieben» geschrieben haben!
Ich war zwei Jahre lang bei Al-Anon, weshalb mir viele der Begriffe vertraut waren, anderes wurde mir jetzt deutlicher – wie es zur Verleugnung kommt, daß guter Sex nicht unbedingt heißt, die beiden Beteiligten seien innig vereint. In den ersten Kapiteln bin ich noch zurückgezuckt, aber am Ende des Buches war ich voller Hoffnung.

Ich möchte fragen, ob Sie bei der nächsten Auflage (zu der es sicher kommt) Ihrer Einleitung nicht einen Zusatz über mich und andere wie mich hinzufügen können. Ich bin lesbisch, und es fiel mir schwer, immer wieder gesagt zu bekommen, ich sei von Männern besessen. Da die zehn bis zwanzig Prozent der Bevölkerung, die homo- oder bisexuell sind, von Ihren Darlegungen sehr profitieren können, wäre diese Ergänzung wirklich sinnvoll. Mein Al-Anon-Programm hat mich zwar gelehrt, mir zu nehmen, was mir gefällt, und den Rest stehenzulassen, aber das Gefühl, für Sie unsichtbar zu sein, konnte ich nur schwer verwinden. Ihr Buch ist eine große Hilfe, und ich bitte darum, daß Sie mir an irgendeiner Stelle eine Existenzberechtigung einräumen. Vielen Dank!

Phyllis R.

Nachdem ich zurückgeschrieben hatte, um mich für meine Auslassung der Homosexualität zu entschuldigen und zu erklären, ich hätte ausschließlich über die Beziehungssucht heterosexueller Frauen geschrieben, weil ich meinem Fachwissen nur auf diesem Gebiet traue, erhielt ich einen zweiten Brief von Phyllis, in dem sie ihre eigenen Erfahrungen mit Beziehungssucht beschreibt.

Liebe Robin,
ich war ganz aufgeregt, von Ihnen eine Antwort zu bekommen und Sie so offen für meinen Brief zu erleben. Natürlich habe ich eine Stunde lang versucht, mir wieder in Erinnerung zu rufen, was ich in dem Brief genau geschrieben hatte. An das Hauptthema erinnere ich mich aber.

Aus meiner Vorgeschichte: Ich habe sieben Jahre lang mit einem sehr liebenswerten, passiven und süchtigen / alkoholabhängigen Mann zusammengelebt. Schließlich habe ich ihn doch verlassen und mir geschworen, nie wieder auf einen erwachsenen Menschen aufzupassen.

Drei Jahre vergingen, und ich hatte nicht nur auf eine erwachsene, ausgeflippte Frau, sondern auch auf ihre zwei Kinder aufzupassen.

In vieler Hinsicht war diese Beziehung ganz anders und erfüllte mich sehr, weil es um eine Frau ging. Aber in vieler Hinsicht war diese Beziehung auch genau wie die erste, denn ich leide ja unter einer fortschreitenden Krankheit. Am allermeisten war ich selbst erstaunt, als ich die Ähnlichkeiten zwischen diesen beiden Beziehungen entdeckte.

Ich habe ganz entscheidende Einsichten gewonnen: 1. Mir wurde bewußt, daß ich immer glaubte, mit meiner «Liebe» alles «in Ordnung bringen» zu können; 2. mir wurde bewußt, daß diejenigen, die «zu sehr geliebt werden», eher Haß als Dankbarkeit empfinden; 3. ich lernte klar zu erkennen, wie dieser Tanz gleich bei den ersten Rendezvous beginnt, wenn ich den Mut habe, es nicht zu verleugnen; 4. ich begriff, daß ich hundertprozentig genesen kann und meine Kindheit in meinen Erwachsenenbeziehungen nicht wiederholen muß, und 5. erfuhr ich, wie unglaublich schmerzlich es in der Tat ist, diese Beziehungen und Verhaltensmuster aufzugeben.

Ich nutze das Al-Anon-Programm auf ganz neue Art, um mein Leben zu ändern. Danke für Ihre Informationen, Ihre Unterstützung und Liebe!

Phyllis R.

Phyllis' Brief bringt einen Punkt zur Sprache, der auch wichtig ist. Es kommt ganz wesentlich darauf an, daß ein Mensch, der Genesung sucht, bei der Wahl der geeigneten Behandlungsart von möglichst spezifischen statt von allgemeinen Gesichtspunkten ausgeht. Zum Beispiel hat Phyllis mit mindestens einem Alkoholiker / Abhängigen zusammengelebt. Das heißt, sie ist Co-Alkoholikerin und gehört zu Al-Anon. Sollte sie den Beschluß fassen, an einer Gruppe für Beziehungssucht teilzunehmen, dann sollte sie diese Gruppe *zusätzlich* zu dem spezifischeren Al-Anon-Programm besuchen, aber nicht anstelle davon. Ein weiteres Beispiel: Ist eine Frau mit einem zwanghaften Spieler verheiratet, dann sollte ihr primäres Genesungsprogramm Gam-Anon sein, obwohl sie auch vom *zusätzlichen* Besuch einer Selbsthilfegruppe profitieren könnte, die sich auf Beziehungssucht konzentriert. Oft lassen Menschen sich lieber auf eine allgemeinere statt auf eine spezifische Behandlung ein, weil sie sich schämen, so genau unter die Lupe zu nehmen, unter welchen Bedingungen sie leben oder gelebt haben. Aber geholfen wird uns am meisten, wenn wir uns ganz scharf eingeengt auf unser Thema konzentrieren. Deshalb ist es so wichtig, den Mut aufzubringen, gemeinsam mit anderen, die in derselben Verfassung sind wie wir, irgendwo zusammenzusitzen, also mit anderen Co-Alkoholikern, anderen Inzest-Opfern, anderen Geschlagenen, anderen mit Spielersüchtigen Verheirateten und so weiter. Sind Sie lesbisch und Co-Alkoholikerin, dann ist es wunderbar, wenn Sie schwule und lesbische Al-Anon-Treffen besuchen können, wo die speziellen Fragen, die Sie beschäftigen, offen besprochen werden können. Das Zusammensein mit Menschen, die genauso sind wie wir, ist außerordentlich heilsam und aufbauend, weil es Menschen sind, die viele unserer Gedanken, Gefühle, Erfahrungen und Kämpfe selber kennen und deswegen unsere Fortschritte am besten würdigen und anerkennen können.

Liebe Robin Norwood,
ich habe die ganze Palette der Fallgeschichten in Ihrem Buch drauf. Teile meiner Kindheit verbrachte ich in einem Heim. Ich hatte einen Stiefvater, der voll alkoholabhängig war. Nach zweiunddreißig Ehejahren (mit meinem zweiten Mann) und dem Auszug meiner fünf inzwischen erwachsenen Kinder setzte ich alles auf eine Karte und fing etwas mit meinem Freund aus der Schulzeit an (der natürlich verheiratet war). Ich zog in seine Gegend, wo er zu den Stützen der Gesellschaft zählte, und los ging der Tanz! Ich arbeitete mich beruflich höher (als Krankenschwester – natürlich!) und lauerte darauf, daß er sich scheiden

ließ. Jeden Monat gab es neue Ausreden, und schließlich erzählte ich seiner Frau, was Sache war. Von da an entwickelte sich mein Leben so, daß kein Dramatiker daraus ein Stück machen würde. Zu dramatisch!

Ich bin zu meinem Mann zurückgekehrt, und es ist langweilig, ja, aber es sieht so aus, als ob die Geschichte gut ausgehen könnte. Ich bin siebenundfünfzig Jahre alt, was keiner glaubt, jeder sagt, ich sähe keinen Tag älter aus als vierzig. Das war mir nie ein Trost, weil ich kein Selbstvertrauen hatte, nur den blinden Wunsch, all das Schiefe und Krumme in meiner Umgebung gradezurücken. Als Krankenschwester hatte ich das Gefühl, mir einen weiteren Lebenstag verdient zu haben, wenn ich einen Patienten dazu brachte, zu lächeln oder sich wohlzufühlen. Auch der Mann, mit dem ich die Affäre hatte, erzählte mir, daß er zu Hause so unglücklich sei und seine Frau seit Jahren nicht mehr liebe. Ich war sicher, daß wir beide zusammen bis ans Ende unseres Lebens glückselig sein würden. Jetzt weiß ich, daß er ein ebenso unzugänglicher und unerreichbarer Mensch ist wie meine Mutter. Diese Erkenntnis war für mich ein schwerer Schock.

Meine Frage ist nun: Können Sie beim Lesen dieses Briefes noch andere Gründe für meine «Eskapaden» finden? Ich denke, ich habe mehr Chancen, meine Fehler nicht zu wiederholen, wenn ich mich selbst besser verstehe.

Was die Übungen betrifft, die Sie vorschlagen – drei Minuten lang in den Spiegel zu schauen, meinen Namen zu sagen und «Ich liebe und akzeptiere dich genauso, wie du bist» –, das ist mir echt schwergefallen. Anfangs habe ich nur stumm in den Spiegel geschaut und geweint. Aber schließlich konnte ich die Sprachlosigkeit überwinden, und die Übung beginnt zu wirken. Danke.

Helena J.

Liebe Helena,

viele Frauen, die in einer chaotischen, unglücklichen Umgebung aufgewachsen sind, in der seelische Vereinsamung eine Rolle spielte, verhalten sich so wie Sie. Wenn sie es trotz dieses Erfahrungshintergrundes schaffen, sich mit einem verläßlichen Partner zu verbinden, überkommt sie nach und nach eine rastlose Unzufriedenheit, weil die Aufregung fehlt, die in ihrer Kindheit eine so bedeutende Rolle gespielt hat. Früher oder später fangen diese Frauen an, Ausschau zu halten nach dem, was ihnen fehlt, und werfen dabei ebenso wie Sie meist alles über den Haufen. Sie finden es ganz selbstverständlich, für diese altvertrauten Gefühle von Drama und Schmerz das Wort «Liebe» zu benutzen. Nichts an der Beziehung, die sie aufgeben, ist vergleichbar mit dieser Erregung. Die Crescendi der Gefühle in einer verbotenen Liaison, wie Sie eine hatten, werden aufgeschaukelt durch all die dramatischen Elemente, die es auch in Ihren Kindheitserfahrungen gab: Ungewißheit, Heimlichkeit, Gefahr, Scham, der Schmerz, vom Geliebten verlassen zu werden, ersehnte Wiederversöhnung, tiefe Verzweiflung, die wiederholt mit neuer Hoffnung abwechselt, immer längeres Warten, durchsetzt von überhitzten Begegnungen, der ständige unselige Konkurrenzkampf um Aufmerksamkeit, der Versuch, möglichst gut, möglichst attraktiv, möglichst liebevoll (oder alles zugleich) zu sein, damit sich alles zum Guten wendet und so weiter.

Das ständige Verlassenwerden in Ihrer Vergangenheit ist der Schlüssel zum Verständnis für ihr anhaltendes Bedürfnis, sich als Erwachsene eine Daseinsberechtigung zu verdienen. Als Kind glauben wir, daß wir persönlich der Grund für alles sind, was um uns und mit uns geschieht. Wenn es etwas Erfreuliches ist, sehen wir darin unser Verdienst, und wenn es etwas Negatives ist, nehmen wir die Schuld auf uns aus dem Gefühl magischer Allmacht, das bei allen Kindern altersgerecht vorkommt. Wir glauben dann, daß wir die Sonne zum Auf- und Untergehen bewegen und daß der Mond nachts zum Vorschein kommt, um uns zu erfreuen. Wenn wir von den Menschen, die wir brauchen, verlassen werden, glauben wir, auch das verursacht zu haben, weil wir etwas falsch gemacht oder unterlassen haben. Auch wenn wir den Grund dafür, daß wir verlassen wurden, niemals in Worte fassen, tragen wir die Last mit uns herum, es selber verursacht zu haben, und dazu kommt die Angst, erneut im Stich gelassen zu werden, wenn wir nicht sehr, sehr aufpassen, vorsichtig und gut sind. Das erklärt Ihre Berufswahl Krankenschwester und auch Ihre Affäre – das unwiderstehliche Bedürfnis, den Bedürftigen zu helfen, um dadurch sich selbst zu retten.

Ich freue mich sehr, daß Sie mit einer der empfohlenen Affirmationen arbeiten. Wenn sie gewissenhaft angewendet wird, hat diese Affirmation die Kraft, die alten Gefühle der Wertlosigkeit aufzuheben und durch das Vertrauen zu ersetzen, daß Sie im Plan des Universums notwendig sind und geliebt werden.

Kapitel 9: Briefe von Männern

Liebe Frau Norwood,

ich habe Ihr Buch gerade zu Ende gelesen, das mir sehr viel gegeben hat, aber es ist mir schwergefallen, im ganzen Buch «Frauen» immer mit «Männer» übersetzen zu müssen. Ich bin ein «geschlagener Mann» gewesen und bin jetzt als ein «Mann, der zu sehr liebt» das Opfer der Schachzüge einer unreifen Frau. Ich versuche, diese Abhängigkeit zu bekämpfen, indem ich mich über diese Krankheit besser informiere. Es ist sehr schade, daß Sie nicht sehen, wieviele Männer sich in gestörte, kühle, launische und unberechenbare Frauen verlieben und dann die gleichen Seelenqualen durchmachen wie die Frauen in Ihrem Buch. Wir Männer hätten auch Nutzen von Ihrem Buch und würden eher Trost daraus ziehen, wenn der Titel lautete: «Menschen, die zu sehr lieben». Oder Sie könnten Ihren Text umpolen auf das andere Geschlecht und unter dem Titel «Männer, die zu sehr lieben» veröffentlichen. Ansonsten Danke für die Hilfe.

Miguel J.

Es war weder ein Versehen noch Gleichgültigkeit, daß sich «Wenn Frauen zu sehr lieben» ausschließlich an Frauen gerichtet hat. Ich kann Frauen, die beziehungssüchtig sind, sehr gut verstehen, weil ich die gleiche Erfahrung gemacht habe, während ich die männliche Erfahrung von Beziehungssucht nicht nachvollziehen kann. Selbst wenn sie der weiblichen Erfahrung sehr ähnlich sein mag, habe ich doch den Eindruck, daß es feine Unterschiede gibt, und glaube, daß es anmaßend und unverantwortlich ist, wenn man sein Fachwissen von einem Gebiet einfach auf ein anderes überträgt. Wenn auch viele Autorinnen den Kern meines Wesens mit ihren Worten erfaßt haben, ist mir bis jetzt noch kein Autor begegnet, der meine Erfahrung als Frau genau beschreiben könnte. Ich möchte den Männern keinen schlechten Dienst erweisen und überlasse deshalb das Schreiben über die Männer den Männern. Trotzdem freue ich mich, daß «Wenn Frauen zu sehr lieben» vielen Männern geholfen hat, und ich freue mich auch, daß einige von ihnen sich die Mühe gemacht haben, mir ihre Gedanken über das Buch zu schreiben. Alle ihre Briefe betrachte ich als ein Geschenk, auf einige von ihnen möchte ich hier jetzt eingehen.

Die Briefe und Kommentare männlicher Leser von «Wenn Frauen zu sehr lieben» bilden, grob gesehen, vier Gruppen: Männer, die Frauen zu sehr lieben; Männer, die mit Frauen zusammen sind oder waren, von denen sie zu sehr geliebt werden oder wurden; Männer, die Frauen lieben, die wiederum einen anderen Mann zu sehr lieben; und schließlich schwule Männer, die (ihren) männliche(n) Partner zu sehr lieben.

In mancher Hinsicht können uns diese Briefe von Männern Beziehungssucht auf eine Art erhellen, wie die Briefe von Frauen es nicht vermögen. Besonders wenn der Mann selbst ein Beziehungssüchtiger ist, können wir den Krankheitsverlauf mit einer Klarheit beobachten, wie es sonst nicht möglich ist, weil nämlich in diesem Fall die Beziehungssucht ohne die kulturelle Rückendeckung verläuft, die Frauen für dieses Verhalten erfahren. In unserer Kultur wird jede Frau zu den meisten Verhaltensweisen aktiv ermuntert, die typisch für eine schwerkranke Beziehungssüchtige sind: einen anderen Menschen zum Angelpunkt ihrer Gedanken und Taten zu machen; von den Versuchen ganz in Anspruch genommen zu sein, diesen anderen Menschen zu kontrollieren, zu ändern und zu verbessern und dafür alles Erdenkliche zu tun; sich aufzuopfern und martern zu lassen; und mit den Gedanken, Gefühlen und Bedürfnissen dieses anderen Menschen sehr viel besser in Kontakt zu sein als mit ihren eigenen. Die Unterstützung, die die Beziehungssucht bei Frauen in unserer Kultur erfährt, und die Sanktionen gegen Frauen, die nicht auf diese Weise denken, fühlen und handeln, machen es fast unmöglich, einzuschätzen, wie ungesund diese Einstellungen und Verhaltensweisen für jedes Individuum sind, *wenn wir sie nicht bei einem Mann wahrnehmen.* So sexistisch es auch klingt (und *ist!*), nur wenn wir dieses liebessüchtige Beziehungsmuster im Kontrast zur typischen Rollenverteilung der Geschlechter zu sehen bekommen, wird offensichtlich, wie krank dieses Muster tatsächlich ist, abgesehen von der Geschlechtszugehörigkeit.

Der folgende Brief stellt, was die Schwere der beschriebenen Beziehungssucht betrifft, alles in den Schatten, was ich bislang kennengelernt habe. Sowohl das märtyrerhafte Verhalten als auch die manipulativen Anteile, die dahinterstehen, können deutlicher gesehen werden, weil der Verfasser ein Mann ist.

Liebe Frau Norwood,
Ihr Buch wurde mir von meinem Therapeuten empfohlen, der meinte, es könne mir in dieser sehr schweren Phase meines Lebens helfen, wenn ich mich in die Frauen hineinversetzte, die Sie beschreiben.

Ich kann mir nicht vorstellen, daß ich der erste Mann bin, der Ihnen schreibt, hoffe aber trotzdem, Ihnen meine Geschichte erzählen zu dürfen.

Zum Äußeren: Ich bin neunundzwanzig Jahre alt, 1,83 cm groß, 81,5 kg schwer und werde für ganz gut aussehend gehalten. Ich trinke nicht und rauche nicht und nehme keine Drogen. Wohl niemand würde mich einen arroganten, fiesen oder miesen Typen nennen. Ich bin kreativ und habe in den letzten drei Jahren als Drehbuchautor gearbeitet. Ich möchte nicht angeben: aber ich verdiene eine Menge Geld. Alle diese schönen Puzzlestückchen erwecken wohl den Eindruck, als ob sie sich zu einem interessanten und erfüllten Leben zusammensetzen ließen. Aber mein Leben ist davon weit entfernt. Obgleich ich heterosexuell bin, hat es während meiner ganzen Pubertät und ersten Erwachsenenjahre kaum Kontakte und schon gar keine dauerhafte Intimität mit Frauen gegeben, eine richtige Freundin habe ich nie gehabt. Die zwei oder drei Beziehungen, die ich mit Frauen zustande brachte, waren sehr kurz und dauerten höchstens drei, vier Wochen.

Ich nehme an, man könnte mich auch als einen dieser «netten, aber langweiligen Männer» beschreiben, vor denen viele Frauen in Ihrem Buch weglaufen. Ich selbst würde mich so nicht beschreiben wollen, doch anscheinend haben viele Frauen mich in die Rolle des «guten Freundes», aber nie in die des «Liebhabers» gesteckt. Weil ich so oft als Liebhaber abgelehnt wurde (von Frauen, die sich mit mir als Freund treffen wollten, und, Sie werden es nicht für möglich halten, mich manchmal sogar wichtiger nahmen als ihren richtigen Boyfriend), gab es viel Verwirrung, Stress und Enttäuschung in meinem Leben. Besonders, weil ich alles tue, um so nett wie möglich zu sein, wenn ich eine treffe, die mich interessiert. Vielleicht bin ich *zu* nett. Oder vielleicht fühle ich mich instinktiv zu Frauen hingezogen, von denen ich weiß, daß sie mich wegen der blendend attraktiven, sie aber letztlich nicht glücklich machenden Männer ablehnen werden, die Sie in Ihrem Buch beschreiben. Lassen Sie mich Ihnen von der einen herausragenden Beziehung erzählen, die ich hatte – herausragend durch ihre Intensität und durch ihre Auswirkungen auf mich, meine ich. Zusammengelebt habe ich mit dieser Frau nie und hatte noch nicht einmal Sex mit ihr. Aber in den letzten vier Jahren waren meine sämtlichen Energien ständig auf sie gerichtet, und es war von Anfang bis Ende eine verheerende Pleite.

Das erste Mal habe ich Lynn getroffen, als wir noch aufs College gingen. Sie war ein paar Male freundlich gewesen zu mir, obwohl ich zu der Zeit kein Interesse an ihr hatte. Ein paar Jahre vergingen, in denen sich unsere Wege häufiger kreuzten, und ich begann mich sehr zu ihr hingezogen zu fühlen. Während dieser Zeit lebte sie mit einem anderen Mann zusammen, also konnte ich sie nicht ernsthaft umwerben. Nach meinem Abschluß ging ich arbeiten, und als Lynn zwei Jahre später ihren Abschluß gemacht hatte, kehrte sie in den Osten zurück, um sich nach einer Arbeit als Schauspielerin umzusehen. Obwohl wir nun an entgegengesetzten Enden des Landes wohnten, blieben wir in Verbindung, und in mir lebte immer etwas die Hoffnung, daß wir eines Tages ein Liebespaar würden. Nachdem sie vor vier Jahren eine üble Beziehungskiste abgebrochen hatte, lud ich sie ein, mich zu besuchen. In meinem Herzen wußte ich, daß sie an einer Liebesbeziehung mit mir nicht interessiert war, aber ich hatte das Gefühl, sie für mich gewinnen zu können, wenn ich die Chance bekäme. Ich bezahlte ihren Flug hierher, und so fing eine transkontinentale Beziehung für zwei Jahre an. War Lynn bei mir, erzählte sie mir, wie toll es sei, der Tretmühle entronnen zu sein, sich ein Engagement als Schauspielerin zu suchen, während sie als Kellnerin jobte. Da ich damals als freiberuflicher Autor arbeitete, schlug ich ihr vor, mir bei einem Text zu helfen, ich würde mir dann das Honorar mit ihr teilen. Sie zögerte, weil sie so etwas noch nie gemacht hatte, aber ich freute mich, es ihr zeigen zu können. Wir schrieben und lebten eine Woche lang zusammen, und unsere Zusammenarbeit erwies sich als sehr fruchtbar. Als sie nach Hause zurückkehrte, fühlten wir uns beide großartig mit unserer Partnerschaft, und ich hatte das Gefühl, etwas ganz Besonderes von mir mit ihr geteilt zu haben. Meine Phantasie ist das Persönlichste, was ich habe. Damit verdiene ich meinen Lebensunterhalt und muntere mich auf, wenn die Dinge schieflaufen. Lynn dabei zu helfen, selber ihre Phantasie zu gebrauchen, war aufregend für mich. Das hier, redete ich mir ein, war nun eine Beziehung, von der ich noch nicht einmal zu träumen gewagt hätte – mit jemandem, der mich sowohl intellektuell als auch körperlich anregte. Und die Art und Weise, wie wir zusammen schrieben, war sehr viel inspirierender, als wenn ich alleine gearbeitet hätte. Aus dieser Beziehung mußte unbedingt etwas werden, und mit «etwas werden» meinte ich körperliche Liebe, Verbindlichkeit, Heiraten.

Ich bin sicher, Sie brauchen keine Kristallkugel, um zu prophezeien, wie das alles für mich ein böses Ende nahm. Zwei Jahre lang schrieben wir weiter viele Stücke gemeinsam. Und in den Zeiten, in denen keine Scripts zu schreiben waren, überwies ich telegrafisch Geld auf Lynns Bankkonto. Sie hat mich nie direkt darum gebeten, mir aber manchmal ziemlich eindeutige Winke gegeben. Und ich denke, ich habe es hauptsächlich getan, weil ich es tun wollte. Ich malte mir aus, daß jede freundliche Geste, jeder gemeinsam verfaßte Text und jeder überwiesene Scheck sich am Ende als ein weiterer Schritt in Richtung auf unsere dauerhafte Verbindung erweisen würde. Lassen Sie mich zu meiner Verteidigung bitte sagen, daß ich sie wirklich von ganzem Herzen liebte und glaubte, das alles tun zu müssen. Wenn wir jemanden lieben, umsorgen wir diesen Menschen dann nicht? In den zwei Jahren habe ich sie mehrmals besucht und sie mich auch. Sie lernte meine Eltern kennen und ich ihre. Jedes Jahr bekam ich, vor zwei Jahren tatsächlich genau zu Weihnachten, ein großes Geschenkpaket von ihren Eltern. Es hat mir das Herz gebrochen, als ich letztes Jahr eins bekam und ihnen auf nette Weise erklären mußte, warum ich lieber keins mehr bekommen möchte.

Während Lynn mit mir schrieb, ließ sie sich, sobald sie wieder zu Hause war, auf eine Reihe von Liebesaffären ein. Ich versuchte mir mit aller Macht einzureden, vorläufig sei ich eben nur ihr Freund, aber durch meine Treue und Geschenke und Fürsorge würde sie schon noch begreifen, daß ich sie wirklich liebte und der richtige Mann für sie war. Es kam die Zeit, in der die freiberufliche Arbeit auslief, die wir zusammen gemacht hatten. Ich brachte Lynn dann in Kontakt mit einigen Leuten an der Ostküste, die vor Ort Autoren mit Erfahrung suchten. Obwohl sie sehr unsicher war, ebnete ich ihr den Weg zu einer Verlagsgesellschaft, für die sie seitdem einige sehr gute Sachen geschrieben hat. Tatsächlich ist sie bei denen zu einer der wichtigsten Autorinnen geworden. Aber als sie gerade anfing, Aufträge von dort zu bekommen, war das Geld noch immer knapp, und sie wollte gern Schauspielunterricht nehmen. Das bezahlte ich ihr dann und tue das immer noch! Ihr Lehrer ist ein strammer, bildschöner, lediger Mann, und, um es kurz zu machen, sie werden im Juni heiraten.

Glauben Sie mir, sehr geehrte Frau Norwood, die Hölle kann nicht schlimmer sein als die letzten drei Monate, die ich durchgemacht habe. Zuerst erfuhr ich zufällig von Freunden, daß sie heiraten würde. Sie erklärte, daß sie sich nicht in der Lage fühle, es mir direkt zu sagen. Trotzdem erzählte sie es Leuten, mit denen ich regelmäßig zu tun habe. Ich wußte, daß sie sich mit diesem Kerl traf und dann sogar mit ihm zusammengezogen war. Aber alles, was sie mir von ihm erzählte, klang so, als sei er ein schöner, aber irgendwie langweiliger Bursche von der Sorte, die sie schon bald satt haben würde. Vor einem Jahr hatte sie sogar die Frechheit, ein Treffen zwischen ihm und mir zu arrangieren! Er hatte bei Filmen, Büchern und so weiter einen ganz ähnlichen Geschmack wie ich. Mein einziger Gedanke war, daß sie mich gegen eine hübschere Version meiner selbst austauschte. Und dann kam eine lange Phase, in der ich mich selber gehaßt habe. Wie kann es angehen, fragte ich mich, wenn ich in den Spiegel schaute, daß ich ihr helfen konnte, aus sich heraus eine wunderbare Begabung zum Vorschein zu bringen, die sie nie für möglich gehalten hätte, und daß ich auf diese wunderbare Weise mit ihr verbunden war und sie mich trotzdem sitzen läßt? Was, schrie ich meinem Spiegelbild zu, hat sie in mir gesehen und so gehaßt? Meine zusammengewachsenen Augenbrauen? Die Fettpolster an der Gürtellinie, die nicht weggingen, und wenn ich noch so viele Liegestütze machte? Was war es? Was? Was? Wie konnte ein Mann so gut zu der Frau sein, die er liebte, nur um dann von ihr stehengelassen zu werden?

Solche Selbstgespräche führte ich oft, und einige Tage, nachdem ich von ihrer Heiratsabsicht erfahren hatte, führte ich wieder so ein Selbstgespräch, aber diesmal mit einem Jagdmesser in der Hand. Ach ja, ich war ganz von Sinnen und schäme mich sehr, jetzt darüber zu schreiben, aber ich glaube, ich sollte Ihnen alles erzählen. Ich betrachtete mich im Spiegel, und jede Stelle, die nicht perfekt war, bekam einen Schnitt. Ich war vom Gram wie berauscht, und erst als ich sah, wie mir das Blut nur so herunterlief, wurde mir klar, was ich getan hatte und wie dringend ich Hilfe brauchte. Aber wer konnte mir helfen? Drei Jahre lang hatte ich eine Frau geliebt, die am anderen Ende des Landes wohnte, und jetzt, in meiner schlimmsten Krise, war ich total allein. Da bekam ich es wirklich mit der Angst zu tun. Und ich beschloß, mir Hilfe zu holen.

Ich verband meine Schnittwunden (ich schämte mich zu sehr, um einen Arzt aufzusuchen), und sie verheilten unter Schmerzen, aber ohne Narbenbildung. Am selben Tag, an dem ich mir selbst die Schnitte zugefügt hatte, ging ich zu einem Therapeuten, den mir ein Freund empfohlen hatte, und seitdem geht es aufwärts mit mir. Meine erste Aufgabe bestand darin, Ihr Buch zu lesen, und das hat mir sehr geholfen. Ich versuche, möglichst nicht an die Vergangenheit zu denken, daran, wie ich die Sache mit Lynn hätte ändern können, so daß sie sich in die von mir gewünschte Richtung entwickelt hätte. Ich denke nicht, daß ich die Beziehung hätte haben können, die ich mir mit ihr vorstellte, aber vielleicht wäre alles anders verlaufen, wenn ich nicht so schnell für sie eingesprungen wäre und mehr an mich selbst gedacht hätte. Mit «anders» meine ich, daß die ganze Sache viel früher aus gewesen wäre und ich mir das Schlimmste hätte ersparen können.

Ich hatte immer die große Angst, niemals eine wie sie zu finden, eine, mit der ich kreativ arbeiten und in die ich zugleich glühend verliebt sein konnte. Sie erschien mir als die Beste, die ich jemals finden konnte, und ich war wild entschlossen durchzuhalten, ganz gleich, wie schwierig alles werden würde. Ich war so sehr mit meinen Sorgen beschäftigt, die Dinge könnten sich verschlechtern, daß mir niemals dämmerte, daß die Dinge von Anfang an nicht gut standen.

Ich würde am Schluß dieses Briefes gern schreiben, nun sei alles viel besser geworden, ich verbrächte meine Abende mit wunderbaren Frauen, und alle meine Probleme wären gelöst. Aber das stimmt nicht. Auf jeden Fall *noch* nicht. Ich lade immer noch Frauen ein, mit mir auszugehen, und einige wollen mich kennenlernen, andere nicht. Und die, die wollen, möchten am liebsten eine Freundschaft mit mir. Sie denken, daß ich ein sehr unterhaltsamer Gesprächspartner bin, mit dem man viel Spaß hat, ein wirklich netter Kerl. Aber etwas fehlt. Lynn sagte immer, daß es zwischen uns nicht «geknistert» hat, und ich weiß immer noch nicht, was das heißen soll. Ich bin kein Spieler in der Erotik, und mein Gefühl ist, daß ich das auch nicht sein müßte, wenn ich wirklich in jemanden verliebt wäre. Wenn uns an jemandem etwas liegt, nehmen wir uns Zeit füreinander, teilen unser Glück mit diesem Menschen, und alles andere ist nicht so wichtig, stimmt's? Wo steht geschrieben, daß ein Mann ein Schweinehund sein muß, damit eine Frau sich für ihn interessiert? Warum jemanden hängenlassen und auf Distanz halten, den wir gerne mögen? Was mich an Frauen anzieht, ist eine gewisse Art von Risikofreude und Unabhängigkeit. Ich nehme an, das sind die Frauen, die nach einem kühlen und schwierigen Mann Ausschau halten. Wenn dann ein Mann wie ich daherkommt, ist es zu einfach mit ihm. Jammerschade!

Na ja, ich bin einsam, aber immerhin lebe ich noch, und das verdanke ich nicht zuletzt Ihrem Buch, das mir auf dem Tiefpunkt eine große Hilfe war.

David P.

Eine noch nicht genesene Frau, die zu sehr liebt, geht automatisch jeder ernsthaften Verbindung mit einem freundlichen, anständigen, anteilnehmenden Mann aus dem Wege, der in der Lage ist, gefühlsmäßig wirklich für sie da zu sein, weil eine solche Beziehung eine unannehmbare Herausforderung für ihre Fähigkeit darstellen würde, Nähe zuzulassen. Aber dieses Ausweichen sollte nicht verwechselt werden mit dem Sichabwenden einer gesünderen Frau, die nicht bereit ist, sich auf einen anderen Männertypus näher einzulassen, der, weil er so bescheiden, entgegenkommend und bereitwillig ist, typischerweise auch als «nett» bezeichnet wird. Ihre bewußten oder unbewußten Motive, ihm aus dem Weg zu gehen, können sehr gesund sein. Sie wittert, daß dieser Typ Mann durch sein angebliches Interesse an ihrem Wohlergehen und seine pausenlose Fürsorglichkeit sie indirekt in eine Schuldnerposition hineinzumanipulieren versucht. Als Ausgleich für all sein «Geben» schuldet sie ihm Dankbarkeit und Loyalität oder fühlt sich sonst schuldig, weil sie ihn «ausgenutzt» zu haben vermeint. Eine gesunde Frau wittert diese Falle instinktiv und weicht ihr aus (und ebenso im umgekehrten Fall ein gesunder Mann).

David bezeichnet sich selbst als «netten» Mann. Er schreibt, er habe sich anfangs zu Lynn hingezogen gefühlt, weil sie so unkonventionell gewesen sei. Trotzdem versucht er mit allen Mitteln – indem er die Rolle ihres Ratgebers und Lehrers spielt, sie finanziell unterstützt und für ihre fortlaufenden Affären immer «Verständnis» hat –, sie von sich abhängig zu machen. Er hat sich eingeredet, daß diese Taktiken bei ihm aus einer liebevollen Anteilnahme an Lynns Wohlergehen entspringen, aber es ist offensichtlich, daß sie in Wirklichkeit darauf angelegt waren, in ihr ein Gefühl von Verpflichtung hervorzurufen.

Wenn wir einem Menschen geben und geben und immer nur geben, der nicht in gleicher Weise reagiert, tun wir das meistens, weil wir nicht das Vertrauen haben, auf Grund unserer eigenen Vorzüge mit dem anderen einen Beziehung aufbauen und aufrechterhalten können. Mit anderen Worten, unser «Geben» ist eigentlich ein heimlicher Bestechungsversuch, eine getarnte Manipulation zu dem Zweck, daß der andere die Mängel übersehen soll, die wir zu haben glauben. Wenn der andere diese Manipulation dann unvermeidlich wittert und von sich weist, werden wir ganz selbstgerecht schockiert und mit Empörung reagieren, weil wir von den wahren Motiven gar nichts ahnen, die hinter all unserer Großzügigkeit stecken. Im Banne unserer Verleugnung können wir gar nicht verstehen, warum dieser Mensch uns so schlecht behandelt, wo wir doch so viel für ihn getan haben. Wo bleibt der Dank? Warum wird unsere Verehrung uns übelgenommen, statt geschätzt und geliebt? Die Antwort lautet: Weil wir nicht ehrlich waren! Wir waren nicht bereit, wir selbst zu sein und eine Ablehnung zu riskieren, also haben wir zu unseren Gunsten mit gezinkten Karten gespielt. Doch am Ende haben sich alle unsere Bemühungen nicht ausgezahlt. Jetzt sind wir wütend und verletzt und glauben, daß uns jemand ausgenutzt habe, für den wir immer nur das Beste wollten. Unsere märtyrerhafte Sicht der Dinge ist sehr auf unseren eigenen Vorteil bedacht, sie ist sehr bequem, viel zu glatt und sehr ungesund – und letzten Endes auch sehr selbstzementierend.

Manchmal ziehen Beziehungssüchtige das Phantasieren über *die* Liebesbeziehung der Möglichkeit vor, sich auf einen wirklichen, lebendigen, interessierten, ansprechbaren und lie-

bevollen Menschen einzulassen – wie die Frau eines Gefängnis-
insassen, die den Traum, wie es eines Tages sein könnte, der
tagtäglichen Realität einer Partnerschaft vorzieht. Wenn wir
nicht wissen, wie wir uns offen und vertrauensvoll auf einen
anderen Menschen beziehen können, möchten wir uns dem
Test vielleicht lieber gar nicht aussetzen. Sich Menschen auszusuchen, die unerreichbar sind und sich auf sie zu konzentrieren, ist eine großartige Möglichkeit, sich vor der Probe aufs
Exempel zu drücken.

Ich kann nicht glauben, daß David sich Lynn zufällig gewählt hat; noch halte ich es für einen Zufall, daß er sich erst zu
ihr hingezogen fühlte, *nachdem* sie sich mit einem anderen
Mann eingelassen hatte und somit für ihn, David, unerreichbar war.

Davids Verhaltensmuster ist es, daß er sich zu unerreichbaren Frauen hingezogen fühlt. Tatsächlich sieht es fast so aus, als
müsse eine Frau unerreichbar sein, damit er sie überhaupt attraktiv finden kann. Dieses Verhaltensmuster und seine Wurzeln verdienen eine genauere Untersuchung, weil darin die
Angst vor jeder Form von Nähe zum Ausdruck kommt, eine
Angst, auf die auch der Umstand hinweist, daß David sich
Frauen aussucht, mit denen er keine sexuelle Verbindung eingeht.

Die größte Paradoxie der Beziehungssucht liegt darin, daß
dem Besessensein von einem anderen Menschen eine tiefe
Angst vor Nähe zugrundeliegt, eine Angst, der wir uns niemals stellen müssen, solange wir uns weiterhin Partner suchen, die aus diesem oder jenem Grunde nicht zu kriegen sind.

Die nächsten beiden Briefe zeigen ganz deutlich Beziehungssucht, weil in ihnen die Gedanken, Gefühle, Handlungen, Beweggründe, Bedürfnisse, Gesundheit und so weiter eines anderen Menschen ganz genau beschrieben werden, während es
den Briefeschreibern zugleich an Aufmerksamkeit für die eigene zweifelhafte Verfassung auffällig mangelt. Der Arzt stellt
sich in seinem Brief als einen gütigen, gesunden Mann vor, der

sich rein zufällig in eine Frau verliebt, die mit einem Rohling verheiratet ist. Meiner Meinung nach sind die meisten Männer, die mit einer Frau Umgang haben, die einen anderen, dritten Menschen zu sehr liebt, selbst beziehungssüchtig. Schließlich haben sie sich mit einer Frau eingelassen, die grundsätzlich für sie unerreichbar ist, und sie wünschen und hoffen immer weiter, daß sie sich ändert. Ihre Konzentration auf die Probleme einer unerreichbaren Frau bietet ihnen eine bequeme Ablenkung davon, sich ihrem eigenen Dilemma stellen zu müssen, daß sie nämlich selbst zu sehr lieben.

Liebe Frau Norwood,
auf Empfehlung einer Frau, die zu sehr liebt, habe ich gerade Ihr Buch zu Ende gelesen. Sie war achtzehn Jahre lang mit einem Mann verheiratet, der sie mindestens die letzten zwölf Jahre psychisch mißhandelt hat. Er hatte während dieser Zeit zahlreiche Affären, unter anderem mit dem Au-Pair-Mädchen und der besten Freundin seiner Frau. Die Ehe ging schließlich zu Ende, und er heiratete ein junges Mädchen und gründete eine neue Familie. Ungefähr vier Jahre nach der Scheidung heiratete sie einen Mann, der vielleicht noch schlimmer ist als der erste. Sie ging drei Jahre mit ihm und ignorierte alle Warnsignale, die ihr zeigten, wie diese neue Ehe aussehen würde. Eine seiner Affären dauerte noch bis ungefähr ein halbes Jahr nach der Heirat, und er behandelt seine Frau meistens sehr schlecht. Sie sagte zu mir: «Ich fühle mich, als wäre ich seit zehn Jahren seine Dienstmagd.» Dreimal standen sie kurz vor der Scheidung, aber jedesmal will er alles wieder kitten, und sie willigt jedesmal ein.

Im letzten Frühjahr kam ich etwas in Kontakt mit ihr, als sie in meinem Haus arbeitete (sie ist Innenarchitektin), und sie erzählte mir, daß es um ihre Ehe sehr schlecht stünde. Sie wohnten in getrennten Zimmern, und beide hatten ihren Rechtsanwalt damit beauftragt, die Scheidungsbedingungen auszuhandeln.

Ich kenne sie seit siebzehn Jahren und mochte sie immer gerne und halte sie für einen liebenswürdigen Menschen. Ich bin vorher nie mit einer verheirateten Frau ausgegangen (und werde es hiernach auch nie wieder tun), aber ich lud sie zum Essen ein, weil ich sie als getrennt betrachtete. Sie sagte zu, und wir fingen eine Beziehung an, in der wir uns vier Monate lang fast jeden Tag sahen. Die Beziehung war sehr eng und sehr anregend, dabei friedlich und tröstlich, außer der Tatsache, daß sie immer noch verheiratet war, aber das schien nur noch eine Frage der Zeit.

Sie hatte damals zwei ernste Probleme: erstens verlor sie nach fünf Jahren ihre Stelle, und sie mußte innerhalb eines Monats eine neue Arbeit finden; zweitens begann sie unter schweren vaginalen Blutungen zu leiden, die nicht auf Medikamente ansprachen, und ihr Gynäkologe sagte, ihre Gebärmutter müsse entfernt werden.

In dieser Woche sah ich sie nur ein Mal (was ungewöhnlich war), und als ich sie anrief, um sie zum Essen einzuladen, sagte sie, sie könne nicht, weil sie und ihr Mann versuchen wollten, ihre Ehe wieder zu kitten. Nach all den üblen Geschichten, die sie mir über ihre Ehe und ihren Mann erzählt hatte, konnte ich das kaum glauben. Ich hatte das Gefühl, daß das nie gutgehen könne und daß sie mich bald anrufen würde, um mir genau das zu erzählen. Fünf Tage später rief sie mich an, um mir zu erzählen, daß er fast die ganze Nacht weggeblieben sei und ihr nicht sage, wo er gewesen sei und so weiter. An diesem Punkt wurde ich sauer und erzählte ihr, daß das die letzten zehn Jahre nicht anders gewesen sei und sich sehr wahrscheinlich niemals ändern würde, solange sie sein menschlicher Fußabtreter bleibe. Obwohl sie mir zustimmte, nehme ich an, daß sie das nicht hören wollte, denn sie rief nicht wieder an. Ungefähr einen Monat später rief ich sie auf der Arbeit an und bekam zu hören, daß ihre Ehe gut laufe, und da wurde mir der Mund trokken und das Herz schwer. Sie sagte auch, sie würde in ungefähr einer Woche operiert. Ich rief sie am Abend vor der Operation im Krankenhaus an, und sie schien glücklich, mit mir sprechen zu können.

Drei Tage nach der Operation rief sie mich an und tat das dann ungefähr eine Woche lang jeden Tag. Ich telefonierte dann auch mit ihr, weil sie mir erklären sollte, warum sie sich so verhalten hatte. Sie sagte, der Druck wegen ihres Stellungswechsels und das Trauma der Operation hätten sie veranlaßt, die Scheidung nicht einzureichen. Nun hat sie also ihrem Anwalt geschrieben, er möge die Scheidung wieder in Gang setzen, und will ausziehen, sowie sie körperlich dazu in der Lage ist. Ihr Mann hat sie in der Zeit der Operation und danach sehr schlecht behandelt, und das scheint der Tropfen zu sein, der das Faß zum Überlaufen brachte. Sie kann nicht Auto fahren und das Haus nicht verlassen, und ich habe sie seit zwei Monaten nicht gesehen und werde sie auch in den nächsten Wochen nicht sehen, weil sie nach Florida zu einer Freundin fährt, damit sie aus dem Haus wegkommt. Sie hat ihrem Mann bis jetzt noch nichts erzählt und will ihm auch nichts sagen, bevor es ihr körperlich nicht besser geht, weil er ihr das Leben nur noch erschwert, wenn sie ihm erzählt, daß sie ihn verlassen will.

Sie versichert mir dauernd, daß sie ihn dieses Mal wirklich verlassen wird auf Grund der Einsichten, die sie durch die Lektüre Ihres Buches gewonnen hat, auf Grund ihrer Therapie und weil sie jetzt keinen Druck mehr von außen hat.

Ich bin nicht so sicher und habe das Gefühl, daß sie jederzeit doch wieder in ihre alten Verhaltensmuster zurückfallen kann. Ich liebe sie sehr, und es hat mir weh getan, als sie zu ihrem Mann zurückkehrte, aber ich meine, falls sie jemals wieder zu ihm zurückkehren sollte, werde ich mit ihr endgültig Schluß machen.

In Ihrem Buch wird nicht viel über die Gefühle eines netten, gesunden Mannes gesagt, der sich mit einer Frau einläßt, die zu sehr liebt. Ich kann Ihnen sagen, daß es eine sehr enttäuschende und deprimierende Erfahrung ist, sich in eine solche Frau zu verlieben.

Wenn ich mein Glück jemals in dieser Beziehung finden sollte, haben Ihre Gedanken daran Anteil, und wenn es nicht gutgeht, wird Ihr Buch es mir leichter machen, mit der Situation fertig zu werden und sie zu akzeptieren.

Harold B., M. D.

Nachdem ich Dr. med. B. geschrieben und um Erlaubnis gebeten hatte, seinen Brief für dieses Buch zu verwenden, bekam ich folgende Mitteilung zurück:

Liebe Robin Norwood,
ich muß Ihnen unbedingt ein paar Nachsätze zu dem Brief schreiben, den ich Ihnen letztes Jahr geschickt habe. Die Frau, von der ich schrieb, kehrte letzten September wieder einmal zu ihrem Mann zurück. Ich traf mich nicht mehr mit ihr, rief sie aber im November an, und wir gingen zusammen essen. Es war schmerzlich zu sehen, daß sich zwischen ihr und ihrem Mann nichts geändert hatte. Wenn ich Ihr Buch wirklich aufmerksam gelesen hätte, wäre ich davon nicht überrascht gewesen. Sie ging auch nicht mehr zu ihrem Therapeuten, denn «es gibt nichts mehr, worüber wir sprechen müßten.» Das setzte allem die Krone auf.

Ich sagte ihr, daß ich sie nicht wiedersehen wolle und daß sie mir nicht schreiben solle. Sie war damit einverstanden, schickte mir aber einen kurzen Brief, nachdem ich ihr im Juli eine Karte zum fünfzigsten Geburtstag geschickt hatte.

Das letzte Jahr war sehr schwierig für mich, und es

hat lange gebraucht, bis der Schmerz sich langsam legte, aber jetzt sieht es allmählich wieder rosiger aus.

Ihr Brief hat einige der alten schmerzlichen Gefühle in mir aufgewühlt, aber glücklicherweise sind sie heute nicht mehr so intensiv.

Harold B., M. D.

Die kaum verhüllten Vorwände dieses Mannes, weiterhin Kontakt zu der Frau zu suchen, die die Quelle von soviel Aufregung und Verzweiflung gewesen ist, sind symptomatisch für Beziehungssucht. Er beschreibt bis in Einzelheiten ihre Unfähigkeit, sich von ihrem untreuen Mann zu lösen, während er gleichzeitig blind ist für seine eigene Unfähigkeit, den Kontakt mit ihr abzubrechen, obgleich sie kein einziges Versprechen gehalten hat.

Das Bedürfnis dieses Arztes, die Frau vor ihrem Ehemann und ihren eigenen selbstzerstörerischen Intentionen zu retten, macht ohne Zweifel einen wesentlichen Teil der großen Anziehungskraft aus, die sie auf ihn ausübt. Ich habe den Verdacht, daß der Mediziner weiterhin ganz naive Vorwände finden wird, um den Kontakt mit ihr wieder aufnehmen und seine Rolle in dieser unendlichen Geschichte weiterspielen zu können, solange er sein eigenes Bedürfnis nicht durchschaut hat, die Kontrastfolie sein zu müssen (im Kontrast zum unverantwortlich gefühllosen Ehemann zuverlässig und ergeben zu sein).

———

Liebe Frau Norwood,
Einzelheiten möchte ich Ihnen ersparen. Nur soviel: meine erste Berührung mit Ihrem Buch hatte schmerzliche Folgen... meine Freundin, jetzt Ex-Freundin, hat unsere Beziehung abgebrochen, nachdem sie Ihr Buch gelesen hatte. Zuerst wollte ich Ihnen eine Briefbombe schicken (obwohl ich eigentlich überhaupt kein gewalttätiger Typ bin, eher ziemlich passiv; ich warte immer darauf, daß andere so etwas

mal tun), aber dann bin ich doch lieber in eine Buchhandlung gegangen und habe mir selbst Ihr Buch gekauft. Ich habe es erst halb durch, begreife nun aber
schon viel besser, wie meine Freundin Anna sich gefühlt und wie sie sich gesehen haben könnte. Ich begreife jetzt auch meine eigenen Schwierigkeiten sehr
viel besser. Ich bin süchtig, Alkoholiker und zwanghafter Esser, und seit ein paar Jahren im Zwölf-
Schritte-Programm. Jetzt weiß ich, daß ich eine Therapie machen muß, wenn ich mich jemals wohlfühlen
will. Ich kenne die ganze Skala schmerzlicher Ge-
fühlsverwirrungen aus eigenem Erleben. Zur Zeit
bin ich wütend und verbittert. Ehrlich gesagt, weiß
ich nicht, was ich mit diesem Brief an Sie eigentlich
will, aber ich hatte das Bedürfnis, Ihnen zu schreiben
und zu danken, Frau Norwood. Sie haben mir mit
Ihrem Buch vielleicht das Leben gerettet.

Perry H.

Perrys Brief ist ein beredtes Zeugnis dafür, daß das Verlassenwerden in dem Mann, der das Objekt der Beziehungssucht ist,
die gleichen Seelenqualen hervorrufen kann wie in der Frau,
die die Beziehungssüchtige ist. In der Tat kann man bei solchen
Paaren oft kaum unterscheiden, welcher Teil der abhängigere
und bedürftigere ist, ganz gleich, welche Rolle er jeweils
spielt.

Perrys anfängliche Rachephantasie angesichts seines Verlustes überdeckt seine aussichtslose Enttäuschung und Verwirrung, nicht zu wissen, wer er denn sein und wie er sich verhalten soll, wenn er mit Frauen zu tun hat. Er ist offensichtlich
sehr unreif und sehr verängstigt. Da er aber seit mehreren Jahren von seinen verschiedenen körperlichen Abhängigkeiten
frei ist, wäre er gut geeignet für eine Therapie bei Fachleuten,
die mit der Ätiologie und Behandlung seiner individuellen Abhängigkeiten vertraut sind. Nur wenige Süchtige, ganz gleich
welcher Art, genesen, ohne daß sie sich irgendwann einmal ihr
enormes Manko im Bereich zwischenmenschlicher Beziehun-

gen eingestehen. Vor allem Männer brauchen großen Mut, Hilfe ausgerechnet in dem Bereich zu suchen, in dem sie besonders gestört und verletzlich sind.

Liebe Frau Norwood,
Ihr Buch ist toll! Ich habe es sowohl aus beruflichen als auch aus privaten Gründen gelesen. Ich war betroffen. Sie haben mir die Lösung für ein entscheidend wichtiges Problem geliefert. Ich habe mich nämlich lange gefragt: «Wo sind denn nur all die vielen Frauen abgeblieben?» Ich bin jetzt sechsundfünfzig Jahre alt.

Früher haben die Frauen sich um mich gerissen. Je schlechter mein Zustand war, je ekelhafter ich mich gab, desto mehr kamen, um mich zu hätscheln. Es gab in meinem Leben *immer* Frauen, die mich betüterten und aus mir einen besseren Menschen machen wollten.

Das war vor Jahren, als ich noch trank, Frauen gegenüber den Chauvi herauskehrte, jede Menge Vorurteile hatte gegen Schwarze, gegen Juden und was es sonst noch alles gibt. Und ich war sehr beliebt!! Die Frauen flogen auf mich! Aber jetzt, jetzt gibt es keine Frauen mehr, die sich für mich interessieren, keine Frauen, die sich mir andienen, und es als ihre Pflicht betrachten, mir zu «helfen». Heute finde ich es ja schon schwer, auch nur eine Frau zu finden, die einfach meine Freundin sein will! Ich muß ihnen den Eindruck machen, als würde ich sie nicht «brauchen». Für einige mag ich sogar eine Bedrohung darstellen, obwohl ich in einer Beziehung ebensoviel zu geben wie zu nehmen hätte.

Aber mit der Hilfe Ihres Buches kann es jetzt wieder Frauen geben in meinem Leben!! Immer wenn ich einer neuen, interessanten Frau begegne, werde ich ihr schildern, wieviele Frauen an mir Interesse hatten,

als ich alkoholkrank, vorurteilsbeladen und abstoßend war, und daß es jetzt, wo ich gesünder geworden bin, nur sehr wenige sind. Ich werde ihr von Ihrem Buch erzählen. Ich werde ihr erzählen, wie ich
mein Leben geändert habe und die Schandflecken losgeworden bin, aber gleichzeitig mein «bezaubern-
des» Wesen verloren habe. Vielleicht ist sie dann interessiert. Und vielleicht wird daraus eine richtige
Freundschaft, wer weiß?

Earnest L.

Ich habe Earnest auf seinen Brief geantwortet und ihm einige
Monate später noch einmal geschrieben, um seine Erlaubnis zu
erbitten, diesen Brief für das vorliegende Buch zu verwenden.
Das Vertragsformular, das er mir unterschrieben zurückschickte, enthielt am unteren Seitenrand folgende Notiz:

Ihr Buch hat mir geholfen, eine wunderbare Frau zu
finden, mit der ich jetzt verheiratet bin!

Earnest

Manchmal habe ich den Verdacht, daß in unserer Kultur die
meisten Frauen co-abhängig (und meist auch Co-Alkoholikerinnen) sind, und ich weiß, daß diese co-abhängigen Frauen
ständig verzweifelt nach jemandem suchen müssen, den sie
retten und verändern können. Gesündere Frauen sind eben
nicht verzweifelt auf der Suche nach einem Partner, basta. Also
war Earnest auf dem Höhepunkt seiner Krankheit natürlich
sehr begehrt, während seiner Genesung hingegen kein bißchen.

Sein Brief und seine kleine Fußnote sind hier nicht abgedruckt worden, um den Schluß nahezulegen, die Lektüre von
«Wenn Frauen zu sehr lieben» könne glückliche Ehen stiften.
Ich wollte damit nur zeigen, daß es zumindest eine Frau gab,
die ihn im nüchternen Zustand attraktiv genug fand, um ihn zu
heiraten.

Liebe Frau Norwood,

ich habe gerade Ihr Buch gelesen, das für mich äußerst wertvoll und wichtig ist. Erst kürzlich habe ich eine Beziehung mit einer Frau beendet – oder sie ist für mich beendet worden –, an der mir sehr viel lag. Ihr Benehmen im Verlauf unserer Beziehung hat mich ziemlich irritiert, trotzdem liebte ich sie. Jetzt, da ich Ihr Buch gelesen habe, verstehe ich ihr Verhalten und ihre Vorgeschichte etwas besser.

Ich meine, diese Frau könnte immer noch eine gewisse Rolle in meinem Leben spielen oder ich in ihrem und wäre für Ihren Rat sehr dankbar, wie ich in Zukunft besser auf sie eingehen soll. Ich habe deswegen jetzt eine Psychotherapie angefangen. Es ist mir gelungen, Andrea in eine Beratung zu schicken, aber ich glaube, dort hat man Andreas Problem gar nicht erkannt. Andrea fand die Beratung zu riskant, brach sie ab und verließ mich.

Ich mache mir ernsthafte Sorgen um Andrea und meine auch diesen Brief ganz ernst. Ich möchte gerne, daß Sie ihr helfen oder mir helfen, ihr zu helfen.

Terrance R.

Meiner Meinung nach sollte kein Mensch jemals für einen anderen Menschen auf Therapeutensuche gehen. Immer wenn wir in Versuchung sind, das zu tun, sollten wir unsere Motive sehr genau untersuchen. Selbst wenn wir uns einreden, daß wir uns vor allem um das Wohl des anderen sorgen, haben wir doch meist einen ganz genauen «Behandlungsplan» mit gewünschten Resultaten, die die Therapie bei diesem Menschen erreichen soll, und wir suchen nach einem Therapeuten, der diese Resultate erzielt. Unter der Oberfläche arbeitet hier nicht barmherzige Nächstenliebe, kein selbstloses Interesse am Wohl eines anderen Menschen. Das Motiv ist Eigennutz, der unter dem Deckmantel «helfen wollen» agiert.

Selbst wenn das nicht so wäre – die Suche nach einem Thera-

peuten für einen anderen Menschen funktioniert einfach
nicht. Die Entscheidung, sich eine Therapie auszusuchen, ist
etwas ganz Persönliches und kann von Rechts wegen nicht
einem anderen Menschen zuliebe getroffen werden. Damit
der therapeutische Prozeß in Gang kommt, muß der Klient
den brennenden Wunsch nach Selbsterkenntnis verspüren
und sich freiwillig verpflichten, dieses Ziel zu verfolgen.
Ohne diesen Ansporn kann eine Therapie einfach nicht erfolgreich sein.

Es ist offensichtlich, daß Terrance für Andrea einen Therapeuten sucht, weil er insgeheim hofft, daß sie in der Therapie
offener wird für seine Zuneigung. So sehr er sich auch eine
Besserung dieser Beziehung wünschen mag, wenn *er* genesen
will, ist die einzige Therapie, um die er sich bemühen sollte,
seine eigene.

Liebe Frau Norwood,
ich war ein Mann, dem Frauen, die zu sehr lieben,
hinterherliefen, und ich kann bestätigen, in was für
einem schrecklichen Elend die beiden Partner einer
solchen Beziehung Tag für Tag leben.

In diesem Monat ist es zwanzig Jahre her, daß
meine Frau Pam und ich uns in der nach Ihrem Buch
typischen Weise begegnet sind. Ein Freund von mir
hatte sich mit seinem neuesten Schwarm verabredet,
und Pam war mitgekommen. Alle drei kamen in das
Lokal, wo ich Billard spielte, weil mein Freund
wollte, daß ich mich um Pam kümmere, damit er sich
ganz dem anderen Mädchen zuwenden konnte. Ich
war kalt, wortkarg, desinteressiert und grob und
wollte einfach nur Billard spielen, aber nachdem
mich mein Freund Al eine Zeitlang genervt hatte, zog
ich doch mit ihnen los. Nach ein paar Stunden setzten
wir die Mädchen ab, ich ging nach Hause und habe
Pam auf der Stelle vergessen. Ungefähr drei Tage
später fing Al an, mir zu erzählen, wie gerne Pam

mich wiedersehen würde, und obwohl ich, wie ich mich erinnern kann, gar kein Interesse hatte, kann ich mich auch erinnern, wie beeindruckt ich war, daß überhaupt *irgendein* Mädchen sich mit mir treffen wollte. Ich weiß nicht genau, wie es kam, daß wir uns dann wiedersahen, aber ich erinnere mich daran, wie ich sie küßte und mich sofort rasend in sie verliebte. So begann für uns beide eine zweiundzwanzigjährige Misere, und unsere vier Söhne haben unser Unglück anscheinend in noch stärkerem Maße fortgesetzt. Wie Unzählige vor mir, habe ich Idiot die letzten Jahre damit verbracht, meine Familie und besonders meine Frau sinnlos zu quälen. Was wir beide getan haben, könnte als Anleitung für ein Leben auf der Folter dienen. Mir wird schlecht, wenn ich an unser Leben zurückdenke. Die Verantwortung für mein Tun zu übernehmen, war für mich ein unentrinnbarer Alptraum, und ich kann gar nicht sagen, wie tief ich alles bereue. Daß *ich* mich ändern muß, begann ich zu begreifen, als ich an einem Kursus über Menschenkenntnis teilnahm. Dort hörte ich, wie ein Mann kalt und unbeteiligt die Todesumstände eines seiner Kinder beschrieb, und ich sah, daß ich fünfzehn Jahre später genauso sein würde wie er. Ich war erschrocken, entsetzt, mir war hundeübel, und da beschloß ich, mich zu ändern. Das geschah nicht in einer Therapiesitzung; es geschah dadurch, daß ich die Erfahrungen eines Menschen anhörte und mitfühlte, den ich nur vierundzwanzig Stunden vorher getroffen hatte. Er war überhaupt nicht berührt von dem, was er erzählte, aber ich war es.

Dieser Abend wirkte mit einer solchen Wucht nach, daß er eine ganze Reihe von Veränderungen in Gang setzte, die ich unbedingt vornehmen mußte, um mit mir selbst weiterleben zu können. Aber diese Veränderungen führten auch zu einer Vertauschung der Rollen, die meine Frau und ich so lange gespielt hatten. Anstatt kalt, desinteressiert und gefühllos zu sein, war ich plötzlich voller Gefühle. Meine Frau dagegen zog sich zurück.

Mit diesem Rollentausch hat sich unsere Beziehung jetzt dramatisch verschlechtert. Er hat uns beiden die Qual nicht genommen oder sie gelindert, aber der Rollenwechsel hat uns geholfen zu verstehen, wie der andere bislang die Beziehung erfahren hat. Nachdem *ich* soviel Leiden verursacht habe, fühle ich mich jetzt als *ihr* Opfer.

Vor zwei Wochen wurde meine Scheidung eingereicht, und (typisch für jemanden, der sich nie entscheiden kann) es geschah «aus Versehen». Mein Rechtsanwalt reichte sie ein, weil er glaubte, ich hätte ihm darauf einen Vorschuß gezahlt. Hatte ich aber nicht. Den üblichen Honorarvorschuß nicht zu zahlen war unbewußte Taktik, um die Verantwortung für mein Leben nicht übernehmen zu müssen. Peinlich, aber wahr; die Tatsache, daß ich die Scheidung eingereicht hatte, erfuhr ich von meiner Frau, die es am nächsten Morgen in der Zeitung las. Ich möchte gar nicht von ihr geschieden werden. Ich möchte, daß wir beide gesund werden, und dabei weiß ich, daß das nur geschehen kann, wenn jeder von uns daran geht, sich mit sich selbst auseinanderzusetzen. Ich weiß, ich muß mich der undefinierbaren Angst stellen, die mich immer verfolgt und gequält hat. Das ist meine ganz persönliche Verantwortung und bleibt mir nicht erspart, ob ich nun verheiratet bin oder nicht.

Was auch geschieht mit Pam und mir, ich bin dankbar dafür, daß Sie und andere meinem Leben eine andere Richtung gegeben haben, wodurch ich vielleicht ein besserer Mensch werden kann.

Walt S.

Viele von uns, die einen Partner wie Walt hatten, träumen davon, daß der Mann unseres Lebens auch einen solchen seelischen Durchbruch erfährt. Aber Walt schreibt ja auch, daß seine Beziehung in größeren Schwierigkeiten steckt als je zuvor, und es hört sich so an, als ob seine Frau mit ihm nichts zu tun haben will. Sein Vorsatz, sich zu ändern, klingt so ernsthaft, daß man leicht die Tatsache übersieht, daß seelische Mißhandlung ein Dauerthema in dieser Ehe ist und daß es zumindest Anspielungen auf körperliche Mißhandlung gibt (obwohl Walt nirgendwo eindeutig zugibt, seine Frau und seine Kinder körperlich mißhandelt zu haben).

Ob es in dieser Situation nun allein um seelische oder auch um körperliche Mißhandlung geht – das Beziehungsmuster zwischen diesen beiden Partnern wird am besten verständlich, wenn man die Phasen, die zur Gewalttätigkeit führen, auf ihre Konflikte überträgt. Diese Phasen sehen wie folgt aus: Nach einer Zeit voller Mißhandlung faßt die mißhandelte Partnerin meist zunächst den Entschluß, keine weitere Mißhandlung mehr zu dulden – mit anderen Worten, sie droht damit, zu gehen. Die Stärke ihres Entschlusses entspricht seinen Reuebekundungen, *deren Motiv darin besteht, die Kontrolle über das Opfer nicht verlieren zu wollen.* Walts Beteuerungen, sein schädliches Verhalten eingesehen zu haben, sind ein Bestandteil dieses Zyklus. Seine Entschuldigungen und Versprechungen, sich nun aber wirklich zu ändern, werden so geschickt und überzeugend vorgebracht (und die mißhandelte Partnerin ist meist so abhängig von ihrem Peiniger), daß diese Phase der schönen Worte fast immer damit endet, daß das Paar sich wieder versöhnt. Dann kommt eine Flitterwochenphase, in der das Verhalten des mißhandelten Partners über jeden Tadel erhaben ist. In dieser Zeit fühlt sich die mißhandelte Partnerin stark und mächtig und ist davon überzeugt, daß sie den Mann und die Situation unter Kontrolle gebracht hat. Aber langsam baut sich die Spannung auf, und früher oder später beginnt das Mißhandeln nicht nur von neuem, sondern eskaliert und wird noch zerstörerischer als beim letzten Mal. Diesem Ausbruch folgen neue Gewissensbisse, reumütige Entschuldigungen und das Versprechen, sich zu ändern, begleitet von Blumensträußen, romantischen Briefkärtchen und so weiter. Eine Beziehung von noch größerer Intensität kann man sich, offen gesagt, kaum vorstellen. Keine Frau in einer stabilen, gesunden Beziehung wird jemals mit einer dermaßen ausschließlichen Verehrung umworben, wie der mißhandelnde Partner sie in der Phase der schönen Worte oder in der Flitterwochenphase zeigt. Tatsächlich entspricht die schädliche Beziehung – bis auf die körperliche Mißhandlung und/oder seelische Demütigung – vollkommen unseren kulturell geprägten Vorstellungen davon, wie «wahre Liebe» sich zeige. Das Betteln und Flehen, die Blumen und Briefe und verzweifelten Telefonanrufe, die Selbstmord- oder Morddrohungen oder beides, bis es zur Wiederversöhnung kommt – das alles sind typischen Merkmale der schädlichen Beziehung in der Phase der schönen Worte, und alle diese manipulativen Verhaltensweisen werden von unserer Kultur zu Kennzeichen der «wahren Liebe» verklärt.

Die mißhandelte Partnerin empfindet dieses Verhalten nicht nur als beruhigend, sondern auch als sehr schmeichelhaft, und genau so ist es ja auch gemeint. Jetzt ist sie sicher, daß das Blatt sich gewendet hat, und weil sie so begehrenswert für ihn und so notwendig für sein Leben ist, hat sie Macht über ihn. Sie wird ihn kontrollieren können. Dieses Bedürfnis, ihn zu kontrollieren, ist meistens ihr stärkstes Motiv für die Beziehung, aber wegen seiner heftigen Intensität und der starken Gefühle, die das Ganze in ihr hervorruft, glaubt sie, «verliebt» zu sein. Eine Zeitlang bereut er also und entschuldigt sich, und sie hat ihn in der Gewalt und verspürt diese Erleichterung, die aufkommt, wenn sie ihn da hat, wo sie ihn hinhaben wollte. Aber über kurz oder lang wendet das Blatt sich erneut. Ganz gleich, wer von den beiden verrückt spielt und wer mit kalter Gleichgültigkeit reagiert, die Unfähigkeit zur Nähe bleibt unverändert bestehen ebenso wie der Drang, sich gegenseitig zu manipulieren, zu kontrollieren und den Sieg zu sichern oder zu erringen.

Wenn Walts Frau seinen Versprechungen gegenüber, jetzt wolle er sich aber wirklich ändern, gleichgültig bleibt, obwohl er jetzt Vorträge besucht und über seine Gefühle spricht, dann weil sie entweder die Phase der schönen Worte verlängern möchte oder schließlich doch aus dem Karussell ausgestiegen ist, auf dem sie sich zusammen so viele Jahre gedreht haben. Sollte sie tatsächlich ihren Part des gemeinsamen Tanzes aufgegeben haben, dann kann sich nur im Verlauf der Zeit herausstellen, ob Walt seine Genesung nur deswegen in Angriff nimmt, um Pam damit zu imponieren, oder wirklich sich selbst zuliebe. O ja, überzeugend ist er sehr – aber das ist der mißhandelnde Partner immer. Das ist es, was sie in der Phase der schönen Worte auf Lager haben und was die mißhandelte Partnerin dazu bringt, sich ihrem mißhandelnden, reumütigen Partner gegenüber treulos und ungerecht vorzukommen, weil sie sein Versprechen, sich zu ändern, nicht liebevoll unterstützt.

Wenn Menschen ernsthaft an ihrer eigenen Genesung arbeiten, reden sie immer weniger über ihr Ringen um Selbstheilung. Ich kannte zum Beispiel einen Mann, der jahrelang bei den Anonymen Alkoholikern ein- und austrat (und ebenso zwischen Saufen und Nichtsaufen hin und her pendelte) und sich in den aktive Phasen seiner Gruppenzugehörigkeit immer vergewisserte, daß jedes Mitglied seiner Familie wußte, wann er ein Treffen besuchte. «Also, ich mache mich jetzt auf den Weg zum A. A.-Meeting!» verkündete er beim Verlassen des Hauses. Manchmal ging er wirklich zu einem Treffen, und manchmal ging er statt dessen einen trinken. Als er schließlich mit ganzem Herzen akzeptierte, daß er ein Alkoholkranker war, der an seiner Krankheit langsam starb, ging er um seiner selbst willen wieder zu den Anonymen Alkoholikern. Er besuchte wochenlang regelmäßig ihre Treffen, ohne daß seine Familie überhaupt davon wußte. Er ging nicht mehr zu den Anonymen Alkoholikern, um seine Angehörigen von irgend etwas zu überzeugen. Er ging da hin, um sein eigenes Leben zu retten.

Zur Genesung kommt es bei Männern wie bei Frauen, wenn man sie an und für sich sucht und um des Seelenfriedens willen, den sie verheißt, und nicht wegen ihrer positiven Folgen für das Eheleben.

Andernfalls ist die «Genesung» nur ein weiterer Zug im ehelichen Schachspiel, ein weiterer Schritt im tödlichen Tanz eines Paares, das sich stur und starr umklammert hält bis zum Ersticken.

Übrigens ist die Art und Weise, wie Pam und Walt sich fanden und ein Paar wurden, ein lehrreiches Beispiel dafür, daß es keine zufälligen Beziehungen gibt. Bei ihrem ersten Treffen hat Walt schlichtweg gar nichts getan, um ihr Beisammensein möglichst schön zu machen. Pam war es vielleicht schon lange, bevor sie Walt traf, gewohnt, die passive Rolle zu übernehmen, wenn sich einer gemein verhielt. Sofort witterte sie die attraktive Möglichkeit, ihn in jemand umwandeln zu können, der sie besser behandelte. Als Walt entdeckte, daß sich diese Frau zu ihm hingezogen fühlte, nachdem er offen zu erkennen gegeben hatte, daß er fühllos und gleichgültig war, hat er sich prompt «verliebt». Pam machte sich natürlich gleich an die Arbeit, indem sie versuchte, ihn zu ändern, während er jetzt jede nur mögliche Rechtfertigung dafür in der Hand hatte, sich noch mehr zu verschanzen und sich gegen ihre Bemühungen aufzulehnen. Dieses Verhalten, unterbrochen von gelegentlichen Zwischenspielen, bei denen er sich wieder zusammenriß, nachdem er zu weit gegangen war und Gefahr lief, sie zu verlieren, wurde im Laufe ihrer zweiundzwanzigjährigen Ehe einfach immer ausgeprägter. Aber begonnen hat ihr Tanz in dem Augenblick, als sie sich das erste Mal begegneten.

Liebe Frau Norwood,
ich habe Ihr Buch vor ungefähr einem Jahr gelesen. Ich möchte Ihnen mitteilen, welche Fortschritte ich in den letzten elf Monaten gemacht habe. Ich bin ein vierzigjähriger schwuler Mann, der zu sehr geliebt hat. Ich habe sieben Jahre lang mehrere Therapien angefangen und wieder abgebrochen und habe versucht, meine Beziehungsprobleme durchzuarbeiten. Über eine Zeitspanne von fast achtzehn Jahren hatte ich alle möglichen Affären mit unpassenden, uner-

reichbaren Männern. Offen gesagt, hat die Psychotherapie mir nur etwas gegeben, was ich «Erste Hilfe» nennen möchte – vorübergehende Erleichterung in Krisenzeiten, aber keine gründliche Sanierung der tieferen Ursachen.

Als ich Ihr Buch ausgelesen hatte, dachte ich lange und intensiv nach und kam zu der Einsicht, daß nicht nur die Männer, mit denen ich Umgang hatte, unerreichbar waren und nicht zu mir paßten, sondern daß für mich das gleiche galt. Ich mußte noch etwas tiefer bohren und mich ganz auf meine Sucht konzentrieren, bis ich die Gründe fand, warum ich nicht nur für andere unerreichbar war, sondern vor allem auch für mich selbst. Ich erkannte, daß ich von Sex und der Suche nach Liebe abhängig war. Ich hatte oder habe die gleichen Symptome wie ein Drogenabhängiger oder ein Alkoholiker, nur daß mein Fluchtmittel aus der Realität der Sex war. Letztes Jahr, am 17. Juni, ging ich zu meinem ersten Zwölf-Schritte-Treffen für Menschen, die Sex als Droge benutzen. Während der folgenden elf Monate bin ich mein sexuelles Zwangsverhalten losgeworden. Seit vier Monaten übe ich mich in Abstinenz, um zur inneren Läuterung, zur Katharsis zu gelangen. Ich sehe darin eine Möglichkeit, mit all den Gefühlen und seelischen Zuständen in Kontakt zu kommen, die ich über Jahre hinweg ausgeblendet habe. Das erste Mal in meinem Leben war ich in der Lage, mich in aller Klarheit mit den Beziehungsmustern in meiner Familie, mit dem Thema Selbstwertgefühl und mit dem ganzen Komplex Liebe, Lust und Leidenschaft, mit meiner Sex-Obsession, auseinanderzusetzen. Ich sehe jetzt, was für ein Mensch ich fünfundzwanzig Jahre lang gewesen bin. Ich sehe jetzt auch, wie das Wesen, das ich *ursprünglich* als Kind gehabt habe, allmählich wieder zum Vorschein kommen mag. Vielleicht kann ich dieses Wesen akzeptieren und ihm während der nächsten fünfundzwanzig Jahre (oder noch länger) erlauben, sich voll zu entfalten, zu blühen und zu reifen.

Ihr Buch hat mir die Augen dafür geöffnet, daß ich in meiner Familie das Faktotum war und mich niemals mit meinen eigenen Problemen, Bedürfnissen oder Gefühlen beschäftigt habe, sondern sie immer versteckte und unterdrückte. In den letzten elf Monaten wurde ich stark genug, oder wenn Sie so wollen, schwach genug, andere um Hilfe zu bitten und mich gleichzeitig mehr um mich selber zu kümmern. Ich habe gelernt, nur mich selbst «heilzumachen» (zumindest versuche ich's) und die Menschen, die mir nahestehen, ebendies für sich selbst tun zu lassen.

Das war nicht immer leicht. Es ging nur langsam und mühevoll. Aber nach und nach habe ich die Geduld entwickelt, immer nur damit zu leben, was jeder einzelne Tag konkret bringt. Wer weiß? Vielleicht werde ich eines Tages in nicht allzu ferner Zukunft sogar wieder wissen wollen, was beim Umgang mit Freunden herauskommt, die offen sind und zu mir passen. Bis dahin *bin* ich aber schon so weit, mich selbst anzunehmen und so zu lieben, wie ich bin.

Michael R.

Wenn ein Kind zu Hause das Faktotum ist, das «Mädchen für alles und für alle», dann kann es von Anfang an daran gehindert werden, sich selbst jemals zu erkennen oder verstehen zu lernen, besonders wenn seine Herkunftsfamilie stark gestört ist. Es ist zu sehr damit beschäftigt, alle anderen zu erkennen und verstehen zu lernen und die seelischen Flächenbrände zu löschen, von denen es umzingelt ist, während es aufwächst. Dieses freudlose dramatische Milieu gewöhnt ein Kind an ein Leben voller Aufregung, Kampf und Schmerz, das ihm später dann zum Bedürfnis wird. Die gleiche seelische Hochspannung mit abgründigen Heimlichkeiten und explosivem Druck wird dann in jeder folgenden Beziehung und Lebenslage gesucht. Je größer die Schwierigkeiten oder je heftiger die Auseinandersetzungen sind, desto größer die Aufregung, und desto intensiver ist auch das Gefühl oder die Erregung, die dadurch hervorgerufen wird. Diese Gefühle, so anheimelnd vertraut, sind ungeheuer attraktiv und werden oft irrtümlich für Liebe gehalten. Ein Mensch, der als Kind einem überwältigenden Druck ausgesetzt war, erzeugt später diesen Druck aktiv durch sein Beziehungsverhalten und hält ihn dauernd unter Dampf. Daß diese hochdramatischen, sinnlosen und sogar gefährlichen Auseinandersetzungen ebenso bei homosexuellen wie bei heterosexuellen Paaren vorkommen, bedarf keiner weiteren Worte. Tatsache ist, daß die dramatischen Momente in der Interaktion homosexueller Menschen besonders zugespitzt sind, weil unsere Gesellschaft sie in die Heimlichkeit verbannt.

Michael kann von Glück sagen, daß er sowohl sein sexuelles als auch sein generelles Beziehungsverhalten als Sucht zu erkennen vermochte. Ich glaube, er kann sich auch glücklich schätzen, daß er sich konsequent auf ein passendes Zwölf-Schritte-Programm eingelassen hat. Diesem Rezept folgen immer mehr homosexuelle und auch heterosexuelle Menschen, die sich wie Michael den Suchtcharakter ihres sexuellen Verhaltens eingestehen. (Das soll nicht heißen, daß die homosexuelle Beziehung an und für sich schon ein Indiz für den Gebrauch von Sex als Droge sein müsse. Ich möchte nur deutlich hervorheben, daß es sowohl unter Homosexuellen als auch unter Heterosexuellen Menschen gibt, die sich mit dem Gebrauch von Sex als Droge auseinandersetzen müssen.)

Die lebensgefährliche Möglichkeit, sich durch zwanghaft konsumierten Geschlechtsverkehr mit häufig wechselnden Partnern beiderlei Geschlechts Aids zuzuziehen, wirft ein grelles Licht auf den *Suchtcharakter* des Jagens nach Sex. Wir sind jetzt in der Lage, diese Sexversessenheit als die chronische und potentiell tödliche Krankheit zu verstehen und zu behandeln, die sie tatsächlich ist, und nicht als frei gewählten, etwas unkonventionellen Lebensstil.

Außerdem finde ich Michaels Entschluß, eine Zeitlang sexuell abstinent zu leben, damit seine verschütteten Gefühle und vergessenen Erfahrungen wieder zum Vorschein kom-

men, sehr weise und mutig. Wir alle müssen die «Droge» loslassen, die als Puffer zwischen uns und unserem Schmerz gedient hat, wenn wir heilen wollen, was in uns zerstört wurde.

––––––––––

Die nächsten Briefe sind so eindeutig, daß sie keinen Kommentar meinerseits benötigen.

Liebe Robin,
eine Freundin gab mir vor einigen Monaten Ihr Buch
zu lesen. Ich habe nicht viel davon gehalten und betrachtete es als eine makabre Sammlung von Horror-
geschichten. Kurz darauf kam ich in Kontakt zu einer
Frau, die dabei war, sich von ihrem alkoholabhängigen Mann zu trennen. Obgleich ich dreimal verheiratet war, bin ich in meinem ganzen vierundvierzigjäh-
rigen Leben keiner Frau begegnet, von der ich
glaubte, sie könne für mich die ideale Partnerin sein.
Und dann traf ich sie! Ich wußte, daß sie chaotisch
und unzuverlässig war, daß es außer dem Komplex
Ehe/Trennung/Scheidung noch viele ungeklärte
Fragen in ihrem Leben gab und daß sie Zeit brauchte,
um sich zu einer klaren Entscheidung durchzuringen.
Ich war geduldig, aufmerksam, tolerant und half ihr,
wo ich konnte. Von Anfang an war mir klar, daß ich
sie liebte. Sie sagte von mir, daß sie noch nie jemanden gekannt habe, der so einfühlsam mit ihren Gedanken, Gefühlen und ihrem ganzen Wesen umgegangen sei. Meine Sinne (Instinkt/Intuition) waren
niemals so hellwach wie beim Zusammensein mit
ihr. Ich fühlte bedingungslose Liebe, wie ich sie in
dieser Stärke noch nie erlebt habe (abgesehen von der
Eltern-Kind-Beziehung). Da sagte sie mir, daß sie
mehr Zeit für sich selber brauche – ohne mich. Liebe
sei nicht das Richtige für uns, sondern Freundschaft
und mehr nicht.
Ich fing sofort eine Psychotherapie an, um das Los-

lassen zu lernen. Mir ging auf, daß sie auf Machoty-
pen flog, männlichere Männer als ich, die ihr aus
irgendeinem Grunde *nicht* zur Verfügung standen.
Sie hat mir das auch bestätigt. Ich kaufte mir Ihr
Buch, um es noch einmal zu lesen, weil ich mir mehr
Klarheit über sie verschaffen wollte. Ich nahm es zusammen mit den anderen von Ihnen empfohlenen
Büchern mit in den Urlaub. Ich habe eine Woche lang
gelesen und bin dann früher nach Hause zurückgekehrt. Ich hatte *mich* gefunden: das erwachsene Kind
eines Alkoholikers, einen Mann, der zu sehr liebte.
Ich hatte immer gedacht, einigermaßen normal und
gesund zu sein. Jetzt erkennen zu müssen, wie mein
Leben tatsächlich ausgesehen hat, empfinde ich als
niederschmetternd.

Seit meiner Scheidung vor sechs Jahren habe ich
mich auf verschiedene therapeutische Erfahrungen
eingelassen. Zwanzig Jahre lang bin ich in die rauhe
Schule des Lebens gegangen, um zu lernen, was Beziehungen zwischen Menschen sind. Aber jetzt geht
auf einmal alles viel schneller: ich fange an zu begreifen und werde ein anderer Mensch. Therapeutische
Erfahrungen sammle ich – mit Unterbrechungen –
bereits seit fünfundzwanzig Jahren. Seit fünf Jahren
fühle ich mich sehr stabil und gesund. Ich habe ein
Diplom als psychologischer Berater und bin seit zehn
Jahren Professor an einem College.

Erst jetzt weiß ich, daß ich dicke Probleme habe.
Ich habe meine Beziehungsschwierigkeiten niemals
damit in Zusammenhang gebracht, daß ich im Umfeld von Alkoholismus aufwuchs. Ich war bereit, diesen letzten Bruch als Chance zum Reiferwerden auf-
zufassen. Aber entdeckt habe ich nun eine bösartige
Krankheit mit der Bezeichnung «zu sehr lieben». Ich
fühle mich seelisch jetzt sehr labil, stecke in einer
Sackgasse und brauche Hilfe. Diese Woche werde ich
anfangen, die Meetings der «Erwachsenen Kinder
von Alkoholikern» zu besuchen. Trotz all meinem

psychologischen Wissen habe ich es glatt versäumt, mich selbst zu diagnostizieren, aber weil ich heute verstehe, warum ich mich so und nicht anders entwickelt habe, fühle ich mich am wohlsten, wenn wir, wie es jetzt geschieht, den Hebel direkt an meinem Problem ansetzen.

Frederic J.

Liebe Robin,
Susie hat mir eines Abends im Bett ganz ruhig mitgeteilt, sie sei mit meiner negativen Einstellung zum Leben nicht mehr einverstanden und nicht länger bereit, die Kraft aufzubringen, um mit meiner Unzufriedenheit und meinem Mangel an Offenheit und Gefühl weiterzuleben. Diese Worte und dazu ein Zwischenfall mit unserer Tochter, der, wie sich herausstellte, allein durch ihre Angst vor mir verursacht worden war und zum Glück vom Notarzt noch einmal abgewendet werden konnte – diese beiden Dinge schließlich haben meinen Panzer aufgebrochen. Ich konnte einfach nur noch zustimmen. Ich las Ihr Buch – und das hat bei mir noch mehr aufgebrochen. Ich habe lange nicht mehr so geweint wie beim Lesen von «Wenn Frauen zu sehr lieben». Ich gehe jetzt zu einem Psychologen und hoffe, dadurch meine Einstellung zum Leben zu ändern.

Benjamin D.

Liebe Frau Norwood,
ich bin zweiundzwanzig, stehe kurz vor dem College-Abschluß und will anschließend Jura studieren. Mein Vater ist alkoholabhängig, und meine Mutter hat sich wenig um mich gekümmert. Vor kurzem kam es zum Bruch mit meiner Freundin, die ich sehr

geliebt habe. Wir sind sehr verschiedene Menschen und wollten gerade zusammen in eine psychologische Beratung gehen, um unsere Probleme durchzuarbeiten. Aber sie machte Schluß, noch ehe unsere Sitzungen begannen, und ich ging dann eben alleine hin. Meine Beraterin hat Ihr Buch noch nicht gelesen, aber sie wußte, worin meine Schwierigkeiten liegen. Ich habe eine lange Vorgeschichte mit Frauen, zu denen ich mich hingezogen fühlte, weil es ihnen schlecht ging und ich das Gefühl hatte, sie bräuchten mich zu sehr, um sich von mir trennen zu können. Meine Beraterin sagte mir, ich müsse mich an ebenbürtige Frauen halten, das änderte aber nichts an meinem Gefühl, es sei mein Fehler, daß diese Beziehungen schiefgingen. Dank Ihrem Buch «Wenn Frauen zu sehr lieben» weiß ich jetzt, daß das nicht der Fall ist. Ich habe einen langen Weg zur Genesung vor mir, aber ich fühle mich schon besser, nachdem ich erst die beiden Anfangskapitel Ihres Buches gelesen habe.

Ich schreibe Ihnen, um Ihnen zu sagen, daß die Welt voll ist von Männern, die dieses Problem haben. Fast alle meine Freunde gehören dazu. Wir nennen dieses Syndrom «Die Netten sind die Allerletzten». Ganz gleich, wie wir es anfangen, es endet immer damit, daß ein Mädchen uns schikaniert. Wir können es anscheinend keiner recht machen, weil eine «Frau, die zu sehr liebt» uns langweilig und öde findet, wenn wir eine Beziehung mit ihr wollen. Wenn wir uns andererseits mit einer Frau einlassen, die so ist wie die meisten Männer in «Wenn Frauen zu sehr lieben», schlittern wir in eine Katastrophe von ähnlichem Ausmaß, weil solche Frauen uns kujonieren. In gewissem Sinne haben wir es schwerer als «Frauen, die zu sehr lieben». Aber es ist tröstlich zu wissen, daß ich in diesem Kampf nicht alleinstehe. Mit Hilfe meiner neuen Einsichten, meiner Beraterin und meiner Freunde werde ich es schon schaffen.

Glenn R.

Mit Glenns Brief landen wir wieder bei der Frage der Geschlechtsrollen. Wer hat es schwerer – der Mann, dessen Verhalten im Gegensatz steht zu den gesellschaftlich geforderten Erwartungen an sein Geschlecht, oder die Frau, deren Verhalten von der Gesellschaft systematisch gefördert wird? Offensichtlich haben sowohl Männer als auch Frauen mit diesem Problem zu kämpfen, aber ausgehend von etwas verschiedenen Standpunkten. Der Versuch, das Ausmaß ihres Leidens zu vergleichen und gegeneinander aufzurechnen, ist wahrscheinlich nicht so fruchtbar wie die Erkenntnis, daß Angehörige beider Geschlechter leiden, unabhängig davon, welches Rollenstereotyp sie jeweils übernehmen. Selbst wenn die Rollen austauschbar sind, bleibt in Wirklichkeit die Unfähigkeit zur Nähe immer bestehen. Diese Unfähigkeit ist sowohl die tiefere Wurzel der Schmerzen als auch das Problem, das eine in die Tiefe wirkende Heilung erfordert. Solange wie wir unsere Aufmerksamkeit auf den Zustand unserer Beziehung zu einem anderen Menschen richten und nicht auf die Entwicklung unseres eigenen inneren Selbst, wird sich unsere Fähigkeit zur Nähe nicht entfalten. Ob Mann, ob Frau, erst müssen wir unser eigentliches Wesen akzeptieren und lieben, ehe wir dulden können, daß ein anderer Mensch uns nahe genug kommt, um uns kennen und lieben zu lernen.

Kapitel 10: Briefe von Frauen, die auf dem Wege der Besserung sind

Die Überschrift dieses letzten Kapitels soll nicht besagen, daß nur solche Frauen, deren Briefe hier folgen, wirklich auf dem Weg sind, von ihrer Beziehungssucht zu genesen. Die meisten anderen Frauen, deren Briefe Sie gelesen haben, befinden sich ebenfalls in verschiedenen Stadien der Genesung. Die folgenden drei Briefe dienen einfach dazu, einige der Richtungen weiter zu erhellen, die die Genesung einschlagen kann, und zu zeigen wie die Frau sich fühlt, die eine dieser Richtungen eingeschlagen hat.

Der erste dieser Briefe beschreibt, wie die Umgangsformen eines Paares sich ändern, wenn die Frau, die früher die Verantwortung für das Funktionieren der Beziehung getragen hat, ihre Bemühungen einstellt, da sie schließlich die Verantwortung nicht alleine trägt. Während sie ihre Einstellung zu sich selbst verbessert, schafft sie auch Raum für eine Verbesserung der Situation. Oder anders gesagt: man trampelt nicht auf uns herum, wenn wir nicht bereits am Boden liegen.

In den beratenden Berufen wird die Dynamik von Ehen und Familien oft mit einem tanzenden Mobile verglichen, wobei die einzelnen Teile die beteiligten Menschen repräsentieren. Die Art und Weise, wie die Menschen miteinander verbunden sind, und das Gleichgewicht, das dadurch geschaffen wird, halten das Gebilde als Ganzes in der Schwebe. Wenn ein Familienmitglied seine Position verändert, verändert sich automatisch das Gleichgewicht der ganzen Struktur. Dieses Phänomen wird im folgenden Brief kurz und bündig beschrieben.

Hallo!

ich habe gerade Ihr Buch zu Ende gelesen. Das hat mir vielleicht die Augen geöffnet! Meine Schwester hat es mir empfohlen, und die Woche darauf schrieb mir eine Freundin, daß ich es lesen solle – also machte ich mich sofort daran und bin *sehr* froh, daß ich das tat. Ich sehe die Dinge jetzt ganz anders! Ich habe mich bei einer neuen Gruppe für die «Erwachsenen Kinder von Alkoholikern» angemeldet. Meine Schwester und ich haben uns in den meisten Fallgeschichten wiedererkannt. Mir ist auch aufgefallen, seit ich Ihr Buch gelesen habe, daß mein Mann (ein genesender Alkoholiker) oft gesagt hat: «Wozu brauche ich dich eigentlich?», wenn ich nicht tue, was er will, und dann zitterte ich richtig vor Angst, nicht gebraucht zu werden, weil das bedeutete, daß er mich nicht mehr haben wollte, obwohl ich immer mitverdient, gekocht, saubergemacht, seine Schulden aus der Zeit vor unserer Ehe übernommen habe und so weiter und so weiter! Als er mich letzte Woche fragte, wozu er mich brauche, antwortete ich einfach: «Weiß ich doch nicht.» Später am Abend sagte er, ich würde wieder «solo» gehen müssen, wenn ich nicht mehr Aufschnitt für sein Brot herbeischaffe. Ich verspürte eine Mischung aus Angst und Freude, als ich einfach antwortete: «Aha?» Noch später fragte er mich, ob ich ihn noch liebe.

Wie Sie sehen können, steht mir jetzt der Weg offen, so zu werden, wie ich es mir immer erhofft habe – frei, heil und gesund.

Merrilee S.

Wenn sich in einer Paarbeziehung ein Mensch ändert, gibt es nur drei mögliche Folgen. Entweder stellt sich der Partner entsprechend darauf ein; oder die Person, die sich geändert hat, macht die Änderung rückgängig; oder das ganze Beziehungsgefüge ändert sich radikal. Die meisten von uns fühlen sich durch jegliche Veränderung bedroht, die auf uns zukommt, selbst wenn sie Positives verspricht. Unsere erste Reaktion besteht meist in dem Versuch, die alten, vertrauten Umstände wieder herzustellen, mit denen wir uns eingerichtet haben und umgehen können. Außerdem glauben viele von uns, daß jemand, der uns wirklich liebt, uns davor schützen wird, daß wir uns ändern müssen, und uns statt dessen nachsichtig gestattet, genauso zu bleiben, wie wir sind. Wir halten es dann für einen Mangel an Liebe, wenn das Verhalten des anderen uns dazu zwingt, unser eigenes zu überprüfen und umzustellen. Unglücklicherweise ziehen viele von uns die Stagnation des Status quo der Herausforderung durch Veränderungen vor, die die Qualität unseres Lebens verbessern können.

Solange Merrilee zuließ, daß sie schlecht behandelt wurde, tat sie damit ihrem Mann keinen Gefallen auf ihre Kosten. Sie ließ passiv Umgangsformen zu, die für *beide* ungesund waren. Indem sie besser für sich selber sorgt, verschafft sie ihrem Mann die Möglichkeit, ein reiferer und verantwortungsbewußterer Partner zu werden. Ob er diese Herausforderung annimmt oder nicht, hat nichts mit ihrem Wert als Mensch zu tun oder damit, ob ihre Handlungsweise richtig ist. Seine Reaktionen spiegeln seine Fähigkeit oder Unfähigkeit wider, sich in dieser Beziehung als Mensch weiter zu entwickeln.

Wenn wir die Analogie des «Tanzes» aus «Wenn Frauen zu sehr lieben» anwenden, heißt das: Führt Merrilees Mann einen seiner üblichen Schritte aus, dann erwartet er von ihr, daß sie den dazu passenden Schritt macht. Reagiert sie aber mit einem neuen, unbekannten Schritt, so wirft ihn das aus dem Gleichgewicht. Plötzlich sieht er sich einer Partnerin gegenüber, die einen Tanz vorführt, den er nicht kennt. Natürlich fühlt er sich bedroht und versucht, sie in die gemeinsame altbekannte Routine zurückzuschubsen. Wenn ihm das nicht gelingt, muß er sich entweder in Bescheidenheit fügen, um die Schritte für ihren neuen Tanz selbst zu erlernen, oder er muß ganz aufhören, mit ihr zu tanzen, und sich eine neue Partnerin suchen, mit der er auf die altbekannte Weise weitertanzen kann.

Man muß sich darüber im klaren sein, daß Merrilees geändertes Verhalten ihrem Mann gegenüber dazu führen kann, daß ihre Ehe endet. Wir alle gehen dieses Risiko ein, wenn wir das Verhalten aufgeben, das uns in einer Beziehung schadet. Aber ich stelle regelmäßig fest, daß wir letzten Endes nicht bestraft werden, wenn wir unsere eigene Genesung ins Werk setzen. Einige Umstände können sich so ändern, daß wir zunächst alarmiert sind; einige Menschen können sich von uns zurückziehen, die wir lieber nicht gehen sehen würden. Aber am Ende wird unser Leben in demselben Maße schöner, wie wir uns selbst gegenüber ehrlicher werden.

Der nächste Brief faßt zusammen, was das vorliegende Buch als ganzes über den Genesungsverlauf sagen will: wie schwer es ist, überhaupt Genesung zu erlangen, wie lohnend die Anstrengung ist, und wie langsam sie sich vollendet.

Liebe Frau Norwood,
als ich Ihr Buch frisch gekauft hatte, konnte ich immer nur ein paar Seiten lesen. Es wirkte so stark auf mich, weil ich mich auf jeder Seite wiederfand!
Ich bin vierundvierzig Jahre alt und seit zwei Jahren bei den Anonymen Alkoholikern und trocken. Nun, nachdem ich im Dezember Ihr Buch zweimal gelesen hatte, wurde alles in mir aufgewühlt. Bis zu dem Zeitpunkt hatte ich keine Ahnung, wie unfähig ich war, mich auf mich selbst statt auf «ihn» zu konzentrieren. Sie schreiben ja selbst, daß Frauen wie ich, wenn sie anfangen, einfach mal sich selbst anzuschauen, auf eine larvierte Depression stoßen können, die seit Jahren vorhanden ist. Nun, bei mir war es so, und der Januar war der schlimmste Monat in meinem Leben, seit ich trocken bin. Aber außer meinen Büchern von den Anonymen Alkoholikern las ich jeden Morgen den Abschnitt in Ihrem Buch, in dem Sie mir garantieren, daß auch ich von dieser Krankheit genesen würde, wenn ich mich an das hielte, was Sie geschrieben haben (ebenso wie sie mir

bei den Anonymen Alkoholikern versprochen haben, daß es mir besser gehen würde, wenn ich die Treffen besuchte und nicht tränke).

Ich verbrachte also den Januar damit zu beten, mit meinem Mentor und anderen bei den Anonymen Alkoholikern zu sprechen, die Treffen zu besuchen und hatte das Gefühl, daß es mir schlechter und schlechter ging. Ich wollte nicht trinken, ich wollte nicht sterben. Aber die Qual war so grauenvoll, daß ich mir nicht vorstellen konnte, wie ich weiterleben sollte. Ich hatte das Gefühl, als ob das ganze Leid meines Lebens hochkäme und bekam einen Groll wie nie zuvor.

Eines Tages schließlich, als ich mein Morgengebet sprach, gab ich mich völlig und gänzlich geschlagen und überantwortete alles in Gottes Hand.

An diesem Tag wurde mir auch das erste Mal klar, daß ich nicht nur zu den Anonymen Alkoholikern, sondern auch zu den Treffen der «Erwachsenen Kinder von Alkoholikern» gehen müsse. Meine beiden Eltern leben und trinken immer noch. Dank einer Freundin konnte ich mir schließlich eingestehen, daß ich mehr Hilfe brauchte als die Treffen, und durch eine ganze Reihe von Umständen landete ich schließlich bei einer Therapeutin, die ganz wunderbar ist. Die empfahl mir, einen fünftägigen Workshop der «Erwachsenen Kinder von Alkoholikern» mitzumachen. Ich überlegte hin und her, ob ich meine beiden Kinder im Teenageralter eine Woche allein lassen könne, und dann entschied ich mich dafür, denn wenn ich schon so weit geführt worden war, hieß das auch, daß ich hingehen sollte. Also war ich letzte Woche dort. Ich habe mich mit meiner ganzen Wut und Leidensgeschichte auseinandergesetzt.

Frau Norwood, ich weiß gar nicht, wie ich Ihnen beschreiben soll, wie wunderbar ich mich jetzt fühle. Ich fühle mich gefestigter, als ob mein Inneres und mein Äußeres mehr übereinstimmten als je zuvor in meinem Leben.

Als ich ein kleines Mädchen war, hat unsere Nachbarin immer bei der Arbeit gesungen, und ich hörte ihr immer zu und wünschte mir dieses Glücksgefühl so sehr für meine Familie und mich. Singen tue ich zwar noch nicht, aber ich lache, und ich summe sogar ein bißchen vor mich hin. Ich war wirklich ein sehr sanftes Kind, und das erste Mal in meinem Erwachsenenleben beginne ich zu fühlen, daß diese Sanftheit immer noch da ist, und sie ist ein wichtiger Teil von mir. Im Workshop wurde mir gesagt, ich solle ein Kinderphoto von mir so aufstellen, daß ich es jeden Tag anschauen kann. Ich habe es an meinem Spiegel befestigt. Es hilft mir, mich jeden Morgen daran zu erinnern, mit mir sanft umzugehen.

Nach drei Ehen (die letzten beiden mit demselben Mann, die erste, vierzehn Jahre dauernde, mit dem Vater meiner Kinder) und drei Scheidungen (bis zu meiner ersten Scheidung vor zehn Jahren habe ich nicht getrunken) bin ich jetzt mit einem ganz guten Mann zusammen. Er ist geschieden und seit sechs Jahren trocken bei den Anonymen Alkoholikern. Er wohnt zwei Autostunden entfernt, deshalb sehen wir uns nur an den Wochenenden, und jeder von uns hat Zeit für sich. Wir arbeiten beide an einer gesunden Beziehung, aber manchmal ist es nicht einfach, weil es für uns beide so neu ist, gesund zu sein.

Ich muß Ihnen von dem erzählen, was Sie in dem Abschnitt «Lassen Sie sich nicht auf Beziehungsspiele ein» in «Wenn Frauen zu sehr lieben» geschrieben haben.

Eines Abends rief er mich eine Stunde später an als üblich. Gleich bekam ich es mit der Angst zu tun, fühlte mich verlassen und war sauer, aber statt ihn anzurufen und die Opferrolle zu spielen (und ich bin wirklich gut in dieser Rolle), holte ich Ihr Buch hervor. Da saß ich nun im Schneidersitz auf meinem Bett und wurde regelrecht geschüttelt von dem alten Zwang, ihn anzurufen und mit meinem Schweigen zu quälen, las aber dann doch lieber den Abschnitt über Beziehungsspiele, da klingelte das Telefon. Als er anfing, sich zu entschuldigen, sagte ich ganz locker: «Oh, das ist okay, mir geht's gut», und fing an, draufloszuschwätzen. Er war so überrascht, daß er ausrief *«Wirklich?»*. Das restliche Gespräch verlief gut.

Hinterher habe ich mich gefragt, ob ich es ganz richtig gemacht hatte, aber wie auch immer, schließlich hatte ich zumindest das «Oh» herausgebracht. Jetzt muß ich immer lächeln, wenn ich dieses Wort gebrauche oder höre.

Fünf Tage später. Ich lese noch einmal durch, was ich geschrieben habe. Ich muß Ihnen sagen, daß ich mich ziemlich unsicher fühle, wenn ich Ihnen alle diese Gedanken so offen mitteile, dabei kenne ich Sie doch nicht einmal. Aber das Risiko lohnt sich, weil ich mir selbstsüchtig vorkäme, wenn ich nach allem, was geschehen ist, Ihnen meine Gedanken nicht mitteilen würde.

Ich bin nicht so gut im Abschiednehmen. Das macht mich immer traurig. Aber ich glaube, ich sollte jetzt Schluß machen.

Sara P.

Saras Brief verdeutlicht mehrere wichtige Aspekte der Genesung. Das hohe Maß an Schmerzen, das sie ertragen mußte, bevor sie bereit war, ihre Beziehungssucht an dieselbe Macht zu übergeben, die ihre Alkoholsucht geheilt hatte, ist typisch für Frauen, die zu sehr lieben. Wir geben unsere Bemühungen, das Unkontrollierbare zu kontrollieren, nicht so einfach auf. Ebenso typisch ist die Tatsache, daß sich der Weg zu dieser nächsten Genesung sehr schnell zeigte, nachdem Sara sich völlig ergeben hatte. Es kommt sehr darauf an zu verstehen, daß die krampfhafte Suche nach Patentlösungen nicht der Weg zur Genesung ist. Die totale Bereitschaft, unter allen Umständen genesen zu wollen, ist der notwendige erste Schritt. Dann zeigt sich uns der Weg zur Genesung von selbst.

Als Sara es fertigbrachte, trotz ihrer Angst, ihrer Schmerzen und ihres Ärgers über den verspäteten Anruf einfach «Oh...» zu sagen, und eben nicht versuchte, ihren Freund zu bestrafen, errang sie einen wichtigen Sieg bei ihrer Genesung. Ihr inneres Gleichgewicht zu halten, war ihr wichtiger, als Mitleid zu erregen oder Rache zu nehmen. Natürlich haben ihr neues Verhalten und die ungewohnte Reaktion darauf sie etwas verunsichert. Wir alle brauchen etwas Übung in Verhaltensweisen, die Teil der Genesung sind, ehe wir sie uns zu eigen machen und uns wohl damit fühlen. Zuerst werden diese neuen Interaktionsmuster uns kalt, gefühllos, unvermittelt oder unpassend vorkommen. Wenn wir im nachhinein feststellen müssen, daß wir, wie Sara, mit Selbstzweifeln kämpfen, kann es uns guttun, mit einem anderen Menschen zu sprechen, der auch auf dem Weg der Genesung ist. Ein solcher Mensch kann objektiv einschätzen, was geschehen ist und uns in unseren Versuchen bestärken, die Genesung in die Tat umzusetzen.

Und schließlich sei auf Saras Gefühl von Ungeschütztheit hingewiesen, das sich einstellte, nachdem sie sich mir so offen mitgeteilt hatte. Der Genesungsprozeß bringt es automatisch mit sich, daß wir auf andere Menschen mit größerer Ehrlichkeit und Offenheit zugehen und uns selbst weniger zu verteidigen und zu schützen versuchen. Dadurch fühlen wir uns verletzlicher. Das hängt mit dem Umstand zusammen, daß die Genesung uns ein klareres Bewußtsein von all unseren Gefühlen verleiht zusammen mit der Fähigkeit, besser damit umgehen zu können. Saras Verletzlichkeitsgefühl ist ebenso untrügliches Kennzeichen ihrer Genesung wie ihr Mut, so offen zu schreiben (und den Brief dann *abzuschicken*), obwohl sie es als Wagnis empfindet. Unsere Genesungserfahrungen anderen mitzuteilen ist Teil der Genesung selbst.

Der letzte Brief ist sehr lang und detailliert, eignet sich aber gut als Abschluß. Er stellt eine sehr typische Entstehungsgeschichte von Beziehungssucht vor. Die Absenderin beschreibt haargenau die Gefühle und Erfahrungen der Kindheit und des Erwachsenenlebens, die typisch sind für Menschen, die in der gespannten, streitsüchtigen Atmosphäre einer Alkoholiker-Familie aufwachsen:

- Alkoholabhängige Eltern, die (manchmal zu Recht) ihre Kinder verdächtigen, Drogen zu nehmen, sich vorrangig auf dieses Problem konzentrieren und es zur Hauptursache der familiären Schwierigkeiten erklären, während sie die Folgen ihrer eigenen Alkoholabhängigkeit für die Familie ignorieren.
- Kinder, die ganz erleichtert sind, wenn sie aus ihrer chaotischen alkoholabhängigen Familie in die vergleichsweise stabile und berechenbare Umgebung einer Institution wie Psychiatrieklinik oder die Jugendstrafanstalt gebracht werden.
- Die Flucht in die Ehe (Gail Sheehy spricht in ihrem Buch «Passages» = deutsch «In der Mitte des Lebens» von «jailbreak marriage» – Ausbrecherheirat) als Flucht aus einer unerträglichen häuslichen Zwangsatmosphäre.
- Das regelmäßige Versagen der professionellen Helfer, bei einem gestörten Kind auch auf Alkoholismus der Eltern zu achten. (Er ist der wichtigste ausschlaggebende Faktor im Leben der meisten gestörten Kinder und Erwachsenen, wird aber selbst nach zahlreichen Begegnungen mit Vorgesetzten, Beratern, Jugendarbeitern und so weiter nur ganz selten diagnostiziert.)
- Die Tendenz von Menschen aus Alkoholikerfamilien, suchtmittelabhängig zu werden und/oder jemanden zu heiraten, der suchtmittelabhängig ist.
- Die «Sucht, gebraucht zu werden», die bei den erwachsenen Töchtern von Alkoholikern so verbreitet ist und sie zu Männern hinzieht, die ihr Leben nicht bewältigen können, und die sie veranlaßt, ihren Partner zu verlassen, wenn sein Zustand sich erheblich bessert.
- Die grauenvollen Dramen, in die manche Alkoholikerfamilien verwickelt sind, die sich oft über Jahrzehnte und Generationen hinweg erstrecken und von den Nachwachsenden verlangen, in diesem fortgesetzten Kampf Partei zu ergreifen.
- Das Bedürfnis des erwachsenen Kindes aus einer Alkoholikerfamilie, sowohl im privaten als auch im beruflichen Bereich «die Kontrolle» zu behalten.

○ Alkoholismus und Co-Alkoholismus, die beide dazu führen, daß das Leben nicht mehr zu bewältigen ist.

○ Die Notwendigkeit, sich seinem lang unterdrückten Haß zu stellen und ihn loszulassen, damit die Genesung stattfinden kann.

Der folgende lange Brief beschreibt auch sehr deutlich viele typische Aspekte der Beziehung zwischen einem Mann, der körperlich mißhandelt, und der Frau, die es nicht fertigbringt, sich ihm zu entziehen, und vor allem den Aspekt der Wiederholung in mehreren Generationen, der im Leben dieser beiden Menschen durchbricht:

○ Die Tatsache, daß die Abhängigkeit von chemischen Substanzen in der Familiengeschichte beider in dieser gewalttätigen Beziehung verbundenen Partner vorzufinden ist.

○ Die Tatsache, daß der Mißhandelnde als Kind selbst mißhandelt worden ist.

○ Extrem chaotische und/oder gewalttätige Verhaltensmuster in der Familiengeschichte *beider* in dieser gewalttätigen Beziehung verbundenen Partner.

○ Das Eskalieren der körperlichen Mißhandlungen während der Schwangerschaft, entsprechend den größeren Schutzbedürfnissen und Ängsten beider Partner.

○ Der zunehmende Suchtcharakter der Prügel-Beziehung.

Doch das Wichtigste an diesem Brief ist: Er beschreibt, wie bei einer geschlagenen Frau die Genesung nicht nur von Alkoholabhängigkeit, sondern auch von ihrer Beziehungssucht zustande kommt. Wer mit Opfern häuslicher Gewalt gearbeitet hat, weiß, wie selten diese Frauen in der Lage sind, sich dem Mann zu entziehen, der sie mißhandelt. Wir alle kennen die deprimierende Regelmäßigkeit, mit der eine geschlagene Frau zu dem Mann, der sie schlägt, zurückkehrt, der sie vielleicht umbringt oder den sie umbringt, während beide sich in der Spirale ständig zunehmender Gewalttätigkeiten höherschrauben.

Ich glaube, es kann nicht oft genug gesagt werden, daß

Frauen, die körperlich mißhandelt werden, am besten zu verstehen und zu behandeln sind, wenn man erkannt hat, daß sie beziehungssüchtig sind. Sie leiden an einer chronischen, sich verschlimmernden und schließlich tödlich endenden Krankheit, die von den betroffenen Frauen selbst und von denen, die sie behandeln, ebenso ernst genommen werden muß wie jede andere lebensbedrohliche Form von Sucht. Ausnahmslos alle der mir persönlich bekannten Frauen, denen es gelungen ist, von dieser besonders dramatischen und tödlichen Variante der Beziehungssucht zu genesen, haben das geschafft, indem sie sich auf das eine oder andere Zwölf-Schritte-Programm eingelassen haben, meistens das der Anonymen Alkoholiker oder das von Al-Anon. Genau wie die Schreiberin des folgenden Briefes waren die geschlagenen Frauen, die ich kennengelernt habe, samt und sonders ein Fall für eine dieser Anonymen-Gruppen oder für beide, und fingen an zu genesen, als sie die dort angewendeten Prinzipien auf ihre Beziehungssucht übertrugen.

Ich stelle diesen Brief hier und nicht im Kapitel über geschlagene Frauen vor, weil er ein Bekehrungserlebnis beschreibt. Viele Alkoholiker (aber bei weitem nicht alle) haben eine ähnliche Bekehrung erlebt, ein zutiefst spirituelles Erwachen, das so plötzlich und zwingend über sie kommt, daß sie von Stund an nie wieder das Verlangen hatten zu trinken. In diesem Brief lesen wir, wie eine beziehungssüchtige, geschlagene Frau eine solche Bekehrung erlebt. Einigen von Ihnen mag es beim Lesen dieses Briefes schwerfallen zu glauben, daß sich eine Heilung wirklich und wahrhaftig wie die hier beschriebene ereignen kann. Ich kenne genügend Menschen, die ähnliche Heilungen von anderen lebensbedrohlichen Suchtkrankheiten erlebt haben, um zu wissen, daß es solche Wunder geben kann und gibt. Da es in der Natur jedes Suchtkranken liegt, seine Krankheit beizubehalten und an ihren Folgen zu sterben, ist die Genesung von jeder Form von Sucht ein Wunder, ob sie nun durch eine plötzliche Bekehrung geschieht oder durch einen langsamen Prozeß, der Schritt für Schritt zur Veränderung führt. Da Belindas Brief den bösartigen, ja tödlichen Charakter ihrer Beziehungssuchtkrankheit so überdeutlich macht, halte ich ihren erschütternden Bericht über ihre erstaunliche Genesung für das große Wunder, mit dem ich dieses Buch beenden möchte.

Liebe Frau Norwood,
ich heiße Belinda E. Ich bin siebenundzwanzig Jahre alt, alleinstehend, Mutter eines zweiundzwanzig Monate alten Jungen. Ich habe Ihr Buch vor mehreren Monaten gelesen. Es hat mir rundum gefallen, und ich habe mich an vielen Stellen wiedererkannt. Beide Eltern Alkoholiker, und ich bin ebenfalls sowohl coabhängig als auch selbst genesende Alkoholikerin.

Bevor ich zum Hauptanliegen meines Briefes komme, muß ich Ihnen etwas über mein Leben erzählen. Ich habe bis jetzt noch nie an jemanden geschrieben, der ein Buch veröffentlicht hat oder prominent ist, außer einmal als kleines Mädchen, da habe ich an Golda Meir wegen eines Referats für die Schule geschrieben. Ich erzähle Ihnen das, weil ich hoffe und wünsche, daß Sie meinen Brief ganz lesen und ihn nicht als einen der üblichen Fan-Briefe beiseitelegen oder mich gar für eine «Spinnerin» halten.

Ich bin als drittes Kind und einzige Tochter einer typischen Mittelschichtfamilie geboren worden. Nach außen hin unterschieden wir uns in nichts von anderen Familien, trotzdem waren wir anders, denn meine Mutter war Alkoholikerin. Sie war ständig wutgeladen, verbittert, haßerfüllt und wurde dauernd ausfällig. Mein Vater war selten zu Hause, weil er arbeiten mußte.

Als Teenager war ich ebenfalls viel wütend, verbittert, voller Haß und ständig in einem depressiven Zustand. Meine Eltern hatten den Verdacht, ich nähme Drogen (was ich nicht tat), und schickten mich von einem teuren Psychiater zum andern in Therapie. Diese Ärzte versäumten es alle, meine häusliche Situation ins Auge zu fassen, und richteten statt dessen ihre ganze Aufmerksamkeit auf mein Verhalten, in dem sie das alleinige Problem sahen. Sie waren derselben Meinung wie meine Eltern (die achtzig Dollar pro Stunde bezahlen mußten), daß mein Verhalten geändert werden müsse. Als sie mit ihren Methoden die gewünschten Resultate nicht erzielten, wurde ich zur Behandlung in eine psychiatrische Klinik überwiesen.

In den sechs Wochen Klinik besserte sich mein Zustand enorm, aber nicht infolge der psychiatrischen Behandlung, sondern weil ich aus der ungesunden Atmosphäre zu Hause herausgenommen war. Ich fand es in einer Anstalt voller «Verrückter» friedlicher als bei mir zu Hause.

Nach Entlassung aus der Klinik war ich entschlossen, mich so lange wie nötig gut aufzuführen, weil ich wußte, ich mußte nicht mehr lange zu Hause bleiben. Heimlich schwor ich mir, da so bald wie möglich wegzugehen, und mit siebzehn tat ich das auch, indem ich den erstbesten Jungen heiratete, der mich haben wollte.

Mein erster Mann tat mir leid, und ich dachte, ich könne ihm helfen, seine Schüchternheit und Unsicherheit zu überwinden. Wir blieben vier Jahre verheiratet, und in dieser Zeit überwand er diese Schwächen aus eigenen Stücken, ohne mein Zutun. Er wurde geschäftlich erfolgreich, und kurz darauf verloren wir das Interesse aneinander und ließen uns scheiden.

Mein Problem mit dem Trinken begann nach der Scheidung. In den folgenden Jahren wurde mein Alkoholismus immer schlimmer. Ich fuhr auch damit fort, mit Männern meine Spielchen zu treiben, die mir leid taten und von denen ich das Gefühl hatte, daß sie mich brauchten. Zweimal bat ich solche Männer, mich zu heiraten, glücklicherweise lehnten beide ab, aber ich war jedesmal am Boden zerstört.

Während dieser Zeit verschlimmerte sich auch der Alkoholismus meines Vaters. Wir arbeiteten beide bei demselben Ölkonzern und er war im Begriff, diese Firma zu verlassen, der er praktisch sein Leben geopfert hatte. Wir fühlten uns sehr nahe und verbrachten Stunden damit, Geschäftsangelegenheiten zu besprechen und zu trinken.

Nachdem mein Vater in den Ruhestand getreten war, ging meine Mutter zu den Anonymen Alkoholikern und zog aus dem gemeinsamen Haus aus. Sie ließ ihr Gesicht liften und begab sich auf Europareise, während mein Vater ernsthaft versuchte, sich zu Tode zu trinken. Ich wurde fast verrückt vor lauter Sorgen und Enttäuschungen.

Als meine Mutter zurückkehrte, fing zwischen den beiden ein langer, erbitterter Scheidungskrieg an. Meine Mutter hatte sich schon lange als Frau ausgenutzt gefühlt und suchte jetzt Unterstützung in einer Frauengruppe. Es war ein gemeiner, schmutziger Krieg, und ich stand zwischen den Fronten, und beide wollten mich auf ihre Seite zerren.

Eines Abends erhielt ich einen Anruf von meiner Mutter, der mein Leben für immer ändern sollte. Sie sagte, sie habe mehrere kompetente Frauen aus ihrer Frauengruppe und auch eine Vermögensberaterin um Rat gefragt, und alle hätten ihr geraten, sich von meinem Vater nicht scheiden zu lassen, weil er bei seinem Quantum keine zwei Jahre mehr zu leben habe, und mit der Scheidung würden ihr vom Gesamterbe hundertachtzigtausend Dollar entgehen. Statt dessen plante sie, das Haus umzubauen und völlig separat von ihm zu leben bis zu seinem Tode. An diesem Punkt bin ich ausgerastet. Ich konnte nur noch schreien: «Du bist doch krank! Du bist doch krank!», bis ich schließlich auflegte. Ich rief meinen Vater an, der gerade betrunken war, und hörte von ihm, daß er mit den Plänen meiner Mutter einverstanden sei. Ich wußte nicht, wen ich mehr haßte, meine Mutter, weil sie sich solch einen krankhaften, grausamen Plan ausgedacht hatte, oder meinen Vater, weil er diesem Plan auch noch zustimmte. Ich wußte nur, daß ich von den beiden weg wollte, so weit wie nur irgend möglich, und von diesem Punkt an war es mir wirklich egal, ob sie am Leben waren oder tot.

Sie ließen sich nicht scheiden. Stattdessen fing meine Mutter wieder mit dem Trinken an, und sie versöhnten sich wieder, aber nun wollte ich nichts mehr mit ihrem Leben zu tun haben und sie aus meinem völlig heraushalten. Ich kündigte meine Stellung und zog weg.

Ich hatte so lange in wilder Unordnung gelebt, daß ich jetzt einen Beruf wollte, in dem es um Recht und Ordnung geht: Ordnungshüter. Ich wollte zur Polizei. Ich absolvierte eine Reihe von körperlichen und psychologischen Tests und wurde schließlich zur Polizeischule zugelassen. (Zu der Zeit war ich voll alkoholabhängig.)

Während meiner Polizeiausbildung traf ich bei einer Weihnachtsfeier einen Mann, der hieß Dave. Ich war auf der Party mit einem anderen Bekannten und nahm Dave gar nicht richtig wahr. Ein paar Tage später traf ich seine Schwester (die auch auf der Party gewesen war) beim Einkaufen, und sie sprach mich an und sagte, Dave habe sie nach meiner Telefonnummer gefragt. Ich gab sie ihr widerstrebend. Seit ich nicht mehr zu Hause lebte, fühlte ich mich Fremden gegenüber immer noch ängstlich, aber meine Freundin, die mich begleitete, sagte, ich solle es tun, es wäre doch vielleicht mal ganz toll, mit ihm etwas zu unternehmen.

Dave rief an, und wir verabredeten uns zum Angeln. Die Anziehung, die Dave auf mich ausübte, war von Anfang an enorm. Seine Frau hatte ihn vor kurzem verlassen und beide Kinder mitgenommen. Er war so deprimiert, daß er nicht arbeiten konnte. Er fuhr einen uralten Klapperkasten von Lieferwagen und hatte seine Wohnung räumen müssen. Er schien ein angenehmer, sanfter Mann zu sein, der gerade eine Pechsträhne hatte und jemanden brauchte, der sich um ihn kümmerte und ihm in dieser schwierigen Zeit half. Er erzählte mir sehr wenig von seiner Familie und seiner Vergangenheit und sagte, das würde ich alles noch früh genug herausfinden.

Eine Woche später war er bei mir eingezogen. Ich konnte die Polizeiausbildung nicht abschließen, weil Dave pausenlos seelische Stützung brauchte, und meine Unabhängigkeit geriet in Konflikt mit seinen Bedürfnissen. Weil ich abends immer trank, fiel es mir schwer, mich zu konzentrieren und den Tag durchzustehen.

Kurz darauf wurde ich schwanger. Ich dachte, jetzt schenke ich ihm die Familie, die er verloren hat, und daß ein neues Kind unsere Beziehung festigen und seine Selbstachtung anheben würde.

Keiner von uns konnte über längere Zeit eine Arbeitsstelle halten, und ich mußte meine Eltern andauernd um finanzielle Hilfe bitten, was ich verabscheute. Sie waren über meine Lage entsetzt und voller Vorwürfe mir gegenüber, und ich wollte doch immer vollkommen unabhängig von ihnen sein.

Statt unsere Beziehung zu verbessern, brachte uns die Schwangerschaft nur noch mehr Spannungen, und Daves Naturell kam zum Vorschein. Er mißhandelte mich verbal und körperlich. Später erfuhr ich, daß er als Kind von seinem Vater mißhandelt worden war.

Ich trank auch während der Schwangerschaft, aber nicht sehr viel. Ich bin mir sicher, daß ich die Mengen getrunken hätte, die mein ungeborenes Kind schwer geschädigt hätten, wenn ich nicht jedesmal elend krank geworden wäre, sooft ich das versuchte.

Ein perfektes Beispiel dafür, wie wahnwitzig unsere Beziehung war, ist das, was ich im siebten Monat erlebt habe. Ich hatte vorzeitige Wehen und mußte ins Krankenhaus, wo es hieß, ich würde das Kind verlieren. Während ich dort lag, die Kontraktionen spürte und furchtbare Angst hatte, die Ärzte und Schwestern fieberhaft arbeiteten, um die Wehen medikamentös zu stoppen, war Dave eifersüchtig auf die Zuwendung, die mir galt, und sagte, ich hätte es gut hingekriegt, daß die Leute mich von oben bis unten bedienten, während er einsam und verlassen zu Hause sitze, wo keiner ihm etwas zu essen mache und sich um ihn kümmere. Er gab mir tatsächlich Schuldgefühle ein, weil ich im Krankenhaus liegen «durfte», und ich rief seine Schwester an, um sie zu fragen, ob Dave nicht bitte so lange bei ihr essen könne, bis ich wieder nach Hause käme.

Sie retteten das Kind, aber ich durfte nicht weiter als bis zur Toilette gehen und sollte so viel wie möglich im Bett liegen, bis die neun Monate Schwangerschaft voll waren. Außerdem mußte ich viermal täglich teure Medikamente nehmen, damit die Wehen nicht wieder anfingen. An meinem ersten Tag zu Hause mußte ich den wöchentlichen Großeinkauf erledigen, weil Dave sich schlicht weigerte. Und später verlangte er, ich solle doch bitte mit den Medikamenten aufhören, die seien zu teuer.

Nach der Geburt begann ich wieder stark zu trinken, und Dave war absolut keine Stütze bei der Versorgung des Neugeborenen. Sein Verlangen nach pausenloser Aufmerksamkeit wuchs, und seine Wutanfälle wurden häufiger. Ich wurde mehrmals geschlagen und mußte zweimal die Polizei rufen, als es so weit kam, daß wir nicht nur wieder mal den üblichen Krach hatten, sondern daß mein Leben und das meines Kleinen ernsthaft in Gefahr waren.

Das ging mehrere Monate so, bis ich in einer anderen Gegend eine Arbeit fand und wir dort hinzogen. Wir wandten uns an eine Beratungsstelle, aber weil Dave das Gefühl hatte, die Beraterin und ich seien gegen ihn, war es damit nach drei kurzen Besuchen vorbei. Schließlich, nach einer weiteren Szene, rief ich die Polizei an und ließ Dave abführen.

Ich verlor wegen meiner Trinkerei innerhalb kurzer Zeit mehrere Arbeitsstellen, und meine Angehörigen machten sich große Sorgen um meinen Sohn. Ich wollte mich ja um ihn kümmern, aber die Last meines Alkoholismus zusammen mit den vielen anderen Problemen zog mich immer tiefer in die Verzweiflung. Ich traf mich dann doch wieder mit Dave, um von ihm materiell und moralisch möglichst viel Unterstützung zu bekommen. Er bot mir etwas Geld an im Austausch für sexuelles Entgegenkommen meinerseits, und seine moralische Unterstützung sah so aus wie immer.

Ohne mein Wissen plante meine Familie eine «Intervention»* mit Hilfe einer Beraterin aus meiner Gegend. Sie nahmen zu David Kontakt auf, und alle Beteiligten trafen sich zur Vorbereitung im Büro der Beraterin. Dave wurde gesagt, daß die Vorbereitung für die «Intervention» vor mir geheimgehalten werden müßte, damit das ganze effektiv verlaufen könne, aber während einer Streiterei am folgenden Abend platzte er damit heraus, daß er und meine Familie darüber gesprochen hätten, mir mein Kind wegzunehmen, und alle hätten gesagt, das sei notwendig. Wir gerieten fürchterlich aneinander, und er hat mich geschlagen (das letzte Mal).

Am selben Abend kam später noch mein Bruder vorbei und erzählte mir, was es mit der «Intervention» in Wirklichkeit auf sich habe. Er war so liebevoll und mitfühlend. Ich war damit einverstanden,

---

* Eine solche «Intervention» ist eine therapeutisch strukturierte Konfrontation, bei der die Familie und die Freunde / Freundinnen dem / der Alkoholkranken einige Situationen vor Augen führen, in denen seine oder ihre Trinkerei Probleme und seelische Schmerzen verursacht hat. Das geschieht unter Anleitung einer neutralen Person, gewöhnlich einer Beraterin / eines Beraters, die / der für diese Aufgabe ausgebildet wurde. Ziel der «Intervention» ist es, den Alkoholkranken dazu zu bringen, daß er oder sie sich in Behandlung begibt.

die Beraterin aus eigenen Stücken zu konsultieren. Ich würde einen Termin ausmachen und freiwillig hingehen, aber mich nicht in meiner eigenen Wohnung vor den Augen meiner ganzen Familie fertigmachen lassen.

Innerhalb von fünf Minuten erzählte mir die Beraterin bei unserem ersten Treffen ohne Umschweife, in welchem Zustand ich sei und worauf ich zusteuerte. Sie hatte gedacht, ich würde hochgehen, aber das tat ich nicht. Ich wußte ja, daß sie mir die Wahrheit sagte. In gewisser Weise war ich erleichtert, weil ich nicht mehr so allein dastand. Einen Menschen gab es jetzt, der wußte, in was für einem schwarzen Abgrund ich fast mein ganzes Leben zugebracht hatte.

Wenige Tage später saß ich im Flugzeug, um ein Behandlungszentrum für Drogenprobleme und Alkoholismus in einem anderen Bundesstaat aufzusuchen. Und genau zur gleichen Zeit war auch mein Vater unterwegs zu einem Behandlungszentrum für Alkoholismus. Ich landete in einem prächtigen alten Herrenhaus inmitten der schönsten Landschaft, für dieses Heim waren diese herrlichen Hügel und Täler wie geschaffen. Ich erfuhr dort mehr Liebe, Unterstützung und Verständnis, als ich es mir jemals in meinem ganzen Leben erträumt hatte. Ich lernte viel über die Krankheit Alkoholismus, und mit Hilfe eines fantastischen Teams von Beratern und der Unterstützung der Patienten, die genauso waren wie ich, konnte ich den Haß auf meine Eltern zum großen Teil aufarbeiten.

Allerdings lehnte ich es ab, mich mit meinen Gefühlen für Dave auseinanderzusetzen, weil ich immer noch träumte, daß er sich ändern und unsere Liebe uns helfen würde, alles durchzustehen.

Während ich weg war, schaffte Dave alle meine Sachen in seine Wohnung. Er kam in meiner letzten Woche ins Behandlungszentrum und saß in einigen meiner Sitzungen dabei. Er unterzog sich außerdem schriftlich einigen psychologischen Tests, und wir hörten uns gemeinsam die Resultate an.

Die Beraterin erklärte ihm, alles spreche dafür, daß auch er von chemischen Substanzen abhängig sei. Sie beschrieb auch seine seelische Unreife, seine unrealistische Haltung und seine Veranlagung zur Gewalttätigkeit. Dave hatte dazu wenig zu sagen, und ich beachtete diese Befunde gar nicht, weil ich das Beste von ihm glauben wollte. Ich wußte, daß Dave gelegentlich Pot rauchte, aber das war meines Wissens nicht problematisch. Wir kehrten in seine Wohnung zurück und holten kurz darauf unseren Sohn aus dem Haus meiner Mutter ab. Ich ging davon aus, daß wir wieder eine richtige Familie sein würden.

Es dauerte nur ein paar Wochen, und Davids Marihuanakonsum wurde für uns zum Problem. Er rauchte nie zu Hause in meiner Gegenwart, sondern stahl sich regelmäßig weg und kehrte dann «stoned» und sauer auf mich zurück wie ein Teenager mit schlechtem Gewissen. Ich lernte schnell, daraus keine große Sache zu machen, weil sein Zorn sich dann bis zur Gewalttätigkeit steigerte, und ich wollte es unter keinen Umständen riskieren, mich oder meinen Sohn wieder seinen wüsten Attacken auszusetzen. Solange ich trank, war ich nicht in der Lage gewesen, mich selbst soweit unter Kontrolle zu halten, daß ich meine Gefühle für mich behielt, aber nüchtern konnte ich die Zerstörungskraft spüren, die hinter seiner Raserei lag, und ich lernte, meine Gefühle in seiner Gegenwart zurückzuhalten.

Es zeigte sich schnell, daß ich *gar kein* Gefühl äußern konnte, das nicht seinen Ärger hervorrief, und so wahrte ich ihm gegenüber eine kühle Fassade, während ich meine wirklichen Gefühle in den Einzelsitzungen bei meiner Beraterin herausließ und vor den Frauen in der Gruppentherapie, die wie ich waren.

Aber unser Sohn Patrick war noch zu klein, um die

Notwendigkeit einzusehen, den Ausdruck seiner Gefühle zu kontrollieren. Eines Abends als ich Patrick zu Bett gebracht hatte, wollte ich im Laden noch ein paar Flaschen Cola kaufen. Ich ging die Treppe runter und tat so, als ob ich das Haus verließe, indem ich die Tür zuschlug, versteckte mich aber im Eingang, um mich aus Jux nach oben zu schleichen und Dave zu erschrecken. Patrick in seinem Zimmer fing an zu weinen, und sofort schrie Dave, der nicht wußte, daß ich noch da war, ihm Drohungen und Schimpfworte zu. Ich blieb in meinem Versteck, um zu sehen, was als nächstes geschah. Dave ging in Patricks Zimmer und schlug ihn so heftig, daß ich es unten hören konnte. Wie benommen blieb ich in meinem Versteck. Dave kehrte an seinen Platz im Wohnzimmer zurück, Patrick schrie herzzerreißend in seinem Bettchen. Dave stieß wieder einen Schwall von Verwünschungen aus, stürmte zurück in Patricks Zimmer und stand am Kinderbett und schlug auf den Kleinen ein, als ich dazu kam, um das Schlimmste zu verhüten. Ich schnappte mir meinen Sohn und ging auf und davon. Nachdem ich ziellos herumgefahren war, ohne zu wissen, wo ich bleiben konnte, kehrte ich am selben Abend spät zurück. Dave tobte, als wir das Haus betraten, warf mit Sachen nach mir und überschüttete mich mit Vorwürfen und wüsten Anklagen. Ich ging darauf gar nicht ein, sondern sagte nur, er solle sich abregen. Er verzog sich wutschnaubend ins Bett, und ich blieb die ganze Nacht wach und dachte nach...

Ich dachte daran, wie oft er unter Tränen um Verzeihung gebettelt und wie oft er hoch und heilig geschworen hatte, mich «nie wieder» zu schlagen. Meine Selbstachtung war so kümmerlich, daß ich ihm wider besseres Wissen glauben wollte und ihm jedesmal vergab, mit dem Ergebnis, daß es wieder und wieder passierte. Aber ich war nicht bereit, ein Risiko einzugehen, wenn es um meinen Sohn ging.

Und dieser neueste Vorfall zerstörte das letzte bißchen Hoffnung, mit dem ich mich an den Wunschtraum von einer heilen Familie geklammert hatte. Am nächsten Tag erzählte ich alles meiner Beraterin, und wir begannen, meine Flucht zu planen.

Zuerst mußte ich eine Arbeit finden. Dave wollte, daß ich arbeitete (weil das Geld brachte), aber er wollte nicht, daß ich irgendwelche Außenkontakte oder Freundschaften hatte. Seine Mutter nahm es mir übel, daß ich nicht arbeitete, und sagte, ich solle meinen Mann unterstützen und mitverdienen. (Sie ist die Tochter eines Alkoholikers und hatte vier Ehemänner, die sie alle körperlich mißhandelten und/oder Alkoholiker waren). Meine einzigen Außenkontakte waren die Menschen im Behandlungszentrum und bei den Anonymen Alkoholikern. Und selbst die nahm Dave mir übel.

Ich suchte nach einer Arbeit und war zuversichtlich, daß sich bald etwas ergeben würde. Zwei Wochen vor meinem Halbjahrestag des Trockenseins (an dem Datum hoffte ich, stark genug zu sein, um auszuziehen) bekam ich ein ganz komisches Gefühl, das nicht wieder wegging. Es war etwas Ähnliches wie ein «Déjà-vu-Erlebnis» und wurde von Tag zu Tag intensiver. Mir war, als ob ich alles, was ich erlebte, früher schon einmal erlebt hätte: Ich wußte, was die Menschen sagen wollten, noch bevor sie es tatsächlich aussprachen; ich wußte sogar, wann das Telefon klingeln würde, bevor es dann wirklich klingelte. Ich fand das sehr merkwürdig und habe einigen wenigen auch davon erzählt, aber es war auch ein gutes Gefühl, als ob ich vor ungewöhnlichen Ereignissen oder Gefahren gewarnt werden solle.

Nach einer Woche war dieses Gefühl enorm stark geworden. Dave und ich wurden eines Abends bei seiner Mutter zum Essen erwartet, und irgend etwas sagte mir, ich solle da nicht hingehen. Früher hätte ich Dave nie zu sagen gewagt, ich würde nicht mitgehen, weil das mit Sicherheit zum Streit führte, und noch einen Streit mit ihm durfte ich nicht riskieren. Aber diese neue Vorahnung war so stark, daß ich mich nicht darüber hinwegsetzen konnte.

Wunderbarerweise fand ich die richtigen Worte, die Dave nicht mißtrauisch oder wütend machten, und er war einverstanden, alleine zu gehen. Als er fort war, brachte ich Patrick zu Bett und legte mich zum Ausruhen kurz auf dem Sofa hin.

(Zwischendurch muß ich Ihnen sagen, daß ich kein frommer Mensch bin. Während meines Aufenthalts in der Heilstätte bin ich Gott wieder nähergekommen, wobei mir ein gütiger Seelsorger, der dort arbeitete, geholfen hat. Aber das ist bei mir der reinste Kinderglaube. Jeden Abend bete ich zum lieben Gott, daß in meinem Leben Sein Wille geschehe, das war und ist auch heute noch das, woran ich glaube.)

Als ich auf dem Sofa aufwachte, war das Gefühl des Vorherwissens so stark, daß ich große Angst bekam. Ich hatte so etwas gelegentlich auch früher schon erlebt, immer in Verbindung mit schlimmen oder negativen Ereignissen, aber noch nie war es so stark gewesen. Diesmal schien sich eine gewaltige elektrische Energie im Zimmer zusammenzuballen, und ich saß auf dem Sofa starr vor Entsetzen. Ich befürchtete, dies sei Gottes Warnung, daß mein Leben bald zu Ende gehe, daß Dave von meinen Plänen erfahren und mich umbringen werde. Ich wußte ganz sicher, wenn Dave erführe, was ich vorhatte, würde er einen Wutanfall bekommen und mich ganz bestimmt umbringen.

Dann sah ich plötzlich mein ganzes Leben wie in einem Film vor mir ablaufen, zwar chronologisch nacheinander, aber doch synchron verdichtet auf einen winzigen Zeitpunkt. Und damit einher ging eine Art Wissen, das ich nicht ganz erklären kann. An die Stelle der bisherigen Gefühle, die ich jedem Menschen in diesem Film entgegengebracht hatte, schob sich für alle ein liebevolles Akzeptieren. Ich sah, daß wir alle nur Opfer waren und keiner Vorwürfe verdiente.

Als der «Film» aufhörte, war noch nicht alles vorbei, und ich fürchtete immer noch, das Ganze sei ein Vorzeichen für meinen baldigen Tod. Ich fragte Gott: «Hast Du mich bis hierher gebracht, nur damit es so enden muß?», da wurde meine Aufmerksamkeit plötzlich auf ein Bild an der Wand gelenkt.

Ich hatte das Gemälde von einer Freundin bekommen, mit der ich vor Jahren zusammen gearbeitet hatte. Ich nahm es jedes Mal mit, wenn ich umzog, weil ich es ganz schön fand, aber es hat mir sonst nicht viel bedeutet. Aber jetzt war mir, als ob ich das Bild zum ersten Mal sähe. Und während ich es anschaute, vernahm ich die wortlose Botschaft: «So wird der Film enden». Dieses Gefühl, dieses Wissen traf mich wie ein Blitz.

Das Ölbild zeigt eine herbstliche Szene mit goldenen Bäumen und sanften Hügeln. In der Ferne sieht man eine blonde Frau mit einem kleinen Kind an ihrer Seite, die auf einem langen, schmalen Pfad vom Betrachter weg auf den Horizont zuwandert. Voller Staunen sah ich: das war ja ein Bild von Patrick und mir beim Spazierengehen in dieser schönen Hügellandschaft, die uns umgab! Ich hatte das Bild vor Jahren geschenkt bekommen, lange bevor ich ahnen konnte, daß ich jemals ein Kind haben oder irgendwo anders leben würde als in dem flachen Land ohne Berge, das meine Heimat war.

Jetzt hatte ich keine Angst mehr, sondern fühlte mich entrückt. Ich war glücklich, dankbar und überwältigt! Das alles war so unwirklich, daß ich gar nicht glauben konnte, was geschah.

Und dann kam das Merkwürdigste. Ich vernahm mancherlei Dinge, aber wieder nicht in Worten und auch nicht in einer logischen Reihenfolge. Es war, als ob ein großer Wissensschatz fest und tief in meinen

Geist eingelassen würde. (Mit ist klar, daß ich Ihnen wie eine Wahnsinnige vorkommen muß. Aber bitte denken Sie so nicht von mir! Ich schwöre, daß jedes meiner Worte wahr ist.)

Mir wurde gesagt: «Du mußt anderen zeigen, was ich dir gezeigt habe. Alles, was in deinem Leben geschah, hatte seinen Grund. Dein Leiden war nicht sinnlos. Wenn du deine Lebenserfahrungen anderen mitteilst, wirst du ihnen helfen, sich in deinen Qualen wiederzuerkennen, so daß sie einen anderen Weg einschlagen und Meine Führung suchen können. Du mußt mit Aufrichtigkeit und Mitgefühl vorgehen und den ernsthaften Wunsch haben, anderen zu helfen, ohne für dich finanzielle Vorteile daraus zu ziehen. Wenn du tust, worum ich dich bitte, ist dein Lohn dir gewiß.»

Ich konnte nicht glauben, was da von mir erwartet wurde! Ich bin nicht so eitel zu glauben, daß mein Leben sich von dem anderer Menschen wesentlich unterscheidet, die in einer ähnlichen Umgebung aufwachsen. Ich bin sicher, daß es vielen Menschen noch sehr viel schlechter ergeht als mir. Und viele Leute glauben wahrscheinlich, ich sei die meiste Zeit meines Lebens verwöhnt worden, weil meine Familie immer Geld gehabt habe. Als ich davon zu Gott sprach, gab er zur Antwort: «Um so mehr Grund hast du, zu tun, worum ich dich bitte. Geld war es nicht, was dich leiden ließ, als du ein Kind warst.»

Heute *bin* ich die Frau auf dem Ölbild. Patrick und ich sind von Dave weggegangen, haben ihn der Obhut Gottes überlassen und wünschen ihm wirklich alles Glück. Wir lieben ihn und werden ihn oft vermissen, aber ich weiß, daß wir ihn verlassen mußten, denn unsere Zukunft liegt hinter den Bergen.

Und nun versuche ich zu tun, worum ich gebeten wurde, aber ich weiß nicht, wie ich es anfangen soll. Ich schreibe gerne, aber ich weiß, daß ich weder das Talent noch das Wissen habe, ein Buch zu schreiben, das meinem Auftrag gerecht wird. Ich kenne mich mit den Medien überhaupt nicht aus und weiß noch nicht einmal, wo ich mich darüber informieren könnte. Das einzige, was mir einfiel, war, Ihnen zu schreiben, Ihnen meine Geschichte zu erzählen und zu hoffen, daß Sie den Wunsch verspüren, sich auf mein Vorhaben einzulassen. Vielleicht können Sie mir einen Rat geben oder Vorschläge machen, was ich am besten tun sollte.

Bitte glauben Sie mir, daß ich keine «Spinnerin» bin. Es gibt viel in meinem Leben, dessen ich mich schäme, und ich habe vieles getan, worüber ich lieber nicht reden möchte, weil ich sehr zurückgezogen lebe; aber ich muß tun, was mir aufgetragen wurde, und ich finde, ich zahle damit einen geringen Preis für ein gesundes Leben für mich und meinen Sohn. Doch der wichtigste Grund, aus dem ich es tun muß, ist, daß es anderen, die sonst in die gleiche ausweglose Lage geraten wie ich, vielleicht doch einen Ausweg zeigen kann.

Danke dafür, daß Sie diesen langen Brief gelesen haben. Ich habe vorher Gott um Hilfe gebeten, die richtigen Worte zu finden, um Sie zu erreichen, und ich habe das Gefühl, Er hat es vollbracht.

Wenn dieser Brief Sie erreicht, im tatsächlichen und im spirituellen Sinne, schenken Sie mir doch bitte ein Zeichen der Verbundenheit. Ich hoffe, bald von Ihnen zu hören.

Belinda E.

Liebe Belinda,
ich hoffe, daß wir gemeinsam das tun, was Gottes Wille war, als Sie Ihren Brief schrieben. Ich danke Ihnen, daß Sie Ihre Lebensgeschichte an alle weiterschenken, die das vorliegende Buch lesen.

Anhang

Praktische Hinweise

Zitat aus einem Brief der Nationalen Kontakt- und Informationsstelle zur Anregung und Unterstützung von Selbsthilfegruppen in Berlin vom 15. 7. 1987: «Im Vorfeld der Erstellung des Buches ‹Wenn Frauen zu sehr lieben› hatten Sie [gemeint: der Rowohlt Verlag] angefragt, ob Sie unsere Adresse als Kontaktstelle für Selbsthilfegruppen-Interessenten angeben dürfen. Heute würde ich denken, ich habe diesem Wunsch zu ‹leichtfertig› zugestimmt. Denn die Nachfragen nach entsprechenden Selbsthilfegruppen (man nennt die Gruppen mittlerweile schon ‹Norwood-Gruppen›) war dermaßen hoch, daß teilweise bis zu zwei Drittel der täglichen Anrufe und Anschreiben von Frauen zu verzeichnen waren, die dieses Buch gelesen hatten und nun eine Gruppe suchten. – Das Problem war nun für uns, daß Menschen über uns Gruppen suchten, die es noch gar nicht gab. Zum Teil durch unsere Vermittlung haben dann örtlich arbeitende Selbsthilfegruppen-Unterstützungseinrichtungen angefangen, mit Betroffenen entsprechende Gruppen aufzubauen. Zur Zeit schätzen wir, daß es zwischen 50 und 100 Gruppen gibt. Tendenz: steigend.»

Ein halbes Jahr später, im Februar 1988, schreibt die Zeitschrift «Psychologie heute» über den «Bestseller wie Robin Norwoods Buch ‹Wenn Frauen zu sehr lieben›, das an bundesdeutschen Volkshochschulen geradezu ein ‹Norwood-Fieber› hervorgerufen hat».

Falls Sie eine solche «Norwood-Gruppe» suchen oder gründen wollen, finden Sie nützliche Informationen und Unterstützung bei folgenden Organisationen:

SELBSTHILFEGRUPPEN

Nationale Kontakt- und Informationsstelle zur Anregung und Unterstützung von Selbsthilfegruppen e. V.
Albrecht-Achilles-Straße 65
D-1000 Berlin 31
Tel. 030/8914019

Kontakt- und Informationsstelle für
Selbsthilfegruppen
(K. I. S. S.)
Gaußstraße 21
D-2000 Hamburg 50
Tel. 040/395767

Servicestelle für Selbsthilfegruppen
Schottenring 24
A-1010 Wien
Tel. 0222/6614405

Team Selbsthilfe Zürich
Wilfriedstraße 7
CH-8032 Zürich
Tel. 01/558678 (Mo 18–20, Mi 8–12)
01/2523036 (Fr 10–12, 13–16)

ANONYME ALKOHOLIKER

Bundesrepublik Deutschland
Anonyme Alkoholiker
Gemeinsames Dienstbüro
Postfach 100422
D-8000 München 1
Tel. 089/555685

Schweiz
Anonyme Alkoholiker
Schweizerische Kontaktstelle
Cramerstraße 7
CH-8004 Zürich
Tel. 01/241 3030

Österreich
Anonyme Alkoholiker
Postfach 91
A-5400 Hallein

Südtirol
Kontaktstelle der AA
Paternsteig 3
I-39031 Bruneck

AL-ANON Familien-
gruppen
Zentrales Dienstbüro
Emilienstr. 4
D-4300 Essen 1
Tel. 02 01 / 77 30 07

AL-ANON Familiengruppen
Zentrale Kontaktstelle
Postfach 85
A-1171 Wien

AL-ANON Familiengruppen
Kontaktstelle der deutsch-
sprachigen Schweiz
Postfach 88
CH-4802 Sprengelbach
Regionale Telefonkontakte:
Aargau 0 62 / 51 85 41 (Helen),
Basel 0 61 / 46 80 78 (Erna)
Bern 0 31 / 36 07 07, Luzern
0 41 / 36 82 42 (Käthi), SG / TG
0 71 / 95 28 74 (Claire),
Zürich / SH
01 / 2 52 17 34 (Eva)

Deutsche Intergruppe der OA
– Anonyme Eßsüchtige –
Postfach 10 62 06
D-2800 Bremen 1

Aktionskreis für Eß- und
Magersucht
«Cinderella» e. V.
Westendstraße 35
Postfach 15 01 05
D-8000 München 2
Tel. 0 89 / 5 02 12 12

Overeaters Anonymous
Postfach 6 80
CH-8021 Zürich

PRO FAMILIA
Bundesverband
Cronstettenstraße 30
D-6000 Frankfurt am Main 1
Tel. 0 69 / 55 09 01

FRAUENHÄUSER

ZiF Zentrale Informations-
stelle
für autonome Frauenhäuser
Postfach 14 33
D-3550 Marburg
Tel. 06421 / 1 48 30 (Di 10–13)

Frauenhaus Zürich
Postfach 3 65
CH-8042 Zürich
Tel. 01 / 3 63 22 67

«Soziale Hilfen für gefährdete
Frauen und ihre Kinder»
Vereinssitz: Maroltingergasse
19–23
A-1136 Wien
Tel. 02 22 / 94 33 92

«Die Anschriften der beiden
Frauenhäuser versuchen wir
geheimzuhalten. Die folgenden Notrufnummern sind
rund um die Uhr besetzt:
02 22 / 31 566, 02 22 / 48 38 80.»

HILFE BEI SEXUELLEM MISSBRAUCH:

WILDWASSER e. V.
Mehringdamm 50
D-1000 Berlin 61
Tel. 0 30 / 7 86 50 17 (Mädchen-
bereich)
0 30 / 7 86 50 19 (Frauenbe-
reich)

Literaturhinweise

ALKOHOLISMUS

WILHELM BURIAN: Die Psychotherapie des Alkoholismus.
Unter besonderer Berücksichtigung des
Frauenalkoholismus. Göttingen: Vandenhoeck & Ruprecht
1986

KARL H. GROHALL: Alkoholismus und Selbsthilfe. Stuttgart:
Klett 1982

ELISABETH KLEIN: Kinder von Alkoholikerinnen.
Meinungen, Urteile, Vorurteile und Nachforschungen seit
dem 19. Jahrhundert. Köln: Forschungsstelle des Instituts
für Geschichte der Medizin o. J. (Kölner medizinhistorische
Beiträge 35)

BARBARA KÖPPL, WERNER REINERS: Hilfen für Kinder von
alkoholkranken Vätern. Freiburg: Lambertus 1987

GERHARD KRAUSE: Alkoholismus. Ein Ratgeber. rororo 7449

STEFFEN NEUENDORFF, JÜRGEN SCHIEL: Al-Anon. Selbsthilfe
für Angehörige von Alkoholkranken. Fischer Taschenbuch
3361

MARION ROLLIN, HARTMUT KLENKE: Schwankendes Glück.
Das Buch zum Thema Alkohol. rororo 5405

FRED B. TASSEHOF: Brandwunden. Bericht eines anonymen
Alkoholikers. Essen: Klartext 1983

IRMGARD VOGT: Alkoholikerinnen. Eine qualitative
Interviewstudie. Freiburg: Lambertus 1986.

BEZIEHUNGSPROBLEME

KLAUS ANTONS: Helfen oder Lieben? Trennung und Scheidung in psychosozialen Berufen. Reinbek: Rowohlt 1987

JANE LAZARRE: Über die Liebe zu Männern. rororo 7755

MARIA MARCUS: Die furchtbare Wahrheit. Frauen und Masochismus. rororo 8313

ELISABETH MÜLLER-LUCKMANN: Die große Kränkung. Wenn die Liebe ins Leere fällt. rororo 8379

ROBIN NORWOOD: Wenn Frauen zu sehr lieben. Die heimliche Sucht, gebraucht zu werden. Reinbek: Rowohlt 1986

HORST-EBERHARD RICHTER: Eltern, Kind und Neurose. Psychoanalyse der kindlichen Rolle. rororo 6082

HORST-EBERHARD RICHTER: Patient Familie. Entstehung, Struktur und Therapie von Konflikten in Ehe und Familie. rororo 6772

WOLFGANG SCHMIDBAUER: Die Angst vor Nähe. Reinbek: Rowohlt 1985

DIANE VAUGHAN: Wenn Liebe keine Zukunft hat. Stationen und Strategien der Trennung. Reinbek: Rowohlt 1988

JÜRG WILLI: Die Zweierbeziehung. Spannungsursachen – Störungsmuster – Klärungsprozesse – Lösungsmodelle. Analyse des unbewußten Zusammenspiels in Partnerwahl und Paarkonflikt: Das Kollusionskonzept. Reinbek: Rowohlt 1975

DEPRESSION

FREDERIC F. FLACH: Depression als Lebenschance. Seelische Krisen und wie man sie nutzt. rororo 7168

KATHY NAIRNE, GERRILYN SMITH: Leiden an der Wirklichkeit. Frauen und Depression. rororo 8358

ESSTÖRUNGEN

MARIA ERLENBERGER: Der Hunger nach Wahnsinn. Ein
Bericht. Reinbek: Rowohlt Taschenbuch Verlag dnb 84
MARILYN LAWRENCE: «Ich stimme nicht». Identitätskrise und
Magersucht. rororo 7965
ALICE SCHWARZER (Hg.): Durch dick und dünn. Ein EMMA-
Buch. rororo 8092

MISSHANDLUNGEN

ARBEITSGRUPPE KINDERSCHUTZ (Hg.): Gewalt gegen Kinder.
Kindesmißhandlungen und ihre Ursachen. rororo 6934
CORINNE DE BEER: Weil mein Vater so schlägt. Gespräche mit
Kindern aus dem Frauenhaus Amsterdam. Frauen helfen
Frauen e. V. Hamburg 1984 (über: Frauenbuchvertrieb u.
Verlag GmbH, Berlin)
CHERYL BENARD, EDIT SCHLAFFER: Die ganz gewöhnliche
Gewalt in der Ehe. Texte zu einer Soziologie von Macht und
Liebe. rororo 4358
THERESIA BRECHMANN: Jede dritte Frau. Protokoll einer
Vergewaltigung. rororo 12137
ANGELIKA EBBINGHAUS u. a. (Hg.): Wendepunkte. Frauen
erzählen aus ihrem Leben. Alltag in einem Frauenhaus.
Frauen helfen Frauen e. V. Hamburg 1982 (über:
Frauenbuchvertrieb u. Verlag GmbH, Berlin)
FRAUENHAUS KÖLN (Hg.): Nachrichten aus dem Ghetto
Liebe. Gewalt gegen Frauen. Ursachen, Auswirkungen,
Bewältigungsstrategien. Köln: Frauenhaus Köln 1980
CAROL HAGEMANN-WHITE u. a.: Hilfen für mißhandelte
Frauen. Abschlußbericht der wissenschaftlichen Begleitung
des Modellprojekts Frauenhaus Berlin. Stuttgart:
Kohlhammer 1981
BARBARA KAVEMANN, INGRID LOHSTÖTER: Väter als Täter.
Sexuelle Gewalt gegen Mädchen. rororo 5250

PHILOSOPHIE, SPIRITUALITÄT

URSA KRATTIGER: Die perlmutterne Mönchin. Reise in eine
weibliche Spiritualität. rororo 8307

WOLFGANG SCHMIDBAUER: Alles oder nichts. Über die
Destruktivität von Idealen. rororo 8393

LUTZ SCHWÄBISCH, MARTIN SIEMS: Selbstentfaltung durch
Meditation. Eine praktische Anleitung. Reinbek. Rowohlt
1978

ANNE-MARIE und REINHARD TAUSCH: Wege zu uns.
Menschen suchen sich selbst zu verstehen und anderen
offener zu begegnen. Reinbek: Rowohlt 1985

JÜRG WILLI: Koevolution. Die Kunst gemeinsamen
Wachsens. Reinbek: Rowohlt 1985

SELBSTHILFE

NEZIH ACBA: Selbsthilfe in Gruppen. Ein Leitfaden für
Interessierte. Ehrenfried Klotz 1986 (im Verlag
Vandenhoeck & Ruprecht, Göttingen)

ROBERT ANNEKEN, THOMAS HEYDEN (Hg.): Wege zur
Veränderung. Beratung und Selbsthilfe. Tübingen:
(Deutsche Gesellschaft für Verhaltenstherapie) DGVT 1985

BLOOM, COBURN, PEARLMAN: Die selbstsichere Frau.
Anleitung zur Selbstbehauptung. rororo 7281

MASCHA M. FISCH: Gemeinsam werden wir es schaffen.
Selbsthilfegruppen berichten. Herderbücherei 1195

KARL H. GROHALL: Alkoholismus und Selbsthilfe. Stuttgart:
Klett 1982

JOSEF HUBER: Die neuen Helfer. Das «Berliner Modell» und
die Zukunft der Selbsthilfebewegung. München: Piper 1987

ERHARD MEUELER: Wie aus Schwäche Stärke wird. Vom
Umgang mit Lebenskrisen. Reinbek: Rowohlt 1987

MICHAEL LUKAS MOELLER: Selbsthilfegruppen.
Selbstbehandlung und Selbsterkenntnis in
eigenverantwortlichen Kleingruppen. Reinbek: Rowohlt
1978

MICHAEL LUKAS MOELLER: Anders helfen.
Selbsthilfegruppen und Fachleute arbeiten zusammen.
Stuttgart: Klett-Cotta 1981
CORINNA ROSENBERG, MARTA SCHÖNHALS:
Selbsthilfegruppen älterer Frauen. Bericht über einen
Modellversuch. Stuttgart: Kohlhammer 1985
RUTH SCHMID-HEINISCH: Frauenwende. Neuorientierung in
der Lebensmitte. München: Kindler 1986
FRAUKE TEEGEN, ANKE GRUNDMANN, ANGELIKA RÖHRS:
Sich ändern lernen. Anleitungen zur Selbsterfahrung und
Verhaltensmodifikation. rororo 6931
ALF TROJAN (Hg.): Wissen ist Macht. Selbsthilfegruppen als
Befreiung aus der Expertokratie. Fischer Taschenbuch 4173

SUCHT

PATRICK CARNES: Zerstörerische Lust. Sex als Sucht.
München: Heyne 1987
CHRISTA MERFURT-DIETE, ROSWITHA SOLTAU (Hg.): Frauen
und Sucht. Die alltägliche Verstrickung in Abhängigkeit.
rororo 7837
LEWIS YABLONSKI: Synanon. Selbsthilfe der Süchtigen und
Kriminellen. Stuttgart: Klett-Cotta 1975

THERAPIE

HANSJÖRG HEMMINGER, VERA BECKER: Wenn Therapien
schaden. Kritische Analyse einer psychotherapeutischen
Fallgeschichte. Reinbek: Rowohlt 1985
HORST-EBERHARD RICHTER: Eltern, Kind und Neurose.
Psychoanalyse der kindlichen Rolle. rororo 6082
HORST-EBERHARD RICHTER: Patient Familie. Entstehung,
Struktur und Therapie von Konflikten in Ehe und Familie.
rororo 6772
WOLFGANG SCHMIDBAUER: Die hilflosen Helfer. Über die
seelische Problematik der helfenden Berufe. Reinbek:
Rowohlt 1977

WOLFGANG SCHMIDBAUER: Helfen als Beruf. Die Ware
  Nächstenliebe. Reinbek: Rowohlt 1983
ANNE-MARIE und REINHARD TAUSCH: Wege zu uns und
  anderen. Menschen suchen sich selbst zu verstehen und
  anderen offener zu begegnen. rororo 8403
JÜRG WILLI: Therapie der Zweierbeziehung. Analytisch
  orientierte Paartherapie. Anwendung des Kollusions-
  Konzeptes. Handhabung der therapeutischen
  Dreiecksbeziehung. Reinbek: Rowohlt 1978

Register